Robert Killinger

Bearbeitet und aktualisiert von:
Georg Hellmayr, Stephan Waba

Literaturkunde

www.oebv.at

FRÜHMITTELALTER

8. BIS 10. JAHRHUNDERT

Zur Zeit der Völkerwanderung (etwa 375 – 568) ziehen die germanischen Stämme der Franken, Alemannen, Baiern und Sachsen vom Osten in ihre endgültigen Siedlungsräume ein. Sie kommen mit der spätrömischen Kultur und mit dem Christentum in Berührung. Diese Begegnung bedeutet einen gewaltigen Einschnitt sowohl in der Entwicklung der germanischen Völker als auch der spätrömischen Kultur und eine Veränderung aller Lebensformen.

Klöster als Kulturträger

Die Germanen der Völkerwanderungszeit hatten bereits ihre Dichtung: Heldenlieder (z. B. über Armin), Kriegslieder und Ritualverse, die mündlich weitergegeben wurden; davon ist nur wenig erhalten geblieben. Die Niederschrift alter Dichtung (also die Literatur im eigentlichen Sinn) beginnt erst im 8. Jahrhundert in den Klöstern. 744 gründete Bonifatius, der Apostel der Deutschen, die Benediktinerabtei Fulda. Hier wurde den jungen Mönchen die lateinische Sprache anhand der Bibel und theologischer Schriften vermittelt, hier lernten die Mönche lesen und schreiben und stellten handgeschriebene Bücher her. Die Klöster wurden zu Zentren des geistigen Lebens, die Mönche zu Vermittlern und Trägern der spätrömisch-frühchristlichen Kultur.

Älteste deutsche Texte

Durch die Schreibtätigkeit einiger Mönche sind uns Reste heidnisch-germanischer Dichtung erhalten, so z. B. die beiden *Merseburger Zaubersprüche*, die im 10. Jahrhundert in ein Messbuch in Fulda eingetragen wurden.

Zaubersprüche finden wir bei allen Kulturvölkern. Sie enthalten einen Wunsch, der durch die Anrufung höherer Mächte mit einer magischen Beschwörungsformel erfüllt werden soll. In dem einen der beiden *Merseburger Zaubersprüche* wird zunächst eine Szene aus der Götterwelt beschworen:

Vol ende Wodan vuorun zi holza
Vol und Wodan ritten in den Wald
do wart demo Balderes volon sin vuoȝ birenkit.
Da ward dem Fohlen Balders sein Fuß verrenkt

Daraufhin beschwören zuerst zwei weibliche Gottheiten, dann Wodan selbst die Verletzung:

sose benrenki, sose bluotrenki
Wie die Beinrenke[1], so die Blutrenke
sose lidirenki:
so die Gliedrenke:
ben zi bena, bluot zi bluoda,
Bein zu Bein, Blut zu Blut
lid zi geliden, sose gelimida sin!
Glied zu Glied, als ob sie geleimt seien!

1 Beinrenke: Verletzung des Beines

Es ist uns eine ganze Reihe von Zauber- und Segenssprüchen aus dem bäuerlichen Alltagsleben erhalten: ein Hundesegen, ein Wurmsegen, Sprüche zur Gesundung und zum Schutz von Menschen und Vieh. Die alten „Zauber"sprüche wurden durch christlichen Einfluss zu „Segens"sprüchen, wie es sie ja noch heute gibt (vgl. den Kinderreim „Heile, heile Segen, sieben Tage Regen ..." und die Haus- und Autoweihen).

Merseburg, Domstiftsbibliothek, Cod. 136, fol. 85r mit den Merseburger Zaubersprüchen im oberen Teil (Zeilen 1–12). Digital colorierter Scan eines Photodrucks aus dem 19. Jahrhundert (Verlag v. F. Enneccerus, Frankfurt a.M. 1897), der nicht den heutigen Zustand des Originals wiedergibt.

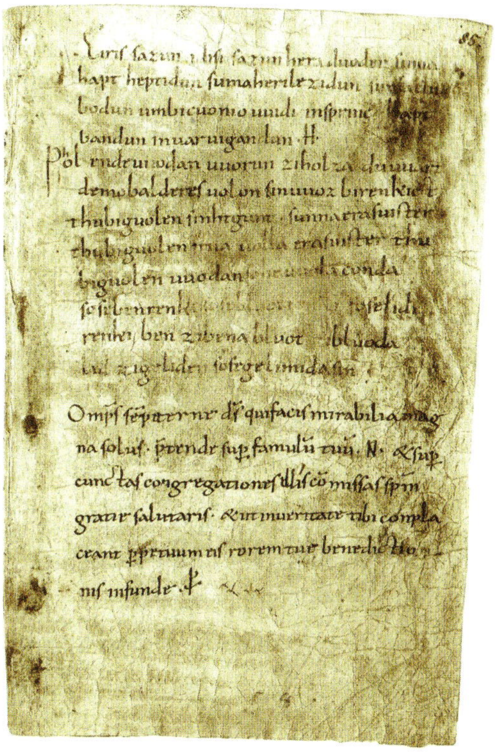

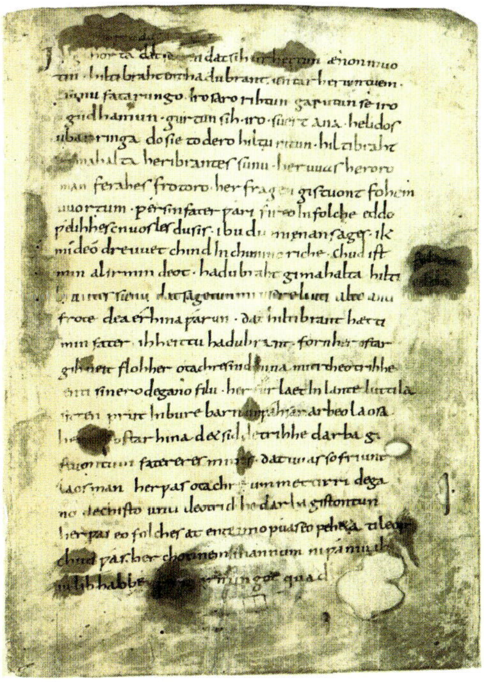

Erstes Blatt des Hildebrandsliedes

Heldenlied

Aus der Welt des Adels stammt das einzige uns erhaltene Heldenlied, das so genannte *Hildebrandslied*. Es wurde von zwei Mönchen des Klosters Fulda um 810 auf die erste und die letzte Seite eines lateinischen religiösen Buches geschrieben. Warum die beiden Mönche dies taten, weiß man heute nicht. Manche meinen, dies sei eine reine Schreibübung gewesen, andere behaupten, die Mönche wollten den Sachsen, für die sie das Buch abschrieben, einen idealen Helden vorstellen.

Das *Hildebrandslied*, das nur ein Glied einer ganzen Kette von Heldenliedern war, entstand wahrscheinlich Anfang des 8. Jahrhunderts am Hof des Langobardenkönigs im heutigen Oberitalien. Der historische Hintergrund ist die Zeit der Völkerwanderung: Hildebrand hat Frau und Sohn verlassen und ist als Waffenmeister mit Dietrich von Bern (dem historischen Ostgotenkönig Theoderich) gezogen, schließlich vor König Odoaker in die Verbannung an den Hunnenhof geflohen. Nun kehrt er nach 30 Jahren heim. Doch an der Grenze stellt sich ihm ein junger Krieger mit seinem Gefolge entgegen. Hildebrand fragt ihn, „wer sin fater wari" (wer sein Vater wäre). So erfährt er, dass es Hadubrand, sein einziger Sohn, ist, der ihm gerüstet gegenübersteht. Hadubrand weist die goldenen Armringe, die ihm der Vater schenken möchte, mit harten Worten zurück und schilt Hildebrand einen listigen alten Hunnen; denn ihm haben Seefahrer berichtet, dass sein Vater im Kampf getötet worden sei; „tot is hiltibrant", schließt er seine Rede. Nach germanischer Vorstellung darf der Vater die Schmähung nicht einfach hinnehmen; er muss die Herausforderung zum Kampf annehmen, wenn er nicht als Feigling gelten will. Denn die Ehre des Mannes gilt mehr als sein Leben. So kommt es zum Zweikampf der beiden zwischen den Heeren. Hildebrand klagt über sein Schicksal:

welaga nu, waltant got (quad hiltibrant), wewurt skihit.
„O waltender Gott", fuhr Hildebrand fort, „das Schicksal will seinen Lauf!
ih wallota sumaro enti wintro sehstic ur lante,
Ich bin sechzig Sommer und Winter außer Landes gegangen.
dar man mih eo scerita in folc sceotantero,
Da hat man mich immer in die Schar der Bogenschützen gestellt.
so man mir at burc enigeru banun ni gifasta:
Nachdem mich vor keiner Burg der Tod ereilt hat,
nu scal mih suasat chind suertu hauwan,
soll es nun geschehn, daß mich mein eigener Sohn mit dem Schwert erschlägt,
breton mih sinu billiu, eddo ih imo ti banin werdan.
mich mit seiner Waffe zu Boden fällt – oder daß ich ihm den Tod bringe.

Stabreim

Mitten in der Schilderung des Kampfes bricht nach 67 Versen die Aufzeichnung des Gedichts ab. Es ist jedoch gewiss, dass der Vater den Sohn tödlich verletzt. Vielleicht hat das Gedicht mit einer Klage, vielleicht sogar mit der Selbsttötung des Vaters geendet. Man vermutet, dass es sich beim *Hildebrandslied* um eines der jüngsten Heldenlieder handelt, weil es formal auf einer sehr hohen Stufe steht, die eine lange Entwicklung voraussetzt. Die Situation wird knapp berichtet, dazwischen stehen direkte Reden, die den dramatischen Verlauf wiedergeben. Die Langzeilen weisen den germanischen Stabreim auf, das ist der Gleichklang von Konsonanten am Anfang sinntragender, betonter Wörter:

Ik gihorta ðat seggen,
Ich hörte (glaubwürdig) berichten,
ðat sih urhettun ænon muotin,
daß zwei Krieger, Hildebrand und Hadubrand, (allein)
Hiltibrant enti Hadubrant untar herium tuem.
zwischen ihren beiden Heeren, aufeinanderstießen.
sunufatarungo iro saro rihtun.
Zwei Leute von gleichem Blut, Vater und Sohn, rückten da ihre Rüstung zurecht,
garutun se iro gudhamun, gurtun sih iro swert ana,
sie strafften ihre Panzerhemden und gürteten ihre Schwerter
helidos ubar hringa, do si to dero hiltiu ritun.
über die Eisenringe, die Männer, als sie zu diesem Kampf ritten.

Das *Hildebrandslied* wurde – wie alle Heldenlieder – zunächst mündlich weitergegeben, ehe es in einer althochdeutsch-altsächsischen Mischsprache niedergeschrieben wurde.
Das Motiv des Zweikampfes zwischen dem nach langer Abwesenheit heimkehrenden Vater und dem misstrauischen Sohn findet sich in der Weltliteratur mehrmals, doch das Besondere des *Hildebrandsliedes* liegt darin, dass der Vater weiß, wen er tötet.

1. Diskutieren Sie die Motive für diese Auseinandersetzung.
   - Welche Rolle spielt dabei der Ehrbegriff der damaligen Zeit?
   - Inwiefern ist Ehre nach wie vor die Ursache für Konflikte in der heutigen Zeit?

Im so genannten *Jüngeren Hildebrandslied*, das zwischen dem 15. und 17. Jahrhundert häufig gedruckt wurde, zeigt sich der christliche Einfluss in der ein Jahrtausend umfassenden Überlieferung.

Er schloss im auf sein güldin helm und kust in an sein munt:
Er öffnete ihm den goldenen Helm und küsste ihn auf den Mund:
2 „Nun muess es got gelobet sein! Wir sint noch beid gesunt."
„Nun soll Gott gelobt sein! Wir sind noch beide unversehrt."

2. Vergleichen Sie den Schluss des *Jüngeren Hildebrandsliedes* mit der älteren Vorlage.
   - Worin zeigt sich der Einfluss des Christentums?

Der in die Tragödie führende Gedanke von der ritterlichen Ehre hat sich zur rührenden Familiengeschichte gewandelt.
Neben diesen Resten germanischer Dichtung gibt es eine Fülle althochdeutscher Literatur christlichen Inhalts. Im 9. Jahrhundert entstanden zwei große Epen, die das Leben und die Lehre Jesu zum Thema haben. Sie gelten als der Anfang einer schriftlichen deutschen Literatur.
Das eine der beiden Epen, der *Heliand* (Heiland), entstand um 840 und besteht aus 6000 Langversen mit dem altgermanischen Stabreim. Der uns unbekannte Dichter muss ein vornehmer Sachse gewesen sein, der sowohl die weltliche altsächsische und angelsächsische Dichtung kannte als auch über eine gründliche geistliche Bildung verfügte. Auftraggeber war König Ludwig (der Sohn Karls des Großen). Zweck des Gedichts war es, die Bibel den Laien, vor allem den Adeligen, in ihrer Sprache (dem Altsächsischen) vorlesen zu können.

Evangelienharmonien

Der Dichter hat die vier Evangelien in eine einzige Erzählung zusammengefasst. Man nennt dies Evangelienharmonie. Die Leistung des Autors besteht vor allem in der sprachlichen Übersetzung des Inhalts. Der Stil und die Erlebnisart der biblischen Berichte sind der altsächsischen Welt, die erst kurz zuvor von Karl dem Großen auf blutige Weise christianisiert worden war, angepasst: Christus erscheint als König aus Davids Geschlecht, die Apostel sind seine Gefolgsleute (wie in der germanischen Gesellschaftsordnung). Petrus wird als „schneller Schwertdegen" dargestellt, Pilatus als Herzog. Neben Gottes Willen spielt die germanische Vorstellung vom Schicksal eine große Rolle. Trotz dieser Zugeständnisse an die Denkweise der Empfänger handelt es sich um ein Werk, das den christlichen Geist, die frohe Botschaft von der Liebe Gottes und der Erlösung des Menschen, vermitteln will.

Endreim

Das zweite große Epos, das nur wenige Jahrzehnte jünger ist, stammt von dem Mönch Otfried von Weißenburg, der in einem Kloster im südlichen Elsass lebte. Mit seiner *Evangelienharmonie* wollte auch er das Buch der Bücher dem Laien vermitteln, der kein Latein verstand. Doch hier wird viel stärker als im *Heliand* die theologische Auslegung des Geschehens betont. Außerdem unterscheidet sich Otfrieds Dichtung vom *Heliand* durch die Übernahme spätantik-christlicher Kunstmittel: Otfried hält sich an den lateinischen Satzbau, an die antike Rhetorik, vor allem aber verwendet er als Erster den Endreim der lateinischen Dichtung. Man spürt, welche Schwierigkeiten Otfried zu überwinden hatte, theologische Erkenntnisse auf Fränkisch auszudrücken und auch noch in Verse zu bringen. Beide Werke, sowohl der *Heliand* als auch Otfrieds Epos, sind insofern grundlegend für die deutsche Literatur und die weitere Entwicklung des Geisteslebens, als sie den deutschen Stämmen das christliche Heilsgeschehen und die antike Sprachkultur vermitteln. Es wird 900 Jahre dauern, ehe sich wieder ein Dichter, nämlich Friedrich Gottlieb Klopstock, an die dichterische Darstellung des Erlösungswerkes Jesu wagt.

Reliefbild Otfrieds von Weißenburg in Wissembourg

Eines der rätselhaftesten alten Sprachdenkmäler aus dem 9. Jahrhundert ist das *Muspilli*, eine Art Predigt von den letzten Dingen in Versform. Schon das Wort „muspilli“ ist sprachlich nicht mehr zu klären, es bedeutet im Textzusammenhang Weltuntergang, letztes Gericht, eine heidnische Vorstellung von den Schrecknissen der letzten Tage.
Anfang und Schluss des Gedichts fehlen; erhalten sind 103 Verszeilen, die in ein lateinisches Buch geschrieben wurden. Der Schreiber hatte eine wesentlich ältere Vorlage, die er ziemlich entstellt haben muss. Die Sprachform ist im Wesentlichen bairisch.
Im ersten Teil des Gedichts kämpfen Engel und Teufel um die Seele eines eben verstorbenen Menschen, ein Motiv, das sich später häufig findet, z. B. in Goethes *Faust*. Der zweite Teil berichtet vom Weltuntergang: Elias kämpft gegen den Teufel. Das Blut des verwundeten Engels entzündet auf der Erde einen Weltenbrand. Schließlich erscheint Gott und hält Gericht.

so daz Eliases pluot in erda kitriufit,
Wenn des Elias Blut auf die Erde tropft,
so inprinnant die perga, poum ni kistentit
so entbrennen die Berge, kein Baum bleibt stehen,
enihc in erdu, aha artruknent,
keiner auf der Erde, die Wasser vertrocknen,
muor varswilhit sih, svilizot lougiu der himil,
das Moor saugt sich auf, es verschwelt in der Lohe[1] der Himmel,
mano vallit, prinnit mittilagart.
der Mond fällt, es brennt Mittelgard.
sten ni kistentit. verit denne stuatago in lant.
Kein Stein bleibt stehen. Es fährt der Tag des Gerichts in das Land.
verit mit diu vuiru viriho wison.
Er fährt mit dem Feuer, die Menschen zu strafen.
dar ni mac denne mak andremo helfan vora demo muspille.
Da kann kein Vetter dem anderen helfen vor dem Weltbrand (Muspilli).

1 Lohe: Feuersglut

FRÜHMITTELALTER | 8. BIS 10. JAHRHUNDERT

GESCHICHTE	GESELLSCHAFT/WIRTSCHAFT	ARCHITEKTUR UND KUNST
375 Einbruch der **Hunnen** in Osteuropa löst Wanderung germanischer Stämme nach Westen und Südwesten aus. 391 **Christentum** wird **Staatsreligion** des Römischen Reiches durch ein Edikt des oströmischen Kaisers Theodosius I. 476 Absetzung des weströmischen Kaisers Romulus. 493 **Theoderich der Große** gründet in Italien das Ostgotenreich. 768 – 814 **Karl der Große**, größte Ausdehnung des Frankenreiches. Gründung von Kloster- und Domschulen. Karl versammelt Gelehrte und Schriftsteller aus aller Welt an seinem Hof in Aachen. Sammlung germanischer Heldenlieder. („Karolingische Renaissance") 780 Unterwerfung der Sachsen. 800 **Krönung Karls** zum Kaiser durch den Papst in Rom. 814 – 840 **Ludwig der Fromme**, von geistlichen Beratern abhängig. Vernichtung vieler heidnischer Sprachdenkmäler. 911 – 918 **Konrad I.** von Franken, erster deutscher König.	**Westgermanenstämme** stoßen auf spätrömische Kultur, werden **sesshaft**. Sie lernen den Steinhausbau und die Bewirtschaftung des Bodens (Weinbau). 496 Taufe des Frankenkönigs Chlodwig in Reims. 722 **Christianisierung** der Hessen und Thüringer durch **Bonifatius** („Apostel der Deutschen"). 744 Gründung des Klosters **Fulda**. Große Bedeutung der **Klöster** als Zentren der Christianisierung und der literarischen Bildung.	Um 500 **Palastbauten** Theoderichs in Italien (Ravenna). **Kirchenbauten** zeigen byzantinischen Einfluss (Mosaike). Grabmal Theoderichs in Ravenna (um 526). 8. Jahrhundert: **romanische Kirchen- und Klosterbauten** im Frankenreich (z. B. Autun, Vézelay). Pfalzkapelle[1] Karls des Großen in Aachen (805). Kirche St. Michael in Fulda geweiht (822). 8. – 9. Jahrhundert: Entwicklung der **karolingischen Buchmalerei**.

LITERATUR

Germanisch-heidnische Sprachdenkmäler
Zaubersprüche (*Merseburger Zaubersprüche*).
Hildebrandslied (Stabreim).
Erst später von Mönchen in Klöstern aufgezeichnet.

Christliche Dichtung
Heliand (altsächsisch, um 840).
Otfried von Weißenburg: *Evangelienharmonie* (fränkisch, um 870).
Muspilli (Gedicht vom Untergang der Welt).
Gebete.

Der allergrößte Teil der Literatur sind religiöse Werke in lateinischer Sprache.

3. Vergleichen Sie die heutige Zeit mit der Zeit der Völkerwanderung:
   - Gibt es auch heute Wanderbewegungen und unter welchen Umständen finden sie statt?
   - Welche sprachlichen Auswirkungen sind zu erwarten?

1 Pfalz: Residenz eine reisenden Königs

HOCHMITTELALTER
ETWA 1170 BIS 1230

DIE MITTELALTERLICHE GESELLSCHAFTSORDNUNG

Die Zeit ist durch eine Dreiständegesellschaft gekennzeichnet: Ritterschaft (Wehrstand), Bauern (Nährstand) und Geistlichkeit (Lehrstand) waren deutlich voneinander abgegrenzt und doch aufeinander bezogen.

Das Lehenswesen

Das Feudalsystem (feudum = Lehen) gliederte die Gesellschaft stufenförmig. Der König stand an der Spitze der Gesellschaftsordnung und vergab an seine Untergebenen Lehen oder Ämter. Inhaber großer Lehen gaben Teile davon weiter, natürlich nur gegen vereinbarte Dienstleistungen. Es galt der Grundsatz: Kein Lehen ohne Dienst, kein Dienst ohne Lehen. Zwischen den Endpunkten der Lehensordnung war jeder somit Lehensherr und auch Lehensmann und stand in wirtschaftlicher und gesellschaftlicher Abhängigkeit zum jeweils anderen. Der Lehensherr war zu „milte" (Freigebigkeit) verpflichtet, der Lehensmann zu „triuwe" (Treue und Gehorsam).

Gesellschaftsstruktur

Der Untergebene genoss militärischen Schutz, zu seinen Pflichten zählte jedoch auch der Kriegsdienst für den Lehensherrn. Der Ritter bildete als gerüsteter Reiter den Kern und die Stärke des Heeres. Seine wirtschaftliche Lebensgrundlage war Land, das persönliches Eigentum oder Lehen sein konnte. Die adeligen Ritter galten grundsätzlich als gleich, doch die sozialen Unterschiede waren sehr groß. Auf der untersten Stufe des Lehenswesens stand der Ministeriale, der Reiterdienst versah, aber unbemittelt war (niederer Dienstadel). Viele Dichter stammten aus Ministerialenfamilien.

Der Bauernstand bildete die wirtschaftliche Grundlage der Gesellschaft und war durch große soziale Unterschiede gekennzeichnet. Unter ihnen gab es Freie (in Tirol und in der Schweiz); Zinsleute, die zwar persönlich frei waren, aber Abgaben zu entrichten hatten; Hörige, die Frondienste und Abgaben leisten mussten; Leibeigene, die als Eigentum ihres Herrn galten. Die bäuerliche Bevölkerung, die Masse des Volkes, konnte sich der Abhängigkeit nur durch die Flucht in die Städte entziehen, die im 12. und 13. Jahrhundert stark wuchsen. Der Zugereiste musste durch Fleiß und Geschick in einem Handwerk zu seinem Lebensunterhalt kommen. Eine neue Schicht entstand: die Bürger. Auf dem Markt wurden handwerkliche Erzeugnisse gegen Nahrungsmittel getauscht. Neben dem Handwerk entwickelte sich der Handel – eine arbeitsteilige Gesellschaft entstand.

Staat und Kirche

Auch die Geistlichkeit war in das Lehenssystem eingebunden. Äbte und Bischöfe waren Lehensmänner des Königs, sie waren aber auch dem Papst zu Gehorsam verpflichtet. Die Auseinandersetzung zwischen der weltlichen Autorität, dem König, und der geistlichen Autorität, dem Papst, führte zu großen Spannungen, die sich besonders an der Ernennung von Bischöfen entzündeten (Investiturstreit).

Der geistliche Stand war gegliedert in Mönche (in Klöstern) und Weltgeistliche. Eine besondere Gruppe bildeten abgesprungene Theologen, die als „Vaganten" („Fahrende") zu Trägern einer eigenen Literaturform wurden. Sie verfassten Trink-, Liebes- und Tanzlieder, Satiren und Schwänke in realistisch-volkstümlichem Ton. Ihre Vorbilder waren Ovid, Horaz und Vergil (Vagantenlyrik).

r6i2u3

Bedeutungsentwicklung frouwe – wîp:

Im Zuge der Sprachentwicklung kommt es immer wieder zu Bedeutungsveränderungen. Dieses Phänomen lässt sich gut am folgenden Beispiel beobachten:
frouwe (mhd): (gehobene) Frau, Dame
wîp (mhd): Frau (neutral, nicht abwertend)
Frau (nhd): Frau (neutral)
Weib (nhd): Frau (abwertend)
Seit dem Mittelalter haben diese Begriffe eine deutliche Bedeutungsverschiebung erfahren.

1. Adel
2. Klerus
3. Bauern

1450 Buchdruck

Adel
Klerus = Geistlichkeit = Lehrstand

DER RITTER UND SEINE WELT

Wertesystem

Den höfischen Ritter kennzeichnete eine Reihe von Tugenden und Wertvorstellungen. An oberster Stelle standen „êre" (ritterliche Ehre), „zuht" (Selbstdisziplin) und „mâȝe" (Maßhalten der Leidenschaften). Die Zugehörigkeit zur höfischen Gesellschaft führte zu einem Hochgefühl, zum „hohen muot". Der Begriff hat viele Bedeutungen und ist am ehesten mit Selbstbewusstsein zu umschreiben. Mit „vröude" meinte man die Lust am Leben, der das Versündigungselend und die Furcht vor ewigen Strafen entgegenstanden. Die niedrige Lebenserwartung, die eingeschleppten Krankheiten und Seuchen sorgten für ein ständiges „memento mori"[1].

Der junge Ritter wurde zuerst als Page von Frauen an einem fremden Hof erzogen, dann als Knappe militärisch ausgebildet. Die Frau wurde als das feinere, vollkommenere Geschöpf angesehen und war deshalb berechtigt, den Ritter zu erziehen. Im Hochmittelalter gehörte auch die Unterweisung in höfischem Betragen und in Musik zur Ausbildung. Die Schwertleite (der Ritterschlag) machte den Knappen zum Ritter.

In den Kreuzzügen entwickelte der Ritterstand ein übernationales Standesbewusstsein; er fühlte sich als Streitmacht Gottes und deswegen über alle anderen Menschen erhoben. Die Blütezeit des Ritterstandes fällt in die Regierungszeit Kaiser Friedrich Barbarossas (1152 – 1190).

Fürstenhöfe als Zentren der Kultur

Auf dem Zusammengehörigkeitsgefühl des Ritterstandes beruhte seine gesellschaftliche, aber auch seine kulturelle Bedeutung. Der Ritter löste im 12. Jahrhundert das Mönchstum als Träger der Kultur ab. Das Schwergewicht verlagerte sich von den Klöstern in die Burgen. Könige und Fürsten übten ihre Herrschaft nicht mehr nur auf Reisen durch ihre Lande aus, sondern errichteten ständige Residenzen, die eine große Bedeutung als Kulturstätten gewannen. Die verfeinerte höfische Lebensart und Kultur entwickelte sich zuerst in Frankreich und kam von dort in den deutschen Raum. Die kulturellen Zentren lagen im süddeutschen Raum: am staufischen Hof in Schwaben, an den Höfen in Bayern, Ostfranken und Österreich.

1 Memento mori: Bewusstsein des Todes, der Vergänglichkeit (= „Denke daran, dass du sterben musst.")

Darstellung Gottfrieds V. von Anjou auf der Grabplatte seines Grabes in der Kathedrale von Le Mans. Die Inschrift am Kopfende der Grabplatte lautet:
ENSE TUO PRINCEPS PREDONUM TURBA FUGATUR ECCLESIISQ[UE] QUIES PACE VIGENTE DATUR.

Höfische Literatur

Neben die religiöse Literatur der Mönche und die Volksdichtung (Lieder, Schwänke) trat seit 1170 die höfische Literatur. Die Dichter der höfischen Gesellschaft verwendeten eine Sprachform, die frei von derben Ausdrücken und Dialektwörtern war. Dadurch konnte sie in weiten Teilen des deutschen Sprachraums verstanden werden und wurde zur ersten überregionalen Dichtersprache. Sie verfiel jedoch mit dem Niedergang des Ritterstandes und seiner Dichtung.

Hauptkennzeichen der höfischen Dichtung:

1. Sie war Standesdichtung, d. h., sie wurde Adeligen vorgetragen und handelte vom Leben der Adeligen.
2. Sie war idealistisch, d. h., sie zeigte den Ritter als Idealtyp auf seinem Weg, ein vollkommener Mensch zu werden.
3. Sie war streng formal, d. h., Sprache, Vers, Reim, Aufbau waren ebenso festgelegt wie die Gattungsformen. Die meisten Texte waren nicht individuell geprägt.

Die vorherrschenden Formen der mittelhochdeutschen höfischen Dichtung waren Epos, Verserzählung und Minnelied. Die weitaus größte Zahl der handgeschriebenen Bücher war jedoch in lateinischer Sprache abgefasst und behandelte religiöse Inhalte.

Rolle des höfischen Dichters

Der höfische Dichter trug seine Werke der Adelsgesellschaft aus dem Gedächtnis in einer Art Sprechgesang vor und begleitete sich selbst auf einer Fiedel oder einer Laute. Manchmal entstammte er dem Rittertum und betrieb das Dichten nebenher; meist musste er aber als „fahrender Sänger" von seiner Kunst leben, weil er nicht begütert war. Dann zog er von einer Burg zur anderen und war von der Freigebigkeit der Herren abhängig. Vielfach bedeutete seine Ankunft willkommene Abwechslung im Leben auf der Burg, besonders im Winter, und gab Anlass zu Festen. Der höfische Dichter regte mit seinem Vortrag die Phantasie an und konnte von den Ereignissen in der Welt berichten. Da der fahrende Sänger oder Spielmann in keinem Dienstverhältnis stand, war er zwar äußerlich unabhängig, aber auch schutzlos und ohne Sicherheit. Selbst Walther von der Vogelweide klagte über die materielle Not in seiner Wanderzeit.

DAS HELDENEPOS AM BEISPIEL DES *NIBELUNGENLIEDES*

Die Form des Epos

Mit dem Wort „Epos“ bezeichnet man eine Großform erzählender Dichtung in Versen, die ursprünglich mündlich vorgetragen und überliefert wurde. Das Epos gehört zu den ältesten Formen der Dichtung vieler Kulturvölker; es entwickelte sich in einer kriegerisch-aristokratischen Gesellschaft und hat Lebensgewohnheiten und Ideale dieses Standes zum Thema. Im Mittelpunkt der meisten älteren Epen steht der typisierte Held, der Vorbild für die Zuhörenden sein soll (Achill in Homers *Ilias* und Odysseus in der *Odyssee*).

Die deutsche ritterlich-höfische Dichtung um 1200 hat zwei Formen des Epos hervorgebracht: das Heldenepos und das höfische Epos.

Heldenepos

Das Heldenepos bearbeitet germanische Heldenlieder aus der Völkerwanderungszeit, die – bis auf das *Hildebrandslied* – verloren gegangen sind. Die Heldenepen haben einen historischen Kern, der durch die jahrhundertelange mündliche Weitergabe und die verschiedenen Bearbeitungen der Stoffe stark zurückgedrängt wurde. Dies bezeugt vor allem das bekannteste mittelhochdeutsche Heldenepos, das *Nibelungenlied*. Sein Verfasser, ein unbekannter Dichter aus dem österreichischen Donautal, verweist in der einleitenden Strophe auf seine Quellen:

Uns ist in alten mæren wunders vil geseit
In alten Geschichten wird uns vieles Wunderbare berichtet:
von helden lobebæren, von grôȝer arebeit,
von ruhmreichen Helden, von hartem Streit, von glücklichen Tagen
von fröuden, hôchgezîten, von weinen und von klagen,
und Festen, von Schmerz und Klage, vom Kampf tapferer Recken:
von küener recken strîten, muget ir nu wunder hœren sagen.
Davon könnt auch Ihr jetzt Wunderbares berichten hören.

Siegfried-Sage
Burgunden-Sage

Im Nibelungenepos sind zwei ursprünglich voneinander unabhängige Stoffe zu einer Einheit verwoben: die Sage von Siegfried und Brünhilde, in der mythische Vorstellungen überwiegen, und der Untergang der Burgunden unter ihrem König Gunthari (Gunther) im Kampf gegen die Hunnen im 5. Jahrhundert. Das Nibelungenlied ist in 39 „Âventiuren“ (= Erzählabschnitte) und eine abschließende Klage gegliedert. Dieser letzte Abschnitt bietet eine Deutung des Gesamttextes.

Wie Siegfried Kriemhild zum ersten Mal sah

Die folgende Textprobe stammt aus der 5. Âventiure „Wie Sîfrit Kriemhilt êrste gesach“. Siegfried ist schon ein volles Jahr bei den Burgunden in Worms, hat aber Kriemhild noch nie gesehen. Da lässt König Gunther aus Freude über den Sieg, den die Burgunden dank Siegfrieds Hilfe über die Sachsen und Dänen haben erringen können, ein Hoffest („hôchgezît“) veranstalten. Zweiunddreißig Fürsten kommen mit ihrem Gefolge zum Fest nach Worms geritten.

Das Hoffest

271 An einem pfinxtmorgen sach man füre gân,
Am Morgen des Pfingstfestes konnte man viele tapfere Helden
gekleidet wünneclîche, vil manegen küenen man,
in wunderbaren Kleidern zum Fest kommen sehen.
fünf tûsent oder mêre, dâ zer hôhgezît.
Es waren wohl fünftausend oder sogar noch mehr.
sich huop diu kurzewîle an manegem ende wider strît. [...]
Sie begannen untereinander zu wetteifern, wer sich am besten unterhielt. [...]

273 Dô sprach zuo dem künege der degen Ortwîn:
Da sagte der Held Ortwin zum König:
„welt ir mit vollen êren zer hôhgezîte sîn,
„Wenn Ihr auf dem Fest den vollen Glanz Eurer Herrschaft zeigen wollt,
sô sult ir lâȝen schouwen diu wünneclîchen kint,
dann dürft Ihr den Gästen den Anblick der schönen Mädchen,
die mit sô grôȝen êren hie zen Burgonden sint.
den Stolz des Burgundenlandes, nicht vorenthalten.

274 Waȝ wære mannes wünne, des vreute sich sîn lîp,
Was könnte einen Mann glücklich machen, was ihn erfreuen,
eȝ entæten schœne mägede und hêrlîchiu wîp?
wenn nicht die Schönheit der Mädchen und der Glanz der Damen?
lâȝet iuwer swester für iuwer geste gân.“
Lasst auch Eure Schwester vor den Gästen erscheinen.“
der rât was ze liebe vil manegem helde getân.
Dieser Rat entsprach genau den Wünschen zahlreicher Helden.

275 „Des wil ich gerne volgen“, sprach der künec dô.
„Ich will es gerne veranlassen!“, sagte da der König,
alle dieȝ erfunden, die wârens harte vrô.
und die es hörten, freuten sich sehr.
er enbôt eȝ frouwen Uoten und ir tohter wol getân,
Er ließ es der Herrin Ute und ihrer schönen Tochter ausrichten,
daȝ si mit ir mageden hin ze hove solde gân. [...]
dass sie in Begleitung ihrer Jungfrauen bei Hofe erscheinen möchten. [...]

281 Nu gie diu minneclîche alsô der morgenrôt
Wie das Morgenrot aus den trüben Wolken hervortritt, so schritt
tuot ûȝ den trüeben wolken. dâ schiet von maneger nôt
das liebliche Mädchen nun einher, und alsbald lösten sich in Siegfried,
der si dâ truoc in herzen und lange het getân:
der ihr Bild heimlich im Herzen trug und nun schon lange getragen hatte, alle Liebesqualen.
er sach die minneclîchen nu vil hêrlîchen stân. [...]
In allem Glanz sah er das liebliche Mädchen vor sich stehen. [...]

283 Sam der liehte mâne vor den sternen stât,
So wie der helle Mond, der so rein aus den Wolken herausleuchtet,
des schîn sô lûterlîche ab den wolken gât,
die Sterne überstrahlt,
dem stuont si nu gelîche vor maneger frouwen guot.
so stand sie nun vor den vielen anderen trefflichen[1] Frauen.
des wart dâ wol gehœhet den zieren helden der muot. [...]
Den stattlichen Helden schlug bei ihrem Anblick das Herz höher. [...]

Er dachte bei sich: „Wie könnte ich nur deine Liebe gewinnen?
285 Er dâhte in sînem muote „wie kunde daȝ ergân
Ich glaube, das ist eine törichte[2] Erwartung!
da ich dich minnen solde? daȝ ist ein tumber wân.
Wenn ich dich jedoch meiden sollte, dann wäre es besser, ich wäre tot!“
sol aber ich dich vremeden, sô wære ich sanfter tôt.“
Bei diesen Überlegungen wechselte immer wieder seine Gesichtsfarbe. [...]
er wart von den gedanken vil dicke bleich unde rôt. [...]

1 trefflich: vorzüglich
2 töricht: dumm, einfältig

Kriemhild begrüßt Siegfried

292 Dô si den hôhgemuoten vor ir stênde sach,
Als sie den hochherzigen Mann vor sich stehen sah,
dô erzunde sich sîn varwe diu schœne maget sprach:
da übergoss glühende Röte sein Antlitz. Die schöne Jungfrau sagte:
„sît willekomen, her Sîvrit, ein edel ritter guot.“
„Seid willkommen, Herr Siegfried, edler, trefflicher Ritter!“
dô wart im von dem gruoʒe vil wol gehœhet der muot.
Da ließ der Gruß sein Herz höher schlagen.

293 Er neic ir flîʒeclîche: bi der hende si in vie.
Mit Hingabe verneigte er sich vor ihr, sie aber ergriff seine Hand und ach,
wie rehte minneclîche er bî der frouwen gie!
wie lieblich er doch an der Seite Kriemhilds einherging!
mit lieben ougen blicken ein ander sâhen an
Mit freundlichen Blicken sahen der Ritter und die Dame einander an,
der herrę und ouch diu frouwe: daʒ wart vil tougenlîch getân. [...]
doch immer nur heimlich und verstohlen. [...]

295 Bî der sumerzîte und gein des meien tagen
Weder der Sommer noch der Frühling
dorftę er in sîme herzen nimmer mêr getragen
hätten ihn so von Herzen glücklich machen können, wie es da geschah:
sô vil der hôhen vreude dennę er dâ gewan,
als das geliebte Mädchen, das er heimzuführen hoffte,
dô im diu gie enhende die er ze trûte wolde hân.
mit ihm Hand in Hand ging.

1. Kommentieren Sie obigen Text:
   - Erläutern Sie, welche Aufschlüsse der Text über die Lebensweise und die gesellschaftlichen Umgangsformen an einem mittelalterlichen Fürstenhof gibt.
   - Beschreiben Sie, was man über Stellung und Rolle der adeligen Frau in der Welt des Rittertums erfährt.
   - Geben Sie Beispiele für Wörter, die den kampferprobten ritterlichen Mann bezeichnen.
   - Illustrieren Sie, in welcher Bedeutung das Word „muot“ verwendet wird.
2. Diskutieren Sie die Bedeutung des Wortes „muot“ anhand der folgenden neuhochdeutschen Wendungen und Zusammensetzungen: guten Mutes sein, mir ist nicht wohl zumute, Hochmut, Schwermut, Wehmut, Sanftmut.

Liebe und Leid

In Kriemhilds Traum von dem starken und schönen Falken, den ihr zwei Adler mit den Krallen zerreißen, klingt das Leitmotiv ihres Schicksals und des ganzen Nibelungenepos zum ersten Mal an: dass Liebe und Freude mit Leid bezahlt werden müssen. Immer wieder tauchen die Begriffe „liep“ (Liebe, Freude) und „leit“ gemeinsam auf, als gehörten sie mit Notwendigkeit zusammen:

284,4 Sîvride dem herren wart beide liep unde leit.
Dem Herrn Siegfried wurde abwechselnd warm und kalt ums Herz.[1]
291,2 dô truoc er ime herzen liep âne leit
und es lachte ihm das Herz in ungetrübter Freude[2]

1 Wörtliche Übersetzung: Dem Herrn Siegfried wurde sowohl Liebe als auch Leid zuteil.
2 Wörtliche Übersetzung: Da trug er im Herzen Liebe ohne Leid.

Als Siegfried betrauert und begraben wurde

In der 17. Âventiure „Wie Sîfrit beklaget unt begraben wart" bricht das Leid über Kriemhild herein, und ihr ganzes weiteres Leben bis zu ihrem gewaltsamen Tod durch Hildebrands Hand muss sie ihre Liebe zu Siegfried mit „leide lônen".

Siegfried ist nach einer Jagd im Odenwald von Hagen hinterrücks mit dem Speer getötet worden. Bei Nacht wird sein Leichnam über den Rhein gefahren und nach Worms gebracht.

Kriemhild findet den erschlagenen Siegfried

1003 Von grôʒer übermüete muget ir hœren sagen,
Hört nun erzählen
und von eislîcher râche. dô hieʒ Hagene tragen
von wildem Frevel[1] und grausamer Rache!
Sîfrit alsô tôten von Nibelunge lant
Da ließ Hagen den toten Siegfried von Nibelungenland
für eine kemenâten dâ man Kriemhilde vant. [...]
vor die Kemenate[2] bringen, in der Kriemhild schlief. [...]

1007 Dô si mit ir vrouwen zem münster wolde gân,
Als sie nun mit ihren Damen zum Münster[3] aufbrechen wollte,
dô sprach der kamerære: „jâ sult ir stille stân!
da sagte der Kämmerer: „Wartet doch noch einen Augenblick!
eʒ lît vor disem gademe ein ritter tôt erslagen."
Vor dem Gemach[4] liegt ein toter, erschlagener Ritter!"
dô begonde Kriemhilt vil hartẹ unmæʒlîche klagen.
Da brach Kriemhild in maßloses Klagen aus.

1008 Ê daʒ si rehtẹ erfunde daʒ iʒ wærẹ ir man,
Bevor sie noch festgestellt hatte, dass es auch wirklich ihr Mann war,
an die Hagenen vrâge denken si began,
dachte sie an Hagens Frage,
wie er in solde vristen: dô wart ir êrste leit.
wie er denn Siegfried schützen könne. Da erst wurde sie so recht von Schmerz ergriffen.
von ir was allen vreuden mit sînem tôde widerseit.
Denn mit Siegfrieds Tod entsagte sie allem irdischen Glück.

1009 Dô seic si zuo der erden, daʒ si niht ensprach:
Da sank sie ohnmächtig zur Erde, sodass sie nicht mehr sprechen konnte.
die schœnen vreudelôsen ligen man dô sach.
Man sah die schöne, unglückliche Frau am Boden liegen.
Kriemhilde jâmer wart unmâʒen grôʒ:
Dann aber fand der Ausbruch ihres Schmerzes keine Grenzen mehr:
do erschrê si nâch unkrefte daʒ al diu kemenâtẹ erdôʒ.
Da schrie sie nach ihrer Ohnmacht so laut auf, dass die ganze Kemenate davon widerhallte.

1010 Dô sprach daʒ gesinde: „waʒ ob eʒ ist ein gast?"
Da sagte die Dienerschaft: „Vielleicht ist es ein Fremder!"
daʒ bluot ir ûʒ dem munde von herzen jâmer brast.
Doch ihr schoss vor tiefem Schmerz das Blut aus dem Mund.
dô sprach si: „eʒ ist Sîfrit, der mîn vil lieber man:
Da sagte sie: „Es ist Siegfried, mein geliebter Mann.
eʒ hât gerâten Prünhilt, daʒ eʒ hât Hagene getân." [...]
Brünhild hat es geraten, Hagen hat es getan!" [...]

1 Frevel: Übeltat, Schandtat
2 Kemenate: Wohnraum der Frauen auf einer Burg
3 Münster: Dom, Kirche
4 Gemach: Zimmer, Wohnraum

Die Aufbahrung des Toten in der Kirche

1039 Diu naht was zergangen: man sagtẹ eʒ wolde tagen.
Die Nacht war nun vergangen, und es hieß, der Morgen nahe heran.
dô hieʒ die edel vrouwe zuo dem münster tragen
Da ließ die edle Herrin ihren geliebten Gemahl,
Sîfriden den herren, ir vil lieben man.
den Herrn Siegfried, zum Münster tragen.
swaʒ er dâ vriunde hête, die sach man weinende gân.
Alle, die seine Freunde waren, sah man weinend dem Sarg folgen.

1040 Dô sị in zem münster brâhten, vil der gloken klanc.
Als sie ihn nun zum Münster trugen, da läuteten viele Glocken.
dô hôrte man allenthalben vil maniges pfaffen sanc.
Da hörte man von allen Seiten den Gesang unzähliger Geistlicher.
dô kom der künic Gunther mit den sînen man
Da schlossen sich Gunther mit seinen Gefolgsleuten
und ouch der grimme Hagene zuo dem wuofe gegân.
und auch der finstere Hagen den Wehklagenden an.

1041 Er sprach: „vil liebiu swester, owê der leide dîn,
Gunther sagte: „Meine liebe Schwester, ach, wie musst du leiden!
daʒ wir niht kunden âne des grôʒen schaden sîn.
Wäre uns doch dieser Verlust erspart geblieben!
wir müeʒen klagen immer den Sîfrides lîp."
Allezeit wird es uns ein Bedürfnis sein, um Siegfried zu klagen."
„daʒ tuot ir âne schulde", sprach daʒ jâmerhafte wîp. [...]
„Dazu habt ihr gar keinen Grund!", sagte da die trauernde Frau. [...]

1043 Si buten vastẹ ir lougen. Kriemhilt begonde jehen:
Sie leugneten es mit Entschiedenheit. Doch Kriemhild sagte:
„swelher sî unschuldec, der lâʒe daʒ gesehen;
„Wer unschuldig ist, der soll das auch öffentlich zeigen
der sol zuo der bâre vor den liuten gên.
und vor den Augen aller Leute zu der Totenbahre treten.
dâ bî mac man die wârheit harte schiere verstên."
Dann wird man sehr schnell die volle Wahrheit erkennen."

1044 Daʒ ist ein michel wunder: vil dickẹ eʒ noch geschiht,
Es grenzt ans Wunderbare, und dennoch geschieht es noch heute:
swâ man den mortmeilen bî dem tôten siht,
Wo ein mordbefleckter Mensch an den Leichnam seines Opfers tritt,
sô bluotent im die wunden: als ouch dâ geschach.
da bluten die Wunden von neuem, so wie es auch da geschah.
dâ von man die schulde dâ ze Hagene gesach.
Daran wurde offenbar, dass die Schuld bei Hagen lag.

3. Verfassen Sie eine Prosaübertragung der Strophen 1039 bis 1044 in heutiges Deutsch.

In Hagens Mord an Siegfried, in der zynischen Grausamkeit, den Ermordeten nachts heimlich vor Kriemhilds Schlafgemach legen zu lassen, wird zum ersten Mal eine Triebkraft wirksam, die fortan das Denken und Handeln der Hauptfiguren bestimmt und schließlich zum Untergang der Burgunden führt: das Verlangen nach „eislîcher râche", nach furchtbarer, maßloser Vergeltung.

Kriemhild an Siegfrieds Bahre, Farblithografie nach einem Gemälde von Emil Lauffer

4. Diskutieren Sie folgende Aspekte:
   - Vergleichen Sie, in welchen Verhaltensweisen Kriemhild den christlichen Frauen der höfischen Zeit gleicht und in welchen germanische Vorstellungen von Schuld und Rache durchbrechen.
   - Kommentieren Sie, wie es sich heute mit dem Gegensatzpaar Vergebung/Vergeltung im privaten Bereich bzw. wie zwischen Völkern und Staaten verhält.

Hagen rächt nach dem germanischen Gebot der Gefolgschaftstreue die Schmach, die seiner Herrin Brünhild angetan worden ist; Kriemhild rächt mit der gleichen grausamen Unerbittlichkeit die Ermordung ihres Gatten. Schuld wird nicht vergeben, wie es die christliche Ethik fordert, sondern mit neuer Schuld gesühnt.
Der Nibelungenschatz ist Symbol der Macht; er gewährleistet die Überlegenheit über andere Herrscher. Er ist aber auch Symbol allen Unglücks und aller Not: Der Inhaber des Schatzes erleidet ein gewaltsames Ende, erst Siegfried, dann die Wormser Könige und schließlich Kriemhild.

Zur Form des Nibelungenliedes

Seine Abkunft von alten Heldenliedern bezeugt das Nibelungenepos auch in der formalen Gestaltung: der strophischen Gliederung. Die Nibelungenstrophe wurde Vorbild für andere mittelalterliche Heldenepen und ist in der Romantik neu belebt worden.
Das metrische Grundschema der Nibelungenstrophe sieht so aus:

x x́ x x́ x x́ x̀ // x x́ x x́ x x́
x x́ x x́ x x́ x̀ // x x́ x x́ x x́
x x́ x x́ x x́ x̀ // x x́ x x́ x x́
x x́ x x́ x x́ x̀ // x x́ x x́ x x́ x x́
Anvers Abvers

5. Analysieren Sie die Strophenform des *Nibelungenliedes*:
   - Beschreiben Sie den Aufbau einer Strophe und das Reimschema.
   - Kommentieren Sie die Bauweise der einzelnen Verse.
   - Erläutern Sie, wie viele Hebungen alle Anverse enthalten und wie viele die Abverse 1 bis 3.

Der Abvers der letzten Langzeile gewinnt durch eine vierte Hebung größere Schwere, sodass der Abschluss der Strophe deutlich markiert ist. Die einzelnen Strophen weichen vom metrischen Grundschema an einigen Stellen ab. So kann z. B. der Auftakt im Anvers und im Abvers fehlen.
Das *Nibelungenlied* wurde wahrscheinlich musikalisch vorgetragen. Der Sänger begleitete sich selbst auf einem Saiteninstrument. Man nimmt an, dass die harte Zeilen- und Strophenmelodie die entsprechende Stimmung, eine Mischung aus Hochgefühl und Traurigkeit, erzeugte.

Exkurs: Zur Schreibweise und Aussprache des Mittelhochdeutschen

Die Aussprache und die Schreibung des Mittelhochdeutschen unterschieden sich deutlich vom Neuhochdeutschen. Mit Hilfe von Vergleichen mit einzelnen Dialekten und anderen Sprachen (z. B. lateinischen Transkriptionen) konnte die mittelhochdeutsche Aussprache rekonstruiert werden.

Vokale

Länge und Kürze der Vokale unserer heutigen Sprache stimmen nicht immer mit den mittelhochdeutschen Verhältnissen überein.

Bei der vereinheitlichten Schreibweise der Textausgaben wird auf die im Mittelhochdeutschen lang gesprochenen Vokale ein Zirkumflex (^) gesetzt:

mhd.	â	dâhte	nhd.	dachte
	ê	mêr(e)		mehr
	î	herzenlîche		herzlich
		zît		Zeit (î>ei)
	ô	hôhgezîte		Hochzeit
	û	ûȥ		aus (û>au)

iu (diu, iuch) ist als langes ü zu sprechen.

Kurze Vokale sind nicht mit einem Zirkumflex gekennzeichnet:

mhd.	a	săgen	nhd.	sāgen
	ä	mägede		Mägde
	e	dĕgen		Dēgen
	i	si, ir		sie, ihr(e)
	o	wŏl		wōhl
	u	nŭ		nūn
	ü	künege		König

Die kurzen Vokale in offener Silbe (să–gen, dĕ–gen) wurden erst im Neuhochdeutschen zu langen Vokalen. Dies ist eine der wesentlichsten Veränderungen in der Lautentwicklung vom Mittelhochdeutschen zum Neuhochdeutschen. **Dehnung**

6. Suchen Sie in den Strophen des *Nibelungenliedes* Wörter, in denen im Mittelhochdeutschen ein kurzer Vokal, aber im Neuhochdeutschen ein langer Vokal gesprochen wird.

Im Mittelhochdeutschen wurden die Diphthonge /ei/, /ie/, /ou/, /öi/, /uo/, /üe/ deutlich zweitonig gesprochen (wie oft heute noch in der bairisch-österreichischen Mundart):

mhd.	ei	neic
mhd.	ie	liep, liehte mâne, Kriemhilt, die
mhd.	ou	schouwen
mhd.	öi	vröide
mhd.	uo	guot, muot
mhd.	üe	brüeder, küenen

Für Umlaute verwendete man besondere Zeichen (Ligaturen):
Ligatur **æ** (mæren) ist langes ä (wie in Bären).
Ligatur **œ** (hœren) ist langes ö (wie in hören).

Ein unbetonter Vokal im Auslaut wird in der Regel nicht gesprochen (Elision), wenn das folgende Wort mit einem Vokal beginnt:
er dâht(e) in sînem muote (285/1); der herr(e) und ouch diu frouwe (293/4).
In unserer Textwiedergabe sind die nicht zu sprechenden Endvokale mit einem Punkt versehen (herrẹ).

Die klangliche Abschwächung oder gar der Schwund eines unbetonten Vokals im Satz führt zu Verschmelzungen:
die daȝ → dieȝ (275,2); zu der → zer (273/2).

Konsonanten

c steht oft für k (minneclîche), **sc** manchmal für sch (diu scœne, scouwen).

Der Buchstabe **h** bezeichnet in mhd. Wörtern entweder den Hauchlaut (wie in „**h**ören") oder den Reibelaut (wie in „Ba**ch**").

h ist im Anlaut (= am Wortanfang und am Anfang einer Silbe) als Hauchlaut zu sprechen:

mhd.	nhd.
hûs	Haus
sâ-hen	sahen (nhd. stummes h!)

h ist im Auslaut (= am Wortende oder am Ende einer Silbe) als Reibelaut zu sprechen:

mhd.	nhd.
sah (wie „ach")	sah (stummes h)
rehte	recht (Reibelaut)

sp und **st** (sprach, sterne) wurden als s | p und s | t gesprochen (nicht als schp und scht).

ȝ (groȝer) ist das Zeichen für scharfes s (ß).

w wurde vermutlich so wie heute im Englischen ausgesprochen.
mhd. frouwe

Im Mhd. wurden Konsonanten im Auslaut hart ausgesprochen (Auslautverhärtung) und auch meist mit den harten Konsonanten geschrieben, während im Inneren des Wortes weiche Konsonanten verwendet wurden:

bî den stun**d**en	aber	von der stun**t**
des ta**g**es	aber	der ta**c**
des lo**b**es	aber	das lo**p**

7. Suchen Sie in den Textbeispielen weitere Beispiele für die Auslautverhärtung im Mittelhochdeutschen.

DAS HÖFISCHE EPOS AM BEISPIEL DES *PARZIVAL*

Sagen um König Artus

Das Vorbild für das höfische Epos waren französische Versepen des 12. Jahrhunderts. Die französischen Dichter entnahmen ihre Stoffe vor allem dem Sagenkreis um Karl den Großen und der Artussage, die auch von deutschen Dichtern mit Vorliebe bearbeitet wurde. Der sagenhafte britannische König Artus, der gegen die Invasion der Angelsachsen kämpfen musste, versammelt als feudaler Kriegsherr die besten Ritter in seiner Tafelrunde. Jeder dieser Ritter hat seine Abenteuer und Bewährungsproben zu bestehen und gibt so Stoff für einen eigenen Roman ab. Auch ursprünglich selbständige Stoffe, wie die Geschichte von Tristan und Isolde und die vom heiligen Gral, wurden in den Artussagenkreis einbezogen, so stark war seine Strahlkraft. Die Artusdichtung kam von England über Frankreich nach Deutschland.

Hauptkennzeichen der höfischen Epik:
- idealistisch wirklichkeitsfremd, Ritter als Vorbild, exklusiv aristokratisch (Standesdichtung)
- formal streng durchgebildet (Reinheit der Reime, strenger Rhythmus)
- vierhebige, paarweise gereimte Verse
- kettenartiger Aufbau (eine Aventiure reiht sich an die nächste, kein linearer Verlauf)

Dichter höfischer Epen

Hauptvertreter des deutschen höfischen Epos:
Hartmann von Aue (*Erec*, *Iwein*, die Geschichten zweier Artusritter)
Gottfried von Straßburg (*Tristan und Isolde*)
Wolfram von Eschenbach (*Parzival*)

Die Freude am höfischen Leben mit seiner Pracht, seinem Reichtum, seinen glanzvollen Festen stand in einem unüberbrückbar scheinenden Gegensatz zur religiösen Weltsicht des Mittelalters, dass alles Irdische nichtig und vergänglich sei und dass nur Weltabkehr, Weltentsagung die Seele vor dem Bösen bewahren könne. So hat denn auch die Frage, wie die freudige Diesseitsbejahung mit einem gottgefälligen Verhalten zu vereinen sei, die Dichter der höfischen Zeit stark bedrängt, und viele suchten in ihren Werken nach einer Lebensform, die diesen Zwiespalt aufheben könnte.

Zwei Ritter beim Duell; Glasfenster in der Kathedrale von Chartres, 13. Jh.

Wolframs *Parzival*

Wolfram von Eschenbachs Text gehört zu den meistgelesenen Epen des Mittelalters. Es gibt heute noch etwa 75 Handschriften (einschließlich der Fragmente). Der Stoff wurde auch in der Oper *Parsifal* von Richard Wagner (1813 – 1883) behandelt.

Entwicklung Parzivals zum Ritter

Wolfram hat in seinem *Parzival* eine ideale Lebensform dargestellt, die des Gralsritters. Parzival ist der Sohn eines auf dem Kreuzzug verstorbenen Ritters. Seine Mutter möchte verhindern, dass er das gleiche Schicksal erleidet, und erzieht ihn fern von aller Welt in einem Wald. Doch eines Tages verlässt Parzival als unerfahrener junger Mann seine zu Tode betrübte Mutter, um Ritter zu werden. Er gelangt an den Hof des Königs Artus, wird aber noch nicht in den Kreis der Artusritter aufgenommen, weil ihm die ritterliche Erziehung fehlt. Diese „zuht" vermittelt ihm Gurnemanz, ein alter, welterfahrener Ritter. Er belehrt Parzival auch über das Wesen wahrer Minne und über das höfische

Gebot, „rehter mâʒe ir orden" zu geben; das heißt, in allen Dingen das richtige Maß zu halten, anstandsvolle Zurückhaltung zu üben, sich immer ausgeglichen, beherrscht und maßvoll zu zeigen. Insbesondere rügt er Parzival wegen seiner „unfuoge" (Unart), zu viel und zu unbedacht zu reden. „ir redet als ein kindelîn", tadelt ihn Gurnemanz und ermahnt ihn, „ir ensult niht vil gefrâgen" („Ihr dürft nicht so viele unangebrachte Fragen stellen").

Dieser Rat wird Parzival zunächst zum Verhängnis, weil er ihn allzu wörtlich nimmt: Als er zur Gralsburg gefunden hat, wohin nur Berufene finden, unterlässt er es, den Gralskönig Amfortas nach dem Grund seines unsäglich qualvollen Leidens zu fragen. Eine solche Frage, aus tiefem Mitleid gestellt, hätte Amfortas von seinen Schmerzen erlöst und Parzival als des Königsamtes würdig erwiesen.

Parzival begreift sein menschliches Versagen noch nicht. Es wird ihm erst bewusst gemacht, als er das höchste Ziel des weltlichen Rittertums, die Aufnahme in die Tafelrunde des Königs Artus, erreicht hat: Kundrie, die Gralsbotin, erscheint an Artus' Hof und verflucht Parzival vor der ganzen „massenie", der versammelten Ritterschaft, wegen dieses Versagens. Parzival antwortet auf seine Schmach mit Trotz und Hass gegen Gott, der ihm „sölhen spot" nicht erspart hat:

ich was im dienstes undertân,
Ich habe ihm immer treu gedient,
sît ich genâden mich versan.
seit ich weiß, was das ist: die Huld des Herrn.
nu wilich im dienest widersagen;
Jetzt sage ich mich los von ihm.
hât er haʒ, den wil ich tragen.
Wenn er Haß hat, den will ich tragen.

Glauben an Gott verloren
Müssen dem obersten Lehensherren dienen

8. Beurteilen Sie, inwiefern dieser Textabschnitt die Gesellschaftsordnung des Mittelalters (Lehenswesen) widerspiegelt. Menschen unterer Klasse müssen dem Adel ~~gehor~~ dienen

Parzivals innere Wandlung

Viereinhalb Jahre irrt Parzival auf der Suche nach dem Gral umher; doch solange er in der Feindschaft gegen Gott verharrt, vermag er den Weg zur Gralsburg nicht zu finden. An einem Karfreitagmorgen bahnt sich die innere Wandlung an: Parzival will erproben, ob Gott an seinem „helflîchen tac" Hilfe gewährt. Er gibt dem Pferd die Zügel frei und treibt es mit den Sporen an: „nu genc nach der gotes kür." (Nun laufe, wie Gott es bestimmt!) Das Pferd trägt ihn zur Klause des frommen Einsiedlers Trevrizent.

Der einsidel zime sprach
Der Einsiedler sprach zu ihm:
„ouwê, hêrre, daʒ iu sus geschach
„Wehe, daß ich Euch so sehen muß, mein Herr,
in dirre heileclîchen zît!
an diesem heiligen Tag!
hât iuch angestlîcher strît
Hat Euch die Not des Kampfes
in diʒ harnas getriben?
in diese Rüstung gezwungen,
oder sît ir âne strît belîben?
oder seid Ihr ohne Streit geblieben?
sô stüende iu baʒ ein ander wât,
Dann stünde Euch ein anderer Anzug besser zu Gesicht.
lieʒe iuch hôchferte rât.
Oder ist es Hochmut, was Euch so handeln läßt?
nu ruocht erbeiʒen,
Mein Herr, seid so freundlich und steigt ab,
(ich wæne, iu daʒ iht werre)
ich glaube, das wird Euch nicht schaden;

und erwarmt bi einem fiure.
wärmt Euch an einem Feuer.
hât iuch âventiure
Hat Euch vielleicht die Aventiure
ûȝ gesant durch minnen solt,
hinaus gesandt, Liebe zu verdienen?
sît ir rehter minne holt,
Wenn Ihr Euch rechter Liebe ergeben habt,
sô minnt, als nu diu minne gêt,
so liebt nun in der Weise, wie man heute lieben muß,
als dises tages minne stêt.
und mit der Liebe, die dieser Tag gebietet.
dient hernâch um wîbe gruoȝ.
Danach könnt Ihr dann wieder Euren Dienst den Frauen widmen.
ruocht erbei en, ob ihs biten muoȝ.“
Seid so freundlich, steigt ab; ich bitte Euch sogar darum, wenn's nötig ist!“
Parzivâl der wîgant
Der Held Parzival
erbeiȝte nider al zehant,
stieg sogleich vom Pferd.
mit grôȝer zuht er vor im stuont. [...]
Er stellte sich vor ihn hin mit viel Courtoisie. [...]

456,29 dô sprach er „hêrre, nu gebt mir rât;
Er sprach: „Mein Herr, jetzt helft mir,
ich bin ein man, der sünde hât.“
ich bin ein Mann, der Sünde hat.“

9. Kommentieren Sie den obenstehenden Textabschnitt:
- Erläutern Sie, welchen Aufschluss diese Stelle über das Verhalten gibt, das von einem christlichen Ritter am Karfreitag erwartet wurde.
- Stellen Sie dar, woraus deutlich wird, dass Parzival seine trotzige Auflehnung gegen Gott aufgegeben hat und sich wieder unter Gottes Gebot geben will.

Die folgenden Gespräche zwischen Parzival und Trevrizent, der in dem jungen Ritter den Sohn seiner verstorbenen Schwester erkennt, werden zu einer tiefen menschlichen Begegnung. Parzival bekennt dem Oheim die Schuld, die er Gott und anderen Menschen gegenüber auf sich geladen hat, und der Einsicht in die „sünde“ folgt die „riuwe“.

Parzival wird Gralskönig

Vierzehn Tage verweilt Parzival in der armseligen Einsiedelei, dann scheidet er geläutert und gewandelt von seinem frommen Oheim. Trevrizent beendet den priesterlichen Dienst, den er Parzival geleistet hat, mit seinen Abschiedsworten: „gip mir dîn sünde her, vor gote ich bin dîn wandels wer“ (Bürge). Parzival ist nun über das auf weltliche Ehre ausgerichtete Artusrittertum hinausgewachsen und dadurch fähig geworden, das höchste ritterliche Amt zu übernehmen: das des Gralskönigs.

Der Gral, ein kostbarer Stein, hat wundertätige Kraft: Wer ihn allwöchentlich anblickt, der ist vor dem Altern geschützt. Überdies spendet der Gral denen, die ihn hüten, Speise und Trank. Seine Kraft ist himmlischen Ursprungs. An jedem Karfreitag schwebt eine weiße Taube vom Himmel hernieder und legt eine kleine weiße Oblate auf den Stein. Durch Inschriften, die auf dem Stein sichtbar werden und dann wieder vergehen, tut Gott kund, wen er zum Gralsdienst beruft.

Ideal des christlichen Ritters

Im Gralsrittertum ist also der Zwiespalt zwischen diesseits- und jenseitsbezogener Lebensgestaltung aufgehoben. Die Gralshüter leben ritterlich, sie kämpfen und sie bewähren sich in Abenteuern – nur die spielerische „minne-âventiure“ ist ihnen untersagt –, aber der Beweggrund ihres ritterlichen Tuns ist nicht „hochvart“, nicht hochmütige Überhebung, sondern „diemüete“, die Bereitschaft, Gott zu dienen, sich seinem Willen zu unterwerfen.

10. Suchen Sie zeitgenössische Texte bzw. Filme, die sich auf den Gralsstoff beziehen.

Das Minnelied

Hohe Minne

Ein großer Teil der mittelhochdeutschen Lyrik sind Minnelieder. Sie wurden von einem Minnesänger vor versammelter Hofgesellschaft gesungen. Der Sänger begleitete sich selbst auf einer Geige oder Laute. In vorgeprägten Formen und Wendungen verherrlichte er eine hochgestellte Dame seiner Wahl, die häufig anwesend war. Minnelieder waren also keine geheimen Liebesbotschaften, sondern gesellschaftliche Konvention und ein Bestandteil des geselligen Hoflebens. Der Inhalt besteht aus dem Lob der Vollkommenheit und Schönheit der Dame sowie aus der Klage des Ritters, sich vor unerfüllter Liebe verzehren zu müssen (Hohe Minne). Minnelieder hatten in Südfrankreich ihren Ursprung, wo sie von so genannten Troubadours vorgetragen wurden.

Werner von Teufen aus der „Manessischen Liederhandschrift", in der ersten Hälfte des 14. Jahrhunderts von dem Züricher Patrizier Manesse in Auftrag gegeben. Die Dame trägt einen Jagdfalken. Links Zierschild und rechts Zierhelm.

Typische Liedformen des Minnesangs sind:

- **Tagelied:** Behandelt den Abschied der Liebenden im Morgengrauen nach einer unerlaubten Liebesnacht.
- **Botenlied:** Ein Bote tritt als Vermittler zwischen den Minnenden auf. Er muss nicht selbst am Gespräch teilnehmen, er dient vielfach nur als Ansprechpartner für die Liebenden.
- **Frauenstrophen:** Der Minnedienst wird aus der Sicht der angebeteten Frau dargestellt, die den Konventionen folgen und den Liebenden zurückweisen muss.
- **Wechsel:** abwechselnde Strophen von Mann und Frau. Die Liebenden sprechen aber nicht direkt miteinander.

Dietmar von Aist

Slâfest du, friedel ziere?

„Slâfest du, friedel ziere?
„Schläfst du, lieber Freund?
man weckt uns leider schiere:
Man weckt uns leider bald.
ein vogellîn sô wol getân
Ein Vöglein so schön,
daȝ ist der linden an daȝ zwî gegân."
das ist auf der Linde Zweig geflogen."

„Ich was vil sanfte entslâfen:
„Ich war so sanft eingeschlafen,
nu rüefestu kint wâfen:
nun rufst du, Kind, ‚wach auf!'.
liep âne leit mac niht gesîn.
Lieb ohne Leid kann nicht sein,
swaȝ du gebiutst, daȝ leiste ich, friundîn mîn."
Was du gebietest, das tue ich, meine Freundin."

Diu frouwe begunde weinen.
Die Dame begann zu weinen.
„Du rîtst und lâst mich eine.
„Du reitest von hinnen und läßt mich allein.
wenne wilt du wider her zuo mir?
Wann wirst du wieder zu mir kommen?
owê du füerst mîn fröide sament dir!"
O weh! Du führst meine Freude mit dir."

11. Interpretieren Sie dieses Minnelied:
- Kommentieren Sie, welche Themen die jeweiligen Strophen behandeln.
- Analysieren Sie, welche Struktur dieses Gedicht aufweist.
- Illustrieren Sie, welche besondere Form des Minneliedes hier vorliegt.

Ebene Minne

Einer der bedeutendsten Vertreter der Hohen Minne war Reinmar von Hagenau, der Lehrmeister von Walther von der Vogelweide am Wiener Hof, dessen Lieder in klagenden, schwermütigen Tönen das Leid unerwiderter Minne besingen. Walther lehnte sich bald gegen diese Form des Minnesangs auf. Er stellte dem „trûren", dem Traurigsein als Grundstimmung des Liebenden, die „vröude" der wechselseitigen, erfüllten Liebe entgegen (Ebene Minne). Mit diesen Liebesliedern knüpfte er an die Lyrik der Vaganten und an Volkslieder an.

Walther von der Vogelweide (1170/75 – 1230): Biographie

Walther von der Vogelweide war der bedeutendste deutsche Lyriker des Mittelalters. Er entstammte wahrscheinlich einem Ministerialengeschlecht. Seine Heimat ist nicht genau festzustellen; vermutlich lag sie im österreichischen Donautal. Am Hof der Babenberger in Wien lernte er nach eigener Aussage „singen unde sagen".
Nach dem Tod Herzog Friedrichs II. von Österreich, der 1198 auf einem Kreuzzug starb, musste Walther Wien verlassen und das Wanderleben eines „fahrenden Sängers" auf sich nehmen. 1203 kehrte er vorübergehend nach Wien zurück.
Nach neuerlichen Auseinandersetzungen mit Reinmar und dessen Partei am Wiener Hof muss Walther Wien ein zweites Mal verlassen.
Walther war sowohl am Hof der Staufer als auch der Welfen tätig, die beide um die Kaiserkrone konkurrierten.
Zeit seines Lebens trachtete Walther nach finanzieller Absicherung, ein Ziel, das er gegen Ende seines Lebens erreichte, als er 1220 ein Lehen (möglicherweise in der Nähe von Würzburg) erhielt.

Walther von der Vogelweide

Nemt, frouwe, disen kranz

„Nemt, frouwe, disen kranz“, –
„Nehmt, Herrin, diesen Kranz!“
alsô sprach ich z'einer wol getânen maget –
So sagte ich zu einem schönen Mädchen.
„sô zieret ir den tanz
„Dann schmückt Ihr den Tanz
mit den schœnen bluomen, als irs ûffe traget.
mit den schönen Blumen in Euerm Haar.
het ich vil edele gesteine,
Hätt ich Gold und Edelstein,
daȥ müest ûf iur houbet,
dann müssten sie auf Euer Haupt –
obe ir mirs geloubet.
wie Ihr mir glauben werdet.
sêt mîne triuwe, daȥ ichȥ meine.“
Wirklich, ich meine es ehrlich!“

Si nam, daȥ ich ir bôt,
Und sie nahm das Gebotene an
einem kinde vil gelîch, daȥ êre hât.
wie ein junges Mädchen annimmt, das wohlerzogen ist:
ir wangen wurden rôt,
Sie errötete,
same diu rôse, dâ si bî der liljen stât.
und die Farbe der Rose kam zu der der Lilie.
do erschamten sich ir liehten ougen.
Scham ließ sie die Augen niederschlagen.
doch neic si mir vil schône;
Doch dankte sie und neigte zart den Kopf.
daȥ wart mir ze lône.
Das war mein Lohn.
wirt mirs iht mêr, daȥ trage ich tougen.
Schenkt sie mir noch mehr dafür, dann werde ich das heimlich für mich behalten.

„Ir sît sô wol getân
„Ihr seid so schön,
daȥ ich iu mîn schapel gerne geben wil,
dass ich Euch meinen Kranz schenken muss –
so ichȥ aller beste hân.
den schönsten, den ich hab.
wîȥer unde rôter bluomen weiȥ ich vil.
Ich weiß, wo viel weiße und rote Blumen stehn.
die stênt niht verre in jener heide.
Die stehn da fern auf jener Heide.
dâ si schône entspringent
Da wo sie blühen
und die vogele singent,
und die Vögel singen,
dâ suln wir si brechen beide.“
da wollen wir sie brechen.“

Mich dûhte, daȥ mir nie
Mir schien, dass ich nie
lieber wurde, danne mir ze muote was.
glücklicher war als da.
die bluomen vielen ie
Und immerfort rieselten die Blüten der Bäume
von dem boume bî uns nider an daȥ gras.
zu uns nieder aufs Gras.
seht, dô muost ich von fröiden lachen.
Ja seht – da musste ich lachen in all meinem Glück,
dô ich sô wünneclîche
als ich so wunderbar
was in troume riche,
im Traum beschenkt wurde,
dô taget' eȥ und muos' ich wachen.
da kam der Tag und weckte mich.

Mir ist von ir geschehen,
Nun hat sie mich so weit gebracht,
daȥ ich disen sumer allen meiden muoȥ
dass ich diesen Sommer allen Mädchen
vast under d'ougen sehen.
tief in die Augen sehen muss:
lîhte wirt mir einiu: so ist mir sorgen buoȥ.
Vielleicht finde ich sie – dann bin ich allen Kummer los.
waȥ obe si gêt an disem tanze?
Wie, wenn sie diesen Tanz mitmachte?
„frouwe, dur iur güete
Meine Damen, bitte,
rucket ûf die hüete!"
rückt die Hüte ein wenig aus der Stirn!
owê, gesæhe ich si under kranze!
Ach, erblickte ich sie doch unter dem Kranz!

Er will sie finden und hat sich verliebt

← gefunden

12. Beschreiben Sie die Situation, in der sich das lyrische Ich befindet, indem Sie jede Strophe mit einem kurzen Satz zusammenfassen.

Wende im Minnesang

Das für Walthers Minnebegriff Kennzeichnende an diesem Traumbild ist, dass es sich um eine „maget" handelt, ein Mädchen also, das nicht den Spielregeln des höfischen Gesellschaftslebens unterworfen ist; sie darf seine Liebe erwidern. Aber sie ist zugleich ein „kint, daȥ êre hât": Sie hat die innere Haltung und den anmutigen Anstand einer höfischen „frouwe". Deswegen redet der Sänger sie mit „frouwe" und „ir" an.

Viele seiner Zeitgenossen haben Walthers Lieder auf die „maget-frouwe" als Verrat am hohen Minnesang getadelt. „Si verwîsent mir, daȥ ich / sô nidere wende mînen sanc", beklagt sich Walther in einem seiner Mädchenlieder. Und er gibt den Vorwurf scharf zurück: Seine Kritiker wüssten nicht, was Liebe ist; „si getraf diu liebe nie". Er stellt den Begriff „liebe" oder „herzeliebe" als Bezeichnung einer natürlichen, auf Gegenseitigkeit gegründeten und erfüllten Liebesbeziehung in Gegensatz zum Begriff der „hôhen minne", der die einseitige, sich in endloser Sehnsucht verzehrende Bindung des adeligen Mannes an eine „überhêre", eine in unerreichbare Höhe idealisierte „frouwe", meint.

Zur Form der Minnedichtung

Strophenform

Die Strophen der Minnelieder zeigen in der Regel einen dreiteiligen Aufbau: Zwei gleich gebaute Versgruppen (Stollen) bilden den Aufgesang. Der dritte Teil, der Abgesang, weist eine andere Reimbindung auf. Die folgende Strophe aus einem Gedicht Walthers zeigt diesen Aufbau:

Ir sult sprechen willekomen:
der iu mære bringet, daȥ bin ich. } 1. Stollen

alleȥ daȥ ir habt vernomen,
daȥ ist gar ein wint: nû frâget mich. } 2. Stollen

(1. und 2. Stollen } Aufgesang)

ich wil aber miete:
wirt mîn lôn iht guot,
ich gesage iu lîhte daȥ iu sanfte tuot.
seht waȥ man mir êren biete. [...] } Abgesang

13. Untersuchen Sie im oben abgedruckten Beispiel das Reimschema.
Bestimmen Sie das Reimschema und den Aufbau einer selbst gewählten Strophe aus dem Gedicht *Nemt, frouwe, disen kranz*.

Die politische Spruchdichtung

Texte, in denen Dichter ihre politischen und gesellschaftlichen Auffassungen vorbrachten, bezeichnet man als Spruch. Sie sind meist paarweise gereimt, allerdings ohne strophische Gliederung. Der Inhalt hat eine lehrhafte Tendenz.

Walther von der Vogelweide: *Ich hôrte ein waȥȥer dieȥen* **(Reichsspruch)**
Walther von der Vogelweide kam als fahrender Sänger an viele Fürstenhöfe und auf viele Ritterburgen und kannte daher die Probleme der großen Politik und die allgemeinen Zustände im Reich. Er setzte sich leidenschaftlich für ein starkes Königtum und für die Wahrung von Recht und Ordnung ein. Da Walther sowohl im Dienst der Staufer als auch der Welfen (der beiden konkurrierenden Adelsfamilien) stand, dichtete er jeweils auch im Interesse seiner Gönner.

Materielle Abhängigkeit

14. Analysieren Sie die prekäre Lage für Künstler/innen wie Walther von der Vogelweide und vergleichen Sie sie mit der heutigen Zeit:
    - Stellen Sie Vermutungen darüber an, in welcher Form Schriftsteller/innen heute von Geldgebern abhängig sind.
    - Argumentieren Sie, inwiefern eine solche politische Einflussnahme auf Künstler/innen als auch Journalistinnen und Journalisten ein Problem darstellt.

Drei von Walthers politischen Spruchgedichten werden ihrer Thematik wegen „Reichssprüche" genannt. Der politische Hintergrund der ersten beiden Reichssprüche sind die Wirren und die Rechtsunsicherheit, die nach dem Tod Kaiser Heinrichs VI. durch die Doppelwahl von Philipp von Schwaben, dem Staufer, und Otto IV., dem Welfen, 1198 entstanden waren.

Heinrich VI., Röm.-Deut. Kaiser
15.4.1191 – 28.9.1197,
erstes Kaisersiegel

Walther von der Vogelweide
Reichsspruch

Ich hôrte ein waȝȝer dieȝen
Die Wasser hörte ich rauschen,
und sach die vische flieȝen,
die Fische sah ich schwimmen,
ich sach swaȝ in der welte was,
und sah alles, was sonst in der Welt war:
velt walt loup rôr unde gras.
in Feld und Wald, in Laub und Schilf und Gras;
swaȝ kriuchet unde fliuget
was kriecht und was fliegt
und bein zer erde biuget,
und was seinen Fuß auf die Erde setzt;
daȝ sach ich unde sage iu daȝ:
das erkannte ich – und ich künde euch dieses:
der keineȝ lebet âne haȝ.
Kein Tier lebt ohne Feindschaft!
daȝ wilt und daȝ gewürme
Die wilden Tiere, die Kriechtiere,
die strîtent starke stürme,
die fechten harte Kämpfe untereinander,
sam tuont die vogel under in;
und ebenso die Vögel.
wan daȝ si habent einen sin:
Doch in einem haben sie sich die Vernunft bewahrt:
si dûhten sich ze nihte,
sie achteten sich für nichtig[1],
si enschüefen starc gerihte.
hätten sie sich nicht ein starkes Regiment geschaffen:
si kiesent künege unde reht,
sie wählen Könige und Standesordnung,
si setzent hêrren unde kneht.
sie setzen den Herrn und setzen den Knecht.
sô wê dir, tiuschiu zunge,
Dagegen: wehe dir, du deutsches Volk,
wie stêt dîn ordenunge!
wie steht es um deine Staatsordnung,
daȝ nû diu mugge ir künec hât
daß jetzt die Biene ihren König hat,
und daȝ dîn êre alsô zergât.
und deine Herrlichkeit so dahingeht!
bekêrâ dich, bekêre!
Wende, kehre dich um!
die cirkel sint ze hêre,
Die Kronen fremder Herrscher recken sich schon empor,
die armen künege dringent dich:
die Vasallenkönige wollen dich verdrängen:
Philippe setze en weisen ûf und heiȝ si treten hinder sich!
setze Philippo die Kaiserkrone aufs Haupt, und weise sie in ihre Schranken zurück!

15. Kommentieren Sie diesen Reichsspruch Walthers:
- Erläutern Sie, wie Walther zu seinem Thema hinführt.
- Beschreiben Sie, wozu die Beispiele aus dem Tierreich dienen.
- Stellen Sie Hypothesen darüber an, welche soziale Ordnung Walther für gottgewollt und selbstverständlich hält.

1 nichtig: unbedeutend

Textproduktion: Sachlich-informierender Text

Thema: Kulturelles Leben an einem Fürstenhof im Mittelalter
Aufgabe: Verfassen Sie einen sachlich-informierenden Text.

Situation: Im Rahmen eines Schreibwettbewerbes anlässlich einer Ausstellung über das Mittelalter verfassen Sie einen Sachtext über das kulturelle Leben an einem Fürstenhof.

Recherchieren Sie relevante Informationen zu diesem Thema aus dem vorliegenden Kapitel des Buches und aus Nachschlagewerken bzw. dem Internet.

Verfassen Sie nun einen sachlich-informierenden Text und bearbeiten Sie dabei die folgenden Arbeitsaufträge:

- Erläutern Sie die gesellschaftliche Situation des Adels im Mittelalter.
- Beschreiben Sie das Leben bei Hof.
- Geben Sie Beispiele für kulturelle Produktion.

Schreiben Sie zwischen 400 und 500 Wörter. Markieren Sie Absätze mittels Leerzeilen.

HOCHMITTELALTER | ETWA 1170 BIS 1230

GESCHICHTE	GESELLSCHAFT/WIRTSCHAFT	KUNST UND ARCHITEKTUR
1152 – 1190 Herrschaft der Staufer (aus Schwaben): **Friedrich I. Barbarossa.** 1184 Hoftag zu Mainz. 1189 – 1192 **3. Kreuzzug:** Tod Friedrichs I. Eroberung von Akkon (im heutigen Israel). Konflikt mit Richard Löwenherz um Machtansprüche nach der Eroberung der Stadt. 1190 – 1197 **Heinrich VI.** 1198 **Doppelwahl:** Philipp von Schwaben und Otto IV. (Welfe) kämpfen um die Macht. In Wien: **Babenberger.** 1198 – 1216 Erstarken des **Papsttums** unter Innozenz III. 1202 – 1204 **4. Kreuzzug:** Errichtung des lateinischen Kaisertums in Konstantinopel. 1215 – 1250 **Friedrich II.** regiert auf Sizilien. Die Landesfürsten herrschen in Deutschland uneingeschränkt, der Zerfall des Reiches beginnt.	Glanzvolle Zeit der **Ritter**, die sich als Angehörige eines bevorrechteten Standes und als Streiter Christi verstehen. **Lehenswesen:** Stufenförmige Abhängigkeit. Streben nach Erblichkeit der Lehen. **Klerus:** Weltgeistliche und Mönche. Reichsunmittelbare **Städte:** freies, aufstrebendes Bürgertum. Auf dem Land großteils Naturalwirtschaft (Zehent[1]). In der Stadt Handwerker und Kaufleute. Märkte. Aufkommen von Münzgeld.	In **Deutschland** und **Österreich Spätromanik** (staufische Kunst): Stiftskirchen von Seckau (Stmk.) und Heiligenkreuz (NÖ), Gurker Dom (K, um 1160), Apsis in Schöngrabern (NÖ, 1220). In Deutschland setzt die Gotik um 1230 ein. In **Frankreich**: Entwicklung der **Gotik** – Glasfenster in Chartres, Notre Dame in Paris um 1200.

LITERATUR

Höfische Dichtung:
1. Heldenepos: *Nibelungenlied* um 1200.
Geht auf germanische Heldenlieder zurück. Verfasser unbekannt (aus dem österreichischen Donautal).

2. Höfische Epik (1180 – 1220).
Vorbilder: französische Ritterepen aus dem Kreis der Artussage, der Gralssage u. a.
Hartmann von Aue (*Erec*, *Iwein*)
Gottfried von Straßburg (*Tristan und Isolde*)
Wolfram von Eschenbach (*Parzival*)

3. Minnesang: Frauendienst.
Walther von der Vogelweide: Liebeslieder.

4. Spruchdichtung: Walthers *Reichssprüche*.

Neben der höfischen Dichtung: **religiöse, lehrhafte und volkstümliche Dichtung.**

Dichter der späthöfischen Zeit:
Neidhart von Reuental (Bauernlieder, Sommer-, Winterlieder)
Ulrich von Liechtenstein (*Frauendienst*, erster Ich-Roman in deutscher Sprache)
Oswald von Wolkenstein (Liebeslieder)
Wernher der Gärtner (*Meier Helmbrecht*, satirisch-lehrhafte Verserzählung).
Ablösung des Minnesangs durch den Meistergesang (15. Jh.).

1 Zehent: Abgabe in der Höhe von 10 %

DIE BALLADE
LÄNGSSCHNITT

Kennzeichen der Ballade

Mit der Bezeichnung Ballade meint man ein Gedicht erzählenden Inhalts (Erzählgedicht), das eine außerordentliche Begebenheit mitteilt. Neben dem erzählenden (epischen) Element kommt das dramatische Element in Form des Dialogs und das lyrische Element in Form der Stimmung zur Geltung.

Kennzeichnend für die Ballade sind ferner die stark verknappende Darstellung eines einzigen isolierten Geschehens und die sprachliche Verdichtung. Die Verse bilden meist regelmäßige Strophen, Reimbindung ist häufig.

DIE VOLKSBALLADE

Varianten der Volksballade

Schon am Ende der mittelhochdeutschen Periode (13./14. Jahrhundert) entstanden erzählende Gedichte, die man heute Volksballaden nennt. Sie wurden von unbekannten Spielleuten einem bürgerlichen Publikum vorgesungen und lange nur mündlich überliefert. Bestimmte Themen, wie Abschied und Wiedersehen, Treue und Untreue, Tod des/der Geliebten, Verbrechen und Blutrache, kehren in Abwandlungen wieder. Die Schilderung des Geschehens ist sprunghaft, die Handlung wird oft in Dialogen dargestellt. Die sprachliche Ausdrucksweise ist schlicht, wobei feste Formen häufig wiederkehren. Merkmale der Volksballade treten in der späteren Kunstballade seit etwa 1800 (Romantik) auf. Blütezeit der Volksballade war das 15. und 16. Jahrhundert. Dann wurde sie vom Bänkelsang verdrängt. Der Bänkelsänger verbreitete sensationell aufgemachte Neuigkeiten, wie Verbrechen, Naturkatastrophen und wunderbare Begebenheiten, auf Jahrmärkten, Kirtagen, Hochzeiten usw. („Zeitungslieder").

1. Suchen Sie den Text und die Melodie des Bänkelliedes *Sabinchen war ein Frauenzimmer* (Leipzig 1849).
   - Analysieren Sie die Charakteristika eines solchen Liedes.
   - Geben Sie den Inhalt in Form eines reißerischen Zeitungsartikels wieder.

Die Moritaten wurden mit einer moralischen Nutzanwendung versehen, was von der Obrigkeit mehr oder weniger erzwungen wurde; denn die Bänkelsänger mussten um die Genehmigung zur Verbreitung ihrer Lieder ansuchen.

Ein Beispiel für die Volksballade des 15. Jahrhunderts ist *Agnes Bernauerin*.

Hintergrund

Herzog Ernst von Bayern, der seit 1397 regiert, hat einen Sohn, Albrecht, der das Gebiet um Straubing an der Donau verwaltet. In Augsburg lernt Albrecht die Tochter eines Baders, Agnes Bernauer, kennen, heiratet sie heimlich und bringt sie auf seine Schlösser. Der alternde Vater ist wegen der nicht standesgemäßen Ehe um die Erbfolge in seiner Familie besorgt und entschließt sich zu einer Gewalttat: Während Albrecht bei einem seiner Vettern zur Jagd ist, lässt der Herzog Agnes Bernauer gefangen nehmen und von der Brücke in Straubing in die Donau werfen (1435). Nach kurzer Empörung versöhnt sich Albrecht mit seinem Vater, der drei Jahre später stirbt. Albrecht tritt seine Nachfolge als Herzog von Bayern an. Bald nach dem Tod der Bernauerin hat ein Unbekannter ihr Schicksal in einer Ballade erzählt, die rasch volkstümlich geworden ist.

Agnes Bernauerin.

Agnes Bernauerin

Es reiten drei Herren zu München hinaus,
Sie reiten wohl vor der Bernauerin Haus:
„Bernauerin, bist du darinnen?

Bist du dann darinnen, so tritt du heraus!
Der Herzog ist draußen vor deinem Haus,
Mit all seinem Hofgesinde.“

Sobald die Bernauerin die Stimme vernahm,
Ein schneeweißes Hemd zog sie gar bald an,
Wohl vor den Herzog zu treten.

Sobald die Bernauerin vors Tor ’naus kam,
Drei Herren gleich die Bernauerin vernahm’n:
„Bernauerin, was willst du machen?

Ei, willst du lassen den Herzog entwegen?
Oder willst du lassen dein jung frisches Leben
Ertrinken im Donauwasser?“ –

„Und eh ich will lassen mein Herzog entwegen,
So will ich lassen mein jung frisches Leben
Ertrinken im Donauwasser.

Der Herzog ist mein,
Und ich bin sein;
Sind wir gar treu versprochen.“

Bernauerin auf dem Wasser schwamm,
Maria, Mutter Gottes, hat sie gerufen an,
Sollt ihr aus dieser Not helfen:

„Hilf mir, Maria, aus dem Wasser heraus,
Mein Herzog lässt dir bauen ein Gotteshaus,
Von Marmelstein einen Altar!“

Sobald sie dies gesprochen aus,
Maria, Mutter Gottes, hat geholfen aus
Und von dem Tod sie errettet. –

Sobald die Bernauerin auf die Brucken kam,
Ein Henkersknecht zur Bernauerin kam:
„Bernauerin, was willst du machen?

Ei, willst du werden ein Henkersweib?
Oder willst du lassen dein jung stolzen Leib
Ertrinken im Donauwasser?“

„Und eh ich will werden ein Henkersweib,
So will ich lassen mein jung stolzen Leib
Ertrinken im Donauwasser!“

Es stund kaum an den dritten Tag,
Dem Herzog kam ein traurige Klag:
„Bernauerin ist ertrunken –“

„Auf, rufet mir alle Fischer daher,
Sie sollen fischen bis an das rote Meer,
Dass sie mein feines Lieb suchen!“

Es kommen gleich alle Fischer daher,
Sie haben gefischt bis an das rote Meer,
Bernauerin haben sie gefunden.

Sie legen's dem Herzog wohl auf den Schoß,
Der Herzog viel tausend Tränen vergoss,
Er tät gar herzlich weinen.

„So rufet mir her fünftausend Mann,
Einen neuen Krieg will ich nun fangen an
Mit meinem Herrn Vatern eben!

Und wär mein Herr Vater mir nicht so lieb,
So ließ ich ihn aufhängen als wie einen Dieb,
Wär aber mir eine große Schande.“

Es stund kaum an den dritten Tag,
Dem Herzog kam ein traurige Klag:
Sein Herr Vater ist gestorben.

„Die mir helfen meinen Herrn Vater begraben,
Rote Mäntel müssen sie haben,
Rot müssen sie sich tragen.

Und die mir helfen mein Feinslieb begraben,
Schwarze Mäntel müssen sie haben,
Schwarz müssen sie sich tragen!

So wollen wir stiften ein ewige Mess,
Dass man der Bernauerin nicht vergess,
Man wolle für sie beten."

2. Analysieren Sie die Ballade nach folgenden Gesichtspunkten:

Inhalt
- Vergleichen Sie, worin sich die Volksdichtung von der Geschichte unterscheidet.
- Erläutern Sie, welche Phasen des historischen Geschehens dargestellt werden.
- Kommentieren Sie, welche Mächte und Kräfte einander gegenüber stehen.
- Interpretieren Sie, was die Toten und die schwarzen Mäntel in Vers 62 und 65 bedeuten.
- Stellen Sie Vermutungen darüber an, auf wessen Seite der Balladendichter steht.

Form
- Kommentieren Sie die sprachliche Gestaltung.
- Illustrieren Sie Merkmale der Volksballade.

Rezeption (Aufnahme, Verarbeitung eines Werkes)
- Stellen Sie Hypothesen darüber an, dass das Erzählgedicht vom Tod der Bernauerin zu einer der beliebtesten Volksballaden wurde.
- Erklären Sie, was heute den Zugang zu dieser Volksballade erschwert.

DIE KUNSTBALLADE

Schottische Volkslieder

Eine andere Tradition der Ballade hat ihren Ursprung im schottischen Volkslied. 1760 veröffentlichte James Macpherson die *Lieder Ossians*, angeblich Dichtungen eines altschottischen Barden (keltischen Liedermachers). Erst etwa hundert Jahre später konnte man nachweisen, dass es sich um Gedichte von Macpherson selbst handelte. Die *Lieder Ossians* sind durch starke Leidenschaftlichkeit der Empfindung und die Beschwörung des Geisterhaften gekennzeichnet. Deswegen war ihre Wirkung auf die jungen Dichter des Sturm und Drang (1770 bis 1785), die bestrebt waren, den Rationalismus ihrer aufgeklärten Väter abzuschütteln, ungeheuer groß. Man dichtete in der „schottischen Manier" (Gottfried August Bürger, *Lenore*, 1773). Damit begann im deutschen Raum die Entwicklung der Kunstballade, die zunächst Form und Inhalt der Geisterballade aufwies. Die Geisterballade stellt dar, wie der Mensch an einer ihm unbegreiflichen, überlegenen Macht scheitert. Beispiele: Goethe, *Der Erlkönig*; Mörike, *Der Feuerreiter*; Fontane, *Die Brück' am Tay*.

Formen der Kunstballade

Die Klassiker, besonders Schiller, entwickelten den Typus der Ideenballade. Im Mittelpunkt steht eine sittliche Idee, die der Mensch aus freiem Willensentschluss zu verwirklichen hat. Verstößt er dagegen, so ist er zum Scheitern verurteilt. Der Ideenballade fehlen der volkstümliche Ton und die Sangbarkeit. Beispiele: Schiller, *Die Bürgschaft*, *Der Ring des Polykrates*, *Der Graf von Habsburg*, *Der Taucher.*

Orientierung an volkstümlichen Formen

Die Romantiker bevorzugten den Typ der spanischen Romanze (volkstümliche Dichtung oft lyrischen Charakters, die Sagen oder historische Ereignisse zum Inhalt hat). Ihre Erzählgedichte sind somit zwar dem Volkslied nahe, aber das Erzählerische tritt zugunsten des Lyrischen zurück. Die Themen verlieren ihre dramatische Wucht, Stimmungen treten deutlicher hervor. Beispiele: Clemens

Brentano, *Lore Lay*, *Romanzen vom Rosenkranz*; Joseph von Eichendorff, *Die zwei Gesellen*; Heinrich Heine, *Atta Troll* (parodistisch). Die Wertschätzung der Romantiker für das Volkstümliche und damit Ursprüngliche zeigte sich in der Volksliedersammlung *Des Knaben Wunderhorn* von Achim von Arnim und Clemens Brentano (vgl. Seite 172), in der sich fast alle erhaltenen Volksballaden finden.
Bedeutende Balladendichter/innen des 19. Jahrhunderts waren Annette von Droste-Hülshoff, Theodor Fontane und Conrad Ferdinand Meyer (1825 bis 1898). Dieser verfasste viele Balladen mit historischer Thematik, darunter auch eine über die Verfolgung der Hugenotten in Frankreich.

Hintergrund

Fragen des Glaubens beschäftigten die Menschen des 16. Jahrhunderts sehr stark. Die von Deutschland ausgehende reformatorische Bewegung erfasste auch die Schweiz und Frankreich. Die französischen Protestanten, Hugenotten genannt, schlossen sich ab der Mitte des 16. Jahrhunderts auf der Grundlage des calvinischen Glaubensbekenntnisses zusammen (Johann Calvin, französischer Reformator, gestorben 1564 in Genf).
Die Hugenotten zeichneten sich durch ein einfaches Leben, einen starken, verinnerlichten Glauben und eine große Leidensbereitschaft aus. Sie wurden von den katholischen Königen immer wieder grausam verfolgt. Höhepunkt war die Bartholomäusnacht des Jahres 1572, in der die Führer der Hugenotten und Tausende ihrer Anhänger ermordet wurden.
1598 wurde den Hugenotten im Edikt von Nantes die freie Ausübung ihrer Religion innerhalb gewisser Vorschriften gewährt. Ludwig XIV. hob jedoch 1685 dieses Edikt auf. Die Hugenotten wurden wieder verfolgt und enteignet. Mehrere hunderttausend Menschen, und zwar die besonders tüchtigen und charakterfesten, wanderten in die protestantischen Länder Europas aus.

Conrad Ferdinand Meyer

Die Füße im Feuer

Wild zuckt der Blitz. In fahlem Lichte steht ein Turm.
Der Donner rollt. Ein Reiter kämpft mit seinem Ross,
Springt ab und pocht ans Tor und lärmt. Sein Mantel saust
Im Wind. Er hält den scheuen Fuchs am Zügel fest.
Ein schmales Gitterfenster schimmert goldenhell,
Und knarrend öffnet jetzt das Tor ein Edelmann ...

„Ich bin ein Knecht des Königs, als Kurier geschickt
Nach Nîmes. Herbergt mich! Ihr kennt des Königs Rock!"

„Es stürmt. Mein Gast bist du. Dein Kleid, was kümmert's mich?
Tritt ein und wärme dich! Ich sorge für dein Tier!"
Der Reiter tritt in einen dunklen Ahnensaal,
Von eines weiten Herdes Feuer schwach erhellt,
Und je nach seines Flackerns launenhaftem Licht
Droht hier ein Hugenott im Harnisch, dort ein Weib,

Ein stolzes Edelweib aus braunem Ahnenbild ...
Der Reiter wirft sich in den Sessel vor dem Herd
Und starrt in den lebend'gen Brand. Er brütet, gafft ...
Leis sträubt sich ihm das Haar. Er kennt den Herd, den Saal ...
Die Flamme zischt. Zwei Füße zucken in der Glut.

Den Abendtisch bestellt die greise Schaffnerin
Mit Linnen blendend weiß. Das Edelmägdlein hilft.
Ein Knabe trug den Krug mit Wein. Der Kinder Blick
Hangt schreckensstarr am Gast und hangt am Herd entsetzt ...
Die Flamme zischt. Zwei Füße zucken in der Glut.
„Verdammt! Dasselbe Wappen! Dieser selbe Saal!
Drei Jahre sind's ... Auf einer Hugenottenjagd ...
Ein fein, halsstarrig Weib ... ‚Wo steckt der Junker? Sprich!'
Sie schweigt. ‚Bekenn!' Sie schweigt. ‚Gib ihn heraus!' Sie schweigt.
Ich werde wild. Der Stolz! Ich zerre das Geschöpf ...
Die nackten Füße pack' ich ihr und strecke sie
Tief mitten in die Glut ... ‚Gib ihn heraus!' ... Sie schweigt ...
Sie windet sich ... Sahst du das Wappen nicht am Tor?
Wer hieß dich hier zu Gaste gehen, dummer Narr?
Hat er nur einen Tropfen Bluts, erwürgt er dich."
Eintritt der Edelmann. „Du träumst! Zu Tische, Gast ..."

Da sitzen sie. Die drei in ihrer schwarzen Tracht
Und er. Doch keins der Kinder spricht das Tischgebet.
Ihn starren sie mit aufgerissnen Augen an –
Den Becher füllt und übergießt er, stürzt den Trunk,
Springt auf: „Herr, gebet jetzt mir meine Lagerstatt!
Müd bin ich wie ein Hund!" Ein Diener leuchtet ihm,
Doch auf der Schwelle wirft er einen Blick zurück
Und sieht den Knaben flüstern in des Vaters Ohr ...
Dem Diener folgt er taumelnd in das Turmgemach.

Fest riegelt er die Tür. Er prüft Pistol und Schwert.
Gell pfeift der Sturm. Die Diele bebt. Die Decke stöhnt.
Die Treppe kracht ... Dröhnt hier ein Tritt? ... Schleicht dort ein Schritt? ...
Ihn täuscht das Ohr. Vorüber wandelt Mitternacht.
Auf seinen Lidern lastet Blei, und schlummernd sinkt
Er auf das Lager. Draußen plätschert Regenflut.
Er träumt. „Gesteh!" Sie schweigt. „Gib ihn heraus!" Sie schweigt.
Er zerrt das Weib. Zwei Füße zucken in der Glut.
Aufsprüht und zischt ein Feuermeer, das ihn verschlingt ...
„Erwach! Du solltest längst von hinnen sein! Es tagt!"
Durch die Tapetentür in das Gemach gelangt,
Vor seinem Lager steht des Schlosses Herr – ergraut,
Dem gestern dunkelbraun sich noch gekraust das Haar.
Sie reiten durch den Wald. Kein Lüftchen regt sich heut.
Zersplittert liegen Ästetrümmer quer im Pfad.

Die frühsten Vöglein zwitschern, halb im Traume noch.
Friedsel'ge Wolken schwimmen durch die klare Luft,
Als kehrten Engel heim von einer nächt'gen Wacht.
Die dunklen Schollen atmen kräft'gen Erdgeruch.
Die Ebne öffnet sich. Im Felde geht ein Pflug.
Der Reiter lauert aus den Augenwinkeln: „Herr,
Ihr seid ein kluger Mann und voll Besonnenheit
Und wisst, dass ich dem größten König eigen bin.
Lebt wohl. Auf Nimmerwiedersehn!" Der andre spricht:
„Du sagst's! Dem größten König eigen! Heute ward
Sein Dienst mir schwer ... Gemordet hast du teuflisch mir
Mein Weib! Und lebst! ... Mein ist die Rache, redet Gott."

3. Analysieren Sie die Ballade nach folgenden Gesichtspunkten:

Inhalt
- Fassen Sie den Inhalt in kurzen Worten zusammen.
- Beschreiben Sie, welche spontane Handlung der Kurier vom Edelmann erwartet.
- Erläutern Sie, welchen inneren Kampf der Edelmann führt und wie er ausgeht.
- Illustrieren Sie, welche Doppeldeutigkeit der Ausdruck „dem größten König eigen" (Vers 67) gewinnt.

Zeitliche Abfolge
- Stellen Sie gegenüber, zu welcher Tageszeit die Handlung einsetzt und wann sie endet (= erzählte Zeit).
- Beschreiben Sie, welche Technik Meyer verwendet, um den Mord an der Frau darzustellen.
- Schlagen Sie Alternativen zur zeitlichen Abfolge vor.

Ort der Handlung
- Erläutern Sie, wo die einzelnen Szenen spielen.
- Kommentieren Sie, wie die Schauplätze geschildert sind.
- Beurteilen Sie die Funktion der Schilderung der Vorgänge in der Natur am Anfang und am Schluss der Ballade (Vers 1 bis 4 und Vers 58 bis 64).

Milieu
- Erläutern Sie, in welchem Milieu die Ballade spielt.
- Stellen Sie dar, welchen politischen und religiösen Gruppierungen die Hauptfiguren angehören.
- Stellen Sie Vermutungen darüber an, was der Kurier mit dem Hinweis auf „des Königs Rock" erreichen will (Vers 8) und kommentieren Sie, wie der Edelmann darauf reagiert.

Personenkonstellation
- Stellen Sie Hypothesen über die Gründe des Autors für den Verzicht auf die Nennung von Namen in der Ballade auf.
- Arbeiten Sie die Gegensätzlichkeiten zwischen den beiden Hauptfiguren heraus.

Form und Sprache
- Untersuchen Sie Versbau, Strophenform und sprachliche Mittel (z. B. zur Schilderung des Gewitters, der Landschaft am Morgen und der Erinnerung, Vers 25 bis 35: Satzbau, Wortwahl).
- Nennen Sie Kennzeichen, die den Text als Ballade charakterisieren.

DER SONG

Nach dem Versuch der Erneuerung der Ballade durch Börries Freiherr von Münchhausen, Agnes Miegel u. a. um 1900 gelang erst Bertolt Brecht in den zwanziger und dreißiger Jahren des 20. Jahrhunderts ein neuer Ansatz: Er griff auf die alte Form des Bänkelsangs und dessen ungeglättete Sprache zurück (*Hauspostille*, 1927). Zugleich erhielt die Ballade einen gesellschaftskritischen Inhalt. Brecht schuf den „negativen Helden" in der Ballade: Mörder, Gauner, Schieber[1], Dirnen schlagen sich durch eine böse Welt.

Gesellschafts-kritische Inhalte

Der folgende Song, den Polly Peachum, die Tochter des Bettlerkönigs, singt, stammt aus der *Dreigroschenoper* (entstanden 1928). Die vier Strophen weisen einen dreizeiligen Kehrreim (Refrain) auf, dessen jeweils dritte Zeile variiert wird. Der Kehrreim findet sich häufig in Volksliedern, Chansons, Erzählgedichten und Balladen.

Bertolt Brecht

Die Seeräuber-Jenny oder Träume eines Küchenmädchens

1
Meine Herren, heute sehen Sie mich Gläser abwaschen
Und ich mache das Bett für jeden.
Und Sie geben mir einen Penny und ich bedanke mich schnell
Und Sie sehen meine Lumpen und dies lumpige Hotel
Und Sie wissen nicht, mit wem Sie reden.
Aber eines Abends wird ein Geschrei sein am Hafen
Und man fragt: Was ist das für ein Geschrei?
Und man wird mich lächeln sehn bei meinen Gläsern
Und man sagt: Was lächelt die dabei?
  Und ein Schiff mit acht Segeln
  Und mit fünfzig Kanonen
  Wird liegen am Kai.

2
Man sagt: Geh, wisch deine Gläser, mein Kind
Und man reicht mir den Penny hin.
Und der Penny wird genommen, und das Bett wird gemacht!
(Es wird keiner mehr drin schlafen in dieser Nacht.)
Und Sie wissen immer noch nicht, wer ich bin.
Aber eines Abends wird ein Getös sein am Hafen
Und man fragt: Was ist das für ein Getös?
Und man wird mich stehen sehen hinterm Fenster
Und man sagt: Was lächelt die so bös?
  Und das Schiff mit acht Segeln
  Und mit fünfzig Kanonen
  Wird beschießen die Stadt.

1 Schieber: Schmuggler, Schwarzhändler

3
Meine Herren, da wird wohl Ihr Lachen aufhörn
Denn die Mauern werden fallen hin
Und die Stadt wird gemacht dem Erdboden gleich
Nur ein lumpiges Hotel wird verschont von jedem Streich
Und man fragt: Wer wohnt Besonderer darin?
Und in dieser Nacht wird ein Geschrei um das Hotel sein
Und man fragt: Warum wird das Hotel verschont?
Und man wird mich sehen treten aus der Tür gen Morgen
Und man sagt: Die hat darin gewohnt?
Und das Schiff mit acht Segeln
Und mit fünfzig Kanonen
Wird beflaggen den Mast.

4
Und es werden kommen hundert gen Mittag an Land
Und werden in den Schatten treten
Und fangen einen jeglichen aus jeglicher Tür
Und legen ihn in Ketten und bringen vor mir
Und fragen: Welchen sollen wir töten?
Und an diesem Mittag wird es still sein am Hafen
Wenn man fragt, wer wohl sterben muss.
Und dann werden Sie mich sagen hören: Alle!
Und wenn dann der Kopf fällt, sag ich: Hoppla!
Und das Schiff mit acht Segeln
Und mit fünfzig Kanonen
Wird entschwinden mit mir.

4. Kommentieren Sie den obenstehenden Text:
   - Stellen Sie Vermutungen darüber an, warum der Song zwei Titel hat. Realität oder Träumen
   - Mutmaßen Sie, warum die Spelunken-Jenny zu ihren Phantasievorstellungen kommt.
   - Stellen Sie Hypothesen darüber auf, warum sie gerade diesen Traum träumt.

Sie versucht dem alltag als Kellnerin und armut zu entkommen Macht über alle und kann über Leben & Tod ents.

Moderner Bänkelsang

An die Bänkelliedballade von Bertolt Brecht knüpften die Liedermacher der sechziger und siebziger Jahre an: Wolf Biermann, Franz Josef Degenhardt, Konstantin Wecker (geb. 1947), Georg Danzer (1946 – 2007), Ludwig Hirsch (1946 – 2011) u. a. Die Ballade wird wieder zu einem Instrument gesungen (meist zur Gitarre). Sie hat einen aktuellen sozialen, gesellschaftskritischen und politischen Inhalt.

Franz Josef Degenhardt
Tonio Schiavo (1971)

Das ist die Geschichte von Tonio Schiavo,
geboren, verwachsen im Mezzo-giorno[1].

1 Mezzo-giorno: wirtschaftlich benachteiligter Landstrich in Süditalien

Frau und acht Kinder, und drei leben kaum,
und zweieinhalb Schwestern in einem Raum.
Tonio Schiavo ist abgehaun.
Zog in die Ferne,
ins Paradies,
und das liegt irgendwo bei Herne[1].

Im Kumpelhäuschen oben auf dem Speicher
mit zwölf Kameraden vom Mezzo-giorno
für hundert Mark Miete und Licht aus um neun,
da hockte er abends und trank seinen Wein.
Und manchmal schienen durchs Dachfenster rein
richtige Sterne
ins Paradies,
und das liegt irgendwo bei Herne.

Richtiges Geld schickte Tonio nach Hause.
Sie zählten's und lachten im Mezzo-giorno.
Er schaffte und schaffte für zehn auf dem Bau.
Und dann kam das Richtfest, und alle waren blau.
Der Polier, der nannte ihn „Itaker-Sau".
Das hört er nicht gerne
im Paradies,
und das liegt irgendwo bei Herne.

Tonio Schiavo, der zog sein Messer,
das Schnappmesser war's aus dem Mezzo-giorno.
Er hieb's in den harten Bauch vom Polier,
und daraus floss sehr viel Blut und viel Bier.
Tonio Schiavo, den packten gleich vier.
Er sah unter sich Herne,
das Paradies,
und das war gar nicht mehr so ferne.

Und das ist das Ende von Tonio Schiavo,
geboren, verwachsen im Mezzo-giorno:
Sie warfen ihn zwanzig Meter hinab.
Er schlug auf das Pflaster, und zwar nur ganz knapp
vor zehn dünne Männer, die waren müde und schlapp,
die kamen grad aus der Ferne – aus dem Mezzo-giorno –
ins Paradies,
und das liegt irgendwo bei Herne.

5. Vergleichen Sie diesen Song mit der Beschreibung des Bänkelsangs:
   - Erläutern Sie, was an den alten Bänkelsang sprachlich und inhaltlich erinnert. Gedicht oder Ballade
   - Interpretieren Sie, welche Bedeutungen der Begriff „Paradies" in diesem Text hat.

Das Leben nach dem Tod / der Himmel und das Jenseits

1 Herne: Industriestadt im Ruhrgebiet, Deutschland

RENAISSANCE, HUMANISMUS, REFORMATION
ETWA 1450 BIS 1600

ABKEHR VOM MITTELALTER – AUFBRUCH ZU NEUEM

Wiedergeburt der antiken Kultur

Renaissance (französisch) bedeutet „Wiedergeburt". In der Kulturgeschichte bezeichnet man mit Renaissance eine geistige Bewegung in Italien im 14. und 15. Jahrhundert, welche die Wiederbelebung der antiken Kultur zum Ziel hatte. Italienische Gelehrte und Künstler besannen sich auf die große Vergangenheit des römischen Reiches. Sie wollten eine politische und geistige Überwindung der mittelalterlichen Bindungen und Vorstellungen und waren erfüllt von der Sehnsucht nach einer Erneuerung des Lebens. Nach ihrer Überzeugung waren die antiken Römer freie Individuen, in Heiterkeit dem Diesseits zugewandt. Diese Lebensform sollte wiedergeboren werden.

Man versteht unter Renaissance vor allem eine Stilrichtung in der Baukunst, der Bildhauerei und Malerei, die die Italiener prägten, die aber auch – mit zeitlicher Verzögerung – nördlich der Alpen bedeutende Werke hervorbrachte.

Gelehrte Bildung

Humanismus, vom lateinischen *humanitas* abgeleitet, deckt sich zum Teil mit dem Begriff Renaissance: Man bezeichnet damit vor allem die Bestrebungen der Wissenschaftler, an die Schriftsteller und Philosophen der Antike anzuknüpfen, die das Humane (= die Veredelung des Menschen durch Bildung) nach ihrer Meinung bereits erreicht hatten. Man studierte daher lateinische Werke im Original, entdeckte alte Handschriften, wie die *Germania* des Tacitus, und veröffentlichte sie. Hinzu kamen griechische Handschriften, die Flüchtlinge aus Konstantinopel nach der Eroberung durch die Türken (1453) nach Italien gebracht hatten.

Ulrich von Hutten, der sich als Dichter fühlte, was damals eher selten war, drückte in einem Brief aus dem Jahr 1518 das Lebensgefühl der Humanisten so aus:

> O Jahrhundert, o Wissenschaften! Es ist eine Lust zu leben, wenn auch noch nicht in der Stille. Die Studien blühen, die Geister regen sich. Barbarei, nimm dir einen Strick und mache dich auf Verbannung gefasst.

1. Deuten Sie dieses Zitat von Ulrich von Hutten:
   - Erläutern Sie, welche Rolle Hutten der humanistischen Wissenschaft zuschrieb. Verbannung
   - Prüfen Sie, ob sich diese im weiteren Verlauf der Geschichte erfüllt hat.

Aus dem humanistischen Geist entwickelte sich eine Reihe von Einzelwissenschaften, wie die Geographie, die Astronomie (Nikolaus Kopernikus), die Alchemie (Paracelsus), die Anatomie, die Optik und die Mechanik. Da manche Ergebnisse der Wissenschaften in Widerspruch zu damaligen theologischen Auffassungen standen (z. B. geozentrisches Weltbild), kam es zu Auseinandersetzungen mit der Kirche, so etwa im Fall des Galileo Galilei, den ein Inquisitionsverfahren zwang, seine richtigen Erkenntnisse zu widerrufen.

Die überregionale Sprache der Humanisten war das Lateinische. Der Humanismus erzielte daher keine Breitenwirkung, sondern blieb auf eine relativ kleine Zahl von Gelehrten und auf die Universitäten beschränkt. Dennoch strahlte er in die kommenden Jahrhunderte aus und bewirkte ein Fortleben der griechischen und römischen Antike, neben dem christlichen Glauben eine Säule der europäischen Kultur.
Vertreter des Humanismus nördlich der Alpen waren Erasmus von Rotterdam, Johannes Reuchlin und Conrad Celtis, der zuletzt in Wien lehrte.
Unter Reformation versteht man eine religiöse Bewegung zu Beginn des 16. Jahrhunderts, die ihre Wurzeln im ausgehenden Mittelalter hatte und schließlich zur Kirchenspaltung führte. Reformatorische Bewegungen entstanden in weiten Teilen Europas.

Erneuerung des Glaubens

Reformatoren im deutschen Sprachraum:
Deutschland: Martin Luther (1483 – 1546)
Schweiz: Ulrich Zwingli (1484 – 1531), Johannes Calvin (1509 – 1564)

Im Jahre 1517 veröffentlichte Martin Luther (Augustinermönch und Universitätsprofessor) in Wittenberg 95 Thesen in lateinischer Sprache, mit denen er Kritik an den Zuständen in der Kirche anbringen und eine Diskussion darüber anregen wollte. Es folgte ein harter theologischer Streit zwischen Luther und den „Papisten", den Anhängern des römischen Papsttums. Luther wollte – dies verbindet ihn mit den Humanisten – auch eine Erneuerung, allerdings die des christlichen Glaubens. Er verwendete zu diesem Zweck die Methode der Humanisten, nämlich das Studium der antiken Quellen: Er lehnte die lateinische Bibel und die Überlieferung der Kirchenväter ab und berief sich auf den griechischen Urtext des Neuen Testaments und auf den hebräischen Text des Alten Testaments. Theologisch weicht Luther in zwei Punkten von den „Papisten" ab:

- Er schaltet die Kirche (den Theologen) als Vermittler zwischen Mensch und Gott aus (z. B. Ablehnung der Ohrenbeichte). Jeder kann selber zu den Glaubenswahrheiten finden.
- Der Mensch erwirbt das ewige Leben nicht aufgrund seiner eigenen guten Werke (Ablehnung der Ablassbriefe); nur die Gnade Gottes und die Erlösertat Christi können den Menschen von seiner Sündhaftigkeit befreien.

REFORMATIONSLITERATUR

Neben seiner Tätigkeit als Reformator war Martin Luther auch ein vielseitiger Autor. Er schrieb bedeutende Kirchenlieder, übersetzte die Fabeln des Aesop (*Etliche Fabeln aus dem Esopo verdeutscht*, 1530) und verfasste eine Reihe von Flugschriften, Predigten und Kampfschriften (z. B. *An den christlichen Adel deutscher Nation*, 1520, *Von der Freiheit eines Christenmenschen*, 1520, *Wider die räuberischen und mörderischen Bauern*, 1525).
Sein wichtigstes Werk war jedoch seine Bibelübersetzung. Aus der Überzeugung, dass auch die Laien einen unmittelbaren Zugang zu Gottes Wort haben müssten, übertrug Luther die Bibel in eine zeitgemäße sprachliche Form, die rasch großen Anklang in der Bevölkerung fand. Zunächst veröffentlichte er 1522 die Evangelien, übersetzt aus dem griechischen Urtext. Nach mehreren Teilveröffentlichungen erschien die Gesamtausgabe der Bibelübersetzung erstmals 1534.

Bibel in zeitgemäßer Sprache

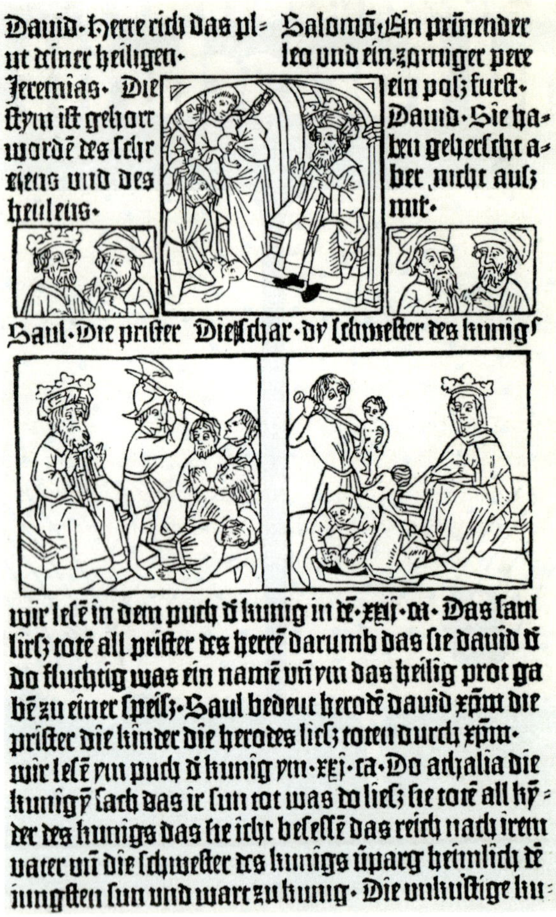

Seite aus einer deutschen Ausgabe der Armenbibel aus 1462

In seinem Text *Sendbrief vom Dolmetschen* (1530) trifft Luther Kernaussagen zu seiner Übersetzungstechnik:

> Ich hab mich des beflissen im Dolmetschen, daß ich rein und klar Deutsch geben möchte. Und ist uns sehr oft begegnet, daß wir vierzehn Tage, drei, vier Wochen haben ein einziges Wort gesucht und gefragt, haben's dennoch zuweilen nicht gefunden.
>
> [...] man muss nicht die Buchstaben in der lateinischen Sprache fragen, wie man soll Deutsch reden, [...] sondern man muss die Mutter im Hause, die Kinder auf der Gassen, den gemeinen Mann auf dem Markt drum fragen und denselbigen auf das Maul sehen, wie sie reden, und darnach dolmetschen; da verstehen sie es denn und merken, daß man deutsch mit ihnen redet.
>
> [...] wer dolmetschen will, muss großen Vorrat von Worten haben, damit er die recht zur Hand haben kann, wenn eins nirgendwo klingen will.

2. Übertragen Sie diese Aussagen in heutiges Deutsch und beachten Sie dabei die Vorgangsweise, die Luther anspricht.

Luthers Übersetzungstechnik

Merkmale von Luthers Übersetzungstechnik:

- Er betrachtete einerseits den Text nach grammatischen Kriterien, andererseits versuchte er, die Bedeutung einer Textstelle aus dem Kontext zu erschließen.
- Er suchte nach der besten Entsprechung der Bedeutung in der deutschen Sprache, wobei er bemüht war, eine klare und einfache Formulierung zu finden, die auch Ungebildete verstehen konnten.
- Er verwendete als Grundlage seiner Übersetzung das Ost-Mitteldeutsche. Allerdings benützte er auch Ausdrücke aus dem Ober- und Niederdeutschen, wenn ihm diese Ausdrücke klarer vorkamen und wenn sie besser klangen.
- Er schuf dabei eine Reihe von neuen, zusammengesetzten Wörtern (z. B. Gotteshaus für Kirche, Sündenbock, Gewissensbiss) und prägte sprachliche Wendungen, die bis heute in Gebrauch sind (z. B. Sand am Meer, Dorn im Auge, verlorener Sohn).

Das Kirchenlied, dessen Anfänge bis ins 9. Jahrhundert zurückgehen, erhält durch Martin Luther eine wichtige Funktion im Dienst der Reformation: Es wird zum Träger des neuen Glaubensgutes. Die Gemeinde soll durch den gemeinsamen Gesang zu einer Glaubensgemeinschaft werden. Luther hat eine Reihe von Kirchenliedern geschaffen, in denen sich die Bildkraft seiner Sprache zeigt und die bis heute gesungen werden, zum Beispiel:

Ein feste Burg ist unser Gott,
Ein gute Wehr und Waffen,
Er hilft uns frei aus aller Not,
Die uns jetzt hat betroffen.

Entwicklung der Gemeinsprache

Die weite Verbreitung der Werke Luthers förderte die Entwicklung einer überregionalen deutschen Standardsprache ganz wesentlich. Der Erfolg der lutherischen Schriften war jedoch nur durch die Entwicklung des Buchdrucks mit beweglichen Metalllettern durch Johannes Gutenberg (1400 – 1468) möglich.

Druckerei um 1570: Der Kupferstich zeigt links die Setzer vor ihren Setzkästen, in denen die Buchstaben geordnet aufbewahrt sind, im Hintergrund das Einfärben der Druckplatte, rechts die Druckerpresse.

Einen großen Teil der Reformationsliteratur machen die Streitschriften aus, die den Gegner häufig mit groben Beschimpfungen überschütten. Sozialkritische Gesichtspunkte führt der bedeutendste Gegenspieler Luthers ins Treffen, Thomas Müntzer. In seiner *Hochverursachten Schutzrede* (1524) bezieht er sich einerseits auf die Bauernkriege, andererseits kritisiert er in scharfer, bildreicher Sprache Luthers Haltung gegenüber den Aufständischen:

> Sieh zu, die Grundsuppe des Wuchers, der Dieberei und Räuberei sind unsere Herren und Fürsten. Sie nehmen alle Geschöpfe zum Eigentum. Die Fische im Wasser, die Vögel in der Luft, die Pflanzen auf Erden, ihnen muss alles gehören. Darüber lassen sie dann Gottes Gebot ausgehen unter die Armen und sagen: Gott hat befohlen, du sollst nicht stehlen. Aber selber halten sie sich nicht daran. Indem sie nun alle Menschen peinigen und den armen Ackermann und Handwerksmann und alles, was lebt, schinden und schaben, so muss er hängen, wenn einer von diesen sich dann am Allergeringsten vergreift. Dazu spricht dann der Doktor Luther: Amen. Die Herren bewirken selber, dass ihnen der arme Mann Feind wird. Die Ursache des Aufstands wollen sie nicht beseitigen. Wie kann es dann auf die Dauer gut werden?

3. Vergleichen Sie die Haltung Thomas Müntzers mit der, die er Martin Luther zuschreibt.
4. Recherchieren Sie die geschichtlichen Hintergründe der Bauernkriege und ihren Zusammenhang mit der Reformation und fassen Sie diese zusammen.

VOLKSTÜMLICHE LITERATUR

Literarische Formen

Im Zeitraum von 1470 bis 1600 entstand eine bürgerliche, manchmal auch kleinbürgerliche deutsche Literatur. Die Erfindung des Buchdrucks und die Verbreitung deutschsprachiger Bücher waren auch dafür die Voraussetzungen. Die Formen der Literatur waren sehr vielfältig: Es gab volkstümlich-unterhaltende Werke epischer und dramatischer Art (z. B. Schwanksammlungen, Fastnachtspiele, satirische Darstellungen menschlicher Torheiten).

Bis in die Zeit Maximilians I. (gest. 1519) lebten die alten Formen des höfischen Epos, der Heldendichtung und der Minnedichtung fort. Allerdings wurden häufiger alte Werke umgeformt und nacherzählt als neue geschaffen. Außerdem begegnete man dieser Art der Literatur als Rückschau auf eine versunkene Zeit; denn das in diesen Werken dargestellte Rittertum gab es nicht mehr, es hatte längst seine politische, wirtschaftliche und militärische Bedeutung verloren. Das Bürgertum der Städte, die neue kulturtragende Schicht, schuf sich eigene literarische Ausdrucksformen. Beliebt war der Schwank, der auf realistische Weise die Konflikte im menschlichen Zusammenleben der Städter darstellt. Die Bürger waren auf engstem Raum (innerhalb der Stadtmauern) zusammengepfercht und hatten strenge moralische Verhaltensmuster entwickelt, besonders im Rahmen der Zünfte. Da war der Schwank eine Art Ventil für unterdrückte Wünsche und Zügellosigkeiten. Bevorzugte Inhalte waren: Ehekrach mit Prügel für die Frau, Untreue der Frau, eine Operation, die schlechte Eigenschaften (wie Geiz, Eitelkeit, Narrheit) zutage förderte. Häufig erscheinende Typen waren: der betrunken heimkehrende Ehemann, der listige fahrende Schüler, der liebeshungrige Pfaffe, der betrügerische Kaufmann oder Arzt, die verführerische Dirne, das kupplerische alte Weib und der dumme Bauer.

Bürgertum als Kulturträger

Gerade weil die Kleinbürger „Aufsteiger" aus dem Bauernstand waren, distanzierten sie sich von dem dummen Karsthans (Schimpfwort für Bauer), der im Schwank auf jede mögliche Weise blamiert und bloßgestellt wird.

Der Schwank ist eine kurze lustige Erzählung in Versen oder in Prosa, tritt aber auch in Dialogform auf und wurde dann szenisch dargeboten. Es entstanden Schwanksammlungen, die gern zum Zeitvertreib auf Reisen gelesen wurden. So erklären sich Titel wie *Das Rollwagenbüchlein* (Jörg Wickram) und *Der Wegkürzer* (Martin Montanus). Schwanksammlungen, die sich um eine bestimmte Figur oder Figurengruppe ranken, wurden manchmal zu Volksbüchern, deren bekannteste *Till Eulenspiegel* und *Die Schildbürger* sind.

Das mit dem Schwank verwandte Fastnachtspiel entwickelte sich aus den städtischen Fastnachtsfeiern. Zunächst wurden bei kostümierten Umzügen von einzelnen Teilnehmern derb-komische Sprüche vorgetragen, später übernahm eine Spielgruppe den Vortrag, auf Rede folgte Gegenrede, es entstand ein Dialog. Hinzu kam das Spielen einer einfachen Handlung, wobei Verwechslungen, Verkleidungen, Prügelszenen, derbe Witze und sexuelle Anspielungen den größten Erfolg beim Publikum hatten. Wegen der Derbheit vieler Werke der Zeit nennt man die Periode auch Grobianismus. Hans Sachs aus Nürnberg, Verfasser zahlreicher Fastnachtspiele, bemühte sich, diese Form literarisch zu heben. Von ihm stammt das *Fastnachtspiel mit 6 Personen, haist Der Kremerkorb*.

Der Knecht soll für seinen Herrn Wein holen, verspätet sich und entschuldigt sich mit einem außergewöhnlichen Erlebnis, das er unterwegs hatte:

verstehen
Inhalt zusammenfassen
S 49. Fragen

Ach, mein Herr, zuernet[1] nit darumb!
Ich kam zu aim selczamen Straus[2],
Dort oben bei dem „Guelden Horn"
Da het ein Kremer mit Spiel verlorn
Sein Gelt, drumb det sein Weib in plagn
Und wolt den Kremerskorb[3] nit tragn,
Und gaben also Wort umb Wort,
Bis doch der Kremer an dem Ort
Den Korb sie wolt zu tragen nöten.[4]

Über diesen Streit des Krämerpaares geraten sich nun ein anderer Herr und seine Frau in die Haare.

Der Herr spricht:
Wer ich den gwest der Kremersmon,
Wen ich gleich het verspilt das Gelt,
Het drumb nit tragen über Felt
Den Korb. Es gehört den Frauen zu,
Das jede den Korb tragen thu,
Weil sie zu tragen sint verpflicht
Tag und auch Nacht, wie man den spricht:
Der Man, der sol sein Herr im Haus,
Die Herrschaft phalten[5] gar durchaus.

1 jemandem zürnen: jemandem böse sein
2 Straus: Streit
3 Kremerskorb: Korb mit Handelswaren
4 jemanden nöten: jemanden nötigen, zu etwas zwingen
5 phalten: behalten

Das Weib aber sei unterthenig,
Gehorsam und nit widerspenig[1]
Dem Man, und thu den Korb nachtragen.

Die Frau spricht:
Mein Man, ich mus dir auch ains sagen:
Wen aber ain Man ist auf Ert
Verspilt und sunst auch nichsen wert
Und seinem Haus nit wol vorstet,
Mainst nicht, ob derselb pillich[2] det
Wie ein Esel den Korb selb tragen?

Die Meinungsverschiedenheit wird immer heftiger, es kommt zu einer Schlägerei:

Der Herr spricht:
So wolt ich d'Faust an Kopff dir schlagen,
Wolt nur sehen, wer noch Her wer.

Die Frau spricht:
Ei, bistu bös, so schlag nur her!
(Er schlägt sie, sie schlägt hinwider.)

Der Knecht sieht, was er mit seinem Bericht ausgelöst hat, und meint:

Was Haders[3] hat sich da zutragen
Von dieses Kremerkorbes wegen?
Ich glaub, der Deuffel sei drin glegen.
Zumb nechsten will ich schweigen stil,
Kain neue Mer[4] haimbringen wil.

Der Knecht schließt mit einer guten Lehre:

Es ist noch war das alt Sprichwort,
Sagt, das sich sol ein weiser Mon
Kains fremden Haders nemen on
Und sich garnichts darmit bekuemer,
Das nit an in springen die Truemer,
Thailhaft wer Haders, Ungemachs.
Den treuen Rat geit[5] auch Hans Sachs.

1 widerspenig: widerspenstig
2 pillich: recht
3 Hader: Streit
4 Märe: Nachricht
5 geit: gibt

5. Besprechen Sie den obigen Textausschnitt:
   - Stellen Sie dar, welche Merkmale des Fastnachtspiels sich in Hans Sachs' Stück nachweisen lassen.
   - Kommentieren Sie, wie hier die Beziehung zwischen Mann und Frau dargestellt wird.
   - Illustrieren Sie, wie die Hauptpersonen miteinander umgehen.

Versform

Hans Sachs, der sich selbst als „schuhmacher und poet" bezeichnete, verwendet hier, wie andere Dichter seiner Zeit, den Knittelvers: Die Zeile beginnt mit einer unbetonten Silbe. Sie weist vier betonte Silben (Hebungen) auf. Die Zahl der unbetonten Silben (Senkungen) ist nicht immer gleich (freie Senkungsfüllung). Die Verse sind paarweise gereimt. Der deutsche Knittelvers (oder Knüppelvers, weil er holprig wie ein mit Holzknüppeln befestigter Weg ist) wurde im 17. Jahrhundert wegen seiner Plumpheit nicht sehr geschätzt; erst der junge Goethe brachte ihn wieder zu Ehren (*Urfaust*).

6. Wählen Sie einige Zeilen im Text aus und lesen Sie diese laut vor.
   - Kennzeichnen Sie die Hebungen und stellen Sie fest, ob Sie diese Silben auch in der Alltagssprache betonen würden.
   - Überprüfen Sie anhand des selbst gewählten Beispiels die obige Erklärung des Knittelverses und seiner Wirkung.

Ironie und Satire

Humanismus und Reformation schätzten besonders die lehrhafte Literatur. Man wollte moralische Lehren nicht nur in Traktaten und Predigten, sondern auch in dichterischer Form vermitteln. Als sprachliche Verfahrensweisen wurden dabei häufig Ironie und Satire eingesetzt: Man versuchte, dem Menschen seine Fehler und Sünden durch beißenden Spott auszutreiben. Wer sich nicht gemäß den vorgeschriebenen Normen verhielt, wurde als Narr gebrandmarkt und der Lächerlichkeit preisgegeben (Narrenliteratur).

Von neuen Moden, Holzschnitt, 1494 datiert, coloriert, aus Sebastian Brants *Das Narrenschiff*. Links der Modenarr mit der Narrenkappe. Er hält der personifizierten Eitelkeit einen Spiegel vor.

Das erfolgreichste Werk, *Das Narrenschiff* (1494), stammt von dem Professor der Rechtswissenschaften Sebastian Brant, einem wortgewaltigen Pessimisten. Er lädt alle Narren auf ein Schiff, das nach „Narragonien" fährt. Auf diesem Schiff findet man zum Beispiel die Modenarren:

Sebastian Brant

Von neuen Moden

Wer neue Moden trägt durchs Land,
gibt Ärgernis, verfällt in Schand
und hält den Narren bei der Hand.
Was einstens war ein schändlich Ding,
das achtet jetzt man ganz gering.
Trug man in Ehren einst den Bart,
so liebt der Mann jetzt Weiberart.
Man schmiert sich jetzt mit Affenschmalz
und legt um den entblößten Hals
viel Ring und große Ketten an,
als wollt man vor Sankt Lienhard[1] stahn.
Mit Schwefel und Harz pufft man das Haar
und schlägt darein dann Eierklar,
dass es im Schüsselkorb[2] werd kraus.
Der hängt den Kopf zum Fenster raus,
der bleicht es dann an Sonn und Feuer,
darunter sind die Läus nit teuer.
Die können es jetzt gut aushalten,
weil alle Kleider sind voll Falten:
Rock, Mäntel, Brusttuch, Mieder, Hemder,
Pantoffel, Stiefel, Hosen, Gwänder,
Pelzkappen, Mäntel mit Verbrämung
nach Judenart ohn all Beschämung.[3]
Der neuen Mod die alte weicht;
das zeigt, wie unser Gmüt ist leicht
und wandelbar in alle Schand.
Viel Modesucht geht durch das Land.
So schändlich kurz sind jetzt die Röck,
kaum dass den Nabel man bedeck.
Pfui Schand der deutschen Nation,
dass man der guten Sitt zum Hohn
zeigt, was Natur verbergen möcht,
drum steht es leider jetzt so schlecht!

7. Besprechen Sie oben stehenden Text:
Neue Mode viel kritisiert, sehr gewagt und gewöhnungsbedürftig
   • Beschreiben Sie die Modeerscheinungen, die Brant in dem Text darstellt.
   • Kommentieren Sie, welche Folgen für Brant die neue Mode hat. Wir sind leichtsinnig, nicht gut gekleidet
   • Stellen Sie dar, in welche sprachliche Form er seine Strafpredigten gekleidet hat.
   • Argumentieren Sie, inwiefern dieser Text heute noch seine Bedeutung hat.
Mode verändert sich ständig, nicht alle einverstanden

zu freizügig, ist abschätzig

Eine bedeutende lyrische Form der Epoche war neben dem Volkslied und dem Kirchenlied der Meistersang.
Die Meistersinger fühlten sich als Erben der höfischen Poesie. Fahrende Handwerker und sesshafte Meister schrieben dreistrophige Lieder (Meistersangstrophe), die formal dem Minnesang nachgebildet waren und zu denen eine (selbst erfundene oder übernommene) Melodie gehörte. Die Stoffe entnahm man meist der Bibel. Die Lieder wurden im Rahmen der „Singschulen" in Kirchen vorgetragen. Ein „Merker" gab genau acht, ob wohl auch alle Regeln und Gesetze, die sich die Meistersinger selbst auferlegt hatten („Tabulatur"), eingehalten waren. Richard Wagner hat die Prozedur des Meistersingens in seiner Oper *Die Meistersinger von Nürnberg* (1868) nachgebildet.

1 Sankt Lienhard: St. Leonhard, Schutzpatron der Gefangenen, dem sie nach ihrer Befreiung ihre Ketten darbringen
2 Schüsselkorb: flacher Korb, den man aufgesetzte, um Locken zu pressen
3 antisemitische Anspielung auf den traditionellen jüdischen Kaftan

RENAISSANCE, HUMANISMUS, REFORMATION | ETWA 1450 BIS 1600

GESCHICHTE

1453 Eroberung Konstantinopels durch die Türken.
1493 Kolumbus entdeckt Kuba und Haiti.
1493 – 1519 **Kaiser Maximilian I.**
1517 **Martin Luther** schlägt seine 95 Thesen an.
1521 Reichstag zu Worms (Luther vor Karl V.). Erdumsegelung Magellans.
1524 – 1525 Bauernaufstände.
1529 Türken belagern zum ersten Mal Wien.
1532 Nürnberger Religionsfriede. Aufstieg des **Protestantismus**.
1540 Gründung des Jesuitenordens (Ignatius v. Loyola).
1545 – 1563 Konzil von Trient: Beginn der **Gegenreformation**.
1555 **Augsburger Religionsfriede** (Cuius regio, eius religio).
1558 – 1603 Elisabeth I. von England.
1562 – 1598 Hugenottenkriege in Frankreich.
1568 – 1648 Aufstand der Niederländer gegen die spanische Herrschaft.
1588 Niederlage der spanischen Armada gegen England.

GESELLSCHAFT/WIRTSCHAFT

Niedergang des universalen Papst- und Kaisertums. Das Rittertum verliert seine politische, wirtschaftliche und militärische Macht und verfällt. Landsknechtheere. Schießpulver.

Erstarken der territorialen **Fürstenmacht**.

Wachsen der Städte (Wien, Nürnberg, Augsburg, Straßburg, Frankfurt, Köln u. a.).

Wohlstand der Handwerker und Kaufleute. Geldwirtschaft, Zunftwesen. Es entsteht ein reiches und gebildetes Stadtpatriziat (z. B. Fugger). Das **Bürgertum** wird Produzent und Konsument der Literatur.

Die Erforschung Amerikas bringt neue Nahrungs- und Genussmittel nach Europa (z. B. Schokolade).

Bauern, Bürger und der Adel wenden sich (auch in Süddeutschland und Österreich) großteils der neuen lutherischen Glaubenslehre zu.

Fanatische Glaubenseiferer (Sektierer).

WISSENSCHAFT/TECHNIK

Johannes Gutenberg erfindet den **Buchdruck** mit beweglichen Lettern (nach 1450). Papiererzeugung in Deutschland.

Aufblühen des **Humanismus** in Städten und Universitäten (Wien, Nürnberg, Straßburg, Heidelberg).
Herausgabe lateinischer und griechischer Handschriften; Studium alter Sprachen (Johannes Reuchlin, Erasmus von Rotterdam). Grammatik, Rhetorik. Latein als übernationale Gelehrtensprache.

Erfindungen: Taschenuhr (Peter Henlein), Globus, Brille, Mikroskop, Landkarten.

Naturwissenschaften: Pharmazie (Paracelsus), Anatomie, Astronomie (Nikolaus Kopernikus: heliozentrisches Weltbild, Galileo Galilei), Mechanik u. a.

KUNST/MUSIK

Späte Gotik. In Österreich: Errichtung gotischer Kirchen, Rat- und Bürgerhäuser (Stephansdom, Kornmesserhaus in Bruck). Spätgotische Plastik („Schöne Madonnen").

Hieronymus Bosch (gest. 1516): Maler phantastischer Bilder.

Renaissance.
Italien: Florenz: Dom, Baptisterium. Donatello (Plastik), Philippo Lippi (Malerei).
Rom: Michelangelo Buonarotti (Petersdom, Sixtinische Kapelle), Raffael Santi (Madonnenbilder), Leonardo da Vinci (Universalgenie).

Deutschland: Matthias Grünewald (Isenheimer Altar); Tilman Riemenschneider (Bildhauer); Albrecht Dürer (Maler, Kupferstecher); Lukas Cranach und Hans Holbein der Ältere und der Jüngere (Maler). Heidelberger Schloss.

Österreich: Bürgerhäuser, Schlösser, Burgen (Schloss Porcia, Schallaburg, Landhaus in Graz).

Musik: Orlando di Lasso (polyphone Chorwerke, Messen); Giovanni da Palestrina.

LITERATUR

Dichter der frühen **Renaissance in Italien**: Francesco Petrarca (gest. 1374): Gedichte. Giovanni Boccaccio (gest. 1375): Novellensammlung *Il Decamerone*.

Deutsche Literatur: Bearbeitungen und Nacherzählungen mittelalterlicher Epen, Erzählungen und Legenden werden zu „Volksbüchern" (*Melusine, Die schöne Magelone, Die heilige Genoveva*).

Schwanksammlungen: *Till Eulenspiegel, Schildbürger*; Jörg Wickram: *Rollwagenbüchlein*; Martin Montanus: *Wegkürzer*; Johannes Pauli: *Schimpf und Ernst*.

Fastnachtspiele: Hans Rosenplüt, Hans Sachs (Nürnberg).

Satirische Schriften, Narrenliteratur: Sebastian Brant: *Das Narrenschiff*; Erasmus von Rotterdam: *Lob der Torheit*.

Dialoge: Ulrich von Hutten.

Übersetzungen: Martin Luther: Neues Testament (1522), später auch Altes Testament.

Streitschriften der Reformation: Martin Luther: *Von der Freiheit eines Christenmenschen, Von der babylonischen Gefangenschaft der Kirche, An den christlichen Adel deutscher Nation. Sendbrief vom Dolmetschen*. Thomas Murner: *Vom großen Lutherischen Narren*.

Meistersang: Hans Sachs, Nürnberg.

Kirchenlieder: Martin Luther, Gesangbuch.

Englische Literatur: William Shakespeare (1564 – 1616).

DAS BAROCK
17. JAHRHUNDERT

DIE POLITISCHEN, SOZIALEN UND KULTURELLEN FAKTOREN

Religiöse und politische Gegensätze

Noch in der zweiten Hälfte des 16. Jahrhunderts lief die Gegenreformation an: Die Beschlüsse des Konzils von Trient (Reaktion der katholischen Kirche auf die Reformation) wurden mit dem Ziel wirksam, den Einfluss der Reformation zurückzudrängen. Der Jesuitenorden gewann als Träger der Gegenreformation an allen katholischen Fürstenhöfen entscheidenden Einfluss.

Die Gegensätze zwischen Katholizismus und Protestantismus, zwischen dem Kaiser, der das Reich und den alten Glauben erhalten wollte, und den protestantischen Fürsten, die nach Selbständigkeit strebten, wurden immer unüberbrückbarer. 1618 kommt es zum „Großen deutschen Krieg", der 30 Jahre dauerte und in den mehrere europäische Mächte, vor allem Frankreich und Schweden, eingriffen. Landsknechtheere zogen kreuz und quer durch deutsche Länder, zerstörten Städte, zündeten Dörfer an, pressten Bürger und Bauern aus. Dabei kam es zur raschen Ausbreitung von Seuchen.

Hyacinthe Rigaud, Ludwig XIV. von Frankreich im Krönungsornat, 1701: vollendeter Ausdruck des absoluten Herrschers, der nur Gott gegenüber verantwortlich ist. Der Ludwig zugeschriebene Ausspruch „Der Staat bin ich" ist historisch nicht verbürgt.

Krieg, Pest und Not

Der Grad der Zerstörung war landschaftlich sehr verschieden; manche Gebiete blieben verschont, manche Dörfer waren gänzlich verödet. Etwa ein Drittel der Bevölkerung kam durch Krieg, Krankheit (Pest) und Hunger um. Die Landwirtschaft lag darnieder, die Bürger waren großteils verarmt.

Die Vormachtstellung der Habsburger im Reich war endgültig vernichtet. Das Reich zerfiel in Dutzende von Kleinstaaten, die „souverän" (unabhängig) wurden. Die Vormachtstellung Frankreichs in Europa war gefestigt.

Fürstenhöfe als Träger der Kultur

Träger der Barockkultur wurden die Fürstenhöfe. Die Herrscher – weltliche wie kirchliche – regierten absolut und ahmten das Vorbild des französischen Königshofes in Versailles nach. Fürsten herrschten „von Gottes Gnaden" und waren nur Gott gegenüber für ihr Tun verantwortlich.

Ein neuer Hofadel entstand, dessen Aufgabe es war, ein strenges Zeremoniell zur Erhöhung, ja Vergöttlichung des Fürsten einzuhalten. Prunkvolle Schlösser wurden gebaut, weitläufige Parkanlagen zeigten die Beherrschung der Natur: Die Bäume wurden zu Kugeln und Kegeln geschnitten, die Blumenbeete nach geometrischen Figuren angelegt (französischer Gartenstil). Der Adel feierte Feste, er tanzte in abgemessenen Schritten, jede Bewegung war gleichförmig und geplant. Die Perücke, die aufwendige Kleidung (der Reifrock) machten die Menschen zu überdimensionalen Puppen eines großen Welttheaters, das zum Sinnbild für die Zeit wurde.

Motiv der Vergänglichkeit

Der Wechselhaftigkeit des Glücks (Symbole waren Fortunas Füllhorn und das Lebensrad) entspricht das Motiv der Vergänglichkeit (Vanitas-Motiv), dem man in der Literatur und in der Malerei und Graphik (der Tod als Sensenmann, die Vergänglichkeit der weiblichen Schönheit) begegnet. Die Antwort der Menschen auf dieses „memento mori"[1] lautete: Genieße den Tag (carpe diem). Das Lebensgefühl des Barockmenschen ist gekennzeichnet durch die Spannung zwischen gierigem Lebensgenuss und Todesmystik.

Schloss Versailles, Lithographie nach Nicolas-Marie-Joseph Chapuy

Der Begriff „Barock" stammt aus der Kunstgeschichte. Er bezeichnet den neuen, prunkvollen Stil der Baukunst, wie er zuerst in Italien aus der Renaissance hervorging (etwa 1540) und über die Alpen kam. Schlösser, Klöster, Kirchen, später auch Häuser reicher Bürger entstanden: Schloss Schönbrunn, das Belvedere, Schloss Mirabell, der Salzburger Dom, die Karlskirche in Wien und die Stifte Melk, Göttweig und Sankt Florian.

Künste im Dienst der Fürsten

Die Musik der Zeit diente vor allem der Verherrlichung Gottes (Kirchenmusik) und der Unterhaltung des Adels (z. B. Georg Friedrich Händel, der für verschiedene Adelshäuser tätig war). Aus Italien kam die Oper als Gesamtkunstwerk, das mit gewaltigem Aufwand zu einem Fest des Hofes mit Musik, Tanz, Feuerwerk und Farbenpracht (heutigen Shows nicht unähnlich) gestaltet wurde.
Auch die Dichtung stand im Dienste des Fürsten und hatte seine Persönlichkeit zu preisen. Hofpoeten verfassten zu verschiedenen Anlässen (Geburtstag, Hochzeit, Regierungsjubiläum etc.) Huldigungsdichtungen. Den „freien Schriftsteller" gibt es erst vereinzelt in der zweiten Hälfte des 18. Jahrhunderts. Lange Zeit hat man die Barockliteratur als „Schwulst" abgetan, obwohl sie aus denselben Quellen schöpft wie die Musik und die Architektur der Zeit und obwohl sie denselben Zielen dient: der Verherrlichung Gottes und der Fürsten. Auch die ästhetischen Mittel, wie der Prunk und das weit ausholende Pathos, sind vergleichbar.

DIE SPRACHE UND DIE LEHRE VON DER DICHTKUNST

Pflege der deutschen Sprache

Die Entwicklung der gemeindeutschen Sprache war noch nicht abgeschlossen. Die Druckereien der verschiedenen Landschaften hatten ihre eigenen Schreibgewohnheiten, die aus der Mundart zu erklären sind. Die Rechtschreibung war im 17. Jahrhundert noch nicht einheitlich geregelt.
Ein weiteres Problem war die Überlagerung des Deutschen durch das Französische, das als Leitkultur anerkannt wurde. In vielen Städten bildeten sich Sprachgesellschaften, die sich zur Aufgabe gesetzt hatten, die Sprache von Fremdwörtern zu reinigen, deutsche Wörter dafür anzubieten und die Literatur zu pflegen.
Der Barockdichter brauchte neben der sprachlichen Begabung gründliches Wissen über die Formen der Dichtkunst, über die darzustellenden Themen und deren Aufbau, über die Metrik (Verslehre) und die Stilmittel der Rhetorik (Redekunst). Dieses Wissen entschied über die Qualität des Textes

1 memento mori (lat.): Bedenke, dass du sterben musst.

und wurde in zahlreichen Poetiken vermittelt. Das erste und einflussreichste barocke Lehrbuch der Dichtkunst stammt von Martin Opitz (1597 – 1639): *Buch von der Deutschen Poeterey*, 1624.

Lehrbuch der Dichtkunst

Die Lehrsätze von Martin Opitz galten ein Jahrhundert lang im deutschen Raum als verbindlich. Opitz verdeutlichte seine Regeln an eigenen Versen und an Übersetzungen, besonders aus dem Lateinischen und Französischen. Er wollte aber nicht nur ein Lehrmeister der Poetik sein; er wollte auch nachweisen, dass sich die deutsche Sprache ebenso gut wie die lateinische und die französische als Sprache hoher Dichtung eigne, nicht bloß als Verständigungsmittel des ungebildeten Volkes. Er wollte dazu beitragen, dass eine auch von anderen Nationen anerkannte deutsche Poesie entstehe. Tatsächlich gab es damals kein einziges Werk in neuhochdeutscher Sprache, das man in seiner Bedeutung mit ausländischen Werken hätte vergleichen können, etwa mit Dantes *Commedia*, mit dem *Don Quijote*[1] von Cervantes, mit den Dramen Shakespeares oder den Komödien Molières. Der deutsche Raum musste literarisch arm und zurückgeblieben wirken.

Bei den Vorschriften für das Drama folgte Opitz älteren Auffassungen und führte die so genannte Ständeklausel ein: In der Tragödie dürfen nur Helden, Könige und Fürsten vorkommen. Sie sprechen eine hohe Sprache und weisen die nötige „Fallhöhe" auf. Nur durch den tiefen Fall eines Hochgestellten könne das Publikum erschüttert werden. „Gemeine" Leute mit einer einfachen Sprache und alltäglichen Geschäften dürfen nur in der Komödie auftreten. Diese Auffassungen herrschten bis in die zweite Hälfte des 18. Jahrhunderts; sie wurden schließlich vom „bürgerlichen Trauerspiel" durchbrochen.

Opitz formulierte auch das Akzentgesetz, mit dem die antike, silbenzählende Metrik abgelöst wurde. Er stellte fest, dass in der deutschen Sprache nicht die Längen und Kürzen für den Vers entscheidend sind, sondern der Wortakzent, d. h. Hebungen und Senkungen.

Der Barockdichter steht in der Tradition der antiken Dichtung und der neulateinischen Dichtung des Humanismus. Er fühlt sich obendrein an die Vorschriften poetischer Lehrbücher gebunden. Das Dichten gilt als erlernbar und wird zur Kunstübung gelehrter Männer. So ist verständlich, dass der Barockdichter in der Regel nicht aus einem starken Erlebnis, aus einem überströmenden Gefühl heraus schafft. Vielmehr behandelt er kunstvoll und mit viel Überlegung Themen, die allgemein als poetische Themen gelten. Nicht auf das Was, sondern auf das Wie kommt es ihm an. Nichts wird schmucklos und direkt hingesetzt; denn dichterische Sprache muss sich durch poetische Gestaltung von der Ausdrucksweise im Alltag unterscheiden. Alle Register eines umfangreichen Stilinstrumentariums werden gezogen, um dem sprachlichen Ausdruck Glanz und Würde zu verleihen. So gewinnt er feierliche, ja pathetische Wirkung. Gerade darin unterscheidet er sich von der Sprache der modernen Literatur.

BAROCKROMAN

Der Barockroman geht auf französische Vorbilder zurück. Ursprünglich beschäftigte sich der Barockroman mit dem Leben von Herrschern, Königen und Fürsten. Erst später entwickelten sich andere thematische Schwerpunkte.

In Bezug auf die Charakterzeichnung zeigen sich nur wenige Ansätze zu komplexen Figuren. Vielfach sind die Romane der Barockzeit episodenhaft ohne einen genau durchkonstruierten Handlungsbogen.

Idealistischer Fürstenroman

Der heroisch-galante Roman spielt an Fürstenhöfen unter Personen von höchstem Stand. Im Mittelpunkt steht das fürstliche Liebespaar, das nach unzähligen Abenteuern und Hindernissen zueinander

1 Don Quijote: sprich: ki'cho:te

findet und durch seinen Bund die Geschicke des Landes bestimmt. Der Sieg der Liebe ist zugleich Ziel aller politischen Bestrebungen. Denn beide, Liebe und Politik, sind Teile einer Weltordnung, die zur vollkommenen Harmonie strebt.

Obwohl Zeit und Ort der Handlung in die Ferne gerückt sind, sollen doch heimische Verhältnisse der Entstehungszeit widergespiegelt werden. Der (Hof-)Dichter gibt eine Idealvorstellung von der überragenden, alle Schwierigkeiten meisternden Herrschergestalt, und damit wird sein Werk Huldigungsdichtung für den gerade herrschenden Fürsten. Die Sprache des heroisch-galanten Romans versucht durch rhetorischen Schmuck dem hohen Stoff gerecht zu werden. Gewaltige Wortkulissen bilden den dekorativen Hintergrund herrschaftlicher Handlungen.

Das Streben des Barock nach großartiger Weiträumigkeit drückt sich nicht nur in formbewegten Palästen, nicht nur in farbenfrohen Deckengemälden mit ihrer Scheinarchitektur aus, sondern auch in vielbändigen Romanen. Der berühmte spanische *Amadis*-Roman umfasst 24 Bände und etwa 25.000 Seiten. Der repräsentativste deutsche heroische Roman, *Arminius* von Daniel Casper von Lohenstein, beginnt mit einer Vorrede und einem Vorbericht an die Leser/innen, dann folgen Anmerkungen über den Zweck des Buches, ein Geschlechterregister von Kaiser Augustus bis zu Kaiser Leopold I., ein Verzeichnis aller Völker, Länder, Städte, Flüsse usw., die im Roman vorkommen, und eine ausführliche Inhaltsangabe. Insgesamt 200 Seiten gehen der eigentlichen Handlung des Romans voraus.

1. Kommentieren Sie Aspekte des heroisch-galanten Romans:
   - Überlegen Sie, welche Leser/innen sich vor allem für den heroisch-galanten Roman interessiert haben werden.
   - Erläutern Sie, welche politische Gesinnung der heroisch-galante Roman ausdrückt.
   - Stellen Sie Hypothesen darüber auf, was seine Absicht ist und aus welchen Motiven er verfasst wird.

Realistischer Schelmenroman

Der Schelmenroman wurde in Spanien entwickelt. Er spielt im einfachen Volk, unter Soldaten, Krämern, Bettlern, Landstörzern (Herumtreibern), Räubern und Marketenderinnen. Im Mittelpunkt steht ein ungebildeter Bursche, der in einer Welt voll Machtgier, List, Gemeinheit und Genusssucht seiner Einfalt beraubt wird und sich dann mit allen Mitteln durchs Leben schlägt. Er durchlebt Höhen und Tiefen, bleibt aber im Grunde immer derselbe Charakter.

Im Schelmenroman geht es nicht so sehr um eine Entwicklung des Helden als vielmehr um eine Kette von Abenteuern, zufälligen Begebenheiten und lustigen Erlebnissen, die leicht vermehrbar sind. Deswegen entstanden häufig Fortsetzungen besonders beliebter Romane. Zusammengehalten wird die Fülle von erlebtem, erfundenem und überliefertem Stoff von der zentralen Gestalt des Schelms (spanisch: Picaro). Er ist meist auf Wanderschaft und wird zum Sinnbild der Unbeständigkeit allen Seins in der Welt. Der Schelm deckt ehrfurchtslos und listig Ungerechtigkeiten auf, zeigt, wie flüchtig das Glück ist und wie groß die Not unter dem einfachen Volk. Trotz lustiger Begebenheiten und trotz des heiteren Grundtons schwingen bittere Ironie und Tragisches mit. Das Ende des Schelmenromans ist denn auch meist die Flucht der Hauptfigur aus einer ruhelosen Welt voller Scheinwerte und Gemeinheiten. Die Sprache des Schelmenromans ist realistisch, volkstümlich, manchmal auch derb.

2. Machen Sie sich Gedanken über die Gattung des Schelmenromans:
   - Stellen Sie Vermutungen darüber an, in welchem Stand wohl die Verfasser von Schelmenromanen vor allem zu suchen sind.
   - Erläutern Sie, für welchen Stand sie schreiben.
   - Beschreiben Sie, welche Ziele sie haben.

Der Ritter von der traurigen Gestalt

Der bedeutendste Barockroman stammt von dem Spanier Miguel de Cervantes (1547 – 1616) und erschien Anfang des 17. Jahrhunderts. Cervantes möchte die beliebten Ritterromane seiner Zeit durch eine Parodie der Lächerlichkeit preisgeben. Seine phantastische Romanfigur, *Don Quijote*, der eine ganze Bibliothek solcher Romane verschlungen hat, lebt in der alten Ritterwelt. Er legt eine rostzerfressene alte Rüstung an, wählt ein Bauernmädchen zur verehrten Dame seines Herzens (Dulcinea) und zieht auf seinem dürren Gaul Rosinante aus, um als Beschützer der Armen, Witwen und Waisen alles Unrecht aus der Welt zu schaffen und das goldene Heldenzeitalter zu erneuern. Von einem Dorfwirt lässt er sich unterwegs zum Ritter schlagen. Er wählt Sancho Pansa[1], einen pfiffigen Bauern, zu seinem Schildknappen, der ihm auf einem Esel getreulich folgt, weil er sich reiche Beute verspricht. Beide, der große, hagere Ritter mit dem traurigen Gesicht und der kleine rundliche Bauer, ziehen durch die Mancha[2] ihrem ersten Abenteuer entgegen: Don Quijote erscheinen die sausenden Windmühlen als Riesen, die er vernichten will. Keine noch so blutige Erfahrung der Wirklichkeit bringt ihn von seinen Ideen ab. Für ihn sind die Ideen das Wirkliche, der Augenschein Trug und Blendwerk. So werden die beiden Zentralfiguren zu Verkörperungen zweier entgegengesetzter Typen: der Idealist, der die Welt nach seinen Vorstellungen verändern will, aber die ärgsten Schläge einstecken muss, und der Realist, der die Welt nüchtern sieht und auf seinen Vorteil bedacht ist.

Pablo Picasso: *Don Quijote*, der Ritter von der traurigen Gestalt, und sein Schildknappe Sancho Pansa, im Hintergrund die Windmühlen.

Der bedeutendste deutsche volkstümliche Roman des Barock ist *Der abenteuerliche Simplicissimus* von Hans Jacob Christoffel von Grimmelshausen[3] (1622 – 1676). Simplicius Simplicissimus, der Sohn eines kleinen Bauern im Spessart, wächst abseits der großen Welt auf. Eines Tages trägt ihm sein Vater auf, die Schafe zu hüten und dabei fleißig auf seiner Sackpfeife (dem Dudelsack) zu spielen, damit er den Wolf vertreibe. Der Bub hat jedoch keine rechte Vorstellung von Wölfen. Er bläst auf seinem Instrument und singt ein Lied über den Bauernstand.

Simplicius hütet die Schafe

Biß hieher, und nicht weiter kam ich mit meinem lieblich-thönenden Gesang, dann ich ward gleichsam in einem Augenblick von einem Troup Courassirer[4] samt meiner Herde Schafen umgeben, welche im großen Wald verirret gewesen und durch meine Music und Hirten-Geschrey wieder waren zurecht gebracht worden.
Hoho, gedachte ich, diß seynd die rechten Kautzen! diß seynd die vierbeinigte Schelmen und Diebe, darvon dir dein Knän[5] sagte; dann ich sahe anfänglich Roß und Mann (wie hiebevor die Americaner die Spanische Cavallerie[6]) vor einer einzige Creatur an, und vermeynete nicht anders, als es müsten Wölffe seyn, wolte derowegen diesen schröcklichen Centauris[5] den Hundssprung weisen[8] und sie wieder abschaffen. Ich hatte aber zu solchem Ende meine Sackpfeiffe kaum aufgeblasen, da erdappte mich einer aus ihnen beym Flügel und schleuderte mich so ungestüm auf ein läer Bauernpferd, so sie neben andern mehr

1 Sancho Pansa: sprich: 'santscho 'pansa
2 Mancha: sprich: 'mantscha
3 Grimmelshausen hat wie bei den meisten seiner Werke ein Pseudonym (einen Decknamen) verwendet, hier: German Schleifheim von Sulsfort. Es ist dies eine andere Anordnung der Buchstaben seines Namens „Christoffl von Grimmelshausen" (Anagramm).
4 Courassirer: Küraß = Brustharnisch; Kürassier = schwerer Reiter
5 Knän: im Spessart Bezeichnung für Vater
6 Cavallerie: Reiterei
7 Centauris: Kentauren sind mythologische Wesen mit Menschenkopf und Pferdeleib.
8 den Hundssprung weisen: fortjagen

erbeutet hatten, daß ich auf der andern Seite wieder herab auf meine liebe Sackpfeiffe fallen muste, welche so erbärmlich anfing zu schreyen und einen so kläglichen laut von sich zu geben, als wann sie alle Welt zur Barmhertzigkeit hätte bewegen wollen, aber es halff nichts, wiewol sie den letzten Athem nicht sparete, mein Unfäll zubeklagen; ich muste einmal wieder zu Pferd, Gott geb was meine Sackpfeiffe sang oder sagte. Und was mich zum meisten verdroß, war dieses, daß die Reuter vorgaben, ich hätte der Sackpfeiffe im Fallen weh gethan, darum sie dann so ketzerlich geschrien hätte. Also gieng meine Mehr[1] mit mir dahin, in einem stetigen Trab bis in meines Knäns Hof. Wunderseltzame Dauben und kauderwelsche Grillen stiegen mir damals ins Hirn, dann ich bildete mir ein, weil ich auf einem solchen Thier sässe, dergleichen ich niemals gesehen hatte, so würde ich auch in einen eisernen Kerl vermethomorphosirt[2] werden, indem ich diejenigen, die mich fortführten, auch gantz eisern sahe. Weil aber solche Verwandlung nicht folgte, kamen mir andere Grillen in meinen albern Kopff, ich gedachte, diese fremde Dinger wären nur zu dem Ende da, mir die Schafe helffen heimzutreiben, sintemal[3] keiner von ihnen keines hinweg fraß, sondern alle so einhellig und zwar des geraden Wegs in meines Knäns Hof eileten; derowegen sahe ich mich fleissig nach meinem Knän um, ob er und mein Meüder[4] uns nicht bald entgegen gehen und uns willkommen seyn heissen wolten; aber vergebens, er und meine Meüder samt unserm Ursele, welches meines Knäens einzige und liebste Tochter war, hatten die Hinterthür getroffen, das Reißaus gespielt und wolten dieser heillosen Gäste nicht erwarten.

3. Kommentieren Sie obenstehenden Textausschnitt nach der Ausgabe von 1671:
   - Beschreiben Sie, was uns heute das flüssige Lesen und das Verständnis erschwert. alt deutsche Wörter, Rechtschreibung
   - Stellen Sie dar, welchem offensichtlichen Irrtum der Bub verfällt. Familie denkt das er Reiter ist
   - Erläutern Sie, welche Wendungen und Ausdrücke im Gegensatz dazu von gelehrtem Wissen zeugen.
   - Stellen Sie Hypothesen darüber auf, wie dieses Missverhältnis zu erklären ist.
   - Kommentieren Sie, wie Grimmelshausen seine Hauptfigur mit dieser Geschichte charakterisiert. tollpatschig

Im 4. Kapitel des 1. Buches schildert Simplicius den Überfall auf den Hof seines Vaters.

Simplicius führt die Soldaten zum Hof seines Vaters

Wiewol ich nicht bin gesinnet gewesen, den friedliebenden Leser mit dieser leichtfertigen reuter Pursch[5] in meines Knäns Hauß und Hof zuführen, weil es schlim genug darinn hergehen wird: So erfordert jedoch die Folge meiner Histori, daß ich der lieben posterität[6] hinterlasse, was vor abscheuliche und gantz unerhörte Grausamkeiten in diesem unserm Teutschen Krieg hin und wieder verübet worden, zumalen mit meinem eigenen Exempel zu bezeugen, daß alle solche Ubel von der Güte des Allerhöchsten zu unserm Nutz offt nothwendig haben verhängt werden müssen. Dann, lieber Leser, wer hätte mir gesagt, daß ein Gott im Himmel wäre, wan keine Krieger meines Knäns Hauß zernichtet und mich durch

1 Mehr: Mähre = Pferd, Stute
2 metamorphosieren: verwandeln (von Metamorphose)
3 sintemal: seit, da
4 Meüder: mundartliche Form für Mutter
5 Pursch: Schar von Reitern
6 posterität: Nachwelt

solche Fahung[1] unter die Leute gezwungen hätten, von denen ich genugsamen Bericht empfangen? Kurtz zuvor konte ich nichts anders wissen noch mir einbilden, als daß mein Knän, Meuder, Ursele, ich und das übrige Haußgesind allein auff Erden sey, weil mir sonst kein Mensch, noch einzige andre menschliche Wohnung bekant war, als meines Knans zuvor beschriebner Adelicher Sitz, darinn ich täglich aus und eingieng. Aber bald hernach erfuhr ich die Herkunft der Menschen in diese Welt, und daß sie keine bleibende Wohnung hätten, sondern offtermahls, ehe sie sichs versehen, wieder daraus müsten; ich war nur mit der Gestalt ein Mensch und mit dem Namen ein Christen Kind, im übrigen aber nur eine Bestia! Aber der Allerhöchste sahe meine Unschuld mit barmhertzigen Augen an und wolte mich beydes zu seiner und meiner Erkanntnuß bringen. Und wiewol er tausenderley Wege hierzu hatte, wolte er sich doch ohn zweiffl nur desjenigen bedienen, in welchem mein Knän und Meuder, andern zum Exempel, wegen ihrer liederlichen Aufferziehung gestrafft würden.

Das Erste, das diese Reuter thäten und in den schwartz gemahlten Zimmern meines Knans anfiengen, war, daß sie ihre Pferde einställeten, hernach hatte jeglicher seine sonderbare Arbeit zuverrichten, deren jede lauter Untergang und Verderben anzeigte. Dann ob zwar etliche anfiengen zu metzgen, zu sieden und zubraten, daß es sahe, als solte ein Panquet[2] gehalten werden, so waren hingegen andere, die durchstürmten das Haus unten und oben, ja das heimliche Gemach war nicht sicher, gleichsam ob wäre das gölden Fell von Colchis[3] darinn verborgen. Andere machten von Tuch, Kleidungen und allerley Haußrat grosse Päck zusammen, als ob sie irgends einen Krempelmarckt anrichten wolten, was sie aber nicht mitzunehmen gedachten, ward zerschlagen und zu Grunde gerichtet, etliche durchstachen Heu und Stroh mit ihren Degen, als ob sie nicht Schweine genug zustechen gehabt hätten, etliche schütteten die Federn aus den Betten, und fülleten hingegen Speck, andere dürr Fleisch und sonst Geräth hinein, als ob alsdann besser darauff zuschlaffen wäre. Andere schlugen Ofen und Fenster ein, gleichsam als hätten sie einen ewigen Sommer zuverkündigen, Kupffer und Zingeschirr schlugen sie zusammen und packten die gebogene und verderbte Stücken ein, Bettladen, Tische, Stüle und Bäncke verbrannten sie, da doch viel Claffter[4] dürr Holtz im Hof lag, Häfen und Schüsseln muste endlich alles entzwey, entweder weil sie lieber Gebraten assen, oder weil sie bedacht waren, nur eine eintzige Mahlzeit alda zu halten. Unsere Magd ward im Stall dermassen tractirt, daß sie nicht mehr daraus gehen konte, welches zwar eine Schande ist zu melden! Den Knecht legten sie gebunden auf die Erde, steckten ihm ein Sperrholtz ins Maul und schütteten ihm einen Melckkübel voll garstig Mistlachen-Wasser in Leib, das nanten sie einen Schwedischen Trunck, der ihm aber gar nicht schmeckte, sondern in seinem Gesicht sehr wunderliche Minen verursachte, wodurch sie ihn zwungen, eine Parthey[5] anderwerts zuführen allda sie Menschen und Viehe hinweg namen und in unsern Hof brachten, unter welchen mein Knän, meine Meuder, und unsere Ursele auch waren.

Da fieng man erst an, die Steine[6] von den Pistolen, und hingegen an statt deren der Bauren Daumen aufzuschrauben, und die arme Schelmen so zu foltern, als wann man hätte Hexen brennen wollen, massen[7] sie auch einen von den gefangenen Bauren bereits in Backofen steckten und mit Feuer hinter ihm her waren, unangesehen er noch nichts bekant hatte.

1 Fahung: „Einfangung“ (fahen = fangen)
2 Panquet: Bankett = Festmahl
3 gölden Fell von Colchis: Goldenes Vlies, antiker mythologischer Schatz; Colchis: Region an der Ostküste des Schwarzen Meeres (Antike)
4 Claffter: Klafter, Raummaß für Holz
5 Parthey: Partie, Trupp
6 Steine: Feuersteine
7 massen: in Anbetracht dass

Einem andern machten sie ein Sail um den Kopf und raitelten[1] es mit einem Bengel[2] zusammen, daß ihm das Blut zu Mund, Nas und Ohren herauß sprang. In Summa, es hatte jeder seine eigne Invention[3], die Bauren zu peinigen, und also jeder Baur seine sonderbare Marter. Allein mein Knän war meinem damahligen Bedüncken nach der glücklichste, weil er mit lachendem Mund bekannte, was andere mit Schmertzen und mit jämmerlicher Weheklage sagen musten, und solche Ehre widerfuhr ihm ohn Zweiffel darum, weil er der Haußvater war, dann sie satzten ihn zu einem Feur, banden ihn, daß er weder Hände noch Füsse regen konte, und rieben seine Fußsohlen mit angefeuchtetem Saltz, welches ihm unsere alte Geiß wieder ablecken und dadurch also kützeln muste, daß er vor Lachen hätte zerbersten mögen. Das kam so artlich und mir so anmuthig vor (weil ich meinen Knan niemals ein solches langwiriges Gelächter verführen gehöret und gesehen) daß ich Gesellschafft halber, oder weil ichs nicht besser verstund, von Hertzen mit lachen muste. In solchem Gelächter bekante er seine Schuldigkeit und öffnete den verborgenen Schatz, welcher von Gold, Perlen und Kleinodien viel reicher war, als man hinter den Bauren hätte suchen mögen. Von den gefangenen Weibern, Mägden und Töchtern weiß ich sonderlich nichts zu sagen, weil mich die Krieger nicht zusehen liessen, wie sie mit ihnen umgiengen. Das weiß ich noch wol, daß man theils hin und wieder in den Winckeln erbärmlich schreyen hörte, schätze wol, es sey meiner Meuder und unserm Ursele nit besser gegangen als den andern. Mitten in diesem Elend wante ich Braten, und war umb nichts bekümmert, weil ich noch nit recht verstunde, wie dieses alles gemeinet wäre, ich halff auch Nachmittag die Pferde träncken, durch welches Mittel ich zu unsrer Magd im Stall kam, welche wunderwercklich zerstrobelt aussahe, ich kante sie nicht, sie aber sprach zu mir mit kräncklicher Stimme: O Bub, lauff weg, sonst werden dich die Reuter mit nehmen, guck, daß du davon kommst, du sihest wol, wie es so übel. Mehrers konte sie nicht sagen.

4. Untersuchen Sie die Besonderheiten dieser Darstellung Grimmelshausens:
   - Stellen Sie dar, auf welche Weise der Autor das Grauenhafte der Schilderung mildert.
   - Beschreiben Sie, wie Simplicius den Überfall in sein Weltbild einordnet (vgl. Zeile 6f., 17f.).
   - Illustrieren Sie, wie der Widersinn im Verhalten der Soldaten und damit das Sinnlos-Groteske des Krieges überhaupt dargestellt wird. (Prüfen Sie den Text von Zeile 21 an.)
   - Stellen Sie Vermutungen darüber an, was der Autor mit dieser Schilderung bezweckt haben mag.
5. Kommentieren Sie die über 300 Jahre alte Sprachform des *Simplicissimus*:
   - Erläutern Sie, was Ihnen daran auffällt.
   - Erklären Sie, welche Wörter, Wortformen und Fügungen ungewohnt sind.

Lebensweg eines Einfältigen zum Weisen

Grimmelshausen hat in seinem *Simplicissimus* den Lebens- und Leidensweg eines einfachen Menschen in einer Welt dargestellt, die aus den Fugen geraten ist. Seine Romanfigur wird zu einem Typ der Zeit, der überleben will und sich treiben lässt, wohin ihn der Wind weht. Er passt sich den verschiedensten Lebenslagen an, wird vom einfältigen Bauernburschen zum Hofnarren, zum Abenteurer und Vaganten, zum Lebemann und Glücksritter und schließlich, nach einer schweren Krankheit, zum Einsiedler und Weisen.

Dementsprechend bietet Grimmelshausen eine Fülle von Welt auf: das einfache, aber friedliche Leben auf dem Bauernhof, die Residenz des Fürsten, das Kriegslager, das elegante Paris und so-

1 raitelten: drehten
2 Bengel: Prügel, Stock
3 Invention: Erfindung, Idee

Neueingerichter und vielverbesserter
Abentheurlicher
SIMPLICISSIMUS
Das ist:
Beschreibung deß Lebens eines seltzamen Vaganten/genant Melchior Sternfels von Fuchshaim / wie / wo und welcher gestalt Er nemlich in diese Welt kommen / was er darin gesehen / gelernet / erfahren und außgestanden / auch warum er solche wieder freywillig quittiret hat.
Uberauß lustig/und männiglich nützlich zulesen.
An Tag geben
Von
GERMAN SCHLEIFHEIM
von Sulsfort.
Mompelgart/
Gedruckt bey Johann Fillion/
Im Jahr M DC LXIX.

Titelseite der Erstausgabe des *Simplicissimus*, 1669. Im Barock wird die Titelseite dazu genutzt, eine Art Inhaltsangabe abzudrucken und für das Buch zu werben.

gar den fernen Osten. Simplicissimus hat den Erdkreis im wörtlichen und im übertragenen Sinn „er-fahren". Diese Erfahrung seines Helden fasst Grimmelshausen in dem Wahlspruch „Der Wahn betrügt" zusammen. Die verlockende, verwirrende, verderbende Welt ist Wahn im Sinn von trügerischer Erwartung; alles in ihr ist vergänglich. Die innere Läuterung führt Simplicissimus daher zur Abkehr von der Welt und zu Gott hin. Nur so ist Erlösung möglich. Mit diesem Grundgedanken entspricht Grimmelshausen der in vielen Werken ausgedrückten Lebensauffassung des Barock.

Der reale Hintergrund des *Simplicissimus* ist der Dreißigjährige Krieg. Grimmelshausen hat eigene Erlebnisse verarbeitet: Er wurde von Landsknechten aus seinem zerstörten Vaterhaus vertrieben, von Kroaten geraubt und zum Musketier gemacht. Simplicissimus trägt autobiographische Züge, ist jedoch nicht mit Grimmelshausen gleichzusetzen. Grimmelshausen hat auch Berichte anderer verwendet, Nachschlagewerke und Geschichtsbücher benützt, Schwänke und Anekdoten aus verschiedenen Sammlungen übernommen. Und er hat seiner Phantasie freien Lauf gelassen. So entstand ein heute unauflösbares Geflecht aus persönlicher Erfahrung und literarischer Überlieferung.

Fiktionalisierung der Realität

Erzählformen

Ein epischer (erzählender) Text kann in der Ich-Form oder in der Er/Sie-Form geschrieben sein; selten ist die Du-Form (vgl. Ilse Aichinger, *Spiegelgeschichte*). Die Ich-Figur darf nicht einfach mit der Autorin bzw. dem Autor gleichgesetzt werden, vielmehr erfindet diese/r eine Figur, die das Geschehen aus ihrer Sicht schildert. Dass dabei manches an Erlebnissen und Anschauungen der Autorin oder des Autors einfließt, ist selbstverständlich. Woher sollte die Figur ihre Erfahrungen haben, wenn nicht von der Autorin oder vom Autor?

Der *Simplicissimus* ist in der Ich-Form geschrieben. Grimmelshausen und Simplicissimus sind aber nicht identisch. Simplicissimus wird nach dem Krieg Einsiedler, Grimmelshausen Gastwirt. Dies ist nicht der einzige Unterschied.

Autor/in → Ich-Figur → Leser/in

Die Ich-Figur kann ihre Erlebnisse unmittelbar danach aufschreiben (zum Beispiel Goethes Werther) oder aus der Erinnerung nach mehr oder weniger langem zeitlichem Abstand. In diesem Fall muss man das erlebende Ich und das erzählende Ich trennen; denn das erzählende Ich sieht und beurteilt die Erlebnisse nach vielen Jahren anders.

6. Untersuchen Sie die Erzählposition in Grimmelshausens Roman:
   - Stellen Sie fest, wer im *Simplicissimus* erzählt.
   - Beschreiben Sie, was das erzählende Ich vom erlebenden Ich trennt.
   - Kommentieren Sie, wie Grimmelshausen und der Ich-Erzähler zueinander stehen.

- Schlagen Sie alternative Erzählformen vor.
- Stellen Sie Hypothesen darüber auf, warum sich Grimmelshausen wohl für eine Ich-Erzählfigur entschieden hat.
- Erläutern Sie, wie sich diese Ich-Erzählfigur zur Leserin bzw. zum Leser verhält.

Illusionistischer Schäferroman

Neben dem Schelmenroman gibt es im Barock noch andere Arten von Romanen. Der Schäferroman spielt in einer idealisierten Landschaft mit sanften Hügeln, grünen Wiesen und Schatten spendenden Baumgruppen; darüber wölbt sich ein immer heiterer Frühlingshimmel. Die Menschen leben als Schäfer und Schäferin in ewiger Jugend. Sie haben keine wirklichen Sorgen und Nöte, keine „niedrigen" Bedürfnisse.
Krieg, Gefahr, Elend, Krankheit und Tod sind ausgeklammert. Das Leben ist ein Spiel zwischen Schäfer und Schäferin. Sie geben sich ganz ihren Gefühlsregungen hin, die von Liebe und Freundschaft entfacht werden: Glückseligkeit, Sehnsucht, Einsamkeit. Die Liebenden belauschen ihr Herz und zergliedern ihre seelischen Empfindungen. In Form der Idylle behält dieses Traumland eines paradiesischen Glückszustandes seine Anziehungskraft bis in die Zeit des jungen Goethe.

7. Kommentieren Sie, inwiefern Literatur die Bedürfnisse der Zeit widerspiegelt:
   - Erklären Sie, welche Funktion dieser Romantyp im Leben der Leser/innen des 17. Jahrhunderts hatte.
   - Stellen Sie die Schäferromane heutigen Arten von Romanen gegenüber.

BAROCKLYRIK

Die Lyrik der Barockzeit umfasst hauptsächlich höfisch galante Texte, Schäferpoesie, Lob- und Preislieder auf Fürsten und Dichtungen aus Anlass höfischer Feiern. Dabei überwiegen rhetorische Übertreibung, bildhafte Sprache und komplizierte Formen.

Jambischer Sechsheber

Das vorherrschende Versmaß im 17. und in der ersten Hälfte des 18. Jahrhunderts war der Alexandriner, ein Vers mit sechs jambischen Takten (benannt nach dem Versmaß eines altfranzösischen Epos über Alexander den Großen).

x x́ / x x́ / x x́ // x x́ / x x́ / x x́ / (x)

Der Alexandriner ist ein Langvers, der häufig einen Einschnitt nach der dritten Hebung aufweist (= Zäsur //). Die beiden Vershälften fordern eine syntaktische[1] Gliederung und inhaltliche Gegenüberstellung (Antithese) förmlich heraus. In dem Gedicht *Es ist alles eitel* von Andreas Gryphius heißt es z. B.:

> Was dieser heute baut, // reißt jener morgen ein,
> Wo itzund Städte stehn, // wird eine Wiese sein [...]

Erst Lessing und die Klassiker, die sich an Shakespeare orientierten, verwendeten anstelle des Alexandriners den jambischen Fünfheber. Ihm fehlt, schon wegen der ungeraden Zahl der Hebungen, der Mitteleinschnitt; er wirkt dadurch fließender.

1 Syntax: Satzgrammatik

Eine weit verbreitete Gedichtform in der Barockzeit war das Sonett (lat. sonare = klingen). Es besteht aus vierzehn jambischen Versen mit vier, fünf oder sechs Hebungen. Auf zwei Quartette (Vierzeiler) folgen zwei Terzette (Dreizeiler). Auch die Reimfolge ist vorgegeben. Das italienische Sonett (im 14. Jahrhundert von Petrarca entwickelt) weist folgende Reimanordnung auf: abba abba cdc dcd. Die englischen (Shakespeare) und die deutschen Sonette variieren diese Reimanordnung auf verschiedene Weise.

Das Sonett stellt eine der strengsten Gedichtformen dar, denn es sind Strophenbau, Versform, Silbenzahl und Reim vorgeschrieben. Diese Form stellt hohe Anforderungen an die sprachliche Virtuosität der Autorin oder des Autors.

Für die Barocklyrik sind besondere sprachliche Effekte und Stilmittel typisch. Die Übertreibung dieser Technik nennt man Manierismus (Schwulst).

Übersicht über häufig verwendete Stilmittel

Antithese: Gegenüberstellung entgegengesetzter Begriffe aus dem gleichen Bereich: *kalt – warm, alt – jung, Freud – Leid*

Ellipse: Auslassung von Satzteilen: *Ohne Fleiß kein Preis*

Häufung : Anhäufung von Ausdrücken ähnlichen Inhalts: *Alles rennet, rettet, flüchtet, ...* (Schiller: *Die Glocke*)

Hyperbel: Übertreibung: *wie Sand am Meer*

Metapher: bildliche Übertragung (Vergleich ohne Vergleichswort): *Du bist die Rose aus dem Gemeindebau.*

Onomatopöie: Klangmalerei, lautliche Nachahmung von Gehöreindrücken: *Kikeriki*

Periphrase: Umschreibung eines Begriffs durch eine kennzeichnende Eigenschaft: *Götter in Weiß*

Personifikation: Einem unpersönlichen Begriff werden persönliche Eigenschaften zugeordnet: *Die Sonne lacht.*

Rhetorische Fragen (Scheinfrage): Diese Frage dient zur Weiterführung einer Argumentation; es wird keine Antwort erwartet: *Was lernen wir daraus?*

Synekdoche: das Ersetzen eines Begriffs durch einen engeren oder weiteren: *Moskau* für *russische Regierung*

Vergleich: bildhafter Hinweis auf einen anderen Bereich (mit Vergleichswort): *finster wie die Nacht*

Wiederholung: Mehrfachnennung des gleichen Ausdrucks: *er rennt und rennt und rennt*

Der protestantische Dichter Andreas Gryphius (1616 – 1664) wurde von der Not der Zeit und den Wirren des Krieges geprägt. In seiner Lyrik kehrt das barocke Vanitas-Motiv häufig wieder.

Andreas Gryphius
Tränen des Vaterlandes

Anno 1636

Wir sind doch nunmehr ganz, ja mehr denn ganz verheeret!
Der frechen Völker[1] Schar, die rasende Posaun,

1 Völker = Kriegsvölker, Soldaten

Das vom Blut fette Schwert, die donnernde Kartaun[1]
Hat aller Schweiß und Fleiß und Vorrat aufgezehret.[2]

Die Türme stehn in Glut, die Kirch ist umgekehret.
Das Rathaus liegt im Graus[3]; die Starken sind zerhaun,
Die Jungfraun sind geschändt; und wo wir hin nur schaun,
Ist Feuer, Pest und Tod, der Herz und Geist[4] durchfähret.

Hier durch die Schanz und Stadt rinnt allzeit frisches Blut.
Dreimal sind schon sechs Jahr, als[5] unsrer Ströme Flut,
Von Leichen fast verstopft, sich langsam fortgedrungen.[6]

Doch schweig ich noch von dem, was ärger als der Tod,
Was grimmer denn die Pest und Glut und Hungersnot:
Dass auch der Seelen-Schatz so vielen abgezwungen.

8. Analysieren Sie das Gedicht nach folgenden Gesichtspunkten:

Inhalt:

- Beschreiben Sie, welche Aspekte des Krieges dargestellt und welche ausgespart werden.
- Erläutern Sie, wie die letzte Zeile, die Zielaussage, vorbereitet wird und was sie bedeutet.
- Vergleichen Sie das Gedicht mit Grimmelshausens Roman.

Form:

- Untersuchen Sie,
  - aus wie vielen Versen die Strophen aufgebaut sind,
  - wie viele Hebungen ein Vers hat und
  - welche Verse durch Reim gebunden sind.

Sprachliche Gestaltung:

- Stellen Sie dar, mit welchen sprachlichen Mitteln die Gräuel des Krieges geschildert werden (z. B. Vers 3/4, Vers 9).
- Stellen Sie fest, in welchen Versen des Sonetts die Zäsur deutlich wird und wo Antithesen auftreten.
- Weisen Sie im Gedicht von Gryphius typische barocke Stilfiguren nach. Beginnen Sie beim Titel.

Distichon

Angelus Silesius (= Schlesischer Engel, eigtl. Johann Scheffler, 1624 – 1677) hat seinen Ruhm durch Epigramme begründet. In einem Epigramm ist ein Gedanke zugespitzt ausgedrückt. Schon in der Antike war als Form des Epigramms der Zweizeiler (das Distichon) üblich. Häufig wird die Form dazu benützt, antithetisch vorzugehen: Frage – Antwort, Spannung – Lösung, Erwartung – Aufschluss. Die Epigramme des Angelus Silesius sind von den Mystikern beeinflusst. Mystiker suchen die Vereinigung mit Gott durch Steigerung ihrer religiösen Gefühlserlebnisse. Im außerordentlichen Zustand der mystischen Versenkung gelten die Gesetze der Logik nicht mehr. Der Mystiker drückt sein Gotteserlebnis in paradoxen (logisch einander widersprechenden) Sätzen aus.

1 Kartaun(e) = eine Art Kanone
2 hat … aufgezehret = haben … aufgezehret (Prädikat gilt für alle Subjekte) / aller = Gen. Pl., aller Menschen / Schweiß = das mühsam Erarbeitete
3 im Graus = in Schutt und Asche
4 Herz und Geist: im Barock häufige Fügung für Gemüt und Verstand
5 als = hier so viel wie: dass
6 sich … fort gedrungen = hier für: sich drängen

Angelus Silesius
Aus dem *Cherubinischen Wandersmann* (1674)

Gott ist in mir und ich in ihm
Gott ist in mir das Feuer und ich in ihm der Schein:
Sind wir einander nicht ganz inniglich gemein?

Der Himmel ist in dir
Halt an! Wo läufst du hin? Der Himmel ist in dir:
Suchst du Gott anderswo, du fehlst ihn für und für.

Dein Kerker bist du selbst
Die Welt, die hält dich nicht. Du selber bist die Welt,
Die dich in dir mit dir so stark gefangen hält.

Zufall und Wesen
Mensch, werde wesentlich: denn wenn die Welt vergeht,
So fällt der Zufall weg, das Wesen, das besteht.

Der Mensch ist alle Dinge
Der Mensch ist alle Ding': Ist's, dass ihm eins gebricht,
So kennet er fürwahr sein' Reichtum selber nicht.

Was du willst, ist alles in dir
Mensch, alles was du willst, ist schon zuvor in dir:
Es lieget nur an dem, dass du's nicht wirkst herfür.

9. Analysieren Sie die vorliegenden Epigramme:
   - Stellen Sie dar, um welche Themen es in diesen Zweizeilern geht.
   - Beschreiben Sie, welche Vorstellung von Gott Angelus Silesius hat.

DAS BAROCKE THEATER UND DIE WIENER VORSTADTBÜHNEN

Das Jesuitendrama

Der Jesuitenorden war der geistige Führer der Gegenreformation. Im Dienst seines groß angelegten Bekehrungswerkes standen nicht nur die neu gegründeten Schulen und Universitäten, sondern auch das Theater. Das Jesuitendrama hatte die Aufgabe, die Menschen zu beeindrucken, zu überzeugen und zu bekehren.

Religiös motiviertes Drama

Eines der bedeutendsten Jesuitendramen stammt von dem Schwaben Jacob Bidermann (1578 – 1639). In seinem *Cenodoxus* stellte er das Schicksal eines Mannes von eitler Ruhmsucht (griechisch = Keno-doxos) dar, der ewiger Höllenstrafe verfällt. Das lehrhafte Stück ist in lateinischer Sprache geschrieben und wurde zum ersten Mal 1602 von Schülern in Augsburg aufgeführt. 1635 hat Joachim Meichel den Text verdeutscht, um dem Drama größere Verbreitung zu sichern. Bidermann bringt das Geschehen spektakulär auf die Bühne. Er zeigt nicht nur die Vorgänge auf Erden, sondern auch

in der Hölle und im Himmel. So treten Figuren wie Hypocrisis (die Gleisnerei, Heuchelei), Panurgus, ein Hauptteufel, und Jesus Christus auf.
Opfer der Hypocrisis ist Cenodoxus, „der Doktor von Paris, der gwisslich nit hat seinesgleich". Er gilt der ganzen Stadt als Vorbild der Frömmigkeit, Rechtschaffenheit und Gelehrsamkeit. Doch er ist seinem Wesen nach nicht, was er sich und anderen vorspielt. Wenn Leute in seiner Umgebung sind, benimmt er sich sittsam, um seinen Ruf zu bewahren; ist er allein, vergisst er seine Tugendhaftigkeit.
Cenodoxus unterliegt seiner ständigen Begleiterin Philautia, der Eigenliebe. Sie stachelt seinen Ehrgeiz an und nährt seine Überheblichkeit, indem sie ihm blind Lob spendet.

DOKTOR: Oft mancher kann nit ruhen wol,
Dieweil er ist der Sorgen voll.
Ein anderer, der kann nit schlafen,
Weil ihm sein Unfall gibt zu schaffen.
Ich hab kein Rue vor lauter Glick,
Das mir zustreicht so oft und dick,
Ja, männiglichen halt darfür,
All Gnad und Gab sei nur in mir.
Daher man stets nach mir tut fragen,
Nur mich will man auf Händen tragen.

PHILAUTIA: Recht billig[1] man dich also ehrt,
Die Tugend ist diß alles wert.
Du bist halt der fürtrefflich Mann,
Der jedermann wol helfen kann.

Nauegus, der Schiffsmann, bittet den Doktor um Hilfe in der Not:

NAUEGUS: Ihr Gnaden wöll zu Herzen fassen,
Wie sie von Gott hab aus der Maßen
Empfangen Segen, Glück und Gaben;
Sie wöll auch ein Mitleiden haben
Mit meinem Unglück und Verderben.
Dardurch wird sie von Gott erwerben,
Dass er ihr gleichfalls tue Genad
Für ihre Sünd und Missetat.

DOKTOR: Du letzer Gsell, hintan tue weichen.
Wolltest du mich mit dir vergleichen?
Wie? Sollst mich halten für so blind?
Wolltst du mich zeihen einer Sünd!
Mich? Den die ganze weite Welt
Für fromb, gerecht und heilig hält?
Es weiß ja jedermänniglich,
Was für groß Ruem und Lob hab ich
In Tugenden und Grechtigkeit,

1 billig: hier angemessen, berechtigt

Im Wandl für all ander weit ...
Gschwind pack dich fort, du loser Böswicht,
Und komm mir nimmer unter's Gsicht.

HYPOCRISIS: Gar recht und wol hast du geton,
Dass du ihn hast geschafft darvon.
Wo Leut nit sehen zue zumal,
Hilft Guts tun nichts nit überall.

10. Vergleichen Sie die beiden Textabschnitte:
- Erläutern Sie, welche Aussagen Cenodoxus trifft.
- Illustrieren Sie, inwieweit Cenodoxus an seiner Selbsttäuschung schuld ist bzw. welche Rolle seine Umgebung spielt.

Nach einem Leben des Genießens und scheinbaren Erfolges bricht das Jüngste Gericht über den Doktor herein. Himmlische und höllische Mächte kämpfen um seine Seele, und der Ausgang ist bis zuletzt ungewiss. Dann fällt Christus den Richterspruch:

CHRISTUS: Rueft wider her den Schalk so znicht
Und stellet ihn dar fürs Gericht,
Das Urteil streng zu hören an,
Dass ihm werd sein verdienter Lohn,
Die ewigwährend höllisch Pein,
Zu welcher er verdammt muess sein.

OMNES: Es ist dem Böswicht nach seim Sinn
Lang gnueg ungstrafet gangen hin.

CHRISTUS: Komb her, du gottvergessner Mann,
Empfang du dein verdienten Lohn.

SPIRITUS: O Richter höchster Mildigkeit,
Straf nit nach strenger Grechtigkeit.

CHRISTUS: Du Schalk, wo hast doch hingedacht,
Dass du mich also hast veracht?
Dass du so gar vermessenlich
Hast meinem Feind ergeben dich?
So geh nun hin zu deinen Gsöllen
Von mir hinunter in die Höllen,
Hin in das ewig höllisch Feuer,
Hin in die Flammen ungeheuer.
Allda in ewiglicher Pein
Wird Heulen und Zähnklappern sein.
Geh hin, du bist in Ewigkeit
Verfluecht, verdammt, vermaledeit.

11. Analysieren Sie die Absichten Bidermanns:
    - Beschreiben Sie, was für einen Christus Bidermann darstellen lässt.
    - Stellen Sie Vermutungen darüber an, welche Absicht er damit verfolgt.

Der Mensch lebt – so sah man es im Barock – sein irdisches Dasein zwischen Himmel und Hölle, Christus und dem Teufel; er ist Gegenstand und Schauplatz ihres Ringens. Kräfte des Guten und des Bösen wirken in ihm. Bidermann führt sie den Zuschauern in menschlicher Gestalt („personifiziert") vor Augen: den Schutzengel des Doktors, seine Seele und sein warnendes Gewissen auf der Seite des Guten; auf der anderen Seite die Heuchelei (Gleisnerei), die Eigenliebe, die Krankheit und den Tod. Beide Gruppen setzen alles daran, Cenodoxus auf ihre Seite zu bringen. Denn der Mensch kann sich frei für das Gute oder für das Böse entscheiden. Deswegen muss er auch alle seine Schuld und die Strafe dafür auf sich nehmen. Das Stück soll stärker als hundert Predigten gewirkt haben. Manche Zuseher/innen sollen vom Schauplatz weg ins Kloster gegangen sein.

12. Vergleichen Sie mit dieser Auffassung das Ende Jedermanns, wie es Hugo von Hofmannsthal 1911 in seinem gleichnamigen Stück nach einer mittelenglischen Vorlage dargestellt hat.

TEUFEL *(setzt sich auf den Boden)*:
Ich frage, sind hier Zweifel im Spiel,
Ist hier ein Handel in der Schweb?
Nichts davon, nichts, so wahr ich leb.
Sitzt einer hier unter euch allen,
Der ins Gesicht mir tät bestreiten,
Dass dieser Mensch mir ist verfallen!
Ein prächtig Schwelger und Weinzecher,
Ein Buhl[1], Verführer und Ehebrecher,

Ungläubig als ein finstrer Heide,
In Wort und Taten frech vermessen
Und seines Gottes so vergessen
Wie nicht das Tier auf seiner Weide,
Witwen und Waisen Gutsverprasser,
Ein Unterdrücker, Neider, Hasser! *(Er springt auf.)*
Mir fehlen, ihn zu malen, die Wort!
Und diesen will man mir verwehren,
Dass ich ihm auf die Kappen geh,
Ihm jählings das Genick umdreh,
Ihm zuschrei: Duck dich, Fleisch, und stirb! [...]

GLAUBE: Auf deiner Seiten steht nit viel,
Hast schon verloren in dem Spiel,
Gott hat geworfen in die Schal
Sein Opfertod und Marterqual
Und Jedermannes Schuldigkeit
Vorausbezahlt in Ewigkeit [...]

1 Buhle: Geliebter

Der Tod tritt hervor, Jedermann sinkt ins Grab.

GLAUBE: Nun hat er vollendet das Menschenlos,
Tritt vor den Richter, nackt und bloß,
Und seine Werke allein,
Die werden ihm Beistand und Fürsprech sein.
Heil ihm, mich dünkt, es ist an dem,
Dass ich der Engel Stimmen vernehm,
Wie sie in ihren himmlischen Reihn
Die arme Seele lassen ein.

ENGEL SINGEN.

13. Vergleichen Sie die beiden Werke hinsichtlich des Problems der Rechtfertigung des Menschen vor Gott:
- Beschreiben Sie die unterschiedlichen Auffassungen.
- Beurteilen Sie, ob solche Stücke, sprachlich modernisiert, heute Zuseher/innen betroffen machen könnten.

Giovanni Paolo Pannini: Musikfest, gegeben vom Kardinal de La Rochefoucauld im Teatro Argentina in Rom am 15. Juli 1747 anlässlich der Vermählung des französischen Dauphins.

Hoftheater und Volkstheater

Das Barockdrama entwickelte sich parallel zur Oper, die ursprünglich in Italien entstanden war. Das Hoftheater und die Oper verlangten beide in der zweiten Hälfte des 17. Jahrhunderts nach einer riesigen, raffinierten Bühnenmaschinerie. Es ist uns heute kaum mehr vorstellbar, welche Effekte das barocke Ausstattungstheater zu erzielen vermochte. Der Jesuit Nikolaus Avancini (1611 – 1686) aus Südtirol zeigte auf einer wahren „Schau-Bühne" den Sieg des Glaubens über den Unglauben, „Pietas victrix" (= „siegreiche Frömmigkeit"), dargestellt am Kampf Kaiser Konstantins, des ersten christlichen Kaisers, gegen den Heiden Maxentius. Unter anderem brachte das Stück ein Feuerwerk, bei dem Jupiters Tempel in Flammen aufgeht, ein Geisterballett und den in den Lüften sich abspielenden Kampf eines Adlers gegen einen Drachen. Wenn Maxentius die Leichen haufenweise in den Tiber werfen lässt, steigen Rauch und Flammen auf, bis der Flussgott erscheint. Avancinis Stück wurde zum Teil gesprochen, zum Teil gesungen und getanzt. Es sollte – die prunkvollen Aufbauten einbezogen – eine universale Demonstration der Kunst sein.

Barocke Schaubühne

Universal ist auch die Welt, die das barocke Monstertheater aufbietet. Erde, Himmel und Hölle sind die Schauplätze; Götter und Heroen der Antike erscheinen neben christlichen Heiligen und personifizierten Tugenden; Feldherren und Staatsmänner der Antike treten neben dem gegenwärtigen Herrscher auf. In prunkvoll aufgebauten Riesenwagen fahren allegorische Figuren und mythologische Gestalten in Prachtgewändern und echtem Schmuck. Die Aufführungen, die meist im Freien stattfanden und sich mitunter zu Festzügen gestalteten, begannen schon zu Mittag und dauerten

bis zu acht Stunden. Sie waren ein phantastisches Fest für die Augen und dienten der Verherrlichung des Glaubens oder des absolutistisch herrschenden Fürsten.
Ein Heer von Mitwirkenden war für derartige Aufführungen notwendig: An den Fürstenhöfen wirkten ständig Bühnenarchitekten, meist Italiener, die weitläufige Palastbauten gestalteten, Hofmusiker und Hofdichter, Sänger, Tänzer und Komiker. Der wichtigste Mann war der Arrangeur, dem eine Schar von Handwerkern aller Art zur Verfügung stand. Riesige Summen wurden für die Aufbauten, für Kostüme, für Feuerwerk und Prunkwagen ausgegeben. Es ist klar, dass die Sprache bei derartigen Schaustellungen eine geringe Rolle spielte; alles war auf den glanzvollen optischen Eindruck abgestimmt.
Diese Art „cäsarischer Spiele" wurde für die wenigen hundert Menschen an den Höfen inszeniert; das Volk war davon ausgeschlossen. Seine Schaulust befriedigten Wanderbühnen und herumziehende Artisten, Seiltänzer, Schwertschlucker und Zauberer.

Schauspieltruppen

Neben der Hofbühne gab es ein Volkstheater. Die ersten Berufsschauspieler waren englische Komödianten, die gegen Ende des 16. Jahrhunderts auf dem europäischen Festland auftauchten. Manche Truppen blieben in Deutschland und nahmen für abgehende Schauspieler deutsche Studenten und Handwerker auf. Bald wurde nur noch deutsch gesprochen; die Bezeichnung „englische Komödianten" blieb jedoch auch dann, wenn kein Engländer mehr der Truppe angehörte. Die Komödianten spielten an Fürstenhöfen, aber auch in Städten, und blieben etwa 14 Tage an einem Ort. Gespielt wurde im Freien oder in großen Sälen auf einer Bretterbühne. Der Spielplan umfasste biblische und historische Stoffe, tragische und komische Stücke; auch Shakespeare wurde aufgeführt, allerdings in sehr entstellter Form. Textbücher gab es meist keine; die Spieler kannten den Gang der Handlung und sprachen aus dem Stegreif. Frauenrollen wurden anfangs von Männern gespielt. Den größten Eindruck auf das Publikum machten derbe Späße und blutrünstige Szenen.

Komische Figur

Die komische Figur vieler Stücke war der Pickelhering, der gewöhnlich vom Prinzipal, dem Leiter der Truppe, gespielt wurde. Pickelhering war als Narr und Spaßmacher, der in der Mundart sprach, der Liebling des Volkes. Er legte zu Beginn den Gang der Handlung dar, erklärte zwischendurch und fasste das Geschehen zusammen. Durch allerlei Missverständnisse, Vergessen, Erinnern an falscher Stelle und Wörtlichnehmen brachte er sein Publikum immer wieder zum Lachen. In die Handlung war er meist als Diener eingebaut, der gerufen und weggeschickt werden konnte, wie es die „Regie" erforderte.
Auch die italienische Commedia dell'arte hatte als stehende Figur den komischen Diener, den der Harlekin spielte; seine Partnerin war Colombine. Beide hatten ein in allen Stücken gleich bleibendes Kostüm und ein stark geschminktes Gesicht. Ihr Humor ging vor allem von einer grotesken Mimik und Gestik aus, weniger vom Wort. Die Figuren der italienischen Komödie waren Typen, wie sie zum Teil seit der Antike überliefert wurden: das jugendliche Liebespaar, der geschwätzige alte Dottore, der geizige Kaufmann, der aufschneiderische Offizier und der Intrigant. Textbücher gab es auch hier keine; so wurde die Improvisation zum Kennzeichen dieser Art von Typenkomödie, die von der Situationskomik lebte und sogar Akrobaten- und Zaubereinlagen nicht scheute.
Italienische Wanderbühnen erfreuten sich zeitweise in Wien und Paris großen Zuspruchs. Die Franzosen übernahmen diese italienische Art des Theaterspielens, bauten jedoch Chansons in die Stücke ein, und so entstand eine Komödie mit Musik und Gesang, aus der sich die komische Oper entwickelte.

Juan Gris, *Sitzender Harlekin mit Gitarre*

Die Wiener Volkskomödie

Hanswurst

Die umherziehenden Komödiantentruppen bemühten sich um eine ständige Stätte ihres Wirkens, um ein festes Haus. So wurde in Wien in der Nähe des Kärntnertors ein Komödienhaus für das Volk gebaut, das 1712 der aus der Steiermark stammende Josef Anton Stranitzky (1676 – 1726) als Prinzipal übernahm. Er wurde der Begründer einer eigenständigen Wiener Volkskomödie, in die er die Figur des Hanswurst einführte. Der geniale Komiker hatte sich für seinen Hanswurst eine Tracht in Anlehnung an die eines Salzburger Bauern (Lungauer Sauschneiders) zurechtgelegt: eine lange und weite, seitlich verschnürte gelbe Hose, eine offene ziegelrote Jacke, darunter einen blauen Brustlatz mit einem grünen Herzen, grüne Hosenträger und einen breiten Leibgurt. Um den Hals hatte er eine breite gefältelte Narrenkrause, auf dem Kopf einen spitzen grünen Hut. Wenn er ihn abnahm, sah man die Haare zu einem Schopf nach oben gebunden. Das Gesicht war ungeschminkt, aber von einem kohlschwarzen Backenbart umgeben.

Adalbert Franz Seligmann, Josef Anton Stranitzky

Stranitzky bearbeitete groß angelegte Barocktragödien, so genannte Haupt- und Staatsaktionen, aber auch Operntexte. Sein Hanswurst in Dienerrolle war die Kontrastfigur zum Helden. So schob Stranitzky das idealistische Theater und die Komödie ineinander. Die Spottlust der Leute konnte sich austoben, Hanswurst war ihr Mann. Texte gab es meist nicht; man agierte nach einem rohen Entwurf. In dieser Stegreifdichtung spielte sich der Schauspieler vielfach selbst. Von seiner Persönlichkeit und Begabung hing der Erfolg des Stückes ab. Es war immer neu erfundene, neu gestaltete Schauspielkunst.

Als Stranitzky 1726 starb, übernahm Gottfried Prehauser (1699 – 1769) sein Erbe und die Figur des Hanswurst, die immer mehr zum Träger der Handlung wurde. Neben dem Burgtheater und der Oper, die dem kaiserlichen Hof und dem Adel vorbehalten waren, blühte ein unverwüstliches Volkstheater, getragen vom theaterbegeisterten Wiener Bürger- und Kleinbürgertum. 1781 wurde das Theater in der Leopoldstadt gegründet, 1788 das Theater in der Josefstadt und 1799 das prunkvolle Theater an der Wien.

Kasperl

In der Leopoldstadt setzte Johann Laroche (1745 – 1806) die Tradition des Volksnarren in der Gestalt des Kasperls fort. Kasperl erschien nicht mehr in einer gleich bleibenden Tracht, sondern trat als Angehöriger verschiedener, schlecht angesehener Berufsgruppen auf: als Scherenschleifer, Lumpenhändler, Vogelkrämer, lustiger Wirt und Limonihändler, natürlich auch immer wieder als Diener eines vornehmen Herrn. Man spielte zum Beispiel den Don-Juan-Stoff, Räuber-, Soldaten- und Intrigenstücke, formte aber alles zur Parodie um. Kasperl tritt auch als Knappe neben dem ritterlichen Helden in romantisch-komischen Volksmärchen und dramatisierten Ritterromanen auf. Er ist prahlerisch und keck oder trotzig und nörgelt unentwegt. Manchmal benimmt er sich recht respektlos gegenüber seinem Herrn, gegenüber Zauberern und Feen, mischt sich ein, und dann ist er wieder nichts als schlotternde Angst, wenn er mit dem Helden in den Gespensterwald muss, mit Bären und Ungeheuern zu kämpfen hat. Und alles lacht, wenn sich sein Degen in einen Fliegenwedel verwandelt. Er ist aber auch derjenige, dem immer Unheil widerfährt: Von Ungeheuern wird er durch die Luft entführt, von Zauberern versteinert oder verwandelt.

Staberl

Ein anderer Wiener Volkskomödiant, Anton Hasenhut (1766 – 1841), schuf die Figur des Thaddädl, eines unbeholfenen, dummen Burschen, der alles mit rührender Ungeschicklichkeit angeht. Die letzte stehende Figur der Alt-Wiener Volkskomödie ist der Staberl, ein verwachsener Parapluiemacher[1] aus dem Wiener Kleinbürgertum des Vormärz (1815 bis 1848), der mit List stets einen kleinen Vorteil für sich herausschlagen möchte und wegen seiner Nachlässigkeiten von wohlangesehenen Bürgerinnen und Bürgern verachtet wird. Er ist schon kein Volksnarr und Lustigmacher mehr, sondern bereits Charakterfigur.

1 Parapluie: Regenschirm

In Deutschland hatte sich Johann Christoph Gottsched bemüht, das Theater nach französischem Vorbild zu reformieren. Er hatte gemeinsam mit Caroline Neuber, der Leiterin einer Theatertruppe, den Hanswurst von der Bühne verbannt. Doch das Wiener Volkstheater konnte er nicht verändern. Dort trieb der Volksnarr bis ins 19. Jahrhundert seine Späße zum Gaudium des Publikums.

Textproduktion: Gedichtinterpretation

Thema: Gesellschaftliche Situation in der Barockzeit
Aufgabe: Verfassen Sie eine Gedichtinterpretation.

Situation: Als Beitrag für ein Lyrikprojekt an Ihrer Schule verfassen Sie eine Interpretation des folgenden Gedichtes. Ihre Zielgruppe sind Schüler/innen der Unterstufe, die Sie für Lyrik begeistern wollen.

Martin Opitz
Trostgedicht in Widerwertigkeit dess Krieges (1621) (Ausschnitt)

Das edle Teutsche Land / mit vnerschöpfften Gaben
Von Gott / vnd der Natur auff Erden hoch erhaben /
Dem niemand vor der Zeit an Krieges-Thaten gleich' /
Vnd das viel Jahre her an Friedens-Künsten reich
In voller Blüte stund / ward / vnd ist auch noch heute /
Sein Widerpart selbselbst / vnd frembder Völcker Beute.
Ist noch ein Ort dahin der Krieg nicht kommen sey /
So ist er dennoch nicht gewesen Furchte frey.
Das Land hat grausamlich von Reuterey erklungen /
Der vbergrossen Last zuweichen fast getrungen.
Kein Vorgebürge hat sich weit genug erstreckt /
Kein weiter Wald die Zahl deß Heeres gantz bedeckt.
Waß hilfft es / daß jetzund die Wiesen grüne werden /
Vnd daß der weisse Stier[1] entdeckt die Schoß der Erden
Mit seiner Hörner Krafft / daß aller Platz der Welt /
Wie newgeboren wird? Das Feld steht ohne Feld[2] /
Der Acker fraget nun nach keinem grossen bawen /
Mit Leichen zugesät; er fragt nach keinem Tawen /
Nach keinem düngen nicht: Was sonst der Regen thut /
Wird jetzt genug gethan durch faistes Menschenblut.
Wo Tityrus[3] vorhin im Schatten pflag zusingen /
Vnd ließ von Galathee[4] Wald / Thal vnd Berg erklingen /
Wo vor das süsse Lied der schönen Nachtigall /
Wo aller Vögel Thon biß in die Lufft erschall /

1 Stier: das Tierkreiszeichen des Stiers (April/Mai)
2 Das Feld steht ohne Feld: Wortspiel mit der doppelten Bedeutung von Feld – offenes bzw. bebautes Feld, Acker
3 Tityrus: Name eines Hirten in Vergils *Bucolica*, dann überhaupt „der Hirt“
4 Galathee: Galateia ist in der griechischen Mythologie eine der Nereiden, der Töchter des Nereus; sie galt auch als Beschützerin des milchgebenden Viehs.

Ach! ach! da hört man jetzt die grausamen Posaunen /
Den Donner vnd den Plitz der fewrigen Carthaunen[1] /
Das wilde Feldgeschrey: Wo vormals Laub vnnd Graß
Das Land vmbcrönet hat / da ligt ein faules Aaß.
Der arme Bawersmann hat alles lassen ligen /
Wie / wann die Taube sieht den Habicht auff sich fliegen /
Vnd gibet Fersengelt; er selbst ist in das Land /
Sein Gut ist fort geraubt / sein Hof hinweg gebrandt /
Sein Vieh hindurch gebracht / die Schewren vmbgeschmissen /
Der edle Rebenstock tyrannisch außgerissen /
Die Bäume stehn nicht mehr / die Gärten sind verheert;
Die Sichel vnd der Pflug sind jetzt ein scharffes Schwert.
Vnd dieses ist das Dorff: Wer aber wil doch sagen
Der Stätte schwere Noht / den Jammer / Weh vnd Klagen /
So männiglich geführt / das vnerhörte Leid /
Deß Feindes Vbermuth vnd harte Grausamkeit?
Das alte Mawerwerck ist worden auffgesetzet /
Die Thore starck verwahrt / die Degen scharff gewetzet /
Die Waffen außgebutzt / die Wälle gantz gemacht /
Die Pässe weit vmbher verhawen vnd bewacht.
Ein jeder ist verzagt: Eh' / als der Feind noch kommen /
Da hat die Furchte schon viel Örter eingenommen /
Vnd Oberhand gehabt. Mir schüttert Haar vnd Haut /
Wann / daß ich dencken wil / was ich nur angeschawt. [...]

Recherchieren Sie relevante Informationen zu diesem Thema aus dem vorliegenden Kapitel des Buches und aus Nachschlagewerken bzw. dem Internet.

Verfassen Sie nun eine Gedichtinterpretation und bearbeiten Sie dabei die folgenden Aspekte:

- Erläutern Sie inhaltliche Gesichtspunkte und beziehen Sie dabei den historischen Hintergrund mit ein.
- Analysieren Sie formale und sprachliche Eigenheiten des Textes (z. B. Struktur, Versmaß, Reim, Stilmittel).
- Vergleichen Sie schließlich die Darstellung des Barockautors mit unseren heutigen Erfahrungen kriegerischer Auseinandersetzungen.

Schreiben Sie zwischen 400 und 500 Wörter. Markieren Sie Absätze mittels Leerzeilen.

1 Carthaune: großes Geschütz

DAS BAROCK | 17. JAHRHUNDERT

GESCHICHTE

Gegensätze zwischen protestantischen und katholischen Fürsten führen zum **Dreißigjährigen Krieg** (1618 – 1648). Friede von Münster und Osnabrück. Das deutsche Reich zerfällt in zahlreiche selbständige Territorien. Der Kaiser hat allen Einfluss im Reich verloren. Aufbau der **absoluten Fürstenmacht** nach französischem Vorbild. **Vormachtstellung Frankreichs** (Ludwig XIV.).

Österreich: Abwehr der Türken (2. Belagerung Wiens 1683); Prinz Eugen. Österreich wird Großmacht im Südosten Europas (Leopold I.).

GESELLSCHAFT/WIRTSCHAFT

Bauernstand und Bürgertum von Krieg, Hunger und Seuchen schwer betroffen.

Gegenreformation: Rekatholisierung der habsburgischen Länder.

Bildungswesen in den Händen der Jesuiten. Aufbau einer zentralen Verwaltung.

Merkantilismus (Verminderung der Importe, Förderung der Exporte).

Manufakturen.

Stark religiöse Ausrichtung sowohl in katholischen als auch in protestantischen Ländern (Mystik, Pietismus).

Hexenprozesse.

Ausbreitung der **Lungenpest** (Pestsäulen).

Fürsten als Förderer von Kunst und Künstlern (Mäzenatentum).

WISSENSCHAFT

Galileo Galilei und **Johannes Kepler**: Durchsetzung des heliozentrischen Weltbildes.

Philosophischer **Rationalismus** (René Descartes) und **Empirismus** (John Locke).

Die Sprache der Wissenschaften ist das Lateinische.

Gottfried Wilhelm von Leibniz: Die Welt ist die beste aller möglichen Welten. Lehre von der Harmonie im All.

KUNST

Barockstil: Schloss Versailles, Schönbrunn, Salzburger Dom.

Johann Bernhard Fischer von Erlach (Karlskirche). Beherrschender Zentralraum unterhalb der Kuppel.

Deckenmalerei: Farbigkeit und Bewegung.

Jacob Prandtauer (Stift Melk, St. Florian).

Lukas von Hildebrandt (Belvedere). Prunkvolle Stiegenaufgänge.

Peter Paul Rubens: figurenreiche Kolossalgemälde.

Rembrandt Harmenszoon van Rijn: Helldunkelmalerei, Porträts.

Das goldene Zeitalter der niederländischen Malerei.

MUSIK

Johann Sebastian Bach, **Georg Friedrich Händel**. Anfänge der **Oper** (Hofoper). Unterhaltungsmusik für den Hof (Wassermusiken, Tischmusiken). **Concerto grosso. Kirchenmusik** (Messen).

LITERATUR

Martin Opitz, *Buch von der Deutschen Poeterey* (1624): Lehrbuch der Dichtkunst.

Roman: Hans Jakob Christoffel von Grimmelshausen, *Der abenteuerliche Simplicissimus* (1669), Schelmenroman.

Schäferromane. Heroisch-galante Romane (Fürstenromane).

Lyrik: Gelegenheitsgedichte, Huldigungsdichtung. Kirchenlied. **Andreas Gryphius** (1616 – 1664): Sonette. **Christian Günther** (1695 – 1723).

Drama: Jesuitendrama (lateinisch). Haupt- und Staatsaktionen. Volkskomödie (englische Komödianten, Wiener Volkskomödie, Hanswurstladen). **Andreas Gryphius:** Tragödien und Komödien.

Entscheidende Phase in der Entwicklung einer einheitlichen deutschen Schriftsprache.

DIE AUFKLÄRUNG
ETWA 1700 BIS 1770

BEFREIUNG AUS DER UNMÜNDIGKEIT

Das Zeitalter der Aufklärung wird heute als Beginn der neueren Zeit angesehen. Zwei Strömungen haben die Aufklärung hauptsächlich vorbereitet: der Rationalismus und der Empirismus.

Ratio als Erkenntnisquelle

Der Rationalismus (lat. ratio = Vernunft, Verstand) hatte seine Geburtsstätte in Frankreich. Sein Begründer war der Mathematiker und Philosoph René Descartes (1596 – 1650). Er ging davon aus, das überlieferte Wissen nicht einfach hinzunehmen, sondern alles, was er von anderen gelernt hatte, in Zweifel zu ziehen. Dabei fand er heraus, dass zunächst nur eine einzige Erkenntnis unbezweifelbar und daher wahr sei, der Satz: „Ich denke, also bin ich" (= also bin ich als denkendes Wesen vorhanden). Und er folgerte: Alles, was vom Verstand ebenso klar und deutlich erkannt werden kann wie dieser Satz, ist wahr. Damit war die Ratio, der menschliche Verstand, zur einzigen Erkenntnisquelle, zum Maßstab für wahr und nicht wahr, für richtig und nicht richtig geworden. Durch bloßes Denken, durch logisches Verknüpfen und Folgern kann der Mensch zur Erkenntnis Gottes und der Gesetzmäßigkeiten in der Natur – zur Wahrheit – vordringen.

Erfahrung als Erkenntnisquelle

Die Heimat des Empirismus (Empirie = Erfahrung) ist England, wo als Erster John Locke (1632 – 1704) die Beobachtung zur Grundlage wissenschaftlicher Aussagen machte. Denn – so behauptete er – menschliche Erfahrung, nachprüfbares Wissen bilde sich allein aus den Wahrnehmungen unserer Sinne, aus der Beobachtung. „Es ist nichts in unserem Verstand als das, was wir vorher mit unseren Sinnen wahrgenommen haben", heißt es bei dem englischen Philosophen David Hume (1711 – 1776). Die Beobachtung war die Methode der Erkenntnisgewinnung und nicht überlieferte Lehrsätze geheiligter Autoritäten: Damit war der Weg für eine moderne Naturwissenschaft gebahnt.

Als die fortschrittlich gesinnten Gelehrten und Schriftsteller des frühen 18. Jahrhunderts für die neue Geistesbewegung einen Namen suchten, der auch von Nichtgebildeten verstanden werden konnte, bot sich ihnen das Verb „aufklären" als Vergleichswort an: Wie das Licht der Sonne die Dunkelheit vertreibt und alles deutlich erkennbar macht, „aufklärt", so sollte das helle Licht der Vernunft die Finsternis des Aberglaubens, der blinden Untertänigkeit, der Unduldsamkeit und dumpfen Triebhaftigkeit besiegen. Um die Mitte des Jahrhunderts war das damals neu gebildete Nomen „Aufklärung" bereits zum Schlagwort geworden.

Aufklärung

Die Aufklärung war eine geistige Bewegung, die vom städtischen Bürgertum getragen wurde und beinahe ganz Europa erfasste. Ihr oberstes Ziel war die Verbreitung der Bildung und die Erziehung des Menschen zu einer freien, von der Vernunft geleiteten Persönlichkeit. So begründete die Aufklärung eine Vernunftkultur, ja einen Kult der Vernunft. Man hielt die Erkenntnisfähigkeit des menschlichen Geistes für grenzenlos und glaubte an den ständigen Fortschritt der Vernunfterkenntnis bis zur höchsten Vollkommenheit.

1. Erläutern Sie den Zusammenhang zwischen Rationalismus und Empirismus. Stellen Sie Hypothesen darüber auf, warum die Aufklärung das Zusammenspiel beider Strömungen braucht.

Recht auf Leben, Freiheit, Eigentum

Der an sich alte Gedanke des Naturrechts wurde wieder aufgenommen und neu durchdacht: Jedem Menschen kommen von Natur bestimmte Rechte zu, so das Recht auf Leben, auf Freiheit und auf Eigentum. Alle Menschen sind gleich, jeder ist frei geboren. Der Staat hat die Aufgabe, diese natürlichen Rechte des Einzelnen zu schützen. In der Zeit des fürstlichen Absolutismus und der Leibeigenschaft mussten diese Gedanken ungeheuer revolutionär wirken. Nach diesem Ansatz wurden zum ersten Mal die Menschenrechte formuliert und 1789 im Rahmen der Französischen Revolution verkündet. Die Erklärung der Menschrechte beruht auf den Theorien verschiedenster Philosophen (u. a. Locke, Rousseau, Kant), aber auch auf dem Vorbild der amerikanischen Verfassung von 1776. Sie wirkt bis in die Gegenwart nach, und zwar in der Erklärung der Menschenrechte durch die Vereinten Nationen (1948) und in der Einrichtung demokratischer Staatswesen. Generationenvertrag

Staat als Schützer der natürlichen Rechte

Eine neue Lehre vom Staat wird begründet: Der Staat beruht auf einer Art „Gesellschaftsvertrag". Aus dem Wunsch nach Frieden und Sicherheit sind die Menschen übereingekommen, einen Herrscher einzusetzen, der die Einhaltung der Naturrechte zu gewährleisten hat. Da der Herrscher alle seine Macht vom Volk erhält, kann ihm die Macht auch wieder entzogen werden, wenn er sie missbraucht. In diesem Gedanken liegen die Wurzeln der Französischen Revolution von 1789. Der französische Gelehrte Charles de Montesquieu (1689 – 1755) hat die neue Staatslehre mit der Forderung nach Gewaltentrennung weiterentwickelt. Bis dahin schien es selbstverständlich, dass der König die Gesetze gab, darauf achtete, dass sie eingehalten wurden, und oberster Richter war. Das führte häufig zum Missbrauch der Macht. Die Gewaltentrennung sieht drei voneinander unabhängige Einrichtungen vor: Vertreter des Volkes bilden die gesetzgebende Körperschaft (Legislative: heute bei uns das Parlament), die Regierung sorgt für die Durchführung und Einhaltung der beschlossenen Gesetze (Exekutive) und ein von beiden unabhängiger Richterstand spricht Recht nach den geltenden Gesetzen (Judikatur).

Auch auf religiösem Gebiet hat die Aufklärung große Veränderungen hervorgerufen. Die beiden Kirchen, vor allem die protestantische, waren in den Lehrsätzen des 16. Jahrhunderts erstarrt, weshalb viele gläubige Menschen sich im Pietismus zusammenfanden, einer Bewegung, die eine Erneuerung des frommen Lebens anstrebte und die Kirche reformieren wollte. An die Stelle der kirchlichen Organisation sollte die Gemeinschaft der ernsthaft gläubigen Christen treten. Ein starkes Gefühlsleben und große Empfindsamkeit sind für die „unsichtbare Kirche" des Pietismus kennzeichnend.

Unterordnung der Religion unter die Vernunft

Die Aufklärer wollten hingegen an die Stelle der Offenbarungsreligion eine Vernunftreligion setzen: Alle Glaubensinhalte sollten mit dem logischen Denken in Einklang zu bringen sein. Sehr energisch wandten sich manche Aufklärer gegen die Vormundschaft der Kirche und beanspruchten für den Einzelnen die Möglichkeit freier religiöser Betätigung. Da man über die etablierten Kirchen und Konfessionen hinweg auf die religiöse Erlebnisfähigkeit des Menschen zurückgriff, war die Forderung nach Toleranz die zwingende Folge. Unter „Toleranz" verstand man die öffentliche Duldung aller Religionen und religiösen Gemeinschaften. Der Maßstab für den Wert einer Religion lag für den Aufklärer in ihrer praktischen Wirkung (vgl. die Politik Josephs II. gegenüber der Kirche in Österreich); denn jede Religion habe die Aufgabe, den Menschen zu bessern, ihn zu einem sittlichen Wesen zu machen.

Glaube an die Erziehbarkeit des Menschen

Diese Aufgabe kann aber auch die Erziehung erfüllen. Die Aufklärer waren zutiefst überzeugt, dass der Fortschritt der Menschheit auf der Bildung und Erziehung jedes Einzelnen beruhe. Die Einführung der allgemeinen Schulpflicht geht auf diese Überzeugung zurück. Das bestehende Schulwesen wurde reformiert. Das Auswendiglernen von Lehrsätzen sollte durch verstehendes Lernen und durch eine lebenspraktische Ausrichtung des Unterrichts ersetzt werden. Die Erkenntnisse des Verstandes – so forderte man – müssen praktisch anzuwenden, das Leben muss vernünftig zu gestalten sein.

Zur Bildung der Erwachsenen schrieb eine Reihe bedeutender französischer Gelehrter das erste Lexikon (die „Encyclopédie"), in dem das gesamte Wissen der Zeit vom Standpunkt der Aufklärung dargestellt wurde.
Der einflussreichste französische Aufklärer war Voltaire (1694 – 1778, François Marie Arouet), ein äußerst vielseitiger Schriftsteller und Denker, dessen Urteile von zwei Generationen übernommen wurden. Voltaire lebte drei Jahre am Hof König Friedrichs II. von Preußen und prägte den „aufgeklärten Absolutismus" entscheidend mit. Er schrieb Dramen, Romane, Epen, philosophische Werke, Streitschriften und Artikel für die „Encyclopédie".

Anspruch des Bürgertums

Das gebildete Bürgertum, das weder politischen Einfluss noch wirtschaftliche Macht besaß, erhob Anspruch auf Beteiligung am Staat. Die Legitimation dafür waren literarische Bildung und moralische Lebensgrundsätze. In beiden Bereichen wusste sich der Bürger dem Adeligen überlegen.

2. Diskutieren Sie die Frage, inwieweit die in der Aufklärung propagierten Aspekte des verstehenden Lernens und der lebenspraktischen Ausrichtung des Unterrichts nach wie vor berechtigte Forderungen an den heutigen Unterricht sind.

LITERATUR DER AUFKLÄRUNG

Literatur als Mittel der Bildung

Die Literatur hatte für die Aufklärer den Zweck, den Menschen zu bilden, zu erziehen und zu unterhalten. Der Dichter musste ein gelehrter Mann sein und sich nach Regeln richten. Die künstlerische Produktion war vom Verstand zu kontrollieren. Die Dichtungsgattungen mussten säuberlich geschieden sein, Tragik und Komik durften nicht vermischt werden (wie etwa bei Shakespeare). Im Mittelpunkt der Dichtung standen Menschen, die sich durch ihren Willen und ihre Vernunft zu vollkommeneren Wesen entwickelten.
Im deutschen Sprachraum waren die bevorzugten Formen der Literatur unter anderem das Lehrgedicht, die Fabel und satirische Darstellungen, in denen der „esprit" (Geist, Witz) eine große Rolle spielte. Zunächst herrschte der Vers vor; Prosa galt nicht als künstlerische Gestaltung. Allmählich setzte sich – durch englischen Einfluss – der empfindsame Familienroman durch. Sehr beliebt war der Typ des Reiseromans. Die vielen Poststationen gaben der Hauptfigur Gelegenheit zu Bekanntschaften und allerlei Abenteuern.
In England vermochten Dramatiker/innen und Romanschriftsteller/innen ihr Publikum bis zu Tränen zu rühren. Unter ihren Werken findet man das erste bürgerliche Trauerspiel und den ersten Briefroman. Eine herausragende Literatin im England des 17. Jahrhunderts war Aphra Behn (1640 – 1689). Nach dem Tod ihres Mannes lebte sie als freischaffende Schriftstellerin. Eine zweite Heirat lehnte sie entschieden ab, sie wollte keinesfalls zur finanziellen Absicherung eine Ehe eingehen. Behn schrieb sowohl Theaterstücke, die ein Fixpunkt im Repertoire der Londoner Bühnen bis zur Mitte des 18. Jahrhundert waren, als auch Prosa und Gedichte. Ihr Roman *Love Letters between a Nobleman and his Sister* gilt als erster Briefroman. Mit ihrem Hauptwerk, dem Roman *Oroonoko* über einen Sklaven in Suriname, beeinflusste sie massiv die Anti-Sklaverei-Bewegung. Die Frauenbewegung ehrt Aphra Behn als eine ihrer Vorkämpferinnen. Noch in den trivialen Liebesromanen des späten 19. Jahrhunderts sind die Spuren dieser rührseligen Literatur zu finden (z. B. die unglückliche Liebe zwischen einer Bürgerlichen und einem Adeligen).

Gebildete aus dem 3. Stand

Träger der Literatur waren die akademisch Gebildeten aus dem dritten Stand, dem Bürgertum, besonders Theologen, Sprachgelehrte und Schulmänner. Die Schriftsteller lösten sich aus der Abhängigkeit von den Fürsten und vom adeligen Mäzenatentum. Friedrich Gottlieb Klopstock und Gotthold Ephraim Lessing lebten – zumindest zeitweilig – als freie Schriftsteller. Dies war nur möglich, weil die Produktion schöngeistiger Bücher in der Zeit der Aufklärung auf das Vierfache stieg. Die Zentren der Handelstätigkeit (Hamburg, Leipzig, Frankfurt, Berlin, Bremen) waren zugleich Zentren literarischer und philosophischer Gesellschaften und des Verlagswesens.

Buchmarkt

Von 1450 bis etwa 1700 waren Drucker, Verleger und Buchhändler in der Regel in einer Person vereinigt. Die Bücher wurden einmal im Jahr auf den Buchmessen in Leipzig und Frankfurt am Main angeboten. Die Käufer mussten sich für das kommende Jahr versorgen. Feste Preise gab es keine. Im 18. Jahrhundert entwickelte sich ein arbeitsteiliger literarischer Markt nach wirtschaftlichen Gesichtspunkten: Verleger beauftragten Druckereien mit der Herstellung von Büchern. Die Bücher wurden über so genannte Sortimentsbuchhändler weitervertrieben. Bei ihnen konnte man das ganze Jahr über kaufen, und zwar zu festen Preisen. Dieses Produktions- und Verteilersystem hat sich bis heute erhalten.

Ein Urheberrechtsgesetz gab es allerdings im 18. Jahrhundert noch nicht. Das bedeutete: Jeder konnte Bücher nachdrucken (Raubdrucke) und billig auf den Markt werfen, weil auf Autoren- und Verlegerrechte keine Rücksicht genommen werden musste. Daher zahlten die Verleger den Schriftstellern meist nur geringe Honorare für die Manuskripte und brachten nur Auflagen mit geringer Stückzahl heraus. So konnten nur wenige, besonders angesehene Autoren von ihren Tantiemen leben. Goethe beispielsweise erhielt von 1795 bis zu seinem Tod jährlich etwa 3.000 Taler von seinem Verleger, Schiller dagegen zuerst 400, dann 800 und kurz vor seinem Tod etwa 1.400 Taler. (Zum Wertvergleich: Ende des 18. Jahrhunderts bekam man für einen Taler zwölf Kilogramm Brot; ein Maßanzug kostete 20 Taler.) Viele Autoren versuchten dadurch zu überleben, dass sie nach dem Geschmack der Leserschaft schrieben und zu Lohn- und Trivialschriftstellern wurden. Nur ein kleiner Teil der Autoren beugte sich nicht den Gesetzen des Marktes und produzierte nach seinem künstlerischen Gewissen.

Neben dem Buchhandel mit gehobener und noch mehr trivialer Literatur gab es – vor allem seit der Mitte des Jahrhunderts – ein ausgedehntes Zeitungs- und Zeitschriftenwesen, das allerdings weniger das Tagesgeschehen vermittelte (dazu waren Herstellung und Verteilung zu langsam), sondern gesellschaftliche, religiöse, moralische, ästhetische und literarische Ideen „für das gebildete Publikum" zu verbreiten suchte. Die einzelnen Nummern waren nicht im freien Verkauf erhältlich, sondern mussten abonniert werden. Die Redaktion der Zeitschrift bestand häufig nur aus ihrem Begründer und einigen freien Mitarbeitern. Meist wurden die Zeitschriften nach wenigen Nummern eingestellt. Vorbilder für diese Moralischen Wochenschriften fanden sich in England, wo sich die Aufklärung mit moralischen Bestrebungen verband, die aus dem strenggläubigen Puritanismus (Protestantismus) kamen. Diese Moralischen Wochenschriften verbreiteten die neuen wissenschaftlichen und sittlichen Anschauungen im gehobenen Bürgertum und wirkten in hohem Grad meinungsbildend.

Gottscheds Theaterreform

Für die Entwicklung der deutschen Literatur hatte das Wirken des Ostpreußen Johann Christoph Gottsched (1700 – 1766) große Bedeutung. Gottsched war Professor in Leipzig und setzte sich mit Strenge für eine Reform der Sprache, der Dichtkunst und besonders des Theaters ein. Sein Kampf gegen den blumigen Schwulst der Sprache in der späten Barockzeit ist eines seiner unbestreitbaren Verdienste.

Vernünftige Dichtung

Gottsched war – mit den Philosophen seiner Zeit (Gottfried Wilhelm Leibniz und Christian Wolff) – der Meinung, dass unsere Welt die beste aller möglichen Welten sei. Die Dichtung hat für ihn die Aufgabe, die Vollkommenheit und vernünftige Ordnung der Welt widerzuspiegeln. Sie muss belehren und erzieherisch wirken und darf nicht über die Beschreibung der wahrnehmbaren Natur hinausgehen. Darum verbannte Gottsched alles Übernatürliche, alles Wunderbare aus der Dichtung und zugleich damit jedes leidenschaftliche Gefühl, weil Leidenschaftlichkeit den zweckmäßigen Gebrauch der Vernunft ausschließe. In seinem *Versuch einer kritischen Dichtkunst* (1730) verweist

Französische Autoren als Vorbilder

Gottsched die Deutschen auf die Vorbildlichkeit der französischen Klassiker, Pierre Corneille und Jean Racine, die nach seiner Meinung die wahren Erben der Antike waren; denn sie beachteten im Drama genau die so genannten drei Einheiten, die Einheit des Ortes, der Zeit und der Handlung: Das dramatische Geschehen muss auf einem Schauplatz, an einem Tage spielen und darf nur eine Handlung haben, die in sich geschlossen und logisch aufgebaut sein muss (vgl. Seite 138). Shakespeares Dramatik war Gottsched wegen ihrer Unregelmäßigkeit und Wildheit, wegen der Vermischung von Tragischem und Komischem ein Gräuel.

Gereinigtes, regelmäßiges Drama

Gottsched verfasste Übersetzungen französischer Stücke, die als Vorbilder dienen sollten. Er schrieb auch selbst ein „regelmäßiges" (= den Regeln entsprechendes) Theaterstück, den *Sterbenden Cato*, als Muster und ließ nach seinen Ideen Dramen anfertigen.

Caroline Neuber, die Leiterin einer Theatertruppe, unterstützte Gottscheds Bestrebungen, führte seine Musterstücke auf und half ihm, die Bühne von den derben Späßen und groben Possen des Hanswurst zu säubern. Um dem Publikum die Verdammung dieser Figur deutlich vor Augen zu führen, verbrannte die „Neuberin" sogar eine Hanswurstpuppe auf offener Bühne.

Gottscheds Erziehungsbemühungen

Moralische Wochenschriften

Gottsched gab 1725/26 nach englischem Vorbild die moralische Wochenschrift *Die vernünftigen Tadlerinnen* heraus. Darin beschäftigte er sich mit der Unmündigkeit der „Frauenzimmer". Diese geistige Unselbständigkeit wollte er durch Bildung beseitigen. Er legte seine Ansichten Frauen in den Mund, indem er weibliche Redakteurinnen erfand und sie zu den Leserinnen sprechen ließ.

Emanzipationsgedanke im 18. Jahrhundert

Johann Christoph Gottsched

Zur Erziehung des weiblichen Geschlechts

Die übliche Auferziehung, dass man Personen von unserm Geschlecht in der äußersten Unwissenheit stecken lässt, hat den Sittenlehren der vernünftigen Tadlerinnen wenig Leserinnen zubereitet. Der größte Teil unserer Frauenzimmer wird in der Jugend hierin verwahrlost. Wie übel geht man mit unseren Gemütskräften um! Man glaubt, es sei zu unserem Unterricht genug, wenn man uns die Buchstaben zusammensetzen und, zuweilen schlecht genug, nachmalen lehrt. Darauf hält man uns eine Französin, um eine fremde Sprache in das Gedächtnis zu fassen, da wir doch die Muttersprache nicht recht verstehen. Unser Verstand wird durch keine Wissenschaft geübt, und man bringt uns, außer einigen – oft übel genug aneinander hängenden – Grundlehren der Religion, nichts bei; ja auch diese werden meistenteils mehr dem Gedächtnis als dem Verstande eingeprägt. Wenn man die Schule verlässt, so verlässt man, sofern ich etwa ein Gebetbuch ausnehme, zugleich alle Bücher. Oder wo man ja etwas liest, ist es ein läppischer und närrischer Roman, durch den die vorher schon eitlen Personen unseres Geschlechts noch mehr in ihrer Eitelkeit bestärkt werden. Die Schriften, die zur Verbesserung des Verstandes und Willens etwas beitragen könnten, dünken uns zu schwer, zu unverständlich, zu trocken, zu ernsthaft und zu verdrießlich. Und da man unsere Seele niemals zum Nachdenken gewöhnt hat, so wird es uns sauer, solche Bücher, die mit Überlegung gelesen sein wollen, zu verstehen. [...] Ich bin jetzt nicht im

Begriff, die abgedroschene Streitigkeit zu erneuern, welche über der abgeschmackten Frage entstanden ist, ob das weibliche Geschlecht auch zum Studieren geschickt sei. Wir sind ebenso Menschen als die Mannspersonen, und das wird niemand im Ernst leugnen, er wäre denn ein Narr. Wir haben eben die Kräfte, die die Mannspersonen besitzen, eben die Fähigkeiten, in der Gelehrsamkeit etwas zu tun. [...]
Diejenigen Vorurteile, mit denen unser Verstand in der Jugend angefüllt worden ist, bleiben lebenslang unausgerottet. Die Schmeicheleien und Unwahrheiten, die man uns, sobald wir zu erwachsen anfangen, von unseren Vortrefflichkeiten sagt, verderben unseren ohnehin schon verdorbenen Willen noch mehr, sodass es fast unmöglich ist, jemals zu einer rechtschaffenen Selbsterkenntnis zu gelangen. Warum waffnet man uns denn nicht mit einer guten Vernunft- und Sittenlehre dagegen? [...]
Unsere Gesellschaften und Zusammenkünfte, welche verständigen Mannspersonen so oft zum Gelächter, ja gar zum Ärgernisse werden, kommen ihnen aus keiner anderen Ursache lächerlich oder ekelhaft vor, als weil wir uns die Zeit mit nichtswürdigen oder auch gar sündigen Dingen vertreiben. Ich habe gemerkt, dass die Gespräche der Frauenzimmer in den Gesellschaften meistenteils von abwesenden Personen handeln, die mit allen ihren Verrichtungen so abscheulich und lieblos durchgezogen werden, dass ein ehrliches Gemüt, welches solche Lästerungen anhören muss, den ärgsten Widerwillen empfindet. [...]
Wer jedoch den unschätzbaren Wert der Zeit erkennt, der wird für sich selber urteilen, ob man sie so unverantwortlich verschwenden und missbrauchen darf. [...] Unsere Unwissenheit ist allein schuld, dass wir uns nicht besser zu unterhalten wissen und dass wir die Zeit so liederlich und sündhaft vertun, die wir doch mit artigen, geistreichen und erbaulichen Unterredungen zubringen könnten.

HÜ Kennzeichen gr. Drama

3. Beschreiben Sie anhand von Textzitaten,
   was Gottsched am Bildungssystem seiner Zeit angreift,
   was er den Frauen im Namen einer Frau vorwirft,
   welche Vorschläge zur Verbesserung der Bildung von Frauen er macht.
4. Fassen Sie Gottscheds Meinung in heutiger Ausdrucksweise zusammen.
5. Diskutieren Sie die beiden folgenden Aspekte:
   - Beurteilen Sie Gottscheds Vorgehen, in der Rolle einer Redakteurin zu schreiben.
   - Stellen Sie dar, wie bzw. wie sehr sich Menschen heute von Medien „erziehen" lassen.

Gottscheds Literaturkrieg mit den Schweizern

Gottsched hatte als Reformer begonnen: Er erneuerte die Dichtkunst, reinigte das Theater und säuberte die Sprache. Doch die Zeit ging über seine engen Reglementierungen hinweg, ohne dass er sich weiterentwickeln konnte. Gleich von mehreren Seiten wurde der deutsche „Literaturpapst" heftig angegriffen. Es entstand ein regelrechter Literaturkrieg, besonders mit den beiden Züricher Gelehrten Johann Jakob Bodmer (1698 – 1783) und Johann Jakob Breitinger (1701 – 1776). Sie waren der Meinung, dass man das Genie nicht mit Regeln fesseln dürfe. Grundelement der Poesie sei die freie Phantasie und die Darstellung des Wunderbaren.

Kants Auffassung von der Aufklärung

Der Königsberger Philosoph Immanuel Kant (1724 – 1804), dessen Philosophie zum Deutschen Idealismus gerechnet wird, der aber auch ein wichtiger Vertreter der Aufklärung in Deutschland war, hat in dem Aufsatz für eine Berliner Zeitschrift unter dem Titel *Beantwortung einer Frage: Was ist*

Aufklärung? 1785 gewissermaßen als Rückschau zu erklären versucht, was Aufklärung bedeutet. Dabei hat er sich um Verständlichkeit seiner Gedanken bemüht. Es war sein Anliegen, möglichst viele Leser/innen und auch König Friedrich II. von Preußen für sich und seine Ideen zu gewinnen. Sein philosophisches Hauptwerk, die *Kritik der reinen Vernunft*, wurde vom Heiligen Stuhl auf die Liste der für Katholiken verbotenen Bücher gesetzt.

Immanuel Kant

Beantwortung der Frage: Was ist Aufklärung? (1785)

Mut zu eigenständigem Denken

Aufklärung ist der Ausgang des Menschen aus seiner selbst verschuldeten Unmündigkeit. Unmündigkeit ist das Unvermögen, sich seines Verstandes ohne Leitung eines anderen zu bedienen. Selbst verschuldet ist diese Unmündigkeit, wenn die Ursache derselben nicht am Mangel des Verstandes, sondern der Entschließung des Mutes liegt, sich seiner ohne Leitung eines andern zu bedienen. Sapere aude! „Habe Mut, dich deines eigenen Verstandes zu bedienen!" ist also der Wahlspruch der Aufklärung.

Faulheit und Feigheit sind die Ursachen, warum ein so großer Teil der Menschen, nachdem sie die Natur längst von fremder Leitung freigesprochen, dennoch zeitlebens gerne unmündig bleiben; und warum es anderen so leicht wird, sich zu deren Vormündern aufzuwerfen. Es ist so bequem, unmündig zu sein. Habe ich ein Buch, das für mich Verstand hat, einen Seelsorger, der für mich Gewissen hat, einen Arzt, der für mich die Diät beurteilt, usw.: so brauche ich mich ja nicht selbst zu bemühen. Ich habe nicht nötig zu denken, wenn ich nur bezahlen kann; andere werden das verdrießliche Geschäft schon für mich übernehmen.

Dass der bei weitem größte Teil der Menschen (darunter das ganze schöne Geschlecht) den Schritt zur Mündigkeit, außer dass er beschwerlich ist, auch für sehr gefährlich hält: Dafür sorgen schon jene Vormünder, die die Oberaufsicht über sie gütigst auf sich genommen haben. Nachdem sie ihr Hausvieh zuerst dumm gemacht haben und sorgfältig verhüteten, dass diese ruhigen Geschöpfe ja keinen Schritt außer dem Gängelwagen, darin sie sie einsperreten, wagen durften: So zeigen sie ihnen nachher die Gefahr, die ihnen drohet, wenn sie es versuchen, allein zu gehen. Nun ist diese Gefahr zwar eben so groß nicht, denn sie würden durch einige Mal Fallen wohl endlich gehen lernen; allein ein Beispiel von der Art macht doch schüchtern und schreckt gemeiniglich von allen ferneren Versuchen ab.

Es ist also für jeden einzelnen Menschen schwer, sich aus der ihm beinahe zur Natur gewordenen Unmündigkeit herauszuarbeiten. Er hat sie sogar liebgewonnen und ist vorderhand wirklich unfähig, sich seines eigenen Verstandes zu bedienen, weil man ihn niemals den Versuch davon machen ließ. [...]

Daher kann ein Publikum nur langsam zur Aufklärung gelangen. Durch eine Revolution wird vielleicht wohl ein Abfall von persönlichem Despotismus und gewinnsüchtiger oder herrschsüchtiger Bedrückung, aber niemals wahre Reform der Denkungsart zustande kommen; sondern neue Vorurteile werden, ebensowohl als die alten, zum Leitbande des gedankenlosen großen Haufens dienen. Zu dieser Aufklärung aber wird nichts erfordert als Freiheit; und zwar die unschädlichste unter allem, was nur Freiheit heißen mag, nämlich die: Von seiner Vernunft in allen Stücken öffentlichen Gebrauch zu machen. Nun höre ich aber von allen Seiten rufen:

Räsoniert[1] nicht! Der Offizier sagt: Räsoniert nicht, sondern exerziert! Der Finanzrat: Räsoniert nicht, sondern bezahlt! Der Geistliche: Räsoniert nicht, sondern glaubt! [...] Hier ist überall Einschränkung der Freiheit. [...]

1 räsonieren (frz., von lat. ratio) damals: vernünftig reden, überlegen

Ein Zeitalter kann sich nicht verbünden und darauf verschwören, das folgende in einen Zustand zu setzen, darin es ihm unmöglich werden muss, seine Erkenntnisse zu erweitern, von Irrtümern zu reinigen und überhaupt in der Aufklärung weiterzuschreiten. Das wäre ein Verbrechen wider die menschliche Natur, deren ursprüngliche Bestimmung gerade in diesem Fortschreiten besteht [...]. Der Probierstein alles dessen, was über ein Volk als Gesetz beschlossen werden kann, liegt in der Frage, ob ein Volk sich selbst wohl ein solches Gesetz auferlegen würde. [...]
Ein Mensch kann zwar für seine Person, und auch alsdann nur auf einige Zeit, in dem, was ihm zu wissen obliegt, die Aufklärung aufschieben; aber auf sie Verzicht tun, es sei für seine Person, mehr aber noch für die Nachkommenschaft, heißt die heiligen Rechte der Menschheit verletzen und mit Füßen treten. [...]
Wenn nun gefragt wird: „Leben wir jetzt in einem aufgeklärten Zeitalter?", so ist die Antwort: „Nein, aber wohl in einem Zeitalter der Aufklärung." Dass die Menschen, wie die Sachen jetzt stehen, im Ganzen genommen schon imstande wären oder darein auch nur versetzt werden könnten, in Religionsdingen sich ihres eigenen Verstandes ohne Leitung eines anderen sicher und gut zu bedienen, daran fehlt noch sehr viel. Allein, dass jetzt ihnen doch das Feld geöffnet wird, sich dahin frei zu bearbeiten, und die Hindernisse der allgemeinen Aufklärung oder des Ausganges aus ihrer selbst verschuldeten Unmündigkeit allmählich weniger werden, davon haben wir doch deutliche Anzeichen. In diesem Betracht ist dieses Zeitalter das Zeitalter der Aufklärung.

6. Geben Sie den Inhalt von Kants Einleitungssatz (Zeile 1) in Ihren eigenen Worten wieder.
7. Beschreiben Sie anhand von Textzitaten,
   warum niemand darauf verzichten darf, ein aufgeklärter Mensch zu werden und als solcher zu leben und zu handeln,
   welches das größte Hindernis auf dem Weg zur Mündigkeit des Einzelnen ist,
   welche „Vormünder [...] die Oberaufsicht [...] gütigst auf sich genommen haben".
8. Diskutieren Sie, welche Personen, Gruppen oder Institutionen heute noch Einzelnen oder ganzen Gruppen von Menschen das Denken abnehmen möchten.
9. Kommentieren Sie Kants Stil und beschreiben Sie, wie dieser Text auf heutige Leser/innen wirkt.
   • Beschreiben Sie, wie heutige Leser/innen auf Kants Text reagieren würden.

Aphorismen

Der Aphorismus war in der Aufklärung eine beliebte literarische Ausdrucksform. Kennzeichnend sind die Kürze und der geistreiche Schliff. Aphorismen bedienen sich häufig rhetorischer Mittel, wie der Antithese, der Metapher, des logischen Widerspruchs u. a. Sie drücken eine subjektive Meinung, eine Einsicht, eine aus dem Widerspruch gewonnene Erkenntnis aus und sollen zum kritischen Nachdenken anregen. Sammlungen von Aphorismen gibt es seit der Antike (Kaiser Marc Aurel).

Georg Christoph Lichtenberg
Aus den Aphorismen

Wie glücklich würde mancher leben, wenn er sich um anderer Leute Sachen so wenig bekümmerte als um seine eigenen.

Ich habe durch mein ganzes Leben befunden, dass sich der Charakter eines Menschen aus nichts so sicher erkennen lässt, als aus einem Scherz, den er übel nimmt.

Über nichts wird flüchtiger geurteilt als über die Charaktere der Menschen, und doch sollte man in nichts behutsamer sein. [...] Ich habe immer gefunden, die so genannten schlechten Leute gewinnen, wenn man sie genauer kennen lernt, und die guten verlieren.

Wer in sich selbst verliebt ist, hat wenigstens bei seiner Liebe den Vorteil, dass er nicht viele Nebenbuhler erhalten wird.

„Wovon das Herz nicht voll ist, davon geht der Mund über", habe ich öfter wahr empfunden als den entgegengesetzten Satz.

Es ist eine ganz bekannte Sache, dass die Viertelstündchen größer sind als die Viertelstunden.

Nichts kann mehr zu einer Seelenruhe beitragen, als wenn man gar keine Meinung hat.

Ein Unverschämter kann bescheiden aussehen, wenn er will, aber kein Bescheidener unverschämt.

Um vergnügt oder vielmehr lustig in der Welt zu sein, wird nur erfordert, dass man alles nur flüchtig ansieht; sowie man nachdenkender wird, wird man auch ernsthafter.

10. Wählen Sie einen dieser Aphorismen und schreiben Sie dazu einen Kommentar, der die Aussage erläutert.

LESSING ALS AUFKLÄRER UND REFORMER

Die Toleranzidee

Fragmentestreit

Gotthold Ephraim Lessing (1729 – 1781) gab 1774 philosophisch-religiöse Schriften eines Freundes heraus, dessen Namen er jedoch nicht preisgab, in denen biblische Glaubensinhalte (Wunder, Auferstehung Jesu Christi etc.) als unvereinbar mit der Vernunft dargestellt wurden (vgl. Vernunftreligion). Die strenggläubigen protestantischen Theologen, besonders der Hamburger Hauptpastor Goeze, sahen darin einen Angriff auf den Offenbarungsglauben und die Bibel. Es kam zu einem Streit, den der Braunschweiger Herzog dadurch beenden wollte, dass er Lessings Schriften der Zensur unterwarf. Lessing wich nun in die Dichtung aus und schrieb sein Drama *Nathan der Weise*.
Die Handlung spielt zur Zeit der Kreuzzüge und ist frei erfunden: In Palästina leben Juden, Christen und Moslems. So sind auch die Hauptpersonen des Dramas Angehörige der drei Glaubensrichtungen. Nach der Rückkehr von einer Geschäftsreise erfährt der Jude Nathan, dass ein christlicher Tempelherr seine Pflegetochter Recha aus einem brennenden Haus gerettet habe. Dieser wiederum verdankt sein Leben der Begnadigung durch den muslimischen Herrscher Sultan Saladin. Die Vertreter der drei Religionen (mit Ausnahme Nathans) hegen gegeneinander religiös motivierte Vorurteile.

Der Kern des Dramas ist die so genannte Ringparabel: Sultan Saladin, der sich in Geldnöten befindet, möchte Nathan in Verlegenheit bringen, um leichter Geld von ihm ausborgen zu können. Daher stellt er dem weisen Nathan die Frage, welche Religion denn die wahre sei.

SALADIN: […] Da du nun
So weise bist: so sage mir doch einmal –
Was für ein Glaube, was für ein Gesetz
Hat dir am meisten eingeleuchtet?
NATHAN: Sultan,
Ich bin ein Jud'.
SALADIN: Und ich ein Muselmann.
Der Christ ist zwischen uns. – Von diesen drei
Religionen kann doch eine nur
Die wahre sein. – Ein Mann, wie du, bleibt da
Nicht stehen, wo der Zufall der Geburt
Ihn hingeworfen; oder wenn er bleibt,
Bleibt er aus Einsicht, Gründen, Wahl des Bessern.
Wohlan! So teile deine Einsicht mir
Denn mit. Lass mich die Gründe hören, denen
Ich selber nachzugrübeln nicht die Zeit
Gehabt. Lass mich die Wahl, die diese Gründe
Bestimmt – versteht sich, im Vertrauen – wissen,
Damit ich sie zu meiner mache. […]
NATHAN: Vor grauen Jahren lebt' ein Mann in Osten,
Der einen Ring von unschätzbarem Wert
Aus lieber Hand besaß. Der Stein war ein
Opal, der hundert schöne Farben spielte,
Und hatte die geheime Kraft, vor Gott
Und Menschen angenehm zu machen, wer
In dieser Zuversicht ihn trug. Was Wunder,
Dass ihn der Mann in Osten darum nie
Vom Finger ließ und die Verfügung traf,
Auf ewig ihn bei seinem Hause zu
Erhalten? Nämlich so. Er ließ den Ring
Von seinen Söhnen dem geliebtesten
Und setzte fest, dass dieser wiederum
Den Ring von seinen Söhnen dem vermache,
Der ihm der liebste sei: und stets der liebste,
Ohn' Ansehn der Geburt, in Kraft allein
Des Rings das Haupt, der Fürst des Hauses werde. […]
So kam nun dieser Ring, von Sohn zu Sohn,
Auf einen Vater endlich von drei Söhnen,
Die alle drei ihm gleich gehorsam waren,
Die alle drei er folglich gleich zu lieben
Sich nicht entbrechen konnte. Nur von Zeit
Zu Zeit schien ihm bald der, bald dieser, bald
Der Dritte – sowie jeder sich mit ihm

Allein befand und sein ergießend Herz
Die andern zwei nicht teilten – würdiger
Des Ringes; den er denn auch einem jeden
Die fromme Schwachheit hatte, zu versprechen.
Das ging nun so, solang' es ging. – Allein
Es kam zum Sterben, und der gute Vater
Kommt in Verlegenheit. Es schmerzt ihn, zwei
Von seinen Söhnen, die sich auf sein Wort
Verlassen, so zu kränken. – Was zu tun? –
Er sendet insgeheim zu einem Künstler,
Bei dem er, nach dem Muster seines Ringes,
Zwei andere bestellt und weder Kosten
Noch Mühe sparen heißt, sie jenem gleich,
Vollkommen gleich zu machen. Das gelingt
Dem Künstler. Da er ihm die Ringe bringt,
Kann selbst der Vater seinen Musterring
Nicht unterscheiden. Froh und freudig ruft
Er seine Söhne, jeden insbesondre;
Gibt jedem insbesondre seinen Segen, –
Und seinen Ring – und stirbt. – Du hörst doch, Sultan?
SALADIN *(der sich betroffen von ihm gewandt)*:
Ich hör', ich höre! – Komm mit deinem Märchen
Nur bald zu Ende. – Wird's?
NATHAN: Ich bin zu Ende.
Denn was noch folgt, versteht sich ja von selbst. –
Kaum war der Vater tot, so kommt ein jeder
Mit seinem Ring, und jeder will der Fürst
Des Hauses sein. Man untersucht, man zankt,
Man klagt. Umsonst; der rechte Ring war nicht
Erweislich. –
(Nach einer Pause, in welcher er des Sultans Antwort erwartet)
Fast so unerweislich, als
Uns jetzt – der rechte Glaube.
SALADIN: Wie? das soll
Die Antwort sein auf meine Frage? ...
NATHAN: Soll
Mich bloß entschuldigen, wenn ich die Ringe
Mir nicht getrau' zu unterscheiden, die
Der Vater in der Absicht machen ließ,
Damit sie nicht zu unterscheiden wären.
SALADIN: Die Ringe! – Spiele nicht mit mir! – Ich dächte,
Dass die Religionen, die ich dir
Genannt, doch wohl zu unterscheiden wären.
Bis auf die Kleidung, bis auf Speis' und Trank.
NATHAN: Und nur von Seiten ihrer Gründe nicht. –
Denn gründen alle sich nicht auf Geschichte?
Geschrieben oder überliefert! – Und

Geschichte muss doch wohl allein auf Treu'
Und Glauben angenommen werden, – nicht? –
Nun, wessen Treu' und Glauben zieht man denn
Am wenigsten in Zweifel? Doch der Seinen!
Doch deren Blut wir sind! Doch deren, die
Von Kindheit an uns Proben ihrer Liebe
Gegeben, die uns nie getäuscht, als wo
Getäuscht zu werden uns heilsamer war! –
Wie kann ich meinen Vätern weniger
Als du den deinen glauben? Oder umgekehrt.
Kann ich von dir verlangen, dass du deine
Vorfahren Lügen strafst, um meinen nicht
Zu widersprechen? Oder umgekehrt.
Das Nämliche gilt von den Christen. Nicht? –
SALADIN: Bei dem Lebendigen! Der Mann hat Recht.
Ich muss verstummen.
NATHAN: Lass auf unsre Ring'
Uns wieder kommen. Wie gesagt: die Söhne
Verklagten sich; und jeder schwur dem Richter,
Unmittelbar aus seines Vaters Hand
Den Ring zu haben. – Wie auch wahr! – Nachdem
Er von ihm lange das Versprechen schon
Gehabt, des Ringes Vorrecht einmal zu
Genießen. – Wie nicht minder wahr! – Der Vater,
Beteu'rte jeder, könne gegen ihn
Nicht falsch gewesen sein; und eh' er dieses
Von ihm, von einem solchen lieben Vater,
Argwöhnen lass: Eh' müss er seine Brüder,
So gern er sonst von ihnen nur das Beste
Bereit zu glauben sei, des falschen Spiels
Bezeihen; und er wolle die Verräter
Schon auszufinden wissen; sich schon rächen.
SALADIN: Und nun, der Richter? – Mich verlangt zu hören,
Was du den Richter sagen lässest. Sprich!
NATHAN: Der Richter sprach: Wenn ihr mir nun den Vater
Nicht bald zur Stelle schafft, so weis' ich euch
Von meinem Stuhle. Denkt ihr, dass ich Rätsel
Zu lösen da bin? Oder harret ihr,
Bis dass der rechte Ring den Mund eröffne? –
Doch halt! Ich höre ja, der rechte Ring
Besitzt die Wunderkraft, beliebt zu machen;
Vor Gott und Menschen angenehm. Das muss
Entscheiden! Denn die falschen Ringe werden
Doch das nicht können! – Nun, wen lieben zwei
Von euch am meisten? – Macht, sagt an! Ihr schweigt?
Die Ringe wirken nur zurück und nicht
Nach außen? Jeder liebt sich selber nur

Am meisten? – O, so seid ihr alle drei
Betrogene Betrüger! Eure Ringe sind alle
Drei nicht echt. Der echte Ring
Vermutlich ging verloren. Den Verlust
Zu bergen, zu ersetzen, ließ der Vater
Die drei für einen machen.
SALADIN: Herrlich, herrlich.
NATHAN: Und also, fuhr der Richter fort, wenn ihr
Nicht meinen Rat, statt meines Spruches, wollt:
Geht nur! – Mein Rat ist aber der: ihr nehmt
Die Sache völlig, wie sie liegt. Hat von
Euch jeder seinen Ring von seinem Vater,
so glaube jeder sicher seinen Ring
Den echten. – Möglich, dass der Vater nun
Die Tyrannei des einen Rings nicht länger
In seinem Hause dulden wollte! – Und gewiss,
Dass er euch alle drei geliebt, und gleich
Geliebt: indem er zwei nicht drücken mochte,
Um einen zu begünstigen. – Wohlan!
Es eifre jeder seiner unbestochnen,
Von Vorurteilen freien Liebe nach!
Es strebe von euch jeder um die Wette,
Die Kraft des Steins in seinem Ring' an Tag
Zu legen, komme dieser Kraft mit Sanftmut,
Mit herzlicher Verträglichkeit, mit Wohltun,
Mit innigster Ergebenheit in Gott
Zu Hilf'! Und wenn sich dann der Steine Kräfte
Bei euern Kindes-Kindeskindern äußern:
So lad' ich über tausend tausend Jahre
Sie wiederum vor diesen Stuhl. Da wird
Ein weisrer Mann auf diesem Stuhle sitzen
Als ich und sprechen. Geht! – So sagte der
Bescheidne Richter.

11. Illustrieren Sie die Bedeutung der Ringparabel, da sie die Religionen nicht nach ihren Glaubensinhalten, sondern nach ihrem praktischen Wert für das Leben der Menschen bewertet:
    - Erläutern Sie, mit welchem Argument Nathan dem Sultan deutlich machen will, dass gegenüber anderen Religionen nicht nur Toleranz, sondern sogar Achtung notwendig – weil vernunftgemäß – ist.
    - Stellen Sie dar, welche Anschauungen der Aufklärung sich in der Ringparabel ausdrücken.
    - Erläutern Sie die Bedeutung der Ringparabel für das heutige Leben.

Lessings Gedanken zum neuen deutschen Drama

Aufhebung der Ständeklausel

Gottsched hielt in seiner Reform der Tragödie an der feudalen Ständeklausel, wie sie schon Opitz formuliert hatte, fest: Nur Personen höchsten Standes durften in der Tragödie auftreten, weil allein sie die nötige „tragische Fallhöhe“ aufweisen und das Interesse des Publikums wecken können. Lessing stellt sein bürgerliches Theater dagegen: Er lässt die Tragik aus einer allgemein menschlichen Konfliktsituation entstehen. Er spielt die Wahrheit in der Charakterzeichnung und die Erschütterung des Publikums gegen das höfische Repräsentationstheater aus. So begründet Lessing ein deutsches bürgerliches Trauerspiel. Seine Heldinnen und Helden sollten „vom gleichen Schrot und Korn“ sein wie die Zuschauer/innen. Seine Leitbilder sind nicht die französischen Klassiker Corneille und Racine, sondern die antiken Tragiker und Shakespeare. Er bewundert das Genie des Engländers, sein Naturtalent, seine Treffsicherheit in der psychologischen Charakterzeichnung. In den *Briefen, die neueste Literatur betreffend* wendet sich Lessing mit scharfen Worten gegen Gottsched und das von ihm als musterhaft erklärte französische Theater. Lessing weist darauf hin, dass das englische Theater der deutschen Dramatik viel stärkere Impulse zu geben vermöge:

„Niemand“, sagen die Verfasser der Bibliothek[1], „wird leugnen, dass die deutsche Schaubühne einen großen Teil ihrer ersten Verbesserung dem Herrn Professor Gottsched zu danken habe.“

Ich bin dieser Niemand; ich leugne es geradezu. Es wäre zu wünschen, dass sich Herr Gottsched niemals mit dem Theater vermengt hätte. Seine vermeinten Verbesserungen betreffen entweder entbehrliche Kleinigkeiten oder sind wahre Verschlimmerungen.

Als die Neuberin blühte und so mancher den Beruf fühlte, sich um sie und die Bühne verdient zu machen, sah es freilich mit unserer dramatischen Poesie sehr elend aus. Man kannte keine Regeln; man bekümmerte sich um keine Muster. Unsere Staats- und Heldenaktionen waren voller Unsinn, Bombast, Schmutz und Pöbelwitz. Unsere Lustspiele bestanden in Verkleidungen und Zaubereien; und Prügel waren die witzigsten Einfälle derselben. Dieses Verderbnis einzusehen, brauchte man eben nicht der feinste und größte Geist zu sein. Auch war Herr Gottsched nicht der Erste, der es einsah; er war nur der Erste, der sich Kräfte genug zutraute, ihm abzuhelfen. Und wie ging er damit zu Werke? Er verstand ein wenig Französisch und fing an zu übersetzen; er ermunterte alles, was reimen und *Oui Monsieur* verstehen konnte, gleichfalls zu übersetzen; er verfertigte, wie ein schweizerischer Kunstrichter sagt, mit Kleister und Schere seinen Cato[2]; [...] er legte seinen Fluch auf das Extemporieren[3]; er ließ den Harlekin feierlich vom Theater vertreiben, welches selbst die größte Harlekinade war, die jemals gespielt worden; kurz, er wollte nicht sowohl unser altes Theater verbessern, als der Schöpfer eines ganz neuen sein. Und was für eines neuen? Eines französierenden; ohne zu untersuchen, ob dieses französische Theater der deutschen Denkungsart angemessen sei oder nicht [...]

12. Unterteilen Sie den Ausschnitt in die einzelnen Gedankengänge und finden Sie für jeden der Abschnitte treffende Überschriften.
13. Besprechen Sie anhand von Zitaten aus dem Text,
    in welcher Form Lessing an Gottsched Kritik äußert,
    wie Lessing die Situation vor Gottscheds Reformen beurteilt.

1 *Bibliothek der schönen Wissenschaften und freien Künste*, 1757/58 herausgegebene Zeitschrift von Friedrich Nicolai und Moses Mendelssohn
2 *Der sterbende Cato*, regelmäßiges Trauerspiel von Gottsched, als Musterdrama gedacht (vgl. Seite 78)
3 extemporieren: aus dem Stegreif sprechen

REDEKUNST BEI SHAKESPEARE

William Shakespeare (1564 – 1616) galt wegen seiner sprachlichen Virtuosität, seiner Regellosigkeit und seiner Charakterzeichnung in der 2. Hälfte des 18. Jahrhunderts als Vorbild für das deutsche Drama, besonders für Lessing und später für die Vertreter des Sturm und Drang. Der folgende Ausschnitt aus der Tragödie *Julius Cäsar* verdeutlicht Shakespeares künstlerischen Umgang mit Sprache und Rhetorik.
Er wechselt in den meisten seiner Dramen zwischen Prosa und Vers. Sein Versmaß ist der jambische Fünfheber, der nur an besonders wichtigen Stellen und zur Verdeutlichung eines Abschlusses gereimt ist. Den reimlosen jambischen Fünfheber nennt man Blankvers. Weder Shakespeare noch seine Übersetzer handhaben den Jambus starr. Shakespeares jambischer Fünfheber wurde vor allem wegen seiner Geschmeidigkeit und seiner Fähigkeit, die Sprache zu verdichten, zum Vorbild für Lessing und die deutsche Klassik.
Im Jahre 44 vor Christus wird Gaius Julius Cäsar, Herr über ein Weltreich und auf dem Höhepunkt seiner Macht, während einer Senatsversammlung von Verschwörern erstochen – eines der berühmtesten Attentate der Weltgeschichte. Attentäter werden meist gegensätzlich gedeutet: als Verbrecher und als Freiheitshelden.
In der 2. Szene des 3. Aktes kommen Brutus und Cassius nach dem Mord an dem Diktator auf das Forum. Die versammelten Bürger fordern ungestüm Rechenschaft über die Tat. Der Gang der Geschichte scheint nach den sich überstürzenden Ereignissen der letzten Stunden einen Augenblick lang stillzustehen. Von der Reaktion des Volkes wird es abhängen, ob die Verschwörer oder die Freunde Cäsars in Zukunft Rom beherrschen. Brutus entschließt sich zu einer Ansprache an das Volk:

Analyse rhetorischer Mittel

Dramentext	Erläuterung der Redemittel
BRUTUS: Römer! Mitbürger! Freunde!	Mit der dreifachen Anrede, die immer persönlicher wird, will Brutus jeden ansprechen. Außerdem gewinnt er Zeit, während der sich die aufgeregte Menge beruhigen kann.
Hört mich meine Sache führen und seid still, damit ihr hören möget!	Noch keine Aussage zur Sache, lediglich Appell an die Zuhörer. Der Redner erzeugt Gespanntheit auf das Kommende.
Glaubt mir um meiner Ehre willen, und hegt Achtung vor meiner Ehre, damit ihr glauben mögt!	Pathetisch beschwörender Redestil, der bis knapp vor das Ende durchgehalten wird. Brutus beruft sich auf seine Ehrenhaftigkeit als etwas Unbezweifelbares, Selbstverständliches.
Richtet mich nach eurer Weisheit, und weckt eure Sinne, um desto besser urteilen zu können!	Er schmeichelt dem Volk, indem er es zum Richter macht und zugleich an seine Weisheit appelliert. – Bis hierher nur Imperative in den Hauptsätzen!
Ist jemand in dieser Versammlung, irgendein herzlicher Freund Cäsars, dem sage ich: des Brutus Liebe zum Cäsar war nicht geringer als seine.	Übergang zum eigentlichen Thema. Überraschungsmoment: Brutus spricht zuerst von seiner Liebe zu Cäsar. Dabei redet er von sich in der 3. Person und reiht sich in die Gemeinschaft der Freunde Cäsars ein.
Wenn dieser Freund dann fragt, warum Brutus gegen Cäsar aufstand, ist dies meine Antwort: Nicht weil ich Cäsarn weniger liebte, sondern weil ich Rom mehr liebte.	Vorwegnahme einer zu erwartenden Frage, wodurch die Initiative beim Redner bleibt. Wie im Satz vorher feierliche Ankündigung des Redekerns. Dieser in wirkungsvoller Redefigur: symmetrisch gebaute Kausalsätze mit gegenübergestellten Tonwörtern als Oppositionen (Cäsar – Rom, weniger – mehr).

Wolltet ihr lieber, Cäsar lebte und ihr stürbet alle als Sklaven, als dass Cäsar tot ist, damit ihr alle lebet wie freie Männer?	Gegenüberstellung einer irrealen Annahme (im Konjunktiv II) und einer realen Aussage (im Indikativ). Indirekte Begründung der Tat.
Weil Cäsar mich liebte, wein' ich um ihn; weil er glücklich war, freue ich mich; weil er tapfer war, ehr' ich ihn; aber weil er herrschsüchtig war, erschlug ich ihn. Steigerung Viel Positiv, nur 1 schlechtes	Höhepunkt der Rede: Direkte Begründung der Tat. Zuerst Anerkennung des Positiven an Cäsar, geschickt gekoppelt mit der eigenen Einstellung dazu. Brutus will seine Objektivität dartun. – Vier symmetrisch gebaute Gefüge mit vorangestellten Kausalsätzen. Durch Wiederholung Steigerung bis zum vierten, entgegengesetzten Kausalsatz; Tongipfel auf „herrschsüchtig" und „erschlug" am Ende der ganzen Periode.
Also Tränen für seine Liebe, Freude für sein Glück, Ehre für seine Tapferkeit und Tod für seine Herrschsucht.	Inhaltlich nichts Neues. Statt der verbalen Formulierung mit „ich" als Subjekt der Hauptsätze wird die Aussage durch nominale Fügungen in allgemein gültige Schlagwörter umgeprägt. Damit sind der Menge affektgeladene Parolen gegeben.
Wer ist hier so niedrig gesinnt, dass er ein Knecht sein möchte? Volk Knechte von Ceaser	Die Frage mit stark rhetorischem Charakter gibt scheinbar Gelegenheit zum Einspruch; sie ist jedoch so abwertend formuliert, dass sich niemand betroffen fühlen kann.
Ist es jemand, er rede, denn ihn habe ich beleidigt.	Die vorangegangene Frage wird nun als dringliche Aufforderung formuliert. Durch das Schweigen der Menge muss der Eindruck völliger Zustimmung entstehen.
Wer ist hier so roh, dass er nicht wünschte, ein Römer zu sein?	Leicht abgewandelte Wiederholung der Frage von vorhin bei gleicher rhetorischer Absicht. „Römer" mit starkem Gefühlswert versehen: Appell an den Nationalstolz.
Ist es jemand, er rede, denn ihn habe ich beleidigt.	Steigerung der Eindringlichkeit durch das Mittel der Wiederholung.
Ich halte inne, um Antwort zu hören.	Erneute Aufforderung an die Zuhörer/innen, sich zu äußern.
BÜRGER: Niemand, Brutus, niemand! BRUTUS: Dann habe ich niemand beleidigt.	Brutus legt die Antwort als Einverständnis des Volkes aus und hält dieses Einverständnis öffentlich fest.
Ich tat Cäsarn nichts, als was ihr dem Brutus tun würdet.	Die Richtigkeit und Notwendigkeit seiner Tat wird durch das Nennen der eigenen Person als mögliches Mordopfer untermauert. Die Gesinnungsgemeinschaft mit der Menge wird zur Tatgemeinschaft erweitert.
Die Untersuchung über seinen Tod ist im Kapitol aufgezeichnet: Sein Ruhm nicht geschmälert, wo er Verdienste hatte, seine Vergehen nicht übertrieben, für die er den Tod gelitten.	Der Ton hat sich geändert: Ruhig und sachlich wie bei einer Gerichtsverhandlung verweist Brutus auf das Protokoll der Prozedur und gibt der Tat damit den Anschein amtlicher Rechtmäßigkeit.

Szenenausschnitt aus dem US-amerikanischen Filmdrama *Julius Caesar* aus dem Jahr 1953. Mark Anton (Marlon Brando) kniet neben dem ermordeten Julius Caesar (Louis Calhern). Regie bei diesem Streifen führte Joseph L. Mankiewicz. Als literarische Vorlage diente William Shakespeares *The Tragedy of Julius Caesar* aus dem Jahr 1599.

Nachdem Mark Anton und andere mit Cäsars Leiche auf die Bühne gekommen sind, holt Brutus noch einmal mit pathetischen Worten aus:

BRUTUS: Hiermit trete ich ab: Wie ich meinen besten Freund für das Wohl Roms erschlug, so habe ich denselben Dolch für mich selbst, wenn es dem Vaterlande gefällt, meinen Tod zu bedürfen.
BÜRGER: Lebe, Brutus! lebe! lebe!
ERSTER BÜRGER: Begleitet mit Triumph ihn in sein Haus! [...]
ZWEITER BÜRGER: Der Cäsar war ein Tyrann.
DRITTER BÜRGER: Ja, das ist sicher.
Es ist ein Glück für uns, dass Rom ihn los ward.

14. Untersuchen Sie, wie Brutus versucht, seine Tat vor dem Volk zu rechtfertigen:
    - Stellen Sie Vermutungen darüber an, aus welchen Gründen Brutus so gehandelt hat.
    - Erläutern Sie, welche Rolle die Wahrheit bei einer Rede wie dieser spielt.
    - Nehmen Sie Stellung zum Einsatz von Redemitteln wie diesen bei einer seriösen politischen Ansprache.
15. Stellen Sie die Redemittel, die Brutus einsetzt, übersichtlich zusammen.

Gegenrede Unmittelbar nach Brutus spricht Marcus Antonius, ein Freund und Feldherr Cäsars, zum Volk.

ANTONIUS: Mitbürger! Freunde! Römer! hört mich an:
Begraben will ich Cäsarn, nicht ihn preisen. macht Caeser menschlich
Was Menschen Übles tun, das überlebt sie. schlechte Taten bleiben
Das Gute wird mit ihnen oft begraben.
So sei es auch mit Cäsarn! Der edle Brutus stellt es ihm
Hat euch gesagt, dass er voll Herrschsucht war; Frage
Und war er das, so war's ein schwer Vergehen,
Und schwer hat Cäsar auch dafür gebüßt.

Hier, mit des Brutus Willen und der andern
(Denn Brutus ist ein ehrenwerter Mann, – wiederholt das was er
Das sind sie alle, alle ehrenwert!) betonen möchte
Komm ich, bei Cäsars Leichenzug zu reden.
Er war mein Freund, war mir gerecht und treu:
Doch Brutus sagt, dass er voll Herrschsucht war,
Und Brutus ist ein ehrenwerter Mann.
Er brachte viel Gefangne heim nach Rom,
Wofür das Lösegeld den Schatz gefüllt.
Sah das der Herrschsucht wohl am Cäsar gleich?
Wenn Arme zu ihm schrien, so weinte Cäsar:
Die Herrschsucht sollt' aus härterm Stoff bestehn.
Doch Brutus sagt, dass er voll Herrschsucht war,
Und Brutus ist ein ehrenwerter Mann.
Ihr alle saht, wie am Lupercus-Fest[1]
Ich dreimal ihm die Königskrone bot,
Die dreimal er geweigert. War das Herrschsucht?
Doch Brutus sagt, dass er voll Herrschsucht war,
Und ist gewiss ein ehrenwerter Mann.
Ich will, was Brutus sprach, nicht widerlegen,
Ich spreche hier von dem nur, was ich weiß.
Ihr liebtet all' ihn einst nicht ohne Grund:
Was für ein Grund wehrt euch, um ihn zu trauern? [...]
ZWEITER BÜRGER: Wenn man die Sache recht erwägt, ist Cäsarn
Groß Unrecht widerfahren.
DRITTER BÜRGER: Antonius ist der bravste Mann in Rom.
VIERTER BÜRGER: Gebt Acht, er fängt von neuem an zu reden!
ANTONIUS: Noch gestern hätt' umsonst dem Worte Cäsars
Die Welt sich widersetzt: nun liegt er da,
Und der Geringste neigt sich nicht vor ihm.
O Bürger! strebt' ich, Herz und Mut in euch
Zur Wut und zur Empörung zu entflammen,
So tät' ich Cassius und Brutus Unrecht,
Die ihr als ehrenwerte Männer kennt.
Ich will nicht ihnen Unrecht tun, will lieber
Dem Toten Unrecht tun, mir selbst und euch,
Als ehrenwerten Männern, wie sie sind.
Doch seht dies Pergament mit Cäsars Siegel:
Ich fand's bei ihm, es ist sein letzter Wille.
Vernähme nur das Volk dies Testament
(Das ich, verzeiht mir, nicht zu lesen denke),
Sie gingen hin und küssten Cäsars Wunden,
Und tauchten Tücher in sein heil'ges Blut. [...]
ANTONIUS: Wofern ihr Tränen habt, bereitet euch,
Sie jetzo zu vergießen! Diesen Mantel,
Ihr kennt ihn alle; noch erinnr' ich mich

1 Fest des Faunus, 15. Februar

Des ersten Males, da ihn Cäsar trug,
In seinem Zelt, an einem Sommerabend –
Er überwand den Tag die Nervier[1] –
Hier, schauet! fuhr des Cassius Dolch herein;
Seht, welchen Riss der tück'sche Casca machte!
Hier stieß der vielgeliebte Brutus durch;
Ihr Götter, urteilt, wie ihn Cäsar liebte!
Kein Stich von allen schmerzte so wie der.
Denn als der edle Cäsar Brutus sah,
Warf Undank, stärker als Verräterwaffen,
Ganz nieder ihn: da brach sein großes Herz,
Und in den Mantel sein Gesicht verhüllend,
Grad' am Gestell der Säule des Pompejus,
Von der das Blut rann, fiel der große Cäsar.
O meine Bürger, welch ein Fall war das!
Da fielet ihr und ich; wir alle fielen,
Und über uns frohlockte blut'ge Tücke.
O ja! nun weint ihr, und ich merk', ihr fühlt
Den Drang des Mitleids: dies sind milde Tropfen.
Wie? weint ihr, gute Herzen, seht ihr gleich
Nur unsers Cäsars Kleid verletzt? schaut her:
Hier ist er selbst, geschändet von Verrätern!
ERSTER BÜRGER: O kläglich Schauspiel!
ZWEITER BÜRGER: O edler Cäsar!
DRITTER BÜRGER: O jammervoller Tag!
VIERTER BÜRGER: O Buben und Verräter!
ERSTER BÜRGER: O blut'ger Anblick!
ZWEITER BÜRGER: Wir wollen Rache, Rache! Auf und sucht!
Sengt! Brennt! Schlagt! Mordet! Lasst nicht einen leben!
ANTONIUS: Seid ruhig, meine Bürger!
ERSTER BÜRGER: Still da! Hört den edlen Antonius!
ZWEITER BÜRGER: Wir wollen ihn hören, wir wollen ihm folgen, wir wollen für ihn sterben.
ANTONIUS: Ihr guten lieben Freund', ich muss euch nicht
Hinreißen zu des Aufruhrs wildem Sturm.
Die diese Tat getan, sind ehrenwert.
Was für Beschwerden sie persönlich führen,
Warum sie's taten, ach! das weiß ich nicht.
Doch sind sie weis' und ehrenwert und werden
Euch sicherlich mit Gründen Rede stehn.
Nicht euer Herz zu stehlen komm' ich, Freunde:
Ich bin kein Redner, wie es Brutus ist,
Nur, wie ihr alle wisst, ein schlichter Mann,
Dem Freund ergeben, und das wussten die
Gar wohl, die mir gestattet, hier zu reden.

1 Nervier: Völkerschaft in Gallia Belgica

Ich habe weder Schriftliches noch Worte,
Noch Würd' und Vortrag, noch die Macht der Rede,
Der Menschen Blut zu reizen; nein, ich spreche
Nur gradezu, und sag' euch, was ihr wisst.
Ich zeig' euch des geliebten Cäsars Wunden,
Die armen stummen Munde, heiße die
Statt meiner reden. Aber wär' ich Brutus,
Und Brutus Mark Anton, dann gäb' es einen,
Der eure Geister schürt', und jeder Wunde
Des Cäsar eine Zunge lieh', die selbst
Die Steine Roms zum Aufstand würd' empören.
DRITTER BÜRGER: Empörung!
ERSTER BÜRGER: Steckt des Brutus Haus in Brand!

16. Analysieren Sie die Antwort des Mark Anton:
   - Erläutern Sie, auf welche Weise es Mark Anton gelingt, die Römer allmählich umzustimmen. Nennen Sie seine Argumente und seine Redemittel.
   - Stellen Sie dar, wie das Volk von Rom zu beurteilen ist.
   - Kommentieren Sie, wie sich Mark Anton den Verschwörern gegenüber verhält.
   - Bewerten Sie, wie die folgende mehrmals wiederholte Wendung zu verstehen ist: „Und Brutus ist ein ehrenwerter Mann".
   - Stellen Sie Hypothesen darüber an, was Mark Anton mit dem Hinweis bezweckt, er sei kein Redner wie Brutus.
   - Beschreiben Sie, welcher formale Unterschied zwischen der Rede des Brutus und der des Mark Anton besteht.

Textproduktion: Meinungsrede

Thema: Bildungsideal der Aufklärung
Aufgabe: Verfassen Sie eine Meinungsrede.

Situation: Sie haben die Einladung bekommen, als Vertreter/in der jungen Generation anlässlich der Konferenz „Bildung für die Zukunft" vor Wirtschaftstreibenden Ihr Bildungsideal darzustellen. Sie beziehen sich in Ihrer Rede auf die Aufklärung und deren Haltung zur Bildung.

Recherchieren Sie relevante Informationen zu diesem Thema aus dem vorliegenden Kapitel und aus Nachschlagewerken bzw. dem Internet.

Verfassen Sie nun eine Meinungsrede und bearbeiten Sie dabei die folgenden Arbeitsaufträge:

- Erläutern Sie die Haltung der Aufklärung zum Thema Bildung.
- Diskutieren Sie den Unterschied zwischen Ausbildung und Bildung.
- Beziehen Sie zur Bedeutung des lebenslangen Lernens Stellung.
- Verwenden Sie geeignete rhetorische Mittel, um die Aussagekraft Ihrer Rede zu steigern.

Schreiben Sie zwischen 400 und 500 Wörter. Markieren Sie Absätze mittels Leerzeilen.

DER STURM UND DRANG
ETWA 1770 BIS 1785

DAS NEUE LEBENSGEFÜHL

Die Dichter des Sturm und Drang führten in manchem die Ideen der Aufklärung (teilweise radikaler) fort, gerieten jedoch in ganz entscheidenden Fragen in Widerspruch zur Vätergeneration. Der Begriff Sturm und Drang wurde vom gleichnamigen Theaterstück von Maximilian Klinger übernommen, das ursprünglich den Titel *Wirrwarr* trug.

Träger der neuen Bewegung waren meist Studenten, die aus dem Kleinbürgertum kamen; nur Johann Wolfgang von Goethe stammte aus einem wohlhabenden Patrizierhaus. Diese Jugend setzte in den siebziger Jahren zum Angriff auf die Werte der Aufklärung an und wandte sich gegen die Vernunft und Zweckmäßigkeit. Dafür wurden nun neue Ideale in den Mittelpunkt gerückt: Freiheit, Genie, Natur, Gefühl.

Politische Freiheit

Der Begriff der Freiheit wurde sehr verschieden ausgelegt. Man konnte ihn zum Beispiel politisch verstehen: Abschaffung der Vorrechte des Adels, Beseitigung der Willkürherrschaft der Fürsten. In diesem Sinne konnte Goethes Götz von Berlichingen verstanden werden, wenn er ausrief: „Himmlische Luft! – Freiheit! Freiheit!" Schiller ließ auf das Titelblatt der *Räuber*, seines ersten Dramas, „In tirannos" (gegen die Tyrannen) drucken. Schubart, der zehn Jahre ohne Prozess vom württembergischen Herzog gefangen gehalten wurde, klagte die Fürsten an, dass sie „Hunde nur und Pferd' und fremde Dirnen / mit Gnade lohnten, und Genie / und Weisheit darben ließen".

Persönliche Freiheit

Das Wort Freiheit wurde auch als persönliche Freiheit des Genies verstanden, des Menschen, der den Durchschnitt überragt. Ein „Originalgenie" (gängige Bezeichnung für die Künstler des Sturm und Drang) steht unter eigenen Gesetzen. „Was ist Genie?", fragt Johann Caspar Lavater (1741 – 1801), ein Schweizer Theologe und Schriftsteller, und er antwortet:

> Wo Wirkung, Kraft, Tat, Gedanke, Empfindung ist, die von Menschen nicht gelernt und nicht gelehrt werden kann – da ist Genie. Genie – das allerkennbarste und unbeschreiblichste Ding! Fühlbar, wo es ist, und unaussprechlich wie die Liebe.

Ein Genie ist für Lavater der „Aussprecher unaussprechlicher Dinge", das „Licht der Welt". Das Genie hat alles sich selber zu verdanken. Im vollen Bewusstsein der jugendlichen Kraft und als Ausdruck seines Selbstgefühls lässt Goethe seinen Prometheus sagen: „Hast du nicht alles selbst vollendet, heilig glühend Herz?" Wie sehr sich das Genie in Tätigkeiten versprüht, zeigt eine Stelle aus einem Brief Goethes vom März 1775:

> Heut war der Tag wunderbar. Habe gezeichnet – eine Szene geschrieben. O, wenn ich jetzt nicht Dramas schriebe, ich ging zugrund.

„Freiheit" wurde als Unabhängigkeit der schöpferischen Phantasie von allen Bindungen und Regeln der Kunst verstanden. Alles, was in Regeln gefasst, in Formen gebändigt war, die restriktive Poetik wirkte verächtlich, denn die starke, echte Gemütsbewegung ist regellos. Die Ausbrüche des wahren Genies lassen sich in keine einengende Form zwängen. Das Genie lässt sich nicht vorschreiben, wie Verse zu machen, Dramen zu schreiben sind. Schon Lessing hatte erklärt, das Genie empfange Gesetze nicht von außen, sondern trage sie in sich, bringe schaffend neue Gesetze hervor.

Künstlerische Freiheit

Die Zeit des Sturm und Drang ist durch ein neues, schwärmerisches Verhältnis zur Natur gekennzeichnet. Der Philosoph Jean-Jacques Rousseau (1712 – 1778) prägte diese Entwicklung, indem er das neue Naturerlebnis verherrlichte. Er hatte um die Jahrhundertmitte mit seiner preisgekrönten Schrift über die Wirkung der Wissenschaften und der Künste auf die Entwicklung der Menschheit erstmals Aufsehen erregt. Rousseau hatte – gegen die Erwartung seiner Leser/innen – erklärt, Wissenschaften und Künste hätten den Menschen nicht besser, sondern schlechter gemacht; ihn geistig, seelisch und moralisch verdorben. „Alles ist gut, wie es aus den Händen des Schöpfers kommt; alles entartet unter den Händen des Menschen." Nur im ursprünglichen Zustand sei der Mensch glücklich und gut gewesen. Sein ganzes Elend, das politische wie das soziale, komme daher, dass man sich vom Urzustand, in dem ein natürliches Recht herrschte, abgewendet habe und dem so genannten Fortschritt der Zivilisation nachgerannt sei. „Zurück zur Natur!" (= zur Natürlichkeit) war ein Schlagwort, das die junge Generation begeistert aufnahm und gegen die Gelehrsamkeit der Väter ins Treffen führte.

Wiederentdeckte Natur

In seinem Briefroman *La Nouvelle Héloïse* (Die neue Heloise) hatte Rousseau das „heilige Recht des Herzens" verkündet, sich von seinen Empfindungen leiten zu lassen, das „Naturrecht der Liebe", das höher stehe als die gesellschaftlichen Ordnungsformen. Nicht nur die Form des Briefromans wurde von den jungen Dichtern übernommen, sondern auch das Thema der „Nouvelle Héloïse": der Konflikt zwischen Liebesleidenschaft und gesellschaftlichen Verboten.

Leidenschaft des Herzens

Der Sturm und Drang strebte eine natürliche Gesellschaftsordnung an. Entscheidend sollte nicht der Geburtsadel sein, sondern die Bildung des Herzens. Dazu gehörte auch eine andere, eine bürgerliche Vorstellung von Moral. Da die Stürmer und Dränger ihre Ideen jedoch nicht in die Realität umsetzen konnten – das Bürgertum war ja politisch machtlos –, wurde die Literatur, besonders die für die Bühne bestimmte, dazu verwendet, den Entwurf einer neuen Welt zu zeigen. Die adeligen Machthaber wurden hier vor die Schranken eines Weltgerichts gestellt, der Unmoral bezichtigt und verurteilt (vgl. die bürgerlichen Trauerspiele, Seite 106ff., und die politischen Gedichte, Seite 113ff.).

Bühne als Weltgericht

Es gab seit der Mitte des 18. Jahrhunderts viele sentimentale Romane, die rühren und unterhalten sollten; die Werke der Stürmer und Dränger waren hingegen kämpferischer Natur. Sie klagten an. Sie wandten sich gegen den Machtmissbrauch der Fürsten, gegen gesellschaftliche Vorurteile und Standesschranken, gegen die moralische Verurteilung verführter Mädchen (Motiv der Kindesmörderin), gegen religiöse Unduldsamkeit, gegen die bestehende Kultur überhaupt.

DIE EINSTELLUNG ZU DEN LITERARISCHEN FORMEN

Die bevorzugte Dichtungsgattung war das Drama. Wie für Lessing war auch für die junge Dichtergeneration Shakespeare das Vorbild des schöpferischen Genies. In seinen Dramen wechselte er mehrmals den Schauplatz; er sprang über Jahre und Jahrzehnte und achtete nur auf die dramatische Wirkung des Geschehens. Begeistert spricht der junge Goethe in seinem Aufsatz *Zum Shakespeares-Tag* (1771) von dem Eindruck, den der englische Dramatiker auf ihn gemacht hat:

Shakespeare als Vorbild

> Die erste Seite, die ich in ihm las, machte mich zeitlebens ihm Eigen [...] Ich zweifelte keinen Augenblick, dem regelmäßigen Theater zu entsagen. Es schien mir die Einheit des Orts so kerkermäßig ängstlich, die Einheiten der Handlung und der Zeit lästige Fesseln unsrer Einbildungskraft. Ich sprang in die freie Luft und fühlte erst, dass ich Hände und Füße hatte.

Das Drama des Sturm und Drang bevorzugt die Prosa, weil der Stil des Originalgenies keine Gebundenheit der Sprache duldet. Die grammatischen Regeln des Satzbaus werden häufig verachtet, die Figuren sprechen in halben Sätzen, in Ausrufen und einzelnen Worten (expressiver Stil). Es ist das erklärte Ziel der Stürmer und Dränger, die literarische Sprache von ihren Fesseln zu befreien.

Lyrische Formen

Die Lyrik wird vor allem beim jungen Goethe zur Erlebnisdichtung (vgl. Seite 97ff.). Das Lied löst das formstrenge Gedicht ab; das Volkslied wird entdeckt und wirkt auf die Kunstdichtung (Goethe, *Heideröslein*). Neben der liedhaften Erlebnisdichtung steht die Gedankenlyrik in freien Rhythmen (zum Beispiel: Goethe, *Prometheus*) und die politische Lyrik (vgl. Seite 100ff. und 106ff.). Einen großen Einfluss übten die *Lieder Ossians* auf die jungen Dichter aus (vgl. Seite 35). Die „schottische Welle" brachte die deutsche Kunstballade hervor (Gottfried August Bürger, *Lenore* u. a.).

Empfindsamer Roman

Die erzählende Dichtung ist im Sturm und Drang nicht so stark vertreten wie die anderen Gattungen. Der Roman der Zeit fand seine Ausformung in England und Frankreich. Man erzählte keine ereignisreichen Geschichten, sondern stellte die seelischen Regungen eines empfindsamen Menschen dar. Besonders beliebt waren die Formen des Tagebuchs und des Briefes bzw. des Briefromans, weil sich hier die Selbstanalyse der feinen Empfindung vollziehen konnte. Goethes Briefroman *Die Leiden des jungen Werthers* hatte nicht zuletzt deswegen einen so außerordentlichen Erfolg, weil er den Vorstellungen und Wünschen der Leser/innen genau entsprach.

VORLÄUFER UND ANREGER DES STURM UND DRANG

Dichterisches Sendungsbewusstsein

Friedrich Gottlieb Klopstock (1724 – 1803) lebt als Erster aus dem Gefühl heraus, zum Dichter berufen und Verkünder außerordentlicher Erfahrungen zu sein. Denn Dichten ist für ihn eine Form der Wahrnehmung und Deutung dieser Welt. Was im genialen Schaffensprozess ausgesprochen wird, ist ihm tiefere Wahrheit als die rein verstandesmäßig gewonnene Erkenntnis. In der ersten Strophe der Ode *Der Zürcher See* feiert Klopstock den Menschen als zweiten Schöpfer:

> Schön ist, Mutter Natur, deiner Erfindung Pracht,
> Auf die Fluren verstreut, schöner ein froh Gesicht,
> Das den großen Gedanken
> Deiner Schöpfung noch einmal denkt.

Die aus dem Griechischen stammende Form der Ode bezeichnet ein strophisch gegliedertes Gedicht über ein hohes Thema (Freundschaft, Liebe, Natur), geschrieben in einer feierlichen, gefühlsstarken Sprache. Die Ode – in freien Rhythmen oder in einem griechischen Versmaß abgefasst – erweckt stets den Eindruck des Festlichen.

Johann Georg Hamann (1730 – 1788) verkündete, dass die schöpferische Kraft der Eingebung, die Phantasie, mehr bedeute als die Vernunft. Nicht der Verstand, sondern Ahnung und Gefühl seien die Organe, mit denen man die göttliche Sprache verstehe. Die Sprache ist göttlichen Ursprungs und der Dichter das Sprachrohr, mit dem sich Gott der Welt verständlich macht.

Herder als Anreger

Hamanns Schüler Johann Gottfried Herder (1744 – 1803) vermittelte das neue, vom Gefühl bestimmte Gott- und Welterlebnis und die Gedanken über Ursprung und Wesen der Sprache den jungen Dichtern. Er war ein bedeutender Denker und Anreger und hatte ein außergewöhnlich feines Einfühlungsvermögen für das Wesen fremder Sprachen und die Anziehungskraft ihrer Dichtungen. Er übersetzte nordische Lieder, englische Balladen, aber auch spanische Romanzen ins Deutsche und begründete damit die Weltliteratur in deutscher Sprache. Die von ihm erstellte Volksliedsammlung nannte er *Volkslieder nebst untermischten anderen Stücken* (1778/79), die ab 1807 unter dem Titel *Stimmen der Völker in Liedern* erschien. 1770 kam Herder nach Straßburg, wo ihn der einundzwanzigjährige Student Johann Wolfgang Goethe (1749 – 1831) kennen lernte und in der Folge eine Fülle von Anregungen von ihm erhielt.

ERLEBNISLYRIK

Goethes Straßburger Gedichte (*Friederikenlieder*) sind aus dem intensiv erlebten Augenblick entstanden, also spontane Äußerungen, die ursprünglich nicht für die Veröffentlichung bestimmt waren. Der junge Dichter hatte in einem Dorf bei Straßburg die Pfarrerstochter Friederike Brion kennen gelernt, die beiden verliebten sich ineinander. Er gab seinen Erlebnissen sprachliche Gestalt, um sein Glücksgefühl der Geliebten mitteilen zu können. Man nennt diese Art Gedichte Erlebnislyrik.

Entsprechung von Ich und Natur

Neu an der Erlebnislyrik ist das Verhältnis des Menschen zur Natur. Die Vorgänge in der Natur (z. B. die sonnige Landschaft am Morgen, die blühenden Sträucher, die Blumen im Feld) werden zu Sinnbildern (Symbolen) der subjektiven Befindlichkeit. Lyrisches Ich und Natur entsprechen einander. Der Dichter projiziert seine augenblickliche Stimmung in die Natur, um sie aus ihr wieder herauszulesen. Im Gedicht spricht sich das fühlende Ich in Bildern und Symbolen aus, die der Natur entlehnt sind. Diese Erlebnislyrik wurde viele Jahrzehnte lang zum Inbegriff der Lyrik überhaupt.

Johann Wolfgang Goethe
Maifest (vermutlich 1771)

Wie herrlich leuchtet
Mir die Natur!
Wie glänzt die Sonne!
Wie lacht die Flur!

Es dringen Blüten
Aus jedem Zweig
Und tausend Stimmen
Aus dem Gesträuch

Und Freud und Wonne
Aus jeder Brust.
O Erd', o Sonne,
O Glück, o Lust,

O Lieb', o Liebe,
So golden schön
Wie Morgenwolken
Auf jenen Höhn,

Du segnest herrlich
Das frische Feld –
Im Blütendampfe
Die volle Welt!

O Mädchen, Mädchen,
Wie lieb' ich dich!
Wie blinkt dein Auge,
Wie liebst du mich!

So liebt die Lerche
Gesang und Luft,
Und Morgenblumen
Den Himmelsduft,

Wie ich dich liebe
Mit warmem Blut,
Die du mir Jugend
Und Freud' und Mut

Zu neuen Liedern
Und Tänzen gibst.
Sei ewig glücklich,
Wie du mich liebst.

1. Analysieren Sie das Gedicht *Maifest* nach folgenden Gesichtspunkten:
   - Stellen Sie dar, welche Wirkung durch die Strophenübergänge erzielt wird.
   - Illustrieren Sie, in welcher Beziehung Rhythmus und Inhalt stehen.
   - Erläutern Sie, durch welche rhetorischen Mittel der Ausdruck gesteigert wird.
   - Geben Sie Beispiele für auffällige Wortbildungen.

Rhythmus und Versmaß

Als **Rhythmus** bezeichnet man allgemein eine gleichmäßig gegliederte Bewegung, die ein Erwartungserlebnis auslöst: Man schwingt in den Rhythmus ein. Jede sprachliche Äußerung ist durch die Abfolge betonter und unbetonter Silben rhythmisch gegliedert (Sprachrhythmus). Im Vers sind die rhythmischen Eigenschaften der Sprache gesteigert, weil betonte und unbetonte Silben in regelmäßiger Anordnung einander folgen (Versrhythmus). Eine Abweichung von der Regelmäßigkeit (Tonbeugung) ist meist beabsichtigt, damit die Sprachbewegung nicht monoton wird. Tonbeugung findet sich etwa in der ersten Strophe des Gedichts *Maifest*. Außerdem wird der Versrhythmus durch unterschiedlich stark betonte Hebungen und unterschiedlich schwach betonte Senkungen lebendig. Auch Sprachtempo und Pausen beeinflussen den Rhythmus. Rhythmus erwächst aus der Spannung zwischen dem gewählten Versmaß und den gesprochenen Versen. Unter **Versmaß** oder **Metrum** versteht man das Schema als abstraktes Organisationsmuster des Verses. Dieses Versmaß sieht für *Maifest* so aus:

××́××́×
××́××́

Über die Vorgeschichte des folgenden *Friederikenliedes* berichtet Goethe Jahrzehnte später in *Dichtung und Wahrheit*, seiner Autobiographie:

> Ich [...] eilte, was ich konnte, ein Pferd zu bestellen und mich sauber herauszuputzen [...] ich kam nicht so früh weg, als ich gehofft hatte. So stark ich auch ritt, überfiel mich doch die Nacht. Der Weg war nicht zu verfehlen, und der Mond beleuchtete mein leidenschaftliches Unternehmen. Die Nacht war windig und schauerlich, ich sprengte zu, um nicht bis morgen früh auf ihren Anblick warten zu müssen (3. Teil, 11. Buch).

Das Gedicht führt drei Motive aus: den nächtlichen Ritt, die Begegnung mit der Geliebten und den Abschied von ihr.

Textvarianten

Johann Wolfgang Goethe

Willkommen und Abschied

Fassung von 1771

Es schlug mein Herz. Geschwind, zu Pferde!
Und fort, wild wie ein Held zur Schlacht.
Der Abend wiegte schon die Erde,
Und an den Bergen hing die Nacht.
Schon stund im Nebelkleid die Eiche
Wie ein getürmter Riese da,
Wo Finsternis aus dem Gesträuche
Mit hundert schwarzen Augen sah.

Der Mond von einem Wolkenhügel
Sah schläfrig aus dem Duft hervor,
Die Winde schwangen leise Flügel,
Umsausten schauerlich mein Ohr.
Die Nacht schuf tausend Ungeheuer,
Doch tausendfacher war mein Mut,
Mein Geist war ein verzehrend Feuer,
Mein ganzes Herz zerfloss in Glut.

Ich sah dich, und die milde Freude
Floss aus dem süßen Blick auf mich.
Ganz war mein Herz an deiner Seite,
Und jeder Atemzug für dich.
Ein rosenfarbes Frühlingswetter
Lag auf dem lieblichen Gesicht
Und Zärtlichkeit für mich, ihr Götter,
Ich hofft' es, ich verdient' es nicht.

Der Abschied, wie bedrängt, wie trübe!
Aus deinen Blicken sprach dein Herz.
In deinen Küssen welche Liebe,

O welche Wonne, welcher Schmerz!
Du gingst, ich stund und sah zur Erden
Und sah dir nach mit nassem Blick.
Und doch, welch Glück, geliebt zu werden,
Und lieben, Götter, welch ein Glück!

Fassung von 1827

Es schlug mein Herz; geschwind zu Pferde!
Es war getan fast eh' gedacht;
Der Abend wiegte schon die Erde
Und an den Bergen hing die Nacht:
Schon stand im Nebelkleid die Eiche
Ein aufgetürmter Riese da,
Wo Finsternis aus dem Gesträuche
Mit hundert schwarzen Augen sah.

Der Mond von einem Wolkenhügel
Sah kläglich aus dem Duft hervor,
Die Winde schwangen leise Flügel,
Umsausten schauerlich mein Ohr;
Die Nacht schuf tausend Ungeheuer;
Doch frisch und fröhlich war mein Mut:
In meinen Adern welches Feuer!
In meinem Herzen welche Glut!

Dich sah ich, und die milde Freude
Floß von dem süßen Blick auf mich;
Ganz war mein Herz an deiner Seite
Und jeder Atemzug für dich.
Ein rosenfarbnes Frühlingswetter
Umgab das liebliche Gesicht,
Und Zärtlichkeit für mich – Ihr Götter!
Ich hofft' es, ich verdient' es nicht!

Doch ach schon mit der Morgensonne
Verengt der Abschied mir das Herz:
In deinen Küssen, welche Wonne!

In deinem Auge, welcher Schmerz!
Ich ging, du standst und sahst zur Erden,
Und sahst mir nach mit nassem Blick:
Und doch, welch Glück geliebt zu werden!
Und lieben, Götter, welch ein Glück!

2. Diskutieren Sie die folgenden Aspekte zu *Willkommen und Abschied* in der Fassung von 1771:
   - Kommentieren Sie, wie das lyrische Ich die Natur erlebt. Nennen Sie dazu einzelne Bilder und Vergleiche.

- Ziehen Sie Rückschlüsse auf die Befindlichkeit des lyrischen Ich. Erläutern Sie, wie es sich gegenüber der Natur behauptet.
- Beschreiben Sie die Stimmung, die sich in der dritten Strophe ausbreitet.
- Bewerten Sie die Rolle der letzten beiden Zeilen.

3. Vergleichen Sie die beiden Fassungen des Gedichts:
   - Stellen Sie die Veränderungen einander gegenüber.
   - Illustrieren Sie, inwiefern diese die Aussage des Gedichts verändern.
   - Stellen Sie Hypothesen auf, aus welchem Grund der Dichter diese Änderungen vorgenommen haben könnte.

HYMNISCHE GEDICHTE

Das griechische Wort Hymne bezeichnet einen feierlichen Gesang mit religiöser Thematik, wie ihn alle Kulturvölker seit Jahrtausenden kennen. In Griechenland wurden bei Götter- und Kultfesten Hymnen zur Kithara, einem Saiteninstrument, gesungen. Hymnen sind auch die hebräischen Psalmen des Alten Testaments. In der christlichen Kirche entwickelte sich der hymnische Gesang zum Lob Gottes in der Liturgie und im Stundengebet der Mönche.
Da sowohl Strophen- als auch Versform der Hymnen nicht festgelegt sind, hatte diese Form für den jungen Goethe eine besondere Anziehungskraft. Kurz nach dem Abschluss seines Jus-Studiums im Sommer 1771 verließ Goethe Straßburg und eröffnete eine Rechtsanwaltspraxis in seiner Heimatstadt Frankfurt am Main. Da die Arbeit sein Vater erledigte, konnte er sich seinen dichterischen Projekten widmen. Ursprünglich wollte er ein Drama über Prometheus und eines über Mohammed schreiben, doch beide blieben Bruchstücke. Neben dem Prometheus-Fragment entstand eine Art Monolog des Prometheus, der heute unter Goethes Gedichten zu finden ist.

Sage von Prometheus

Die Figur des Prometheus kam auch aus inhaltlichen Überlegungen den Vorstellungen der Stürmer und Dränger entgegen. Prometheus galt den Griechen als Menschenbildner: Es heißt, er habe die Menschen nach dem Bild der Götter aus Ton geschaffen und ihnen Leben eingehaucht. Deswegen seien die Menschen den Göttern ähnlich, ja verwandt. Zusätzlich dazu habe er den Menschen das Feuer gegeben, das ursprünglich nur den Göttern vorbehalten war. Mehrere griechische Dichter haben den Stoff des Heroen und Halbgotts Prometheus, der als Helfer der Menschen und Beschützer der Handwerker verehrt wurde, dramatisch bearbeitet.

Goethes Hymnen in freien Rhythmen

Dem Selbstbewusstsein und Freiheitsdrang des Prometheus wie des Originalgenies entspricht die Form des Gedichts, das in freien Rhythmen dahinfließt. Unter freien Rhythmen versteht man reimlose Verse, die an kein Versmaß gebunden sind. Die Zeilen sind also unterschiedlich lang, die Zahl der Senkungen zwischen den Hebungen ist verschieden. Es gibt keine feste Strophengliederung. Dennoch besteht zwischen diesen Versen und einem Prosatext ein Unterschied im Rhythmus. In der deutschen Literatur schrieb Friedrich Gottlieb Klopstock als Erster Hymnen in freien Rhythmen ohne Reim.
Goethes Gedichte *Prometheus*, *Ganymed*, *Mahomets Gesang*, *An Schwager Kronos* und andere, die alle in der Sturm-und-Drang-Zeit entstanden sind, gelten als ein Höhepunkt der deutschen Hymnendichtung.

Johann Wolfgang Goethe
Prometheus (1774)

Bedecke deinen Himmel, Zeus,
Mit Wolkendunst
Und übe, dem Knaben gleich,
Der Disteln köpft,
An Eichen dich und Bergeshöhn!
Musst mir meine Erde
Doch lassen stehn,
Und meine Hütte, die du nicht gebaut,
Und meinen Herd, um dessen Glut
Du mich beneidest.

Ich kenne nichts Ärmer's
Unter der Sonn' als euch Götter.
Ihr nähret kümmerlich
Von Opfersteuern
Und Gebetshauch
Eure Majestät
Und darbtet, wären
Nicht Kinder und Bettler
Hoffnungsvolle Toren.

Da ich ein Kind war,
Nicht wusste, wo aus noch ein,
Kehrt' ich mein verirrtes Auge
Zur Sonne, als wenn drüber wär'
Ein Ohr, zu hören meine Klage,
Ein Herz wie meins,
Sich des Bedrängten zu erbarmen.

Wer half mir wider
Der Titanen Übermut?
Wer rettete vom Tode mich,
Von Sklaverei?
Hast du nicht alles selbst vollendet,
Heilig glühend Herz?
Und glühtest, jung und gut,
Betrogen, Rettungsdank
Dem Schlafenden da droben?

Ich dich ehren? Wofür?
Hast du die Schmerzen gelindert
Je des Beladenen?
Hast du die Tränen gestillet
Je des Geängsteten?
Hat nicht mich zum Manne geschmiedet
Die allmächtige Zeit
Und das ewige Schicksal,
Meine Herrn und deine?

Wähntest du etwa,
Ich sollte das Leben hassen,
In Wüsten fliehn,
Weil nicht alle
Blütenträume reiften?

Hier sitz' ich, forme Menschen
Nach meinem Bilde,
Ein Geschlecht, das mir gleich sei,
Zu leiden, zu weinen,
Zu genießen und zu freuen sich,
Und dein nicht zu achten,
Wie ich.

4. Untersuchen Sie die Darstellung des Prometheus als Genie, das sich gegen die Götterwelt auflehnt:
   - Vergleichen Sie die Rolle des Prometheus und die des Zeus, des obersten der Götter.
   - Erläutern Sie, worauf Prometheus stolz ist.
   - Deuten Sie die erste und die letzte Zeile des Textes.
   - Beschreiben Sie, welchen Mächten beide, Prometheus und Zeus, unterworfen sind.
   - Stellen Sie den formalen Unterschied zu einem Sonett (z. B. von Gryphius, vgl. Seite 62) fest.

Der *Prometheus*-Hymnus wurde ohne Goethes Zustimmung veröffentlicht und in den Streit zwischen philosophischen Freigeistern und strenggläubigen Theologen gezogen. Das Gedicht ist jedoch nicht zureichend gedeutet, wenn man nur die Auflehnung gegen Gott sieht. *Prometheus* versinnbildlicht mindestens ebenso sehr den Protest der Jugend gegen die Väter der Aufklärung, den Protest gegen den Rationalismus und die Unterordnung unter ein streng disziplinierendes System. Prometheus ist das Originalgenie der Sturm-und-Drang-Zeit, stark, unabhängig, sich keiner überkommenen Gesetzlichkeit unterwerfend, die Welt verändernd. Goethe wollte sich mit dem Gedicht nicht in einen theologischen Streit einmischen, er folgte vielmehr einem Gedanken des englischen Philosophen Antony Ashley-Cooper, Earl of Shaftesbury, wonach der Dichter ein „zweiter Schöpfer, ein wahrer Prometheus" sei. So schrieb Goethe 1771 im schon erwähnten Aufsatz *Zum Shakespeares-Tag* über den englischen Dichter: „Er wetteiferte mit dem Prometheus, bildete ihm Zug vor Zug seine Menschen nach [...] und dann belebte er sie alle mit dem Hauch seines Geistes." Dichter, Originalgenie und Prometheus werden zu einer einzigen Vorstellung von einem dynamischen Menschen.

DER BRIEFROMAN

1774 erschienen *Die Leiden des jungen Werthers* von Johann Wolfgang Goethe. Der Fünfundzwanzigjährige hatte sich diesen ersten Roman in vier Wochen von der Seele geschrieben. Das Werk hatte einen so durchschlagenden Erfolg, dass Goethe zeit seines Lebens im In- und Ausland „der Dichter des Werther" blieb.

Analyse der Gefühle

Die Zeit der Entstehung des *Werther*-Romans wird im literarischen Bereich auch als Empfindsamkeit bezeichnet: Das gebildete Bürgertum, vor allem die Jugend, durchlebte eine Phase verstärkter Selbstbeobachtung und Analyse der eigenen Gefühle. Nicht äußeren Vorgängen galt das Interesse, sondern man verfeinerte die Fähigkeit der Selbstempfindung bis zur Empfindsamkeit. Werther ist also das Abbild eines Zeittyps, und der Erfolg des Romans ist daher verständlich.

Die Handlung wird in Form von Briefen Werthers an seinen Freund Wilhelm mitgeteilt. Da es keine Antwortbriefe gibt, erhalten Werthers Briefe den Charakter von Tagebuchaufzeichnungen. Die Briefform ermöglicht eine subjektbezogene Perspektive: Der Inhalt besteht vor allem aus Selbstbeobachtung und Analyse der Gefühle. Werther ist kein vor Kraft strotzendes Originalgenie wie die Helden der Sturm-und-Drang-Dramen, sondern ein Genie ohne Kraft und ohne Entschlossenheit. Seine überschwängliche Empfindsamkeit macht ihn innerlich reich, aber auch sehr verletzbar. Er ist seinen wechselnden Stimmungen widerstandslos ausgeliefert.

Literarische Vorbilder

Der Briefroman war als Form damals sehr beliebt: Das lesende Publikum kannte den rührseligen Briefroman *Pamela* des englischen Schriftstellers und Moralisten Samuel Richardson, 1740, deutsch 1772, und vor allem die Liebesgeschichte *Die neue Heloïse oder Briefe zweier Liebenden* von Jean-Jacques Rousseau, deutsch 1761 bis 1766 (vgl. Seite 95). Ihnen folgten zahlreiche deutsche Nachahmer.

Johann Wolfgang Goethe
Aus den Leiden des jungen Werthers (1774)

Am 10. Mai.

Eine wunderbare Heiterkeit hat meine ganze Seele eingenommen, gleich den süßen Frühlingsmorgen, die ich mit ganzem Herzen genieße. Ich bin allein und freue mich meines Lebens in dieser Gegend, die für solche Seelen geschaffen ist wie die meine. Ich bin so glücklich, mein Bester, so ganz in dem Gefühle von ruhigem Dasein versunken, dass meine Kunst darunter leidet. Ich könnte jetzt nicht zeichnen, nicht einen Strich, und bin nie ein größerer Maler gewesen als in diesen Augenblicken. Wenn das liebe Tal um mich dampft und die hohe Sonne an der Oberfläche der undurchdringlichen Finsternis meines Waldes ruht und nur einzelne Strahlen sich in das innere Heiligtum stehlen, ich dann im hohen Grase am fallenden Bache liege und näher an der Erde tausend mannigfaltige Gräschen mir merkwürdig werden; wenn ich das Wimmeln der kleinen Welt zwischen Halmen, die unzähligen, unergründlichen Gestalten der Würmchen, der Mückchen näher an meinem Herzen fühle, und fühle die Gegenwart des Allmächtigen, der uns nach seinem Bilde schuf, das Wehen des Allliebenden, der uns in ewiger Wonne schwebend trägt und erhält; mein Freund! wenn's dann um meine Augen dämmert und die Welt um mich her und der Himmel ganz in meiner Seele ruhn wie die Gestalt einer Geliebten – dann sehne ich mich oft und denke: Ach könntest du das wieder ausdrücken, könntest du dem Papiere das einhauchen, was so voll, so warm in dir lebt, dass es würde der Spiegel deiner Seele, wie deine Seele ist der Spiegel des unendlichen Gottes! – Mein Freund – Aber ich gehe darüber zugrunde, ich erliege unter der Gewalt der Herrlichkeit dieser Erscheinungen.

Am 13. Mai.
Du fragst, ob du mir meine Bücher schicken sollst? – Lieber, ich bitte dich um Gottes willen, lass mir sie vom Halse! Ich will nicht mehr geleitet, ermuntert, angefeuert sein, braust dieses Herz doch genug aus sich selbst; ich brauche Wiegengesang, und den habe ich in seiner Fülle gefunden in meinem Homer. Wie oft lull' ich mein empörtes Blut zur Ruhe, denn so ungleich, so unstet hast du nichts gesehn als dieses Herz. Lieber! brauch' ich dir das zu sagen, der du so oft die Last getragen hast, mich vom Kummer zur Ausschweifung und von süßer Melancholie zur verderblichen Leidenschaft übergehen zu sehn? Auch halte ich mein Herzchen wie ein krankes Kind; jeder Wille wird ihm gestattet. Sage das nicht weiter; es gibt Leute, die mir es verübeln würden.

Am 22. August.
Es ist ein Unglück, Wilhelm, meine tätigen Kräfte sind zu einer unruhigen Lässigkeit verstimmt, ich kann nicht müßig sein und kann doch auch nichts tun. Ich habe keine Vorstellungskraft, kein Gefühl an der Natur, und die Bücher ekeln mich an. Wenn wir uns selbst fehlen, fehlt uns doch alles. Ich schwöre dir, manchmal wünschte ich, ein Tagelöhner zu sein, um nur des Morgens beim Erwachen eine Aussicht auf den künftigen Tag, einen Drang, eine Hoffnung zu haben. [...]

Am 30. August.
Unglücklicher! Bist du nicht ein Tor? Betrügst du dich nicht selbst? Was soll diese tobende, endlose Leidenschaft? Ich habe kein Gebet mehr als an sie; meiner Einbildungskraft erscheint keine andere Gestalt als die ihrige, und alles in der Welt um mich her sehe ich nur im Verhältnisse mit ihr. Und das macht mir denn so manche glückliche Stunde – bis ich mich wieder von ihr losreißen muss! Ach Wilhelm! wozu mich mein Herz oft drängt!
– Wenn ich bei ihr gesessen bin, zwei, drei Stunden, und mich an ihrer Gestalt, an ihrem Betragen, an dem himmlischen Ausdruck ihrer Worte geweidet habe und nun nach und nach alle meine Sinne aufgespannt werden, mir es düster vor den Augen wird, ich kaum noch höre und es mich an die Gurgel fasst wie ein Meuchelmörder, dann mein Herz in wilden Schlägen den bedrängten Sinnen Luft zu machen sucht und ihre Verwirrung nur vermehrt

– Wilhelm, ich weiß oft nicht, ob ich auf der Welt bin! Und – wenn nicht manchmal die Wehmut das Übergewicht nimmt und Lotte mir den elenden Trost erlaubt, auf ihrer Hand meine Beklemmung auszuweinen, – so muss ich fort, muss hinaus, und schweife dann weit im Felde umher; einen jähen Berg zu klettern ist dann meine Freude, durch einen unwegsamen Wald einen Pfad durchzuarbeiten, durch die Hecken, die mich verletzen, durch die Dornen, die mich zerreißen! Da wird mir's etwas besser! Etwas! Und wenn ich vor Müdigkeit und Durst manchmal unterwegs liegen bleibe, manchmal in der tiefen Nacht, wenn der hohe Vollmond über mir steht, im einsamen Walde auf einen krumm gewachsenen Baum mich setze, um meinen verwundeten Sohlen nur einige Linderung zu verschaffen, und dann in einer ermattenden Ruhe in dem Dämmerschein hinschlummre! O Wilhelm! die einsame Wohnung einer Zelle, das härene Gewand und der Stachelgürtel wären Labsale, nach denen meine Seele schmachtet. Adieu! Ich sehe dieses Elendes kein Ende als das Grab.

In seinem Abschiedsbrief an Lotte bittet Werther, man möge ihn in der Kleidung begraben, die er bei den Besuchen im Hause ihres Vaters immer trug. In dieser Kleidung fand man auch den Sterbenden, „gestiefelt, im blauen Frack mit gelber Weste".

5. Analysieren Sie die Textausschnitte nach folgenden Gesichtspunkten:
   Inhalt
   - Erläutern Sie, um welche Themen Werthers Denken in diesen Ausschnitten kreist.
   - Vergleichen Sie, zwischen welchen extremen Stimmungen er schwankt.

   Form
   - Stellen Sie die Ich-Erzählform im *Werther* der im *Simplicissimus* gegenüber.
   - Beschreiben Sie, welche Folgen für die Perspektive sich daraus ergeben, dass es keine Antwortbriefe gibt. Stellen Sie Vermutungen darüber an, wie der/die Leser/in das Geschehen erlebt.
   - Beurteilen Sie die Möglichkeiten, die diese Form dem Autor eröffnet.
   - Illustrieren Sie, welche Formen heute dazu verwendet werden, Gefühle unmittelbar darzustellen.

Zur Produktionsgeschichte

Die Entstehung eines poetischen Werkes ist unter anderem von biographischen und historischen Bedingungen abhängig, also von den Erlebnissen des Autors und seiner Situation, aber auch von den geistigen und künstlerischen Strömungen der Zeit, von den politischen, wirtschaftlichen und religiösen Verhältnissen.

Für die Entstehung des *Werther* waren mehrere biographische Fakten ausschlaggebend: 1772 ging Goethe als dreiundzwanzigjähriger Jurist ans Reichskammergericht in Wetzlar. Zu den Männern, mit denen er sich dort anfreundete, gehörte der Sekretär Kestner. Er führte Goethe im Haus des Amtmannes Buff ein, mit dessen Tochter Charlotte er verlobt war und in die sich Goethe verliebte. „Ich konnte bald ihre Nähe nicht mehr missen", schrieb er später in *Dichtung und Wahrheit*. Als ihm klar wurde, dass das Verhältnis von seiner Seite „leidenschaftlicher als billig geworden" war und ein Konflikt aller Beteiligten unabwendbar schien, riss er sich von Lotte los und verließ heimlich die Stadt.

Noch war Goethe über die entsagungsvolle Liebe nicht hinweg, da erfuhr er von Kestner vom Selbstmord eines Wetzlarer Bekannten, der sich aus unüberwindlicher Neigung zu einer verheirateten Frau erschossen hatte. Goethe war zutiefst betroffen. Er fühlte sich erst nach der Niederschrift des Romans „wie nach einer Generalbeichte wieder froh und frei und zu einem neuen Leben berechtigt".

Zur Rezeptionsgeschichte

Noch im Erscheinungsjahr des Romans erfasste ein wahres Wertherfieber die bürgerliche Jugend: „Manche Leser glaubten, man müsse die Poesie in Wirklichkeit verwandeln" und „einen solchen Roman nachspielen" (Goethe). Unglücklich Liebende fühlten sich als Werther und kleideten sich wie dieser, ja es gab sogar Selbstmorde, die so ausgeführt wurden, wie es der Roman beschreibt. Eine ganze Reihe von Schriftstellern geriet in den Bann des Werther-Stils, kopierte den Liebesroman und hatte mitunter noch größeren Erfolg als Goethe. Die kritische Auseinandersetzung mit dem Aufsehen erregenden Werk förderte nicht nur Bewunderung, sondern auch Zweifel und Ablehnung zutage. Lessing schreibt in einem Brief an Johann Joachim Eschenburg im Oktober 1774:

Zeitgenössische Kritik

Haben Sie tausend Dank für das Vergnügen, welches Sie mir durch Mitteilung des Göthischen Romans gemacht haben. Ich schicke ihn noch einen Tag früher zurück, damit auch andere dieses Vergnügen je eher je lieber genießen können.

Wenn aber ein so warmes Produkt nicht mehr Unheil als Gutes stiften soll: meinen Sie nicht, dass es noch eine kleine kalte Schlussrede haben müsste? Ein paar Winke hinterher, wie Werther zu einem so abenteuerlichen Charakter gekommen; wie ein andrer Jüngling, dem die Natur eine ähnliche Anlage gegeben, sich davor zu bewahren habe. Denn ein solcher dürfte die poetische Schönheit leicht für die moralische nehmen und glauben, dass der gut gewesen sein müsse, der unsre Teilnehmung so stark beschäftigt. Und das war er doch wahrlich nicht.

Christian Friedrich Daniel Schubart in: *Deutsche Chronik*, 72. Stück (5. Dezember 1774):

Da sitz' ich mit zerflossnem Herzen, mit klopfender Brust und mit Augen, aus welchen wollüstiger Schmerz tröpfelt, und sag Dir, Leser, dass ich eben die ‚Leiden des jungen Werthers' von meinem lieben Goethe – gelesen? – nein, verschlungen habe. Kritisieren soll ich? Könnt' ich's, so hätt' ich kein Herz. Göttin Critica steht ja selbst vor diesem Meisterstück des allerfeinsten Menschengefühls aufgetaut da.

Johann Melchior Goeze in: *Freiwillige Beiträge zu den Hamburgischen Nachrichten aus dem Reiche der Gelehrsamkeit* (1775, 4. April, auch als Sonderdruck. Hamburg 1775):

Einem jeden Christen, der für das Wort des Heilandes „Ich sage euch, wer ein Weib ansiehet, ihrer zu begehren, der hat schon die Ehe mit ihr gebrochen in seinem Herzen" (Matth. 5,28) noch einige Ehrerbietung hat, der die Worte des heiligen Johannes „Wir wissen, dass ein Totschläger nicht hat das ewige Leben" (1. Joh. 3,15) als einen Lehrsatz ansiehet, [...] muss notwendig das Herz bluten, wenn er „Die Leiden des jungen Werthers" lieset [...]

Man bedenke um Gottes willen, wie viele unsrer Jünglinge mit Werthern in gleiche Umstände geraten können und solches insbesonderheit in der gegenwärtigen Epoche, da es als höchste Weisheit angesehen wird, junge Seelen nicht sowohl durch Gründe der Religion in eine recht christliche Fassung zu setzen als vielmehr dieselben mit lauter phantastischen Bildern anzufüllen und die Empfindungen in ihnen weit über ihre Grenzen hinaus zu treiben.

Anonyme Rezension in: *Auserlesene Bibliothek der neuesten deutschen Literatur*, 1775:

Der Hauptvorzug dieses Romans besteht in der vollkommenen Bearbeitung des Charakters der Hauptperson, der so ein Ganzes ausmacht ..., dass man sich kein wahreres und nach der Natur getreuer gezeichnetes Bild eines menschlichen Charakters vorstellen kann. Die Schlusskatastrophe entspringt nicht nur natürlich aus dem Charakter, hier sieht man, dass es unmöglich ist, dass die Katastrophe nicht erfolge. Kurz, „Die Leiden des jungen Werthers" sind die allervortrefflichste Erläuterung durch ein Beispiel von dem Satze: Die Menschen werden zu ihren jedesmaligen Handlungen durch die zusammengesetzte Wirkung der Umstände und ihres Charakters unwiderstehlich bestimmt.

6. Analysieren Sie Inhalt und Form der einzelnen Rezensionen:
   - Stellen Sie dar, welche Kritikpunkte hervorgehoben werden.
   - Kommentieren Sie die sprachliche Form der vorliegenden Rezensionen. Geben Sie Beispiele für stilistische Unterschiede.

Die heftigen Reaktionen sind wohl auch auf den Umstand zurückzuführen, dass die Romanleser/innen der damaligen Zeit gewohnt waren, vom Autor eine klare moralische Bewertung des Geschehens mitgeliefert zu bekommen. Goethe tat dies nicht, er verurteilte seinen Werther nicht, eher die Gesellschaft, die dem Selbstmörder ein christliches Begräbnis verweigerte.
Die erste Fassung des Romans wurde bis 1790 etwa dreißigmal gedruckt, die zweite Fassung etwa fünfundzwanzigmal bis zu Goethes Tod. Goethe notierte am 30. April 1780 in sein Tagebuch: „Las meinen ‚Werther', seit er gedruckt ist, das erste Mal ganz und verwunderte mich."

POLITISCHE LYRIK: IN TYRANNOS

Im Jahr 1777 wurde auf Befehl des Herzogs Karl Eugen von Württemberg der Journalist, Schriftsteller und Musiker Christian Friedrich Daniel Schubart (1739 – 1791) verhaftet und in einem Festungsgefängnis eingesperrt, ohne dass ihm der Prozess gemacht wurde. Der Grund waren einige Bemerkungen in der von ihm allein bestrittenen Zeitung *Deutsche Chronik* und sein etwas unsolider Lebenswandel.

Vision vom Tod des Tyrannen

Im dritten Jahr seiner Gefangenschaft schrieb Schubart das Gedicht *Die Fürstengruft*. Es kam an die Öffentlichkeit und trug ihm weitere sieben Jahre Haft ein. Die Strophen 1, 2 und 7 bis 12 lauten:

Christian Friedrich Daniel Schubart
Die Fürstengruft (1780)

Da liegen sie, die stolzen Fürstentrümmer,
Ehmals die Götzen ihrer Welt!
Da liegen sie, vom fürchterlichen Schimmer
Des blassen Tags erhellt!

Die alten Särge leuchten in der dunkeln
Verwesungsgruft, wie faules Holz;
Wie matt die großen Silberschilde funkeln,
Der Fürsten letzter Stolz!

Da liegen Schädel mit verloschnen Blicken,
Die ehmals hoch herabgedroht,
Der Menschheit Schrecken! denn an ihrem Nicken
Hing Leben oder Tod.

Nun ist die Hand herabgefault zum Knochen,
Die oft mit kaltem Federzug
Den Weisen, der am Thron zu laut gesprochen,
In harte Fesseln schlug.

Zum Totenbein ist nun die Brust geworden,
Einst eingehüllt in Goldgewand,
Daran ein Stern und ein entweihter Orden
Wie zween Kometen stand.

Vertrocknet und verschrumpft sind die Kanäle,
Drin geiles Blut wie Feuer floss,
Das schäumend Gift der Unschuld in die Seele,
Wie in den Körper goss.

Sprecht, Höflinge, mit Ehrfurcht auf der Lippe
Nun Schmeichelei'n ins taube Ohr!
Beräuchert das durchlauchtige Gerippe
Mit Weihrauch, wie zuvor!

Er steht nicht auf, euch Beifall zuzulächeln,
Und wiehert keine Zoten mehr,
Damit geschminkte Zofen ihn befächeln,
Schamlos und geil, wie er.

7. Besprechen Sie, wie das Gedicht an der Herrschaft der Fürsten in der damaligen Zeit Kritik übt:
   - Beschreiben Sie, welche Vision dem Gedicht zugrunde liegt.
   - Analysieren Sie, welchem gedanklichen Aufbau die Strophen 7 bis 11 (Vers 9 bis 28) folgen.
   - Illustrieren Sie, worin sich der unbändige Tyrannenhass ausdrückt.
   - Recherchieren Sie, wie heute mit Systemkritikerinnen und -kritikern umgegangen wird.

Umkehr des Huldigungsgedichts

Der durch seine Balladen berühmt gewordene Gottfried August Bürger (1747 – 1794) kehrte die traditionelle Fürstenhuldigung in eine Anklage um. Fürstenbeschimpfungen dieser Art wurden in der 2. Hälfte des 18. Jahrhunderts populär.

Gottfried August Bürger

Der Bauer (1775)

An seinen durchlauchtigen Tyrannen

Wer bist du, Fürst, dass ohne Scheu
zerrollen mich dein Wagenrad,
zerschlagen darf dein Ross?

Wer bist du, Fürst, dass in mein Fleisch
dein Freund, dein Jagdhund, ungebleut
darf Klau' und Rachen hau'n?

Wer bist du, dass durch Saat und Forst
das Hurra deiner Jagd mich treibt,
entatmet, wie das Wild? –

Die Saat, so deine Jagd zertritt,
was Ross und Hund und du verschlingst,
das Brot, du Fürst, ist mein.

Du, Fürst, hast nicht, bei Egg' und Pflug,
hast nicht den Erntetag durchschwitzt.
Mein, mein ist Fleiß und Brot! –

Ha! du wärst Obrigkeit von Gott?
Gott spendet Segen aus; du raubst!
Du nicht von Gott, Tyrann!

8. Analysieren Sie Bürgers Text nach unten stehenden Gesichtspunkten. Beziehen Sie in Ihre Überlegungen den Sachtext und das traditionelle Huldigungsgedicht auf S. 109 mit ein:

Inhalt

- Vergleichen Sie die Aussagen des Gedichts mit der wissenschaftlichen Darstellung der Lage der Bauern in den deutschen Territorien.
- Erläutern Sie, wer in dem Gedicht zu wem spricht.
- Kommentieren Sie den Untertitel.
- Stellen Sie Vermutungen an über Bürgers Beweggründe, dieses Gedicht zu schreiben.
- Interpretieren Sie, worauf Vers 16 anspielt.
- Stellen Sie die inhaltlichen Unterschiede zwischen dem barocken Huldigungsgedicht an Kurfürst Friedrich August und Bürgers Text dar.

Form

- Analysieren Sie den Satzbau der ersten drei Strophen.
- Illustrieren Sie, mit welchen Gegensatzwörtern das Gedicht schließt.
- Erklären Sie, welchem Wortfeld die meisten Verben des Gedichts entnommen sind.
- Kommentieren Sie die stilistische Wirkung durch die häufige Verwendung von einsilbigen Wörtern.
- Vergleichen Sie die formalen Ähnlichkeiten zwischen dem barocken Huldigungsgedicht und Bürgers Text.

Wirtschaftliche Lage der Bauern

Auszug aus Hans Mottek:
Wirtschaftsgeschichte Deutschlands (1968)

Zu einer immer größeren Plage für die Bauern gestalteten sich vor allem die Jagddienste. Veranstalteten die Herren doch zu ihrem Vergnügen immer ausgedehntere Jagden, wozu sie sich ausgiebig der „Hilfe“ ihrer Bauern bedienten. Eine andere Seite des herrschaftlichen Jagdvergnügens war den Bauern noch verhasster und für sie schädlicher als die Jagddienste: das Verbot, sich des Wildes, darunter auch der Wildschweine, selbst zu erwehren. Die schweren Verwüstungen, die das Wild den Feldern und Rebengärten ständig zufügte, kümmerten die herrschaftlichen Jäger nicht.
Bemerkenswert ist, dass bis zur Beseitigung der feudalen Lasten im 19. Jahrhundert die Frondienste die Dienstgelder noch bei weitem überwogen. Auch die anderen privaten Leistungen der Bauern hatten zumeist noch Naturalform. Dabei spielten Getreideabgaben die Hauptrolle. Daneben wurden aber auch Geflügel, Eier sowie Gartenerzeugnisse abgeführt.

Traditionelles Huldigungsgedicht

Auszug:
Anonymes Huldigungsgedicht anlässlich des Regierungsantritts von Kurfürst Friedrich August (1694)

Erlauchter Götter-Sohn / ach ja! du hast die bahn
Im frohen horizont der Lindenstadt genommen.
Die Musen heissen dich viel tausendmahl willkommen /
Denn ihnen bricht mit dir des glückes morgen an.
Wie friedlich und vermehrt wird diese schaar sich mühen /
O Friederich August / in deiner gunst zu blühen!

Wir söhne Schlesiens / die itzt in dieser stadt
Der weißheit perlen-fang gantz ungestört geniessen /
Erlegen hier gebückt den zoll zu deinen füssen /
Den treu und danckbarkeit uns vorgeschrieben hat.
Erlaube / daß diß blat / du beyspiel gröster Helden /
Dieweil dein ruhm zu hoch / nur darff dein glücke melden.

Nicht nur dein unterthan benennt dich sein vergnügen;
Gantz Deutschland sieht an dir auch seinen schutz-gott schon.
Drum steht dir aller hertz wie thor' und pforten offen /
Weil sie mit dir zugleich des glückes einzug hoffen. [...]

Uns düncket / daß die kunst den abriß schon gethan /
Wie dir die nach-welt wird ein solches denckmahl bauen:
Geharnischt läßt sie dich auff einem wagen schauen /
Die ehre spannt davor gezähmte löwen an.
Die Tugend aber schreibt: Auff solchem ehren-wagen
Wird Sachsens hercules den sternen zugetragen. [...]

DRAMA IM STURM UND DRANG

Gerechtigkeit durch Terror

1780 wurde Friedrich Schiller (1759 – 1805) im Alter von 21 Jahren Regimentsmedikus in Stuttgart. Jeden Tag erlebte er im von ihm als sinnlos empfundenen Militärdrill seine Unfreiheit, was seine unausgeglichene, revolutionäre Stimmung noch steigerte. Sie verschaffte sich Ausdruck und Entladung in seinem ersten Drama *Die Räuber*. 1782 wurde das Drama in Mannheim uraufgeführt. Der Erfolg übertraf alle Erwartungen. Das Publikum stieß sich weder an den deftigen Ausdrücken noch an der Schwarzweißmalerei mancher Charaktere. Gebannt folgte es dem Schicksal der gegensätzlichen Brüder Franz und Karl von Moor, des tyrannischen Schurken und des nach Freiheit und Gerechtigkeit dürstenden Helden, der Hauptmann einer Räuberbande wird, um mit Gewalt die Rechte der Armen und Unterdrückten zu verteidigen.
In der 2. Szene des 1. Aktes drückt Karl Moor die Verachtung aus, die er der Zeit und den geistigen und gesellschaftlichen Zuständen gegenüber empfindet:

Die
Räuber.
Ein Schauspiel.
Frankfurt und Leipzig.
1781.

Friedrich Schiller, *Die Räuber*; Titelseite der Erstausgabe Stuttgart 1781 (mit fingiertem Verlagsort Frankfurt und Leipzig).

MOOR: Pfui! Pfui über das schlappe Kastraten-Jahrhundert, zu nichts nütze, als die Taten der Vorzeit wiederzukäuen und die Helden des Altertums mit Kommentationen[1] zu schinden und zu verhunzen mit Trauerspielen. Da verrammeln sie sich die gesunde Natur mit abgeschmackten Konventionen[2], haben das Herz nicht, ein Glas zu leeren, weil sie Gesundheit dazu trinken müssen [...] Fallen in Ohnmacht, wenn sie eine Gans bluten sehen, und klatschen in die Hände, wenn ihr Nebenbuhler die Haare ausrauft über dem Brandschutt seines Hauses. [...]
Nein, ich mag nicht daran denken. Ich soll meinen Leib pressen in eine Schnürbrust und meinen Willen schnüren in Gesetze. Das Gesetz hat noch keinen großen Mann gebildet. [...] Stelle mich vor ein Heer Kerls wie ich, und aus Deutschland soll eine Republik werden, gegen die Rom und Sparta Nonnenklöster sein sollen.
(Er wirft den Degen auf den Tisch und steht auf.)

9. Erläutern Sie typische Haltungen des Sturm und Drang anhand dieser Stelle.

Karl Moor will mit einer Handvoll Leuten, Gescheiterten, Desperados und Verbrechern, auf eigene Faust das Unrecht in der Gesellschaft bekämpfen und das Recht der Getretenen wiederherstellen. Er zieht sich in die Wälder zurück und startet von dort immer wieder Aktionen gegen die Vertreter der Macht und der staatlichen Ordnung. Die 3. Szene des 2. Aktes zeigt die Rückkehr der Bande von der Befreiungsaktion für eines ihrer Mitglieder.

1 Kommentationen: Erläuterungen
2 Konventionen: Übereinkünfte, Bräuche

SCHWEIZER, ROLLER *(hinter der Szene)*: Holla ho! Holla ho!
RAZMANN: Roller! Roller! holen mich zehn Teufel!
SCHWEIZER, ROLLER *(hinter der Szene)*: Razmann! Schwarz! Spiegelberg! Razmann!
RAZMANN: Roller! Schweizer! Blitz, Donner, Hagel und Wetter! *(Fliegen ihm entgegen.)*
(Räuber Moor zu Pferde. Schweizer, Roller, Grimm, Schufterle, Räubertrupp, mit Kot und Staub bedeckt, treten auf.)
RÄUBER MOOR *(vom Pferde springend)*: Freiheit! Freiheit! – – Du bist im Trocknen, Roller! Führ meinen Rappen ab, Schweizer, und wasch ihn mit Wein. *(Wirft sich auf die Erde.)* Das hat gegolten!
RAZMANN *(zu Roller)*: Bist du vom Rad auferstanden?
SCHWARZ: Bist du sein Geist? oder bin ich ein Narr? oder bist du's wirklich?
ROLLER *(in Atem)*: Ich bin's. Leibhaftig. Ganz. Wo glaubst du, dass ich herkomme?
SCHWARZ: Da frag die Hexe! Der Stab war schon über dich gebrochen.[1]
ROLLER: Das war er freilich, und noch mehr. Ich komme recta[2] vom Galgen her. Lass mich nur erst zu Atem kommen. Der Schweizer wird dir erzählen. Gebt mir ein Glas Branntwein! – Du auch wieder da, Moritz? Ich dachte, dich woanders wiederzusehen. – Gebt mir doch ein Glas Branntwein! meine Knochen fallen auseinander – o mein Hauptmann! wo ist mein Hauptmann?
SCHWARZ: Gleich, gleich! – so sag doch, so schwätz doch! Wie bist du davongekommen? Wie haben wir dich wieder? Der Kopf geht mir um. Vom Galgen her, sagst du?
ROLLER *(stürzt eine Flasche Branntwein hinunter)*: Ah! das schmeckt, das brennt ein! – Gerades Wegs vom Galgen her, sag' ich. Ihr steht da und gafft, und könnt's nicht träumen – ich war auch nur drei Schritte von der Sackermentsleiter[3], auf der ich in den Schoß Abrahams[4] steigen sollte – so nah, so nah – war dir schon mit Haut und Haar auf die Anatomie verhandelt! Hättest mein Leben um'n Prise Schnupftabak haben können. Dem Hauptmann dank' ich Luft, Freiheit und Leben.
SCHWEIZER: Es war ein Spaß, der sich hören lässt. Wir hatten den Tag vorher durch unsere Spione Wind gekriegt, der Roller liege tüchtig im Salz[5], und wenn der Himmel nicht bei Zeit noch einfallen wollte, so werde er morgen am Tag – das war heute – den Weg allen Fleisches gehen müssen.[6] Auf! sagte der Hauptmann, was wiegt ein Freund nicht? – Wir retten ihn oder retten ihn nicht, so wollen wir ihm wenigstens doch eine Todesfackel anzünden, wie sie noch keinem Könige geleuchtet hat, die ihnen den Buckel braun und blau brennen soll. Die ganze Bande wird aufgeboten. Wir schicken einen Expressen an ihn, der's ihm in einem Zettelchen beibrachte, das er ihm in die Suppe warf.
ROLLER: Ich verzweifelte an dem Erfolg.
SCHWEIZER: Wir passten die Zeit ab, bis die Passagen leer waren. Die ganze Stadt zog dem Spektakel nach, Reiter und Fußgänger durcheinander und Wagen, der Lärm und der Galgenpsalm[7] johlten weit. Jetzt, sagte der Hauptmann, brennt an, brennt an! Die Kerle flogen wie Pfeile, steckten die Stadt an dreiunddreißig Ecken in Brand, warfen feurige Lunten in die Nähe des Pulverturms, in Kirchen und Scheunen – Morbleu![8] es war keine

1 den Stab über jemanden brechen: ein Urteil sprechen
2 recta: auf direktem Weg
3 Sackermentsleiter: Leiter zum Empfang der Sterbesakramente
4 Schoß Abrahams: Ort des Wartens, bevor der Messias den Verstorbenen die Pforten des Himmels öffnet
5 im Salz liegen: in Bedrängnis, gefangen sein
6 den Weg allen Fleisches gehen müssen: sterben
7 Galgenpsalm: gesungen von Schulkindern, die den Verurteilten zur Hinrichtungsstätte begleiteten
8 Morbleu: französischer Fluch („beim Tod Gottes")

Viertelstunde vergangen, der Nordostwind, der auch seinen Zahn auf die Stadt haben muss, kam uns trefflich zustatten und half die Flammen bis hinauf in die obersten Giebel jagen. Wir indes Gasse auf, Gasse nieder, wie Furien – Feuerjo! Feuerjo! durch die ganze Stadt – Geheul – Geschrei – Gepolter – fangen an die Brandglocken zu brummen, knallt der Pulverturm in die Luft, als wäre die Erde mitten entzwei geborsten und der Himmel zerplatzt und die Hölle zehntausend Klafter tiefer versunken.

10. Dieser Abschnitt ist typisch für die Dramatik des Sturm und Drang.
- Fassen Sie den Inhalt dieser Passage zusammen.
- Arbeiten Sie die sprachlichen Merkmale heraus.

Karl Moor steht zuletzt vor den Trümmern seiner Existenz und einer in Frage gestellten Welt: Bei seiner Heimkehr entdeckt er den fast verhungerten Vater, der auf die Nachricht, sein Sohn sei ein Räuberhauptmann, stirbt. Der falsche Bruder Franz erhängt sich, Amalie, die Braut Karls, verlangt von ihm den Tod und wird von ihm erstochen. Er selber erkennt seinen Weg als Irrweg und stellt sich den Gerichten, lässt jedoch sein Kopfgeld einem armen Tagelöhner zugute kommen.

KARL: O über mich Narren, der ich wähnte, die Welt durch Gräuel zu verschönern und die Gesetze durch Gesetzlosigkeit aufrechtzuhalten! Ich nannte es Rache und Recht – Ich maßte mich an, o Vorsicht, die Scharten deines Schwerts auszuwetzen und deine Parteilichkeiten gutzumachen – da steh ich am Rand eines entsetzlichen Lebens und erfahre nun, dass zwei Menschen wie ich den ganzen Bau der sittlichen Welt zugrunde richten würden.

11. Illustrieren Sie, wie Karl Moor in den vorliegenden Textausschnitten charakterisiert wird.

Zeitgenössische Kritik

Wie unterschiedlich die zeitgenössischen Literatur- und Theaterkritiker die *Räuber* einschätzten, zeigen zwei Besprechungen aus den Jahren 1781 und 1785:

Christian Friedrich Thimme in der *Erfurtischen Gelehrten Zeitung* (24. Juli 1781):

Eine Erscheinung, die sich unter der unübersehbaren Menge ähnlicher Sächelchen gar sehr auszeichnet, wahrscheinlich noch fortdauern wird, wenn jene schon in ihr Nichts wieder zurückgegangen sind, noch ehe sie anfingen, recht zu leben. Ich glaube, dass sie deswegen unsere besondere Aufmerksamkeit verdient. Volle, blühende Sprache, Feuer in Ausdruck und Wortfügung, rascher Ideengang, kühne, fortreißende Phantasie, einige hingeworfene, nicht genug überdachte Ausdrücke, poetische Deklamationen[1] und eine Neigung, nicht gern einen glänzenden Gedanken zu unterdrücken, sondern alles zu sagen, was gesagt werden kann, alles das charakterisiert den Verfasser als einen jungen Mann, der bei raschem Kreislauf des Bluts und einer fortreißenden Einbildungskraft ein warmes Herz voll Gefühl und Drang für die gute Sache hat. Haben wir je einen deutschen Shakespeare zu erwarten, so ist es dieser.

1 Deklamation: kunstgerechter Vortrag

Ausschnitt aus einer anonymen Rezension im *Magazin der Philosophie und schönen Literatur*, Leipzig (1785):

> 1 In der Gegend von Bayern und Schwaben rotteten sich vor nicht langer Zeit gefährlich schwärmende Jünglinge zusammen und wollten nichts Geringeres ausführen, als sich durch Mord und Mordbrennerei auszuzeichnen und einen Namen zu machen oder dem großen Drange nachzugeben, Räuber und Mordbrenner zu werden. – Und welcher Anlass konnte solche unglückliche, in der Imagination[1] versengte Menschen verleiten und sie auf den Grad von Ausschweifungen bringen, wenn wir es aufs Gelindeste benennen? Sie wollten Schillers „Räuber" realisieren.

12. Vergleichen Sie die verschiedenen Aspekte, die in diesen Rezensionen angesprochen werden (Sprache, Darstellungsweise, Rezeption).

Das bürgerliche Trauerspiel

Das bürgerliche Trauerspiel ist ein epochenübergreifendes Phänomen, das seine Wurzeln im 18. Jahrhundert hat. Als Vorläufer gilt das Trauerspiel *Cardenio und Celinde* (1657) von Andreas Gryphius, der darin erstmals die Ständeklausel (vgl. Seite 54) umging. Es zeigt – im Gegensatz zur bisherigen Auffassung von der Tragödie – Vertreter/innen des Bürgertums in einem tragischen Konflikt. Zugleich wandelt sich der öffentliche Charakter der Tragödie in einen privaten: Wenn Heldinnen und Helden und Herrscher durch tragische Schuld zugrunde gehen, so wird dies zu einer historischen Katastrophe. Wenn ein Bürgerlicher scheitert, bleiben die Auswirkungen in engen Grenzen.

13. Illustrieren Sie Martin Opitz' Begründungen für die „Ständeklausel" in seiner Poetik.

Bürgerliche Moral und herrschaftliche Unmoral

Die bürgerlichen Trauerspiele des 18. Jahrhunderts bringen die Auflehnung der Bürgerin oder des Bürgers gegen die aristokratische Gesellschaftsordnung und die moralische Verworfenheit des Adels auf die Bühne. Sie setzen bürgerliche Tugenden, wie Humanität, Toleranz, Gerechtigkeit, Sittlichkeit, Gefühlsleben und Ehrlichkeit, dagegen. Dennoch scheitern die bürgerlichen Helden und Heldinnen, und zwar an den herrschenden Verhältnissen und an ihren eigenen Gefühlen: Emilia Galotti (in Lessings gleichnamigem Drama) wird beispielsweise auf eigenen Wunsch vom Vater getötet, um ihre Ehre zu bewahren, das von einem Adeligen verführte Evchen (in Heinrich Leopold Wagners *Die Kindermörderin*) bringt ihr uneheliches Kind aus Verzweiflung um. Die Sprache ist nicht mehr in Verse gebunden wie früher. In bewusstem Gegensatz dazu schreiben die Stürmer und Dränger eine expressive Prosa.
Im bürgerlichen Realismus erwächst der Konflikt nicht mehr aus dem Standesunterschied zwischen Bürgertum und Adel, sondern aus der moralischen Beschränktheit und Verhärtung des Kleinbürgertums selbst: In dem Drama *Maria Magdalene* (1843) von Friedrich Hebbel treibt der Vater seine Tochter Klara, die sich nicht nur ihrem Bräutigam, sondern auch einem früheren Jugendfreund hingegeben hat, in die Katastrophe.
Die naturalistischen Dramen, die gegen Ende des 19. Jahrhunderts geschrieben wurden, stellen zwar auch Konflikte innerhalb des Bürgertums dar, das vielfach mit seinen seelischen Problemen

1 Imagination: Vorstellung

nicht mehr fertig wird. Doch der Schwerpunkt der Tragödie verschiebt sich vom Bürgertum auf den Arbeiterstand.

Überblick: Bürgerliche Trauerspiele
Gotthold Ephraim Lessing: *Miss Sara Sampson* (1755), *Emilia Galotti* (1772)
Jakob Michael Reinhold Lenz: *Der Hofmeister* (1774), *Die Soldaten* (1776)
Heinrich Leopold Wagner: *Die Kindermörderin* (1776)
Friedrich Schiller: *Kabale und Liebe* (1784)
Friedrich Hebbel: *Maria Magdalene* (1843)

Eines der bekanntesten bürgerlichen Trauerspiele ist Schillers *Kabale und Liebe* (1784), in dem er sich seinen Zorn über die Verkommenheit der Höflinge, über die an vielen Fürstenhöfen üblichen Intrigen (= Kabalen), Lügen und Erpressungen von der Seele schrieb. Die Liebesbeziehung zwischen Luise, der Tochter des Musikus Miller, und Ferdinand ist Miller ein Dorn im Auge, da er fürchtet, dass der Standesunterschied die Beziehung zum Scheitern bringen wird und seine Tochter damit ihre Ehre verliert.

Erster Akt, erste Szene

Zimmer beim Musikus
Miller[1] *steht eben vom Sessel auf und stellt sein Violoncello auf die Seite. An einem Tisch sitzt Frau Millerin noch im Nachtgewand und trinkt ihren Kaffee.*
MILLER *(schnell auf und ab gehend)*: Einmal für allemal. Der Handel wird ernsthaft. Meine Tochter kommt mit dem Baron[2] ins Geschrei. Mein Haus wird verrufen. Der Präsident[3] bekommt Wind, und – kurz und gut, ich biete dem Junker aus[4].
FRAU: Du hast ihn nicht in dein Haus geschwatzt – hast ihm deine Tochter nicht nachgeworfen.
MILLER: Hab' ihn nicht in mein Haus geschwatzt – hab ihm's Mädel nicht nachgeworfen; wer nimmt Notiz davon? – Ich war Herr im Haus. Ich hätt' meine Tochter mehr coram nehmen[5] sollen. Ich hätt' dem Major besser auftrumpfen sollen – oder hätt' gleich alles Seiner Exzellenz, dem Herrn Papa, stecken sollen. Der junge Baron bringt's mit einem Wischer hinaus[6], das muss ich wissen, und alles Wetter kommt über den Geiger.
FRAU *(schlürft eine Tasse aus)*: Possen! Geschwätz! Was kann über dich kommen? Wer kann dir was anhaben? Du gehst deiner Profession nach und raffst Scholaren[7] zusammen, wo sie zu kriegen sind.
MILLER: Aber, sag mir doch, was wird bei dem ganzen Kommerz[8] auch herauskommen? – Nehmen kann er das Mädel nicht. Vom Nehmen ist gar die Rede nicht, und zu einer – dass Gott erbarm! – Guten Morgen! – Gelt, wenn so ein Musje von sich da und dort und dort und hier schon herumbeholfen hat, wenn er, der Henker weiß was alles gelöst hat, schmeckt's meinem guten Schlucker freilich, einmal auf süß Wasser zu graben[9]. Gib du

1 Miller: Stadtmusiker in einer deutschen Residenzstadt, dem Sitz eines Fürsten
2 Baron: Ferdinand von Walter, ein junger Offizier
3 Präsident: Ferdinands Vater. Er hat großen Einfluss und viel Macht am fürstlichen Hof.
4 biete dem Junker aus: Ich verbiete ihm mein Haus.
5 coram nehmen: zur Rede stellen, scharf tadeln
6 mit einem Wischer hinaus: kommt mit einem Verweis davon
7 Scholaren: (Musik-)Schüler
8 Kommerz: Handel, Angelegenheit
9 auf süß Wasser zu graben: es auf ein unbescholtenes Mädchen abgesehen haben

Acht, gib du Acht! und wenn du aus jedem Astloch ein Auge strecktest und vor jedem Blutstropfen Schildwache ständest, er wird sie, dir auf der Nase, beschwatzen, dem Mädel eins hinsetzen und führt sich ab[1], und das Mädel ist verschimpfiert[2] auf ihr Leben lang, bleibt sitzen, oder hat's Handwerk verschmeckt[3], treibt's fort. *(Die Faust vor die Stirn)* Jesus Christus!

14. Beschreiben Sie, welche Position Miller und welche seine Frau vertritt.
15. Analysieren Sie die Sprache des Musikus Miller und seiner Frau.

Ferdinand, der Luise aufrichtig liebt, soll die Mätresse des Herzogs, Lady Milford, heiraten, damit der Vater Ferdinands, Präsident von Walter, noch mehr Einfluss auf den Herzog nehmen könne. In der folgenden Szene wird einerseits die brutale Herrschaft des Fürsten angeprangert, andererseits zeigt Lady Milford menschliche Züge.

Zweiter Akt, zweite Szene

Ein alter Kammerdiener des Fürsten, der ein Schmuckkästchen trägt.

KAMMERDIENER: Seine Durchlaucht der Herzog empfehlen sich Mylady zu Gnaden und schicken Ihnen diese Brillanten zur Hochzeit. Sie kommen soeben erst aus Venedig.

LADY *(hat das Kästchen geöffnet und fährt erschrocken zurück)*: Mensch! Was bezahlt dein Herzog für diese Steine?

KAMMERDIENER *(mit finsterem Gesicht)*: Sie kosten ihn keinen Heller.

LADY: Was? Bist du rasend? Nichts? – Und *(indem sie einen Schritt von ihm wegtritt)* du wirfst mir ja einen Blick zu, als wenn du mich durchbohren wolltest. – Nichts kosten ihn diese unermesslich kostbaren Steine?

KAMMERDIENER: Gestern sind siebentausend Landskinder nach Amerika fort. – Die zahlen alles.

LADY *(setzt den Schmuck plötzlich nieder und geht rasch durch den Saal; nach einer Pause zum Kammerdiener)*: Mann, was ist dir? Ich glaube, du weinst?

KAMMERDIENER *(wischt sich die Augen, mit schrecklicher Stimme, alle Glieder zitternd)*: Edelsteine wie diese da. – Ich hab' auch ein paar Söhne drunter.

LADY *(wendet sich bebend weg, seine Hand fassend)*: Doch keinen Gezwungenen?

KAMMERDIENER *(lacht fürchterlich)*: O Gott! Nein, lauter Freiwillige. Es traten wohl so etliche vorlaute Bursch vor die Front heraus und fragten den Obersten, wie teuer der Fürst das Joch Menschen verkaufe, aber unser gnädigster Landesherr ließ alle Regimenter auf dem Paradeplatz aufmarschieren und die Maulaffen niederschießen. Wir hörten die Büchsen knallen, sahen ihr Gehirn auf das Pflaster spritzen, und die ganze Armee schrie: Juchhe nach Amerika!

LADY *(fällt mit Entsetzen in den Sofa)*: Gott! Gott! – Und ich hörte nichts? Und ich merkte nichts?

1 führt sich ab: verschwindet, macht sich aus dem Staub
2 verschimpfiert: beschimpft, entehrt
3 verschmeckt: gekostet, ausprobiert

KAMMERDIENER: Ja, gnädige Frau, warum musstet Ihr denn mit unserem Herrn gerad auf die Bärenhatz reiten, als man den Lärm zum Aufbruch schlug? – Die Herrlichkeit hättet Ihr doch nicht versäumen sollen, wie uns die gellenden Trommeln verkündigten, es ist Zeit, und heulende Waisen dort einen lebendigen Vater verfolgten, und hier eine wütende Mutter lief, ihr saugendes Kind an Bajonetten zu spießen, und wie man Bräutigam und Braut mit Säbelhieben auseinander riss und wir Graubärte verzweiflungsvoll dastanden und den Burschen auch zuletzt die Krücken noch nachwarfen in die Neue Welt. Oh, und mitunter das polternde Wirbelschlagen, damit der Allwissende uns nicht sollte beten hören –

LADY *(steht auf, heftig bewegt)*: Weg mit diesen Steinen – sie blitzen Höllenflammen in mein Herz. *(Sanfter zum Kammerdiener.)* Mäßige dich, armer alter Mann. Sie werden wiederkommen. Sie werden ihr Vaterland wiedersehen.

KAMMERDIENER *(warm und voll)*: Das weiß der Himmel! Das werden sie! – Noch am Stadttor drehten sie sich um und schrien: „Gott mit euch, Weib und Kinder! – Es leb' unser Landesvater – am Jüngsten Gericht sind wir wieder da!" –

LADY *(mit starkem Schritt auf und nieder gehend)*: Abscheulich! Fürchterlich! – Mich beredete man, ich habe sie alle getrocknet, die Tränen des Landes. Schrecklich, schrecklich gehen mir die Augen auf. Geh du, sag deinem Herrn – Ich werd' ihm persönlich danken. *(Kammerdiener will gehen, sie wirft ihm ihre Geldbörse in den Hut.)* Und das nimm, weil du mir die Wahrheit sagtest –

KAMMERDIENER *(wirft sie verächtlich auf den Tisch zurück)*: Legt's zu dem Übrigen. *(Er geht ab.)*

LADY *(sieht ihm erstaunt nach)*: Sophie, spring ihm nach, frag ihn um seinen Namen. Er soll seine Söhne wiederhaben. [...]

Textproduktion: Empfehlung

Thema: Dramen aus der Zeit des Sturm und Drang
Aufgabe: Verfassen Sie eine Empfehlung.

Situation: Die Schultheatergruppe ist unschlüssig, welches Drama aus der Sturm-und-Drang-Zeit sie in diesem Jahr zur Aufführung bringen soll. Die Leiterin/der Leiter der Schultheatergruppe bittet Sie um Mithilfe und ersucht Sie, eine Empfehlung zu verfassen.

Recherchieren Sie relevante Informationen zu verschiedenen geeigneten Stücken aus der Zeit des Sturm und Drang aus dem vorliegenden Kapitel und aus Nachschlagewerken bzw. dem Internet.

Verfassen Sie nun eine Empfehlung und bearbeiten Sie dabei die folgenden Arbeitsaufträge:

- Stellen Sie Thema und Handlung des Stückes dar.
- Diskutieren Sie, warum dieses Stück für die geplante Aufführung besonders geeignet ist (Schauplätze, Anzahl der Personen, Details der Handlung etc.).
- Erläutern Sie den Gegenwartswert dieses Textes.

Schreiben Sie zwischen 400 und 500 Wörter. Markieren Sie Absätze mittels Leerzeilen.

AUFKLÄRUNG/STURM UND DRANG | 18. JAHRHUNDERT

GESCHICHTE

Spanischer Erbfolgekrieg (1701 – 1714): Habsburger verlieren Spanien und die amerikanischen Kolonien, gewinnen italienische Besitzungen und die spanischen Niederlande.

Türkenkrieg, Eroberung Belgrads (1717) unter dem Oberbefehl Prinz Eugens.

Karl VI. (1711 – 1740) Pragmatische Sanktion.

Maria Theresia (1740 – 1780) Österreichische Erbfolgekriege (bis 1763). Friedrich II. v. Preußen gewinnt Schlesien (Preußen wird Großmacht).

Joseph II. (Mitregent seit 1765, gest. 1790).

Amerikanischer Unabhängigkeitskrieg, 1776 Unabhängigkeitserklärung.

Beginn der **Französischen Revolution** 1789.

GESELLSCHAFT/WIRTSCHAFT

Der Staat greift stark in Wirtschaft, Bildung, Religion, Krankenversorgung u. a. ein. Entwicklung zum modernen **Verwaltungsstaat**.

Theresianische Staatsreformen: Heeres-, Finanz- u. Verwaltungsreform. Einführung der allgemeinen Schulpflicht.

Merkantilismus: Manufakturen. Dennoch agrarische Wirtschaftsstruktur. Österreich besiedelt das Banat („Schwaben").

Josephinische Reformen: Aufhebung der Leibeigenschaft, Beseitigung des Zunftzwangs, Aufhebung der Zensur, Toleranzpatent; Klosteraufhebungen („Josephinismus").

Aufgeklärter Absolutismus.

In der Wirtschaft **Physiokratismus** (Lehre, welche die Landwirtschaft als Grundlage des Wohlstandes ansieht).

Aufstieg des Bürgertums, das Träger der Bildung, Literatur und Moral wird.

BILDENDE KUNST

Spätbarock:

Vom großen Prunk des Hochbarock zur intimeren Form: **Rokoko**.

Schloss Sanssouci bei Potsdam; Wallfahrtskirche Wies in Bayern.

Stiftsbibliothek von Admont.

Innenarchitektur:

Möbel im Stil Louis XVI (Louis seize).

Meißner Porzellan.

WISSENSCHAFTEN/PHILOSOPHIE

Aufklärung: Epoche rationaler Weltdeutung. Loslösung der Forschung von theologischen Fesseln. Vernunftreligion.

Vorläufer: René Descartes und John Locke.

Voltaire (gest. 1778).

Encyclopédie (35 Bände).

Transzendentaler Idealismus: Immanuel Kant (*Kritik der reinen Vernunft* 1781).

Gründung der Wiener medizinischen Schule.

LITERATUR

Moralische Wochenschriften. Der sentimentale Briefroman (England – Frankreich – Deutschland).

Jean-Jacques Rousseau (1712 – 1778), *La Nouvelle Héloïse*.

Johann Christoph Gottsched (1700 – 1766): Theaterreform, Franzosen als Vorbild. Regelgemäße Dichtung.

Friedrich Gottlieb Klopstock, *Messias*, Oden, Hymnen. Christoph Martin Wieland, *Oberon*, *Agathon*.

Gotthold Ephraim Lessing (1729 – 1781), Theaterstücke: *Emilia Galotti* (bürgerl. Trauerspiel), *Nathan der Weise*. Theoretische Schriften. Fabeln.

Sturm und Drang: Johann Georg Hamann und Johann Gottfried Herder als Anreger.

Der junge Goethe (geb. 1749): Erlebnislyrik, Gedichte in freien Rhythmen, *Götz von Berlichingen*, *Die Leiden des jungen Werthers*.

Der junge Schiller (geb. 1759): *Die Räuber*, *Kabale und Liebe*.

Jakob Michael Reinhold Lenz (Dramatiker), Gottfried August Bürger (Ballade).

MUSIK

Christoph Willibald Gluck (1714 – 1787).

Joseph Haydn (1732 – 1809).

Wolfgang Amadeus Mozart (1756 – 1791).

Entwicklung der Oper und der Symphonie. Messen und Oratorien. Streichquartette.

DIE GESCHICHTE VON DOKTOR FAUST, DEM TEUFELSBÜNDLER (LÄNGSSCHNITT)

Es gibt in der deutschen Literatur keinen Stoff, der so oft bearbeitet worden ist wie der vom Doktor Faust, der durch einen Pakt mit dem Teufel magische Kräfte gewinnt, dadurch die menschliche Sphäre überwindet und Einblicke in andere Welten erhält. Die Vorstellung von der Überschreitung der engen menschlichen Grenzen ist offenbar immer mit der Vorstellung des Sündhaften verbunden, der vermessenen Überheblichkeit, die mit der Hölle bestraft wird. Die Ursprünge des Teufelspakts gehen bis ins Mittelalter zurück (vgl. auch verschiedenste Sagen, in denen es zu einem Teufelspakt kommt).

Der geschichtliche Faust

Der historische Georg Faust (1480 – 1540) ist die mehr oder weniger zufällige Kristallisationsfigur dieses Urstoffes der deutschen Literatur, eines Stoffes, der etwa auch an der Figur des Paracelsus hätte dargestellt werden können. Faust, ein Bauernsohn, studierte in Wittenberg, trieb sich dann an vielen Universitäten Deutschlands herum und hielt Vorlesungen über Gebiete aus den damaligen Modewissenschaften Medizin, Astrologie und Alchemie. Mehrere Zeitgenossen, auch aus dem Kreis Luthers, erwähnten ihn, meist allerdings in negativem Sinn. Schon zu seinen Lebzeiten gingen Gerüchte über ihn um: Er könne Tote und Geister beschwören, die Zukunft prophezeien und habe in Venedig einen Flugversuch unternommen.

Damals wie heute beflügelte die unbändige Neugier der Menschen die Phantasie, in Bereiche einzudringen, die dem Menschen verschlossen sind. Bereits 47 Jahre nach Fausts mystifiziertem Tod – plötzlich soll ihn der Teufel geholt haben – wurde die *Historia von D. Johann Fausten, dem weitbeschreyten Zauberer und Schwartzkünstler* gedruckt, und der Verleger machte ein gutes Geschäft, denn noch im selben Jahr (1587) wurden vier Nachdrucke notwendig. Der ungenannte (und uns unbekannte) Verfasser trug die mündlich überlieferten Geschichten zusammen, schrieb aber auch aus älteren Druckwerken ab.

Der sündhaft überhebliche Faust

So wurde das Volksbuch vom Doktor Faust (ähnlich wie das vom Eulenspiegel) zwar kein Roman mit einer entwickelten Handlung, aber eine wirkungsvolle Sammlung einzelner in sich geschlossener Geschichten, die den Vorteil hatten, dass in den vielen späteren Drucken weitere Geschichten eingefügt werden konnten. Der erste Verfasser muss – von seiner Zeit geprägt – ein tiefes Misstrauen gegen das Erkenntnisstreben des Menschen gehegt haben und ein protestantischer Sitteneiferer gewesen sein; denn der Zweck seines Buches war ein religiös-moralischer: Die Leser/innen sollten zwar ihre Sensationslust und Neugier bis hin zu erotischen Tagträumereien (Faust kommt auch in einen türkischen Harem) stillen können, aber durch das Schicksal Fausts davor gewarnt werden, sich dem Bösen zu verschreiben.

DER TEUFELSPAKT IM VOLKSBUCH

Bei Faust erscheint der Geist Mephostophiles (!). Der Doktor nennt eine ganze Reihe von Wünschen:[1]

Erstlich, dass er auch Geschicklichkeit, Form und Gestalt eines Geistes möchte an sich haben und bekommen.

Zum andern, dass der Geist alles das tun sollte, was er begehrt und von ihm haben wollt.

Zum Dritten, dass er ihm geflissen, untertänig und gehorsam sein wollte als ein Diener.

Zum Vierten, dass er sich allezeit, sooft er ihn forderte und berufte, in seinem Haus sollte finden lassen.

Zum Fünften, dass er in seinem Hause wölle unsichtbar regieren und sich sonsten von niemand als von ihm sehen lassen, es wäre denn sein Will und Geheiß.

Und letztlich, dass er ihm, sooft er ihn forderte und in der Gestalt, die er ihm auferlegen würde, erscheinen sollt.

Auf diese sechs Punkten antwort der Geist dem Fausto, dass er ihm in allem wollt willfahren und gehorsamen, sofern dass er ihm dagegen auch etlich furgehaltene Artikel wölle leisten, und wo er solches tue, soll es weiter keine Not haben, und seind dies darunter des Geistes etliche Artikel gewesen:

Erstlich, dass er, Faustus, verspreche und schwere, dass er sein, des Geistes, Eigen sein wollte.

Zum andern, dass er solches zu mehrer Bekräftigung mit seinem eigen Blut wölle bezeugen und sich darmit also gegen ihm verschreiben.

Zum Dritten, dass er allen christgläubigen Menschen wölle feind sein.

Zum Vierten, dass er den christlichen Glauben wölle verleugnen.

Zum Fünften, dass er sich nicht wölle verführen lassen, so ihne etliche wöllen bekehren.

Hingegen wölle der Geist ihme, Fausto, etliche Jahr zum Ziel setzen, wann solche verloffen, soll er von ihme geholt werden. Und so er solche Punkten halten würde, soll er alles das haben, was sein Herz belüste und begehrte, und soll er alsbald spüren, dass er eines Geistes Gestalt und Weise haben würde. Doktor Faustus war in seinem Stolz und Hochmut so verwegen, ob er sich gleich ein Weil besunne, dass er doch seiner Seelen Seligkeit nicht bedenken wollte, sondern dem bösen Geist solches darschluge[2] und alle Artikel zu halten verhieße. Er meinet, der Teufel wär nit so schwarz, als man ihn malet, noch die Hell so heiß, wie man davon sagte etc.

Es folgt der Wortlaut des Vertrags, den Faust mit dem Teufel abgeschlossen und mit Blut unterschrieben hat.

Nachdem ich mir fürgenommen die Elementa zu spekulieren und aber aus den Gaben, so mir von oben herab bescheret und gnädig mitgeteilt worden, solche Geschicklichkeit in meinem Kopf nicht befinde und solches von den Menschen nicht erlernen mag, so hab ich gegenwärtigem gesandtem Geist, der sich Mephostophiles nennet, ein Diener des hellischen

1 Die Schreibweise der folgenden Ausschnitte ist modernisiert.
2 darschluge: vorschlug

Prinzen in Orient, mich untergeben, auch denselbigen, mich solches zu berichten und zu lehren, mir erwählet, der sich auch gegen mir versprochen, in allem untertänig und gehorsam zu sein. Dagegen aber ich mich hinwider gegen ihme verspriche und verlobe, dass so 24 Jahr, von dato dies Briefs an, herum und füruber gelaufen, er mit mir nach seiner Art und Weis, seines Gefallens, zu schalten, walten, regieren, führen, gut Macht haben solle, mit allem, es sei Leib, Seel, Fleisch, Blut und Gut, und das in Ewigkeit. Hierauf absage ich allen denen, so da leben, allem himmlischen Heer und allen Menschen, und das muss sein. Zu festem Urkund und mehrer Bekräftigung hab ich diesen Rezess eigner Hand geschrieben, unterschrieben und mit meinem hiefür gedrucktem eigen Blut, meines Sinns, Kopfs, Gedanken und Willen verknüpft, versiegelt und bezeuget etc.

Subscripto Johann Faustus, der Erfahrne der Elementen und der Geistlichen Doktor

1. Besprechen Sie die wesentlichen Elemente des Fauststoffes, die sich schon in dieser frühen Fassung zeigen:
   - Stellen Sie dar, aus welchen Motiven Faust den Vertrag schließt.
   - Stellen Sie die vereinbarten Leistungen des Teufels denen von Faust gegenüber.

In England schrieb Christopher Marlowe (1564 – 1593) nach dem deutschen Volksbuch *The Tragicall History of the Life and Death of Doctor Faustus*, ein Drama, das von englischen Komödianten erstmals 1608 in Graz aufgeführt wurde. Der Volkskomiker Josef Anton Stranitzky (vgl. Seite 70) brachte mehr als hundert Jahre später die Faustfigur auf die Wiener Vorstadtbühne und stellte ihr den Hanswurst als Kritiker und parodistisches Gegenbild gegenüber. Seit der Mitte des 18. Jahrhunderts sind Puppenspiele mit dem Fauststoff nachweisbar; eines davon lernte Goethe als Kind kennen.

DER FAUSTSTOFF IN DER AUFKLÄRUNG

Im 18. Jahrhundert unternahm man den Versuch, neben dem vielen äußeren Geschehen in Fausts Leben eine innere Handlung aufzubauen und Faust nach entsprechender Reue und Buße der Vergebung entgegenzuführen.

Der forschende Faust

Gotthold Ephraim Lessing bemühte sich jahrzehntelang um eine Dramatisierung des Fauststoffes, den er vom Standpunkt des Aufklärers zu fassen versuchte: Faust ist erfüllt von einem unbändigen Wissensdrang, was den Teufeln eine willkommene Angriffsfläche bietet. Aber die Teufel triumphieren zu früh: „Die Gottheit hat dem Menschen nicht den edelsten Trieb gegeben, um ihn ewig unglücklich zu machen" (Lessing). Faust träumt sein grausiges Geschick nur, der Teufel bleibt ein verführerisches Phantombild.
Von Lessings Faustdrama ist nicht viel erhalten. Eine Szene hat Lessing im Anschluss an den berühmten *17. Literaturbrief* (vgl. Seite 87), in dem er mit Gottsched abrechnet und die Deutschen auf Shakespeare verweist, abgedruckt.

Faust verlangt den schnellsten Geist der Hölle zu seiner Bedienung. Er macht seine Beschwörungen; es erscheinen derselben sieben; und nun fängt die dritte Szene des zweiten Aufzugs an.

Faust und sieben Geister

FAUST: Ihr? Ihr seid die schnellsten Geister der Hölle?

DIE GEISTER ALLE: Wir.

FAUST: Seid ihr alle sieben gleich schnell?

DIE GEISTER ALLE: Nein.

FAUST: Und welcher von euch ist der schnellste?

DIE GEISTER ALLE: Der bin ich!

FAUST: Ein Wunder, dass unter sieben Teufeln nur sechs Lügner sind. – Ich muss euch näher kennen lernen.

DER ERSTE GEIST: Das wirst du! Einst!

FAUST: Einst! Wie meinst du das? Predigen die Teufel auch Buße?

DER ERSTE GEIST: Jawohl, den Verstockten. – Aber halte uns nicht auf.

FAUST: Wie heißest du? Und wie schnell bist du?

DER ERSTE GEIST: Du könntest eher eine Probe, als eine Antwort haben.

FAUST: Nun wohl. Sieh her; was mache ich?

DER ERSTE GEIST: Du fährst mit deinem Finger schnell durch die Flamme des Lichts –

FAUST: Und verbrenne mich nicht. So geh auch du, und fahre siebenmal ebenso schnell durch die Flammen der Hölle, und verbrenne dich nicht. – Du verstummst? Du bleibst? – So prahlen auch die Teufel? Ja, ja; keine Sünde ist so klein, dass ihr sie euch nehmen ließet. – Zweiter, wie heißest du?

DER ZWEITE GEIST: Chil; das ist in eurer langweiligen Sprache: Pfeil der Pest.

FAUST: Und wie schnell bist du?

DER ZWEITE GEIST: Denkest du, dass ich meinen Namen vergebens führe? – Wie die Pfeile der Pest.

FAUST: Nun so geh, und diene einem Arzte! Für mich bist du viel zu langsam. – Du Dritter, wie heißest du?

DER DRITTE GEIST: Ich heiße Dilla; denn mich tragen die Flügel der Winde.

FAUST: Und du Vierter? –

DER VIERTE GEIST: Mein Name ist Jutta, denn ich fahre auf den Strahlen des Lichts.

FAUST: O ihr, deren Schnelligkeit in endlichen Zahlen auszudrücken, ihr Elenden –

DER FÜNFTE GEIST: Würdige sie deines Unwillens nicht. Sie sind nur Satans Boten in der Körperwelt. Wir sind es in der Welt der Geister; uns wirst du schneller finden.

FAUST: Und wie schnell bist du?

DER FÜNFTE GEIST: So schnell wie die Gedanken des Menschen.

FAUST: Das ist etwas! – Aber nicht immer sind die Gedanken des Menschen schnell. Nicht da, wenn Wahrheit und Tugend sie auffordern. Wie träge sind sie alsdann! – Du kannst schnell sein, wenn du schnell sein willst; aber wer steht mir dafür, dass du es allezeit willst? Nein, dir werde ich so wenig trauen, als ich mir selbst hätte trauen sollen. Ach! – *(Zum sechsten Geiste.)* Sage du, wie schnell bist du? –

DER SECHSTE GEIST: So schnell als die Rache des Rächers.

FAUST: Des Rächers? Welches Rächers?

DER SECHSTE GEIST: Des Gewaltigen, des Schrecklichen, der sich allein die Rache vorbehielt, weil ihn die Rache vergnügte. –

FAUST: Teufel! du lästerst, denn ich sehe, du zitterst. – Schnell, sagst du, wie die Rache des – Bald hätte ich ihn genennt! Nein, er werde nicht unter uns genennt! – Schnell wäre seine Rache? Schnell? – Und ich lebe noch? Und ich sündige noch? –

DER SECHSTE GEIST: Dass er dich noch sündigen lässt, ist schon Rache!
FAUST: Und dass ein Teufel mich dieses lehren muss! – Aber doch erst heute! Nein, seine Rache ist nicht schnell, und wenn du nicht schneller bist, als seine Rache, so geh nur. – *(Zum siebenten Geiste.)* – Wie schnell bist du?
DER SIEBENTE GEIST: Unzuvergnügender Sterblicher, wo auch ich dir nicht schnell genug bin – –
FAUST: So sage; wie schnell?
DER SIEBENTE GEIST: Nicht mehr und nicht weniger, als der Übergang vom Guten zum Bösen. –
FAUST: Ha! du bist mein Teufel! So schnell als der Übergang vom Guten zum Bösen! – Ja, der ist schnell; schneller ist nichts als der! – Weg von hier, ihr Schnecken des Orkus![1] Weg! – Als der Übergang vom Guten zum Bösen! Ich habe es erfahren, wie schnell er ist! Ich habe es erfahren!

2. Vergleichen Sie die verschiedenen bösen Geister, die Faust ihre Dienste anbieten:
   - Arbeiten Sie die Unterschiede zwischen den Geistern heraus.
   - Kommentieren Sie, inwieweit Fausts Wahl für einen der Geister typisch für einen Vertreter der Aufklärung ist.

GOETHES *FAUST*

Johann Wolfgang Goethe arbeitete sechs Jahrzehnte – mit zeitweise jahrelangen Unterbrechungen – an seinem *Faust*. In seiner Sturm-und-Drang-Periode (zwischen 1772 und 1775) entstanden einige Szenen, und zwar die *Gelehrtentragödie* und die *Gretchentragödie*, die noch unverbunden nebeneinander standen (*Urfaust*).
Die Gelehrtentragödie behandelt den Wissensdurst Fausts, dem jedes Mittel recht ist, neue Erkenntnisse zu erlangen. Dazu ist er auch bereit, seine Seele Mephistopheles zu versprechen, sofern dieser ihm auf Erden uneingeschränkt zu Diensten ist. In der Gretchentragödie verführt der von Mephistopheles mit neuen Kräften ausgestattete, jugendlich wirkende Faust das unschuldige Gretchen und führt sie ins Verderben. Sie stirbt als Mörderin ihres Kindes in geistiger Umnachtung, wird jedoch von Gott gerettet.

Faust zwischen dem Guten und dem Bösen

Der erste Teil des *Faust* wurde – dank Schillers Zureden – zwischen 1797 und 1806 fertig gestellt und 1808 gedruckt. Zu den Szenen des *Urfaust* kamen u. a. der Prolog im Himmel und die Paktszene, die das Leitmotiv der Wette zwischen Gott und Mephisto deutlich machen. Es ist die alte Vorstellung vom Menschen als dem Wesen, um das Gott und das Böse ringen, von der Erde als dem Schauplatz, auf dem der Kampf des Lichts gegen die Finsternis stattfindet. Gott weiß, wie die Wette ausgehen wird:

DER HERR: Zieh diesen Geist von seinem Urquell ab,
Und führ' ihn, kannst du ihn erfassen,
Auf deinem Wege mit herab,
Und steh beschämt, wenn du bekennen musst:

1 Orkus: Unterwelt

Ein guter Mensch in seinem dunklen Drange
Ist sich des rechten Weges wohl bewusst.

Die Parallelstelle, der Ausgang der Wette, findet sich am Ende des zweiten Teiles, nach Fausts Tod, als ein Chor der Engel verkündet:

ENGEL: Wer immer strebend sich bemüht,
den können wir erlösen.

Das sich durch beide Teile des *Faust* ziehende Thema wird damit deutlich: Das Böse gewinnt letztlich doch keine Gewalt über den Menschen, auch wenn dieser schwere Schuld auf sich lädt. Denn der Mensch ist ein Teil der göttlichen Weltordnung und wird durch die Liebe Gottes erlöst.
Zentrales Element in *Der Tragödie erster Teil* ist der Teufelspakt. Faust schildert im folgenden Monolog die Ausgangssituation:

FAUST: Habe nun, ach! Philosophie,
Juristerei und Medizin,
Und leider auch Theologie
Durchaus studiert, mit heißem Bemühn.
Da steh' ich nun, ich armer Tor[1],
Und bin so klug als wie zuvor!
Heiße Magister, heiße Doktor gar,
Und ziehe schon an die zehen Jahr'
Herauf, herab und quer und krumm
Meine Schüler an der Nase herum –
Und sehe, dass wir nichts wissen können!
Das will mir schier das Herz verbrennen.
Zwar bin ich gescheiter als alle die Laffen[2],
Doktoren, Magister, Schreiber und Pfaffen;
Mich plagen keine Skrupel noch Zweifel,
Fürchte mich weder vor Hölle noch Teufel –
Dafür ist mir auch alle Freud' entrissen,
Bilde mir nicht ein, was Rechtes zu wissen,
Bilde mir nicht ein, ich könnte was lehren,
Die Menschen zu bessern und zu bekehren.
Auch hab' ich weder Gut noch Geld,
Noch Ehr' und Herrlichkeit der Welt;
Es möchte kein Hund so länger leben!

3. Illustrieren Sie, wie sich die Unzufriedenheit Fausts mit seinem Leben zeigt:
   - Beschrieben Sie, in welcher Ausgangssituation Goethe seinen Faust zeigt.
   - Kommentieren Sie dessen Motive, sich „der Magie" zu ergeben.

1 Tor: einfältiger Mensch
2 Laffe: eitler junger Mann

Szenenausschnitt aus Matthias Hartmanns *Faust*-Inszenierung am Wiener Burgtheater (Premiere: 4. September 2009): Katharina Lorenz als „Gretchen“, Gert Voss als „Mephistopheles“, Tobias Moretti als „Faust“.

Während des zweiten Besuches von Mephistopheles kommt es zum Pakt. Mephisto bietet sich als Führer durch ein schöneres Leben an:

MEPHISTOPHELES: Ich bin keiner von den Großen;
Doch willst du mit mir vereint
Deine Schritte durchs Leben nehmen,
So will ich mich gern bequemen,
Dein zu sein, auf der Stelle.
Ich bin dein Geselle,
Und mach' ich dir's recht,
Bin ich dein Diener, bin dein Knecht!
FAUST: Und was soll ich dagegen dir erfüllen?
MEPHISTOPHELES: Dazu hast du noch eine lange Frist.
FAUST: Nein, nein! der Teufel ist ein Egoist
Und tut nicht leicht um Gottes willen,
Was einem andern nützlich ist.
Sprich die Bedingung deutlich aus;
Ein solcher Diener bringt Gefahr ins Haus.
MEPHISTOPHELES: Ich will mich hier zu deinem Dienst verbinden,
Auf deinen Wink nicht rasten und nicht ruhn;
Wenn wir uns drüben wiederfinden,
So sollst du mir das gleiche tun.
FAUST: Das Drüben kann mich wenig kümmern;
Schlägst du erst diese Welt zu Trümmern,
Die andre mag darnach entstehn.
Aus dieser Erde quillen meine Freuden,
Und diese Sonne scheinet meinen Leiden;
Kann ich mich erst von ihnen scheiden,
Dann mag, was will und kann, geschehn.
Davon will ich nichts weiter hören,

Ob man auch künftig hasst und liebt,
Und ob es auch in jenen Sphären
Ein Oben oder Unten gibt.
MEPHISTOPHELES: In diesem Sinne kannst du's wagen.
Verbinde dich; du sollst, in diesen Tagen,
Mit Freuden meine Künste sehn,
Ich gebe dir, was noch kein Mensch gesehn.

Faust fragt zunächst: „Was willst du armer Teufel geben?“ und setzt meditierend fort:

FAUST: Werd' ich beruhigt je mich auf ein Faulbett[1] legen,
So sei es gleich um mich getan!
Kannst du mich schmeichelnd je belügen,
Dass ich mir selbst gefallen mag,
Kannst du mich mit Genuss betrügen,
Das sei für mich der letzte Tag!
Die Wette biet' ich!
MEPHISTOPHELES: Topp!
FAUST: Und Schlag auf Schlag!
Werd' ich zum Augenblicke sagen:
Verweile doch! du bist so schön!
Dann magst du mich in Fesseln schlagen,
Dann will ich gern zugrunde gehn!
Dann mag die Totenglocke schallen,
Dann bist du deines Dienstes frei,
Die Uhr mag stehn, der Zeiger fallen,
Es sei die Zeit für mich vorbei!

Mephisto drängt auf einen schriftlichen Vertrag:

MEPHISTOPHELES: Nur eins! – Um Lebens oder Sterbens willen
Bitt' ich mir ein paar Zeilen aus.
FAUST: Auch was Geschriebnes forderst du Pedant[2]?

Faust verweist zunächst auf die Gültigkeit seines gesprochenen Worts und fragt unwillig:

FAUST: Was willst du böser Geist von mir?
Erz, Marmor, Pergament, Papier?
Soll ich mit Griffel, Meißel, Feder schreiben?
Ich gebe jede Wahl dir frei.

1 Faulbett: Ruhebett
2 Pedant: pedantischer, kleinlicher Mensch

MEPHISTOPHELES: Wie magst du deine Rednerei
Nur gleich so hitzig übertreiben?
Ist doch ein jedes Blättchen gut.
Du unterzeichnest dich mit einem Tröpfchen Blut.
FAUST: Wenn dies dir völlig G'nüge tut,
So mag es bei der Fratze bleiben.
MEPHISTOPHELES: Blut ist ein ganz besondrer Saft.

4. Vergleichen Sie den Teufelspakt im Volksbuch mit dem in Goethes *Faust*:
   - Arbeiten Sie Gemeinsamkeiten und Unterschiede heraus.
   - Illustrieren Sie typische Aspekte des Teufelspaktes.
   - Kommentieren Sie die Motive von Goethes Faust, das Bündnis mit dem Teufel einzugehen.

Die Form der Faustdichtung Goethes ist vielgestaltig: Manche Stellen sind in Prosa abgefasst, der Großteil jedoch in verschiedenen Versmaßen. Die älteren Teile sind im Knittelvers geschrieben (vgl. Seite 49). Goethe übernahm diese Versform aus der Dichtung des 15. und 16. Jahrhunderts und wollte damit die Zeit der Handlung charakterisieren. Außerdem verwendete er den Blankvers, den Alexandriner und kurze Formen, ja sogar Liedstrophen. Die Sprache ist den Personen angepasst: Faust redet anders als Mephisto, der gern Fremdwörter gebraucht, um seine Redeabsicht zu verschleiern. Der Redestil der Personen ist aber auch von der Situation abhängig.

Goethes *Faust* im Spiegel der Literaturgeschichte

Faust als Vertreter der bürgerlichen Aufklärung

Ein Blick in literaturgeschichtliche Werke aus verschiedenen Zeiten zeigt, wie unterschiedlich die Gestalt des Faust in Goethes Drama gedeutet wird.

Die *Geschichte der poetischen Nationalliteratur der Deutschen* von Georg Gottfried Gervinus erschien in erster Auflage 1835 bis 1842. Der Autor steht auf dem Boden des bürgerlichen Liberalismus. Er meint, „dass der Mensch nur in der Nation wahrhaft stark und groß sich entwickelt". Für Gervinus, der auch Historiker war und der als Erster die Dichtung in engem Zusammenhang mit der historischen Entwicklung sah, liegt eine deutliche Parallele zwischen der Entstehungszeit des Volksbuches (zweite Hälfte des 16. Jahrhunderts) und der Entstehungszeit des ersten Teiles von Goethes *Faust* (zweite Hälfte des 18. Jahrhunderts) vor. In beiden Zeitaltern mischen sich Aberglaube und Aufklärung, in beiden war „die Möglichkeit gegeben, sich zur reinen Menschlichkeit hinanzubilden". Von Goethes Werk heißt es dann: „Es leuchtet ein, dass Faust diesen Durchbruch [...] darstellt." Faust, der „aus dem dunklen Zustande des Individuums hervorgegangen" ist, zeigt also, wie sich der Mensch aus dem Aberglauben seiner Zeit löst und zu Freiheit und sinnvoller sozialer Tätigkeit fortschreitet.

Wilhelm Scherers *Geschichte der deutschen Literatur* erschien erstmals 1883. Scherer sieht in Faust ein Abbild Goethes:

Wie Faust glaubte Goethe in [...] chemischen und alchimistischen Schriften den Schlüssel zu dem geheimnisvollen Zusammenhange des Naturganzen finden zu können. Wie Faust hegte er Selbstmordgedanken. Wie Faust war er frommen Stimmungen zugänglich und in der Anschauung des Weltalls religiös. [...] Wie Faust neigte er sein Herz einfachen Bürgermädchen zu [...] Wie Faust blieb er des rechten Weges sich wohl bewusst und kehrte von manchen Verirrungen stets wieder dahin zurück. Wie Faust kam er an einen Hof, griff in die Staatsgeschäfte ein und läuterte sich in strengem Dienste zum gemeinen Besten. Wie Faust fand er im Süden auf klassischem Boden neue Kraft zu reinem Streben, Klarheit über sich selbst und höhere Ziele.

Faust zwischen Engel und Teufel

In der *Literaturgeschichte der deutschen Stämme und Landschaften* von Josef Nadler (1. Auflage 1912 bis 1928) ist Goethes *Faust* ein barockes Spektakel:

Himmel, Erde und Hölle, das Schicksal eines Menschen, der, ein Vertreter für die Menschheit, zur Rechten einen guten, zur Linken einen bösen Engel hat; ein Mensch, um dessen Seele Himmel und Hölle wirklich tätig kämpfen; der Erlösungsgedanke im Mittelpunkte: das war der Geist des Barockdramas seit seinen Anfängen. Mephistopheles missgestaltig neben den Erzengeln; Mephistopheles als Schalk und lustige Person; die spöttisch und hohnvoll nachgemachte Begleitstimme der ganzen Handlung: das war die Entwicklung aus dem Barock, wie sie das Wiener Drama des 18. Jahrhunderts darstellte.

Faust als Urtyp des deutschen Menschen

Zur Zeit des Nationalsozialismus wurde Faust zum Vorfahren Hitlers, das „faustische Streben" zum Drang der Deutschen nach einem starken Reich. Aus Karl Gabler, *Faust – Mephisto, der deutsche Mensch*, Berlin 1938:

Nachdem vollends in Anknüpfung an den Geist von 1914 die Zauberkraft des Führers und Reichskanzlers in unserem Volke das im Grunde seines Wesens liegende, in der Nachkriegszeit fast erloschene faustische Streben in ungeahnter Weise neu entfacht hat, tritt die nationale Bedeutung des hohen Werkes erst recht hervor. Entspricht doch der Inhalt desselben, die Weltanschauung, auf der es beruht, die Entwicklung des Helden vom Kranken zum Gesunden sowie der beglückte Ausblick des Geistes in eine künftige Zeit neuen deutschen Volksdaseins ganz und gar den wesentlichen Gedanken des erneuerten Deutschland. Und im Dritten Reich erst hat deutsches Streben endlich seine eigentliche – die von Goethe im „Faust" ihm gewiesene – Bahn gefunden und damit auch die durch den Dichter verheißene tatenfrohe Befriedigung in reichstem Maße gewonnen.

Faust scheitert an der bürgerlichen Gesellschaft

Der Marxist Georg Lukács ist in *Goethe und seine Zeit* (Bern 1947) der Meinung, Goethe habe seine beiden Figuren, Gretchen und Faust, in eine jenseitige Welt erretten müssen, weil

[...] eine menschliche Vollendung – sei es für den Typus Faust, sei es für den Typus Gretchen – in der ihm bekannten gesellschaftlich-geschichtlichen Wirklichkeit unmöglich ist, mit dem unerschütterlichen Glauben an eine Zukunftsentwicklung der Menschheit, die, in einer ihm unbekannten Weise, einst auch diese Fragen lösen wird. Da aber Goethes Horizont mit der bürgerlichen Gesellschaft abschließt, kann er über diese Zukunft nicht einmal ein utopisches Bild schaffen.

Faust als barockes Mysterienspiel

Aus Benno von Wiese, *Faust als Tragödie und Mysterienspiel*, Hamburg 1948:

[...] der Prolog im Himmel und die Erlösung in der Transzendenz[1] ist reines Mysterienspiel, das christliche Symbole im Goetheschen Sinne umformt und Gott und Teufel zu Mitspielern einer paradigmatisch[2] verstandenen menschlichen Seele macht, die in einen Erdenlauf hineingestellt ist, der seinem innersten Wesen nach Tragödie sein muss, also nach Goethes Worten auf „einem unausgleichbaren Gegensatz" beruht und ohne „Ausgang" ist. Das übertragische, im Himmel gründende und zum Himmel führende Mysterienspiel vermag allein die Tragik aufzuheben, in die alles Irdische gestellt ist und für die Faust einmaliger, unverwechselbarer Träger und zugleich symbolisches Organ überhaupt ist.

5. Arbeiten Sie die Standpunkte der zitierten Autoren heraus. Erläutern Sie, wovon die Autoren beeinflusst sind.

NIKOLAUS LENAUS *FAUST. EIN GEDICHT*

Faust. Ein Gedicht von Nikolaus Lenau (1802 – 1850) entstand 1833 bis 1835 als Gegenstück zu Goethes *Faust*. Sprache und Versform sind zwar sehr stark von Goethe beeinflusst, doch die Figur des Faust wird anders gesehen, die Handlungsführung weicht in wesentlichen Punkten vom großen Vorbild ab. Es handelt sich um eine locker gefügte, oft lyrisch getönte Szenenfolge mit vielen Monologen des reflektierenden Faust und einer Erzählerfigur, die dem Ganzen einen epischen Charakter verleiht.

Der suchende Faust

Bei der ersten Begegnung mit Faust erklärt Mephisto, dass der Mensch sein Leben entweder in sinnloser Stumpfheit vertun müsse oder am nagenden Zweifel, an den ewig ungelösten Fragen nach Leben und Tod scheitere. Sein einziger Ausweg besteht darin, Gott dessen Geheimnisse abzutrotzen:

MEPHISTOPHELES: Dein Schöpfer ist dein Feind, gesteh dir's keck,
Weil grausam er in diese Nacht dich schuf,
Und weil er deinen bangen Hilferuf
Verhöhnt in seinem heimlichen Versteck.
Du musst, soll sich dein Feind dir offenbaren,
Einbrechen plötzlich als ein kühner Frager
In sein geheimnisvoll verschanztes Lager,
Musst angriffsweise gegen ihn verfahren.
Willst du in deines Feinds Entwürfe dringen,
So musst du ihn durch tapfern Angriff zwingen,
Dass er die stumme, starre Stellung bricht
Und, aufgereizt, sich endlich rührt und spricht.
Du musst entweder dieses Erdenleben
Vertaumeln dumpf in viehischer Geduld;
Wo nicht, dich als entschlossner Mann erheben
Und kühn zur Wahrheit dringen durch die Schuld.

1 Transzendenz: hier etwa: Jenseits
2 paradigmatisch: beispielhaft

Wer glaubt, gehorcht, des Fragens sich bescheidet,
Als frommes Rind sein Plätzchen Wiese weidet,
Dem wird wohl nimmer mit dem Futtergrase
Die Wahrheit freundlich wachsen vor die Nase.

6. Erläutern Sie, welches Bild von Gott Mephistopheles in diesem Abschnitt zeichnet.

Auch bei Lenau schließt Faust einen Vertrag mit Mephistopheles:

1 FAUST: Wohlan, du letzter Helfer, sprich:
Willst du zur Wahrheit führen mich,
Dass ich ihr Antlitz schauen mag?
MEPHISTOPHELES: Ich will; doch schließe den Vertrag.
Das beste Mittel wäre fast,
Du hängtest dich an diesen Ast;
Doch wirst du wohl noch länger wollen
Herum dich treiben auf den Schollen;
Und wenn ich's recht genau bedenke,
Schad' wär's, dass Faust sich jetzo henke.
Dein halbes Leben ist verflossen,
Es ward vergrämelt und vergrübelt,
Einsam in studiis verstübelt,
Hast nichts getan und nichts genossen.
Hast noch die Weiber nicht geschmeckt,
Noch keinen Feind ins Blut gestreckt.
Das Beste, so das Leben beut[1],
Hast du zu kosten dich gescheut. [...]
Du warst bis jetzt ein blöder Tor;
Drum höre, was ich schlage vor:
Der alte Zwingherr hält die Erde
In knechtisch frömmelnder Gebärde;
Doch hat mein Erzfeind nicht versagt
In seiner Welt mir freie Jagd.
Verdinge dich mir zum Gesellen
Und hilf mein Weidwerk mir bestellen,
Ich will dafür, bei meinem Leben,
Die Wahrheit dir zum Lohne geben
Und Ruhm und Ehre, Macht und Gold
Und alles, was den Sinnen hold.
Von deiner Seel' es sich versteht,
Dass sie mit in den Handel geht.

7. Beschreiben Sie, mit welchen rhetorischen Kunstgriffen Mephistopheles Faust überzeugt.

1 beut: bietet

Faust wird im Gespräch mit dem Matrosen Görg, der Gott leugnet, klar, dass er sich immer schon nach einem Gott gesehnt hat, der ihn hält und versteht. Er wird sich seiner völligen Isolierung bewusst und will aus seinem realen Ich, das ihm zu einem wirren Traum wird, ausbrechen, um sich mit Gott zu verbinden. In einem sinnverwirrten Taumel ersticht er sich. Mephisto hat das letzte Wort:

> MEPHISTOPHELES: Nicht Du und Ich und unsere Verkettung,
> Nur deine Flucht ist Traum und deine Rettung! [...]
> Du warst von der Versöhnung nie so weit,
> Als da du wolltest mit der fieberheißen
> Verzweiflungsglut vertilgen allen Streit,
> Dich, Welt und Gott in eins zusammenschweißen.
> Da bist du in die Arme mir gesprungen,
> Nun hab' ich dich und halte dich umschlungen!

Lenaus Faust wendet sich von Gott ab. Das Erscheinen Christi wird als Unglück bezeichnet. So kann dieser Faust auch nicht gerettet werden, sondern er endet in Schwermut und begeht Selbstmord. Dieser Faust ist ein Spiegelbild seines Schöpfers Nikolaus Lenau, der zwischen einem bitter empfundenen Atheismus und einem Pantheismus[1] schwankte, den Zweifel verzehrten und der zeitlebens das Gefühl hatte, von aller Welt und allen menschlichen Bindungen ausgeschlossen zu sein.

THOMAS MANNS *DOKTOR FAUSTUS*

Der übermenschliche Faust

Der 1947 erschienene Roman von Thomas Mann (1875 – 1955) trägt den Untertitel *Das Leben des deutschen Tonsetzers Adrian Leverkühn, erzählt von einem Freunde*. Leverkühn, ein moderner Faust, von der Kunst- und Kulturkrise seiner Zeit, den ersten drei Jahrzehnten des 20. Jahrhunderts, zutiefst erfasst, schließt, halb willig, halb genötigt, einen Pakt mit dem Teufel. Er berichtet in historisierendem Ton seinem Freund und späteren Biographen, wie ihm eines Tages in seinem Arbeitszimmer der Teufel erschienen ist,

> [...] eine Sportmütze übers Ohr gezogen, und auf der andern Seite steht darunter rötlich Haar von der Schläfe hinauf; rötliche Wimpern auch an geröteten Augen, käsig das Gesicht.

Dieser Teufel, mit dem Leverkühn ein ausführliches Gespräch unter anderem über die Situation der zeitgenössischen Musik führt, schwebt auf dem Grenzstreifen zwischen Realität und Einbildung. Leverkühn teilt seinem Freund mit, was er diesbezüglich der Teufelserscheinung gesagt hat:

> Viel wahrscheinlicher ist, dass eine Krankheit bei mir im Ausbruch ist und ich den Fieberfrost, gegen den ich mich einhülle, in meiner Benommenheit hinausverlege auf Eure Person.

1 Pantheismus: Gott und Welt werden als identisch verstanden.

Im Verlauf des Gesprächs greift der Teufel das Kernproblem menschlichen Strebens auf, nämlich die Suche nach der Wahrheit, und verwischt die Grenze zwischen Objektivem und Subjektivem:

> Deine Neigung, Freund, dem Objektiven, der sogenannten Wahrheit nachzufragen, das Subjektive, das reine Erlebnis als unwert zu verdächtigen, ist wahrhaft spießbürgerlich und überwindenswert. Du siehst mich, also bin ich dir. Lohnt es zu fragen, ob ich wirklich bin? Ist wirklich nicht, was wirkt, und Wahrheit nicht Erlebnis und Gefühl? Was dich erhöht, was dein Gefühl von Kraft und Macht und Herrschaft vermehrt, zum Teufel, das ist die Wahrheit, – und wär es unterm tugendlichen Winkel gesehen zehnmal eine Lüge.

8. Untersuchen Sie die Diskussion von Faust und dem Teufel über die Wahrheit:
   - Kommentieren Sie, wie der Teufel Wahrheit definiert. Beschreiben Sie, welches für ihn der wichtigste Aspekt ist.
   - Erläutern Sie, welchen Wahrheitsbegriff der Teufel Faust zuschreibt.
9. Diskutieren Sie diese Zugänge im Hinblick auf Entwicklungen in der virtuell geprägten Welt (Medienkonsum, „objektive" Nachrichtensendungen, Blogs etc.).

Ein anderes Thema, das die beiden diskutieren, ist die Zeit, die endliche, endlos scheinende Zeit des Menschen, und was man damit anfangen kann. So meint der Teufel:

> Überall, wo das Stundglas gestellt und Zeit gegeben ist, unausdenkbare, aber befristete Zeit und ein gesetztes Ende, da sind wir wohl auf dem Plan, da blüht unser Weizen. Zeit verkaufen wir, – sagen wir einmal vierundzwanzig Jahre, – ist das abzusehen? Ist das eine gehörige Masse? Da mag einer leben auf den alten Kaiser hin wie ein Viehe und die Welt in Erstaunen setzen als ein großer Nigromant[1] durch viel Teufelswerk; da mag einer je länger je mehr aller Lahmheit vergessen und hoch illuminiert über sich selbst hinaussteigen, ohne sich selber doch fremd zu werden, [...] dass er sich schlecht und recht für einen Gott halten mag in gewissen ausgelassenen Augenblicken. Wie kommt so einer dazu, sich um den Zeitpunkt zu kümmern, wo es Zeit wird ans Ende zu denken! Nur, das Ende ist unser, am Ende ist er unser, das will ausgemacht sein, und nicht bloß schweigend, so verschwiegen es sonst auch zugehen mag, sondern von Mann zu Mann und ausdrücklich.

Der Teufel will nicht bloß eine Spanne Zeit liefern, er schildert sie inhaltlich genauer:

> Aufschwünge liefern wir und Erleuchtungen. Erfahrungen von Enthobenheit und Entfesselung, von Freiheit, Sicherheit, Leichtigkeit, Macht- und Triumphgefühl, dass unser Mann seinen Sinnen nicht traut. –

10. Diskutieren Sie, wie der Teufel den Umgang mit der Zeit darstellt:
    - Kommentieren Sie, wie Menschen mit den Konsequenzen ihres Handelns und ihrer Endlichkeit umgehen.
    - Stellen Sie dar, weshalb es Menschen nicht immer gelingt, sich ihrer Endlichkeit bewusst zu sein.

---

1 Nigromant: Zauberer, Magier

Leverkühn möchte den Preis für so viel Übermenschentum erfahren:

Soll ich beim Geschäft den Preis nicht kennen nach Kreuz und Münz? Steht Rede! Wie lebt sich's in Klepperlins Haus[1]? Was wartet derer, die euch zu Huld genommen, in der Spelunke?

Die Antwort des Teufels wird zu einer Charakteristik des Seins nach dem Tod:

Hat ja so viel Zeit damit, unabsehbar, und kommt erst zuvor so viel Aufregendes, dass du andres zu tun haben wirst, als ans Ende zu denken, oder auch nur auf den Augenblick Acht zu haben, wo es Zeit werden könnte, ans Ende zu denken. Will dir aber die Auskunft nicht weigern und brauche nicht schön zu färben, denn wie kann dich ernstlich kümmern, was noch so lange hin? Nur, nicht leicht ist es, eigentlich davon zu reden, – das will ich sagen: eigentlich kann man überhaupt und ganz und gar nicht davon reden, weil sich das Eigentliche mit den Worten nicht deckt: man mag viel Worte brauchen und machen, aber allesamt sind sie nur stellvertretend, stehen für Namen, die es nicht gibt, können nicht den Anspruch erheben, das zu bezeichnen, was nimmermehr zu bezeichnen und in Worten zu denunzieren[2] ist. Das ist die geheime Lust und Sicherheit der Höllen, dass sie nicht denunzierbar, dass sie vor der Sprache geborgen ist, dass sie eben nur ist, aber nicht in die Zeitung kommen, nicht publik werden, durch kein Wort zur kritisierenden Kenntnis gebracht werden kann, wofür eben die Wörter „unterirdisch", „Keller", „dicke Mauern", „Lautlosigkeit", „Vergessenheit", „Rettungslosigkeit" die schwachen Symbole sind. Mit Symbolis, mein Guter, muss man sich durchaus begnügen, wenn man von der Hölle spricht, denn dort hört alles auf, – nicht nur das anzeigende Wort, sondern überhaupt alles, – dies ist sogar das hauptsächliche Charakteristikum.

Leverkühns „extravagantes Dasein" werde „eine große Verwöhnung" sein, „aus der man nicht mir nichts, dir nichts ins Mittelmäßig-Heilsame zurückfindet".

Darum, zu deiner Beruhigung sei es gesagt, wird dir denn auch die Hölle nichts wesentlich Neues, – nur das mehr oder weniger Gewohnte, und mit Stolz Gewohnte, zu bieten haben. Sie ist im Grunde nur eine Fortsetzung des extravaganten Daseins. Um es in zwei Worten zu sagen: ihr Wesen, oder, wenn du willst, ihre Pointe ist, dass sie ihren Insassen nur die Wahl lässt zwischen extremer Kälte und einer Glut, die den Granit zum Schmelzen bringen könnte, – zwischen diesen beiden Zuständen flüchten sie brüllend hin und her, denn in dem einen erscheint der andre immer als himmlisches Labsal, ist aber sofort und in des Wortes höllischster Bedeutung unerträglich. Das Extreme daran muss dir gefallen.

Der Teufel nennt zuletzt noch eine Bedingung, die Leverkühn schon auf Erden einhalten muss:

Liebe ist dir verboten, insofern sie wärmt. Dein Leben soll kalt sein – darum darfst du keine Menschen lieben.

1 Klepperlins Haus: Hölle
2 zu denunzieren: anzuzeigen

11. Untersuchen Sie, wie der Teufel in diesen Abschnitten die Zustände in der Hölle schildert:
    - Erläutern Sie, welche besonderen Aspekte er dabei aufzeigt.
    - Stellen Sie Vermutungen darüber an, wie das Gegenteil der hier dargestellten Hölle aussehen könnte.

Leverkühn-Faust ist als Symbolfigur für das deutsche Volk gedacht, das dem nationalsozialistischen Rausch verfallen ist und mit dem Kriegsende seiner Katastrophe entgegentreibt.

ELFRIEDE JELINEK *FAUSTIN AND OUT*

Postmoderndes Sekundärdrama

In diesem postmodernen Sekundärdrama zu Goethes *Urfaust* (Uraufführung 2012) wird der ursprüngliche Text einer modernen Handlung gegenübergestellt, die den jahrzehntelangen Missbrauch an einer jungen Frau durch ihren eigenen Vater und ihre Gefangenschaft im Keller des elterlichen Hauses thematisiert.
Dabei werden Textversatzstücke aus dem *Urfaust* in das Drama eingewoben; es wird sowohl an die Sprache als auch an die Handlung des *Urfaust* fortwährend erinnert. Die Handlung erhält so eine weitere Dimension und Tiefe.

FaustIn: Zu dumm! Bin über vierzehn Jahr doch alt. War aber einmal zehn, als ich hier runterkam. Jetzt über vierzehn, die andre Dame dort schon sechzehn. Wir sind auf alles schon vorbereitet worden. Mein schönes Fräulein, darf ichs wagen, meinen VW-Kastenwagen und meine Prügel Ihnen anzutragen? Kann ungeleitet nach Hause gehn, werde umgeleitet, komme ungelegen, nein, sehr gelegen, ich komme, ich ging just vorbei, und jetzt bin ich da. Wer ist das? Wieso kommt das mit der Religion denn jetzt schon? Wie ich es damit halte? Ach so. Wie Sie es damit halten! Danke. Das macht schon eher Sinn. Über mich hat jeder Gewalt. Einfach jeder. Gott zuerst, dann jeder andre. Gott vielleicht sogar später. Zuerst ein anderer. Da kommt ein jeder daher. Nein, da kommt immer nur er. Da komme ich ausgerechnet an das einzige Wesen, das Gott einmal persönlich gekannt und ihn sofort imitiert hat, was gleichbedeutend ist mit: erkannt, sonst hätte Papa ihn ja nicht nachmachen können, nachäffen, nicht wahr, und was war der Erfolg? Daß es danach nicht mehr sein wollte wie er, sondern mehr als er! Bla bla bla.

12. Vergleichen Sie diese Textstelle mit dem *Urfaust*:
    - Zeigen Sie Parallelen in Bezug auf die Handlung auf.
    - Arbeiten Sie sprachliche Ähnlichkeiten heraus.
13. Kommentieren Sie diese Form der Umsetzung durch Elfriede Jelinek.

DIE DEUTSCHE KLASSIK
1786 BIS 1805

DIE IDEE DES HUMANEN

Fast gleichzeitig entfaltete sich innerhalb weniger Jahrzehnte das geistige Leben im deutschsprachigen Raum in zwei umfassenden Systemen der Weltdeutung, der Kunstauffassung und der Lebensgestaltung: in Klassik und Romantik. Es waren die letzten Jahre des 18. und die ersten des 19. Jahrhunderts, eine politisch unruhige und spannungsreiche Zeit. Das bezeugt eine Reihe schriftlicher Dokumente, z. B. vier Zeilen aus einem Gedicht von Friedrich Schiller zur Jahrhundertwende:

[...] Wo öffnet sich dem Frieden,
2 Wo der Freiheit sich ein Zufluchtsort?
Das Jahrhundert ist im Sturm geschieden,
4 Und das neue öffnet sich mit Mord.

Parthenon-Tempel auf der Athener Akropolis:
Der Tempel wurde auf Initiative des Athener Politikers Perikles im 5. Jahrhundert vor Christus zu Ehren der Göttin Pallas Athene errichtet. Die Bauaufsicht über den dorischen Tempel führte der bekannte Bildhauer Phidias, der zum Teil auch die bildhauerischen Arbeiten selbst ausführte.

Die deutsche Klassik orientierte sich an der griechischen und römischen Antike, die den Klassikern – im Gegensatz zur eigenen Epoche – als eine ideale Zeit erschien, in welcher der Mensch in „edler Einfalt und stiller Größe" lebte. Dieses idealisierte Bild der Antike hatte der Kunsthistoriker Johann Joachim Winckelmann (1717 – 1768) entworfen.

Hinwendung zur Antike

Die antike Welt war in Europa nie ganz untergegangen. Nahezu jedes spätere Zeitalter hat sich mit ihr auseinandergesetzt, nahezu jeder Zeitabschnitt ist von der Antike beeinflusst: Die Denker und Theologen des Mittelalters wurden vor allem von der Philosophie des Aristoteles geprägt; seit der Renaissance (15. Jahrhundert) wirkten die Werke griechischer und römischer Philosophen, Schriftsteller und Dichter auf das Geistesleben ein, griechische und römische Bauwerke und Plastiken auf die bildende Kunst. Die europäische Kultur ruht in wesentlichen Bereichen auf der Basis Antike. Das Besondere an diesem Fortleben der Antike ist dies: Jede Zeit holt sich ihre Anregungen aus der antiken Kultur, jede Zeit formt sich ihr eigenes Bild von der Antike.

Die deutsche Klassik umfasst den kurzen Zeitraum von Goethes erstem Aufenthalt in Rom (1786) bis zu Schillers Tod (1805). Als klassische Dichter bezeichnet man nur Goethe und Schiller.

Das Wort „klassisch" kommt als Qualitätsbegriff schon in der Antike vor. Es taucht im Mittelalter vereinzelt, seit der Renaissance und dem Humanismus häufig auf und bedeutet: mustergültig, beispielhaft. Zeitalter, Werke und Schriftsteller werden mit dem Wort „klassisch" gekennzeichnet. Goethe und Schiller verwendeten das Wort hin und wieder, bezogen es aber nur auf die Antike. Sie verstanden sich selber nie als Klassiker und bezeichneten ihre Werke nicht als klassisch. Als Klassiker wurden sie erst von der Literaturgeschichtsschreibung des 19. Jahrhunderts bezeichnet. Ihre „vorbildhaften" Werke waren neben denen antiker Schriftsteller das wesentliche Bildungsgut des humanistischen Gymnasiums.

Humanitäts- und Persönlichkeitsideal

Unter Klassik versteht man inhaltlich ein Humanitäts- und Persönlichkeitsideal, formal eine Sprache mit hohem Anspruch und Dichtungen, die den antiken Mustern entsprechen und beispielgebend sind.

Die Klassiker glaubten an die Fähigkeit des Menschen, sich durch Erziehung und Bildung zu einer harmonischen, in sich widerspruchsfreien Persönlichkeit entwickeln zu können. Das Bildungsmittel sollte die Kunst sein. Es wurde ein neuer Begriff von Kunst vertreten: Nicht mehr die schöpferische Willkür des Originalgenies der Sturm-und-Drang-Zeit, das sich keinem Gesetz, keiner Regel unterwirft, war das künstlerische Glaubensbekenntnis, sondern das Erkennen und Erfüllen der als zeitlos verstandenen objektiven Gesetze der Kunst. Diese Gesetze schienen den Klassikern in den Werken der Antike am besten verwirklicht. Goethe und Schiller waren – entsprechend dem Antikebild ihrer Zeit – überzeugt, dass die Menschen des klassischen Altertums ihr Leben heiter und glücklich gelebt haben. Geist und Natur, sittliches Verhalten und ungezwungene Sinnenhaftigkeit waren – ihrer Vorstellung nach – bei den Griechen keine Gegensätze, sondern bildeten eine beglückende Harmonie. Zu dieser Harmonie wollten die Klassiker den innerlich zerrissenen Menschen ihrer Zeit mit Hilfe der Kunst führen. Durch Einsicht in sein sittliches Tun soll sich der Mensch dem Ideal der Humanitas[1] nähern. Was über die vergängliche Zeit hinaus Gültigkeit hat, wie die Idee der Humanität, das ist wahr. Wahr sind auch die Ausdrucksformen der Kunst, die sich über die Jahrhunderte hinweg als fruchtbar erwiesen haben. Epik, Lyrik und Dramatik sind nach Goethe „Naturformen" der Dichtung.

Bindung an Gesetz und Maß

Um diesem ewig Wahren, dem zeitlos Gültigen zu dienen, muss sich der Künstler „mit Geist und Fleiß" (Goethe) an die Tradition binden. Eine solche Bindung kann nicht ohne Selbstbeschränkung geschehen. Der klassische Dichter entsagt dem schrankenlosen Subjektivismus des Genies, das sich an seiner Einmaligkeit und Einzigartigkeit berauscht und sich nur sich selbst verpflichtet fühlt. Er entsagt dem ungebändigt überquellenden Gefühl, der ungezügelten Phantasie, den „Gedanken ohne Maß und Ordnung" (Goethe, *Torquato Tasso*), weil nur der maßvolle, sich selbst zügelnde

1 Humanitas: Menschlichkeit

und beherrschende Mensch die Idee des Humanen verkörpert. Das Maß zu wahren, die in sich geschlossene und daher harmonische und schöne Form nicht zu sprengen, beständig zu sein in allen Wandlungen des Lebens, in allem Wechsel des Gefühls – das sind die Schranken, die sich der klassische Dichter setzt.
Aus seinen naturwissenschaftlichen Beobachtungen gewann Johann Wolfgang von Goethe die Einsicht, dass sich alles Lebendige „nach ewigen Gesetzen" richtet. In jedem Samenkorn liegt die Kraft, zu einer in ihrer Art vollendeten Pflanze zu werden. Jedes Tier entwickelt sich gemäß dem Urbild, das die Natur als Form, als Idee bewahrt (Idealismus). Alles lebendige Sein ist also Sein in einer vorherbestimmten, genau umgrenzten Form.

> Diese Grenzen erweitert kein Gott, es ehrt die Natur sie:
> Denn nur so beschränkt war je das Vollkommene möglich. (Goethe)

Idee des Humanen

Auch der Mensch kann sich nur dann dem Ideal nähern, wenn er das Gesetz seines Daseins erfüllt, nämlich Repräsentant der zeitlosen Idee des Humanen zu sein. Das bedeutet: seinen Mittelpunkt in sich selbst zu haben, innerlich ausgewogen zu sein, nach dem Gebot des sittlichen Gewissens zu handeln. Nur wer im Einklang mit dem ewigen Gesetz des humanen Daseins lebt, ist in Wahrheit frei.
Das klassische Kunstwerk soll Ausdruck und Verkörperung der Schönheit und „frei von jeder Zeitgewalt" (Schiller), also zeitlos gültig sein. Es hat die Idee des Humanen zum Inhalt. Ein Einzelschicksal, das in einem Drama dargestellt wird, steht exemplarisch für eine menschliche Ursituation. Iphigenie beispielsweise verkörpert den sich läuternden Menschen, der schließlich fähig wird, durch seine sittliche Tat „alle irdischen Gebrechen" zu heilen.
Neben *Iphigenie auf Tauris* und dem Künstlerdrama *Torquato Tasso* gelten einige Gedichte Goethes (besonders die *Römischen Elegien*) und einige Balladen (z. B. *Die Braut von Korinth*, *Der Schatzgräber*, *Der Gott und die Bajadere*) als klassisch. Schiller wandelte sich während seiner Arbeit an dem Drama *Don Carlos* zum Klassiker. Klassische Dramen Schillers sind *Wallenstein* und *Maria Stuart*. In der Schicksalstragödie *Die Braut von Messina* versuchte Schiller den antiken Chor wiederzubeleben. Auch Schillers Gedankenlyrik und seine Balladen enthalten klassische Ideen (*Das verschleierte Bild zu Sais*, *Die Götter Griechenlands*, *Die Künstler*, *Das Ideal und das Leben*, *Der Ring des Polykrates*, *Der Taucher*, *Die Bürgschaft*, *Die Kraniche des Ibykus*, *Der Handschuh*).
Schiller hat außerdem einige bedeutende kunsttheoretische Schriften verfasst, in denen er sich mit der Antike, mit antiken Formen und mit dem Wesen des Dichterischen auseinandersetzt.
Während die französischen Klassizisten (Pierre Corneille und Jean Racine) in ihren Dramen mit Vorliebe antike Stoffe wählten, ist dies bei Goethe und Schiller nicht die Regel. Nicht der Stoff macht das Werk zu einem klassischen, sondern die dargestellte Idee vom Menschen und die Sprache. Andere Dichter/innen, wie Franz Grillparzer oder Autorinnen und Autoren des 20. Jahrhunderts, haben zwar antike Stoffe verarbeitet, sind aber trotzdem keine Klassiker im eigentlichen Sinn.

DAS GRIECHISCHE DRAMA

Man versteht die deutsche Klassik wesentlich besser, wenn man einige Kenntnis vom griechischen Drama hat.

Überblick über die klassische Zeit

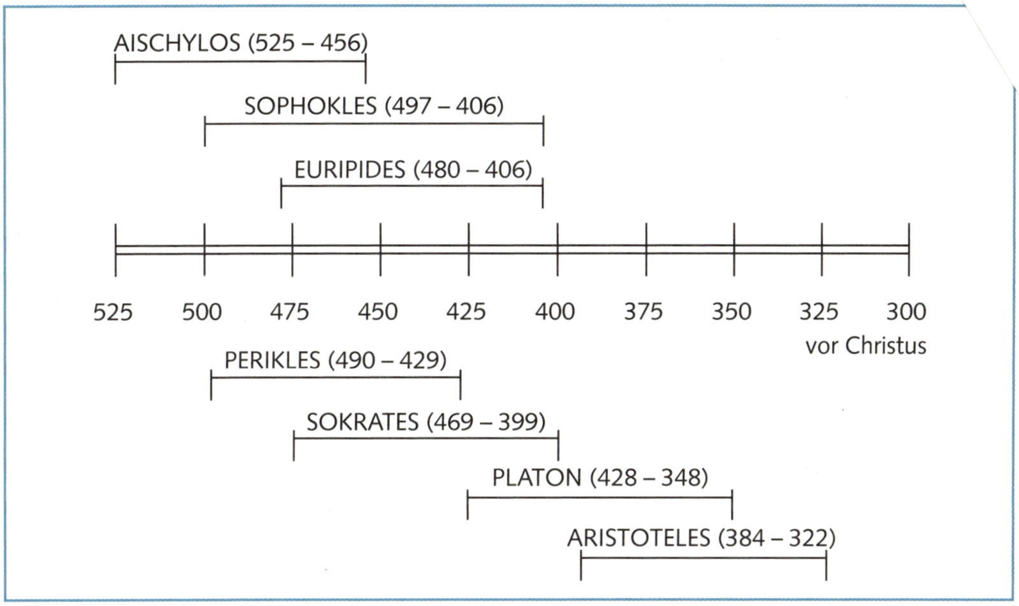

Ursprünge des griechischen Theaters

Kultlieder für Dionysos

Sie liegen in den chorischen Kultliedern für Dionysos, den Gott der Fruchtbarkeit und des Weines. Ihm zu Ehren wurden im Frühjahr Feste gefeiert, bei denen Tänzerinnen auftraten. Der Chor sang und stampfte den Rhythmus.
Thespis (geb. im 6. Jh. v. Chr.), der älteste bekannte griechische Tragiker, galt den Griechen als Begründer des Dramas, weil er dem Chor als Einzelsprecher gegenübertrat. Aischylos (525 – 456 v. Chr.) führte einen zweiten Schauspieler ein und schuf damit die wichtigste dramatische Ausdrucksform, nämlich den Dialog. Sophokles (497 – 406 v. Chr.) setzte einen dritten Schauspieler ein. Mehr Schauspieler hat man auch später nicht verwendet, es mussten jedoch manchmal zwei Rollen mit einem Spieler besetzt werden.

Götter- und Heroensagen

Die Stoffe zu ihren Werken entnahmen die griechischen Tragiker meist der Mythologie, also den Götter- und Heroensagen, die – zumindest in der älteren Zeit – religiösen Charakter hatten und dem Publikum vertraut waren: *Atridensage*, *Ödipussage*, *Argonautensage*, *Herkulessage*, *Prometheussage*.

Nur sehr wenige Stücke hatten eine zeitgenössische Thematik, zum Beispiel *Die Perser* des Aischylos. Das Besondere eines Dramas lag also nicht im Inhaltlichen, sondern in der Art der Verarbeitung.

1. Stellen Sie Inhalt und Überlieferung der wichtigsten griechischen Mythen dar.

Zweck der Tragödie

Furcht – Mitleid – Läuterung

Aristoteles hat in seiner *Poetik* als Zweck der Tragödie genannt, Furcht und Mitleid im Zuschauer zu erwecken, Mitleid mit dem Helden und Furcht, ein ähnliches Schicksal zu erleiden. Durch das Ende der Tragödie und das folgende Satyrspiel sollte der Zuschauer jedoch von seinen Affekten, seinen

Gemütsbewegungen, wieder befreit werden. Das Theater der Griechen sollte also eine „mit Lust verbundene Erleichterung von den durch die Tragödie erregten Affekten" (Läuterung – Katharsis) bieten.

2. Vergleichen Sie die Darstellung von tragischen Schicksalen im Theater, in Film und Fernsehen:
   - Beschreiben Sie, wie die Charaktere mit schweren Schicksalsschlägen umgehen.
   - Stellen Sie Vermutungen darüber an, welchen Zweck diese Werke verfolgen.

Die Aufführung

Das griechische Theater

Der religiöse Charakter des griechischen Theaters hat sich lange erhalten: Die Aufführungen waren Festspiele, die einmal im Jahr veranstaltet wurden und mehrere Tage dauerten. Gespielt wurde vom Morgen bis zum Abend. Der Schauplatz war in älterer Zeit die Orchestra, ein runder Platz mit einem Altar für Dionysos. Die Orchestra war nach hinten durch eine bemalte Bretterwand (Skene) abgeschlossen, die später durch Steinbauten ersetzt wurde. Davor baute man ein hölzernes Podest, auf dem die Schauspieler agierten. Die Zuschauer saßen im Halbkreis in Reihen, die man meist in einen Berghang gegraben hatte.

Schauspieler

Als Zuschauer wurden nur Männer zugelassen. Auch die Schauspieler waren Männer, selbst in den weiblichen Rollen. Sie trugen eine Maske vor dem Gesicht und hatten weite Gewänder an. So konnten sie sich wenig bewegen. Man muss sich das griechische Theater als feierliches Deklamationstheater vorstellen.

Dramatische Werke

Wer aufgeführt werden wollte, musste sein Werk für eine Art Wettbewerb einer Jury der Stadt vorlegen. In älterer Zeit war eine Tetralogie vorgeschrieben, eine Folge von vier Dichtungen, die inhaltlich eine Einheit bildeten. Auf drei Tragödien (Trilogie) folgte ein Satyrspiel, ein lustiges, oft auch derbes Spiel, das die vorangegangenen Tragödienstoffe ins Komisch-Groteske abwandelte. Der Preis für den Sieger war ein Dreifuß (Untersatz für einen Kessel), der auch als kultisches Weihegeschenk diente.

Die drei Einheiten der griechischen Tragödie

Poetik des Aristoteles

Der griechische Philosoph Aristoteles (384 – 322 v. Chr.) beschrieb in seiner *Poetik* unter anderem das Wesen und die Merkmale der Tragödie. Dabei hatte er die Werke der attischen Tragiker, besonders die von Aischylos, Sophokles und Euripides, vor Augen.
Aristoteles verlangt von der Tragödie die „Darstellung einer abgeschlossenen und ganzen Handlung". Handlung wird zum Kennzeichen des Dramatischen schlechthin. Sie darf sich nicht in Nebenhandlungen verlieren, sondern muss eine in sich geschlossene Geschehensganzheit sein. Dies bedeutet, dass jede Phase der Handlung aus der vorhergehenden in einer logisch-kausalen Folge entwickelt werden muss. Der Zeitraum der Handlung sollte nicht über einen Tag hinausgehen.

Die drei Einheiten

Die in sich geschlossene Handlung deutete man in den Poetiken der Renaissance und später als Einheit der Handlung. Die Einheit der Zeit ergibt sich aus der geschlossenen Handlung. So durfte der dargestellte Zeitraum die Spanne von Sonnenauf- bis Sonnenuntergang nicht überschreiten. Es gab also keine Zeitsprünge. Die Einheit des Ortes war die notwendige Folge des starren Bühnenaufbaus bei den Griechen.
Mit verschiedenen Kunstgriffen konnte der Autor dem Publikum Geschehnisse mitteilen, die sich vor dem Einsetzen der Bühnenhandlung zugetragen hatten, an einem anderen Ort abliefen oder nicht darstellbar waren. Das einfachste dramaturgische Mittel zu diesem Zweck ist der Botenbericht:

Ein Bote erscheint und berichtet über solche Ereignisse. Ein anderer Kunstgriff ist die Mauerschau. Eine Figur sieht über eine Absperrung und schildert, was sich hinter dieser Mauer, außerhalb des Blickfeldes der Zuschauer abspielt.

Formen des Aufbaus

Schon die griechischen Dichter verwendeten zwei Formen des dramatischen Aufbaus. Im Zieldrama (synthetischer Aufbau) setzt die Handlung auf der Bühne mit den konfliktauslösenden Ereignissen ein und strebt zeitlich fortlaufend dem Ende zu. Im Enthüllungsdrama (analytischer Aufbau) sind die konfliktauslösenden Ereignisse bereits vor dem Einsetzen der Bühnenhandlung geschehen und weder den handelnden Personen noch den Zuschauern zur Gänze bekannt. Das analytische Drama „enthüllt" diese Ereignisse rückschauend wie ein Detektivroman, der mit dem Mord beginnt und nach und nach die Vorgänge, die zum Mord geführt haben, aufdeckt. Der Reiz des analytischen Dramas liegt darin, dass der Zuschauer mit den Bühnenfiguren nach der Lösung des „Falles" sucht. Ein Beispiel für ein Enthüllungsdrama ist *König Ödipus* von Sophokles, ein Beispiel für ein Zieldrama *Antigone*.

Sophokles: *Antigone*

Thebanischer Sagenkreis

Der Stoff des Dramas stammt aus dem thebanischen Sagenkreis um Ödipus. Ödipus tötet den König von Theben und heiratet die Königin, ohne zu wissen, dass die beiden seine Eltern sind. Viele Jahre später erkennt er seine eigene Bluttat und bestraft sich selbst, indem er sich die Augen aussticht. Nach seinem Tod sollen seine Söhne, Eteokles und Polyneikes, Theben jährlich abwechselnd regieren. Eteokles will aber die Herrschaft nicht abgeben und vertreibt seinen Bruder. Dieser kehrt an der Spitze eines Heeres zurück, um Theben für sich zu erobern. Im Nahkampf töten die Brüder einander. Ihr Onkel, Kreon, übernimmt die Regierung. Er lässt Eteokles, den Verteidiger der Stadt, in einem Ehrengrab beisetzen, die Leiche des Polyneikes, des „Landesfeindes", aber soll unbestattet verwesen. Die Todesstrafe droht dem, der dieses Gebot übertritt. Antigone, eine der beiden Schwestern der feindlichen Brüder, handelt dem Befehl des Königs zuwider; sie begräbt ihren Bruder Polyneikes, da nach antikem Glauben die Seele eines Unbestatteten nicht zur Ruhe kommen kann. Antigone wird bei ihrer Tat ertappt und von Wächtern vor König Kreon geführt.

KREON: Hast du gewusst, dass es verboten war?
ANTIGONE: Ich wusst' es. – Wie denn nicht? – War's doch bekannt.
KREON: Und dem zu trotzen hast du doch gewagt?
ANTIGONE: Ja, denn von Zeus nicht kam mir das Gebot. [...]
Wie konnt' ich glauben, dass, was du befiehlst,
das ungeschriebne ewige Gesetz
der Götter konnte beugen und besiegen,
obwohl's ein Mensch nur gab, der sterblich ist.
Denn nicht von heut und gestern, sondern ewig
lebt dies Gesetz in uns, in unsrer Brust,
und niemand weiß den Tag, seit wann es ist.
Für dieses wollt' ich nicht aus feiger Furcht
vor eines Menschen Wut der Götter Zorn
und ihrem Strafgericht verfallen sein.
Denn dass ich einmal sterbe, wusst' ich ja,
wenn's dein Gebot auch nicht verhieß, und sterb'

ich vor der Zeit, so ist's für mich Gewinn.
Denn wer im Leben so viel Leid erfuhr,
wie sollte dem der Tod nicht Labsal sein?
Dass mich das Schicksal traf, es schmerzt mich nicht,
doch ließ' ich meinen Bruder unbestattet,
das hätte wohl die Toten schwer gekränkt,
und grade sie zu kränken, hätt' ich Scheu.
Schein' ich dir töricht jetzt mit solchem Tun,
so spricht der Torheit schuldig mich ein Tor.
CHORFÜHRER *(halb tadelnd, halb entschuldigend)*:
Des wilden Vaters[1] Art zeigt sich im Kind.
Im Unglück sich zu beugen, lernt' sie nie.
KREON: Doch merke dir: ein starrer Sinn zerbricht,
und auch der stärkste Stahl, zu sehr erhitzt
in Feuers Glut, wird spröd sehr leicht und bricht.
Mit kurzem Zügel, weiß ich, meistert man
ein störrisch Ross. Und Hochmut ziemt nicht dem,
der Sklave andrer ist. – Doch die verstand
zuerst sich schon auf frechen Frevelmut,
mißachtend das Gebot, das ich gegeben.
Der zweite Frevel aber nach der Tat
ist nun, mit Hohn sich brüsten des Vergehns.
Ich aber bin kein Mann, sie wär' der Mann,
blieb' straflos sie trotz dieser Freveltat. [...]
Sie wird der schlimmsten Strafe nicht entgehn,
noch ihre Schwester. Denn auch sie nahm teil,
ich weiß es, half sie doch mit ihrem Rat.
(Zu seinen Dienern:)
Ruft sie mir her, ich sah sie eben noch
im Hause rasen, ihrer Schuld bewusst.
(Einige Diener gehen in den Palast ab.)
Denn so verrät oft das Gewissen den,
der im Geheimen schwere Tat vollbracht.
Ich hass ihn, doch nicht minder diesen auch,
der, überführt, die Tat beschön'gen will.
ANTIGONE *(mit Hohn)*: Willst du noch mehr von mir als meinen Tod?
KREON *(ebenfalls höhnisch)*:
Ich nicht; ich habe alles, hab' ich dies.
ANTIGONE: Was säumst du? – Wie von deinen Worten mir
nicht eins gefällt noch je gefallen wird,
so werden dir die meinen stets missfallen.
Und doch – welch schönern Ruhm wohl fänd' ich noch,
als dass ich meines Bruders Grab bestellt?
(Auf den Chor weisend:)
Auch diese alle würden loben mich,

1 Gemeint ist Ödipus, der Vater Antigones.

bänd' ihre Zunge nicht die Furcht vor dir.
Denn dem Tyrannen ist manch Glück beschert,
vor allem, dass er tun und reden kann,
was ihm beliebt, und keiner widerspricht.
KREON: Von den Kadmeern[1] denkst du so allein.
ANTIGONE: Auch sie, doch zitternd schweigt ihr Mund.
KREON *(wie fortfahrend, ohne auf Antigone zu hören)*:
Und schämst du dich nicht, andern Sinns zu sein?
ANTIGONE: Nicht Schande ist es, ehrt man seinen Bruder.
KREON: Und war der andre nicht dein Bruder auch?
ANTIGONE: Ja, einer Mutter, eines Vaters Sohn.
KREON: Und diesen ehrend, tust du jenem Unrecht?
ANTIGONE: Da stimmt der tote Bruder dir nicht zu.
KREON: Wenn seinem Feind du gleiche Ehre gibst?
ANTIGONE: Nein, nicht sein Knecht, sein Bruder war's, der fiel.
KREON: Dies Land verheerend, für das jener stritt.
ANTIGONE: Doch Hades fordert gleiches Recht für beide.
KREON: Nie sei der wackre Mann dem Frevler gleich.
ANTIGONE: Wer weiß, ob das auch bei den Toten gilt?
KREON: Und nie der Feind mein Freund, auch wenn er tot.
ANTIGONE: Nicht mitzuhassen, mitzulieben bin ich da.

3. Analysieren Sie diese Auseinandersetzung zwischen König Kreon und Antigone:
   - Illustrieren Sie, wodurch Kreon und Antigone zu unversöhnlichen Gegnern werden.
   - Erläutern Sie den Unterschied zwischen dem Begriff „Gesetz" nach der Auffassung Antigones und dem des „Gebots" des Kreon.
   - Beschreiben Sie die Haltung Antigones.
   - Kommentieren Sie, wie Kreon seine Vorgangsweise gegenüber Antigone begründet.

In einem Dialog mit seinem Vater Kreon versucht Haimon den Tod Antigones, seiner Verlobten, abzuwenden.

KREON: O Sohn, hast du den Spruch gehört und zürnst
des Mädchens wegen deinem Vater? – Sprich!
Bist du, was auch geschehn, mir künftig Freund?
HAIMON: Dein bin ich, Vater; du lenkst meinen Sinn,
ich folge, denn du weißt, was recht und gut,
auch keine Gattin werd' ich höher schätzen
als dich – wenn du den rechten Weg mich führst.
KREON *(erfreut ihm ins Wort fallend)*:
So ist es recht, mein Sohn, so soll es sein!
Des Vaters Wille soll dir alles gelten.
Denn darum wünscht man Kinder sich ins Haus,
dass sie gehorsam sind dem Vaterwort,

1 Kadmeer: Bewohner von Theben, benannt nach Kadmos, dem sagenhaften Stadtgründer

dem Feind vergelten, was er Böses tat,
und jeden Freund so wie den Vater ehren. [...]
Darum bewahre dir den klugen Sinn
und opfre ihn nicht um ein Weib, mein Sohn!
Bedenk, es ist ein frost'ger Ehebund,
wenn du ein böses Weib zur Gattin hast;
denn was schmerzt tiefer als ein falscher Freund!
Drum stoße sie von dir wie einen Feind,
sie soll im Totenreiche Hochzeit halten! –
Denn da ich sie allein von allen traf,
wie meinem Spruch sie ungehorsam war,
so werd' ich – mach' ich mich nicht selbst zum Spott –
sie töten. Mag sie Zeus anrufen dann,
dass sie mir blutsverwandt – wenn ich im Haus,
im eignen, Ungehorsam ließ' gedeihn,
wie sollt' ich wehren ihm bei Fremden dann?
Nur wer in seinem Haus ein wackrer Mann,
der wird im Staat sich auch gerecht erweisen.
Doch wer da trotzig das Gesetz verletzt
und den Gebietern zu befehlen glaubt,
nie findet der ein Lob aus meinem Mund.
Nein, wen die Stadt bestellt, dem muss man folgen,
ob klein, ob groß und ob gerecht, ob – nicht. [...]
Denn Ungehorsam ist das größte Übel,
vernichtet Städte und verödet Häuser
und löst die Heere auf in wilder Flucht.
Doch was befreit uns aus Gefahr und Not?
Gehorsam ist's allein, der Rettung bringt.
Drum muss man helfen dem, der Ordnung hält,
und niemals einem Weibe unterliegen. [...]
HAIMON: Verstand verleih'n die Götter uns, o Vater,
und er ist unser allergrößtes Gut.
Und nun – nicht könnt' ich sagen, dass du irrst
in dem, was du hier sprichst, noch möcht' ich's je.
Doch – fänd' vielleicht ein andrer auch, was gut.
Für dich nur achte ich mit Eifer stets,
was einer sagt und tut und tadeln kann.
Es schreckt dein Auge den gemeinen Mann
zu sagen, was du wohl nicht gerne hörst.
Ich aber kann's wohl hören insgeheim,
wie um das Mädchen klagt die ganze Stadt,
dass schuldlos sie, wie keine noch der Frau'n,
für edle Tat den schwersten Tod erleide.
„Die ihren Bruder, der im Kampf gefallen,
nicht unbestattet ließ in seinem Blut,
dass Hunde ihn und Geier nicht zerfleischen,
sie sollt' nicht goldner Ehren würdig sein?"

Solch' Rede geht geheim von Mund zu Mund. –
Dein Glück, o Vater, ist auch mir das Höchste,
nichts schätz' ich höher auf der ganzen Welt.
Denn welchen größren Stolz wohl könnt' es geben
für Söhne als des Vaters Ehr' und Ruhm,
wie für den Vater seiner Kinder Glück.
Nur – eines glaub nicht allzu fest, dass nur
was du sagst und nichts andres richtig sei.
Denn wer allein sich selbst für weise hält,
ihm sei kein andrer gleich an Geist und Rede,
der ward, geprüft, gar oft als hohl befunden.
Selbst für den weisen Mann ist's keine Schande,
zu lernen und nicht allzu starr zu sein. [...]
CHORFÜHRER *(eindringlich)*:
Hör ihn, o Herr, sprach er doch klug und recht,
und du, der Vater; beide spracht ihr gut.
KREON *(gereizt)*:
Soll ich, so alt, mir Weisheit etwa holen
bei ihm, der noch so jung an Jahren ist?
HAIMON: Nichts Ungerechtes fordr' ich. Bin ich jung,
die Taten, nicht die Jahre soll man prüfen.
KREON: Ja, eine Tat ist's, Ungehorsam ehren.
HAIMON: Für Frevler werde ich nie Ehren fordern.
KREON: Und diese wär' des Frevels schuldig nicht?
HAIMON: Dies eben leugnet Thebens ganzes Volk.
KREON: Und hat die Stadt mir etwas zu befehlen?
HAIMON: Sieh doch, nun sprachst du allzu jugendlich.
KREON: Für mich regier' ich dieses Land allein.
HAIMON: Das ist kein Staat, der einem Mann gehört.
KREON: Und ist der Staat denn nicht dem Herrscher eigen?
HAIMON: In öder Wüste herrschst du so allein.
KREON: Seht, wie in allem er dem Weibe hilft!
HAIMON: Das Weib bist du! Für dich bin ich besorgt.
KREON: Nichtswürd'ger, mit dem Vater rechtest du?
HAIMON: Ja, denn ich sehe, dass du Unrecht tust!
KREON: Ein Unrecht? Nie! Ich ehre nur mein Amt.
HAIMON: O nein, denn du verachtest Götterrecht.
KREON *(in höchstem Zorn aufbrausend)*:
Verworfner, einem Weibe untertan.
HAIMON: Doch keiner schlechten Sache drum ergeben.
KREON: Was du gesprochen, war für jene nur.
HAIMON: Für dich und mich und – für die Totengötter.
KREON: Du Weiberknecht, du wirst mich nicht beschwatzen.
HAIMON: Du willst nur reden, aber niemals hören.
KREON: Im Leben wird sie dir nie angetraut.
HAIMON: Und stirbt sie, nimmt im Tod sie einen mit.

KREON *(auffahrend)*:
Nun willst du gar, Verwegner, mir noch droh'n?
HAIMON: Ist's Droh'n, wenn man vor eitlem Wahne warnt?
KREON: Zu deinem Unheil, Tor, belehrst du mich.
HAIMON: Dich hieß ich Tor, wärst du mein Vater nicht.
KREON *(mit Hohn)*: Wahrhaftig? – Nun, so schwör' ich beim Olymp,
nicht straflos höhnst du mich mit frechem Wort.
(Zu seinem Gefolge:)
Führt die Verhasste her, damit sofort
sie vor den Augen ihres Bräut'gams sterbe.
(Zwei von der Begleitung Kreons gehen in den Palast.)
HAIMON: Das wird nicht sein – du täuschest dich –, dass sie
vor meinen Augen stirbt; mich aber wirst
du nie mehr wiederseh'n; dann magst du rasen
vor Leuten, die zu tragen dies gewillt.
(Haimon geht ab.)

4. Untersuchen Sie, wie es in diesem Gespräch zu einem unüberwindlichen Konflikt zwischen Kreon und seinem Sohn Haimon kommt:
   - Erläutern Sie, wie Kreon vor seinem Sohn das Todesurteil für Antigone rechtfertigt.
   - Stellen Sie dar, welche Eigenschaften er bei einem Untertanen für die wichtigsten, welche für die schädlichsten hält.
   - Kommentieren Sie, wie er Frauen einstuft.
   - Illustrieren Sie, in welchen Versen man erkennt, dass Kreon ein gefährlicher Tyrann ist.
   - Kennzeichnen Sie den Charakter und die politische Auffassung Haimons.
5. Kommentieren Sie den Gesprächsverlauf:
   - Heben Sie hervor, an welchen Stellen es zu einer Verschärfung der Auseinandersetzung kommt.
   - Zeigen Sie auf, welche Versuche Haimon unternimmt, seinen Vater zu überzeugen.

Bevor Kreon, der einen Sinneswandel durchmacht, Antigone befreien kann, tötet sie sich selbst. Haimon begeht – wie angedroht – ebenfalls Selbstmord. Nachdem Haimons Mutter Eurydike sich ebenfalls getötet hat, erkennt Kreon sein Fehlverhalten.

Schuld und Sühne

Aristoteles meint, dass der Held einer Tragödie „sich in großem Ansehen und in einer glücklichen Lebensstellung" befinden müsse, weil nur der tiefe Fall den Zuschauer erschüttere. Diese Forderung wurde in späteren Poetiken zur „Ständeklausel" (vgl. Seite 54).

6. Erklären Sie in diesem Zusammenhang die Bedeutung des „bürgerlichen Trauerspiels". Illustrieren Sie, welche soziale Stellung die Hauptfiguren in modernen Dramen, die Ihnen bekannt sind, einnehmen.

Tragische Schuld

Die tragische Schuld der griechischen Dramenhelden wird auf verschiedene Weise begründet:
1. Zwei gleich wichtige, aber miteinander unvereinbare sittliche Pflichten sollen erfüllt werden. Jede Entscheidung muss Schuld nach sich ziehen (Antigone).

2. Die Affekthandlung eines leidenschaftlichen Charakters zerstört die Ordnung (Medea).
3. Die Tat des Helden ist vom Schicksal, vor dem es kein Entrinnen gibt, vorherbestimmt. So sagt der Ödipus des Sophokles, am Ende gebrochen durch die furchtbare Erkenntnis seiner schicksalsbedingten Schuld:

Nun, unser Schicksal geh, wohin es gehe!

Freie sittliche Entscheidung

Die deutschen Klassiker, Goethe und Schiller, verankern unter dem Einfluss des Christentums und der Aufklärung die tragische Schuld im sittlichen Charakter des Helden. Die Vorstellung von persönlicher Schuld setzt allerdings die Möglichkeit freier Entscheidung voraus. Schiller war zutiefst davon überzeugt, dass der Mensch zu freier sittlicher Entscheidung befähigt sei.
In der deutschen klassischen Tragödie wird aufgezeigt, wie der Mensch durch einen Bruch des Sittengesetzes schuldig wird und sühnt. Schiller lässt Maria Stuart in der Beichte vor ihrer Hinrichtung sagen:

Gott würdigt mich, durch diesen unverdienten Tod
Die frühe schwere Blutschuld abzubüßen. (V/7)

Der Held der deutschen klassischen Tragödie sühnt seine Schuld mit dem Tod. In der Antike gab es – gerade in den erschütterndsten Tragödien – den „versöhnlichen" Schluss: Der Muttermörder Orest wird von seinem Wahn geheilt; Ödipus findet in der Einsamkeit ein friedliches Ende, und Medea entschwindet nach der Ermordung ihrer Kinder in ihrem Drachengefährt. Das entscheidende Merkmal der antiken Auffassung von Tragödie liegt also nicht im Ausgang des Dramas, sondern in der tragischen Konfliktsituation bzw. der schicksalhaften Ausweglosigkeit.

Darstellungsmittel des griechischen Dramas

Aufgaben des Chors

Charakteristisch für das griechische Drama ist der Chor. Zunächst war er der einzige Handlungsträger, dann löste er sich immer mehr aus der Handlung und beschränkte sich auf eine Betrachtung der Ereignisse von höherer Warte. Er erläuterte das Geschehen, sah voraus und warnte, ohne jedoch aktiv einzugreifen; er stellte grundsätzliche Betrachtungen an, wie etwa im folgenden Ausschnitt von Sophokles' *Antigone*:

1 CHOR: Ungeheuer ist viel, doch nichts
ungeheurer als der Mensch.
Er fährt auch im Sturm
über das graue Meer
unter stürzenden Wogen durch.
Und das Heiligtum der Götter,
die Erde,
die unerschöpfliche, unermüdliche,
durchfurcht sein Pflug.
Auf und ab ackern die Rosse
Jahr um Jahr.

Den Vogel holt er mit seinem Garn herunter,
wilde Tiere und die Schwärme des Meeres
fängt er mit seinem feingesponnenen Netz,
der kluge Mensch.
Mit List bezwingt er, was auf Bergen haust,
und das Pferd mit mächtiger Mähne
beugt er unter sein Joch.
Er lernt die Sprache,
windschnelle Gedanken zu nennen,
baut Häuser zu seinem Schutz
und ordnet das Leben im Staat.
In keiner Lage bleibt er ohne Rat.
Selbst aus Seuchen, unbewältigbaren,
hat er sich Rettung ersonnen.
Nur dem Tod entrinnt er nicht.
Dank seiner Erfindungen mit nie erhoffter Gewalt versehn,
treibt's ihn bald zum Bösen und bald zum Guten. –
Wer des Landes Gesetze ehrt
und der Götter beschwornes Recht,
ist angesehn in der Stadt.
Heimatlos ist, wer sich dem Unrecht ergab
vermessenen Sinns.
Nie sei Gast an meinem Herd,
nie mein Gesinnungsfreund,
wer solches beginnt.

7. Erläutern Sie in diesem Textabschnitt die Funktion des Chores.

Das griechische Drama verfügte neben dem chorischen Sprechen über die auch heute üblichen sprachlichen Ausdrucksmittel Dialog und Monolog.
In *Medea* stellt Euripides (480 – 406 v. Chr.) den inneren Kampf der Titelheldin zwischen ihrer maßlosen Rachegier und ihrer Mutterliebe dar, der den Höhepunkt des ganzen Dramas bildet:
Medea überlegt, sich an dem ihr untreu gewordenen Gatten Jason zu rächen, indem sie ihre gemeinsamen Söhne umbringt.

MEDEA: Was schaut ihr so auf mich mit großen Augen?
Und lacht mich an zum allerletzten Mal?
(Geht von den Kindern fort zum Chor.)
Was tun, ihr lieben Fraun? Mir schwand der Mut,
Als ich die Kinderaugen leuchten sah.
Ich kann nicht, gebe meinen ersten Plan
Jetzt auf und nehme doch die Kinder mit.
Sollt ich, um ihren Vater durch ihr Schicksal
Zu treffen, mich selbst noch grausamer strafen?
Nein, nein, niemals. Drum fort mit diesem Plan. – – –
Irrweg des Herzens! Könnt ich es ertragen,

Dass ungestraft mich meine Feinde höhnen?
Ich muss mich überwinden. Feige ist es,
Sich solchen weichen Stimmen hinzugeben. –
Geht, Kinder, jetzt ins Haus. – Wem solch ein Opfer,
Wie ich es bringen muss, Abscheu erregt,
Der bleibe fern: Mein Arm tut seine Pflicht. –
Nein, leidenschaftlich Herz, du darfst es nicht.
Lass sie doch leben, Herz, verschone sie.
Wenn dort sie um uns sind, welch hohes Glück! – – –
Nein, bei des Hades finsteren Dämonen,
Das darf ich nie zulassen, dass die Feinde
An meinen Kindern ihre Rachsucht kühlen.
[...] Gebt, Kinder,
Zum Abschied der Mutter eure Hände.
O liebe Hände, liebe Lockenköpfe!
Wie edel sind sie von Gestalt und Antlitz!
Lebt glücklich – dort. Das Glück, das hier euch blühte,
Stahl euch der Vater. [...]
Geht jetzt, geht schnell! Ich kann nicht mehr ertragen,
Euch anzusehn.

8. Fassen Sie die wesentlichen Aspekte des inneren Konflikts Medeas zusammen.

Monolog und Dialog

Der Monolog (das Sprechen einer Person mit sich selbst) hat unterschiedliche Funktionen:

1. Der berichtende Monolog teilt mit, was auf der Bühne nicht dargestellt wird oder werden kann („Mauerschau").
2. Der deutende Monolog gibt einen Kommentar zur Lage.
3. Der Konfliktmonolog ist ein abwägendes Streitgespräch des Helden mit sich selbst. Wir werden zu Mitwissenden seiner Überlegungen, seiner gegensätzlichen Strebungen und seiner Entscheidung.

Unter einem Dialog versteht man die Wechselrede zweier oder mehrerer Personen. Vor allem treibt der Dialog die Handlung voran und macht Gegensätze sichtbar, die zum Konflikt führen.

Zur Sprachform

Gebundene, idealisierte Sprache

Die Sprache des antiken Dramas ist stilisiert. Aristoteles verlangte vom tragischen Dichter, dass er seinen Stoff in einer rhythmisch gestalteten, idealisierten, vom Alltag abgehobenen Sprache vortrage. Die barocken Poetiken übernahmen diese Forderung: Die Angehörigen der höheren Stände in einer Tragödie hatten eine gehobene Sprachform zu sprechen; die Bürger der Komödie konnten eine volkstümliche, auch derb-vulgäre Sprache verwenden. Die deutschen Klassiker schrieben eine Bildungssprache, die in starkem Maß bildhaft ist. Nicht nur Personen höheren Standes sprechen in dieser dem täglichen Sprachgebrauch entrückten Literatursprache, sondern auch einfache Menschen, wie der Köhler in Schillers *Jungfrau von Orleans*, der zu Johanna sagt:

> Ihr scheint der Ruhe zu bedürfen. Kommt!
> Was unser schlechtes Dach vermag, ist euer.

DAS DRAMA DER DEUTSCHEN KLASSIK

Läuterung des Menschen

Das klassische deutsche Drama hat das Ziel, den Menschen zu läutern, damit er nicht seinen Leidenschaften und Trieben unterliegt, sondern aus Einsicht in das Gute eben dieses Gute verwirklicht. Indem der Mensch innere Widersprüche und Konflikte löst, entwickelt er sich zu einer harmonischen Persönlichkeit.

9. Haben Dramen bzw. dramatische Darstellungen in verschiedenen Medien heute noch das Potenzial, Menschen zu verändern?

Den Bau des klassischen Dramas hat Gustav Freytag im 19. Jahrhundert stark schematisiert beschrieben. Nach Freytag gliedert sich die Tragödie in fünf Abschnitte, entsprechend den fünf Akten.

1. Die Einleitung (Exposition) macht mit der Situation und den wichtigen Figuren bekannt. Meistens wird über die Hauptfigur zwar gesprochen, sie erscheint aber noch nicht.
2. Auf das so genannte „erregende Moment" (dem Publikum ist jetzt der Konflikt klar) folgt die steigende Handlung.
3. Das Geschehen spitzt sich zu und erreicht seinen dramatischen Höhepunkt, der zugleich Wendepunkt ist (Peripetie am Ende des 3. Aktes).
4. Die fallende Handlung zeigt die Folgen der Tat und die Ausweglosigkeit der Situation des Helden auf, allerdings wird die Handlung etwas verzögert und kurz Hoffnung auf die Rettung des Helden gemacht (retardierendes Moment).
5. Im letzten (5.) Akt ereignet sich die Katastrophe. Der tragische Held sühnt seine Tat mit dem Tod.

10. Überprüfen Sie dieses Aufbauschema an einem Ihnen bekannten klassischen Drama.

Goethe: *Torquato Tasso* (1790)

Der Dichter an einem Fürstenhof

1775 kam der Bürger der Freien Reichsstadt Frankfurt Johann Wolfgang Goethe auf Einladung des 18-jährigen Herzogs Karl August an den Weimarer Hof, an dem noch spätabsolutistische Vorstellungen herrschten, etwa die, dass ein Hofdichter für Gelegenheitsdichtungen und amüsante Festveranstaltungen zu sorgen habe. Der 26-jährige Goethe, der kurz zuvor sein Drama über die Freiheit, *Götz von Berlichingen*, hatte erscheinen lassen, musste sich zunächst der Hofsitte anpassen.
In seinem klassischen Drama *Torquato Tasso* geht es um die Selbstwertkrise des bürgerlichen Dichters in der Abhängigkeit vom höfischen Mäzenatentum: Torquato Tasso lebt am Hof des Herzogs von Ferrara und hat sich in dessen Schwester, Prinzessin Eleonore, verliebt. Eben hat er sein Versepos *Das befreite Jerusalem*, in dem die Ahnen des Herzogs eine großartige Rolle spielen, vollendet und

erhält dafür vom Herzog einen Lorbeerkranz. Auf dem Höhepunkt seiner Laufbahn gerät er in Gegensatz zur Hofetikette.

Johann Wolfgang von Goethe (28.8.1749 – 22.3.1832), Gemälde von Joseph Karl Stieler aus dem Jahre 1828; Öl auf Leinwand, Neue Pinakothek München.

TASSO: Die goldne Zeit, wohin ist sie geflohn,
Nach der sich jedes Herz vergebens sehnt?
Da auf der freien Erde Menschen sich
Wie frohe Herden im Genuss verbreiteten;
Da ein uralter Baum auf bunter Wiese
Dem Hirten und der Hirtin Schatten gab,
Ein jüngeres Gebüsch die zarten Zweige
Um sehnsuchtsvolle Liebe traulich schlang;
Wo klar und still auf immer reinem Sande
Der weiche Fluss die Nymphe sanft umfing,
Wo in dem Grase die gescheuchte Schlange
Unschädlich sich verlor, der kühne Faun[1],
Vom tapfern Jüngling bald bestraft, entfloh;
Wo jeder Vogel in der freien Luft
Und jedes Tier, durch Berg' und Täler schweifend,
Zum Menschen sprach: Erlaubt ist, was gefällt.
PRINZESSIN: Mein Freund, die goldne Zeit ist wohl vorbei;
Allein die Guten bringen sie zurück.
Und soll ich dir gestehen, wie ich denke:
Die goldne Zeit, womit der Dichter uns
Zu schmeicheln pflegt, die schöne Zeit, sie war,
So scheint es mir, so wenig, als sie ist;
Und war sie je, so war sie nur gewiss,
Wie sie uns immer wieder werden kann.
Noch treffen sich verwandte Herzen an
Und teilen den Genuss der schönen Welt;
Nur in dem Wahlspruch ändert sich, mein Freund,
Ein einzig Wort: Erlaubt ist, was sich ziemt.

1 Faun: lüsterner Waldgott, Beschützer der Herden

TASSO: O wenn aus guten, edlen Menschen nur
Ein allgemein Gericht bestellt entschiede,
Was sich denn ziemt! anstatt dass jeder glaubt,
Es sei auch schicklich, was ihm nützlich ist.
Wir sehn ja, dem Gewaltigen, dem Klugen
Steht alles wohl, und er erlaubt sich alles.
PRINZESSIN: Willst du genau erfahren, was sich ziemt,
So frage nur bei edlen Frauen an.
Denn ihnen ist am meisten dran gelegen,
Dass alles wohl sich zieme, was geschieht,
Die Schicklichkeit umgibt mit einer Mauer
Das zarte, leicht verletzliche Geschlecht.
Wo Sittlichkeit regiert, regieren sie,
Und wo die Frechheit herrscht, da sind sie nicht.
Und wirst du die Geschlechter beide fragen:
Nach Freiheit strebt der Mann, das Weib nach Sitte.
TASSO: Du nennest uns unbändig, roh, gefühllos?
PRINZESSIN: Nicht das! Allein ihr strebt nach fernen Gütern,
Und euer Streben muss gewaltsam sein.
Ihr wagt es, für die Ewigkeit zu handeln,
Wenn wir ein einzig nah beschränktes Gut
Auf dieser Erde nur besitzen möchten
Und wünschen, dass es uns beständig bliebe.
Wir sind vor keinem Männerherzen sicher,
Das noch so warm sich einmal uns ergab.
Die Schönheit ist vergänglich, die ihr doch
Allein zu ehren scheint. Was übrig bleibt,
Das reizt nicht mehr, und was nicht reizt, ist tot.
Wenn's Männer gäbe, die ein weiblich Herz
Zu schätzen wüssten, die erkennen möchten,
Welch einen holden Schatz von Treu und Liebe
Der Busen einer Frau bewahren kann;
Wenn das Gedächtnis einzig schöner Stunden
In euren Seelen lebhaft bleiben wollte;
Wenn euer Blick, der sonst durchdringend ist,
Auch durch den Schleier dringen könnte, den
Uns Alter oder Krankheit überwirft;
Wenn der Besitz, der ruhig machen soll,
Nach fremden Gütern euch nicht lüstern machte:
Dann wär' uns wohl ein schöner Tag erschienen,
Wir feierten dann unsre goldne Zeit.

11. Untersuchen Sie, wie Tasso in dieser Textstelle den Verlust der „goldnen Zeit" beklagt:
- Beschreiben Sie Tassos Vorstellung vom goldenen Zeitalter und vom Maßstab des Verhaltens in dieser Zeit.
- Vergleichen Sie diese Vorstellung mit dem Maßstab, den die Prinzessin Tasso entgegensetzt und mit ihrer Meinung von der „goldnen Zeit".

- Kommentieren Sie die Gründe der Prinzessin für das Streben der Frau nach Sitte.
- Besprechen Sie die sprachliche Gestaltung und die Form der Verse.

Schiller: *Don Carlos* (1787)

In dem Drama *Don Carlos* wandelt sich Friedrich Schiller zum Klassiker. Im Mittelpunkt steht der Konflikt zwischen dem Vater, König Philipp von Spanien, und seinem Sohn, dem Infanten Don Carlos. Don Carlos verliebt sich in seine Stiefmutter, Elisabeth von Valois, die zuerst für ihn bestimmt war, aber dann den König heiraten musste.
Im Lauf des Dramas bekommt der Freund und Vertraute des Infanten, der Marquis von Posa, eine immer größere Bedeutung. Er wird zum Propheten eines neuen Zeitalters, in dem die Menschen – nach den Idealen der Klassiker – frei und glücklich leben. Marquis Posa verkündet dem streng katholischen, absolutistisch und gewaltsam regierenden König seine Idee von der Entwicklung des Menschen in Freiheit:

Johann Christoph Friedrich von Schiller (10.11.1759 – 9.5.1805), Gemälde von Ludovica Simanowitz aus dem Jahr 1793; Öl auf Leinwand, Schiller-Nationalmuseum Marbach.

MARQUIS: Sie wollen
Allein in ganz Europa – sich dem Rade
Des Weltverhängnisses, das unaufhaltsam
In vollem Laufe rollt, entgegenwerfen? [...]
Sie wollen pflanzen für die Ewigkeit
Und säen Tod[1]? Ein so erzwungnes Werk
Wird seines Schöpfers Geist nicht überdauern. [...]
Umsonst ein großes, königliches Leben
Zerstörenden Entwürfen hingeopfert.
Der Mensch ist mehr, als Sie von ihm gehalten.
Des langen Schlummers Bande wird er brechen
Und wiederfordern sein geheiligt Recht. [...]
KÖNIG: Wer hat Euch dessen so
Gewiss gemacht?
MARQUIS *(mit Feuer)*: Ja, beim Allmächtigen!
Ja – ja – ich wiederhol es. Geben Sie,
Was Sie uns nahmen, wieder. Lassen Sie,
Großmütig wie der Starke, Menschenglück
Aus Ihrem Füllhorn strömen – Geister reifen

1 Anspielung auf die blutige Niederwerfung des Aufstandes der Niederländer

In Ihrem Weltgebäude. Geben Sie,
Was Sie uns nahmen, wieder. Werden Sie
Von Millionen Königen ein König.
(Er nähert sich ihm kühn, indem er feste und feurige Blicke auf ihn richtet.)
O könnte die Beredsamkeit von allen
Den Tausenden, die dieser großen Stunde
Teilhaftig sind, auf meinen Lippen schweben,
Den Strahl, den ich in diesen Augen merke,
Zur Flamme zu erheben! – Geben Sie
Die unnatürliche Vergöttrung auf,
Die uns vernichtet. Werden Sie uns Muster
Des Ewigen und Wahren. Niemals – niemals
Besaß ein Sterblicher so viel, so göttlich
Es zu gebrauchen. Alle Könige
Europens huldigen dem span'schen Namen.
Gehn Sie Europens Königen voran.
Ein Federzug von dieser Hand, und neu
Erschaffen wird die Erde. Geben Sie
Gedankenfreiheit – *(Sich ihm zu Füßen werfend).*

Gedankenfreiheit

Marquis Posa möchte mit der Kraft seiner Überzeugung den König und damit das ganze aristokratisch-absolutistische Regierungssystem der Zeit (im Sinne der Aufklärung) verändern:

Stellen Sie der Menschheit
Verlornen Adel wieder her. Der Bürger
Sei wiederum, was er zuvor gewesen,
Der Krone Zweck.

Doch für Philipp ist der junge Mann nur ein „sonderbarer Schwärmer".

12. Leiten Sie aus der Rede des Marquis Posa das von Schiller dargestellte politische Bekenntnis ab.

DER BILDUNGS- UND ENTWICKLUNGSROMAN

Die bevorzugte Dichtungsgattung der Klassiker war das Drama. Der Roman galt als unreine Form, als „Halbbruder der Poesie" (Schiller). Dennoch hat Goethe in seiner klassischen Zeit Romane geschrieben, die sein Bildungs- und Persönlichkeitsideal widerspiegeln.

Bildungsideal

Wilhelm Meisters Lehrjahre (1795) ist ein Bildungs- und Entwicklungsroman. Es wird die geistige Entwicklung eines jungen Menschen in Auseinandersetzung mit den Einflüssen der Umwelt dargestellt. Im Endstadium dieser Entwicklung setzt sich meist das Bildungsideal des Dichters und seiner Epoche durch. Goethes *Wilhelm Meister* ist das Urbild des deutschen Entwicklungsromans, ihm folgen die Künstlerromane der Romantik (etwa Georg Philipp Friedrich Freiherr von Hardenbergs *Heinrich von Ofterdingen*), dann *Nachsommer* von Adalbert Stifter und *Der grüne Heinrich* von Gottfried Keller.

Als Wilhelm seine Mutter des andern Morgens begrüßte, eröffnete sie ihm, dass der Vater sehr verdrießlich sei und ihm den täglichen Besuch des Schauspiels nächstens untersagen werde. „Wenn ich gleich selbst", fuhr sie fort, „manchmal gern ins Theater gehe, so möchte ich es doch oft verwünschen, da meine häusliche Ruhe durch eine unmäßige Leidenschaft zu diesem Vergnügen gestört wird. Der Vater wiederholt immer, wozu es nur nütze sei, wie man seine Zeit nur so verderben könne."

„Ich habe es auch schon von ihm hören müssen", versetzte Wilhelm, „und habe ihm vielleicht zu hastig geantwortet; aber um's Himmels willen, Mutter! ist denn alles unnütz, was uns nicht unmittelbar Geld in den Beutel bringt, was uns nicht den allernächsten Besitz verschafft? Hatten wir in dem alten Haus nicht Raum genug? Und war es nötig, ein neues zu bauen? Verwendet der Vater nicht jährlich einen ansehnlichen Teil seines Handelsgewinnes zur Verschönerung der Zimmer? Diese seidenen Tapeten, diese englischen Mobilien, sind sie nicht auch unnütz? Könnten wir uns nicht mit geringeren begnügen? Wenigstens bekenne ich, dass mir diese gestreiften Wände, diese hundertmal wiederholten Blumen, Schnörkel, Körbchen und Figuren einen durchaus unangenehmen Eindruck machen. Sie kommen mir höchstens vor wie unser Theatervorhang. Aber wie anders ist's, vor diesem zu sitzen! Wenn man noch so lange warten muss, so weiß man doch, er wird in die Höhe gehen, und wir werden die mannigfaltigsten Gegenstände sehen, die uns unterhalten, aufklären und erheben."

13. Beschreiben Sie die unterschiedlichen Lebensauffassungen von Eltern und Sohn:
- Arbeiten Sie den Gegensatz zwischen Eltern und Sohn heraus.
- Vergleichen Sie die unterschiedlichen Einstellungen der Mutter und des Vaters.
- Stellen Sie dar, inwiefern diese Ansichten das Milieu der Romanfiguren widerspiegeln.
- Kommentieren Sie, worin Wilhelm die Aufgabe des Theaters sieht.
- Stellen Sie Vermutungen darüber an, ob diese Auseinandersetzung – mit gewissen Veränderungen – auch heute so ablaufen könnte.

Wilhelms Einstellung zu seinem Leben zeigt sich auch in einem Brief an seinen Freund Werner, in dem er schreibt:

Daß ich dir's mit *einem* Worte sage: mich selbst, ganz wie ich da bin, auszubilden, das war dunkel von Jugend auf mein Wunsch und meine Absicht. Noch hege ich ebendiese Gesinnungen, nur daß mir die Mittel, die mir es möglich machen werden, etwas deutlicher sind. [...]

Ich weiß nicht, wie es in fremden Ländern ist, aber in Deutschland ist nur dem Edelmann eine gewisse allgemeine, wenn ich sagen darf personelle Ausbildung möglich. Ein Bürger kann sich Verdienst erwerben und zur höchsten Not seinen Geist ausbilden; seine Persönlichkeit geht aber verloren, er mag sich stellen, wie er will. Indem es dem Edelmann, der mit den Vornehmsten umgeht, zur Pflicht wird, sich selbst einen vornehmen Anstand zu geben, indem dieser Anstand, da ihm weder Tür noch Tor verschlossen ist, zu einem freien Anstand wird, da er mit seiner Figur, mit seiner Person, es sei bei Hofe oder bei der Armee, bezahlen muß: so hat er Ursache, etwas auf sie zu halten und zu zeigen, daß er etwas auf sie hält. Eine gewisse feierliche Grazie bei gewöhnlichen Dingen, eine Art von leichtsinniger Zierlichkeit bei ernsthaften und wichtigen kleidet ihn wohl, weil er sehen läßt, daß er überall im Gleichgewicht steht. Er ist eine öffentliche Person, und je ausgebildeter seine Bewegungen,

je sonorer seine Stimme, je gehaltner und gemessener sein ganzes Wesen ist, desto vollkommner ist er. [...] Wenn er sich äußerlich in jedem Momente seines Lebens zu beherrschen weiß, so hat niemand eine weitere Forderung an ihn zu machen, und alles übrige, was er an und um sich hat, Fähigkeit, Talent, Reichtum, alles scheinen nur Zugaben zu sein. [...] Wenn der Edelmann im gemeinen Leben gar keine Grenzen kennt, wenn man aus ihm Könige oder königähnliche Figuren erschaffen kann, so darf er überall mit einem stillen Bewußtsein vor seinesgleichen treten; er darf überall vorwärtsdringen, anstatt daß dem Bürger nichts besser ansteht als das reine, stille Gefühl der Grenzlinie, die ihm gezogen ist. Er darf nicht fragen: ›Was bist du?‹ sondern nur: ›Was hast du? welche Einsicht, welche Kenntnis, welche Fähigkeit, wieviel Vermögen?‹ Wenn der Edelmann durch die Darstellung seiner Person alles gibt, so gibt der Bürger durch seine Persönlichkeit nichts und soll nichts geben. Jener darf und soll scheinen; dieser soll nur sein, und was er scheinen will, ist lächerlich oder abgeschmackt. Jener soll tun und wirken, dieser soll leisten und schaffen; er soll einzelne Fähigkeiten ausbilden, um brauchbar zu werden, und es wird schon vorausgesetzt, daß in seinem Wesen keine Harmonie sei noch sein dürfe, weil er, um sich auf eine Weise brauchbar zu machen, alles übrige vernachlässigen muß.
An diesem Unterschiede ist nicht etwa die Anmaßung der Edelleute und die Nachgiebigkeit der Bürger, sondern die Verfassung der Gesellschaft selbst schuld; ob sich daran einmal etwas ändern wird und was sich ändern wird, bekümmert mich wenig; genug, ich habe, wie die Sachen jetzt stehen, an mich selbst zu denken und wie ich mich selbst und das, was mir ein unerläßliches Bedürfnis ist, rette und erreiche.

14. Stellen Sie Wilhelms Wunschvorstellungen der Realität des 18. Jahrhunderts gegenüber:
   - Kommentieren Sie, inwiefern dieser Abschnitt charakteristisch für den Bildungs- und Entwicklungsroman ist.
   - Beziehen Sie Stellung zum Bildungsideal Wilhelm Meisters.

Erzählverhalten

Allwissender Erzähler

Die Geschichte Wilhelm Meisters ist in der Er/Sie-Form dargestellt: Sie wird von einem Erzähler mitgeteilt, der über dem Geschehen steht. Dieser Erzähler kennt alle Personen und ihr Innenleben; er weiß alles, was geschieht und geschehen wird, er ist sozusagen allwissend. Manchmal löst er sich aus dem Erzählzusammenhang und setzt sich mit dem Leser in Verbindung, etwa wenn er ihn anredet und ihm seine Meinung von den Dingen im Präsens mitteilt. Man nennt eine solche Erzähltechnik auktoriales Erzählverhalten (lat. auctor = Urheber, Verfasser). Im *Wilhelm Meister* finden sich immer wieder Stellen von auktorialem Erzählverhalten (Gegensatz: personales Erzählverhalten, vgl. Seite 411f.), etwa:

> Wenn die erste Liebe, wie ich allgemein behaupten höre, das Schönste ist, was ein Herz früher oder später empfinden kann, so müssen wir unsern Helden dreifach glücklich preisen, dass ihm gegönnt ward, die Wonne dieser einzigen Augenblicke in ihrem ganzen Umfange zu genießen.

DIE LYRIK DER KLASSIK

Schillers Gedichte der klassischen Zeit werden als Gedankenlyrik bezeichnet, weil sie nicht einzelne Erlebnisse und Stimmungen gestalten (vgl. Goethes Erlebnislyrik, Seite 97f.), sondern Ideen.

Ideen lyrisch geformt

Friedrich Schiller

Das verschleierte Bild zu Sais (1795)

Ein Jüngling, den des Wissens heißer Durst
Nach Sais in Ägypten trieb, der Priester
Geheime Weisheit zu erlernen, hatte
Schon manchen Grad mit schnellem Geist durcheilt;
Stets riss ihn seine Forschbegierde weiter,
Und kaum besänftigte der Hierophant[1]
Den ungeduldig Strebenden. „Was hab ich,
Wenn ich nicht alles habe?“, sprach der Jüngling.
„Gibt’s etwa hier ein Weniger und Mehr?
Ist deine Wahrheit wie der Sinne Glück
Nur eine Summe, die man größer, kleiner
Besitzen kann und immer doch besitzt?
Ist sie nicht eine einz’ge, ungeteilte?
Nimm einen Ton aus einer Harmonie,
Nimm eine Farbe aus dem Regenbogen –
Und alles, was dir bleibt, ist nichts, solang
Das schöne All der Töne fehlt und Farben.“

Indem sie einst so sprachen, standen sie
In einer einsamen Rotonde[2] still,
Wo ein verschleiert Bild von Riesengröße
Dem Jüngling in die Augen fiel. Verwundert
Blickt er den Führer an und spricht: „Was ist’s,
Das hinter diesem Schleier sich verbirgt?“
„Die Wahrheit“, ist die Antwort. „Wie?“, ruft jener,
„Nach Wahrheit streb ich ja allein, und diese
Gerade ist es, die man mir verhüllt?“
„Das mache mit der Gottheit aus“, versetzt
der Hierophant. „Kein Sterblicher, sagt sie,
Rückt diesen Schleier, bis ich selbst ihn hebe.
Und wer mit ungeweihter, schuld’ger Hand
Den heiligen, verbotnen früher hebt,
Der, spricht die Gottheit –“ „Nun?“ „Der *sieht* die Wahrheit.“
„Ein seltsamer Orakelspruch! Du selbst,
Du hättest also niemals ihn gehoben?“

1 Hierophant: Oberpriester
2 Rotonde: Rundbau

„Ich? Wahrlich nicht! Und war auch nie dazu
Versucht." – „Das fass ich nicht. Wenn von der Wahrheit
Nur diese dünne Scheidewand mich trennte – "
„Und ein Gesetz", fällt ihm sein Führer ein.
„Gewichtiger, mein Sohn, als du es meinst,
Ist dieser dünne Flor – für deine Hand
Zwar leicht, doch zentnerschwer für dein Gewissen."

Der Jüngling ging gedankenvoll nach Hause.
Ihm raubt des Wissens brennende Begier
Den Schlaf, er wälzt sich glühend auf dem Lager
Und rafft sich auf um Mitternacht. Zum Tempel
Führt unfreiwillig ihn der scheue Tritt.
Leicht ward es ihm, die Mauer zu ersteigen,
Und mitten in das Innre der Rotonde
Trägt ein beherzter Sprung den Wagenden.

Hier steht er nun, und grauenvoll umfängt
Den Einsamen die lebenlose Stille,
Die nur der Tritte hohler Widerhall
In den geheimen Grüften unterbricht.
Von oben durch der Kuppel Öffnung wirft
Der Mond den bleichen, silberblauen Schein,
Und furchtbar wie ein gegenwärt'ger Gott
Erglänzt durch des Gewölbes Finsternisse
In ihrem langen Schleier die Gestalt.

Er tritt hinan mit ungewissem Schritt –
Schon will die freche Hand das Heilige berühren,
Da zuckt es heiß und kühl durch sein Gebein
Und stößt ihn weg mit unsichtbarem Arme.
Unglücklicher, was willst du tun?, so ruft
In seinem Innern eine treue Stimme.
Versuchen den Allheiligen willst du?
Kein Sterblicher, sprach des Orakels Mund,
Rückt diesen Schleier, bis ich selbst ihn hebe.
Doch setzte nicht derselbe Mund hinzu:
Wer diesen Schleier hebt, soll Wahrheit schauen?
„Sei hinter ihm, was will! Ich heb ihn auf –"
Er ruft's mit lauter Stimm – „Ich will sie schauen." Schauen!
Gellt ihm ein langes Echo spottend nach.

Er spricht's und hat den Schleier aufgedeckt.
Nun, fragt ihr, und was zeigte sich ihm hier?
Ich weiß es nicht. Besinnungslos und bleich,
So fanden ihn am andern Tag die Priester
Am Fußgestell der Isis[1] ausgestreckt.

1 Isis: Thronende Göttin aus Unterägypten

Was er allda gesehen und erfahren,
Hat seine Zunge nie bekannt. Auf ewig
War seines Lebens Heiterkeit dahin,
Ihn riss ein tiefer Gram zum frühen Grabe.
„Weh dem", dies war sein warnungsvolles Wort,
Wenn ungestüme Frager in ihn drangen,
„Weh dem, der zu der Wahrheit geht durch Schuld!
Sie wird ihm nimmermehr erfreulich sein."

15. Besprechen Sie wichtige inhaltliche Merkmale der Klassik anhand dieses Textes:
- Erläutern Sie, warum den Jüngling „ein tiefer Gram zum frühen Grabe" reißt.
- Kommentieren Sie, aus welcher Einsicht der Priester nie der Versuchung erlegen ist, den Schleier zu heben.
- Begründen Sie, warum die Gottheit die letzte Erkenntnis verschleiert. Stellen Sie Vermutungen darüber an, ob diese dem Menschen einmal zuteil wird.
- Diskutieren Sie die Aktualität von Schillers Text.

Goethes *Römische Elegien* sind 1788 bis 1790 in Weimar entstanden, wo er nach seiner Rückkehr von einem zweijährigen Aufenthalt in Italien Christiane Vulpius, seine spätere Frau, kennen lernte. Die Begegnung mit Rom und das Liebeserlebnis mit Christiane sind in den Elegien miteinander verschmolzen. Der ursprüngliche Name der Gedichtsammlung war *Erotica Romana*. Die freimütige Darstellung der sinnlichen Liebe in einigen Elegien schockierte die Weimarer Hofgesellschaft.

Johann Wolfgang Goethe
Aus den **Römischen Elegien, III.** (1790)

Laß dich, Geliebte, nicht reun, daß du mir so schnell dich ergeben!
Glaub es, ich denke nicht frech, denke nicht niedrig von dir.
Vielfach wirken die Pfeile des Amors: einige ritzen,
Und vom schleichenden Gift kranket auf Jahre das Herz.
Aber mächtig befiedert, mit frisch geschliffener Schärfe
Dringen die andern ins Mark, zünden behende das Blut.
In der heroischen Zeit, da Götter und Göttinnen liebten,
Folgte Begierde dem Blick, folgte Genuß der Begier.
Glaubst du, es habe sich lang die Göttin der Liebe besonnen,
Als im Idäischen Hain einst ihr Anchises gefiel?
Hätte Luna gesäumt, den schönen Schläfer zu küssen,
O, so hätt ihn geschwind, neidend, Aurora geweckt.
Hero erblickte Leandern am lauten Fest, und behende
Stürzte der Liebende sich heiß in die nächtliche Flut.
Rhea Silvia wandert, die fürstliche Jungfrau, den Tiber,
Wasser zu schöpfen, hinab, und sie ergreifet der Gott.
So erzeugte die Söhne sich Mars! – Die Zwillinge tränket
Eine Wölfin, und Rom nennt sich die Fürstin der Welt.

Elegie nannten die Griechen jedes Gedicht, das aus Distichen (Doppelversen) bestand. Ein Distichon setzt sich aus einem Hexameter (Sechsheber) und einem Pentameter (Fünfheber) zusammen. Der Hexameter besteht aus sechs Daktylen (X́ × ×), der Pentameter aus fünf, häufig aber auch – trotz seines Namens – aus sechs. Mehrfache Abwandlungen sind möglich.
Das Wort „Elegie" hat neben der formalen Kennzeichnung eine inhaltliche Bestimmung, nämlich Klagelied. Die traurige Grundstimmung (elegisch bedeutet heute wehmütig, klagend) ist jedoch nicht immer vorhanden, sie fehlt z. B. in Goethes *Römischen Elegien*.

16. Erklären Sie mit Hilfe von Lexika oder des Internets Ihnen unbekannte Begriffe in diesem Textausschnitt.
17. Beschreiben Sie den Einfluss der antiken Mythologie auf die Aussagen des lyrischen Ichs:
    - Stellen Sie dar, welche Merkmale sich erkennen lassen.
    - Formulieren Sie einige Zeilen in Prosa um.

Schiller hat in seinen Elegien (*Das Ideal und das Leben*, *Der Spaziergang* u. a.) die Klage über das Missverhältnis zwischen Ideal und Realität zum Hauptmotiv gemacht. In dem Gedicht *Das Ideal und das Leben* kennzeichnet Schiller den Menschen so:

Zwischen Sinnenglück und Seelenfrieden
bleibt dem Menschen nur die bange Wahl.

Und er ruft den Menschen zu:

Werft die Angst des Irdischen von euch,
Fliehet aus dem engen, dumpfen Leben
In des Ideales Reich!

Wilhelm von Schadow (1799 – 1862), *Mignon*: Die Figur der Mignon aus Goethes *Wilhelm Meister* verkörpert die Sehnsucht der klassischen Schriftsteller nach Italien. Goethe legte ihr das Lied *Kennst du das Land, wo die Zitronen blühn* in den Mund, das von bedeutenden Komponisten wie z. B. Ludwig van Beethoven, Franz Schubert, Robert Schumann oder Hugo Wolf vertont wurde. Ambroise Thomas nutzte für seine Oper *Mignon* einige Szenen und Motive aus Goethes *Wilhelm Meister*.

Sowohl Schiller als auch Goethe beschäftigten sich eingehend mit dem Verhältnis von Natur und Kunst, Freiheit und Gesetz. Der Begriff „Natur" steht für das ursprüngliche, freie, vom Menschen unabhängige Sein; der Begriff „Kunst" für das geschaffene, geistige, den Gesetzen der Ästhetik gehorchende Sein. Schiller erklärte, dass Freiheit und Gesetz im künstlerischen Gebilde des „Schönen" zu einer Harmonie verschmelzen. So gelangt der Mensch durch das Kunstwerk zu wahrer Humanität.
Das folgende Gedicht von Goethe, entstanden um 1800, ist wohl ohne den Gedankenaustausch mit Schiller nicht denkbar.

Johann Wolfgang Goethe
Natur und Kunst (um 1800)

Natur und Kunst, sie scheinen sich zu fliehen
Und haben sich, eh' man es denkt, gefunden;
Der Widerwille[1] ist auch mir verschwunden,
Und beide scheinen gleich mich anzuziehen.

Es gilt wohl nur ein redliches Bemühen!
Und wenn wir erst in abgemessnen Stunden
Mit Geist und Fleiß uns an die Kunst gebunden,
Mag frei Natur im Herzen wieder glühen.

So ist's mit aller Bildung auch beschaffen:
Vergebens werden ungebundne Geister
Nach der Vollendung reiner Höhe streben.

Wer Großes will, muss sich zusammenraffen;
In der Beschränkung zeigt sich erst der Meister,
Und das Gesetz nur kann uns Freiheit geben.

18. Vergleichen Sie die genannten Werte mit der Auffassung des Sturm-und-Drang-Goethe:
- Diskutieren Sie die Rolle von Natur und Kunst.
- Illustrieren Sie, wie der Grundgedanke des Gedichts in seiner Form wiedergegeben wird.
- Beziehen Sie zu der Aussage der letzten Zeile Stellung.

Goethe hatte Schiller kurz nach seiner italienischen Reise kennen gelernt. Die beiden, die in ihrem Denken und Dichten so grundverschieden waren, standen sich vorerst fremd gegenüber. Dann aber, nach ein paar Jahren, begann ein Briefwechsel über Kunst und Literatur, aus dem sich eine tiefe Freundschaft entwickelte. Sie machten einander auf poetische Stoffe aufmerksam und regten sich zu dichterischer Produktion an. Wegen Schillers beständigem Zureden setzte Goethe seinen *Faust* fort. 1797 gaben sie gemeinsam einen *Musenalmanach* (eine Art Jahrbuch) heraus, in dem sie Balladen veröffentlichten. Schiller starb 1805, mit 46 Jahren, und Goethe hatte damit seine kongeniale Bezugsperson verloren.

1 Widerwille = hier: unvereinbarer Gegensatz

ZWISCHEN KLASSIK UND ROMANTIK

Friedrich Hölderlin und Heinrich von Kleist waren Einzelgänger, die sich weder der Klassik noch der Romantik zuordnen lassen, die ihre eigene Art entwickelten und in ihrer Weise auf die Verhältnisse der Zeit reagierten. Beide waren sie politisch engagiert; der um sieben Jahre ältere Hölderlin trat vor allem gegen den fürstlichen Spätabsolutismus auf, Kleist gegen Napoleon. Beide verabscheuten ein öffentliches Amt und wollten als freie Schriftsteller von ihrer literarischen Tätigkeit leben, was jedoch unter den damaligen Verhältnissen nicht gelingen konnte.

FRIEDRICH HÖLDERLIN

Revolutionär gesinnte Studenten

Zunächst begeisterte sich Friedrich Hölderlin (1770 – 1843) – wie viele Männer des Bildungsbürgertums – für die Ideale der Französischen Revolution (Freiheit, Gleichheit, Brüderlichkeit) und diskutierte mit seinen Studienkollegen, zu denen der spätere Philosoph Friedrich Hegel zählte, die Möglichkeiten einer revolutionären Veränderung in Deutschland. Bald musste er aber einsehen, wie gering die Chancen waren, und so setzte er alle Hoffnung auf nachfolgende Generationen. In einem Brief an seinen Bruder heißt es:

> Ich liebe das Geschlecht der kommenden Jahrhunderte. Denn dies ist meine seligste Hoffnung, der Glaube, der mich stark erhält und tätig, unsere Enkel werden besser sein als wir, die Freiheit muss einmal kommen, und die Tugend wird besser gedeihen in der Freiheit heiligem erwärmendem Lichte, als unter der eiskalten Zone des Despotismus[1]. Wir leben in einer Zeitperiode, wo alles hinarbeitet auf bessere Tage. Diese Keime von Aufklärung, diese stillen Wünsche und Bestrebungen einzelner zur Bildung des Menschengeschlechts werden sich ausbreiten und verstärken und herrliche Früchte tragen. Sieh, lieber Karl, dies ist's, woran nun mein Herz hängt. Dies ist das heilige Ziel meiner Wünsche und meiner Tätigkeit – dies, dass ich in unserem Zeitalter die Keime wecke, die in einem künftigen reifen werden.

1. Vergleichen Sie die Hoffnung von Hölderlin mit der heutigen Realität:
   - Beschreiben Sie, welche Rolle Hölderlin für sich in diesem Prozess der Veränderung sieht.
   - Stellen Sie Vermutungen darüber an, wie sich Hölderlin die neue Generation vorstellt.

Gescheiterter Patriot

Für Hölderlin war das alte Griechenland Muster der Demokratie, der Grieche ein idealer Mensch, in dem Natur und Geist eine Harmonie bildeten. Die absolutistischen Herrschaftsstrukturen in Deutsch-

1 Despotismus: unumschränkte Gewaltherrschaft

land erlebte er – wie viele junge Menschen seiner Zeit – als Despotismus, die Deutschen als Inbegriff der Barbaren[1]. Der Held seines Romans *Hyperion* (1799), der aktiv am Befreiungskampf der Griechen gegen die Türkei teilnimmt, scheitert politisch – wie Hölderlin – an den gesellschaftlichen Gegebenheiten. Der Roman endet resignativ mit einer Beschimpfung der Deutschen:

1 So kam ich unter die Deutschen. Ich forderte nicht viel und war gefasst, noch weniger zu finden. Demütig kam ich, wie der heimatlose blinde Oedipus zum Tore von Athen, wo ihn der Götterhain empfing; und schöne Seelen ihm begegneten –

Wie anders ging es mir!

Barbaren von alters her, durch Fleiß und Wissenschaft und selbst durch Religion barbarischer geworden, tiefunfähig jedes göttlichen Gefühls [...], in jedem Grad der Übertreibung und der Ärmlichkeit beleidigend für jede gut geartete Seele, dumpf und harmonielos, wie die Scherben eines weggeworfenen Gefäßes – das, mein Bellarmin! waren meine Tröster.

Es ist ein hartes Wort und dennoch sag ichs, weil es Wahrheit ist: ich kann kein Volk mir denken, das zerrissner wäre als die Deutschen. Handwerker siehst du, aber keine Menschen, Denker, aber keine Menschen, Priester, aber keine Menschen, Herren und Knechte, Junge und gesetzte Leute, aber keine Menschen.

2. Fassen Sie die Kritik Hölderlins an den Deutschen in eigenen Worten zusammen:
   - Interpretieren Sie die Stelle „durch Fleiß und Wissenschaft und selbst durch Religion barbarischer geworden".
   - Nehmen Sie Stellung, inwieweit Hölderlins Aussage als prophetisch für die deutsche Geschichte im 20. Jahrhundert angesehen werden kann.

Elegische Ich-Lyrik

In seiner Lyrik knüpfte Hölderlin an Friedrich Gottlieb Klopstock an. Wie dieser verwendete er griechische Gedichtformen, die Ode, die Elegie und die strophisch gegliederte Hymne in freien Rhythmen. Seine Sprache ist voll Pathos und Bildkraft, eigenwillig im Satzbau und in der Wortwahl.

Friedrich Hölderlin
Abendphantasie (1799)

Vor seiner Hütte ruhig im Schatten sitzt
Der Pflüger, dem Genügsamen raucht sein Herd.
Gastfreundlich tönt dem Wanderer im
Friedlichen Dorfe die Abendglocke.

Wohl kehren jetzt die Schiffer zum Hafen auch,
In fernen Städten, fröhlich verrauscht des Markts
Geschäftger Lärm; in stiller Laube
Glänzt das gesellige Mahl den Freunden.

Wohin denn ich? Es leben die Sterblichen
Von Lohn und Arbeit; wechselnd in Müh und Ruh
Ist alles freudig; warum schläft denn
Nimmer nur mir in der Brust der Stachel?

1 Barbaren: unkultivierte Menschen

Am Abendhimmel blühet ein Frühling auf;
Unzählig blühn die Rosen, und ruhig scheint
Die goldne Welt; o dorthin nehmt mich,
Purpurne Wolken! und möge droben

In Licht und Luft zerrinnen mir Lieb und Leid! –
Doch, wie verscheucht von törichter Bitte, flieht
Der Zauber; dunkel wirds, und einsam
Unter dem Himmel, wie immer, bin ich –

Komm du nun, sanfter Schlummer! zu viel begehrt
Das Herz; doch endlich, Jugend! verglühst du ja,
Du ruhelose, träumerische!
Friedlich und heiter ist dann das Alter.

3. Untersuchen Sie, wie Hölderlin in dieser Ode sowohl eine Abendstimmung als auch sein Lebensgefühl beschreibt:
   - Erläutern Sie, in welcher Situation sich das lyrische Ich befindet.
   - Zeigen Sie auf, an welcher Stelle die Ode eine überraschende Wendung nimmt.
   - Stellen Sie die Zeilen 13–17 den Zeilen 18–19 gegenüber. Kommentieren Sie Gegensätze und Widersprüche.
   - Stellen Sie dar, welches Fazit in der letzten Strophe gezogen wird.

Hölderlin ist zwar 73 Jahre alt geworden, hat aber die zweite Hälfte seines Lebens in Depressionen und geistiger Verwirrung zugebracht, ab 1806 in einer Anstalt bzw. in Pflege.

Friedrich Hölderlin
Hälfte des Lebens (1803)

Mit gelben Birnen hänget
Und voll mit wilden Rosen
Das Land in den See,
Ihr holden Schwäne,
Und trunken von Küssen
Tunkt ihr das Haupt
Ins heilignüchterne Wasser.

Weh mir, wo nehm' ich, wenn
Es Winter ist, die Blumen, und wo
Den Sonnenschein,
Und Schatten der Erde?
Die Mauern stehn
Sprachlos und kalt, im Winde
Klirren die Fahnen.

4. Analysieren Sie dieses Gedicht nach folgenden Gesichtspunkten:
   - Besprechen Sie die Bedeutung des Titels.
   - Illustrieren Sie, welche Stimmungen die beiden Strophen wiedergeben.
   - Zeigen Sie auf, inwiefern die Struktur des Gedichts seine Aussage unterstützt.

HEINRICH VON KLEIST

Der aus preußischem Uradel stammende Heinrich von Kleist (1777 – 1811) war vor allem Dramatiker (*Der zerbrochne Krug*, *Prinz Friedrich von Homburg* u. a.). Auch seine epischen Werke weisen einen dramatischen Grundzug auf.
Im Drama tritt der Autor hinter seine Figuren zurück, er spricht nirgendwo direkt zu uns. Jede Figur vertritt ihre Auffassung und sieht die Probleme von ihrem Standpunkt. Daraus erwächst der dramatische Konflikt. In Kleists Novellen vertreten die Figuren ebenfalls einander widersprechende Positionen und Werte. Nie sind sie eines Sinnes, nie greift der Erzähler klärend ein, sodass der Leser selbst versuchen muss, die Wahrheit zu finden.

Kant: das „Ding an sich"

Diese Erzähltechnik hängt mit Kleists Kant-Erlebnis zusammen. Der Philosoph Immanuel Kant aus Königsberg (heute Kalinigrad, russische Enklave zwischen Polen und Litauen) hatte erklärt, die Erkenntnis des Menschen hänge von seinen Erkenntnismitteln, seiner Art der Wahrnehmung in Raum und Zeit und seinen Denkgesetzen ab. Deswegen sei es dem Menschen unmöglich, das „Ding an sich" zu erkennen. Alle Menschen machen sich zwar das gleiche Bild von der Welt, aber es sei eben nur ein „Bild". Über das Wesen des Dinges an sich können wir nichts aussagen.
Kleist, der zunächst davon überzeugt war, dass der Mensch fähig sei, eine objektive Wahrheit zu erfassen, stürzte nach der Lektüre von Kants *Kritik der reinen Vernunft* in eine tiefe Krise. Er hatte Kant jedoch missverstanden. Für Kleist war fortan objektive Erkenntnis nicht möglich. Die Verständigung der Menschen mit Hilfe der Sprache war für ihn problematisch geworden, weil jeder die Dinge von seinem Standpunkt, und das bedeutet: anders, sieht. Diese Überzeugung ist der Grund dafür, dass Kleist in seinen Dramen und Novellen immer wieder das wechselseitige Missverstehen der Menschen und ihr Verstummen gestaltet.
Kleists episches Werk besteht aus Novellen, Erzählungen und Anekdoten. Die umfangreichste Novelle ist *Michael Kohlhaas*, die Geschichte eines Rosshändlers, der wegen eines erlittenen Unrechts (ihm sind widerrechtlich Pferde beschlagnahmt worden) einen Privatkrieg beginnt, in dem er zum Räuber und Mörder wird und schließlich am Galgen endet. Kleinere Novellen sind: *Das Erdbeben in Chili*, *Die Marquise von O.*, *Die Verlobung in St. Domingo*, *Das Bettelweib von Locarno* u. a.

Novelle

Boccaccio: *Il Decamerone*

Das Wort Novelle kommt aus dem Italienischen (novella) und bedeutet eigentlich (kleine) Neuigkeit (zu lat. novus). Die Novellendichtung ist stark von *Il Decamerone* (entstanden um 1350) von Giovanni Boccaccio (1313 – 1375) beeinflusst. Sieben Damen und drei Herren flüchten vor der Pest aus Florenz auf ein entferntes Landgut. Zehn Abende hindurch erzählen die zehn Personen zehn Geschichten zum Zeitvertreib.
Während sich die Novellendichtung in England, Frankreich und Spanien zwischen dem 14. und dem 17. Jahrhundert reich entfaltete, begann sie sich im deutschen Sprachraum erst seit Goethe zu entwickeln. Die Romantiker, die Dichter des Biedermeier und besonders die Realisten schätzten die Novelle sehr. Im 20. Jahrhundert finden sich noch vereinzelt hervorragende Novellen.

Straffe Entwicklung der Handlung

Ein äußeres Merkmal ist der Umfang: Die Novelle ist meist umfangreicher als eine Kurzgeschichte und kürzer als ein Roman. Die „mittlere Länge" der Novelle hängt mit der in der Regel einsträngigen Handlung zusammen; das heißt, das Geschehen wird geradlinig vorangetrieben. Abschweifende Nebenhandlungen fehlen. Der Erzähler zielt von Anfang an auf das Mittelpunktereignis ab. Alles steht in Beziehung zu diesem zentralen Geschehen. Goethe hat es die „unerhörte Begebenheit" genannt. Dieses Mittelpunktereignis hat den Charakter des Neuen und Ungewöhnlichen.

Die Ausrichtung auf das Mittelpunktereignis hat zur Folge, dass sich der Autor um die Raffung der Handlung und um Kürze bemühen muss: Er springt, verknappt und spart aus.
Der Aufbau einer Novelle ist ähnlich straff wie der einer klassischen Tragödie: Auf eine kurze Exposition folgt das erregende Moment; die Handlung wird bis zum Wendepunkt geführt, der etwas Unerwartetes, Außerordentliches bringt.

Giovanni Boccaccio, *Il Decamerone:* französische Buchmalerei aus dem 15. Jahrhundert.

Signalwirkung des Zentralmotivs

In manchen Novellen kommt ein Zentralmotiv oder Leitmotiv vor: An mehreren entscheidenden Stellen begegnen wir einem bestimmten Ding, Tier oder Menschen; manchmal ist es auch ein Lied, ein Spruch. Das Zentralmotiv kann symbolische Bedeutung haben (Dingsymbol). Jedenfalls hat es Signalwirkung, aber auch die Aufgabe, die Handlung zu verklammern. Paul Heyse nannte ein solches Leitmotiv, das an den wesentlichen Stellen des Textes wiederkehrt, das Falkenmotiv (nach einer Novelle von Boccaccio aus dem *Decamerone*).
Manche Novellen weisen einen Rahmen auf, das heißt, die zu erzählende Geschichte wird in eine Erzählung eingebettet. Der Rahmen kann die Aufgabe haben, mehrere Erzählungen zu einem „Novellenkranz“ zu verbinden, wie in Boccaccios *Il Decamerone*. Der Rahmen kann aber auch eine einzige Geschichte umschließen. Häufig schafft sich der Autor eine Erzählerfigur, die aus ihrem Leben berichtet und als Gewährsmann für die Glaubwürdigkeit des Erzählten dient.
Die folgende Novelle ist sehr kurz, erfüllt aber dennoch die Kriterien für diese Textsorte.

Heinrich von Kleist

Das Bettelweib von Locarno (1810)

Am Fuße der Alpen, bei Locarno im oberen Italien, befand sich ein altes, einem Marchese[1] gehöriges Schloss, das man jetzt, wenn man vom St. Gotthard kommt, in Schutt und Trümmern liegen sieht: ein Schloss mit hohen und weitläufigen Zimmern, in deren einem einst, auf Stroh, das man ihr unterschüttete, eine alte kranke Frau, die sich bettelnd vor der Tür eingefunden hatte, von der Hausfrau aus Mitleiden gebettet worden war. Der Marchese, der, bei der Rückkehr von der Jagd, zufällig in das Zimmer trat, wo er seine Büchse abzusetzen pflegte, befahl der Frau unwillig, aus dem Winkel, in welchem sie lag, aufzustehen und sich hinter den Ofen zu verfügen. Die Frau, da sie sich erhob, glitschte mit der Krücke auf dem glatten Boden aus und beschädigte sich, auf eine gefährliche Weise, das Kreuz; dergestalt, dass sie zwar noch mit unsäglicher Mühe aufstand und quer, wie es vorgeschrieben war, über das Zimmer ging, hinter dem Ofen aber, unter Stöhnen und Ächzen, niedersank und verschied.

Mehrere Jahre nachher, da der Marchese, durch Krieg und Misswachs, in bedenkliche Vermögensumstände geraten war, fand sich ein florentinischer Ritter bei ihm ein, der das Schloss, seiner schönen Lage wegen, von ihm kaufen wollte. Der Marchese, dem viel an dem Handel gelegen war, gab seiner Frau auf, den Fremden in dem oben erwähnten, leer stehenden Zimmer, das sehr schön und prächtig eingerichtet war, unterzubringen. Aber wie betreten war das Ehepaar, als der Ritter mitten in der Nacht, verstört und bleich, zu ihnen herunterkam, hoch und teuer versichernd, dass es in dem Zimmer spuke, indem etwas, das dem Blick unsichtbar gewesen, mit einem Geräusch, als ob es auf Stroh gelegen, im Zimmerwinkel aufgestanden, mit vernehmlichen Schritten, langsam und gebrechlich, quer über das Zimmer gegangen und hinter dem Ofen, unter Stöhnen und Ächzen, niedergesunken sei. Der Marchese, erschrocken, er wusste selbst nicht warum, lachte den Ritter mit erkünstelter Heiterkeit aus und sagte, er wolle gleich aufstehen und die Nacht zu seiner Beruhigung mit ihm in dem Zimmer zubringen. Doch der Ritter bat um die Gefälligkeit, ihm zu erlauben, dass er auf einem Lehnstuhl in seinem Schlafzimmer übernachte, und als der Morgen kam, ließ er anspannen, empfahl sich und reiste ab. Dieser Vorfall, der außerordentliches Aufsehen machte, schreckte auf eine dem Marchese höchst unangenehme Weise mehrere Käufer ab; dergestalt, dass, da sich unter seinem Hausgesinde, befremdend und unbegreiflich, das Gerücht erhob, dass es in dem Zimmer, zur Mitternachtsstunde, umgehe, er, um es mit einem entscheidenden Verfahren niederzuschlagen, beschloss, die Sache in der nächsten Nacht selbst zu untersuchen. Demnach ließ er, beim Einbruch der Dämmerung, sein Bett in dem besagten Zimmer aufschlagen und erharrte, ohne zu schlafen, die Mitternacht. Aber wie erschüttert war er, als er in der Tat, mit dem Schlag der Geisterstunde, das unbegreifliche Geräusch vernahm; es war, als ob ein Mensch sich von Stroh, das unter ihm knisterte, erhob, quer über das Zimmer ging und hinter dem Ofen, unter Geseufz und Geröchel, niedersank. Die Marquise[2], am andern Morgen, da er herunterkam, fragte ihn, wie die Untersuchung abgelaufen; und da er sich, mit scheuen und ungewissen Blicken, umsah, und, nachdem er die Tür verriegelt, versicherte, dass es mit dem Spuk seine Richtigkeit habe: so erschrak sie, wie sie in ihrem Leben nicht getan, und bat ihn, bevor er die Sache verlauten

1 Marchese: hoher italienischer Adelstitel (Markgraf)
2 Marquise: französische Form, Markgräfin

ließe, sie noch einmal, in ihrer Gesellschaft, einer kaltblütigen Prüfung zu unterwerfen. Sie hörten aber, samt einem treuen Bedienten, den sie mitgenommen hatten, in der Tat, in der nächsten Nacht, dasselbe unbegreifliche gespensterartige Geräusch; und nur der dringende Wunsch, das Schloss, es koste was es wolle, loszuwerden, vermochte sie, das Entsetzen, das sie ergriff, in Gegenwart ihres Dieners zu unterdrücken und dem Vorfall irgendeine gleichgültige und zufällige Ursache, die sich entdecken lassen müsse, unterzuschieben. Am Abend des dritten Tages, da beide, um der Sache auf den Grund zu kommen, mit Herzklopfen wieder die Treppe zu dem Fremdenzimmer bestiegen, fand sich zufällig der Haushund, den man von der Kette losgelassen hatte, vor der Tür desselben ein; dergestalt, dass beide, ohne sich bestimmt zu erklären, vielleicht in der unwillkürlichen Absicht, außer sich selbst noch etwas Drittes, Lebendiges, bei sich zu haben, den Hund mit sich in das Zimmer nahmen. Das Ehepaar, zwei Lichter auf dem Tisch, die Marquise unausgezogen, der Marchese Degen und Pistolen, die er aus dem Schrank genommen, neben sich, setzen sich, gegen elf Uhr, jeder auf sein Bett; und während sie sich mit Gesprächen, so gut sie vermögen, zu unterhalten suchen, legt sich der Hund, Kopf und Beine zusammengekauert, in der Mitte des Zimmers nieder und schläft ein. Drauf, in dem Augenblick der Mitternacht, lässt sich das entsetzliche Geräusch wieder hören; jemand, den kein Mensch mit Augen sehen kann, hebt sich, auf Krücken, im Zimmerwinkel empor; man hört das Stroh, das unter ihm rauscht; und mit dem ersten Schritt: tapp! tapp! erwacht der Hund, hebt sich plötzlich, die Ohren spitzend, vom Boden empor, und knurrend und bellend, grad als ob ein Mensch auf ihn eingeschritten käme, rückwärts gegen den Ofen weicht er aus. Bei diesem Anblick stürzt die Marquise, mit sträubenden Haaren, aus dem Zimmer; und während der Marchese, der den Degen ergriffen: wer da? ruft, und da ihm niemand antwortet, gleich einem Rasenden, nach allen Richtungen die Luft durchhaut, lässt sie anspannen, entschlossen, augenblicklich nach der Stadt abzufahren. Aber ehe sie noch einige Sachen zusammengepackt und aus dem Tore herausgerasselt, sieht sie schon das Schloss ringsum in Flammen aufgehen. Der Marchese, von Entsetzen überreizt, hatte eine Kerze genommen und dasselbe, überall mit Holz getäfelt, wie es war, an allen vier Ecken, müde seines Lebens, angesteckt. Vergebens schickte sie Leute hinein, den Unglücklichen zu retten; er war auf die elendiglichste Weise bereits umgekommen, und noch jetzt liegen, von den Landleuten zusammengetragen, seine weißen Gebeine in dem Winkel des Zimmers, von welchem er das Bettelweib von Locarno hatte aufstehen heißen.

5. Verfassen Sie eine möglichst knappe Inhaltsangabe.
6. Besprechen Sie die folgenden Aspekte dieser Novelle:
   - Zeigen Sie den Höhepunkt der Novelle auf.
   - Stellen Sie dar, wie sich die Zeiten in diesem Text verändern.
   - Kommentieren Sie die Beziehung zwischen dem Inhalt und der Form (z. B. der Verwendung der Zeiten).
   - Nehmen Sie Stellung zu der Handlungsweise des Marchese.
   - Stellen Sie Vermutungen darüber an, warum die Novelle für den Marchese tragisch endet.
7. *Das Bettelweib von Locarno* wirkt wie der Entwurf zu einem Drama. Benützen Sie diese Novelle als Vorlage für eine Bearbeitung.
   - Versuchen Sie, das Treatment für ein Fernsehspiel zu entwerfen. Beschreiben Sie die Sequenzen, die Kameraführung, die Regie, den Ort der Handlung.
   - Arbeiten Sie eine Szene als Hörspiel in Dialogen um.

Anekdote

Das Wort Anekdote bedeutet wörtlich: Nichtherausgegebenes. Der Begriff entstand am byzantinischen Hof des Kaisers Justinian (6. Jahrhundert), wo Klatschgeschichten über wichtige Persönlichkeiten erzählt wurden. Vom Inhalt her wurde die Form geprägt: Anekdote ist heute eine kurze, oft heiter-witzige Erzählung einer merkwürdigen Begebenheit am Rande. Häufig geht es um eine bekannte Persönlichkeit, die im privaten Bereich charakterisiert wird. Den Schluss bildet eine Pointe, eine überraschend witzige Wendung. Die Anekdote erfordert eine knappe, dem Witz verwandte Sprache, welche die Pointe durch Weglassen alles Überflüssigen scharf und zugespitzt herausarbeitet. Der Baseler Johann Peter Hebel (1760 – 1826) gab jahrelang einen volkstümlichen Kalender heraus, den *Rheinländischen Hausfreund*, in dem er eine große Zahl von Anekdoten abdrucken ließ.
Die heute noch lebendige Anekdote hat etwas von der Ursituation des Erzählens bewahrt: Der Erzähler berichtet aus seiner Erinnerung einen selbst erlebten oder gehörten merkwürdigen Vorfall in wirkungsvoller Weise, um sein Publikum in Erstaunen zu setzen und zu unterhalten.
Die wenigen Anekdoten, die Kleist geschrieben hat, sind kennzeichnend für seinen Prosastil.

Heinrich von Kleist
Der verlegene Magistrat (1810)

Ein H...r Stadtsoldat hatte vor nicht gar langer Zeit, ohne Erlaubnis seines Offiziers, die Stadtwache verlassen. Nach einem uralten Gesetz steht auf ein Verbrechen dieser Art, das sonst der Streifereien des Adels wegen, von großer Wichtigkeit war, eigentlich der Tod. Gleichwohl, ohne das Gesetz mit bestimmten Worten aufzuheben, ist davon seit vielen hundert Jahren kein Gebrauch mehr gemacht worden: dergestalt, dass statt auf die Todesstrafe zu erkennen, derjenige, der sich dessen schuldig macht, nach einem feststehenden Gebrauch, zu einer bloßen Geldstrafe, die er an die Stadtkasse zu erlegen hat, verurteilt wird. Der besagte Kerl aber, der keine Lust haben mochte, das Geld zu entrichten, erklärte, zur großen Bestürzung des Magistrats: dass er, weil es ihm einmal zukomme, dem Gesetz gemäß, sterben wolle. Der Magistrat, der ein Missverständnis vermutete, schickte einen Deputierten an den Kerl ab und ließ ihm bedeuten, um wie viel vorteilhafter es für ihn wäre, einige Gulden Geld zu erlegen, als arkebusiert[1] zu werden. Doch der Kerl blieb dabei, dass er seines Lebens müde sei und dass er sterben wolle: dergestalt, dass dem Magistrat, der kein Blut vergießen wollte, nichts übrig blieb, als dem Schelm die Geldstrafe zu erlassen, und noch froh war, als er erklärte, dass er, bei so bewandten Umständen, am Leben bleiben wolle.

8. Arbeiten Sie typische Merkmale der Anekdote anhand dieses Textes heraus:
   - Heben Sie die merkwürdige Begebenheit hervor.
   - Zeigen Sie die witzige Wendung auf.
   - Kommentieren Sie die sprachliche Umsetzung.

1 arkebusiert: erschossen (Arkebuse = Gewehr)

DIE ROMANTIK
1795 BIS ETWA 1835

EIN PROGRAMM FÜR EINE WIRRE ZEIT

Das Wort „romantisch" bedeutete ursprünglich romanhaft, später erst poetisch, phantastisch, stimmungsvoll. Davon abgeleitet ist das Wort Romantik als Epochenbegriff. Die deutsche Romantik war nicht nur eine literarische, sondern eine das gesamte Geistesleben der Zeit prägende Bewegung, die einen neuen Lebensstil, eine neue Kunst- und Weltanschauung hervorbringen und die Krise der Gesellschaft um 1800 überwinden wollte. Im 116. Fragment des *Athenäums*, einer Zeitschrift der Frühromantik, heißt es: „Die romantische Poesie ist eine progressive Universalpoesie[1]." Es ging den Romantikern darum, die Menschen zum Poesiehaften in der Welt hinzuführen. Dieses Poesiehafte ist unmittelbar zu erleben, im Lächeln eines Kindes ebenso wie im Rauschen eines Baches oder im Gefühl für das Göttliche. Alle Künste sollten sich zu einem Gesamtkunstwerk vereinen, alles Welterleben sollte zu einem romantischen Erlebnis werden.

Poetisierung des Lebens

Napoleonische Kriege

Die romantische Bewegung stand zunächst im Zeichen der Zustimmung zu den Idealen der Französischen Revolution von 1789. Das änderte sich erst, als Napoleon (1769 – 1821) seine Heere siegreich kreuz und quer durch den Kontinent führte. Mit unbeschränkter Macht zerstörte der neue Kaiser der Franzosen alte Strukturen, wie das Heilige Römische Reich, und errichtete neue staatliche Gebilde. In den Städten lagen französische Besatzungstruppen, und viele Nationen mussten für Napoleon in den Krieg ziehen. Der Abwehrwille der unterworfenen Völker gegen den militanten Despotismus Napoleons und seiner Helfer wuchs und entfachte den allgemeinen Aufstand der europäischen Staaten, als die Große Armee sieglos und vom Winter geschlagen aus Russland zurückkehrte (1813). In den folgenden Befreiungskriegen erreichte der nationale Enthusiasmus seinen Höhepunkt. Napoleon wurde besiegt und verbannt.

Restauration des Absolutismus

Der Wunschtraum der bürgerlichen Patrioten, die den Kampf gegen Napoleon getragen hatten, war die politische Einheit der vielen deutschen Staaten und die Freiheit der Menschen. Doch die Fürsten schufen auf dem Wiener Kongress (1815) unter der Leitung des österreichischen Staatskanzlers Metternich eine Neuordnung Europas, die den fürstlichen Absolutismus wiederherstellte, wie er vor der Französischen Revolution geherrscht hatte. Zur Aufrechterhaltung dieser Ordnung schlossen sich die Großmächte in der Heiligen Allianz zusammen und vereinbarten, sich notfalls gegenseitig Hilfe zu leisten. Alle Hoffnungen des Bürgertums auf Liberalismus und Demokratie waren damit zunichte gemacht. Die Empörung über diesen Rückschritt wurde mit polizeistaatlichen Mitteln unterdrückt. Die kämpferische Begeisterung klang in müder Resignation aus. Dem Bürgertum, das seit den Jahren des Sturm und Drang gegen fürstliche Willkürherrschaft und gegen die Privilegien des Adels gekämpft hatte, war es nicht gelungen, zur bestimmenden Kraft im Staate zu werden. Es zog sich in seine behaglichen Häuser, in die innere Emigration zurück.

1 progressiv: fortschrittlich

DIE FRÜHROMANTIK

Jenaer Kreis

In der Stadt Jena, die zum Herzogtum Sachsen-Weimar gehörte, taten sich in den letzten Jahren des 18. Jahrhunderts die Brüder August Wilhelm Schlegel (1767 – 1845) und Friedrich Schlegel (1772 – 1829), die sich als Literaturtheoretiker verstanden, der Philosoph Friedrich Wilhelm Schelling (1775 – 1854) und die beiden Dichter Ludwig Tieck (1773 – 1853) und Novalis (eigentlich Georg Philipp Friedrich von Hardenberg, 1772 – 1801) zusammen. Sie waren Studenten oder freie Schriftsteller, alle zwischen 25 und 30 Jahre alt und fest entschlossen, ihr Leben anders zu gestalten als die „philisterhaften Bürger"[1], nämlich als exzentrische Bohemiens[2], die nicht nur ein neues Kunstprogramm, sondern auch die Emanzipation der Frau und die freie Liebe durchsetzen wollten. Die Gruppe verstand sich zunächst als Gegengewicht zur Spätaufklärung und deren Vernunftkult.
Sie fand sich bestätigt durch Herder und Hamann, die sich bereits in den sechziger Jahren auf die Kräfte des leidenschaftlichen Fühlens, auf die Phantasie und die Ahnung berufen hatten. Nur im Traum, in der Vision und in der Ekstase[3] könnten Menschen die wahre Welt ahnen. Von da her wird die romantische Poesie eine Poesie der Sehnsucht und der Phantasie.

Caspar David Friedrich (1774 – 1840), *Ansicht eines Hafens,* um 1815/16, Schloss Charlottenhof Potsdam. Friedrich gilt als bedeutendster Maler und Zeichner der deutschen Frühromantik, charakteristisch für seine Werke sind Natur- und Landschaftsdarstellungen.

1 philisterhafte Bürger: Spießbürger
2 Bohemien: unbekümmerte, leichtlebige, unkonventionelle Künstlernatur
3 Ekstase: Verzückung, rauschhafter Zustand

Natürlich setzten sich die Frühromantiker mit dem Erbe des Sturm und Drang und auch mit den ersten Werken der Klassik auseinander. Die Leitbegriffe des Sturm und Drang, nämlich Natur, Genie, Gefühl, Freiheit, wurden als unabdingbare Voraussetzungen für die Poesie übernommen. Während jedoch der Sturm und Drang jede Führungsrolle der Wissenschaft abgelehnt hatte, ließen sich die Romantiker in hohem Maß von ihr leiten. Für sie waren literaturtheoretische Erörterungen sehr wichtig. Sie suchten nach einer philosophischen Begründung ihres Weltbildes und wollten ihre Ideen auch in die Rechts- und Staatswissenschaft und in die Naturwissenschaften tragen.

Geist als Ziel der Entwicklung

Für die romantische Weltsicht wurde die Naturphilosophie Schellings bestimmend. Friedrich Wilhelm Schelling verstand die Natur als schöpferischen Urgrund allen Seins. Alles in der Natur strebt darauf zu, Geist zu werden. Das geistige Prinzip entfaltet sich im Menschen als Erkennen, Wollen und Fühlen. Das Erkennen führt zu den Wissenschaften, das Wollen zur Staatenbildung und zur Politik, das Fühlen aber zur Kunst als dem höchsten Ausdruck des menschlichen Geistes.

Diese Gedanken nahmen die Romantiker, vor allem Novalis, auf und gingen den Weg zurück: Das Kunstwerk wurde zum Mittel, zu den geheimen Kräften der Natur zurückzukehren. Die Folge war ein Verwischen der Grenzen zwischen dem Bewusstsein und dem Unbewussten, wobei sich das Interesse immer mehr auf das Unbekannte, Dunkle, Unheimliche verlagerte.

Das Ich als Schöpfer einer sinnvollen Welt

Neben Schelling wirkte der Philosoph Johann Gottlieb Fichte (1762 – 1814), der Professor in Jena war, auf die Frühromantiker ein. Er begründete in seiner *Wissenschaftslehre* (1794) eine Ich-Philosophie: Das Ich setzt sich selbst, das heißt, der Mensch erarbeitet sich seine geistig-sittliche Persönlichkeit. Er ist keine Tatsache, sondern eine Tathandlung. Indem er die Welt denkt und ordnet, ihr einen Sinn gibt, schafft er sie erst. Fichte war von der Freiheit des menschlichen Willens überzeugt. Nicht die Dinge bestimmen das Ich, sondern umgekehrt: Das Ich, der menschliche Geist, schafft und bestimmt die Dinge. Man nennt eine solche philosophische Auffassung Idealismus (zu griech. idéa), weil sie das geistige Prinzip an die erste Stelle setzt (Gegensatz: Materialismus, vgl. die Auffassung von Karl Marx, Seite 212f.).

Der subjektive Idealismus Fichtes wird zur Leitlinie der Romantiker: Da die Dinge vom handelnden Menschen ihr Sein und ihren Sinn erhalten, kann der schöpferische Mensch das Sein verändern, auch aufheben. Der Künstler hat die Freiheit zum unbegrenzten Spiel mit Stoff, Stimmung und Form. Er schafft aus seiner Phantasie eine Welt der Illusion, die er danach in Frage stellen, ja wieder aufheben kann. Diese romantische Ironie wird zum Kennzeichen der Darstellungsweise. Die Romantiker waren sich durchaus bewusst, dass ihr Versuch der Poetisierung der Welt Utopie bleiben würde und zum Scheitern verurteilt war.

Aufhebung der Illusion durch Ironie

Übersetzungen

Einige Dichter der Frühromantik besaßen ein feines Gefühl für fremde Sprachen und Kulturen. Sie erschlossen durch Übersetzungen und Nachdichtungen dem deutschen Publikum die literarischen Schätze vieler Zeiten und Länder. August Wilhelm Schlegel, Ludwig Tieck und später dessen Tochter Dorothea stellten Übersetzungen der Dramen Shakespeares her, die heute noch gedruckt und gespielt werden. Auch portugiesische, spanische und italienische Werke wurden übersetzt.

Muster aller Poesie war für die Frühromantik Goethes *Wilhelm Meister*, mit dem sich fast alle produktiv auseinandersetzten. Sie wandelten den Entwicklungs- und Bildungsroman in den Künstlerroman um. Zwischen den Klassikern in Weimar und den Romantikern in Jena gab es zwar keine Übereinstimmung, doch einen Ideen- und Gedankenaustausch. Mit der Zeit aber wurden die Unterschiede immer deutlicher. Die Klassik zielte auf das Objektive, Allgemeingültige; die Romantik suchte das Individuelle, Charakteristische. Das Vorbild der Antike wurde von den Romantikern nicht mehr unbedingt anerkannt. Dafür fanden sie im Mittelalter ihre Ideale verwirklicht. In Novalis' Roman über einen sagenhaften Minnesänger, *Heinrich von Ofterdingen*, findet sich das Symbol der romantischen Poesie, die „blaue Blume". Auch Ludwig Tieck siedelte viele seiner Geschichten im Mittelalter an, z. B. seine märchenhafte Erzählung *Der blonde Eckbert*. Tieck stellte das Geheimnisvolle, das Abgründige und die Sehnsucht dar, Themen, die von den Klassiker gemieden wurden.

Novalis

Lyrik als Schutz gegen die Gewöhnlichkeit

Für Novalis ist die Lyrik „das Poetische schlechthin". Sie ist „Schutzwehr gegen das gewöhnliche Leben". Ihre Phantasie genießt die Freiheit, „alle Bilder durcheinander zu werfen". Sie ist Opposition gegen eine Welt der Gewohnheit. „Jedes Wort ist Beschwörung." In der dichterischen Sprache „ist es wie mit mathematischen Formeln; sie machen eine Welt für sich aus, spielen nur mit sich selbst." „Gedichte, bloß wohlklingend, aber auch ohne allen Sinn und Zusammenhang, höchstens einzelne Strophen verständlich, wie lauter Bruchstücke aus den verschiedensten Dingen." Mit diesen Auffassungen von Lyrik wird Novalis zum Vorläufer der modernen Lyrik, insbesondere der surrealen.

Das Todeserlebnis des Novalis

Die einzige Dichtung, die Novalis (er starb im Alter von 29 Jahren) abgeschlossen hat und die zu seinen Lebzeiten erschien, sind die *Hymnen an die Nacht.* Entscheidend war das Erlebnis des frühen Todes seiner ersten Braut, Sophie. Novalis beschäftigte sich zur Entstehungszeit der *Hymnen* mit naturwissenschaftlichen Problemen und mit den Schriften des Mystikers Jacob Böhme. Seine Hymnen bieten Erfahrungen aus einem Bereich jenseits des bewussten Erlebens. Die handschriftliche Fassung ist in Verszeilen geschrieben, der erste Druck weist fortlaufende Zeilen auf.

Novalis
Aus **Hymnen an die Nacht** (1800)

1.
Welcher Lebendige, Sinnbegabte, liebt nicht vor allen Wundererscheinungen des verbreiteten Raums um ihn das allerfreuliche Licht – mit seinen Farben, seinen Strahlen und Wogen; seiner milden Allgegenwart, als weckender Tag [...] Abwärts wend ich mich zu der heiligen, unaussprechlichen, geheimnisvollen Nacht. Fernab liegt die Welt – in eine tiefe Gruft versenkt – wüst und einsam ist ihre Stelle. In den Saiten der Brust weht tiefe Wehmut. In Tautropfen will ich hinuntersinken und mit Asche mich vermischen. – Fernen der Erinnerung, Wünsche der Jugend, der Kindheit Träume, des ganzen langen Lebens kurze Freuden und vergebliche Hoffnungen kommen in grauen Kleidern, wie Abendnebel nach der Sonne Untergang. [...]

3.
Einst, da ich bittre Tränen vergoss, da in Schmerz aufgelöst meine Hoffnung zerrann und ich einsam stand am dürren Hügel, der in engen, dunkeln Raum die Gestalt meines Lebens barg – einsam, wie noch kein Einsamer war, von unsäglicher Angst getrieben – kraftlos, nur ein Gedanken des Elends noch. – Wie ich da nach Hilfe umherschaute, vorwärts nicht konnte und rückwärts nicht, und am fliehenden, verlöschten Leben mit unendlicher Sehnsucht hing: – da kam aus blauen Fernen – von den Höhen meiner alten Seligkeit ein Dämmerungsschauer – und mit einem Male riss das Band der Geburt – des Lichtes Fessel. Hin floh die irdische Herrlichkeit und meine Trauer mit ihr – zusammen floss die Wehmut in eine neue, unergründliche Welt – du Nachtbegeisterung, Schlummer des Himmels kamst über mich – die Gegend hob sich sacht empor; über der Gegend schwebte mein entbundner, neugeborner Geist. Zur Staubwolke wurde der Hügel – durch die Wolke sah ich die verklärten Züge der Geliebten. In ihren Augen ruhte die Ewigkeit – ich fasste ihre Hände, und die Tränen wurden ein funkelndes, unzerreißliches Band. Jahrtausende zogen abwärts in die Ferne, wie Ungewitter. An ihrem Halse weint ich dem neuen Leben entzückende Tränen. – Es war der erste, einzige Traum – und erst seitdem fühl ich ewigen, unwandelbaren Glauben an den Himmel der Nacht und sein Licht, die Geliebte.

4.

Nun weiß ich, wenn der letzte Morgen sein wird – wenn das Licht nicht mehr die Nacht und Liebe scheucht – wenn der Schlummer ewig und nur Ein unerschöpflicher Traum sein wird. Himmlische Müdigkeit fühl ich in mir. – Weit und ermüdend ward mir die Wallfahrt zum heiligen Grabe, drückend das Kreuz. Die kristallene Woge, die gemeinen Sinnen unvernehmlich, in des Hügels dunkeln Schoß quillt, an dessen Fuß die irdische Flut bricht, wer sie gekostet, wer oben stand auf dem Grenzgebirge der Welt, und hinübersah in das neue Land, in der Nacht Wohnsitz – wahrlich, der kehrt nicht in das Treiben der Welt zurück, in das Land, wo das Licht in ewiger Unruh hauset.

Oben baut er sich Hütten, Hütten des Friedens, sehnt sich und liebt, schaut hinüber, bis die willkommenste aller Stunden hinunter ihn in den Brunnen der Quelle zieht – das Irdische schwimmt obenauf, wird von Stürmen zurückgeführt, aber was heilig durch der Liebe Berührung ward, rinnt aufgelöst in verborgenen Gängen auf das jenseitige Gebiet, wo es, wie Düfte, sich mit entschlummerten Lieben mischt. [...]

1. Untersuchen Sie, wie Novalis in diesen Hymnen seine Gemütslage darstellt:
   - Beschreiben Sie, von welcher Stimmung diese Texte getragen sind.
   - Diskutieren Sie die Rolle der Nacht.
   - Argumentieren Sie, wodurch diese Texte trotz der fortlaufenden Zeilen zur Lyrik werden.

DIE HOCHROMANTIK

Heidelberger Kreis

Als Hochromantik bezeichnet man die Phase ab etwa 1805. Zunächst fanden sich der norddeutsche Junker Ludwig Achim von Arnim (1781 – 1831) und der rheinländische Kaufmannssohn Clemens Brentano (1778 – 1842), beide Studenten in Heidelberg, als Gleichgesinnte (Heidelberger Romantik). Zu ihnen gehörten Bettina, die Schwester Brentanos und spätere Frau von Arnim, Joseph Görres und die Brüder Jacob und Wilhelm Grimm. Der ursprüngliche kosmopolitische[1] Schwung, der über die Grenzen hinaus zu anderen Völkern führte, schlug angesichts der Ohnmacht der deutschen Kleinstaaten gegenüber Napoleon in die Verklärung der deutschen Vergangenheit um. Als mit dem Ende des Heiligen Römischen Reiches (1806) auch noch die letzte überkommene Institution der mittelalterlichen Welt ihr Ende nahm, sahen die deutschen Romantiker im Mittelalter nicht nur die ideale Glaubenseinheit der christlichen Kirche, sondern auch die nationale Größe, die erneuert werden sollte. Aus diesem Grund wandten sie sich der altdeutschen Sprache und Literatur zu.

Verklärung der deutschen Vergangenheit

Das besondere Interesse der Romantiker galt der Volksliteratur, in der sie das Ursprüngliche, Echte und Unschuldige zu finden glaubten. Zur Volksliteratur zählen Märchen und Sagen, Lieder und Erzählgedichte.

Der romantische Sprachstil suchte die Illusion zu steigern. So sollte ein altertümlicher, chronikhafter Stil die Illusion der vergangenen alten Zeit schaffen, die einfache Volkssprache Nähe zur Volksdichtung herstellen. Die Sprache der Volksbücher, der Märchen und der Volkslieder wurde bewusst aufgenommen und bis in Einzelheiten des Satzbaus und der Wortwahl nachgebildet.

Volksliteratur

Mit Textausgaben und Sammlungen von Märchen, Sagen, Volksbüchern und Liedern wollten die Romantiker auch zur Erneuerung des nationalen Selbstbewusstseins beitragen. In diesem Zusammenhang muss man die Volksliedersammlung *Des Knaben Wunderhorn* sehen, die Arnim und Brentano gemeinsam herausgaben, aber auch die Märchensammlung der Brüder Grimm, ihre altdeutsche

1 kosmopolitisch: weltbürgerlich

Grammatik und ihr groß angelegtes *Deutsches Wörterbuch*, das erst 1961 abgeschlossen werden konnte.
Die nationalen Gedanken der Romantik drangen in den folgenden Jahrzehnten über die Grenzen Deutschlands hinaus. Ihre Wirkung war dort am stärksten, wo Völker noch keine nationalen Staaten bilden konnten: in Italien, das aus dem Kirchenstaat und Gebieten unter fremder Herrschaft bestand; in Polen, das unter russischer, preußischer und österreichischer Herrschaft stand; in Ungarn und bei den südslawischen Völkern, die zur Habsburgermonarchie oder zum Osmanischen Reich gehörten. Hier liegen die Wurzeln des Nationalismus, der die zweite Hälfte des 19. Jahrhunderts und auch noch die erste Hälfte des 20. Jahrhunderts bestimmte.

Volks- und Kunstmärchen

Die beliebteste Form der Hochromantik war das Märchen, in dem die Grenzen zwischen Wirklichkeit und Wunschwelt durch das Ereignis des Wunderbaren aufgehoben sind. Jacob (1785 – 1863) und Wilhelm Grimm (1786 – 1859) zeichneten viele Volksmärchen auf, die sie 1812 erstmals unter dem Titel *Kinder- und Hausmärchen* herausgaben.

Wesenszüge des Volksmärchens

Die Entstehung der Volksmärchen ist nicht ganz geklärt. Auffallend sind die vielen gleichen Motive in Märchen aller Völker, auch solcher, die nie miteinander in Berührung gekommen sind. Märchen wurden jahrhundertelang mündlich überliefert. Der festgefügte Handlungsablauf stellt außerordentliche Schwierigkeiten und deren Bewältigung dar. Die Konflikte erwachsen aus gegensätzlichen Charaktereigenschaften der handelnden Personen: fleißig – faul, schön – hässlich, dumm – schlau, gut – böse. Die meisten Figuren haben keine Namen und sind typische Vertreter von Rollen und Ständen in der Gesellschaft (der König, die Prinzessin, der Jäger, der Müller, die Mutter). Daneben treten Wesen anderer Art auf (Hexen, Riesen, Zwerge, Feen). Die Tiere verhalten sich wie Menschen und können sprechen.

2. Nennen Sie typische Märchenfiguren und ihre Eigenschaften.

Realistisches und Überwirkliches (Magisches) gehen im Märchen ohne Grenze ineinander über. Verzauberungen und Verwandlungen werden als Realität hingestellt. Raum und Zeit werden nur allgemein angegeben („Es war einmal …", „im tiefen Wald", „in einem Schloss"). Die Umwelt wird nicht genau geschildert. Die Sprache ist volksnah, im Stil und im Satzbau der gesprochenen Erzählweise angenähert. Sie wird formelhaft eingesetzt, z. B. am Anfang und am Schluss des Märchens. Diese Formelhaftigkeit zeigt sich auch in der Verwendung von Versen und Wiederholungen, z. B. etwas dreimal sagen oder tun.

Gebrüder Grimm
Der singende Knochen (1812)

Es war einmal in einem Lande große Klage über ein Wildschwein, das den Bauern die Äcker umwühlte, das Vieh tötete und den Menschen mit seinen Hauern den Leib aufriss. Der König versprach einem jeden, der das Land von dieser Plage befreien würde, eine große Belohnung. Aber das Tier war so groß und stark, dass sich niemand in die Nähe des Waldes wagte, worin es hauste. Endlich ließ der König bekannt machen, wer das Wildschwein einfange oder töte, solle seine einzige Tochter zur Gemahlin haben.

Nun lebten zwei Brüder in dem Lande, Söhne eines armen Mannes, die meldeten sich und wollten das Wagnis auf sich nehmen. Der ältere, der listig und klug war, tat es aus Hochmut, der jüngere, der unschuldig und dumm war, aus gutem Herzen. Der König sagte: „Damit ihr desto sicherer das Tier findet, so sollt ihr von entgegengesetzten Seiten in den Wald gehen.“ Da ging der Ältere von Abend und der Jüngere von Morgen hinein.[1]
Und als der Jüngere ein Weilchen gegangen war, so trat ein kleines Männlein zu ihm, das hielt einen schwarzen Spieß in der Hand und sprach: „Diesen Spieß gebe ich dir, weil dein Herz unschuldig und gut ist! Damit kannst du getrost auf das wilde Schwein eingehen, es wird dir keinen Schaden zufügen.“ Er dankte dem Männlein, nahm den Spieß auf die Schulter und ging ohne Furcht weiter. Nicht lange, so erblickte er das Tier, das auf ihn losrannte; er hielt ihm aber den Spieß entgegen, und in seiner blinden Wut rannte es so gewaltig hinein, dass ihm das Herz entzweigeschnitten ward. Da nahm er das Ungetüm auf die Schulter, ging heimwärts und wollte es dem König bringen.
Als er auf der anderen Seite des Waldes herauskam, stand da am Eingang ein Haus, wo die Leute sich mit Tanz und Wein lustig machten. Sein älterer Bruder war da eingetreten und hatte gedacht, das Schwein liefe ihm doch nicht fort; erst wollte er sich einen rechten Mut antrinken. Als er nun seinen Bruder erblickte, der mit seiner Beute beladen aus dem Wald kam, so ließ ihm sein neidisches und boshaftes Herz keine Ruhe. Er rief ihm zu: „Komm doch herein, lieber Bruder, ruhe dich aus und stärke dich mit einem Becher Wein.“ Der Jüngere, der nichts Arges dahinter vermutete, ging hinein und erzählte ihm von dem guten Männlein, das ihm einen Spieß gegeben, womit er das Schwein getötet habe. Der Ältere hielt ihn bis zum Abend zurück; da gingen sie zusammen fort. Als sie aber in der Dunkelheit zu der Brücke über einen Bach kamen, ließ der Ältere den Jüngeren vorangehen, und als er mitten über dem Wasser war, gab er ihm von hinten einen Schlag, dass er tot hinabstürzte. Er begrub ihn unter der Brücke, nahm dann das Schwein und brachte es dem König mit dem Vorgeben, er hätte es getötet, worauf er die Tochter des Königs zur Gemahlin erhielt. Als der jüngere Bruder nicht wiederkommen wollte, sagte er: „Das Schwein wird ihm den Leib aufgerissen haben“, und das glaubte jedermann.
Weil aber vor Gott nichts verborgen bleibt, sollte auch diese schwarze Tat ans Licht kommen. Nach langen Jahren trieb ein Hirt einmal seine Herde über die Brücke und sah unten im Sande ein schneeweißes Knöchlein liegen und dachte, das gäbe ein gutes Mundstück. Da stieg er hinab, hob es auf und schnitzte ein Mundstück daraus für sein Horn. Als er zum ersten Mal darauf blies, so fing das Knöchlein zur großen Verwunderung des Hirten von selbst an zu singen:

„Ach, du liebes Hirtelein,
du bläst auf meinem Knöchelein;
mein Bruder hat mich erschlagen,
unter der Brücke begraben
um das wilde Schwein,
für des Königs Töchterlein.“

„Was für ein wunderliches Hörnchen“, sagte der Hirt, „das von selber singt! Das muss ich dem Herrn König bringen.“ Als er damit vor den König kam, fing das Hörnchen abermals an, sein Liedchen zu singen. Der König verstand es wohl und ließ die Erde unter der Brücke

1 von Abend, von Morgen: Hier sind die Himmelsrichtungen West und Ost gemeint.

aufgraben; da kam das ganze Gerippe des Erschlagenen zum Vorschein. Der böse Bruder konnte die Tat nicht leugnen, ward in einen Sack genäht und lebendig ersäuft. Die Gebeine des Gemordeten aber wurden auf dem Kirchhof in ein schönes Grab zur Ruhe gelegt.

3. Untersuchen Sie das Märchen aus der Sammlung der Brüder Grimm auf seine inhaltlichen und sprachlichen Merkmale:
   - Stellen Sie dar, wie genau die beiden Brüder charakterisiert werden.
   - Deuten Sie das Ende des Märchens.
   - Kommentieren Sie die sprachlichen Gestaltungsmerkmale.

Von Dichtern künstlerisch gestaltete Märchen

Die Romantiker wollten das Märchen nicht nur bewahren und vermitteln, sondern sie verwendeten die Märchenform auch für eigene Dichtungen. Fast alle romantischen Dichter, von Novalis bis Wilhelm Hauff, haben Märchen (Kunstmärchen) geschrieben, weil sich im Märchen das Wunderbare ereignen kann und die Wirklichkeit eine Entgrenzung ins Unendliche erfährt. Schon im Mittelalter gab es Geschichten, die bewusst an Märchenmotive anknüpften.
Die Romantiker verfolgten mit der Form des Kunstmärchens unterschiedliche Ziele. So wollte Ludwig Tieck vor allem das Unheimliche zeigen, während Novalis im Märchen ein Mittel zur Darstellung der romantischen Philosophie sah. Die Dichter der Hochromantik wandten sich in ihren Kunstmärchen wieder stärker dem Inhalt und der Sprache des Volksmärchens zu. Die Stoffe für ihre Kunstmärchen entnahmen die Romantiker zum Teil alten Texten, zum Teil sind sie erfunden. Der Aufbau ist kunstvoll und die Sprache bewusst gestaltet.
In Ludwig Tiecks Kunstmärchen *Der blonde Eckbert*, entstanden 1797, erzählt Bertha, die Frau des Ritters Eckbert, ihrem Mann und dem gemeinsamen Freund Walther ihr merkwürdiges Schicksal. Eines Tages geht sie, noch nicht erwachsen, von ihren Zieheltern, einem Hirtenehepaar, weg:

Ich lief immerfort, ohne mich umzusehen, ich fühlte keine Müdigkeit, denn ich glaubte immer, mein Vater würde mich einholen und, durch meine Flucht gereizt, mich noch grausamer behandeln. [...]
Statt der erhofften Mühle, stieß ich auf einen Wasserfall, der meine Freude freilich um vieles minderte; ich schöpfte mit der Hand einen Trunk aus dem Bache, als mir plötzlich war, als hörte ich in einiger Entfernung ein leises Husten. Nie bin ich so angenehm überrascht worden als in diesem Augenblick, ich ging näher und ward an der Ecke des Waldes eine alte Frau gewahr, die auszuruhen schien. Sie war fast ganz schwarz gekleidet, und eine schwarze Kappe bedeckte ihren Kopf und einen großen Teil des Gesichtes, in der Hand hielt sie einen Krückenstock.
Ich näherte mich ihr und bat um ihre Hilfe, sie ließ mich neben sich niedersitzen und gab mir Brot und etwas Wein. Indem ich aß, sang sie mit kreischendem Ton ein geistliches Lied. Als sie geendet hatte, sagte sie mir, ich möchte ihr folgen.
Ich war über diesen Antrag sehr erfreut, so wunderlich mir auch die Stimme und das Wesen der Alten vorkam. Mit ihrem Krückenstocke ging sie ziemlich behände, und bei jedem Schritte verzog sie ihr Gesicht so, dass ich am Anfang darüber lachen musste. Die wilden Felsen traten immer weiter hinter uns zurück, wir gingen über eine angenehme Wiese und dann durch einen ziemlich langen Wald. [...]

Wir stiegen nun einen Hügel hinan, der mit Birken bepflanzt war, von oben sah man in ein grünes Tal voller Birken hinein, und unten mitten in den Bäumen lag eine kleine Hütte. Ein munteres Bellen kam uns entgegen, und bald sprang ein kleiner behänder Hund die Alte an und wedelte; dann kam er zu mir, besah mich von allen Seiten und kehrte mit freundlichen Gebärden zur Alten zurück.

Als wir vom Hügel hinuntergingen, hörte ich einen wunderbaren Gesang, der aus der Hütte zu kommen schien, wie von einem Vogel; es sang also:

„Waldeinsamkeit,
Die mich erfreut,
So morgen wie heut
In ew'ger Zeit,
O wie mich freut
Waldeinsamkeit." [...]

Das Mädchen bleibt bei der Alten, muss täglich für sie spinnen und die Tiere versorgen, während die Alte außer Haus ist.

Vier Jahre hatte ich so mit der Alten gelebt, und ich mochte ungefähr zwölf Jahre alt sein, als sie mir endlich mehr vertraute und mir ein Geheimnis entdeckte. Der Vogel legte nämlich an jedem Tage ein Ei, in dem sich eine Perle oder ein Edelstein befand. Ich hatte schon immer bemerkt, dass sie heimlich in dem Käfig wirtschafte, mich aber nie genauer darum bekümmert. Sie trug mir jetzt das Geschäft auf, in ihrer Abwesenheit diese Eier zu nehmen und in den fremdartigen Gefäßen wohl zu verwahren.

Eines Tages beschließt das Mädchen, die Hütte zu verlassen, die Edelsteine und den Vogel mitzunehmen, den Hund aber zurückzulassen. Das Mädchen kommt in ihr Heimatdorf, muss aber erfahren, dass die Eltern verstorben sind. Sie lebt zurückgezogen in einem Haus mit Garten.

Ich konnte die Nacht hindurch nicht schlafen, alles fiel mir von neuem in die Gedanken, und mehr als jemals fühlt' ich, dass ich Unrecht getan hatte. Als ich aufstand, war mir der Anblick des Vogels sehr zuwider, er sah immer nach mir hin, und seine Gegenwart ängstigte mich. Er hörte nun mit seinem Liede gar nicht wieder auf, und er sang es lauter und schallender, als er es sonst gewohnt gewesen war. Je mehr ich ihn betrachtete, je bänger machte er mich; ich öffnete endlich den Käfig, steckte die Hand hinein und fasste seinen Hals, herzhaft drückte ich die Finger zusammen, er sah mich bittend an, ich ließ los, aber er war schon gestorben. – Ich begrub ihn im Garten.

Als Walther nach ihrer Erzählung den Namen des Hundes aus der „Waldeinsamkeit" nennt, obwohl sie sich nicht mehr daran erinnern kann, kommt es zur Katastrophe: Bertha wird dadurch sterbenskrank und weiht Eckbert in die Ursache ihrer Erkrankung ein. Um seine Frau und sich selbst von dem Druck der Ereignisse zu befreien, tötet er Walther. Bertha stirbt während seiner Abwesenheit. Eckbert lernt einen neuen Freund, Hugo, kennen, den er in den Mord an Walther einweiht. Danach glaubt er wiederholt in seinem neuen Freund Hugo erneut Walther zu erkennen. Rastlos begibt er sich auf eine Reise. Plötzlich hört er im Wald wieder das Lied, von dem schon Bertha gesprochen hat.

Jetzt war es um das Bewußtsein, um die Sinne Eckberts geschehn; [...] das Wunderbarste vermischte sich mit dem Gewöhnlichsten, die Welt um ihn her war verzaubert, und er keines Gedankens, keiner Erinnerung mächtig.
Eine krummgebückte Alte schlich hustend mit einer Krücke den Hügel heran. „Bringst du mir meinen Vogel? Meine Perlen? Meinen Hund?“ schrie sie ihm entgegen. „Siehe, das Unrecht bestraft sich selbst: Niemand als ich war dein Freund Walther, dein Hugo.“ – „Gott im Himmel!“ sagte Eckbert stille vor sich hin – „in welcher entsetzlichen Einsamkeit hab ich dann mein Leben hingebracht!“ – „Und Bertha war deine Schwester.“
Eckbert fiel zu Boden. „Warum verließ sie mich tückisch? Sonst hätte sich alles gut und schön geendet, ihre Probezeit war ja schon vorüber. Sie war die Tochter eines Ritters, die er bei einem Hirten erziehn ließ, die Tochter deines Vaters.“ – „Warum hab ich diesen schrecklichen Gedanken immer geahndet?“ rief Eckbert aus. „Weil du in früher Jugend deinen Vater einst davon erzählen hörtest; er durfte seiner Frau wegen diese Tochter nicht bei sich erziehn lassen, denn sie war von einem andern Weibe.“
Eckbert lag wahnsinnig und verscheidend auf dem Boden; dumpf und verworren hörte er die Alte sprechen, den Hund bellen, und den Vogel sein Lied wiederholen.

4. Erläutern Sie, welche Ähnlichkeiten und welche Unterschiede Volks- und Kunstmärchen aufweisen:
   - Zeigen Sie auf, wie das Unheimliche in diesem Text thematisiert wird.
   - Besprechen Sie, welchen Gefährdungen der Mensch diesem Märchen nach ausgesetzt ist.

ROMANTISCHE LYRIK

Die romantische Lyrik erwächst aus dem Volkslied, sowohl in Bezug auf die Themen als auch auf die Formen. Das Musikalische und das Rhythmische der Sprache kommen zu besonderer Wirkung. Romantische Lyrik hat viele Musiker zur Vertonung gereizt.

Moritz von Schwind, *Ein Abend bei Baron Spaun*;
Franz Schubert am Klavier, neben ihm der Tenor Johann Michael Vogl;
Aquarell-Skizze, Historisches Museum der Stadt Wien.

In der *Chronika des fahrenden Schülers* von Clemens Brentano singt die Mutter des Ich-Erzählers am Spinnrad das folgende Lied:

Clemens Brentano
Der Spinnerin Nachtlied (1802)

Es sang vor langen Jahren
Wohl auch die Nachtigall.
Das war wohl süßer Schall,
Da wir zusammen waren.

Ich sing und kann nicht weinen
Und spinne so allein
Den Faden klar und rein,
Solang der Mond wird scheinen.

Da wir zusammen waren,
Da sang die Nachtigall.
Nun mahnet mich ihr Schall,
Dass du von mir gefahren.

Sooft der Mond mag scheinen,
So denk ich dein allein.
Mein Herz ist klar und rein,
Gott wolle uns vereinen.

Seit du von mir gefahren,
Singt stets die Nachtigall,
Ich denk bei ihrem Schall,
Wie wir zusammen waren.

Gott wolle uns vereinen.
Hier spinn ich so allein,
Der Mond scheint klar und rein,
Ich sing und möchte weinen.

5. Analysieren Sie dieses Lied:
   - Nennen Sie die Motive dieses Liedes.
   - Bringen Sie die Wiederholung der Motive in einen Zusammenhang mit der Tätigkeit der Spinnerin.
   - Versuchen Sie einzelne Strophen auszutauschen bzw. lesen Sie das Gedicht von der letzten Strophe an.
   - Bestimmen Sie Versform und Reimschema.

In Brentanos *Märchen von dem Myrtenfräulein* singt der Prinz seinem Mädchen folgendes Schlaflied:

Clemens Brentano
Hörst du, wie die Brunnen rauschen? (entstanden um 1810)

Hörst du, wie die Brunnen rauschen?
Hörst du, wie die Grille zirpt?
Stille, stille, lass uns lauschen,
Selig, wer in Träumen stirbt,
Selig, wen die Wolken wiegen,
Wem der Mond ein Schlaflied singt!
O! wie selig kann der fliegen,
Dem der Traum den Flügel schwingt,
Dass an blauer Himmelsdecke
Sterne er wie Blumen pflückt:
Schlafe, träume, flieg, ich wecke
Bald dich auf und bin beglückt.

6. Weisen Sie das Romantische an diesem Gedicht nach:
   - Beschreiben Sie, welche Eindrücke hier dargestellt werden.
   - Begründen Sie, welche Wörter als Leitwörter gelten können.
   - Erläutern Sie, wodurch sich ihre Wichtigkeit ergibt.

Die Romantiker verwenden das Stilmittel der Synästhesie. Die Psychologie versteht unter Synästhesie die Erregung eines Sinnesorgans durch einen nichtspezifischen Reiz, z. B. die Vorstellung von Farben bei akustischen Eindrücken. In der Literatur wird die Verschmelzung der Sinnesreize metaphorisch dargestellt.

Verschmelzung verschiedener Sinnesreize

In dem Singspiel *Die lustigen Musikanten* gibt es ein Duett zwischen Fabiola und dem blinden Piast, während eine Flöte hinter der Bühne ein Solo spielt:

Hör', es klagt die Flöte wieder,
2 Und die kühlen Brunnen rauschen.

Golden wehn die Töne nieder,
4 Stille, stille, lass uns lauschen!

Holdes Bitten, mild Verlangen,
6 Wie es süß zum Herzen spricht!

Durch die Nacht, die mich umfangen,
8 Blickt zu mir der Töne Licht.

7. Nennen Sie die Synästhesien in den Versen aus Brentanos Singspiel.

DIE SPÄTROMANTIK

Der Mittelpunkt der Spätromantik (ab 1815) war Berlin, wo Ernst Theodor Amadeus Hoffmann, Adelbert von Chamisso, Friedrich de la Motte Fouqué und andere wirkten. In der Phase der Spätromantik waren besonders die Novelle und die Erzählung beliebt; bei Hoffmann findet man eine Vorform der Kurzgeschichte. Das Drama ist für die Romantiker im engeren Sinn von geringerer Bedeutung. Kennzeichnend ist der Hang der älteren Romantiker zum Unfertigen, zum Fragment, das zu einer eigenständigen Form kultiviert wurde.

Berliner Romantik

Bei E. T. A. Hoffmann (1776 – 1822) vollzog sich die entscheidende Wendung zu einem phantastischen Realismus. Hoffmann war es auch, der neben Goethe der deutschen Dichtung Weltgeltung verschaffte. Nachhaltig war sein Einfluss auf die Literatur in Frankreich, Russland und Amerika. E. T. A. Hoffmann war ein ausgezeichneter Jurist und Beamter, aber auch ein vielseitiger Künstler, der nicht nur dichtete, sondern auch zeichnete, malte und komponierte. Als Leiter des Bamberger Theaters dirigierte er seine eigene Oper *Undine* und gestaltete die Bühnenbilder.

Er war der Begründer der Kriminalgeschichte (*Das Fräulein von Scuderi*) und führte die romantische Ironie auf ihren Höhepunkt (*Lebensansichten des Katers Murr*). Hoffmann ist der Darsteller der Alpträume, der Nachtseiten der Natur, der Vielschichtigkeit seelischer Vorgänge. Neben dem Grotesken steht das Abgründige der menschlichen Existenz. In Hoffmanns Erzählungen und Romanen findet sich das Doppelgängermotiv (*Die Elixiere des Teufels*) ebenso wie der Einbruch des Wunderbaren in den Alltag (*Der goldene Topf*).

Zur Spätromantik gehört auch Joseph von Eichendorff (1788 – 1857), der mit seinen liedhaften Gedichten der volkstümlichste aller Romantiker wurde. In seiner Novelle *Aus dem Leben eines Taugenichts* wollte er durch eingestreute Lieder eine Verbindung von Epik und Lyrik im Sinn der Universalpoesie herstellen.

Eichendorffs Gedichte kommen dem Volkslied nahe und sind häufig vertont worden, z. B.: *O Täler weit, o Höhen* und *Wem Gott will rechte Gunst erweisen*. Die romantische Landschaft, wie sie in Gedichten und Erzählungen immer wieder dargestellt wird, ist nicht das Abbild einer bestimmten Gegend, etwa der schlesischen Hügellandschaft, der Heimat Eichendorffs, sondern eine poetische, rein gedachte, eine ideale Landschaft.

Antonin Mánes (1784 – 1843), *Belvedere*: 1816, Öl auf Leinwand, Nationalgalerie Prag. Mánes, der Sohn eines Müllergesellen, brachte sich das Malen autodidaktisch bei, da sich seine Familie ein Studium nicht leisten konnte. Seine Bilder zeigen Darstellungen von idealen Landschaften und zeichnen sich durch die lebendige Farbgebung aus.

Fortbestehen romantischer Ideen

Die Nachwirkungen der Romantik sind vielfältig. Selbst eigenständige Dichter der folgenden Jahrzehnte können sich nur schwer von den Gedanken der Romantik lösen. Vieles wirkt bis in die Literatur der Gegenwart nach, so das Symbolhafte der romantischen Dichtung, ihre Verfremdungseffekte, das Groteske, Dämonische, die Auflösung der Gattungsformen, die Erweiterung der sprachlichen Möglichkeiten und anderes. Die romantische Ironie z. B. wird von Thomas Mann wieder aufgenommen. Auf dem Ideengut der Romantik bauen die französischen Dichter des 19. Jahrhunderts auf, besonders die Symbolisten. Der Nordamerikaner Edgar Allan Poe und die Russen Nikolai Gogol und Alexander Puschkin berufen sich direkt auf E. T. A. Hoffmann.

Trivialisierung der Romantik

In Deutschland führte in der zweiten Hälfte des 19. Jahrhunderts eine ganze Reihe wenig origineller Dichter die Themen der Romantik, etwa die deutsche Vergangenheit, in der Burschenschaftslyrik und Butzenscheibenromantik[1] weiter. Auch die sentimentale Trivialliteratur bemächtigte sich der Motive der Romantik. Darüber hinaus sind Anschauungsweisen der Romantik volkstümlich geworden; so erleben wir heute noch gewisse Landschaften und Stimmungen als „romantisch".

1 Butzenscheibenromantik: abwertend für altertümelnde Dichtung; Butzenscheibe: kleine, runde Glasscheibe, oft farbig, beliebt in der Romantik

Auswirkung auf Wissenschaften und Politik

Die Romantik hat nachhaltig die protestantische Theologie, die Rechtswissenschaft und die Geschichtsschreibung beeinflusst. Die Wissenschaft von der deutschen Sprache und Literatur, die Germanistik, haben Romantiker begründet, und ihrer Begeisterung für die Volksdichtung ist es zu danken, dass vieles vor dem Vergessen bewahrt wurde. Neben den literarischen und wissenschaftlichen Auswirkungen muss man allerdings auch die zum Teil unheilvollen Wirkungen sehen, welche die nationalen Ideen bei den Völkern Europas ausgelöst haben.
Das folgende Gedicht findet sich in dem romantischen Roman *Dichter und ihre Gesellen*, erschienen 1834. Es enthält eine Reihe spätromantischer Topoi[1].

Joseph von Eichendorff
Sehnsucht (1834)

Es schienen so golden die Sterne,
Am Fenster ich einsam stand
Und hörte aus weiter Ferne
Ein Posthorn im stillen Land.

Das Herz mir im Leibe entbrennte[2],
Da hab ich mir heimlich gedacht:
Ach, wer da mitreisen könnte
In der prächtigen Sommernacht!

Zwei junge Gesellen gingen
Vorüber am Bergeshang,
Ich hörte im Wandern sie singen
Die stille Gegend entlang:
Von schwindelnden Felsenschlüften[3],
Wo die Wälder rauschen so sacht,
Von Quellen, die von den Klüften
Sich stürzen in die Waldesnacht.

Sie sangen von Marmorbildern,
Von Gärten, die überm Gestein
In dämmernden Lauben verwildern,
Palästen im Mondenschein,
Wo die Mädchen am Fenster lauschen,
Wann der Lauten Klang erwacht
Und die Brunnen verschlafen rauschen
In der prächtigen Sommernacht.

8. Besprechen Sie dieses Gedicht nach folgenden Gesichtspunkten:
   - Zeigen Sie auf, welche Vorstellungen im ersten Teil ausgelöst werden.
   - Erläutern Sie, was die zweite Hälfte des Gedichts bildet.
   - Bestimmen Sie die im Gedicht vorkommenden Topoi.
   - Beschreiben Sie die poetische, gedachte Landschaft.

Gegenüberstellung: Klassik – Romantik

Im Gegensatz zur Klassik, die auf die Reinheit der Dichtungsgattungen als „Naturformen der Poesie" größten Wert gelegt hatte, war das Ziel der Romantik, die Grenzen der Gattungen zu verwischen. So wechselt Novalis in den *Hymnen an die Nacht* zwischen Prosa und Vers. In Romane werden dramatische Teile eingebaut, in Erzählungen Gedichte. Das Drama *Der gestiefelte Kater* von Tieck spielt nicht nur auf der Bühne, sondern auch im Zuschauerraum, wo sich „Theaterbesucher" über das Stück unterhalten.

1 Topos (Pl. Topoi): häufig wiederkehrende, bekannte Wendung, festes Denk- und Ausdrucksschema
2 entbrennte: mundartliche Form von entbrannte
3 Felsenschlüften: Schluchten

Obwohl man Klassik und Romantik nicht einfach als Gegensätze in allen Bereichen einander gegenüberstellen kann, lassen sich doch einige Merkmale finden, die den Unterschied dieser beiden Geistesrichtungen verdeutlichen.

Klassik	Romantik
Hinwendung zur Antike	Hinwendung zum deutschen Mittelalter
Gott als sittliche Weltordnung	Gott als Gefühl für das Unendliche
Wichtigste Eigenschaft des Menschen: sein sittlicher Wille	wichtigste Fähigkeiten des Menschen: Phantasie, Sehnsucht
Helle der Bewusstheit	Dunkel des Unbewussten, Traumhaften
Die in sich ruhende Persönlichkeit	der über sich hinausweisende Mensch
Objektivismus	Subjektivismus
überkonfessionell	Tendenz zum Mystisch-Religiösen
übernational	national
Kunstdichtung	Volksdichtung
Reinheit der Gattungen	Vermischung der Gattungen
das Abgeschlossene, Abgerundete, Vollendete	das Fragmentarische, Unabgeschlossene, die Entgrenzung
Vorliebe für strengen Aufbau, geschlossene Formen	Vorliebe für lockeren Bau, offene Formen
Darstellung des Allgemeinmenschlichen im Einzelschicksal	Darstellung des Individuellen
das Drama als wichtigste Ausdrucksform	der Roman, dann Märchen und Lied als wichtigste Ausdrucksformen
stilisierte, pathetische Sprache	volkstümliche Sprache
keine Wirkung auf die ausländische Literatur	große Wirkung auf die ausländische Literatur

Textproduktion: Kommentar

Thema: Das Lebensgefühl der Romantik
Aufgabe: Verfassen Sie einen Kommentar.

Situation: Für die Lyrik-Sondernummer Ihrer Schülerzeitung verfassen Sie einen Kommentar, in dem Sie zur besonderen Betonung des Gefühls in romantischen Gedichten Stellung beziehen.

Recherchieren Sie relevante Informationen zu diesem Thema aus dem vorliegenden Kapitel des Buches und aus Nachschlagewerken bzw. dem Internet.

Verfassen Sie nun einen Kommentar und bearbeiten Sie dabei die folgenden Arbeitsaufträge:

- Beschreiben Sie die Wirkung romantischer Gedichte.
- Geben Sie Beispiele aus Ihrer persönlichen Lektüre.
- Diskutieren Sie, ob dieser Zugang auch heute noch zeitgemäß ist.

Schreiben Sie zwischen 200 und 300 Wörter. Markieren Sie Absätze mittels Leerzeilen.

KLASSIK UND ROMANTIK | 1786 BIS ETWA 1835

GESCHICHTE	GESELLSCHAFT/WIRTSCHAFT	WISSENSCHAFT/TECHNIK
1789 Beginn der **Französischen Revolution**. Erklärung der Menschen- und Bürgerrechte. Nach kurzer Herrschaft des Großbürgertums Diktat des Volkes (Pariser Schreckensherrschaft). 1802 **Napoleon** Konsul auf Lebenszeit, 1804 Kaiser der Franzosen. Napoleon auf dem Gipfel seiner Macht. 1813 – 1815 **Befreiungskriege**. Verbannung Napoleons. **Wiener Kongress:** Wiederherstellung der absoluten Fürstenmacht (Restauration). Zensur, Unterdrückung liberaler Bestrebungen (Metternich'sches System).	Ansteigen der europäischen Bevölkerung um ein Drittel. Daher Intensivierung der Wirtschaft mit Hilfe von Maschinen. **Mechanisierung** geht von England aus. **Industrialisierung** West- und Mitteleuropas beginnt. Binnenzölle behindern vor allem in Deutschland den Handel. Große Armut im Volk. Das **Großbürgertum** in Deutschland und Österreich ohne politische Mitsprache, aber gebildet und wohlhabend.	**Dampfmaschine** in der Textilindustrie Englands eingesetzt. Chemiker Antoine Laurent de Lavoisier (Sauerstoff). Evolutionstheorie von Jean-Baptiste de Lamarck. Der **empirisch-mechanistischen Naturauffassung** in England und Frankreich steht die **spekulative Naturphilosophie** in Deutschland gegenüber.

BILDENDE KUNST	MUSIK	PHILOSOPHIE
Rückgriff auf historische Formen (= **Historismus**). **Revolutionsstil** von Claude-Nicolas Ledoux. **Klassizismus** in Baustil und Plastik (Antonio Canova). Möbel: französischer **Empirestil**. **Malerei:** klassizistischer französischer Revolutionsstil (Jean-Auguste-Dominique David, Jacques-Louis Ingres). **Nazarener** (gotisierend) und **deutsche Romantik** (Philipp Otto Runge, Caspar David Friedrich). Englischer Gartenstil.	**Wiener Klassik:** Ludwig van Beethoven (1770 – 1827) seit 1792 dauernd in Wien. Befreiung des Musikers vom Mäzenatentum. Symphonien, Streichquartette, Klaviermusik. Oper *Fidelio* (1805). **Wiener Romantik:** Franz Schubert (1797 – 1828). Symphonien, Lieder, Streichquartette, Klaviermusik (*Schubertiaden*). **Deutsche Romantik:** Carl Maria v. Weber (Oper *Der Freischütz*)	**Immanuel Kant** (1724 – 1804): *Kritik der reinen Vernunft* (Erkenntnistheorie, 1781). Wirkung besonders auf Schiller und Kleist. **Deutscher Idealismus:** Johann Gottlieb Fichte (1762 – 1814): Ich-Philosophie (subjektiver Idealismus). Wirkung besonders auf die ältere Romantik. Friedrich Wilhelm Schelling (1775 – 1854): Spekulative Naturphilosophie (objektiver Idealismus). Romantiker. Georg Wilhelm Friedrich Hegel (1770 – 1831): Entwicklung des Geistes über die Natur zurück zu sich selbst (absoluter Idealismus). Arthur Schopenhauer (1788 – 1860): Lehre vom blinden Urwillen (pessimistischer Idealismus).

LITERATUR

Klassik: 1786 – 1788 Goethes Italienische Reise, *Iphigenie* in Versform.

1789 *Tasso* in Versform beendet.

1794 Freundschaft mit Schiller. Schillers theoretische Schriften.

1795 *Wilhelm Meisters Lehrjahre*.

1798 *Balladenjahr* (Schiller, Goethe). Schiller: *Wallenstein*.

1800 *Maria Stuart*. 1805 Tod Schillers.

Zwischen Klassik und Romantik: Heinrich von Kleist: Dramen, Novellen, Anekdoten. Friedrich Hölderlin: Hymnen.

Romantik: 1795 erster romantischer Roman von Ludwig Tieck.

1797 – 1801 **Frühromantik** (Jenaer Romantik): Tieck, Novalis, Brüder Schlegel, Schelling. Zeitschrift: *Athenäum*.

1805 – 1808 **Hochromantik** (Heidelberg): Clemens Brentano und Achim v. Arnim, *Des Knaben Wunderhorn*. – Märchen.

1809 bis ca. 1835 **Spätromantik** (Berliner Romantik): Adelbert v. Chamisso, Friedrich de la Motte Fouqué, E. T. A. Hoffmann. Joseph v. Eichendorff (Lyrik, Erzählungen).

DAS BIEDERMEIER
1815 BIS 1848

RÜCKZUG INS PRIVATE

Die Epoche vom Wiener Kongress, 1815, bis zum entscheidenden Wendepunkt der Geschichte des 19. Jahrhunderts, zur bürgerlichen Revolution im März 1848, nennt man „Biedermeier" bzw. „Vormärz". Die Zeit weist die unterschiedlichsten Strömungen auf: einerseits die unpolitische Kultur des Biedermeier, andererseits revolutionäre Kräfte, die eine Zerschlagung des herrschenden Systems anstrebten.

Wiederherstellung des Absolutismus

Der österreichische Staatskanzler Fürst Metternich hatte im Wiener Kongress eine Neuordnung Europas im Sinne eines wiedererstarkten fürstlichen Absolutismus durchgesetzt („Restauration") und seine Machtposition bis zur Revolution von 1848 behauptet. Das Bürgertum hatte keine Möglichkeit, sich politisch zu betätigen, und war von jeder Beteiligung an der Macht ausgeschlossen. Freiheitliche Bewegungen, wie die Burschenschaften, wurden verfolgt, ihre Mitglieder inhaftiert. Dieses System setzte genaue Kontrollen voraus, weswegen der Staat einen umfangreichen Polizeiapparat samt Spitzelwesen aufbauen musste. Die Landesgrenzen waren bewacht, die Ein- und Ausreise erschwert. Literarische Werke, Zeitschriften und Zeitungen wurden von der Zensur kontrolliert. Johann Nepomuk Nestroy schreibt darüber in seinem Stück *Freiheit in Krähwinkel* (1848):

> Die Zensur is' die jüngere von zwei schändlichen Schwestern, die ältere heißt Inquisition. Die Zensur is' das lebendige Geständnis der Großen, daß sie nur verdummte Sklaven treten, aber keine freien Völker regieren können."

Man kann in dieser staatlichen Ordnung bei entsprechender Perspektive auch einige positive Merkmale sehen: Nach den Unruhen der Französischen Revolution und nach den zahlreichen Feldzügen gegen Napoleon bedeutete das System Metternichs militärisch Friede. Die Staaten gewannen innere Stabilität, der Handel und das Gewerbe erreichten eine hohe Blüte, die Unternehmer innerhalb des Bürgertums wurden wohlhabend. Später wurde auf das Biedermeier mit Sentimentalität zurückgeblickt.

Begriff Biedermeier

Das Wort Biedermeier findet sich zuerst als Name für eine Spottfigur in einer Münchner Zeitschrift. Gemeint war damit der zufriedene, unpolitische, im kleinen Kreis bleibende, Verse reimende „Philister". Erst im 20. Jahrhundert wurde „Biedermeier" positiv verstanden und zunächst für die Kleidermode und die Möbel der Restaurationszeit verwendet, für einen Wohnstil, der durch Schlichtheit und Behaglichkeit gekennzeichnet ist. Sodann wurde der Name auch für die damals so beliebte Porträt- und Landschaftsmalerei (Ferdinand Georg Waldmüller) gebraucht und schließlich für eine bestimmte Form der Literatur.

Zu den Dichterinnen und Dichtern des Biedermeier rechnet man u. a. die Österreicher Franz Grillparzer, Ferdinand Raimund, Johann Nestroy, Adalbert Stifter, Nikolaus Lenau und die Deutschen

Annette von Droste-Hülshoff, Eduard Mörike und Karl Immermann sowie den Schweizer Jeremias Gotthelf. Ludwig Tieck und Joseph von Eichendorff stehen in ihrem Spätwerk dem Biedermeier nahe. Einen geschlossenen Kreis mit einem festen Programm haben die Dichter des Biedermeier nicht gebildet; sie sind Einzelgänger. Politisch sind sie zurückhaltend. Sie spüren zwar schmerzlich das Zwangssystem, doch sie versuchen den Zwiespalt zwischen Wunsch und Wirklichkeit zuzudecken, die Gegensätze zu harmonisieren. Die Autoren dieser Zeit, besonders die Österreicher, kennen das Chaotische in der Gesellschaft und die Abgründe in der menschlichen Psyche sowie die zerstörende Wirkung der Leidenschaften. Ihr Ziel ist es, durch Ordnung, Selbstbeherrschung und Verzicht trotz aller Gefahren ein ausgeglichenes Leben zu erreichen. Sie suchen für sich und ihre poetischen Figuren nach sicheren Unterständen im Dasein: Religion, Heimat, Familie. Sie verzichten auf das „große Leben", den öffentlichen Ruhm, auch als Dichter, auf das Sichausleben, das die Jungdeutschen predigen. Sie schätzen den inneren Frieden, das häusliche, private Glück. Typisch für diese Einstellung ist eine Stelle in Franz Grillparzers *Der Traum ein Leben*:

Eines nur ist Glück hienieden,
Eins: des Innern stiller Frieden
Und die schuldbefreite Brust!
Und die Größe ist gefährlich,
Und der Ruhm ein leeres Spiel;
Was er gibt, sind nicht'ge Schatten,
Was er nimmt, es ist so viel!

Ferdinand Georg Waldmüller, *Familie Neuhaus*: Gruppenporträt der Familie Neuhaus (Legationsrat Joseph Ritter von Neuhaus mit seiner Gattin Albertine und den Kindern Theodor und Berta); Öl auf Holz, 1827, Neue Pinakothek München.

Das Biedermeier hat eine Vorliebe für das Familiäre, für die Idylle im Heim und einen Hang zum Musealen: Alte Hausgeräte, „verschollener Trödel" (Stifter), Steine, Pflanzen, Insekten werden liebevoll gesammelt und gepflegt.

Die Themen und Motive der Dichtung des Biedermeier stammen meist aus dem privaten Bereich. Das Handeln der Menschen dringt nicht in die Öffentlichkeit, ja manche verweigern es überhaupt. Problematisch wird diese Einstellung bei Personen, die zu öffentlichem Handeln berufen sind, wie Kaiser Rudolf II. im *Bruderzwist* von Grillparzer.

Schwermut als Grundstimmung

Die Lebensgrundstimmung vieler Dichter des Biedermeier ist melancholischer Art (Grillparzer, Raimund, Lenau, Stifter). Sie schauen in Erinnerungen zurück, „wehmütig aufs Vergangene" gerichtet (Mörike). Daher finden sich in ihrer Prosa die vielen Kindheitsgeschichten, die Sehnsucht nach dem einfachen Leben, die Liebe für Einsame, Eigenbrötler, Käuze (Grillparzer, *Der arme Spielmann*). Die Handlung greift nicht in die weite Welt hinaus, sie beschränkt sich auf engen Raum: auf Garten und Haus, auf die Familie, die nächste Umgebung. Viele Werke sind von der Umwelt des Dichters geprägt, die Werke Stifters vom Böhmerwald, die Raimunds und Nestroys von der Wiener Vorstadt, die Gotthelfs vom Berner Oberland. Es wird das Leben einfacher Bürger, Handwerker und Bauern geschildert, über deren Armut die Dichtung hinwegtrösten soll. Armut wird als Tugend dargestellt. Die Probleme der Arbeiterschaft werden ausgespart. Breiten Raum nimmt die Landschaftsschilderung ein (z. B. bei Stifter und Gotthelf), denn eine Landschaft ist unpolitisch. Es ist allerdings nicht mehr die romantische Ideallandschaft, sondern eine erlebte, reale Landschaft mit genauer Wiedergabe der Dinge, die zu beobachten sind. Dabei zeigt sich ein Hang zum Kleinen, zur „Naheinstellung". Ähnlich konkret wie Landschaften werden Innenräume geschildert.

Vorliebe für epische Kleinformen

Das Biedermeier ist die Zeit der geselligen Kleinkunst. In der Malerei herrscht eine Vorliebe für die Miniatur, in der Literatur werden epische Kleinformen wie die Erzählung, die Skizze, das Märchen, die Idylle bevorzugt. Es wird wieder viel gereimt, wie in der Mitte des 18. Jahrhunderts. Gedichte werden zu Zyklen zusammengeschlossen. Die Liedtradition der Romantik wird fortgesetzt, viele Gedichte werden vertont (Schubert, Schumann). In der Ballade verzichtet man auf das Heroische zugunsten des Stimmungshaften und Volkstümlichen (Mörike, *Der Feuerreiter*). Beliebt ist das Kleinformat des Buches: Gedichtsammlungen, Almanache, Kalender, Poesiealben im handlichen Taschenbuchformat sind in Mode.

Konservative Sprachform

Die Sprache kennzeichnet in der Lyrik ein leiser, wehmütiger Ton, in der Prosa ein Zug zu Genauigkeit und Sachlichkeit. Das ist ein markanter Unterschied zur Romantik. Der Wortschatz, die Syntax sind konservativ, man will sprachlich keine Neuerungen, keine Experimente. Bei manchen Dichtern (z. B. bei Jeremias Gotthelf) kommen mundartliche Wendungen und Wörter vor. Durch die Vorliebe für Verkleinerungsformen erhält die Sprache etwas Niedliches, Sanftes. Sie knüpft eher an Formen des Rokoko an und steht im Gegensatz zur Sprache des Sturm und Drang.

Die Hochliteratur des Biedermeier fand kein sehr großes Publikum. Grillparzer und Stifter hatten nur in ihren Anfängen spektakuläre Erfolge. Nikolaus Lenau, Eduard Mörike, Annette von Droste-Hülshoff kamen über ihren Bekanntenkreis kaum hinaus. Erst nach 1900 beschäftigte man sich wieder mit Biedermeierliteratur. Die Lesergunst gehörte auch im 19. Jahrhundert vor allem der trivialen Romanliteratur, dann auch realistischen und gesellschaftskritischen Schilderungen, wie sie seit der Jahrhundertmitte die Franzosen lieferten.

DRAMA DES BIEDERMEIER

Das Drama des Biedermeier war durch zwei Varianten geprägt. Franz Grillparzer (1791 – 1872) suchte den Anschluss an die deutsche Klassik und das Barocktheater sowie an spanische Traditionen, die Wiener Volkskomiker Ferdinand Raimund (1790 – 1836) und Johann Nestroy (1801 – 1862) an die Wiener Volkstheatertradition, deren Nährboden in der Spannweite zwischen barockem Maschinerietheater mit Götterhimmel und Zauberspuk und der Komödie bürgerlicher Charaktertypen liegt.

Zensur

Alle drei Autoren wurden von der Zensur in ihrer Arbeit behindert. Die Einschränkungen durch die Zensur betrafen alle Gattungen, besonders aber das Drama, da es die Möglichkeit hat, die Zuseher/innen direkt anzusprechen, und damit eine unmittelbarere Wirkung als mit anderen Formen zu erzielen ist. Raimund wich den Beschränkungen dadurch aus, dass er die Handlungen in die Märchen- und Feenwelt verlegte, Nestroy wiederum arbeitete mit Wortwitz und Improvisation, die den Zensoren die Arbeit erheblich erschwerten.

Blick in das Direktorenzimmer des Wiener Hofkammerarchivs, in dem Franz Grillparzer als Direktor von 1848 bis 1856 arbeitete. Das Hofkammerarchiv umfasst Archivalien aus dem Geschäftsgang der Hofkammer seit dem 16. Jahrhundert.

Franz Grillparzer

Die Werke Franz Grillparzers, eines wichtigen österreichischen Dramatikers dieser Zeit, sind von seiner melancholisch-depressiven Grundeinstellung, seinem Unwillen, sich den staatlichen Stellen (Zensur) unterzuordnen, und seiner Bewunderung für die Weimarer Klassik geprägt.

Einblick in die Lebens- und Arbeitsbedingungen des Dichters gewährt die folgende Begebenheit: Der Polizeipräsident und Leiter der Zensurbehörde Graf Sedlnitzky ließ 1828 Grillparzer mitteilen, dass Seine Majestät der Kaiser das Drama *Ein treuer Diener seines Herrn* ganz allein besitzen möchte und dem Dichter für das damit verbundene Verbot der Drucklegung und Aufführung eine angemessene Entschädigung bezahle. Damit sollte eine Veröffentlichung verhindert werden. Grillparzer übergab dem Polizeipräsidenten ein entsprechendes Schreiben und notierte in seinem Tagebuch: „Er (Sedlnitzky) schien zufrieden und fand die angesetzte Entschädigungssumme mäßig. Begreife das, wer kann! Ich muss nun abwarten, was erfolgt. Ende die Sache aber auch wie immer. Die unsichtbaren Ketten klirren an Hand und Fuß. Ich muss meinem Vaterlande Lebewohl sagen oder die Hoffnung auf immer aufgeben, einen Platz unter den Dichtern meiner Zeit einzunehmen."

Einteilung der Dramen

Grillparzers Dramen lassen sich in drei Gruppen einteilen, die jedoch keine Lebens- und Entwicklungsphasen darstellen.

1. Die so genannten Griechendramen, die antike Stoffe verarbeiten: *Sappho*, eine Künstlertragödie, *Das goldene Vlies* (eine Trilogie, darin *Medea*) und *Des Meeres und der Liebe Wellen*, die Liebesgeschichte von Hero und Leander.
2. Die historischen Dramen oder Staatsdramen: *König Ottokars Glück und Ende*, *Ein Bruderzwist in Habsburg*, *Ein treuer Diener seines Herrn* und *Libussa*.
3. Die am spanischen Theater orientierten Märchen- und Mythendramen: *Der Traum ein Leben* und *Weh dem, der lügt!*, das einzige Lustspiel Grillparzers.

Sein Trauerspiel *Ein Bruderzwist in Habsburg* handelt von Kaiser Rudolf II. (1552 – 1612), der am Vorabend des Dreißigjährigen Krieges den Anbruch einer neuen, chaotischen und von Gewalt geprägten Epoche erahnt. Er weiß, dass er sie nicht aufhalten kann, und so tut er nichts, handelt nicht. Er will nicht mitschuldig werden und entscheidet sich für den inneren Frieden und gegen die Tat, die ihn in Schuld stürzen würde. Das Stück wurde schon 1825 begonnen (Grillparzer war damals 34 Jahre alt), aber erst 1848 abgeschlossen.
Rudolf hat viele Züge Grillparzers, er spricht die Gedanken des Autors über die spannungsgeladene Zeit aus.

RUDOLF: So dringt die Zeit, die wildverworrne, neue,
Durch hundert Wachen bis zu uns heran
Und zwingt zu schauen uns ihr gräulich Antlitz. –
Die Zeit, die Zeit! Denn jener junge Mann,
Wie sehr er tobt, er ist doch nur ihr Schüler,
Er übt nur, was die Meisterin gelehrt. –
Schaut rings um Euch in aller Herren Land,
Wo ist noch Achtung für der Väter Sitte,
Für edles Wissen und für hohe Kunst? *(1. Aufzug)*

Ich glaub an Gott und nicht an jene Sterne,
Doch jene Sterne auch, sie sind von Gott.
Die ersten Werke seiner Hand, in denen
Er seiner Schöpfung Abriss niederlegte,
Da sie und er nur in der wüsten Welt.
Und hätt' es später nicht dem Herrn gefallen,
Den Menschen hinzusetzen, das Geschöpf,
Es wären keine Zeugen seines Waltens,
Als jene hellen Boten in der Nacht.
Der Mensch fiel ab von ihm, sie aber nicht,
Wie eine Lämmerherde ihrem Hirten,
so folgen sie gelehrig seinem Ruf
So heut als morgen, wie am ersten Tag,
Drum ist in Sternen Wahrheit, im Gestein,
In Pflanze, Tier und Baum, im Menschen nicht. *(1. Aufzug)*

Aus eignem Schoß ringt los sich der Barbar,
Der, wenn erst ohne Zügel, alles Große,
Die Kunst, die Wissenschaft, den Staat, die Kirche

Herabstürzt von der Höhe, die sie schützt,
Zur Oberfläche eigener Gemeinheit,
Bis alles gleich, ei ja, weil alles niedrig. *(3. Aufzug)*

Da steht's vor mir! Der Mord, der Bürgerkrieg.
Was ich vermieden all mein Leben lang,
Es tritt vor mich am Ende meiner Tage.
Es soll, es darf nicht. Steckt die Schwerter ein,
Vertragt euch mit dem Feind. *(3. Aufzug)*

Ich bin so gut nicht, als es etwa scheint –
Die andern nennen's schwach, ich nenn' es gut.
Denn, was Entschlossenheit den Männern heißt des Staats,
Ist meistenfalls Gewissenlosigkeit,
Hochmut und Leichtsinn, der allein nur sich
Und nicht das Schicksal hat im Aug der andern;
Indes der gute Mann auf hoher Stelle
Erzittert vor den Folgen seiner Tat,
Die, als die Wirkung eines Federstrichs,
Glück oder Unglück forterbt späten Enkeln. *(3. Aufzug)*

Ich hielt die Welt für klug, sie ist es nicht.
Gemartert vom Gedanken droh'nder Zukunft,
Dacht' ich die Zeit von gleicher Furcht bewegt,
Im weisen Zögern seh'nd die einz'ge Rettung.
Allein der Mensch lebt nur im Augenblick,
Was heut ist, kümmert ihn, es gibt kein Morgen. *(4. Aufzug)*

Fernand[1], du glaubst dich stark und bist es auch,
Vor allem, wenn du meinst, für Gott zu streiten.
Sei's gleicherweis auch sonst, und stark, nicht hart!
Was dir als Höchstes gilt: die Überzeugung,
Acht sie in andern auch, sie ist von Gott,
Und er wird selbst die Irrenden belehren. *(4. Aufzug)*

Ich selber war ein Mann der Dunkelheit.
Von ihren Streitigkeiten angeekelt,
Floh ich dahin, allwo die frühsten Menschen
Zuerst erkannten ihres Lebens Meister.
Vom Hügel auf zu den Gestirnen blickend
Und ihre stet'ge Wiederkehr betrachtend,
Erscholl's in ihrer Brust: Es ist ein Gott
Und ewig die Gesetze seines Waltens. *(4. Aufzug)*

1 Fernand: Ferdinand II., der aus der Steiermark stammende spätere Kaiser der Gegenreformation (1619 – 1634)

1. Diskutieren Sie, wie Grillparzer anhand des herannahenden Dreißigjährigen Krieges über seine eigene Zeit spricht:
   - Heben Sie Grillparzers Urteile über die Zeit hervor.
   - Kommentieren Sie Einstellungen und Eigenschaften Rudolfs.
   - Nehmen Sie Stellung, welche seiner Eigenschaften für einen Herrscher wünschenswert sind und welche nicht.
2. Zeigen Sie anhand dieser Stellen auf, dass Grillparzer formal kein Neuerer ist:
   - Erläutern Sie, worin sich zeigt, dass er Klassisches zu bewahren sucht.

Ferdinand Raimund

Original-Zaubermärchen

Ferdinand Raimund, der seine acht Theaterstücke stolz „Original-Zaubermärchen“ nannte, wollte mit den Mitteln des überlieferten Barocktheaters eine Dichtung schaffen, die eine bessere Welt und bessere Menschen vorstellt. Seine Stücke waren eine Reaktion auf das Metternich'sche System des Vormärz. Die Form des Zaubermärchens bot ihm aber die Möglichkeit, über gesellschaftliche Anliegen zu schreiben, ohne zensiert zu werden. Raimund hatte – im Gegensatz zu Nestroy – selten Probleme mit der Zensur des Vormärz, seine Texte sprechen von Verzicht und Selbstbescheidung.
In seinem romantischen Zaubermärchen *Der Bauer als Millionär* ist Fortunatus Wurzel mit Hilfe der Geister unverdient und plötzlich zu großem Reichtum gekommen und feiert auf seinem Schloss rauschende Feste. Das viele Geld verdirbt jedoch den Charakter des Bauern. Der jähe Wandel zum armen alten Aschenmandl ist theatralische Notwendigkeit.

ZWEITER AUFZUG, FÜNFTER AUFTRITT
WURZEL, LORENZ, HABAKUK.
BEDIENTE *räumen die Tische hinaus.*

WURZEL: Das war ein prächtiges Mittagmahl heut. Ich bin so gut aufgelegt, heut Nacht leg ich mich wieder nicht schlafen. Habakuk, bring einen Champagner herauf. *Habakuk ab.* Lorenz, jetzt trinken wir erst recht.
LORENZ: Allo! das ist ein Leben! Juhe!
WURZEL: Stoß an, Lorenz! Alle Rauschigen sollen leben –
LORENZ: Hoch!

Donnerschlag. Stille. Die Glocke schlägt zwölf.
WURZEL: Was ist denn das? Zwölf Uhr? Hat denn die Uhr einen Rausch? Es ist ja erst sechs Uhr und der schönste Abend. Schauts auf die Uhr.

Alle sehen auf die Uhren, er selbst auch.
LORENZ: Was ist denn das? Es geht ja keine.
WURZEL: Bei mir ist's zwölf Uhr.
ALLE BEDIENTEN: Bei mir auch.
WURZEL: Ich glaube gar, ihr macht euch einen Spaß mit mir? Redet! Man hört an der Tür stark pochen. Was ist denn das? Schau hinaus! Es pocht stärker. Mir scheint, der schickt die Grobheit voraus, dass sie statt ihm anklopfen soll. Lorenz geht hinaus. Jetzt weiß ich nicht, bin ich im Narrenturm oder zu Haus?

LORENZ kommt zurück: Euer Gnaden! ein junger Herr ist gfahren kommen in ein goldenen Wagen, der voller Blumen ist, und zwei Rappen vorn, die er kaum erhalten kann, und hintern Wagen tanzen lauter Pagen und rosenfarbe Kammerjungfern her. Er will mit Ihnen reden.

WURZEL: Wie heißt er denn?

LORENZ: Das weiß ich nicht, er sagt, er ist die Jugend.

WURZEL: Ah, ein Jugendfreund wird er gsagt haben. Gleich lasst ihn herein. Das ist a prächtige Visit. Champagner tragts rauf, ihr verdammten Kerls! Ich bin doch ein glücklicher Mann, die schönsten Leut kommen zu mir.

Lorenz öffnet die Tür.

3. Charakterisieren Sie Wurzel anhand dieses Textabschnitts.

Allegorie

Wie im Barockdrama und im Alt-Wiener Zauberstück finden wir bei Raimund Personifikationen menschlicher Eigenschaften, sittlicher Begriffe und kosmischer Ordnungsmächte. So treten in seinen Dramen unter anderem auf: die Zufriedenheit, der Neid, der Hass, die Faulheit, die Jugend, das Alter, das letzte Lebensjahr, die Hoffnung, Winter, Sommer, Herbst und Frühling.

Für Raimund ist die Allegorie das poetische Mittel, ideale Werte und das Eingreifen höherer Mächte in die Welt des Menschen dem Publikum anschaulich darzustellen.

Die Allegorie

Die Darstellung eines abstrakten Begriffs als Person oder als sichtbarer Gegenstand nennt man Allegorie. Die Allegorie wird in der Literatur und in der darstellenden Kunst seit der Antike verwendet, um Unanschauliches, nur Denkbares sichtbar zu machen: Justitia, Fortuna, Diana, das Glücksrad. Im Mittelalter und im Barock waren allegorische Darstellungen besonders beliebt (vgl. Jesuitendrama, Seite 64ff.). In der modernen Literatur wird die Allegorie selten eingesetzt.

SECHSTER AUFTRITT

Sechs PAGEN *und sechs* MÄDCHEN, *weiß gekleidet mit rosenroten Spenzern[1], welche samt den Hüten mit blühenden Rosen verziert sind, tanzen herein und gruppieren sich auf beiden Seiten der Tür. Dann hüpft die* JUGEND *herein, eine weiß kasimirn[2] kurze Hose, weiß atlassne Weste mit silbernen Knöpfchen, am Kragen mit Rosen garniert. Rosenrotes Fräckchen. Weiß atlassnen[3] runden Hut mit einem Rosenband. Das Beinkleid am Knie mit silbernen Knöpfen und rosenroten Bändern gebunden. Sie spricht im hochdeutschen Dialekte mit einem Anklange des Preußischen.*

VORIGE.

JUGEND: Grüß dich der Himmel, Brüderchen! Du nimmst es doch nicht übel, dass ich dir meine persönliche Aufwartung mache?

1 Spenzer: kurze, eng anliegende Jacke
2 kasimirn: aus Kaschmirstoff
3 atlassen: aus Atlas, einem schweren, hochglänzenden Seidengewebe in Atlasbindung, Satin

WURZEL: Das ist ein prächtiger Mensch! hundsjung und geißnarrisch! Hat mich noch nie gsehen, und gleich Brüderl.

JUGEND: Ja Bruder, ich komme in einer besonderen Angelegenheit!

WURZEL: Nun Bruder, mit was kann ich dienen? *Für sich:* Der braucht gwiss ein Geld.

JUGEND: Ja – nimm es nicht übel, Brüderchen, aber mit uns ist's aus. Ich bin hier, um dir meine Freundschaft aufzukünden.

WURZEL: Nun, das wär nicht übel, Bruder, jetzt lernen wir uns erst kennen, Bruder, und sollen schon wieder bös aufeinander sein, Bruder, das wär gfehlt.

JUGEND: Haha! Was fällt dir ein, Brüderchen? Fehlgeschossen, das endigt ja eben unsere Freundschaft, weil wir schon gar zu lange miteinander bekannt sind. Wir sind ja schon zusammen auf die Welt gekommen, weißt du denn das nicht mehr?

WURZEL: Ja, ja, ich erinnere mich schon, Nachmittag war's, und gregnet hat's auch.

JUGEND: Wir sind auch miteinander in die Schule gegangen. Weißt du denn das auch nicht, wir sind ja auf einer Bank gesessen.

WURZEL: Ist richtig! Auf der Schandbank[1] sind wir gesessen. *Für sich:* Ich kenn ihn gar nicht.

JUGEND: Ja freilich! Sie haben uns ja dadurch zwingen wollen, dass wir etwas lernen sollen.

WURZEL: Nun ja, was das für Sachen waren, aber wir haben nichts dergleichen getan. Oh, wir waren ein Paar feine Kerls! *Für sich:* Ich hab ihn mein Leben nicht gsehen noch.

JUGEND: Und wie wir beide zwanzig Jahre alt waren, haben wir die ganze Gemeinde geprügelt. Oh, das war ja prächtig, Brüderchen!

WURZEL: Oh, das war ein Hauptjux! *Für sich:* Ich weiß kein Wort davon.

JUGEND: Und getrunken haben wir, Bruder, das war mörderisch.

WURZEL: Oh, das war schändlich, Bruder!

JUGEND: Ja, und was wir alles getrunken haben!

WURZEL: Nu, einmal haben wir, glaub ich, gar einen Wein getrunken, das Verbrechen!

JUGEND: Ja, und was für einen!

WURZEL: Einen Luttenberger.

JUGEND: Und einen Grinzinger!

WURZEL *für sich:* Ist alles nicht wahr.

JUGEND: Du hast mich ja in alle Wirtshäuser herumgeschleppt, wir waren ja alle Tage sternhagelvoll besoffen. Kurz, wir waren ein Paar wahre Lumpen.

WURZEL *beiseite:* Er muss doch eine Spur von mir haben, er kennt mich doch. *Laut:* Bruder, wir wollen's noch sein! schlag ein, Bruderherz!

JUGEND: Bruder, nein! Jetzt ist's gar. Du musst jetzt solid werden, du musst dich um sieben Uhr zu Bette legen, darfst dir keinen Rausch mehr trinken, – kurz, was du zu tun hast, das wirst du von einem anderen hören, der dir alles pünktlich auseinander setzen wird.

WURZEL: Bruder, was wär denn das? – Ich keinen Rausch – und das ist das Edelste an mir. Ich bin so gsund, dass ich mit einer Armee raufen könnt.

JUGEND: Ja Brüderchen, jetzt solang ich noch bei dir bin. Stark: Doch den ersten Schritt, den ich aus diesem Saal mache, wird dich die Lust verlassen, auf eine so unedle Weise dein Schicksal ferner zu versuchen.

WURZEL: Ich fang mich völlig zum Fürchten an. Auf die Letzt kann der Kerl hexen! Das wär eine hantige[2] Bruderschaft.

---

1 Schandbank: Strafbank
2 hantig: bitter, herb

JUGEND: Also, adieu, lieber Bruder! Verzeih mir, was ich dir Leids getan hab, du lieber guter Kerl du! Ich bin gewiss ein fideler Junge, hab's lang genug mit dir ausgehalten, du warst mein intimster Freund, aber du bist gar ein lüderliches Tuch, darum leb wohl, Brüderchen! sei nicht böse auf mich und sage mir nichts Schlechtes nach.

Duett
JUGEND: Brüderlein fein, Brüderlein fein,
Musst mir ja nicht böse sein!
Scheint die Sonne noch so schön,
Einmal muss sie untergehn.
Brüderlein fein, Brüderlein fein,
Musst nicht böse sein.
WURZEL: Brüderlein fein, Brüderlein fein,
Wirst doch nicht so kindisch sein!
Gib zehntausend Taler dir
Alle Jahr, bleibst du bei mir.
JUGEND: Nein, nein, nein, nein!
Brüderlein fein, Brüderlein fein,
Sag mir nur, was fällt dir ein?
Geld kann vieles in der Welt,
Jugend kauft man nicht ums Geld.
Drum, Brüderlein fein, Brüderlein fein,
s' muss geschieden sein.

Beide
JUGEND: Brüderlein, bald, Brüderlein, bald
Flieh ich fort von dir.
WURZEL: Brüderlein, halt, Brüderlein, halt,
Geh nur nicht von mir.

Unter dem Ritornell[1] *tanzt die Jugend und ihr Gefolge.*
JUGEND: Brüderlein fein, Brüderlein fein,
Wirst mir wohl recht gram jetzt sein?
Hast für mich wohl keinen Sinn,
Wenn ich nicht mehr bei dir bin?
Brüderlein fein, Brüderlein fein,
Musst nicht gram mir sein!
WURZEL: Brüderlein fein, Brüderlein fein,
Du wirst doch ein Spitzbub sein!
Willst du nicht mit mir bestehn,
Nun, so kannst zum Teuxel gehn!
JUGEND: Nein, nein, nein, nein,
Brüderlein fein, Brüderlein fein,
Zärtlich muss geschieden sein.
Denk manchmal an mich zurück,
Schimpf nicht auf der Jugend Glück!

1 Ritornell: Kehrreim, Wiederholung

Drum, Brüderlein fein, Brüderlein fein,
Schlag zum Abschied ein!
BEIDE: Brüderlein fein, Brüderlein fein,
Schlag zum Abschied ein!
Umarmen sich. Die Jugend tanzt ab, ihr Gefolge nach.

4. Analysieren Sie, wie Raimund Allegorien benützt:
   - Zeigen Sie den Kunstgriff auf, mit dem Raimund Wurzels Altern darstellt.
   - Erklären Sie Wurzels Missverstehen.
   - Erläutern Sie die Wirkung, die Raimund mit dieser Darstellung erreicht.

Johann Nestroy

Possen

Im Gegensatz zu Raimund prangerte Johann Nestroy in seinen Werken die Charakterfehler seiner Mitmenschen und die Mängel seiner Zeit an, ohne eine idealere, schönere Welt aufzuzeigen. Er schrieb keine „Zaubermärchen", sondern Possen, die den Menschen einen kritischen Spiegel vor Augen halten sollten. Damit sich die Menschen dieser Kritik öffnen, zeichnete er seine Figuren mit Humor und Witz, der auch satirisch-bissig werden kann. Der Spiegel wird zum Zerrspiegel, der die Mängel vergrößert. Neben die Komik, die durch das Spiel, die Mimik und Gestik entsteht, tritt der Wortwitz. Nestroy umging die Zensur, indem er in seinen Stücken Platz für Improvisationen ließ. Zudem wird die Handlung immer wieder durch Gesangsstücke, so genannte Couplets, unterbrochen, in denen Kritik an den Verhältnissen geübt wird.

Nestroys Arbeitsweise

Nestroy hat mehr als zwei Drittel seiner insgesamt 83 Stücke nach Vorlagen erarbeitet. Wenn man bedenkt, dass er pro Jahr durchschnittlich drei Theaterstücke schrieb und daneben noch seine Rollen lernen, proben, die Stücke inszenieren und abends spielen musste, bekommt man eine Vorstellung davon, wie rasch die Produktion vor sich gegangen sein muss. Nestroy, der sehr belesen war, fand seine Stoffe vor allem in deutschen, englischen und französischen Stücken, aber auch in Prosawerken. Manchmal übernahm er nur einige Motive, manchmal das äußere Handlungsgerüst, mitunter aber begnügte er sich mit einer – freilich recht freien – Übertragung der Vorlage ins Wienerische.
Eine solche Übertragung eines französischen Stücks ist *Der Talisman*. Die Hauptfigur, Titus Feuerfuchs, ist rothaarig und damit als Außenseiter abgestempelt. Titus ist das Gespött der Leute. Da spielt ihm das Schicksal eine schwarze Perücke in die Hand, mit der er nun Karriere macht, zuerst bei der Herrschaftsgärtnerin Flora Baumscher:

Johann Nestroy, *Der Talisman*: Nicholas Ofczarek als „Titus Feuerfuchs" während der Fotoprobe im Sommer 2004 im Theater Reichenau.

ERSTER AKT, SECHZEHNTE SZENE

FLORA *(zur Mitte auftretend)*

FLORA: Das Unkraut Gall' und Verdruss wachst mir jetzt schon zu dick auf mein' Geschäftsacker, ich kann's nicht mehr allein ausjäten. Mein seliger Mann hat kurz vorher, als er selig worden ist, g'sagt, ich soll Wittib[1] bleiben – wie kann ein seliger Mann so eine unglückselige Idee haben? Die Knecht' haben keine Furcht, kein' Respekt, ich muss ihnen einen Herrn geben, dessen Frau ich bin. Mein Seliger wird den Kopf beuteln in die Wolken! Wann er mir etwan gar als Geist erscheinet, wann's auf einmal so klopfet bei der Nacht – *(es wird an die Tür geklopft; ängstlich aufschreiend)* ah! *(Hält sich wankend am Tische.)*

SIEBZEHNTE SZENE

FLORA, TITUS *(mit schwarzer Perücke zur Mitte hereinstürzend)*

TITUS: Is ein Unglück g'schehn? Oder kirren[2] Sie vielleicht jedes Mal so statt 'm Hereinsagen?

FLORA *(sich mühsam fassend)*: Nein, bin ich erschrocken!

TITUS *(für sich)*: Seltenes Geschöpf, sie erschrickt, wenn einer anklopft! Sonst ist den Frauenzimmern nur das schrecklich, wann keiner mehr anklopft.

FLORA: Der Herr wird sich drüber wundern, dass ich so schwache Nerven hab'?

TITUS: Wundern über das Allgemeine? O nein! Die Nerven von Spinnengeweb', d'Herzen von Wachs und d'Köpferl von Eisen, das is ja der Grundriss der weiblichen Struktur.

FLORA *(beiseite)*: Recht ein angenehmer Mensch – und die rabenschwarzen Haar'! – Ich muss aber doch *(laut und in etwas strengem Ton)*, wer is der Herr und was will der Herr?

TITUS: Ich bitt', die Ehr' is meinerseits! Ich bin Ihr untertänigster Knecht und empfehl' mich.

FLORA *(nickt ihm erstaunt ein kurzes Adieu zu, weil sie glaubt, er will fort; als er stehen bleibt, sagt sie nach einer Pause)*: Na? Diese Red' sagt man, wenn man fortgehn will.

TITUS: Ich aber sag' sie, weil ich dableiben will. Sie brauchen ein' Knecht, und als solchen empfehl' ich mich.

FLORA: Was? Der Herr is ein Knecht?

TITUS: Zur Gärtnerei verwendbar.

FLORA: Als Gehilfe?

TITUS: Ob Sie mich Gehilfe nennen oder Gärtner oder – das is alles eins; selbst – ich setz' nur den Fall – wenn es mir als Gärtner gelingen sollte, Gefühle in Ihr Herz zu pflanzen – ich setz' nur den Fall – und Sie mich zum unbeschränkten Besitzer dieser Plantage ernennen sollten – ich setz' nur den Fall – selbst dann würde ich immer nur Ihr Knecht sein.

FLORA *(beiseite)*: Artig ist der Mensch – aber – *(laut)* Seine Reden sind etwas kühn, etwas vorlaut!

TITUS: Bitt' untertänig, wenn man sagt: „Ich setz' nur den Fall“, da darf man alles sagen.

FLORA: Er ist also –

TITUS: Ein exotisches Gewächs: nicht auf diesen Boden gepflanzt, durch die Umstände ausgerissen und durch den Zufall in das freundliche Gartengeschirr Ihres Hauses versetzt, und hier, von der Sonne Ihrer Huld beschienen, hofft die zarte Pflanze, Nahrung zu finden.

1 Wittib: Witwe
2 kirren: durchdringend schreien

FLORA: Da fragt es sich vor allem, ob Er die Gärtnerei versteht?
TITUS: Ich habe Menschenkenntnis, folglich auch Pflanzenkenntnis.
FLORA: Wie geht denn das zusammen?
TITUS: Sehr gut! Wer Menschen kennt, der kennt auch die Vegetabilien[1], weil nur sehr wenig Menschen leben – und viele, unzählige aber nur vegetieren. Wer in der Fruh aufsteht, in die Kanzlei geht, nacher essen geht, nacher präferanzeln[2] geht und nacher schlafen geht, der vegetiert; wer in der Fruh ins G'wölb'[3] geht und nacher auf die Maut[4] geht und nacher essen geht und nacher wieder ins G'wölb' geht, der vegetiert; wer in der Fruh aufsteht, nacher a Roll' durchgeht, nacher in die Prob' geht, nacher essen geht, nacher ins Kaffeehaus geht, nacher Komödie spieln geht, und wenn das alle Tag' so fortgeht, der vegetiert. Zum Leben gehört sich, billig berechnet, eine Million, und das ist nicht genug; auch ein geistiger Aufschwung g'hört dazu, und das find't man höchst selten beisammen! Wenigstens, was ich von die Millionär' weiß, so führen fast alle aus millionärrischer Gewinnvermehrungspassion ein so fades, trockenes Geschäftsleben, was kaum den blühenden Namen „Vegetation" verdient.
FLORA *(beiseite)*: Der Mensch muss die höhere Gärtnerei studiert haben!
(Laut): So dunkel Sein Kopf auswendig is, so hell scheint er inwendig zu sein.
TITUS: Sind Ihnen vielleicht die schwarzen Haar' zuwider?
FLORA: Zuwider? Er Schelm wird nur zu gut wissen, dass ein schwarzer Lockenkopf einem Mann am besten lasst.[5]
TITUS *(für sich)*: Die Peruck'n wirkt!
FLORA: Er will also hier einen Dienst? Gut, Er is aufgenommen. Aber nicht als Knecht! Er zeigt Kenntnisse, Eigenschaften, besitzt ein vorteilhaftes Äußeres –
TITUS *(für sich)*: Die Peruckenkraft wirkt heftiger!
FLORA: Er soll die Aufsicht über das Gartenpersonale haben, Er soll den Übrigen Befehle erteilen; Er soll nach mir im Garten der Erste sein.
TITUS *(beiseite)*: Die Peruck'n hat gesiegt!

5. Untersuchen Sie die für Nestroy typische Ausdrucksweise in diesem Abschnitt:
   - Heben Sie charakteristische Stilmerkmale hervor.
   - Illustrieren Sie den Effekt, den Nestroy mit diesen Wortspielen erreicht.

Titus Feuerfuchs wird mit Hilfe seines Charmes und diesmal mit einer blonden Perücke Sekretär der Frau von Cypressenburg. Die Verwirrung unter all den Damen, denen er den Hof macht, führt zur Aufdeckung seiner wirklichen Haarfarbe. Die Damen sind entsetzt:

CONSTANTIA *(zu Titus)*: Ach, wie abscheulich sieht Er aus!
FLORA *(zu Titus)*: Und die rote Ruben hat mich heirat'n woll'n?
FRAU VON CYPRESSENBURG *(zu Titus)*: Er ist ein Betrüger, fort, hinaus!
ALLE: Hinaus!
TITUS: Das ist Ottokars Glück und Ende! *(Geht langsam mit gesenktem Haupte zur Mitte ab.)*

1 Vegetabilien: Pflanzen, Pflanzenbestandteile
2 präferanzeln: Kartenspiel (fz. préférence)
3 G'wölb': Gewölbe, Geschäft
4 Maut: Stelle, wo Maut kassiert wird
5 ... am besten lasst: am besten steht, passt

6. Besprechen Sie, wie Nestroy Spott einsetzt:
   - Erläutern Sie, worauf sich der Satz „Das ist Ottokars Glück und Ende!“ bezieht.
   - Stellen Sie Vermutungen darüber an, was Nestroy damit erreichen will.

Titus Feuerfuchs bekennt sich zu seinen roten Haaren und heiratet diejenige, die ihn nicht verachten kann, weil sie auch rote Haare hat, die Gänsehüterin Salome Pockerl.

7. Untersuchen Sie, wie Titus aus Angst vor negativen Folgen immer wieder versucht, seine wahre Haarfarbe zu verbergen:
   - Diskutieren Sie, von welchen äußeren (körperlichen) Merkmalen viele Menschen auf seelische und geistige Eigenschaften schließen.
   - Nehmen Sie Stellung, warum Merkmale einer Minderheit oft zur Zielscheibe des Spotts der Mehrheit werden.

EPIK DES BIEDERMEIER

Im Biedermeier dominieren epische Kleinformen wie Märchen, Skizze, Erzählung und Novelle, in stilistischer Hinsicht wird auf gepflegte Ausdrucksweise und Klarheit geachtet.

Adalbert Stifter, *Landschaftsbild.*

Adalbert Stifter

Die wahre Landschaft

Adalbert Stifter (1805 – 1868) behandelte den Böhmerwald und die oberösterreichische Landschaft sowohl in seinen Texten als auch in seinen Bildern. In seinen Texten beschreibt er behutsam selbst kleinste Details von Naturphänomenen und zarte innere Entwicklungen. In einer frühen Erzählung erlebt der Ich-Erzähler am Almsee im Toten Gebirge die hereinbrechende Dunkelheit und das Aufgehen des Vollmondes:

Adalbert Stifter
Feldblumen (1841)

[...] ich schaute träumend in die phantastische Dunkelheit, in der die Gebirge hingen, in immer stillere und größere Massen schmelzend, und auf den See, der stets starrer und schwärzer ward und nur hier und da mit einem schwachen, ungewissen Lichtchen aufzuckte. Und immer tiefer sanken Berg und Tal und See in die dunkle, schlummerige Luft vor mir zurück. [...] ich hörte jetzt einen Pistolenschuss und das darauffolgende Gewitter des Echos, das die Berge und den See im Finstern durcheinander wühlte und in Kreisen rollte und sich mäßigte und beschwichtigte und ausmurmelte; sein Verzittern machte mir die Landschaft nur noch unbeweglicher, wie einen schwarzen Klumpen, der in zackiger Linie den silbergrauen Himmel abschnitt. „Seht einmal auf den Röllberg", sagte mein Nachbar und zeigte mit dem Finger in die Nacht hinaus. Ein lichter Schein stand unten an dem bezeichneten Berge – die Mondesaureole[1] war es; ich glaubte, er selber werde jetzt aufsteigen; aber nur der Schein klomm längs der steilen Kante des Felsens, der ordentlich schwarz gegen diesen Schimmer stand, bis der Mond endlich gerade auf dem Gipfel des Steines wie ein großes Freudenfeuer emporschlug zu dem Himmel, an dem schon alle Sterne harrten. Er trennte sich sodann und schwamm wie eine losgebundene, blitzende, weißglühende Silberkugel in den dunklen Äther[2] empor – und alles war hier unten wieder hell und klar. – Die Berge standen wieder alle da und troffen von dem weißen niederrinnenden Lichte, das Wasser trennte sich und wimmelte von Silberblicken, ein Lichtregen ging in den ganzen Bergkessel nieder, und jedes feuchte Steinchen und jedes tauige Gräschen hatte seinen Funken.

8. Stifters Text gleicht einem detailreichen Gemälde.
   - Erläutern Sie, woran man erkennt, dass es sich hier nicht um eine Phantasielandschaft, sondern um real Beobachtetes handelt.
   - Geben Sie Beispiele für die besonders anschauliche Ausdrucksweise Stifters.

In wenigen Jahren wurde Stifter zu einem beliebten Schriftsteller des „gebildeten Leserpublikums" im ganzen deutschen Sprachraum. Im *Österreichischen Morgenblatt* hieß es Anfang 1845:

> Bei Stifter ist nichts Gemachtes, nichts Erlerntes, nichts Anempfundenes und Erlogenes. Stifter ist ein Dichter.

Kritik an der Darstellung des Kleinen

Doch bald meldeten sich auch Gegner der Stifter'schen Erzählweise zu Wort, deren Kritik nicht selten verletzende Schärfe hatte. Am stärksten traf Stifter ein Epigramm von Friedrich Hebbel, denn sein Urteil hatte größeres Gewicht und fand weitere Verbreitung als das anderer Kritiker.

1 Mondesaureole: Hof um den Mond
2 Äther: Weite des Himmels

Friedrich Hebbel

Die alten Naturdichter und die neuen (Brockes, Geßner, Stifter usw.)

Wisst ihr, warum euch die Käfer, die Butterblumen so glücken?
Weil ihr die Menschen nicht kennt, weil ihr die Sterne nicht seht!
Schautet ihr tief in die Herzen, wie könntet ihr schwärmen für Käfer?
Säht ihr das Sonnensystem, sagt doch, was wär' euch ein Strauß?
Aber das musste so sein; damit ihr das Kleine vortrefflich
Liefertet, hat die Natur klug euch das Große entrückt.

9. Diskutieren Sie, was Stifter und anderen Naturdichtern hier vorgeworfen wird.

Stifter antwortete auf dieses Spottgedicht in seiner Vorrede zu den *Bunten Steinen* (1853), einer Sammlung von sechs Erzählungen. Er formulierte darin das so genannte „sanfte Gesetz":

Weil wir aber schon einmal von dem Großen und Kleinen reden, so will ich meine Ansichten darlegen, die wahrscheinlich von denen vieler anderer Menschen abweichen. Das Wehen der Luft, das Rieseln des Wassers, das Wachsen der Getreide, das Wogen des Meeres, das Grünen der Erde, das Glänzen des Himmels, das Schimmern der Gestirne halte ich für groß; das prächtig einherziehende Gewitter, den Blitz, welcher Häuser spaltet, den Sturm, der die Brandung treibt, den feuerspeienden Berg, das Erdbeben, welches Länder verschüttet, halte ich nicht für größer als obige Erscheinungen, ja ich halte sie für kleiner, weil sie nur Wirkungen viel höherer Gesetze sind. Sie kommen auf einzelnen Stellen vor und sind die Ergebnisse einseitiger Ursachen. Die Kraft, welche die Milch im Töpfchen der armen Frau emporschwellen und übergehen macht, ist es auch, die die Lava in dem feuerspeienden Berge emportreibt und auf den Flächen der Berge hinabgleiten lässt. Nur augenfälliger sind diese Erscheinungen und reißen den Blick des Unkundigen und Unaufmerksamen mehr an sich [...]

So wie es in der äußern Natur ist, so ist es auch in der innern, in der des menschlichen Geschlechts. Ein ganzes Leben voll Gerechtigkeit, Einfachheit, Bezwingung seiner selbst, Verstandesgemäßheit, Wirksamkeit in seinem Kreise, Bewunderung des Schönen, verbunden mit einem heiteren, gelassenen Sterben, halte ich für groß; mächtige Bewegungen des Gemütes, furchtbar einherrollenden Zorn, die Begier nach Rache, den entzündeten Geist, der nach Tätigkeit strebt, umreißt, ändert, zerstört und in der Erregung oft das eigene Leben hinwirft, halte ich nicht für größer. [...] Wir wollen das sanfte Gesetz zu erblicken suchen, wodurch das menschliche Geschlecht geleitet wird.

10. Untersuchen Sie Stifters „sanftes Gesetz":
- Erläutern Sie, worauf es Stifter ankommt.
- Beschreiben Sie, wie er die Vorgänge in der Natur sieht.
- Kommentieren Sie Stifters Idealbild des Menschen.

Zeitgenössische Kritik

Nach dem Erscheinen von *Bunte Steine* auf dem Buchmarkt ging die zeitgenössische Literaturkritik zum Teil ausführlich auf die Vorrede ein.

Aus *Europa. Chronik der gebildeten Welt*, 23. Dezember 1852:

In so enger Einfriedung gefällt sich der ungewöhnliche, nach Wahrheit und Schönheit, nach den Geheimnissen des Menschenlebens ringende Geist. Und auf diese Weise motiviert er uns die Zumutung, vor dem Milchtöpfchen der armen Frau am Herde still zu sitzen, während draußen im Gewühl der Gassen der Orkan menschlicher Leidenschaften wütet. Überkochen ist überkochen, ob der Vulkan speit, das Meer stürmt, der Mensch in seiner Leidenschaft sich des Höchsten vermisst, am Milchtöpfchen der armen Frau oder sonstwo – alles eins!

Aus *Blätter für literarische Unterhaltung*, 13. August 1853:

Es ist unleugbar, dass sich seine (Stifters) Poesie in gewissen engen, den stürmischen Zeitinteressen mehr oder minder fern liegenden Grenzen bewegt. Aber warum ihm dies zum Vorwurf machen? Non omnia possumus omnes[1]! Der einzelne Mensch ist eben nur ein einzelnes Glied in der Kette der Menschheit, und er vermag etwas wirklich Großes und Tüchtiges nur zu leisten, wenn er sich darauf beschränkt, gerade den Platz auszufüllen, auf den ihn seine innere Anlage hingestellt hat. [...] Ich dächte, in unserer nach allen Seiten hin zerfahrenden, alle Unterschiede nivellierenden und darum nichts zustande bringenden Zeit verdient gerade ein Dichter, der sich zu begrenzen weiß, Anerkennung statt Tadel.

11. Zeigen Sie auf, inwiefern Stifters Vorgangsweise typisch für seine Zeit ist.
12. Nehmen Sie Stellung zu der Frage, ob die Schriftstellerin bzw. der Schriftsteller nur allgemein menschliche Probleme darstellen soll, oder ob er bzw. sie die Verpflichtung hat, in das Zeitgeschehen einzugreifen, Positionen aufzuzeigen und sich zu entscheiden.

LYRIK DES BIEDERMEIER

Die Lyrik des Biedermeier steht nach wie vor unter dem Eindruck der Klassik und der Romantik, allerdings fehlt die Hinwendung zur Antike.

Weltschmerz und Ruhelosigkeit

Nikolaus Lenau (eigentlich Nimbsch von Strehlenau, 1802 – 1850) behandelt in seinen Gedichten melancholische Themen wie innere Zerrissenheit, Heimatlosigkeit und seine seelische Rastlosigkeit. In seinen Naturgedichten beschreibt er nicht nur die Weite der ungarischen Puszta, sondern auch amerikanische Landschaften. Seine Ruhelosigkeit zeigte sich auch darin, dass er versuchte, nach Amerika auszuwandern, wobei er dort allerdings nicht Fuß fassen konnte und bald zurückkehrte.

Nikolaus Lenau
Winternacht (1832)

Vor Kälte ist die Luft erstarrt,
Es kracht der Schnee von meinen Tritten,
Es dampft mein Hauch, es klirrt mein Bart,
Nur fort, nur immer fortgeschritten!

1 Keiner kann alles.

Wie feierlich die Gegend schweigt!
Der Mond bescheint die alten Fichten,
Die, sehnsuchtsvoll zum Tod geneigt,
Den Zweig zurück zur Erde richten.

Frost! friere mir ins Herz hinein,
Tief in das heiß bewegte, wilde!
Dass einmal Ruh' mag drinnen sein,
Wie hier im nächtlichen Gefilde!

13. Beschreiben Sie die Stimmung, die dieses Gedicht wiedergibt:
- Erläutern Sie die Wendung, die mit der dritten Strophe eintritt.
- Analysieren Sie, wie die „alten Fichten" gesehen werden.
- Stellen Sie dieses Gedicht einem romantischen gegenüber.

Nikolaus Lenau
Aus „Schilflieder", Nr. 2 (1832)

Trübe wird's, die Wolken jagen,
Und der Regen niederbricht,
Und die lauten Winde klagen:
Teich, wo ist dein Sternenlicht?

Suchen den erloschnen Schimmer
Tief im aufgewühlten See.
Deine Liebe lächelt nimmer
Nieder in mein tiefes Weh!

14. Vergleichen Sie Lenaus Verfahrensweise mit der des jungen Goethe:
- Stellen Sie das Gedicht von Lenau Goethes *Maifest* (Seite 97f.) gegenüber und untersuchen Sie Gemeinsamkeiten und Unterschiede.
- Zeigen Sie auf, welche Verben und Partizipien die menschliche Befindlichkeit schon in der Naturschilderung ankündigen.

DER VORMÄRZ
1815 BIS 1848

DIE JUNGDEUTSCHEN

Veränderung des Lebens durch die Literatur

Im bürgerlichen liberalen Lager löste ein Beschluss des Deutschen Bundestages von 1835 helle Empörung aus: Die Schriften von Heinrich Heine, Karl Gutzkow, Heinrich Laube und anderen wurden verboten und beschlagnahmt. Diese Gruppe von Schriftstellern, die sich die „Jungdeutschen" nannten, waren lange nicht so revolutionär, wie von den Machthabern angenommen wurde. Sie traten gegen die herrschenden literarischen Autoritäten, die Klassiker und die Romantiker, auf. Ihrer Auffassung nach darf die Kunst weder zweckfrei und absolut sein (wie bei Schiller) noch mystischer Weg nach innen (wie bei Novalis). Literatur sollte vielmehr die jeweiligen Gesellschaftszustände widerspiegeln. Kunstformen sind nach Auffassung der Jungdeutschen Mittel zum Zweck. Der Zweck ist die „poetische Umgestaltung des Lebens". Die Dichter und Schriftsteller stehen nicht „im Dienst der Musen, sondern im Dienst des Vaterlands" (Wienbarg). Damit ist nicht so sehr gemeint, dass der Dichter in den Streit der politischen Parteien eingreifen, sondern dass er seine Arbeit für eine Erneuerung des Lebens einsetzen soll. Es geht eher um die poetische als um die politische Umgestaltung. Die Probleme des entstehenden Industrieproletariats klammern die Jungdeutschen weitgehend aus. Wichtiger sind ihnen die Demokratisierung der Literatur, der Kampf gegen religiöse Bevormundung, die Liberalisierung der Sexualmoral und die Emanzipation der Frau.
Bevorzugte Gattungsformen sind der Roman und die Novelle; ferner literarische Zweckformen, wie Brief, Memoiren, Reisebilder. Die Jungdeutschen begründen die literarische Publizistik (Zeitungsbeiträge mit literarischem Anspruch), aus deren Ansätzen sich ab 1835 das Feuilleton entwickelt, ein kurzer, populär geschriebener Beitrag „unter dem Strich", der aktuelle Fragen des Kultur- und Geisteslebens subjektiv darstellt. Heinrich Heine und Ludwig Börne zählen zu den ersten Feuilletonisten.

Heinrich Heine

Heines Satire auf Deutschland

Heinrich Heine (1797 – 1856) lebte seit 1831 in Paris und kehrte danach nur zweimal kurz nach Deutschland zurück. 1844 schrieb er *Deutschland. Ein Wintermärchen*, eine Satire auf die Zustände in seiner Heimat, in der staatliche Zensur und Kontrolle, engstirniger Nationalismus und Franzosenhass herrschten, gegen die er ankämpfte. Der Anfang der Verssatire enthält ein politisches Programm:

Im traurigen Monat November war's,
Die Tage wurden trüber,
Der Wind riss von den Bäumen das Laub,
Da reist' ich nach Deutschland hinüber. [...]

Und als ich die deutsche Sprache vernahm,
Da ward mir seltsam zumute;
Ich meinte nicht anders, als ob das Herz
Recht angenehm verblute.

Ein kleines Harfenmädchen sang.
Sie sang mit wahrem Gefühle
Und falscher Stimme, doch ward ich sehr
Gerühret von ihrem Spiele.

Sie sang von Liebe und Liebesgram,
Aufopf'rung und Wiederfinden
Dort oben in jener besseren Welt
Wo alle Leiden schwinden.

Sie sang vom irdischen Jammertal,
Von Freuden, die bald zerronnen,
Vom Jenseits, wo die Seele schwelgt
Verklärt in ew'gen Wonnen. [...]

Ein neues Lied, ein besseres Lied,
O Freunde, will ich euch dichten!
Wir wollen hier auf Erden schon
Das Himmelreich errichten.

Wir wollen auf Erden glücklich sein,
Und wollen nicht mehr darben;
Verschlemmen soll nicht der faule Bauch,
Was fleißige Hände erwarben.

Es wächst hienieden Brot genug
Für alle Menschenkinder,
Auch Rosen und Myrten, Schönheit und Lust,
Und Zuckererbsen nicht minder.

Ja Zuckererbsen für jedermann,
Sobald die Schoten platzen!
Den Himmel überlassen wir
Den Engeln und den Spatzen.

1. Untersuchen Sie, wie Heines Text Kritik an der Not in der Zeit des Vormärz übt:
   - Arbeiten Sie heraus, was Heines Verse kennzeichnet.
   - Vergleichen Sie sie inhaltlich mit der Lyrik Lenaus.

REVOLUTIONÄRE

Eine zweite Gruppe von Schriftstellern, zu denen Hoffmann von Fallersleben, Ferdinand Freiligrath, Georg Herwegh und Georg Weerth gehören, hat revolutionäre Ziele. Sie wirft den Jungdeutschen mangelnde politische Konsequenz und einen unentschiedenen Liberalismus vor. Einige aus dieser Gruppe sind mit Marx und Engels befreundet und Mitglieder der ersten Arbeiterparteien. Sie setzen sich für eine Änderung der politischen Verhältnisse ein und machen als Erste auf das Elend der Industriearbeiter/innen aufmerksam.

Georg Büchner

Georg Büchner (1813 – 1837) machte vor allem durch seine revolutionären Schriften und durch seine Dramen auf sich aufmerksam. Allen seinen Werken ist gemeinsam, dass er gegen die Idylle der biedermeierlichen Gesellschaft auftrat.

Aufruf zum Aufstand

Georg Büchner

Der Hessische Landbote (1834)

Friede den Hütten! Krieg den Palästen!

Im Jahr 1834 sieht es aus, als würde die Bibel Lügen gestraft. Es sieht aus, als hätte Gott die Bauern und Handwerker am 5ten Tage, und die Fürsten und Vornehmen am 6ten gemacht, und als hätte der Herr zu diesen gesagt: Herrschet über alles Getier, das auf Erden kriecht, und hätte die Bauern und Bürger zum Gewürm gezählt. Das Leben der Vornehmen ist ein langer Sonntag, sie wohnen in schönen Häusern, sie tragen zierliche Kleider, sie haben feiste Gesichter und reden eine eigne Sprache; das Volk aber liegt vor ihnen wie Dünger auf dem Acker. Der Bauer geht hinter dem Pflug und treibt ihn mit den Ochsen am Pflug, er nimmt das Korn und läßt ihm die Stoppeln. Das Leben des Bauern ist ein langer Werktag; Fremde verzehren seine Äcker vor seinen Augen, sein Leib ist eine Schwiele, sein Schweiß ist das Salz auf dem Tische des Vornehmen.

Im Großherzogtum Hessen sind 718,373 Einwohner, die geben an den Staat jährlich an 6,363,364 Gulden [...]. Dies Geld ist der Blutzehnte, der von dem Leib des Volkes genommen wird. An 700,000 Menschen schwitzen, stöhnen und hungern dafür. Im Namen des Staates wird es erpreßt, die Presser berufen sich auf die Regierung und die Regierung sagt, das sei nötig die Ordnung im Staat zu erhalten. Was ist denn nun das für gewaltiges Ding: der Staat? Wohnt eine Anzahl Menschen in einem Land und es sind Verordnungen oder Gesetze vorhanden, nach denen jeder sich richten muß, so sagt man, sie bilden einen Staat. Der Staat also sind *Alle*; die Ordner im Staat sind die Gesetze, durch welche das Wohl *Aller* gesichert wird, und die aus dem Wohl *Aller* hervor gehen sollen. – Seht nun, was man in dem Großherzogtum aus dem Staat gemacht hat; seht was es heißt: die Ordnung im Staate erhalten! 700,000 Menschen bezahlen dafür 6 Millionen, d.h. sie werden zu Ackergäulen und Pflugstieren gemacht, damit sie in Ordnung leben. In Ordnung leben heißt hungern und geschunden werden. [...]

Hebt die Augen auf und zählt das Häuflein eurer Presser, die nur stark sind durch das Blut, das sie euch aussaugen und durch eure Arme, die ihr ihnen willenlos leihet. Ihrer sind vielleicht 10,000 im Großherzogtum und Eurer sind es 700,000 und also verhält sich die Zahl des Volkes zu seinen Pressern auch im übrigen Deutschland. Wohl drohen sie mit dem Rüstzeug und den Reisigen[1] der Könige, aber ich sage euch: Wer das Schwert erhebt gegen das Volk, der wird durch das Schwert des Volkes umkommen. Deutschland ist jetzt ein Leichenfeld, bald wird es ein Paradies sein. Das deutsche Volk ist Ein Leib ihr seid ein Glied dieses Leibes. Es ist einerlei, wo die Scheinleiche zu zucken anfängt. Wann der Herr auch seine Zeichen gibt durch die Männer, durch welche er die Völker aus der Dienstbarkeit zur Freiheit führt, dann erhebet euch und der ganz Leib wird mit euch aufstehen.

Ihr bücktet euch lange Jahre in den Dornäckern der Knechtschaft, dann schwitzt ihr einen Sommer im Weinberge der Freiheit, und werdet frei sein bis ins tausendste Glied.

Ihr wühltet ein langes Leben die Erde auf, dann wühlt ihr euren Tyrannen ein Grab. Ihr bautet die Zwingburgen, dann stürzt ihr sie, und bauet der Freiheit Haus. Dann könnt ihr eure Kinder frei taufen mit dem Wasser des Lebens. Und bis der Herr euch ruft durch seine Boten und Zeichen, wachet und rüstet euch im Geiste und betet ihr selbst und lehrt eure Kinder beten: „Herr, zerbrich den Stecken unserer Treiber und laß dein Reich zu uns kommen, das Reich der Gerechtigkeit. Amen."

1 Reisige: berittene Söldner

ausgentutzt, und sind weniger wert.

2. Kommentieren Sie die Zustände, die Büchner in seinem Text kritisiert:
   - Arbeiten Sie den Grundgedanken heraus, der diesen Text prägt. Arme Leute werden von reichen
   - Nehmen Sie auf mindestens zwei Details Bezug. 2-5, 22-24
   - Kommentieren Sie bemerkenswerte stilistische Aspekte. Fordent, Endet mit Amen
   - Stellen Sie Überlegungen darüber an, ob ein solcher Text heute eine ähnlich negative Reaktion von Seiten der Obrigkeit auslösen würde.

Der Mensch als Opfer des Milieus

Wenige Wochen vor seinem frühen Tod schrieb Büchner 1836 in Zürich die Szenen des *Woyzeck*. Den Fall Woyzeck, der Jahre zuvor großes Aufsehen erregt hatte, kannte er aus der *Zeitschrift für Staatsarzneikunde*, an der sein Vater mitarbeitete. Zweifellos hat Büchner vom realen Fall Anregungen erhalten. Er schließt an die Tradition des Sturm und Drang an, nimmt aber auch Entwicklungen des Naturalismus (passive Hauptfiguren, die sich weder gegen die Gesellschaft noch gegen ihr Milieu durchsetzen können) vorweg. In diesem Stück wird zum ersten Mal ein Angehöriger der Unterschicht zur Hauptfigur eines deutschen Dramas.
Das Tragödienfragment zeigt die Geschichte des psychisch wie physisch labilen Woyzeck, der von seiner Umgebung ausgenützt und gedemütigt wird. Gleichzeitig kann er sich aber dagegen nicht wehren und wird darüber hinaus auch zum Opfer seiner Gemütsbewegungen. Die 1921 vollendete Oper *Wozzeck* von Alban Berg (1885 – 1935) behandelt diesen Stoff ebenso wie der Film *Woyzeck* des deutschen Regisseurs Werner Herzog (geb. 1942).

Filmplakat *Woyzeck*, BRD 1979;
Regie: Werner Herzog.
Darsteller: Klaus Kinski als „Woyzeck“,
Eva Mattes als „Marie“,
Wolfgang Reichmann als „Hauptmann“,
Willy Semmelrogge als „Arzt“.
Herzogs Verfilmung hält sich eng an Büchners literarische Vorlage. Sehr lange Einstellungen in den Szenen, meist Totalen fast ohne Gegenschnitte, sollen dabei den Eindruck eines Theaterspiels erwecken. Scharfe Schnitte zwischen den Szenen ohne füllende Übergänge deuten das Fragmentarische von Büchners Stück an.

In der folgenden Szene möchte Woyzeck seinen Sold aufbessern und nimmt daher an einem medizinischen Experiment eines skrupellosen Arztes teil, der Woyzeck auf Erbsendiät gesetzt hat.

BEIM DOKTOR

WOYZECK. Sehn Sie Herr Doktor, manchmal hat man so n'en Charakter, so n'e Struktur. – Aber mit der Natur ist's was andres, sehn Sie, mit der Natur, *(er kracht mit den Fingern)* das ist so was, wie soll ich sagen, zum Beispiel –

DOKTOR. Woyzeck, Er philosophiert wieder.

WOYZECK *(vertraulich)*. Herr Doktor habe Sie schon was von der doppelten Natur gesehn? Wenn die Sonn in Mittag steht und es ist als ging die Welt im Feuer auf, hat schon eine fürchterliche Stimme zu mir geredt!

DOKTOR. Woyzeck, Er hat eine aberratio[1].

WOYZECK *(legt den Finger an die Nase)*. Die Schwämme Herr Doktor. Da, da steckt's. Haben Sie schon gesehn in was für Figurn die Schwämme auf dem Boden wachsen? Wer das lesen könnt.

DOKTOR. Woyzeck Er hat die schönste aberratio mentalis partialis[2], zweite Spezies[3], sehr schön ausgeprägt. Woyzeck Er kriegt Zulage. Zweite Spezies, fixe Idee mit allgemein vernünftigem Zustand, Er tut noch alles wie sonst, rasiert sein Hauptmann?

WOYZECK. Ja wohl.

DOKTOR. Ißt sei Erbse?

WOYZECK. Immer ordentlich Herr Doktor. Das Geld für die Menage[4] kriegt die Frau.

DOKTOR. Tut sei Dienst?

WOYZECK. Ja wohl.

DOKTOR. Er ist ein interessanter Kasus[5], Subjekt Woyzeck. Er kriegt Zulag. Halt Er sich brav. Zeig Er sei Puls! Ja.

Der historische Woyzeck

Der historische Johann Christian Woyzeck, 1780 in Leipzig geboren, bringt eine Lehrzeit als Perückenmacher hinter sich und geht dann auf Wanderschaft, während der er durch Gelegenheitsarbeiten seinen Unterhalt verdient. In Leipzig hat er ein uneheliches Kind; die geplante Heirat zerschlägt sich, weil sich das Mädchen wegen Woyzecks ungesicherter Existenz einem anderen Mann zuwendet. In den folgenden Jahren verdingt sich Woyzeck als Soldat in verschiedenen Heeren. Er wird von Stimmungsschwankungen befallen und leidet unter Verfolgungsangst. Als Woyzeck von seiner neuen Lebensgefährtin betrogen wird, folgt er seinen inneren Stimmen und bringt sie um. Er wird gefasst und zum Tod verurteilt, obwohl ihn ein Gutachten der Verteidigung als unzurechnungsfähig einstuft. Schließlich wird er hingerichtet.

1 aberratio (lat.): Abweichung vom Normalzustand
2 aberratio mentalis partialis (lat.): teilweise geistige Abweichung
3 Spezies: Art
4 Menage: hier Verpflegung
5 Casus: Fall

3. Analysieren Sie diesen Abschnitt nach folgenden Gesichtspunkten:
   - Fassen Sie die Stelle mit eigenen Worten zusammen.
   - Beschreiben Sie das Verhältnis zwischen Woyzeck und dem Doktor.
   - Arbeiten Sie heraus, was Woyzeck versucht dem Doktor mitzuteilen.
   - Erläutern Sie sprachliche Eigenheiten in diesem Ausschnitt.

Politische Lyrik

August Heinrich Hoffmann von Fallersleben (1798 – 1874) war ein eminent politscher Autor, dessen Sehnsucht nach einem einigen Vaterland in seinem Text *Lied des Deutschen* (1841) Ausdruck fand. Die dritte Strophe dieses Liedes ist heute die Nationalhymne Deutschlands.
Im folgenden Text *Wie ist doch die Zeitung interessant!* kritisiert er in spöttischem Ton die Zensur und ihr Produkt, die zensurierten Tageszeitungen.

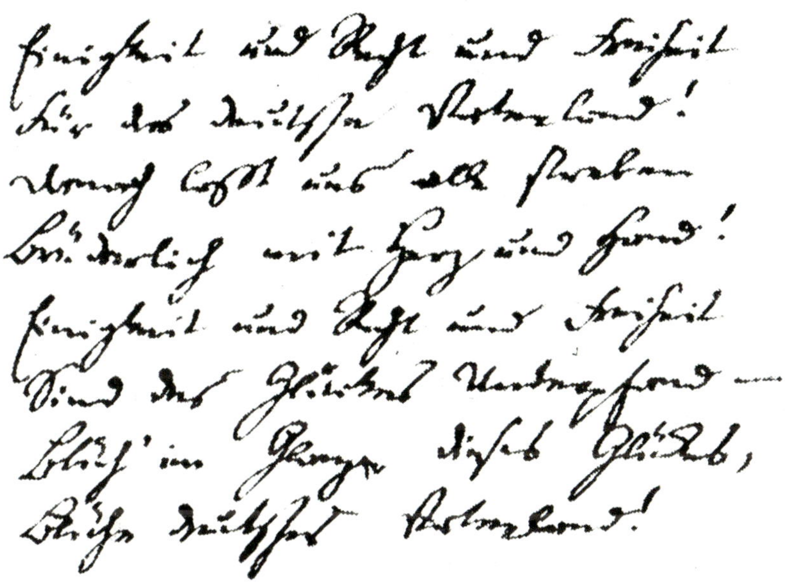

Einigkeit und Recht und Freiheit
Für das deutsche Vaterland!
Danach lasst uns alle streben
Brüderlich mit Herz und Hand!
Einigkeit und Recht und Freiheit
Sind des Glückes Unterpfand –
Blüh im Glanze dieses Glückes,
Blühe, deutsches Vaterland!

Niederschrift der dritten Strophe des *Liedes der Deutschen* von Hoffmann von Fallersleben, gedichtet 1841 auf der Insel Helgoland. Mit der Melodie des *Kaiserliedes* von Joseph Haydn wurde das Lied im Oktober 1841 auf dem Hamburger Jungfernstieg erstmals öffentlich gesungen. Im August 1922 wurde das *Deutschlandlied* zur Nationalhymne bestimmt. Während der Zeit des Nationalsozialismus wurde nur die erste Strophe gesungen. Nach dem Zweiten Weltkrieg kam es zu heftigen Diskussionen über die Weiterverwendung des Liedes, 1952 wurde entschieden, dass das *Deutschlandlied* Nationalhymne bleibt, zu offiziellen Anlässen jedoch nur die dritte Strophe gesungen werden sollte. Nach der Wiedervereinigung der beiden deutschen Staaten 1991 wurde die dritte Strophe zur Nationalhymne erklärt.

Ironie

Eine Redeweise, bei der das Gegenteil von dem gemeint ist, was gesagt wird, nennt man ironisch. Die Ironie ist eine rhetorische Figur, die scheinbar ein Lob ausdrückt, in Wirklichkeit aber auf aggressive Weise tadelt. Auch in der alltäglichen Rede kommt Ironie vor („Du hast eine Ordnung in deinem Zimmer!"). Ironie ist häufig in der Parodie und in der Satire zu finden.

Auseinandersetzung mit der Zensur

August Heinrich Hoffmann von Fallersleben
Wie ist doch die Zeitung interessant! (1841)

Wie ist doch die Zeitung interessant
Für unser liebes Vaterland!
Was haben wir heute nicht alles vernommen!
Die Fürstin ist gestern niedergekommen,
Und morgen wird der Herzog kommen,
Hier ist der König heimgekommen,
Dort ist der Kaiser durchgekommen,
Bald werden sie alle zusammenkommen –
Wie interessant! wie interessant!
Gott segne das liebe Vaterland!

Wie ist doch die Zeitung interessant
Für unser liebes Vaterland!
Was ist uns nicht alles berichtet worden!
Ein Portepeefähnrich[1] ist Leutnant geworden,
Ein Oberhofprediger erhielt einen Orden,
Die Lakaien erhielten silberne Borden[2],
Die höchsten Herrschaften gehen nach Norden,
Und zeitig ist es Frühling geworden –
Wie interessant! wie interessant!
Gott segne das liebe Vaterland!

4. Besprechen Sie, wie Hoffmann von Fallersleben hier Kritik an den Zensurpraktiken seiner Zeit übt:
   - Stellen Sie einander gegenüber, was die zensurierte Zeitung ihren Leserinnen und Lesern bot und was sie ihnen vorenthielt.
   - Kommentieren Sie die ersten beiden und die letzten beiden Verse jeder Strophe. Arbeiten Sie ihre Wirkung heraus.
   - Illustrieren Sie die Kunstgriffe des Autors, um seine Kritik zu verstärken.

1 Portepee: Säbelquaste
2 Borden: eigentlich: Borten

Georg Weerth (1822 – 1856), für Friedrich Engels „der erste und bedeutendste Dichter des deutschen Proletariats", ein unsteter Mann, der Reisen bis nach Indien und Amerika unternahm und immer wieder für deutsche Zeitungen arbeitete, schrieb neben seinem satirischen Roman *Leben und Taten des berühmten Ritters Schnapphahnski* Feuilletons und politische Lyrik voller Emotionen.

Lyrik als Kampfmittel

Georg Weerth
Das Hungerlied (1844)

Verehrter Herr und König,
Weißt du die schlimme Geschicht?
Am Montag aßen wir wenig,
Und am Dienstag aßen wir nicht.

Und am Mittwoch mussten wir darben,
Und am Donnerstag litten wir Not;
Und ach, am Freitag starben
Wir fast den Hungertod!

Drum lass am Samstag backen
Das Brot, fein säuberlich –
Sonst werden wir sonntags packen
Und fressen, o König, dich!

5. Kommentieren Sie den Ton dieses Gedichtes.

Käthe Kollwitz, *Der Weberzug*.
Käthe Kollwitz (1867 – 1945) wurde durch die Arbeit ihres Mannes, der in Berlin eine Kassenarzt-Praxis betrieb, mit der Not und der Armut in der Reichshauptstadt konfrontiert. Schon 1884 hatte sie Gerhart Hauptmann kennengelernt; 1893 erlebte sie die nichtöffentliche Uraufführung seines Sozialdramas *Die Weber*, das den Weberaufstand von 1844 zum Thema hat. Zutiefst beeindruckt vom Protest der schlesischen Weber gegen die Ausbeutung durch die Fabrikanten („Diese Aufführung bedeutete einen Markstein in meiner Arbeit."), schuf sie die Folge *Ein Weberaufstand* aus je drei Lithografien und Radierungen.

Das folgende Gedicht ist anonym. Es wurde von den aufständischen Webern in Schlesien 1844 nach der Melodie *Es liegt ein Schloss in Österreich* gesungen. Die ersten vier Strophen lauten:

Das Blutgericht (1844)
Lied der Weber in Peterswaldau und Langenbielau

Hier im Ort ist das Gericht,
Viel schlimmer als die Femen[1],
Wo man nicht mehr ein Urteil spricht,
Das Leben schnell zu nehmen.

Hier wird der Mensch langsam gequält,
Hier ist die Folterkammer,
Hier werden Seufzer viel gezählt
Als Zeugen von dem Jammer.

Die Herrn Zwanziger[2] die Henker sind,
Die Diener ihre Schergen,
Davon ein jeder tapfer schind't,
Anstatt was zu verbergen.

Ihr Schurken all, ihr Satansbrut!
Ihr höllischen Kujone[3]!
Ihr fresst der Armen Hab und Gut,
Und Fluch wird euch zum Lohne!

6. Fassen Sie die Kritik der drei vorangegangenen Gedichte zusammen.

Textproduktion: Offener Brief

Thema: Die gesellschaftlichen Rahmenbedingungen des Vormärz
Aufgabe: Verfassen Sie einen offenen Brief an eine seriöse österreichische Tageszeitung.

Recherchieren Sie relevante Informationen zu diesem Thema aus dem vorliegenden Kapitel des Buches und aus Nachschlagewerken bzw. dem Internet.

Verfassen Sie nun einen offenen Brief und bearbeiten Sie dabei die folgenden Arbeitsaufträge:
- Beschreiben Sie die historischen Hintergründe für dieses Zitat.
- Beziehen Sie sich in Ihrem Brief auf Beispiele aus den vorliegenden Texten.
- Diskutieren Sie diese Aussage aus heutiger Sicht.

Schreiben Sie zwischen 300 und 400 Wörter. Markieren Sie Absätze mittels Leerzeilen.

1 die Feme: geheimes Gericht
2 Herr Zwanziger: schlesischer Unternehmer
3 Kujon: Schuft, Quäler

BIEDERMEIER UND VORMÄRZ | 1815 BIS 1848

GESCHICHTE	GESELLSCHAFT/WIRTSCHAFT	WISSENSCHAFT/TECHNIK
Die Heilige Allianz (Österreich, Russland, Preußen) sichert die **restaurativ-konservative Politik** und den **Absolutismus**. 1830 **Pariser Julirevolution**: „Bürgerkönig" Louis Philippe. **1848 Erhebung des liberalen Bürgertums** in mehreren europäischen Städten. In Wien Metternich vertrieben. Deutsche Nationalversammlung in Frankfurt (Erzherzog Johann Reichsverweser).	Wohlstand des Großbürgertums, das Träger der Kultur, aber politisch machtlos ist. **Entwicklung der Industrie** und der Wirtschaft durch technische Erfindungen. Steigerung der Produktion. Hohe Wohnkultur. Rasches Wachsen der Städte. **Arbeiterproletariat**. Erste Arbeitsniederlegungen.	**Dampfmaschine** in vielfältiger Verwendung (Fabriken, Eisenbahn, Schifffahrt). **Elektrizitätslehre** und ihre technische Anwendung (Alessandro Volta, André-Marie Ampére, Georg Simon Ohm). Telegraphie. **Chemie:** Justus Liebig (synthetischer Harnstoff).

BILDENDE KUNST	MUSIK	PHILOSOPHIE
Die **Malerei** entwickelte sich in Deutschland und Österreich **von der Romantik zum Realismus**: Moritz von Schwind, Karl Spitzweg, Ludwig Richter, Ferdinand Georg Waldmüller. Miniaturen, Porträts, Landschaften. Englische Landschaftsmalerei. William Turner bereitet den Impressionismus vor. Biedermeiermöbel.	**Hausmusik** mit Lied und Instrumentalspiel: Schubertiaden in Wien. Frédéric Chopin in Paris. Robert Schumann (Klavierwerke, Symphonien, Lieder). Felix Mendelssohn-Bartholdy (Klavierwerke, Symphonien). Virtuosen prägen den Stil.	Begründung des **Positivismus** durch Auguste Comte. Ludwig Feuerbach (Religionskritik).

LITERATUR

Österreichisches Biedermeier:

Franz Grillparzer (1791 – 1872): Griechendramen (*Sappho*, *Medea*); Staatsdramen (*König Ottokars Glück und Ende*, *Ein Bruderzwist in Habsburg*); Novelle *Der arme Spielmann*.

Adalbert Stifter (1805 – 1868): *Bunte Steine*, *Nachsommer* (Roman). Das „sanfte Gesetz".

Nikolaus Lenau (1802 – 1850): *Schilflieder* (Lyrik), *Faust*.

Ferdinand Raimund (1790 – 1836): Original-Zaubermärchen, z. B. *Der Bauer als Millionär*, *Der Verschwender*.

Johann Nestroy (1801 – 1862): über 80 Stücke, meist Possen mit Gesang, z. B. *Der Talisman*.

Deutsche Dichter der Biedermeierzeit:

Eduard Mörike (1804 – 1875): Gedichte, Novellen.

Annette von Droste-Hülshoff (1797 – 1848): Gedichte, Balladen, Erzählungen (*Die Judenbuche*).

Jungdeutsche: Heinrich Heine, Ludwig Börne (journalistische Formen), Karl Gutzkow.

Revolutionäre Dichter: Georg Büchner (Dramen), Ferdinand Freiligrath, Hoffmann von Fallersleben, Georg Weerth (politische Lyrik).

DER REALISMUS
ETWA 1850 BIS 1885

AUF DER SUCHE NACH DER WIRKLICHKEIT

Die bürgerliche Revolution von 1848

Das Jahr 1848 bedeutet einen tiefen politischen Einschnitt. In mehreren europäischen Städten, so in Berlin und Wien, erhob sich das Bürgertum, um die absolutistischen Regierungen zu stürzen. Metternich musste abdanken und mit ihm sein System; aber das Bürgertum konnte auch diesmal die Macht im Staate nicht dauerhaft erringen.

Es blieben liberale und nationale Bestrebungen, wie die Deutsche Nationalversammlung in der Frankfurter Paulskirche, welche die Gründung eines neuen deutschen Reiches zum Ziel hatte, aber infolge der Rivalität zwischen den Vertretern Österreichs und Preußens nicht von der Stelle kam. So festigten sich die neoabsolutistischen Regierungen in den deutschen Teilstaaten, und es setzte eine nur sehr langsam fortschreitende Entwicklung zur konstitutionellen Monarchie ein. Der bürgerliche Liberalismus mündete zum größeren Teil in einen Nationalismus und einen Patriotismus, die zum Ersten Weltkrieg führten.

Kapitalismus und Proletariat

Wirtschaftlich und gesellschaftspolitisch gesehen kam es zu einer immer stärkeren Polarisierung von Kapitalismus und Proletariat. Der Aufschwung der Naturwissenschaften brachte eine schnelle Entwicklung der Technik und damit der Industrialisierung mit sich. Das Unternehmertum kam zu Kapital, das zum Kauf neuer Produktionsmittel verwendet wurde.

Auf der anderen Seite stieg die Zahl der Arbeiter/innen rapide an. Besonders junge Menschen zogen vom Land in die Städte, zu den Produktionsstätten, und füllten dort rasch errichtete Arbeiterviertel. Sie hatten als einzigen Besitz ihre Arbeitskraft, und die mussten sie um einen Hungerlohn einsetzen. Zu Beginn der industriellen Entwicklung gab es keinen Schutz für die Arbeiterin oder den Arbeiter und keine schlagkräftige Organisation zur Durchsetzung von Forderungen.

Das Kommunistische Manifest

Schon 1848 veröffentlichten Karl Marx (1818 – 1883) und Friedrich Engels (1820 – 1895) das *Manifest der Kommunistischen Partei*, aber die Anliegen der Arbeiter/innen gingen in der bürgerlichen Revolution unter. Es dauerte noch Jahrzehnte, bis sich die Arbeiterschaft in Vereinen und Gewerkschaften organisierte, um ihre Interessen durchzusetzen.

Der deutsche Realismus als eine bürgerliche literarische Bewegung ließ gesellschaftspolitische Themen unbeachtet. Die Haltung der Realisten den Zeitproblemen gegenüber war eher kühl, abwartend, resignativ.

Diesseitsphilosophie

Dagegen empfing der Realismus starke Impulse von der Philosophie der Zeit, besonders von Feuerbach und den Materialisten. Ludwig Feuerbach (1804 – 1872) versuchte die christliche Religion als psychologisches Phänomen zu erklären und die Menschen zu einer diesseitigen, sinnlich erfassbaren Wirklichkeit hinzuführen. In seinem Sinn schrieb sein Schüler Gottfried Keller später:

Trinkt, o Augen, was die Wimper hält,
Von dem goldnen Überfluss der Welt!

Die Materialisten (z. B. Ludwig Büchner, *Kraft und Stoff*) verkündeten:
1. Alles, was ist, ist Materie; das Geistige ist ein Produkt der Materie.
2. Die Materie verhält sich nach strengen Gesetzen der Kausalität.
3. Diese Gesetze sind vom Menschen erforschbar und erkennbar.

Evolutionstheorie

Zu dieser materialistischen Philosophie als Grundlage der so erfolgreichen Physik und Chemie kam die biologische Lehre von der Abstammung der Arten. Im Anschluss an Jean-Baptiste de Lamarcks Evolutionstheorie formulierte der Engländer Charles Darwin (1809 – 1882) seine epochale These, dass die höher organisierten Lebewesen sich aus einfacher organisierten entwickelt hätten und der Mensch das vorläufig letzte Glied dieser Entwicklung sei. Darwin nannte auch den Motor dieser Entwicklung: den Kampf ums Dasein und die natürliche Zuchtwahl. Schon im Titel seines 1859 erschienenen Werkes umschrieb er seine Entdeckung: *On the origin of species by means of natural selection*, deutsch *Die Entstehung der Arten durch natürliche Zuchtwahl*.
Der literarische Realismus war eine europäische Bewegung, die allerdings sehr unterschiedliche Ausformungen zeigte. Deswegen unterscheidet man den deutschen poetischen (auch bürgerlichen) Realismus vom kritischen Realismus, wie er vor allem in Frankreich aufgetreten ist. Gemeinsam ist ihnen die Hinwendung zur Wirklichkeit, zum Erfahrbaren und objektiv Nachprüfbaren.

DER POETISCHE REALISMUS

„Realismus" ist keine Erfindung des 19. Jahrhunderts; realistische Züge lassen sich schon in mittelalterlichen Dichtungen nachweisen, dann in den lehrhaft-satirischen, oft derb schwankhaften Dichtungen des 15. und 16. Jahrhunderts, bei Shakespeare und selbst in der pathetischen Barockzeit, z. B. in Grimmelshausens *Simplicissimus*, der erklärtermaßen die Gräuel des Dreißigjährigen Krieges wahrheitsgetreu schildert. Zum Stilprogramm einer Generation wurde der Realismus jedoch erst um die Mitte des 19. Jahrhunderts.

Die Hauptvertreter des poetischen Realismus sind:

Theodor Storm	Conrad Ferdinand Meyer
Gottfried Keller	Wilhelm Raabe
Theodor Fontane	

Österreichische Spätrealisten:

Ludwig Anzengruber	Ferdinand von Saar
Marie von Ebner-Eschenbach	Peter Rosegger

Die frühe Zeit des Realismus war an der Theorie stärker interessiert als die spätere. Zunächst wandte sich die Kunstauffassung gegen die Klassik und die Romantik. Da der Realismus „das wirkliche Leben" in seiner Vielfalt und seinen zeitbedingten Veränderungen darstellen wollte, lehnte er alles Idealistische ab, etwa die Idee von der Freiheit der sittlichen Person und die Idee von der reinen, schönen Form (Klassik). Und da der Realismus das Erfahrbare und Überprüfbare darstellen wollte, ächtete er die von der Erfahrung losgelöste Phantasie, die mit Wirklichkeit und Kunst ein Spiel treibt

(Romantik). Gottfried Keller sprach von der „Unverantwortlichkeit der Einbildungskraft". Der Theoretiker Friedrich Theodor Vischer schrieb:

> Das Spiel der Phantasie mit sich selbst, das Feuerwerk auf dem Wasser, das die neuere Romantik uns vorgemacht hat: dies war es, was mir vorschwebte als das Übel, gegen das ich den Damm der Objektivität errichten müsse.

Poetische Wiedergabe der Wirklichkeit

„Poetisch" und „Realismus" scheinen zunächst unvereinbar; denn „poetisch" bedeutet eigentlich so viel wie: freie Schöpfung der Phantasie, und Realismus ist Bindung an die Wirklichkeit, Nachahmung der Natur. Das bloße Abschildern von Realität hielten die deutschen Erzähler für einen „Irrweg und ein Verkennen des eigensten innersten Wesens der Kunst" (Fontane). Realistische Kunst bezieht zwar ihre stofflichen Elemente unmittelbar aus der Wirklichkeit, aber sie gestaltet daraus eigengesetzliche Gebilde. Sie verwandelt die Wirklichkeit in Poesie (Poetisierung). „[...] es bleibt nun mal ein gewaltiger Unterschied zwischen dem Bilde, das das Leben stellt, und dem Bilde, das die Kunst stellt; der Durchgangsprozess, der sich vollzieht, schafft [...] eine rätselhafte Modelung, und an dieser Modelung haftet die künstlerische Wirkung, die Wirkung überhaupt", schreibt Fontane. Und Gottfried Keller unterstreicht die „Reichsunmittelbarkeit der Poesie", also ihr Recht und ihre Pflicht, sich keinen anderen Gesetzen als den ihr innewohnenden zu unterwerfen.

Wilhelm Leibl (1844 – 1900), *Die drei Frauen in der Kirche*; 1881, Öl auf Holz, Kunsthalle Hamburg; Das Bild stellt drei Bäuerinnen in Miesbacher Gebirgstracht dar, die lesend und betend auf einer Kirchenbank sitzen.

Der poetische Realismus will die erfahrbare Welt unparteiisch schildern. Selbst die Meinung und das Gefühl des Dichters sollen außerhalb der Darstellung bleiben. Damals glaubte man noch, dass man genau sagen könne, was wirklich ist, was den Objekten zugehört und was vom Subjekt stammt. Die Realisten waren gegen jede die Wirklichkeit verfälschende Tendenz. Deswegen meinten sie, politisch und gesellschaftspolitisch nicht Partei ergreifen zu dürfen, und hassten das Pathos. Sie wollten den Menschen in seinem Alltag, bei seiner bürgerlichen Arbeit, in seiner Familie so darstellen, wie er „wirklich" ist. Und sie wollten keinen gesellschaftlichen und kulturellen Gegenentwurf zu den herrschenden Verhältnissen liefern, wie dies vorangegangene Epochen getan hatten. Der Realist wollte ein illusionsloser Beobachter der Wirklichkeit sein, merkte aber nicht, dass er nur einen bestimmten Ausschnitt der Wirklichkeit aufnahm – und den in einer bestimmten Optik. Da fast alle Realisten aus dem Bürgertum und Kleinbürgertum kamen, sahen sie vor allem diese ihre Welt, aber kaum die der Arbeiter. Das proletarische Milieu und die damit verbundene soziale Problematik wurden in Deutschland erst von den Naturalisten gegen Ende des Jahrhunderts programmatisch thematisiert.

Schilderung der bürgerlichen Welt

Erzählende Formen

Nicht in Industriezentren und Großstädten spielt die Handlung realistischer Erzählungen, sondern in der Kleinstadt oder auf dem Land (Dorfgeschichte). Die Figuren sind häufig Handwerker, Kaufleute, Bauern und sonderbare Käuze. Nicht das öffentliche Geschehen, die große Politik, bildet den Hintergrund, sondern die kleine, enge Welt des Privaten. Eine Ausnahme ist Conrad Ferdinand Meyer,

dessen Novellen in der Vergangenheit (16., 17. Jahrhundert) spielen und welthistorische Ereignisse darstellen, in deren Mittelpunkt bedeutende Persönlichkeiten stehen.
Kennzeichnend für die Erzählung des Realismus ist die Rahmentechnik: Ein Erzähler erinnert sich an eine Begebenheit aus seinem Leben oder an eine alte Chronik, in der die dann folgende Geschichte erzählt ist. Manchmal hat die Erzählerfigur eine eigene Biographie, so z. B. in Theodor Storms Novelle *Der Schimmelreiter*: Der Lehrer erzählt in der Wirtsstube die Geschichte des Deichgrafen Hauke Haien, als eben ein furchtbares Unwetter die Deiche bedroht. Die Erzählungen bekommen durch den Rahmen den Anstrich eines Berichtes über reales vergangenes Geschehen. Sie sollen als erlebte Wirklichkeit erscheinen, nicht als phantastische Erfindungen.
Sprachlich gesehen herrscht die Prosa als die natürlichste Redeweise vor. Der Stil ist einfach; er vermeidet Extreme, wie Pathos und Ausbrüche, ist nüchtern, aber gefeilt. Der poetische Realismus ist gekennzeichnet durch einen epischen Grundzug. Mit Behagen werden Milieu- und Zustandsschilderungen geboten. Die bevorzugte Gattungsform ist die Novelle, die im Realismus den Höhepunkt ihrer Entwicklung in der deutschen Literatur erreicht (vgl. Seite 163ff.).
Der Roman tritt im Realismus in verschiedenen Formen auf: als Entwicklungsroman in der Nachfolge Goethes, als historischer Roman und Zeitroman sowie als Gesellschafts- und Familienroman.
Auf das Drama wird weitgehend verzichtet. Eine Ausnahme bildet Friedrich Hebbel, der zwar zu dieser Zeit schreibt, allerdings nicht zu den Realisten im engeren Sinn gehört; er steht in der Nachfolge der Klassiker.
In der Lyrik werden das Erlebnisgedicht und das Stimmungsgedicht der Romantik fortgesetzt. Hauptvertreter ist Theodor Storm. C. F. Meyer führt das so genannte Dinggedicht ein, das später im Symbolismus einen bedeutenden Platz einnimmt (vgl. Seite 218f. und 247). Eine wichtige Rolle als Ausdrucksform spielt die Lyrik im Realismus aber nicht.
„Der große Umschwung, der dem Realismus zum Siege verhalf", wurde nach den Worten Theodor Fontanes durch die folgende, damals revolutionäre Zielsetzung herbeigeführt: Gegenwart, nicht Vergangenheit, Wirklichkeit, nicht Schein, Prosa, nicht Vers.

Gegenwart, Wirklichkeit, Prosa

Die realistischen Erzähler beziehen sich meist ganz konkret auf die Gegenwart, auf die Realität ihrer Zeit. Ihr Programm, die ganze Wirklichkeit zu erfassen, verweist sie vor allem auf die Darstellung des einfachen Lebens der kleinen, unverbildeten Leute. Gottfried Keller (1819 – 1890) rät dem Volksdichter, „die Würde der Menschheit im Volke aufzusuchen und sie demselben in seinem eigenen Tun und Lassen nachzuweisen." Zur Fülle des Wirklichen gehört das Alltägliche, Banale, das Nicht-Erhabene, wie der Ausschnitt aus der Novelle *Romeo und Julia auf dem Dorfe* aus seinem Novellenzyklus *Die Leute von Seldwyla* (1856) zeigt:

Dies (das Angeln) war auch eine Hauptbeschäftigung der Seldwyler. Bei günstigem Wetter, wenn die Fische gern anbissen, sah man sie dutzendweise hinauswandern mit Rute und Eimer, und wenn man an den Ufern des Flusses wandelte, hockte alle Spanne lang einer, der angelte: der eine in einem langen Bürgerrock, die bloßen Füße im Wasser, der andere in einem spitzen blauen Frack auf einer alten Weide stehend, den alten Filz schief auf dem Ohre; weiterhin angelte da einer im zerrissenen, großblumigen Schlafrock, da er keinen anderen mehr besaß, die lange Pfeife in der einen, die Rute in der andern Hand, und wenn man um eine Krümmung des Flusses bog, stand ein alter kahlköpfiger Dickbauch faselnackt auf einem Stein und angelte; dieser hatte, trotz des Aufenthaltes am Wasser, so schwarze Füße, dass man glaubte, er habe die Stiefel anbehalten. Jeder hatte ein Töpfchen oder ein Schächtelchen neben sich, in welchem Regenwürmer wimmelten, nach denen sie zu andern Stunden zu graben pflegten.

In den *Drei gerechten Kammmachern* aus demselben Zyklus gibt Gottfried Keller aus ironischer Distanz ein Bild von der Banalität des „typischen" Feiertags eines verschrobenen Handwerksgesellen:

Wiedergabe des Banalen

Entschloss er sich aber zu einem Spaziergang, so putzte er sich eine oder zwei Stunden lang peinlich heraus, nahm sein Spazierstöckchen und wandelte steif ein wenig vors Tor, wo er demütig und langweilig herumstand und langweilige Gespräche führte mit anderen Herumständern, die auch nichts Besseres zu tun wussten [...] Mit solchen stellte er sich dann gern vor ein im Bau begriffenes Haus, vor ein Saatfeld, vor einen wetterbeschädigten Apfelbaum oder vor eine neue Zwirnfabrik und tüftelte auf das Angelegentlichste über diese Dinge, deren Zweckmäßigkeit und den Kostenpunkt, über die Jahreshoffnungen und den Stand der Feldfrüchte, von was allem er nicht den Teufel verstand. Es war ihm auch nicht darum zu tun, aber die Zeit verging ihm so auf die billigste und kurzweiligste Weise nach seiner Art, und die alten Leute nannten ihn nur den artigen und vernünftigen Sachsen, denn sie verstanden auch nichts. Als die Seldwyler eine große Aktienbrauerei anlegten, von der sie sich ein gewaltiges Leben versprachen, und die weitläufigen Fundamente aus dem Boden ragten, stöchert er manchen Sonntagabend darin herum, mit Kennerblick und mit dem scheinbar lebendigsten Interesse die Fortschritte des Baues untersuchend, wie wenn er ein alter Bausachverständiger und der größte Biertrinker wäre. „Aber nein!", rief er einmal um das andere, „des is ein fameses Wergg! Des gibt eine großartige Anstalt! Aber Geld kosten duht's, na, das Geld! Aber schade, hier misste mir des Gewehlbe doch en bissgen diefer sein und die Mauer um eine Idee stärger!" Bei alledem dachte er sich gar nichts, als dass er noch rechtzeitig zum Abendessen wolle, ehe es dunkel werde [...] Hatte er sein Stückchen Braten oder Wurst versorgt, so wurmisierte[1] er noch ein Weilchen in der Kammer herum und ging dann zu Bett; dies war dann ein vergnügter Sonntag für ihn gewesen.

1. Erläutern Sie Ähnlichkeiten und Unterschiede zwischen diesen beiden Textstellen. Berücksichtigen Sie Details, die geschildert werden, und den Ton, der in den Textabschnitten vorherrscht.

Humor und Satire

Der Humor war ein beliebtes Mittel der realistischen Erzähler, um Distanz zum Geschehenen zu entwickeln und Problematisches zu demaskieren. In der gleichen Novelle wird das Liebesspiel zwischen der nicht mehr jungen Jungfer Züs Bünzlin, einer „guten Partie", und einem ihrer drei Bewerber humorvoll geschildert:

Er konnte sich nicht enthalten, Züsis Hand zu ergreifen und ihr zierlich die Fingerspitzen zu küssen; sie tippte ihm leicht mit dem Zeigefinger auf die Lippen, und er tat, als ob er danach schnappen wollte, und machte dazu ein Maul wie ein lächelnder Karpfen; Züs schmunzelte falsch und freundlich, Dietrich schmunzelte schlau und süßlich; sie saßen auf der Erde sich gegenüber und tätschelten zuweilen mit den Schuhsohlen gegeneinander, wie wenn sie sich mit den Füßen die Hände geben wollten [...]

Als er ihr aber Himmel und Hölle vorstellte, wozu ihm sein aufgeregter und gespannter Unternehmungsgeist herrliche Zauberworte verlieh, als er sie mit Zärtlichkeiten jeder Art überhäufte und bald ihrer Hände, bald ihrer Füße sich zu bemächtigen suchte und ihren Leib und ihren Geist, alles, was an ihr war, lobte und rühmte, dass der Himmel hätte grün

1 wurmisieren: sich mit unbedeutenden Dingen beschäftigen

werden mögen, als dazu die Witterung und der Wald so still und lieblich waren, verlor Züs endlich den Kompass als ein Wesen, dessen Gedanken am Ende doch so kurz sind als seine Sinne; ihr Herz krabbelte so ängstlich und wehrlos wie ein Käfer, der auf dem Rücken liegt, und Dietrich besiegte es in jeder Weise.

2. Illustrieren Sie, welche Stellen dieses Zitats zu der humorvollen Wirkung führen.

Theodor Fontane (1819 – 1898) hat den Moralkodex der gehobenen Gesellschaftsschichten des 19. Jahrhunderts und die daraus folgenden Verhaltensweisen in seinem Roman *Effi Briest* dargestellt. Darin wird ein Stück gesellschaftlicher Wirklichkeit lebendig: Dem Baron von Innstetten, einem hohen Ministerialbeamten, sind durch Zufall Briefe in die Hand gekommen, aus denen er sieht, dass seine sehr viel jüngere, schöne und liebenswürdige Frau vor Jahren ein kurzes Liebesverhältnis hatte. Er bittet sofort einen Freund zu sich und ersucht ihn, seine Forderung an den einstigen Liebhaber seiner Frau zu überbringen und beim Duell sein Sekundant[1] zu sein. Der Freund fragt ihn, ob das wirklich sein müsse, und etwas später:

„[...] Alles dreht sich um die Frage, müssen Sie's durchaus tun? Fühlen Sie sich so verletzt, beleidigt, empört, daß einer weg muß, er oder Sie? Steht es so?"

„Ich weiß es nicht."

„Sie müssen es wissen."

Innstetten war aufgesprungen, trat ans Fenster und tippte voll nervöser Erregung an die Scheiben. Dann wandte er sich rasch wieder, ging auf Wüllersdorf zu und sagte: „Nein, so steht es nicht."

„Wie steht es denn?"

„Es steht so, daß ich unendlich unglücklich bin; ich bin gekränkt, schändlich hintergangen, aber trotzdem, ich bin ohne jedes Gefühl von Haß oder gar von Durst nach Rache. [...]

Ehrenkodex der gehobenen Gesellschaft

Wenn er nach persönlichen Beweggründen handeln dürfte, würde er seiner Frau verzeihen, weil er sie liebt. Er wendet aber ein:

Man ist nicht bloß ein einzelner Mensch, man gehört einem Ganzen an, und auf das Ganze haben wir beständig Rücksicht zu nehmen, wir sind durchaus abhängig von ihm. Ginge es, in Einsamkeit zu leben, so könnt ich es gehen lassen; ich trüge dann die mir aufgepackte Last, das rechte Glück wäre hin, aber es müssen so viele leben ohne dies ‚rechte Glück', und ich würde es auch müssen und – auch können. [...] Aber im Zusammenleben mit den Menschen hat sich ein Etwas gebildet, das nun mal da ist und nach dessen Paragraphen wir uns gewöhnt haben, alles zu beurteilen, die andern und uns selbst. Und dagegen zu verstoßen geht nicht; die Gesellschaft verachtet uns, und zuletzt tun wir es selbst und können es nicht aushalten und jagen uns die Kugel durch den Kopf.

Dieses „uns tyrannisierende Gesellschafts-Etwas" nimmt Innstetten die Freiheit der Entscheidung: „Ich habe keine Wahl. Ich muss." Mit dem „Fleck auf seiner Ehre", der ihm schwerer wiegt als sein Unglück, kann er in der Gesellschaft nicht leben.

1 Sekundant: Berater und Zeuge eines Duellanten

Auch für die Eltern der jungen Frau sind die Spielregeln der Gesellschaft zunächst wichtiger als Einsamkeit und Verzweiflung der einzigen Tochter. Nachdem Innstetten sie über Effis „Schritt vom Wege“ unterrichtet hat, schreibt ihr die Mutter:

„... Und nun Deine Zukunft, meine liebe Effi. Du wirst Dich auf Dich selbst stellen müssen und darfst dabei, soweit äußere Mittel mitsprechen, unserer Unterstützung sicher sein. Du wirst am besten in Berlin leben (in einer großen Stadt vertut sich dergleichen am besten) und wirst da zu den vielen gehören, die sich um freie Luft und lichte Sonne gebracht haben. Du wirst einsam leben, und wenn Du das nicht willst, wahrscheinlich aus Deiner Sphäre herabsteigen müssen. Die Welt, in der Du gelebt hast, wird Dir verschlossen sein.
Und was das Traurigste für uns und für Dich ist (auch für Dich, wie wir Dich zu kennen vermeinen) – auch das elterliche Haus wird Dir verschlossen sein, wir können Dir keinen stillen Platz in Hohen-Cremmen anbieten, keine Zuflucht in unserem Hause, denn es hieße das, dies Haus von aller Welt abschließen, und das zu tun, sind wir entschieden nicht geneigt. Nicht weil wir zu sehr an der Welt hingen und ein Abschiednehmen von dem, was sich ‚Gesellschaft‘ nennt, uns als etwas unbedingt Unerträgliches erschiene; nein, nicht deshalb, sondern einfach, weil wir Farbe bekennen und vor aller Welt, ich kann Dir das Wort nicht ersparen, unsere Verurteilung Deines Tuns, des Tuns unseres einzigen und von uns so sehr geliebten Kindes, aussprechen wollen ...“

Das Motiv der Ehebrecherin ist von den Realisten häufig behandelt worden. In der Regel gehört die Ehebrecherin der „guten Gesellschaft“ an, weil diese auf einen solchen Fehltritt besonders heftig reagierte und dadurch Symptome ihrer inneren Struktur sinnfällig werden ließ.

3. Weisen Sie anhand dieser Textstellen die Bedeutung der gesellschaftlichen Normen nach:
   - Kommentieren Sie die Argumente Innstettens für ein Duell mit dem ehemaligen Liebhaber seiner Frau.
   - Erläutern Sie, zu welchen anderen Folgen das sklavische Einhalten dieser Normen führt.
   - Untersuchen Sie, wie sie begründet werden.
   - Nehmen Sie Stellung zur Notwendigkeit bzw. Sinnhaftigkeit von gesellschaftlichen Normen generell.

Überarbeitung eines Textes

Das lyrische Werk des Schweizer Autors Conrad Ferdinand Meyer (1825 – 1898) ist charakteristisch für die Dichtkunst des poetischen Realismus und gilt als frühe Form des Symbolismus (vgl. Seite 246ff.).
C. F. Meyer hielt sich 1870 in Rom auf und saß oft im Park der Villa Borghese. Dort entstand die erste Fassung des Gedichts:

Conrad Ferdinand Meyer
Der römische Brunnen (1870)

In einem römischen Garten
verborgen ist ein Bronne[1],
behütet von dem harten
Geleucht der Mittagssonne,
er steigt in schlankem Strahle
in dunkle Laubesnacht
und sinkt in eine Schale
und übergießt sie sacht.

1 Bronne: Brunnen

Die Wasser steigen nieder
in zweiter Schale Mitte,
und voll ist diese wieder,
sie flutet in die dritte:
Ein Nehmen und ein Geben,
und alle bleiben reich,
und alle Fluten leben
und ruhen doch zugleich.

Noch im selben Jahr hat Meyer das Gedicht überarbeitet:

Der Springquell plätschert und ergießt
sich in der Marmorschale Grund;
die, sich verschleiernd, überfließt
in einer zweiten Schale Rund.
Und diese gibt, sie wird zu reich,
der dritten wallend ihre Flut,
und jede nimmt und gibt zugleich
und alles strömt und alles ruht.

Die letzte Fassung entstand zwölf Jahre später, 1882:

Aufsteigt der Strahl, und fallend gießt
er voll der Marmorschale Rund,
die, sich verschleiernd, überfließt
in einer zweiten Schale Grund;
die zweite gibt, sie wird zu reich,
der dritten wallend ihre Flut,
und jede nimmt und gibt zugleich
und strömt und ruht.

4. Vergleichen Sie die verschiedenen Versionen dieses Gedichts:
   - Zeigen Sie auf, in welcher Weise Meyer sein Gedicht bearbeitet hat.
   - Vergleichen Sie den Anfang der ersten mit dem Anfang der letzten Fassung.
   - Untersuchen Sie das Metrum am Anfang der letzten Fassung.
   - Überlegen Sie, wofür „Der römische Brunnen" ein Symbol sein könnte.

Distanz des Erzählers

DER KRITISCHE REALISMUS

In Frankreich wurde schon Mitte des 19. Jahrhunderts eine Forderung laut, die allmählich in den Naturalismus hinüberleitete: die Forderung, ohne jede persönliche Stellungnahme und ohne eine Spur von Teilnahme am Geschick der epischen Figuren zu erzählen. Der realistische Erzähler möchte den Eindruck vermitteln, als stelle er ein Geschehen objektiv dar. Er berichtet wie ein neutraler, außenstehender Zuschauer. Wir sprechen von einem neutralen Erzählverhalten. Es erweckt in der Leserin oder im Leser den Eindruck, das Geschehen spiele sich unmittelbar vor ihm ab (ähnlich wie bei einem Film), sie bzw. er sei selbst Zeuge und nicht abhängig von einem auktorialen Erzähler.

Auktoriales Erzählverhalten	Neutrales Erzählverhalten
Der Erzähler tritt als Vermittler zwischen Geschichte und Leser auf; er erläutert und beurteilt das Geschehen, stellt einen direkten Kontakt zum Leser her. (Vgl. Seite 154)	Der Erzähler tritt hinter das Geschehen zurück und überlässt die Beurteilung dem Leser. Er ist nicht unmittelbar zu erkennen.

Gustave Flaubert (1821 – 1880) beschreibt in seinem Roman *Madame Bovary* den menschlich und beruflich gleich unbedeutenden Landarzt Charles Bovary:

Charles kehrte abends erst um elf heim; seit dem Morgen hatte er nichts gegessen. Da das Dienstmädchen schon schlief, musste Emma ihm auftragen; er zog den Rock aus, um es beim Essen bequemer zu haben. Der im Lauf des Tages vergossene Schweiß hatte sein Ärmelfutter verfärbt und unter den Achseln zwei grüne Flecken auf seinem Hemd gebildet. Seine Hände waren schmutzig von der Reibung des Pferdezügels, und auf seiner Nase war zwischen den Augen ein roter Streifen vom Hüpfen seiner Brille, denn da er schlecht sah, trug er bei Dunkelheit unterwegs eine Brille.
[...] zufrieden mit seinem Tagesablauf aß er den Rest der gezwiebelten Rindfleischschnitten, schabte lächelnd seinen Käse sauber, knabberte einen Apfel, trank die Karaffe aus, worauf er zu Bett ging, nach dem Wein roch, den er getrunken hatte, auf dem Rücken einschlief und nach Leibeskräften schnarchte.
Immer schlief er mit offenem Mund auf dem Rücken. Da er mit der Gewohnheit, eine baumwollene Nachtmütze zu tragen, aufgewachsen war, blieb sein schlecht geknüpfter Schal ihm nicht auf dem Kopf sitzen, und am Morgen war sein Haar struppig und voll von den Daunen seines Kopfkissens, dessen Nähte sich während der Nacht gelockert hatten.
Er war ein vernünftiger Mensch, er legte keinen Wert auf Toilette. Zu jeder Jahreszeit trug er derbe Stiefel, und wenn sie durchgetreten waren, ließ er sie neu besohlen. Seine eng anliegende Hose ließ seine Waden hervortreten, und da sie nicht weit genug herabreichte, bildeten sich am Stiefelspann zu den Fußgelenken hin drei dicke Falten.

5. Untersuchen Sie den Text daraufhin, ob Sie eine Erzählerfigur oder einen Kommentar zu den Vorgängen entdecken können.

Der französische Autor Stendhal wollte den Roman als einen Spiegel verstanden wissen. „Auf wessen Seite steht der Spiegel?", fragt er, und: „Ist der Spiegel schuld, wenn hässliche Menschen daran vorbeigegangen sind?" Das Bemühen um unbedingte, ungerührte Objektivität führte notwendigerweise zur Entdeckung des Abstoßenden, Beklemmenden, des Elends und der Kümmerlichkeit menschlichen Daseins.

Wissenschaftliche Grundlage für die Darstellung des Menschen

Laut Flaubert liefern die Geschichte, aber auch Biologie, Psychologie, Soziologie, Abstammungs- und Vererbungslehre die verbindlichen Grundlagen für die Darstellung des Menschen. So veranschaulicht er in *Madame Bovary* die Phasen des Sterbens durch die Wirkung von Gift bis in die Einzelheiten der Symptomatik. Emma Bovary hat Arsenik[1] „wie Zucker" gegessen, weil ihre Schulden durch Pfändung des gesamten Mobiliars der Eheleute eingebracht werden sollen. Um der Forderung des Realismus zu entsprechen, nur überprüfbare Wirklichkeit wiederzugeben, erkundigte sich Flaubert bei Ärzten ganz genau, wie der Mensch bei einer Arsenikvergiftung stirbt. Die medizinischen Symptome werden wirklichkeitsgetreu dargestellt. Dennoch vollzog Flaubert noch nicht die Gleichsetzung von Kunst und Natur.

Der abscheuliche Tintengeschmack in der Kehle war noch immer da.
„Zu trinken", sagte sie.
„Was hast du nur?", fragte Charles völlig verwundert und hielt ihr ein Glas hin.

1 Arsenik: seit der Spätantike häufig verwendetes Gift

„Ich weiß nicht. Mach das Fenster auf, ... ich ersticke!“ [...] Und es überkam sie ein so plötzlicher Brechreiz, dass sie kaum noch Zeit hatte, ihr Taschentuch unter dem Kopfkissen hervorzuholen. [...] Charles fühlte ihr den Puls. Er war dünn, beschleunigt, unregelmäßig; manchmal setzte er aus.

Er fragte sie aus; sie antwortete nicht; reglos lag sie da, aus Furcht, sich bei der geringsten Bewegung übergeben zu müssen. Dabei fühlte sie eine eisige Kälte von den Füßen zum Herzen aufsteigen. [...]

Mit einer weichen, angstvollen Bewegung rollte sie den Kopf hin und her, wobei sie beständig den Mund öffnete, als liege ihr etwas sehr Schweres auf der Zunge. Um acht setzte das Erbrechen wieder ein. Charles nahm wahr, dass sich auf dem Boden des Napfes eine Art weißlichen Niederschlags an den Porzellanwänden festsetzte. [...]

Sie fing an zu wimmern, zunächst ganz schwach. Ein Frostschauer schüttelte ihre Schultern, und sie wurde bleicher als das Laken, in das sich ihre verkrampften Finger einkrallten. Ihr Pulsschlag war jetzt fast unspürbar. [...]

Unversehens war sie magerer geworden. Schweißtropfen sickerten ihr über die Schläfen, deren dünne Haut aussah, als sei sie zu den Wangen hin gezogen; ihr bläuliches Gesicht wirkte wie geronnen in den Ausdünstungen metallischer Dämpfe. Ihre Zähne schlugen aufeinander, ihre ganz groß gewordenen Augen blickten ausdruckslos umher. [...] Dann wurde ihr Wimmern stärker. [...] Abermals überkamen sie die Krämpfe, und sie schrie auf: „Ach, ist das grässlich, mein Gott! Es soll aufhören!“

Charles Bovary ist vor Schrecken, Schmerz und Angst unfähig zu handeln; es wird ein anderer Arzt herbeigeholt.

Der Kollege [...] verschrieb ein Brechmittel, um zunächst einmal den Magen völlig zu entleeren. Und als er den Erfolg der ersten Dosis sah, verabfolgte er rasch eine zweite, stärkere. Aber da erbrach sie sofort Blut, und ihre Lippen verzerrten sich noch mehr. Ihre Glieder waren zusammengeschrumpft, ihr Körper hatte sich mit braunen Flecken bedeckt, ihr Puls glitt unter den Fingern wie ein gespannter Faden, wie eine dem Springen nahe Leiersaite. [...]

Und alsdann begann sie hastig zu keuchen. Ihre braune Zunge trat ganz aus dem Mund heraus; ihre rollenden Augen verblassten wie die Glasglocken zweier erlöschender Lampen; man hätte sie schon für tot halten können, wäre nicht die erschreckende, beschleunigte Bewegung ihrer Rippen gewesen, die ein raues, beständiges Atmen rüttelte, als vollführe die Seele Sprünge, um sich loszulösen.

6. Analysieren Sie den Leseeindruck dieser Stellen:
   - Stellen Sie dar, welchen Eindruck diese Abschnitte auf die Leserin bzw. den Leser machen.
   - Vergleichen Sie die Motive, weshalb damals und in der heutigen Zeit Abstoßendes und Ekelerregendes dargestellt werden.

DER NATURALISMUS
1892 BIS 1910

UMWÄLZENDE NEUE THEORIEN

Die Zeitspanne umfasst in Deutschland die letzten Jahre des Kanzlers Bismarck und die entscheidenden Jahre Kaiser Wilhelms II., in Europa die Blütezeit des Imperialismus. Der Konkurrenzkampf um Rohstoffquellen und Absatzmärkte stand im Zeichen des schrankenlosen Liberalismus (Manchesterliberalismus), der die Verarmung des vierten Standes (der Arbeiter/innen) beschleunigte und die sozialen Gegensätze verschärfte. Die „soziale Frage“ wurde zum Hauptproblem der Innenpolitik.

Gegenstand der Wissenschaft ist das Erfahrbare

Der Positivismus des französischen Philosophen Auguste Comte (1798 – 1857) ließ nur die Naturwissenschaften als Wissenschaften gelten. Sie allein beschäftigten sich mit dem „Positiven“, d. h. mit dem Erfahrbaren und Beweisbaren. Im Anschluss an Darwins Abstammungslehre erklärte der englische Philosoph Herbert Spencer (1820 – 1903), moralisch gut sei, was der Selbsterhaltung des Einzelnen und der Gruppe diene. John Stuart Mill (1806 – 1873) meinte, den Wert einer Handlung könne man nur an ihren Folgen messen. Ziel allen Strebens müsse es sein, das größtmögliche Glück der größtmöglichen Zahl von Menschen zu verwirklichen (Utilitarismus).

Die Umgebung prägt den Menschen

Starken Einfluss auf die Kunsttheorie des Naturalismus hatte der Franzose Hippolyte Taine (1828 – 1893), der den Menschen von allen transzendenten (übernatürlichen) Bindungen löste und ihn vom Milieu abhängig sah (Milieutheorie). Dem Menschen sind nur die Erde und das kurze Leben auf ihr gegeben. Er ist eingespannt in einen naturgesetzlichen Ablauf der Dinge. Die Willensfreiheit ist eine Illusion.

Nach der materialistischen Geschichtsauffassung von Karl Marx und Friedrich Engels zeigt die Geschichte den ständigen Kampf zwischen Ausbeutern und Ausgebeuteten, Sklavenhaltern und Sklaven, Bourgeoisie (Besitzbürgertum) und Proletariat. Nicht einzelne Persönlichkeiten machen Geschichte, sie agieren nur als Vertreter ihrer Klasse. Letztlich sind es die materiellen Verhältnisse, die den historischen Ablauf bedingen.

Das Sein prägt das Bewusstsein

Der dialektische Materialismus lehrt, dass nicht das Bewusstsein das Sein präge, sondern umgekehrt: Das gesellschaftliche Sein (die äußeren Bedingungen) präge das Bewusstsein. Marx erwartete die Lösung der Spannungen zwischen Kapitalismus und Proletariat von einer Revolution und der Diktatur des Proletariats, das erst einmal alle „Enteigner“ enteignen werde. Dann sei der Aufbau einer humanen klassenlosen Gesellschaft möglich.

Klassenlose Gesellschaft

Die von Hegel stammende Dialektik wird auf die Gesellschaftsordnung angewendet: Die These (der Kapitalismus) erzeugt mit logischer Notwendigkeit die Antithese (das Proletariat). Zwischen den beiden Gegensätzen herrscht eine Spannung, die sich in der Geschichte als Klassenkampf darstellt. Die Spannung drängt naturgesetzlich zur Aufhebung der Gegensätze in der Synthese, der klassenlosen Gesellschaft des Kommunismus.

DER NATURALISTISCHE ROMAN

Der deutsche Naturalismus hat sich sehr spät entwickelt; er konnte sich nach folgenden Vorbildern richten:
Frankreich: Émile Zola (Romane)
Norwegen: Henrik Ibsen (Dramen)
Russland: Leo Tolstoi, Fjodor Dostojewski (Romane).

Französisches Vorbild

Heftige Diskussionen entbrannten um Dostojewskis Roman *Schuld und Sühne* (deutsche Übersetzung 1881), die Geschichte eines proletarischen Studenten, der zum Mörder wird, und um Émile Zolas (1840 – 1902) Roman *Germinal*, in dem unter dem Eindruck eines blutig niedergeschlagenen Bergarbeiterstreiks die Lebens- und Arbeitsbedingungen in einem nordfranzösischen Kohlenrevier geschildert werden. Der Titel *Germinal* (nach dem „Keimmonat" des französischen Revolutionskalenders) deutet auf das Aufkeimen der kommenden sozialen Revolution des Proletariats hin. Der Roman ist Teil eines umfangreichen Zyklus, in dem Zola an fünf Generationen zeigt, wie die Eigenschaften der Personen sich vererben und durch Umwelteinflüsse modifiziert werden. Der folgende Ausschnitt zeigt einen Morgen bei der Bergarbeiterfamilie Maheu, die in einem Massenquartier wohnt.

Jetzt beleuchtete die Kerze die viereckige, mit zwei Fenstern versehene Stube, die von den drei Betten fast ganz ausgefüllt war. Es gab da außerdem ein Spind, einen Tisch und zwei Stühle von altem Nußholz, deren dunkler, angerauchter Ton sich scharf von den hellgelb getünchten Mauern abhob. Sonst kein weiteres Einrichtungsstück; die Kleider hingen auf Nägeln. Auf den Fliesen stand ein Krug neben einer roten irdenen[1] Schüssel, die als Waschbecken diente. In dem Bette zur Linken schlief Zacharie, der älteste Sohn, ein Bursche von einundzwanzig Jahren, mit seinem Bruder Jeanlin, der eben sein elftes Jahr vollendete. In dem Bette zur Rechten schliefen zwei kleinere Kinder, Léonore und Henri, die Erstere sechs, der Letztere vier Jahre alt, die einander in den Armen haltend dalagen. Catherine teilte das dritte Bett mit ihrer Schwester Alzire, die für ihre neun Jahre so schwächlich war, dass Catherine sie neben sich kaum gefühlt haben würde, wäre nicht der Höcker der Kleinen gewesen, den diese ihr in die Seiten stieß. Die mit Glasscheiben versehene Tür stand offen; man bemerkte den Gang, eine Art Schlauch, wo Vater und Mutter ein viertes Bett einnahmen, vor dem die Wiege der jüngsten Tochter stand, die Estelle hieß und erst drei Monate zählte. Bei der Familie Maheu, die das Häuschen Nr. 16 im zweiten Block bewohnte, rührte sich noch nichts. Die einzige Stube des ersten Stockwerkes lag in tiefe Finsternis gehüllt, die gleichsam mit ihrer Schwere den Schlaf der Wesen niederhielt, die auf einem Haufen, offenen Mundes, von Müdigkeit erdrückt, dalagen. Trotz der schneidenden Kälte, die draußen herrschte, lag hier in der dicken Luft eine lebendige Wärme, jene erstickende Schwüle, die man selbst in den ganz sauberen Stuben antrifft, wenn sie nach Menschenfleisch riechen. Die Kuckucksuhr der im Erdgeschoß gelegenen Wohnstube schlug die vierte Morgenstunde. Noch rührte sich nichts. Man vernahm zartes Atemholen, begleitet von dem geräuschvolleren Atmen zweier Schnarcher. Plötzlich richtete sich Catherine auf. In ihrer Schlaftrunkenheit hatte sie gewohnheitsmäßig die durch den Fußboden heraufkönenden vier Schläge der Uhr gezählt, ohne die Kraft zu finden, vollends zu erwachen. Dann zog sie die Beine unter

1 irden: aus gebranntem Ton gefertigt

der Bettdecke hervor, tastete einen Augenblick herum, rieb endlich ein Zündholz an und machte Licht. Doch sie blieb da sitzen; ihr Kopf war so schwer, dass er vornüberfiel in einem unüberwindlichen Bedürfnis, den Schlaf fortzusetzen.

1. Untersuchen Sie Zolas Schilderung der Lebensumstände einer Bergarbeiterfamilie:
   - Stellen Sie dar, welche Aspekte dieses Textabschnittes die missliche Lage des Proletariats zeigen.
   - Erläutern Sie, wie diese Aspekte der Leserin bzw. dem Leser nahegebracht werden.

Kunst ist Natur, gesehen durch ein Temperament

Émile Zola vollzog die konsequente Gleichsetzung von Kunst und Natur: „Ein Kunstwerk ist ein Stück Natur", allerdings mit dem Zusatz: „gesehen durch ein Temperament". In seiner programmatischen Schrift *Le roman expérimental* forderte Zola den „wissenschaftlichen Roman", d. h. eine Romanliteratur, die sich ganz in den Dienst der Erfahrungswissenschaften stellt. Der Schriftsteller hat nicht nur die Aufgabe, von einer wissenschaftlichen Basis auszugehen, er muss vielmehr wissenschaftliche Erkenntnisse vermitteln und ihre Gültigkeit am physischen und psychischen Zustand seiner Figuren und am Geschehen erweisen; ja, er soll sogar durch gedankliches Experimentieren neuen wissenschaftlichen Erkenntnissen den Weg bahnen.

Naturwissenschaftliche Methode in der Literatur

Auch die Arbeitsweise hat methodisch und wissenschaftlich zu sein: Der Schriftsteller hat den Gegenstand, über den er schreiben will (einen Ort, ein Milieu, eine gesellschaftliche Einrichtung), sorgfältig zu studieren, er muss sich an Ort und Stelle Notizen machen, muss Dokumente, die seinen Gegenstand betreffen, sammeln und sichten. Wenn seine Forschungsarbeit abgeschlossen ist, „wird sich sein Roman von selbst machen. [...] Das Interesse konzentriert sich nicht mehr auf die Merkwürdigkeit der Fabel[1]; im Gegenteil, je banaler und allgemeiner sie ist, desto typischer wird sie."
Zola hat seine theoretischen Forderungen selbst sehr genau befolgt und sich z. B. längere Zeit unter den Bergarbeitern im nordfranzösischen Kohlenrevier aufgehalten, ehe er den Roman *Germinal* schrieb. Der folgende Textausschnitt spielt im Maschinenraum der Förderanlage.

Einen Augenblick stand Etienne unbeweglich da, betäubt und geblendet. Er fror, denn es zog von allen Seiten. Dann trat er einige Schritte vorwärts, angezogen durch die Maschine, deren stählerne und kupferne Bestandteile er glänzen sah. Sie stand etwa fünfundzwanzig Meter hinter der Schachtmündung in einem höher gelegenen Saale, so fest auf ihrem Unterbau gelagert, dass sie mit ganzem Dampfe arbeitete, mit ihren vollen vierhundert Pferdestärken, ohne dass die Bewegung ihrer riesigen Treibstange, die, weil gut geölt, leicht und glatt auf und ab stieg, die Mauern im Geringsten erschüttert hätte. Der Maschinist, der am Verschlusskolben stand, lauschte dem Geklingel der Signale und wandte kein Auge von der Nachweistafel, auf welcher der Schacht mit seinen verschiedenen Stockwerken durch eine senkrechte Fuge dargestellt war, in der an Schnüren befestigte Bleistücke, die Aufzugskästen darstellend, auf und nieder liefen. Wenn bei jedem Abstieg die Maschine sich in Bewegung setzte, drehten sich die Wellen, die beiden Riesenräder von fünf Meter Durchmesser, auf deren Naben die Stahlseile sich in entgegengesetzter Richtung auf und ab rollten, mit solcher Schnelligkeit, dass sie einem grauen Staube glichen. [...] Etienne sah das Getriebe der Seile in der Luft, mehr als dreißig Meter stählerner Bänder, die in einem Schwung im Glockenstuhle emporstiegen, wo sie über Räder gelegt waren, um senkrecht in den Schacht abzufallen, wo sie an den Aufzugskästen befestigt waren. Ein eisernes Gerüst, dem Gebälk eines Glockenturmes gleichend, trug die Räder.

1 Fabel: hier: einer Dichtung zugrunde liegende Handlung in ihren wesentlichen Zügen

2. Zeigen Sie auf, mit welchen Kunstgriffen Zola eine derart minutiöse Schilderung erreicht.

Das Gebot der objektiven Darstellung ist hier genau befolgt, die schwierige Beschreibung einer technischen Anlage ist musterhaft gelungen. Dennoch kamen Einwände gegen eine solche detaillierte Beschreibung von Gegenständen, die nicht in unmittelbarer, episch bedeutsamer Beziehung zu Figuren der Erzählung stehen: „Wem gibt eine derartige Beschreibung etwas?", fragte der marxistische Literaturwissenschaftler Georg Lukács. „Wer das (Beschriebene) nicht ohnehin kennt, bekommt daraus keine wirkliche Vorstellung. Für den technischen Kenner hingegen bringt eine solche Beschreibung nichts Neues. Sie ist dichterisch vollkommen überflüssig."

Proletarisches Milieu

In naturalistischer Sicht ist auch der Mensch „ein Stück Natur", bestimmt durch Erbanlage, Umwelt und geschichtliche Situation. Vorzugsweise wenden sich die Naturalisten dem proletarischen Milieu mit seinen nicht stilisierten Umgangsformen und seiner derben Ausdrucksweise zu. In dem Roman *Die Bruthenne* von Guy de Maupassant (1850 – 1893) beschimpft in einer Schenke die Wirtin, deren größte Kunst das Mästen von Hühnern ist, ihren Mann:

„So was sollte man doch lieber in einen Schweinestall stecken. Bei solchem Fettklumpen muss einem ja übel werden." Und sie schrie ihm ins Gesicht: „Wirst schon noch sehen, was kommen wird, wirst schon noch sehen! Wie ein Kornsack wird er noch einmal platzen, dieser Dickwanst!"
Anton lachte aus vollem Halse und klopfte sich auf den Bauch, indem er rief: „Haha, du Hühnermutter, du Brett; versuche doch deine Hühner auch so fett zu machen. Versuche es doch einmal." Und indem er den Hemdärmel von dem gewaltigen Arm zurückstrich, sagte er: „Das ist doch noch einmal ein Flügelchen, was, Mutter?" Und die Gäste schlugen mit der Faust auf den Tisch, trampelten mit den Füßen auf dem Boden, wanden sich vor Vergnügen und spuckten in rasender Freude auf die Erde. Und die Alte wiederholte wütend: „Wirst schon noch erleben, was kommen wird ... Wirst platzen wie ein Kornsack ..." Und unter dem Gelächter der Gäste verschwand sie voller Zorn.

3. Beurteilen Sie, welche Wirkung der Autor mit dieser Szene erreicht.

Die Darstellung des Animalischen im Menschen, des Derben, oft auch des Obszönen und der Triebbesessenheit, sollte nicht nur Themen, die bislang von der gehobenen Literatur ausgeklammert worden waren, in die Dichtung einführen, sondern auch den „satten Bürger" schocken und provozieren, ihm vor Augen führen, wie verderbt und voller Ungerechtigkeit die von ihm beherrschte Welt sei. Gesellschaftskritik, etwa durch die Gegenüberstellung von Armut und Reichtum, Abhängigkeit (der Lohnarbeiter/innen) und Willkür (der Besitzenden), verband sich mit dem leidenschaftlichen Wunsch, die Welt zu erneuern. Vor allem in der Frühzeit des Naturalismus waren seine Anhänger von einer Art missionarischem Drang erfüllt, den Menschen aus seiner unwürdigen, unnatürlichen Lage zu befreien. Was ihn zum Gefangenen machte, waren die Fesseln der Konvention: Ungleichheit der Rechte und des Besitzes, Moralgesetze, Überhöhung geistiger und sittlicher „Werte" auf Kosten des Menschlichen. Wenn diese Fesseln endgültig gesprengt würden, dann wäre, so hoffte man, das große Erlösungswerk gelungen.

Befreiung des Menschen von bürgerlichen Konventionen

Im deutschsprachigen Raum wurde die Forderung nach einer unpersönlichen und leidenschaftslosen Schreibweise, die bei Flaubert schon erfüllt ist, erst vom Naturalismus verwirklicht: Der Erzähler darf in der Erzählung nirgendwo spürbar sein, er darf sich nicht einmischen. Das heißt, er darf nichts erläutern oder erklären, darf weder Sympathie für noch Abneigung gegen seine Figuren und ihre Handlungen zeigen, und er darf nicht urteilen. Unbeteiligt wie eine fotografische Linse hat er die

Wirklichkeit, die gesamte Wirklichkeit abzubilden (neutrales Erzählverhalten, Seite 219). Bei der Wiedergabe von Wirklichkeit streben die Naturalisten nach der Deckung von erzählter Zeit und Erzählzeit, das heißt, die Vorgänge werden in ihrem Ablauf gewissermaßen sekundenweise (sozusagen live) dargestellt. Was die Sinne registrieren (optische, akustische und andere Eindrücke), wird protokolliert. Diese Technik bezeichnet man als Sekundenstil (vgl. Seite 210). Sie findet sich in der Epik ebenso wie im Drama. Hier ein Beispiel aus *Papa Hamlet* von Arno Holz (1863 – 1929) und Johannes Schlaf (1862 – 1942):

Deckung von erzählter Zeit und Erzählzeit

Zwölf! ...

Erschöpft hatte sie sich wieder auf ihrem Fußbänkchen zurücksinken lassen. Der Ofen hinter ihr war eiskalt. Durch ihre Nachtjacke durch fühlte sie deutlich seine Kacheln. Sie fröstelte!

Die letzten Töne draußen brummten und zitterten noch, das kleine Talglicht, das in eine leere, grüne Bierflasche gesteckt dicht vor ihr auf dem umgekippten Kistchen mitten zwischen dem Nähzeug stand, knitterte in der Kälte. Frau Wachtel nebenan schnarchte, der kleine Fortinbras hatte sich drüben in seinem Korb wieder unruhig auf die andere Seite gewälzt. Sein Atem ging rasselnd, stoßweise, als ob etwas in ihm zerbrochen war.

Draußen auf das Fensterblech war eben wieder ein Eiszapfen geprasselt. Dicht davor, unterm Bett, jetzt deutlich das scharfe Nagen einer Maus.

Zwölf!

Sie hatte ihr Nähzeug wieder fallen lassen. Ihre Finger waren krumm zusammengezogen, sie konnte sie kaum noch aufkriegen. Um die Nägel herum waren sie blau angelaufen. Sie hauchte jetzt in sie hinein. Ihr Atem brodelte sich staubgrau um das kleine, zitternde Flämmchen. Eine verspätete Fliege, die dicht neben dem schwarzen Docht in den kleinen, runden Talgkessel[1] drunter gefallen war, verkohlte langsam. Ab und zu knisterte es ...

Erzählte Zeit

Zeitraum, über den sich die Handlung erstreckt, z. B. von 1920 bis 1934.

Erzählzeit

Zeit, die benötigt wird, eine Handlung zu erzählen, z. B. kann ein Hörbuch oder das Lesen eines Romans zehn Stunden dauern.

Reaktion auf die naturalistische Darstellungsweise

Die blanke Wiedergabe dessen, was man sieht und hört, als Dichtung auszugeben, hat schon Gottfried Keller in Frage gestellt. In der Novelle *Die missbrauchten Liebesbriefe* macht er sich auf satirische Weise über die naturalistische Methode lustig: Ein Seldwyler Bürger, in dem nüchterner Kaufmannsgeist und angemaßte dichterische Genialität unverbunden nebeneinander leben, geht nach einem günstigen Geschäftsabschluss spazieren,

... aber nicht ohne abermaligen Nutzen. Er steckte das geschäftliche Notizbuch beiseite und zog ein kleineres hervor mit einem Stahlschlösschen.

1 Talg: Tierfett (aus dem billige Kerzen hergestellt wurden)

Damit stellte er sich vor den ersten besten Baum, besah ihn genau und schrieb: „Ein Buchenstamm. Hellgrau mit noch helleren Flecken und Querstreifen. Zweierlei Moos bekleidet ihn, ein fast schwärzliches und dann ein samtähnliches glänzend grünes. Außerdem gelbliche, rötliche und weiße Flechten, welche öfter ineinander spielen. Eine Efeuranke steigt an der einen Seite hinauf. Die Beleuchtung ist ein andermal zu studieren, da der Baum im Schatten steht. Vielleicht in Räuberszenen anzuwenden."
Auch vor einem Karrengeleise stellte er sich auf und schrieb: „Motiv für Dorfgeschichte: Wagenfurche halb mit Wasser gefüllt, in welchem kleine Wassertierchen schwimmen. Hohlweg. Erde feucht, dunkelbraun. Auch die Fußstapfen sind mit Wasser gefüllt, welches rötlich, eisenhaltig. Großer Stein im Wege, zum Teil mit frischen Beschädigungen, wie von Wagenrädern. Hieran ließe sich Exposition[1] knüpfen, von umgeworfenen Wagen, Streit und Gewalttat."

4. Kommentieren Sie diese Stelle:
   - Erläutern Sie, welche Aspekte Keller mit dieser Darstellung kritisiert.
   - Argumentieren Sie, inwiefern Sie seine Kritik nachvollziehen können.
   - Vergleichen Sie diese satirische Stelle inhaltlich und sprachlich mit dem Text von Arno Holz und Johannes Schlaf.

Bassena ist in Wien, aber auch sonst in Österreich, ein üblicher Ausdruck für eine öffentliche Wasserstelle am Gang von alten Mietshäusern. Für die ungeheuer rasch wachsende Arbeiterschaft werden in Wien billige Mietwohnungen mit einer einzigen Wasserleitung auf dem Gang gebaut (Bassenawohnungen). Der Begriff Bassena wurde im Lauf der Zeit zum Symbol für Substandardwohnungen.
Der Begriff Bassena ist eine Kreuzung des französischen Wortes *bassin* für Wasserbecken und des bedeutungsgleichen italienischen Wortes *bacino*.

1 Exposition: Einführung

DAS NATURALISTISCHE DRAMA

Die Naturalisten wollten ein neues Drama schaffen, das darstellt, was die Nachahmer der Klassiker im 19. Jahrhundert darzustellen verabscheuten: die Wirklichkeit, den Alltag des Proletariats, des Kleinbürgertums.
Die Naturalisten haben keine neue Dramenform geschaffen; sie versuchen die drei Einheiten ungefähr einzuhalten und die Szenen logisch-kausal auseinander zu entwickeln, weil dies der Wirklichkeit entspricht. Der Monolog und das Beiseitesprechen werden als unnatürliche Formen des Sprechens abgelehnt. Wichtig dagegen wird das stumme Spiel, das der Autor in umfangreichen Regieanweisungen vorschreibt.
Neu am naturalistischen Drama sind vor allem Sprache und Inhalt. Es geht nicht um Verstöße gegen das Sittengesetz, sondern um soziale Auseinandersetzungen, milieubedingte Familienkonflikte, Gegensätze zwischen „Vorder- und Hinterhaus", wobei die Vertreter des Proletariats als Hauptfiguren auf der Bühne stehen. Die Handlung ist jedoch nicht so wesentlich, sie ist nur das Mittel, Charaktere zu zeichnen.
Weihnachten bei den Selickes, einer heruntergekommenen kleinbürgerlichen Berliner Familie mit vier Kindern zwischen 22 und 8 Jahren. Linchen, die Jüngste, ist todkrank. Sie spricht mit ihrer Mutter, die sie zärtlich „Mamachen" nennt.

Arno Holz und Johannes Schlaf
Die Familie Selicke (1890)

LINCHEN: Ma-machen ... Ja? Ich – werde doch ... wieder gesund?
FRAU SELICKE: Ja, gewiss, mein Mäuschen! ... Freilich!
(Kleine Pause)
LINCHEN: Ma-machen? ...
FRAU SELICKE: Hm?
LINCHEN *(lächelnd)*: Kranksein ist hübsch!
FRAU SELICKE: Ach Gott! ... Meine arme, dumme Kleine! ... Warum denn? *(Beugt sich zärtlich zu Linchen hin.)*
LINCHEN: Weil ... weil du dann ... immer ... so ... gut bist ...
FRAU SELICKE: Oh, aber mein Linchen! ... Bin ich denn sonst nicht gut?
LINCHEN: Liebes Mamachen?
FRAU SELICKE: Was denn, meine Kleine?
LINCHEN: Mamachen?
FRAU SELICKE *(rückt ihr etwas näher)*: Na?
LINCHEN: Nicht wahr ... Ma-machen? ... Du zankst nicht mehr ... mit mir ... wenn ich ... erst wieder ... gesund ... bin ...
FRAU SELICKE: Ach, meine ... *(küßt sie.)*
LINCHEN: Hast du ... mich ... lieb, Ma-machen?
FRAU SELICKE: Ach, meine Kleine!
LINCHEN: Bringt Papa ... ein' Baum mit ... und Lichter?
FRAU SELICKE: Ja, Liebchen! Und morgen kommt der Weihnachtsmann!
LINCHEN: Ei! ... Rück mich doch'n bisschen in die Höh', Ma-machen!
FRAU SELICKE: Willst du denn nich wieder einschlafen, meine Kleine?
LINCHEN *(aufgeregt, hastig)*: Ach, ich ... bin ... gar nich ... müde ... *(Hustet.)* Ich ... bin ... ganz ... wohl ... Ma-ma-chen!

FRAU SELICKE: Ach, der alte, böse Husten! ... Na so? *(Hat sie ein wenig hochgerückt.)*
LINCHEN: Erzähl mir ... doch ... n'bisschen was!
FRAU SELICKE: Ach, liebes Kind! ... Ich weiß nichts! *(Seufzt.)*

Die Mutter wartet mit Toni, der 22-jährigen Tochter, die Nacht über auf ihren Mann, der Alkoholiker ist. Die beiden Söhne, Albrecht und Walter, sind schon schlafen gegangen.

FRAU SELICKE: Horch mal! ... Poltert's nicht auf der Treppe?!
TONI: Ach, wohl nur die Katze!
FRAU SELICKE: Ach Gott, nein! *(Erhebt sich und geht schwerfällig auf das Fenster zu.)* Wunderhübsch draußen! ... Aber der Himmel bezieht sich wieder, wir bekommen andres Wetter! ... Ich spür's an meinem Fuß! ... Nein, noch nichts zu sehn! Ach ja! *(Geht wieder zurück und setzt sich.)* Ich bin todmüde! Wie zerschlagen!
TONI: Da kommt wer!
FRAU SELICKE: Ach Gott! *(Fährt in die Höhe.)*
TONI: Er ist es! ... Endlich!
FRAU SELICKE: Ach! – Ach! – Mein Herz! – Mein Herz! Die Angst drückt's mir ab!
WALTER *(aus der Kammer)*: Mutterchen! Kommt er?
FRAU SELICKE: Still! Schlaf!
TONI: Er ist auf der Treppe! – Hinten! *(Sie ist auf Frau Selicke zugetreten.)*
FRAU SELICKE: Ich renne fort! ... Ach! Wohin?
TONI: Sei ruhig, Mutterchen!
FRAU SELICKE: Ach, meine Angst! Meine Angst! ... Pass auf! ... Es gibt'n Unglück! Das arme Kind! ...
TONI *(stützt sie)*: Beruhige dich doch, Mutterchen! Er ist ja gar nicht so schlimm, wie er immer tut!
FRAU SELICKE: Ach, trotzdem! ... Meine Nerven sind ja so schwach! Alles nimmt mich so mit!
TONI: Der Vater ... Nein! 's is wahr ... hach!
FRAU SELICKE: Mich schwindelt! ... Mir ... is ... zum Umkomm'n! *(Stützt sich gegen Toni.)* Horch! ... Er kommt heut wieder hinten rum! Ach, mein Herz! Mein Herz! ... Fühl mal!
WALTER *(aus der Kammer in höchster Angst)*: Mutterchen! Mutterchen! Es pumpert gegen die Küchentür!
FRAU SELICKE: Ach Gott, ach Gott! is der schwer! ... Ruhig, Walter! Sei still, mein Junge! ... Tu, als ob du schläfst! ... Toni, mach auf!
TONI: Ja! Geh solang vorn raus, Mutterchen! Auf alle Fälle! *(Toni ab in die Küche mit der Lampe. Frau Selicke steht einen Augenblick nach der Küche hin lauschend. Zittert. Presst beide Hände aufs Herz. Geht dann auf die Flurtür zu. – Es poltert in der Küche. Schwere Schritte. Eine tiefe Bassstimme. Lustiges Lachen. – Frau Selicke verschwindet schnell im Flur. Die Küchentür wird aufgestoßen. Noch hinter der Szene die Stimme Selickes: Na? ... Tönchen ... Tööönchen ...).*
SELICKE *(tritt in die Stube, welche in diesem Augenblicke nur von dem Licht der Lampe, das aus der Küche in die Stube fällt, hell ist. Selicke: ein großer, breitschultriger Mann mit schwarzgrauem Vollbart. Schwarzer Sonntagsanzug unter dem offenstehenden Überrock. Er schleift einen kleinen Christbaum hinter sich; aus den Taschen sieht Papier von Paketen und Tüten vor. Unter den Arm hat er eine große weiße Tüte gequetscht. Er ist angetrunken.*

Taumelt aber nur sehr wenig und spricht alles deutlich, nur etwas langsam und schwerfällig. Sagt in sehr guter Laune): Na?! ... Habt ihr wieder kein Licht, ihr Tausendsakramenter, ihr? ... Hm? ... *(Lacht fortwährend leise vor sich hin, nickt mit dem Kopf und macht ein pfiffiges Gesicht, als wenn er eine Überraschung vorhätte. Toni kommt ihm mit der Lampe nach. Setzt sich auf den Sofatisch.)* Huaach! ... Ne! Wird man – müde ... wenn man so auf dem Weihnachtsmarkt rumläuft! ... *(Lacht und blinzelt Toni zu, die am Sofatisch in seiner Nähe steht.)* ... n' hübscher Baum – hbf! – hä? ... Holt man morgen früh gleich die – hb! – Hütsche[1] vom Boden! – Da! Nimm ihn hin! – *(Gibt Toni den Baum; tut scherzhaft, als ob er sie erschrecken wollte. Sie lächelt gezwungen und stellt den Baum beiseite. Er lacht, wendet sich dann zum Tische und fängt an, seine Taschen auszupacken; singt dabei: „Nicht Ross, nicht Reisige[2] ...“ (sich unterbrechend:)* Wo sind denn ... die Jungens?

TONI: Sie schlafen schon!

SELICKE: Wie – hb! – Wie spät is denn – eigentlich?

TONI: Zwei.

SELICKE *(tut sehr erstaunt)*: Was – Kuckuck! Zwei? – *(Hebt, indem er weiter auspackt, abermals an)*: „Nicht Ross, nicht Reisige“ ... *(Er nimmt aus einer Tüte zwei Pfannkuchen, geht damit auf die Kammer zu und ruft mit gedämpfter Stimme)*: He! Walter! – Walter! Willste noch'n Pfannkuchen? *(Bekommt zuerst keine Antwort.)* Na?!

WALTER *(in der Kammer, halb ängstlich)*: Ja!

SELICKE: Da! Fang! *(Wirft den Pfannkuchen nach Walters Bett hin und lacht.)* Na, Großer! Du auch? *(Albert antwortet nicht.)* Eh! Frisst'n ja doch! Da! *(Wirft auch ihm einen Pfannkuchen zu und geht dann vergnügt, leise vor sich hinpfeifend, zum Tisch zurück.)* Ja, ja! Die Jungens! „Nicht Ross, nicht Reisige ...“ *(Toni, die solange am Tisch gestanden, hat abwechselnd ihn beobachtet und zur Flurtür hingesehen. Er kramt wieder mit den Sachen. Holt das Portemonnaie[3] vor, klappert mit dem Gelde. Legt ein Goldstück auf den Tisch.)* Hier! ... Da können wir beide ... morgen früh noch ... einiges einkaufen ... gehn! Die Jungens könn'n dann 'n Baum putzen ... und am Abend ... bescher'n wir! ... Na? Was machste denn für'n Gesicht?

TONI: Ich? ... Oh, gar nicht, Vaterchen!

SELICKE *(misstrauisch)*: Ae! Red nich! ... Das heißt: Kommste wieder ... so spät, he? ... Ja, – ja, mein Töchterchen! ... Dein Vater darf sich wohl nich mal'n Tröppchen gönn'n? ... Was?! ... Ae, geh weg! Du altes dummes Fraunzimmer! ... Ja! Ich möcht mal sehn ... wenn euer Vater ... nich wär! ... Weißte, mein' Tochter? ... Mir geht viel im Koppe[4] rum! ... Ich sorge mich – euretwegen! ... Ja, ja! Wenn ich dich so sehe! ... Wie sind andre Mädchen in deinem Alter! –

(Die Flurtür öffnet sich ein wenig. Frau Selicke lauscht durch den Türspalt.) Du liegst dein'm Vater immer noch – auf'm Halse! ... Ja, ja! ... Ae! Du! ... Geh weg! ... Ich mag dich nich mehr – sehn! ... *(Für sich, indem er seitwärts tritt und an seinem Rocke herumzerrt, um ihn auszuziehen)*: Ae! Is das – 'ne Hitze! ... *(Toni versucht ihm beim Ausziehen des Rockes behilflich zu sein. Selicke brummt missgelaunt vor sich hin)*: Mach, dass du wegkommst! ... Ich – brauch dich nicht! *(Toni hilft ihm dennoch. Er streift etwas die Wand. Endlich hat sie mit zitternden Händen ihm den Überrock und dann auch den Rock abgestreift und beides*

1 Hütsche: Kinderschlitten
2 Reisige: berittene Soldaten
3 Portemonnaie: Geldbörse
4 Koppe: Kopf

an die Knagge[1] *neben der Korridortür gehängt. Selicke steht nun in Hemdärmeln da. Streicht sich über die Arme und schlägt sich dann, vor sich hinkichernd, mit der Faust auf seine breite, gewölbte Brust.)* Ae! ... Ja? Siehste? ... Dein Vater is noch'n Kerl! ... *(Lacht.)* Was meinste, mein' Tochter! ... Z-zerdrück'n könnt' ich dich mit meinen Händen! ... Z-zerdrücken! ... Das wär' am Ende auch – das Beste! ... *(Mit dumpfer Stimme, sieht vor sich hin)*: Ich häng euch – alle auf! Alle! ... Und dann – schieß ich mich – tot! ... *(Toni wankt ein wenig zurück nach der Flurtüre zu. – Selicke geht auf die Kammertür zu. Man hört Walter in der Kammer weinen.)*

5. Analysieren Sie diese Textabschnitte nach inhaltlichen und formalen Gesichtspunkten:
   - Beschreiben Sie die Verhaltensweisen, die den Alkoholiker Selicke von einem gesunden Menschen unterscheiden.
   - Erläutern Sie, woran die Menschen in diesem Dramenausschnitt leiden.
   - Illustrieren Sie, mit welchen sprachlichen Mitteln die beiden Autoren versuchen, die Wirklichkeit wiederzugeben.
   - Kommentieren Sie die Regieanweisungen.
   - Stellen Sie dar, was alles sich im Vergleich zum klassischen Drama geändert hat.

Determination durch Erbgut und Milieu

Die Figuren naturalistischer Dramen haben nicht viel Spielraum zum Handeln: Sie sind durch ihr Erbgut und das Milieu festgelegt, sie sind passive Heldinnen und Helden. Die Analyse ihres Charakters wird zur Hauptaufgabe des Dramas, das lediglich Geschehensabläufe darstellt, aber keine persönlichen dramatischen Konflikte.

Die Entdeckung der Vererbungsgesetze und die Milieutheorie Taines haben dem idealistischen Traum vom freien Willen der sittlichen Persönlichkeit ein Ende bereitet. Der griechische Schicksalsgedanke war offenbar in Form von wissenschaftlichen Erkenntnissen ins Drama zurückgekehrt.

„Muse in Sack und Asche“

Es ist meist eine trostlose, bedrückende Wirklichkeit, die uns die Naturalisten vor Augen führen. Mit Vorliebe wird das Hässliche, Niederziehende dargestellt; Kranke, Geistesgestörte, Alkoholiker, Dirnen sind beliebte Handlungsträger. Das Milieu ist umso interessanter, je mehr es am Rande und außerhalb der bürgerlichen Gesellschaft liegt. Das hat den Naturalisten den Vorwurf eingetragen, Realität gerade nicht in ihrer ganzen Fülle, sondern mit offenkundiger Bevorzugung ihrer tristen Seiten wiederzugeben. Schon Theodor Fontane wandte gegen den Naturalismus ein: „Es ist die Muse in Sack und Asche, Apollo hat Zahnweh." Man fragte sich, wie objektiv die Wirklichkeit dargestellt werden könne und ob es sinnvoll sei, in einem literarischen Werk nichts als die Wirklichkeit in Ausschnitten abzubilden.

Zum raschen Zerfall des naturalistischen Programms trug auch die sich bald aufdrängende Erkenntnis bei, dass die Dichtung aufhört, ein eigenständiges Medium zu sein, wenn sie sich zur Dienerin der Wissenschaft macht.

Die noch im letzten Jahrzehnt des 19. Jahrhunderts einsetzende Umbildung des Naturalismus zum Impressionismus und aufkommende Gegenströmungen (Neuromantik, Symbolismus) konnten die – einmal gebahnte – naturalistische Seh- und Darstellungsweise aber nicht völlig verdrängen. Autoren wie Thomas Mann und Bertolt Brecht bezeugen in manchen Werken den fortwirkenden Einfluss des Naturalismus.

1 Knagge: Kantholz als Verstärkung

Textproduktion: Offener Brief

Thema: Soziale Situation im 19. Jahrhundert
Aufgabe: Verfassen Sie einen offenen Brief.

Situation: Heutzutage herrschen in Entwicklungs- und Schwellenländern Arbeitsbedingungen vor, die in Europa im 19. Jahrhundert üblich waren, aber mittlerweile als längst überholt gelten. Verfassen Sie einen Offenen Brief, in dem Sie dies anprangern.

Recherchieren Sie relevante Informationen zu diesem Thema aus dem vorliegenden Kapitel des Buches und aus Massenmedien, Nachschlagewerken bzw. dem Internet.

Verfassen Sie nun einen offenen Brief an Jungpolitiker/innen in Österreich, in dem Sie dies anprangern und diese auffordern, sich für faire Arbeitsbedingungen weltweit einzusetzen. Bearbeiten Sie dabei die folgenden Arbeitsaufträge:

- Beschreiben Sie beispielhaft diese bedenklichen Arbeitsbedingungen.
- Stellen Sie einen Zusammenhang zur Zeit des Realismus und Naturalismus her.
- Fordern Sie konkrete gesellschaftliche und politische Aktionen.

Schreiben Sie zwischen 400 und 500 Wörter. Markieren Sie Absätze mittels Leerzeilen.

Der Crystal Palace („Kristallpalast") war ein vom britischen Architekten Joseph Paxton eigens für die erste Weltausstellung 1851 in London (Great Exhibition) entworfenes und von Charles Fox gebautes Ausstellungsgebäude im viktorianischen Baustil. Er wurde ursprünglich im Hyde Park errichtet und nach dem Ende der Weltausstellung nach Sydenham in den Londoner Stadtbezirk Lewisham versetzt, wo er in vergrößerter Form 1854 erneut eröffnet wurde. Der Name *Crystal Palace* wurde vom Satiremagazin Punch geprägt. 1936 wurde der Crystal Palace durch einen Brand vollkommen zerstört.

REALISMUS UND NATURALISMUS | ETWA 1850 BIS 1910

GESCHICHTE

1848 **Franz Joseph I.** Kaiser von Österreich (gest. 1916).

1866 Preußisch-Österreichischer Krieg. Preußen gewinnt freie Hand in Deutschland.

1870/1871 Deutsch-Französischer Krieg.

Bismarck gründet das Deutsche Reich. Er wird erster Kanzler. Bismarck versucht, das Deutsche Reich durch ein Bündnissystem abzusichern.
1890 Entlassung Bismarcks durch den jungen Kaiser Wilhelm II.

Imperialismus der Großmächte. Krisen erschüttern Europa.

In Österreich-Ungarn droht der Nationalismus den Vielvölkerstaat zu sprengen.

GESELLSCHAFT/WIRTSCHAFT

1848 *Das Manifest der Kommunistischen Partei* von Marx und Engels. Gründung von Arbeitervereinen.

Landflucht; Städte in den Industriegebieten wachsen rasch; **Industrieproletariat**.

Gründerzeit: Fabriken und Handelsgesellschaften; Rüstungsindustrie.

Besitz- und Bildungsbürgertum entwickelt eigenen Lebensstil.

Bekenntnis zum **Liberalismus** und Freihandelssystem. Suche nach Absatzmärkten und Rohstoffen.

Weltausstellungen (in London, Paris, Wien).

WISSENSCHAFT/TECHNIK

Österreichische Erfinder: Josef Ressel (Schiffsschraube), Josef Madersperger (Nähmaschine), Peter Mitterhofer (Schreibmaschine), Siegfried Marcus (Benzinautomobil), Viktor Kaplan (Turbine).

Entwicklung der **Wiener medizinischen Schule** (Theodor Billroth, Ignaz Semmelweis).

Charles Darwin (Abstammungslehre).

ARCHITEKTUR/KUNST

Klassizismus und Historismus:
Wiener Ringstraßenstil (Neugotik, Neurenaissance, Neubarock, Neuklassik).
In Deutschland: Reichsstil.
Stadterweiterungen (Wien: Ringstraße, Paris: Champs-Élysées). Kulturbauten (Theater, Opernhäuser). Denkmäler in barockem Pathos. Erste Stahl-Glas-Konstruktion (London: Kristallpalast).
Realismus in der **Malerei** (Ferdinand Waldmüller). Monumentale Historienmalerei (Hans Makart). In Frankreich: Impressionismus (Édouard Manet, Claude Monet, Alfred Sisley, Pierre-Auguste Renoir, Edgar Degas u. a.). Auguste Rodin: neue Plastik.

MUSIK/THEATER

Richard Wagner (gest. 1883): neuer Opernstil (Leitmotivtechnik, durchgehende musikalische Gestaltung ohne Rezitative, Vorrang der Harmonik gegenüber der Melodik). Festspiele Bayreuth.
Johannes Brahms (gest. 1897): beeinflusst von Bach, Händel und Palestrina; romantisch bis klassisch; Kammermusik, Symphonien, Lieder.
Anton Bruckner (gest. 1896): Symphonien, Orgelmusik.
Hugo Wolf: Lieder.
Strauß-Dynastie: Walzer.
Guiseppe Verdi (gest. 1901): Opern.
Blüte der Oper und des Burgtheaters in Wien (Direktion Heinrich Laube).

PHILOSOPHIE/SOZIOLOGIE

Materialismus (Ludwig Büchner, *Kraft und Stoff*).

Dialektischer Materialismus (Marx, *Das Kapital*, 1867).

Positivismus (Auguste Comte).

Utilitarismus (Herbert Spencer, John Stuart Mill: The greatest happiness to the greatest number.)

Milieutheorie (Hippolyte Taine).

Friedrich Nietzsche (gest. 1900): **Kulturpessimismus**.

LITERATUR

Poetischer Realismus:
Theodor Storm (1817 – 1888): Erzählungen, Novellen (*Immensee*, *Der Schimmelreiter*). Gedichte.
Gottfried Keller (1819 – 1890): Romane (*Der grüne Heinrich*), Novellensammlungen (*Die Leute von Seldwyla*, *Züricher Novellen*).
Theodor Fontane (1819 – 1898): Gesellschaftsromane (*Effi Briest*), Balladen.
Friedrich Hebbel (1813 – 1863): Dramen (*Maria Magdalene*).
Conrad Ferdinand Meyer (1825 – 1898): Novellen, Gedichte.

Österreichische Realisten:
Marie von Ebner-Eschenbach (1830 – 1916): Erzählungen, Dorfgeschichten.
Ludwig Anzengruber (1839 – 1889): Romane, Dramen (*Das vierte Gebot*).
Kritischer Realismus in Frankreich:
Gustave Flaubert (*Madame Bovary*); Honoré de Balzac, Guy de Maupassant.

Naturalismus:
Vorbilder: Émile Zola, Henrik Ibsen, Leo Tolstoi, Fjodor Dostojewski.
Deutsche Vertreter: Gerhart Hauptmann (*Die Weber*), Johannes Schlaf und Arno Holz.

GEGENSTRÖMUNGEN ZUM NATURALISMUS
ETWA 1890 BIS 1925

DIE WIENER MODERNE

Gesellschaftliches und geistiges Umfeld

Der Naturalismus findet in der österreichischen Literatur kaum Widerhall. Den Dichtern bleibt das exakte, wissenschaftlich überprüfbare Beschreibungsverfahren, das aus den Naturwissenschaften übernommen worden ist, fremd. Es widerstrebt ihnen die Darstellung des Hässlichen und des sozialen Elends, des Banal-Alltäglichen. Hugo von Hofmannsthal drückt dieses Unbehagen folgendermaßen aus:

> Tiefe Zusammenhänge sind nur mit Symbolen aussprechbar, der Naturalismus bleibt an der Oberfläche haften und dringt nicht in die wesentlichen Zusammenhänge ein.

Die Kirche am Steinhof (auch: *Kirche zum Heiligen Leopold*) wurde von 1904 bis 1907 nach Entwürfen von Otto Wagner erbaut und gilt als eines der bedeutendsten Bauwerke des Wiener Jugendstils. Das römisch-katholische Kirchengebäude befindet sich auf dem Gelände des „Sozialmedizinischen Zentrums Baumgartner Höhe" im 14. Wiener Gemeindebezirk Penzing.

Bezeichnungen für diese Epoche

Für die eigenständige Ausformung der österreichischen Dichtung am Ende des 19. und zu Beginn des 20. Jahrhunderts wurde noch kein einheitlicher Name gefunden. Alle Benennungen treffen nur einen Teil der vielschichtigen Dichterpersönlichkeiten und ihrer Werke, keine umfasst die Vielfalt der Absichten und Gestaltungen. Die Bezeichnung „Wiener Moderne" wurde schon um die Jahrhundertwende häufig gebraucht. Andere Benennungen sind: „Das junge Wien", „Jugendstil" (in Anlehnung an die bildenden Künste), „Dekadenzliteratur"[1], „Kaffeehausliteratur", „Fin de siècle"[2] und „Ästhetizismus". Alle diese Namen bezeichnen wesentliche Merkmale, aber kein Begriff vermag

1 Dekadenz: kultureller Niedergang, Verfall
2 Fin de siècle: Ende des Jahrhunderts, der Zeitepoche

die charakteristischen Kennzeichen dieser Epoche der österreichischen Dichtung ganz zu umfassen. Wien ist bis zum Ende des Ersten Weltkriegs als Hauptstadt der österreichisch-ungarischen Monarchie eine der wichtigsten Metropolen Europas. 1851 zählt es samt den Vorstädten 431.000 Einwohner, im Jahr 1900 sind es bereits 1,702.000. An diesen Zahlen lässt sich die rasche Entwicklung der Hauptstadt erkennen. Die industrielle Revolution hat auch in der österreichisch-ungarischen Monarchie ein völlig verändertes Wirtschafts- und Sozialgefüge geschaffen. Diese Entwicklung wird hier aber von den besonderen Problemen überlagert, die sich aus dem Zusammenleben vieler verschiedener Völker ergeben. Nationale, wirtschaftliche und gesellschaftliche Spannungen führen zu Krisen, deren Überbrückung mit Notlösungen und Kompromissen immer schwieriger wird. Der Zusammenhalt wird vielfach nur durch die Symbolfigur Kaiser Franz Josephs I. und durch den traditionsreichen Verwaltungsapparat gewahrt.

Die Monarchie und ihre Probleme

In den letzten Jahrzehnten des 19. Jahrhunderts vollzieht sich ein entscheidender Wandel in der Gesellschaft. Es werden Parteien gegründet, die in ihrem Programm die Interessen der Industriearbeiter/innen verankern (1888 Gründung der Sozialdemokratischen Partei durch Victor Adler). Interessensvereinigungen wie Gewerkschaften organisieren ihre ersten großen Zusammenkünfte. Die erste Welle der Sozialgesetzgebung bringt innerhalb weniger Jahrzehnte eine Arbeitszeitregelung, eine Unfall- und Krankenversicherung, ein Arbeitszeitgesetz für Jugendliche und grundlegende Gesetze zur Altersversorgung.

Wien um 1900

Wien ist das kulturelle Zentrum der Monarchie, und dies nicht nur für die deutschsprachigen Österreicher. In Wien erscheinen Zeitungen und literarische Zeitschriften in fast allen Sprachen des Habsburgerreiches. Hier herrscht ein Klima wie in keiner anderen Stadt der Donaumonarchie. Es ist bestimmt von den jahrhundertealten Traditionen des ständischen Denkens und der feudalen Ordnung. Für die gehobene Wiener Gesellschaft sind der extravagante Lebensstil der Kaiserin Elisabeth und der Selbstmord des Kronprinzen Rudolf (1889) wichtigste Themen. Und gerade diese Gesellschaftsschicht wird in der Literatur der Wiener Moderne dargestellt.

Großbürgertum als Kulturträger

Träger dieser Spätkultur sind das Großbürgertum und die Intellektuellen. Die gehobene Gesellschaft und die lange kulturelle Tradition, vorwiegend im Bereich der Musik und des Theaters, bilden den Nährboden, auf dem sich eine eigenständige Dichtung entwickelt.

Trotz aller historischen Bindungen und trotz aller Loyalität dem Kaiserhaus und dem Staat gegenüber empfindet die kulturelle Oberschicht, dass sich das Gebilde der österreichisch-ungarischen Monarchie und die herrschende feudale Ordnung in einer Zeit der wachsenden nationalen und sozialen Spannungen überlebt haben. In dieser Endphase der Monarchie ist es nicht mehr möglich, Neuerungen durchzusetzen, denn jede Erschütterung könnte das komplizierte Staatsgebilde zusammenbrechen lassen.

Die vielschichtigen Verflechtungen und die zahlreichen Bruchlinien machen die Dichter sensibel für die inneren Zusammenhänge, für historische, geistige und vor allem für ästhetische Werte. Die Menschen sind sich bewusst, in einer Spätzeit zu leben, die voll Wehmut, Melancholie, verfeinerter Kultur und äußerem Glanz ist, aber keine Sicherheit mehr bietet. Hugo von Hofmannsthal schreibt:

> Uralter historischer Boden ist uns zum Erbe gegeben, zweier römischer Reiche Nachfolger sind wir auf diesem, das ist uns auferlegt, wir müssen es tragen, ob wir wollen oder nicht.

Einfluss der Philosophie

Grundlegende Motive der Dichtung dieser Zeit sind das komplizierte Innenleben, die Kommunikationslosigkeit, der Verfall und das Sterben. Oft wird in ästhetischen Formen der einzige Halt gesehen, der in dieser Zeit der Dekadenz noch gegeben ist. Die Dichter und die Intellektuellen sind von den Lehren der Philosophen Sören Kierkegaard (1813 – 1855) und Friedrich Nietzsche (1844 – 1900) beeinflusst. Kierkegaard gilt als Vorläufer der Existenzphilosophie. Nietzsche spürt die Gefährdung der

Zeit und versucht in seinen philosophischen Schriften einen Ausweg zu finden. Sein Kampf gegen das „Bildungsphilistertum" und für die höchste Kunst als Sinn des Lebens kommt dem Empfinden des Wiener Kreises genauso entgegen wie später den Expressionisten (u. a. Georg Heym, Franz Kafka). In den frühen Werken meint Nietzsche, dass die Welt auf Dauer nur als ästhetisches Phänomen zu rechtfertigen sei. Später betont er den außergewöhnlichen Menschen, die große Einzelpersönlichkeit. Die Entwicklung des „Übermenschen" stütze sich nicht auf die Masse der Unbedeutenden, sondern hebe die Menschen heraus, die allein die Welt und sich selbst zu einem Kunstwerk zu machen vermögen.

Freuds Psychoanalyse

Großen Einfluss auf die Künstler und Intellektuellen hat der Begründer der Psychoanalyse, der Wiener Arzt Sigmund Freud (1856 – 1939). Seine Bedeutung liegt vor allem darin, dass er das Unbewusste oder Unterbewusstsein erforscht hat. Freud sucht Zugänge zum Unterbewusstsein und findet sie unter anderem in der Traumdeutung und der freien Assoziation: Scheinbar unzusammenhängende Äußerungen des Patienten ermöglichen dem Psychoanalytiker, ins Unbewusste verdrängte Wünsche und Triebregungen zu erkennen. Die Verdrängung von Vorstellungen und Regungen, welche die Gesellschaft tabuisiert hat, kann verschiedene Formen von Neurosen verursachen. Die Heilung der Patientinnen und Patienten kann dadurch erreicht werden, dass die meist in die Kindheit zurückreichenden verdrängten Erlebnisse mit Hilfe des Analytikers ins Bewusstsein gehoben und verarbeitet werden. Freuds Patienten sind aus derjenigen gehobenen Gesellschaftsschicht, aus der die literarischen Figuren Schnitzlers und Hofmannsthals stammen.

Auch der Begriff „Ambivalenz", den Sigmund Freud verwendet hat, bringt einen wichtigen Gesichtspunkt zum Verständnis mancher Werke. Er drückt aus, dass gegensätzliche Empfindungen nebeneinander bestehen können, ohne dass ein Ausgleich gefunden wird (z. B. Hassliebe). Die Vielschichtigkeit menschlicher Handlungen steht mit dieser ambivalenten Grundhaltung in engem Zusammenhang.

Literarische Zirkel

Freud verkehrte wie viele andere Wissenschaftler und Künstler in den Wiener Cafés, von denen einige, wie das Café Griensteidl und das Café Central, literarische Berühmtheit erlangten. Das literarische Café war Spiegelbild einer geistigen Haltung, die charakteristisch für Wien und die Monarchie war. Man schloss sich hier nicht zu Vereinen und Zirkeln zusammen, wie dies in Deutschland üblich war (z. B. im Kreis um Stefan George oder um die Freie Bühne Berlin), denn man verabscheute feste Regeln und Programme. In den Cafés diskutierte man zwanglos literarische, wissenschaftliche, künstlerische und politische Fragen. Man las sich gegenseitig neue Werke vor. Die Bindungen blieben jedoch stets locker. Es wurden auch Dichter beeinflusst, die den Kreisen nur kurz und beiläufig angehörten. Neben Schauspielern (darunter Josef Kainz und Alexander Girardi), Journalisten (wie Karl Kraus und Alfred Polgar), Wissenschaftlern und bildenden Künstlern (etwa dem Architekten Adolf Loos) verkehrten vor allem Literaten in den Cafés. Eine der führenden Persönlichkeiten war Hermann Bahr (1863 – 1934), der als Theoretiker und Anreger mehr Bedeutung erlangte denn als Verfasser zahlreicher Dramen und Romane. Er machte die Wiener mit neuen Strömungen bekannt, die er auf zahlreichen Reisen in den Zentren Europas kennen gelernt hatte. Die bedeutendsten Dichter der Wiener Moderne waren Hugo von Hofmannsthal und Arthur Schnitzler.

Hugo von Hofmannsthal

Der Dichter Hugo von Hofmannsthal (1874 – 1929) stammte aus einer Adelsfamilie, die zwar nicht besonders begütert, aber kulturell sehr interessiert war. Bereits in seiner Jugend nahm er mit großer Sensibilität das reiche Wiener Kultur- und Geistesleben in sich auf. Schon als Gymnasiasten gelangen ihm formvollendete Gedichte. Früh empfand er die Last des Kulturerbes und erahnte die inneren Zusammenhänge:

Wir haben nichts als ein sentimentales Gedächtnis, einen gelähmten Willen und die unheimliche Gabe der Selbstverdoppelung. Wir schauen unserem Leben zu: wir leeren den Pokal vorzeitig und bleiben doch unendlich durstig.

Der Wohlklang seiner Sprache und der Einsatz aller sprachlichen Mittel (Lautmalerei, Alliteration, Synästhesie) zur Steigerung der Aussage haben oft dazu geführt, dass in Hofmannsthal nur der Sprachästhet gesehen wurde. Bildkraft und Musikalität sind für ihn jedoch Mittel, in der „fürchterlichen Welt" Halt zu finden und die „ungeheure", „unfassbare Wirklichkeit des Lebens" in Worte zu kleiden. Die dichterische Eigenart Hofmannsthals liegt darin, dass er nicht eine reine Formkunst als Ausdruck eines zeitgemäßen Schönheitskultes schafft, sondern beständig Fragen nach der Wirklichkeit und dem Sinn des Lebens stellt, die nicht immer beantwortet werden können. Einige Motive ziehen sich durch das gesamte Schaffen Hofmannsthals. Das ambivalente Lebensgefühl ist besonders für die frühen Dichtungen typisch. Einerseits versucht der Mensch verzweifelt, das Leben zu erkennen, seine Schönheit ungebrochen zu genießen und sich selbst zu verwirklichen, andererseits lähmt das Bewusstsein von der Bedrohung durch den Tod jeden Lebensgenuss. Das Todesmotiv, das Hinstarren auf das Ende, ist nicht nur für Hofmannsthal typisch, sondern ein Zug der ganzen Epoche. In Hofmannsthals Werken ist der Tod Hoffnung und Schrecken zugleich. Der Mensch hat die Hoffnung, im Moment des Todes den wahren Sinn des Lebens zu erkennen. In der Dichtung wird dieser Zustand durch die Faszination einer fremden Schönheit angedeutet.

Grundmotive in Hofmannsthals Dichtung

Ein weiteres Motiv im literarischen Schaffen des Wiener Kreises und besonders in dem Hofmannsthals ist das Welttheater. Nicht nur in den Bühnenstücken, auch in der Lyrik wird der Mensch als Träger einer Rolle gesehen. Ein unmittelbares Erfassen des Lebens und eine individuelle Gestaltung werden dadurch erschwert. Gleichgültig, ob der Mensch sein Rollendasein erkennt oder nicht, er ist in seiner Rolle bis zu seinem Ende schicksalhaft gefangen. In dem frühen Drama *Der Tor und der Tod* (1893) sagt Claudio:

Wie auf der Bühne ein schlechter Komödiant –
Aufs Stichwort kommt er, redt sein Teil und geht ...
So über diese Lebensbühne hin
Bin ich gegangen ohne Kraft und Wert.

Auch in den späteren Werken Hofmannsthals, im *Jedermann* (1912) und im *Salzburger Großen Welttheater* (1922), herrscht dieses Motiv vor.

Zweifel am Sinn des Lebens

Die Rolle wird oft als tragisch erlebt, weil der Sinn des Lebens nicht erkennbar ist. Gott ist nicht mehr wie im frühen Mysterienspiel der große Regisseur. Wie aus einem Traum erwacht, hat der Mensch noch eine bruchstückhafte Erinnerung an den Sinn des Lebens. In der Kindheit ist vielleicht noch ein Erkennen möglich, später geht es verloren. „Wir haben aus dem Leben, das wir leben, ein Spiel gemacht."

Tod und Leben, das Ringen um den Sinn des Lebens, die Einsamkeit des Menschen, der aus seiner Individualität nicht heraustreten kann, der die Dinge und die Menschen nicht begreift und sich ihnen nicht mitteilen kann, finden wir auch in Hofmannsthals Lyrik.

Hugo von Hofmannsthal
Ballade des äußeren Lebens (1895)

Und Kinder wachsen auf mit tiefen Augen,
die von nichts wissen, wachsen auf und sterben,
und alle Menschen gehen ihre Wege.

Und süße Früchte werden aus den herben
und fallen nachts wie tote Vögel nieder
und liegen wenig Tage und verderben.

Und immer weht der Wind, und immer wieder
vernehmen wir und reden viele Worte
und spüren Lust und Müdigkeit der Glieder.

Und Straßen laufen durch das Gras, und Orte
sind da und dort, voll Fackeln, Bäumen, Teichen,
und drohende, und totenhaft verdorrte ...

Wozu sind diese aufgebaut? und gleichen
einander nie? und sind unzählig viele?
Was wechselt Lachen, Weinen und Erbleichen?

Was frommt[1] das alles uns und diese Spiele,
die wir doch groß und ewig einsam sind
und wandernd nimmer suchen irgend Ziele?

Was frommt's, dergleichen viel gesehen haben?
Und dennoch sagt der viel, der „Abend" sagt,
ein Wort, daraus Tiefsinn und Trauer rinnt

wie schwerer Honig aus den hohlen Waben.

Terzine

Die aus dem Italienischen stammende dreizeilige Strophenform der Terzine besteht aus einer theoretisch unbegrenzten Reimverkettung. Das Reimwort der mittleren Zeile wird in der nächsten Strophe wieder aufgenommen, sodass ein strophenübergreifender Kreuzreim entsteht (aba bcb cdc ...). Am Schluss der Terzine steht ein einzelner Vers, der auf die vorletzte Zeile reimt. (Hofmannsthal hat jedoch die Reimordnung der ersten und der letzten Verse abgeändert.) Jede Zeile besteht aus fünf jambischen Verstakten. Die Terzinenform eignet sich auch als epischer Vers. So hat Dante Alighieri seine *Göttliche Komödie* in Terzinen geschrieben.

1. Analysieren Sie dieses Gedicht in Bezug auf Inhalt und Form:
   Inhalt
   - Erläutern Sie, in welcher Beziehung der Titel zum Sinn des Gedichts steht.
   - Besprechen Sie, welche ambivalente Grundstimmung ausgedrückt ist.

1 frommen: nützen, helfen

- Zeigen Sie auf, an welcher Stelle die Wendung vom „äußeren Leben" zum „inneren Leben" erfolgt.
- Beurteilen Sie, wie sich der Sinn der ersten sechs Strophen durch die letzten drei Zeilen verändert.

Form

- Bestimmen Sie sowohl das Versmaß als auch das Reimschema.
- Erklären Sie die sprachlichen Bilder (Metaphern) und ihren Symbolgehalt.
- Heben Sie hervor, wo die Stilmittel der Anapher, der Alliteration und des Vergleichs eingesetzt sind.

Was sich schon in den frühen Werken Hofmannsthals andeutet, nämlich trotz aller Sensibilität nur Bilder statt der Wirklichkeit zu sehen und den Sinn des Lebens weder deuten noch mitteilen zu können, führt um die Jahrhundertwende zu einer dichterischen Krise. In einem Aufsatz mit dem Titel *Ein Brief* (1902), oft auch *Chandosbrief* genannt, beschreibt Hofmannsthal diese Krise:

Sprachskepsis

Mein Fall ist, in Kürze, dieser: Es ist mir völlig die Fähigkeit abhanden gekommen, über irgendetwas zusammenhängend zu denken oder zu sprechen.

Zuerst wurde es mir allmählich unmöglich, ein höheres oder allgemeineres Thema zu besprechen und dabei jene Worte in den Mund zu nehmen, deren sich doch alle Menschen ohne Bedenken geläufig zu bedienen pflegen. Ich empfand ein unerklärliches Unbehagen, die Worte „Geist", „Seele" oder „Körper" nur auszusprechen. Ich fand es innerlich unmöglich, über die Angelegenheiten des Hofes, die Vorkommnisse im Parlament, oder was Sie sonst wollen, ein Urteil herauszubringen. Und dies nicht etwa aus Rücksichten irgendwelcher Art, denn Sie kennen meinen bis zur Leichtfertigkeit gehenden Freimut: sondern die abstrakten Worte, deren sich doch die Zunge naturgemäß bedienen muss, um irgendwelches Urteil an den Tag zu geben, zerfielen mir im Munde wie modrige Pilze. [...]

Mein Geist zwang mich, alle Dinge, die in einem solchen Gespräch vorkamen, in einer unheimlichen Nähe zu sehen: so wie ich einmal in einem Vergrößerungsglas ein Stück von der Haut meines kleinen Fingers gesehen hatte, das einem Blachfeld[1] mit Furchen und Höhlen glich, so ging es mir nun mit den Menschen und ihren Handlungen.

Es gelang mir nicht mehr, sie mit dem vereinfachenden Blick der Gewohnheit zu erfassen. Es zerfiel mir alles in Teile, die Teile wieder in Teile, und nichts mehr ließ sich mit einem Begriff umspannen. Die einzelnen Worte schwammen um mich; sie gerannen zu Augen, die mich anstarrten und in die ich wieder hineinstarren muss: Wirbel sind sie, in die hinabzusehen mich schwindelt, die sich unaufhaltsam drehen und durch die hindurch man ins Leere kommt.

2. Untersuchen Sie, inwiefern dieser Brief die Sprachkrise Hofmannsthals ausdrückt:
   - Erläutern Sie die Probleme, die sich für den Verfasser des Briefs in Bezug auf die Darstellung der Wirklichkeit ergeben.
   - Analysieren Sie die Vergleiche, die der Autor einsetzt und welche Wirkung er damit erzielt.
   - Beschreiben Sie, welche metaphorischen Ausdrücke Hofmannsthal verwendet und stellen Sie Vermutungen darüber an, was er damit sagen will.
   - Nehmen Sie Stellung zu Hofmannsthals Aussagen.

1 Blachfeld: flaches Feld

Die Sprachkrise ist nicht nur für Hofmannsthal das Ende einer Entwicklung der ästhetischen Sprachform und der Wortmagie. Die Skepsis der Sprache gegenüber tritt bei vielen Dichtern und Philosophen des 20. Jahrhunderts auf und führt in der Gegenwartsliteratur zu radikalen Veränderungen, vor allem in der Lyrik. Schon in einem Aufsatz aus dem Jahr 1895 spricht Hofmannsthal von dem „tiefen Ekel" davor, dass sich „die Worte vor die Dinge gestellt haben". Es heißt weiter:

> Die unendlich komplexen Lügen der Zeit, die dumpfen Lügen der Tradition, die Lügen der Ämter, die Lügen der Einzelnen, die Lügen der Wissenschaft, alles das sitzt wie Myriaden[1] tödlicher Fliegen auf unserem armen Leben.

Es schwindet der Glaube an die Möglichkeit der Kommunikation, an die Mitteilbarkeit von Einsichten mit dem Medium der Sprache.

Hofmannsthals Dramen

Die Sprachkrise beendete Hofmannsthals lyrisches Schaffen. Er wandte sich ganz denjenigen literarischen Formen zu, mit denen er das Publikum stärker zu beeindrucken glaubte: dem Drama und der Erzählung. In diese Phase fällt die Zusammenarbeit mit dem Regisseur Max Reinhardt (1873 – 1943) und mit dem Komponisten Richard Strauss (1864 – 1949), der viele Bühnenwerke des Dichters vertonte (*Der Rosenkavalier*, *Arabella*, *Elektra*, *Die Frau ohne Schatten*). Mit Leopold von Andrian (1875 – 1951) und Max Reinhardt gründete Hofmannsthal 1920 die Salzburger Festspiele. *Jedermann* und *Das Salzburger Große Welttheater*, Erneuerungen des Mysterienspiels, wurden für die Festspiele inszeniert.
Nach dem Ersten Weltkrieg bemühte sich Hofmannsthal, das Kulturerbe der zerbrochenen österreichisch-ungarischen Monarchie in die neue Zeit hinüberzuretten. Es entstanden die Komödien *Der Schwierige* (1921) und *Der Unbestechliche* (1923). In der Komödie, meinte der Dichter, sei „höchste versammelte Kraft"; das Schwerste und das Unheimlichste müssten in einem Gleichgewicht gehalten werden, das immer den Eindruck der Leichtigkeit zu erwecken habe.
Der „Schwierige", Graf Hans Karl Bühl, ist ein idealer Vertreter der Wiener Noblesse. Seine aristokratische Art, seine Sprache und seine Behutsamkeit im Umgang mit Menschen offenbaren seine Persönlichkeit. Umgeben ist er von Personen, die, abgestuft, nur noch ein Zerrbild dieses Ideals eines vornehmen Menschen sind. Das ganze Lustspiel lebt von der Konversation. Hofmannsthals Furcht, dass die Sprache nicht mehr als Mittel tauge, sich selbst zu erklären und andere zu verstehen, klingt in diesem Stück an. Das „Chandosmotiv" der Sprachkrise erscheint hier aber in abgeschwächter, abgeklärter Form. Der Dialog ironisiert die ichbezogene Eitelkeit und die leeren Worthülsen. Die alte Kunst der Konversation beschreibt Graf Altenwyl:

> In meinen Augen ist Konversation das, was jetzt kein Mensch mehr kennt: nicht selbst perorieren[2], wie ein Wasserfall, sondern dem andern das Stichwort bringen. Zu meiner Zeit hat man gesagt: wer zu mir kommt, mit dem muss ich die Konversation so führen, dass er, wenn er die Türschnallen in der Hand hat, sich gescheit vorkommt, dann wird er auf der Stiegen mich gescheit finden. – Heutzutag hat aber keiner, Pardon für die Grobheit, den Verstand zum Konversationmachen und keiner den Verstand, seinen Mund zu halten –

1 Myriaden: sehr große Anzahl, ungezählte, unzählig große Menge
2 perorieren: sprechen

Auch der deutsche Baron Neuhoff übt Kritik an der Gesellschaft, in welcher der ererbte Adel nur Dummheit und Eitelkeit deutlich hervortreten lässt:

> Geist und diese Menschen! Das Leben – und diese Menschen! Alle diese Menschen, die Ihnen hier begegnen, existieren ja in Wirklichkeit gar nicht mehr. Das sind ja alles nur mehr Schatten. Niemand, der sich in diesen Salons bewegt, gehört zu der wirklichen Welt, in der die geistigen Krisen des Jahrhunderts sich entscheiden. Sehen Sie doch um sich: eine Erscheinung wie die Figur dort im nächsten Zimmer, vom Scheitel bis zur Sohle sich balancierend in der Selbstsicherheit der unbegrenzten Trivialität.

Arthur Schnitzler

Arthur Schnitzler als Einjährig-Freiwilliger, Fotografie um 1880

Milieu in Schnitzlers Werken

Als Sohn eines bekannten Wiener Arztes übt Arthur Schnitzler (1862 – 1931) selbst einige Jahre diesen Beruf aus und zieht sich dann ins Privatleben zurück, um sich ganz der Dichtung zu widmen. Schnitzler ist als Dramatiker und als Erzähler bedeutend. Kennzeichnend für sein Schaffen ist das Milieu, in dem seine Werke angesiedelt sind. Er ist stärker als die meisten seiner Zeitgenossen an die Atmosphäre seiner Heimatstadt gebunden. Seine Stücke spielen fast ohne Ausnahme im Wien der Jahre 1890 bis 1914. Die Figuren entstammen der höheren Gesellschaft. Reiche Privatiers, junge Offiziere und Studenten finden sich in Liebesbeziehungen zu feinen Damen verstrickt, die ein Abenteuer suchen, oder zu Künstlerinnen, Halbweltdamen und Mädchen aus ärmeren Schichten, die oft noch naiv und tief empfinden können.

In Schnitzlers Bühnenwerken wie in seinen Erzählungen wird das als wesentlich Erkannte nicht lautstark hinausposaunt, sondern im Stil seiner Figuren bloß angedeutet. Schnitzler traut seinem Publikum bzw. seiner Leserschaft genug Reife zu, im Strom der inneren und äußeren Vorgänge das Eigentliche zu erfassen.

Bedeutung der Psychologie

Wie bei Hofmannsthal ist bei Schnitzler die Welt eine Bühne, auf der die Figuren eine Rolle spielen. Neu an der Dichtung Schnitzlers ist die psychologische Durchdringung der Charaktere. Schon bevor Freud seine Erkenntnisse über das Unbewusste veröffentlicht, beschäftigt sich Schnitzler als Arzt mit der Psyche des Menschen und mit der Hypnose. Was Freud wissenschaftlich untersucht und untermauert, den Zugang zum Unterbewusstsein und zur Welt der Triebe, findet der Dichter intuitiv. Freud spürt diese geistige Verwandtschaft und bringt sie in einem Brief an Schnitzler vom 14. Mai 1922 zum Ausdruck:

> Ich meine, ich habe Sie gemieden aus einer Art von Doppelgängerscheu. Nicht etwa, dass ich sonst so leicht geneigt wäre, mich mit einem anderen zu identifizieren oder dass ich mich über die Differenz der Begabung hinwegsetzen wollte, die mich von Ihnen trennt, sondern ich habe immer wieder, wenn ich mich in Ihre schönen Schöpfungen vertiefe, hinter deren poetischem Schein die nämlichen Voraussetzungen, Interessen und Ergebnisse zu

finden geglaubt, die mir als die eigenen bekannt waren. Ihr Determinismus[1] wie Ihre Skepsis[2] – was die Leute Pessimismus heißen –, Ihr Ergriffensein von den Wahrheiten des Unbewussten, von der Triebnatur des Menschen, Ihre Zersetzung der kulturell-konventionellen Sicherheiten, das Haften Ihrer Gedanken an der Polarität[3] von Lieben und Sterben, das alles berührt mich mit einer unheimlichen Vertrautheit. (In einer kleinen Schrift vom Jahr 1920, „Jenseits des Lustprinzips", habe ich versucht, den Eros[4] und den Todestrieb als die Urkräfte aufzuzeigen, deren Gegenspiel alle Rätsel des Lebens beherrscht.) So habe ich den Eindruck gewonnen, dass Sie durch Intuition – eigentlich aber in Folge feiner Selbstwahrnehmung – alles das wissen, was ich in mühseliger Arbeit an anderen Menschen aufgedeckt habe. Ja ich glaube, im Grunde Ihres Wesens sind Sie ein psychologischer Tiefenforscher, so ehrlich unparteiisch und unerschrocken, wie nur je einer war, und wenn Sie das nicht wären, hätten Ihre künstlerischen Fähigkeiten, Ihre Sprachkunst und Gestaltungskraft, freies Spiel gehabt und Sie zu einem Dichter weit mehr nach dem Wunsch der Menge gemacht.

Schnitzlers Themen

Sexualität und Todesfurcht sowie deren Verdrängungen bilden die Grundthemen der Werke Arthur Schnitzlers. Der Tod wird bei Schnitzler nicht ästhetisiert, er ist schrecklich und unbegreiflich, die letzte und einzige Wahrheit im Theater des Lebens. Die Ambivalenz der menschlichen Existenz, die Ich-Versponnenheit, die keine echte Kommunikation zulässt (Narzissmotiv[5]), die Sprache als gesellschaftliche Form der Lüge sind weitere Grundthemen seiner Dichtung. Der Gleichklang in der Liebe und in der Freundschaft wird immer ersehnt, aber nie erreicht (z. B. im *Anatol*-Zyklus). Im Dialog, in den Worten, die gesprochen werden und die nicht gesprochen werden, entlarvt der Dichter die hinter allem stehende, oft nur mühsam überspielte Triebhaftigkeit und Banalität[6] der Figuren. In der Leichtfertigkeit der Gesellschaft sieht Schnitzler die Keime der sich anbahnenden Katastrophe. Bei aller Schärfe der Kritik fehlt aber eine Verurteilung. Das Mitleid mit den handelnden Figuren, das Verstehen ihrer Handlungen steht immer im Vordergrund.
In der Szene „Weihnachtseinkäufe" des *Anatol*-Zyklus (Erstaufführung 1898) zeigt sich Schnitzler als Meister des Dialogs. Anatol trifft Gabriele zufällig in der Stadt. Er will ein Weihnachtsgeschenk kaufen, und sie erklärt sich bereit, ihn bei der Auswahl zu beraten.

GABRIELE: (...) Für wen soll Ihr Geschenk gehören?
ANATOL: ... Das ist ... eigentlich schwer zu sagen ...
GABRIELE: Für eine Dame natürlich?!
ANATOL: Na, ja – dass Sie eine Menschenkennerin sind, hab' ich Ihnen heut schon einmal gesagt!
GABRIELE: Aber was ... für eine Dame? – Eine wirkliche Dame?!
ANATOL: ... Da müssen wir uns erst über den Begriff einigen! Wenn Sie meinen, eine Dame der großen Welt – da stimmt es nicht vollkommen ...
GABRIELE: Also ... der kleinen Welt? ...
ANATOL: Gut – sagen wir der kleinen Welt. –
GABRIELE: Das hätt' ich mir eigentlich denken können ...!

1 Determinismus: Auffassung von der Vorbestimmtheit allen Geschehens
2 Skepsis: kritischer Zweifel, Bedenken, Misstrauen
3 Polarität: Gegensätzlichkeit bei wesenhafter Zusammengehörigkeit
4 Eros: in der griechischen Mythologie Gott der Liebe; sehnsuchtsvolles sinnliches Verlangen
5 Narziss: auf sich selbst bezogener Mensch, der sich selbst bewundert und liebt
6 Banalität: Oberflächlichkeit

ANATOL: Nur nicht sarkastisch[1] werden!

GABRIELE: Ich kenne ja Ihren Geschmack ... Wird wohl wieder irgendwas von der Linie sein – dünn und blond!

ANATOL: Blond – gebe ich zu ...!

GABRIELE: ... Ja, ja ... blond ... es ist merkwürdig, dass Sie immer mit solchen Vorstadtdamen zu tun haben – aber immer!

ANATOL: Gnädige Frau – meine Schuld ist es nicht.

GABRIELE: Lassen Sie das – mein Herr! – Oh, es ist auch ganz gut, dass Sie bei Ihrem Genre[2] bleiben ... es wäre ein großes Unglück, wenn Sie die Stätte Ihrer Triumphe verließen ...

ANATOL: Aber was soll ich denn tun – man liebt mich nur da draußen ...

GABRIELE: Versteht man Sie denn ... da draußen?

ANATOL: Keine Idee! – Aber, sehen Sie ... in der kleinen Welt werd' ich nur geliebt; in der großen – nur verstanden – Sie wissen ja (...)

GABRIELE: Aber – Sie wissen ja – der spezielle Fall interessiert mich. Wir wollen ja dem speziellen Fall etwas kaufen!

ANATOL: Dort in der ... „kleinen Welt" gibt's ja keine speziellen Fälle – eigentlich auch in der großen nicht ... Ihr seid ja alle so typisch!

GABRIELE: Mein Herr! Nun fangen Sie an –

ANATOL: Es ist ja nichts Beleidigendes – durchaus nicht! – Ich bin ja auch ein Typus!

GABRIELE: Und was für einer denn?

ANATOL: ... Leichtsinniger Melancholiker!

GABRIELE: ... Und ... und ich?

ANATOL: Sie? – ganz einfach: Mondaine[3]!

GABRIELE: So ...! ... Und *sie*!?

ANATOL: Sie ...? Sie ..., das süße Mädl!

GABRIELE: Süß? Gleich „süß"? – Und ich – die „Mondaine" schlechtweg –

ANATOL: Böse Mondaine – wenn Sie durchaus wollen ...

GABRIELE: Also ... erzählen Sie mir endlich von dem ... süßen Mädl! [...]

GABRIELE: ... Ich möchte am liebsten dabei sein, wenn Sie ihr das Weihnachtsgeschenk bringen! ... Ich habe eine solche Lust bekommen, das kleine Zimmer und das süße Mädl zu sehen! – Die weiß ja gar nicht, wie gut sie's hat!

ANATOL: ...!

GABRIELE: Nun aber, geben Sie mir die Päckchen! – Es wird so spät ...

ANATOL: Ja, ja! Hier sind sie – aber ...

GABRIELE: Bitte – winken Sie dem Wagen dort, der uns entgegenkommt ...

ANATOL: Diese Eile, mit einem Mal?!

GABRIELE: Bitte, bitte! *Er winkt.*

GABRIELE: Ich danke Ihnen ...! Aber was machen wir nun mit dem Geschenk ...?

Der Wagen hat gehalten; er und sie sind stehen geblieben, er will die Wagentüre öffnen.

GABRIELE: Warten Sie! – ... Ich möchte ihr selbst was schicken!

ANATOL: Sie ...?! Gnädige Frau, Sie selbst ...

GABRIELE: Was nur?! – Hier ... nehmen Sie ... diese Blumen ... ganz einfach, diese Blumen ...! Es soll nichts anderes sein als ein Gruß, gar nichts weiter ... Aber ... Sie müssen ihr was dazu ausrichten. –

1 sarkastisch: mit beißendem, verletzendem Spott
2 Genre: Gattung, Art, besonders in der Kunst
3 Mondaine: Frau von Welt

ANATOL: Gnädige Frau – Sie sind so lieb –

GABRIELE: Versprechen Sie mir, ihr's zu bestellen ... und mit den Worten, die ich Ihnen mitgeben will –

ANATOL: Gewiss.

GABRIELE: Versprechen Sie's mir? –

ANATOL: Ja ... mit Vergnügen! Warum denn nicht!

GABRIELE *hat die Wagentür geöffnet:* So sagen Sie ihr ...

ANATOL: Nun ...?

GABRIELE: Sagen Sie ihr: „Diese Blumen, mein ... süßes Mädl, schickt dir eine Frau, die vielleicht ebenso lieben kann wie du und die den Mut dazu nicht hatte ..."

ANATOL: Gnädige ... Frau!? – –

Sie ist in den Wagen gestiegen – – – Der Wagen rollt fort, die Straßen sind fast menschenleer geworden.

Er schaut dem Wagen lange nach, bis er um eine Ecke gebogen ist ...

Er bleibt noch eine Weile stehen; dann sieht er auf die Uhr und eilt rasch fort.

Vorhang.

3. Untersuchen Sie, wie in diesem Dialog eine floskelhafte Konversation persönliche Züge erhält:
   - Beschreiben Sie, wie Anatol charakterisiert ist.
   - Besprechen Sie, welche Aufschlüsse der Dialog über Gabriele gibt.
   - Kennzeichnen Sie die Einstellung der beiden Figuren zueinander.
   - Suchen Sie typische Wendungen der gehobenen Konversation.
   - Zeigen Sie auf, wo die Konversation in ein persönliches Gespräch übergeht.

Die Fähigkeit des Dramatikers Schnitzler, Personen zu charakterisieren, wird auch in seinen Erzählungen und Novellen deutlich. Der Schauplatz und das Milieu sind – wie in den Dramen – Wien und die gehobene Gesellschaft. Die Figuren werden meist in eine außergewöhnliche Situation versetzt, die ihr Leben verändert oder sie mit dem Tod bedroht. Erotik, Ehrgeiz, Zwiespältigkeit, Altern und Tod erscheinen in verschiedenen Variationen.

In seinen Novellen *Leutnant Gustl* (1900) und *Fräulein Else* (1924) bedient sich Schnitzler einer Technik, die dem Dramatiker ebenso entgegenkommt wie dem Psychoanalytiker, nämlich des inneren Monologs.

Innerer Monolog

Der innere Monolog gibt die Gedanken, Gefühle, Wünsche, Assoziationen der Figur in einer nicht voll ausgeformten Sprache wieder. Verlaufsstufe ist das Präsens, Vollzugsstufe das Perfekt. Der Autor fängt gewissermaßen den Bewusstseinsstrom seiner Figur ein, in dem sich alles Geschehen spiegelt.

Schnitzler gelingt es mit Hilfe des inneren Monologs, Menschen durch das Gespräch mit sich selbst zu charakterisieren, durch Erinnerungen und flüchtige Assoziationen die Triebfedern ihres Handelns und Denkens bloßzulegen. Der innere Monolog gibt dem Dichter die Möglichkeit, Reaktionen, Wahrnehmungen und Empfindungen seiner Figur noch unreflektiert nebeneinander zu stellen und so den Leser Augenblicksregungen unmittelbar miterleben zu lassen. Die Lockerung der Syntax[1] und die unverbundene Reihung von Aussagen geben dieser Form den besonderen Reiz.

Leutnant Gustl, ein junger, menschlich unreifer Offizier, langweilt sich in einem Konzert. An der Garderobe kommt es zu einem Streit mit einem Bäckermeister, der ihn beleidigt, indem er ihn einen

1 Syntax: Satzgrammatik

„dummen Buben" nennt. Nach dem Ehrenkodex der Offiziere ist es nicht möglich, sich mit einem Handwerker zu duellieren und so seine Ehre wiederherzustellen. Gustl bleibt nur der Selbstmord. Er geht im Prater spazieren und meditiert[1]:

[...] – jetzt ist es ja doch alles eins ... Warum denn? – Ja, ich weiß schon: sterben muss ich, darum ist es alles eins – sterben muss ich ... Also wie? – Schau, Gustl, du bist doch extra da herunter in den Prater gegangen, mitten in der Nacht, wo dich keine Menschenseele stört – jetzt kannst du dir alles ruhig überlegen ... Das ist ja lauter Unsinn mit Amerika und quittieren[2], und du bist ja viel zu dumm, um was anderes anzufangen – und wenn du hundert Jahr alt wirst, und du denkst dran, dass dir einer hat den Säbel zerbrechen wollen und dich einen dummen Buben geheißen, und du bist dag'standen und hast nichts tun können – nein, zu überlegen ist da gar nichts – die werden's schon verschmerzen – man verschmerzt alles ... Wie hat die Mama gejammert, wie ihr Bruder gestorben ist – und nach vier Wochen hat sie kaum mehr dran gedacht ... auf den Friedhof ist sie hinausgefahren ... zuerst alle Wochen, dann alle Monat – und jetzt nur mehr am Todestag. – – Morgen ist mein Todestag – fünfter April – – Ob sie mich nach Graz überführen? Haha! da werden die Würmer in Graz eine Freud' haben! – Aber das geht mich nichts an – darüber sollen sich die andern den Kopf zerbrechen ... Also, was geht mich denn eigentlich an? ... Ja, die hundertsechzig Gulden für den Ballert – das ist alles – weiter brauch ich keine Verfügungen zu treffen. – Briefe schreiben? Wozu denn? An wen denn? ... Abschied nehmen? – Ja, zum Teufel hinein, das ist doch deutlich genug, wenn man sich totschießt! – Dann merken's die andern schon, dass man Abschied genommen hat ... Wenn die Leut' wüssten, wie egal mir die ganze Geschichte ist, möchten sie mich gar nicht bedauern – ist eh' nicht schad' um mich ... Und was hab' ich denn vom ganzen Leben gehabt? – Etwas hätt' ich gerne noch mitgemacht: einen Krieg – aber da hätt' ich lang' warten können ... Und alles Übrige kenn' ich ... Ob so ein Mensch Steffi oder Kunigunde heißt, bleibt sich gleich. – – Und die schönsten Operetten kenn' ich auch – und im Lohengrin bin ich zwölfmal drin gewesen – und heut' Abend war ich sogar in einem Oratorium – und ein Bäckermeister hat mich einen dummen Buben geheißen – meiner Seel', es ist grad' genug! – Und ich bin gar nimmer neugierig ... – Also geh'n wir nach Haus, langsam, ganz langsam ... Eile hab' ich ja wirklich keine. – Noch ein paar Minuten ausruhen da im Prater, auf einer Bank – obdachlos. – Ins Bett leg' ich mich ja doch nimmer – hab' ja genug Zeit zum Ausschlafen. – – Ah, die Luft! – Die wird mir abgeh'n ...

4. Analysieren Sie anhand dieses Textausschnitts Schnitzlers Gestaltungsweise:
   - Finden Sie Beispiele für stilistische Eigenheiten des inneren Monologs.
   - Kommentieren Sie, welche Wirkung damit erzielt wird.
   - Besprechen Sie, was über den Tod und das Sterben gesagt wird.
   - Diskutieren Sie, welche Einstellung Gustl dem Leben, der Familie, den Frauen, den Freunden und dem Krieg gegenüber hat.

1 meditiert: sinnt nach, denkt nach
2 quittieren: den Militärdienst kündigen

DER SYMBOLISMUS

Französische Vorbilder

Der Symbolismus ist nicht auf einige wenige Dichter oder einen begrenzten Zeitraum zu beschränken; schon bei Conrad Ferdinand Meyer finden sich symbolistische Gedichte, und sie tauchen in der Lyrik nach dem Zweiten Weltkrieg, fast hundert Jahre später, wieder auf. Als Wegbereiter der symbolistischen Dichtung gelten die Franzosen Charles Baudelaire (1821 – 1867), Paul Verlaine (1844 – 1896) und Stéphane Mallarmé (1842 – 1898), die in der zweiten Hälfte des 19. Jahrhunderts gegen den französischen Naturalismus auftraten und in ihren Gedichten nicht die reale Wirklichkeit der verachteten bürgerlichen Welt ausdrücken, sondern eine autonome Welt der Kunst schaffen wollten, die durch symbolhafte Zeichen erahnbar wird. Die poésie pure (absolute Dichtung) dient keinem fremden Zweck, weder politischen noch sozialen Zielen, sie ist sich selbst genug (l'art pour l'art[1]). In der deutschen Literatur nach der Jahrhundertwende zeigt sich die symbolistische Darstellungsweise besonders bei Stefan George (1868 – 1933), Hugo von Hofmannsthal und Rainer Maria Rilke ausgeprägt.
In dem Roman *Die Aufzeichnungen des Malte Laurids Brigge* von Rainer Maria Rilke (1875 – 1926) heißt es:

> Denn Verse sind nicht, wie die Leute meinen, Gefühle (die hat man früh genug), – es sind Erfahrungen.

In den Dinggedichten ist für Rilke das Dichten nicht ein Bereden von Empfindungen, sondern das Umsetzen von Daseinsformen in Sprache: „Diesen Baum so auszudrücken, dass ich nur noch ihn sprechen ließe." Er möchte Dinge und Erscheinungen aus der Zufälligkeit der Wahrnehmung befreien und zu zeitloser Dauer gestalten. Dinge vergehen, aber das Kunst-Ding hat nach Rilke Anspruch auf Ewigkeit. In einem Brief aus dem Jahr 1903 schreibt er:

> Das Ding ist bestimmt, das Kunst-Ding muss noch bestimmter sein; von allem Zufall fortgenommen, jeder Unklarheit entrückt, der Zeit enthoben und dem Raum gegeben, ist es dauernd geworden, fähig zur Ewigkeit.

Gedichte drücken die Wesenheit der Dinge aus

Darin liegt das ganze Programm Rilkes: Sein „imaginativer Symbolismus" möchte die Dinge aus ihrer alltäglichen Umklammerung lösen, die „Wesenheit" ihrer Erscheinung im ästhetischen Gebilde begreiflich machen und sie so in die Allgemeingültigkeit heben. Worte bewirken, dass Dinge und Erscheinungen zeitlose Gültigkeit gewinnen.

Symbole

Sie sind bildhafte Zeichen, die abstrakte Vorstellungen veranschaulichen. Etwas schwer Sagbares durch ein Symbol auszudrücken, ist in vorliterarischer Zeit verbreiteter gewesen als heute. Von den Sonnensymbolen in fast allen Kulturen über die Legionszeichen im römischen Heer bis zum Kreuzzeichen des Christentums lassen sich unzählige Symbole nachweisen. Im Minnesang stehen der „meie" für Lebensfreude und Glück, die „rose" für die liebende Frau und der „valke" für den jungen Ritter.

1 l'art pour l'art: die Kunst als Selbstzweck

Goethe meinte, das Symbol sei die Natur der Poesie; denn es verwandle Ideen in Bilder: Ein „Allgemeines“ (z. B. die Reinheit) werde in einem „Besonderen“ (in der weißen Lilie) erfasst. In der modernen Dichtung, vor allem in der Lyrik, wandelt sich das Symbol zu einem Wort, dem der Dichter im Rahmen seines Textes eine neue, nicht übliche Bedeutung zumisst. Da die neue, verschlüsselte Bedeutung nicht immer sofort klar wird, hat man für solche Worte den Begriff Chiffre gewählt.

Rainer Maria Rilke

Das Karussell (1906)

Jardin du Luxembourg[1]

Mit einem Dach und seinem Schatten dreht
sich eine kleine Weile der Bestand
von bunten Pferden, alle aus dem Land,
das lange zögert, eh es untergeht.
Zwar manche sind an Wagen angespannt,
doch alle haben Mut in ihren Mienen;
ein böser roter Löwe geht mit ihnen
und dann und wann ein weißer Elefant.
Sogar ein Hirsch ist da, ganz wie im Wald,
nur dass er einen Sattel trägt und drüber
ein kleines blaues Mädchen aufgeschnallt.

Und auf dem Löwen reitet weiß ein Junge
und hält sich mit der kleinen heißen Hand,
dieweil der Löwe Zähne zeigt und Zunge.

Und dann und wann ein weißer Elefant.
Und auf den Pferden kommen sie vorüber,
auch Mädchen, helle, diesem Pferdesprunge
fast schon entwachsen; mitten in dem Schwunge
schauen sie auf, irgendwohin, herüber –

Und dann und wann ein weißer Elefant.

Und das geht hin und eilt sich, dass es endet,
und kreist und dreht sich nur und hat kein Ziel.
Ein Rot, ein Grün, ein Grau vorbeigesendet,
ein kleines kaum begonnenes Profil – .
Und manches Mal ein Lächeln, hergewendet,
ein seliges, das blendet und verschwendet
an dieses atemlose blinde Spiel ...

1 Jardin du Luxembourg: Park im Pariser Quartier Latin

5. Vergleichen Sie diesen Text mit dem Gedicht *Der römische Brunnen* von Conrad Ferdinand Meyer (vgl. Seite 218f.):
   - Zeigen Sie auf, wie spezifische Eigenschaften mit Worten nachgebildet werden.
   - Kommentieren Sie formale Eigenheiten.

Frage nach Leben und Tod

Das zentrale Motiv in Rilkes Dichtung ist der Sinn der Schöpfung und des Lebens angesichts des Todes. Unsere Existenz ist vom Wissen um den Tod bestimmt. Jeder vergangene Augenblick ist unwiederbringlich verloren. Rilke ringt so lange mit dem Urproblem des Menschen, bis er glaubt, eine Antwort gefunden zu haben: Der Tod ist eine Form und eine Notwendigkeit des Lebens selber. Leben und Tod spiegeln einander, keines ist ohne das andere denkbar.

Rainer Maria Rilke

Der Tod der Geliebten (1907)

Er wusste nur vom Tod, was alle wissen:
dass er uns nimmt und in das Stumme stößt.
Als aber sie, nicht von ihm fortgerissen,
nein, leis aus seinen Augen ausgelöst,

hinüberglitt zu unbekannten Schatten,
und als er fühlte, dass sie drüben nun
wie einen Mond ihr Mädchenlächeln hatten
und ihre Weise wohlzutun:

da wurden ihm die Toten so bekannt,
als wäre er durch sie mit einem jeden
ganz nah verwandt; er ließ die andern reden

und glaubte nicht und nannte jenes Land
das gutgelegene, das immersüße –
und tastete es ab für ihre Füße.

6. Analysieren Sie die Struktur dieses Gedichtes:
   - Teilen Sie es in seine Sinnabschnitte.
   - Bestimmen Sie das Reimschema.

Orpheusmotiv bei Rilke

Rilke faszinierte die griechische Sage von dem Sänger Orpheus, der den Tod besiegt: Orpheus vermag mit seinem Gesang die Götter der Unterwelt zu bewegen, ihm seine verstorbene Gattin wiederzugeben. Das Gebot, Eurydike auf dem Weg aus der Unterwelt nicht anzublicken, kann er aus Sehnsucht nach ihr nicht einhalten, und Eurydike sinkt ins Totenreich zurück. Orpheus gelingen in der Erinnerung an die Gattin so vollendete Lieder, dass die Menschen und die Tiere, ja sogar die leblosen Steine mit ihm trauern. Das Orpheusmotiv in der modernen Dichtung ist Symbol für die höchste Kunst. Der Schmerz über die Vergänglichkeit der Schönheit und die Verbundenheit mit dem Reich des Todes machen den Dichter fähig, das vollendete Kunstwerk zu schaffen. Rilkes erste Gestaltung des Motivs, *Orpheus. Eurydike. Hermes*, ist in lyrischer Prosa abgefasst und stammt aus dem Jahr 1904. Viel später (1922) entstanden fünfundfünfzig *Sonette an Orpheus*, denen der folgende Text entnommen ist:

Rainer Maria Rilke
IX (1907)

Nur wer die Leier schon hob
auch unter Schatten,
darf das unendliche Lob
ahnend erstatten.

Nur wer mit Toten vom Mohn
aß, von dem ihren,
wird nicht den leisesten Ton
wieder verlieren.

Mag auch die Spieglung im Teich
oft uns verschwimmen:
Wisse das Bild.

Erst in dem Doppelbereich
werden die Stimmen
ewig und mild.

7. Untersuchen Sie das Orpheusmotiv zur Darstellung des künstlerischen Schaffens:
   - Illustrieren Sie, welche Stellen sich auf das Orpheusmotiv beziehen.
   - Stellen Sie dar, welche Symbole Rilke für die künstlerische Arbeit des Dichters verwendet.
   - Besprechen Sie die Stilfigur zu Beginn der ersten beiden Strophen.

DER IMPRESSIONISMUS

Auch der Impressionismus in der Literatur ist als Gegenströmung zum Naturalismus zu verstehen. Schwierig ist seine Abgrenzung von anderen literarischen Erscheinungen der Zeit; denn Ästhetizismus, Symbolismus, Jugendstil und Dekadenz sind literarische Bewegungen, deren Werke impressionistische Elemente enthalten.

Subjektive Wiedergabe des Augenblicks

Der Begriff Impressionismus stammt aus der französischen Malerei. In einer Ausstellung in Paris erregte das Bild *Impression: Aufgehende Sonne* von Claude Monet die Aufmerksamkeit der Kritiker. Es gab den Künstlern dieser Richtung den Namen „les impressionistes". Die Bezeichnung Impressionismus (Eindruckskunst) erweist sich als treffend, weil die Künstler die Absicht hatten, das subjektiv

Claude Monet (1840 – 1926), *Impression, Soleil Levant:* 1872, Öl auf Leinwand, Musée Marmottan Monet: Das Bild zeigt den Hafen von Le Havre am Morgen. Im Hintergrund liegen Schiffe vor Anker, die im Nebel verschwinden. Im Vordergrund des Bildes sind drei kleinere Fischerboote unklar zu erkennen. Auf dem Wasser projiziert sich das Licht der aufgehenden Sonne.

Geschaute, die besondere Wirklichkeit des Augenblicks, möglichst genau wiederzugeben. In dieser reinsten Form, in der nur die Farbe und nicht die Kontur entscheidet, ist es nur dem Maler möglich, impressionistische Kunst zu schaffen. Die Reflexion, die geistige Erfahrung, wird ausgeschaltet. Der Maler gibt zwar ein Bild der Wirklichkeit wieder – insofern zeigt sich eine Verbindung zum Naturalismus –, doch er gestaltet einen momenthaften Seheindruck. Die Erfindung der Photographie hat den Künstler davon befreit, die Wirklichkeit realistisch darstellen zu müssen. Der flüchtige Gesamteindruck, die Farbe und das Licht sind wichtig, nicht die genaue Zeichnung von Details. Das künstlerische Ich als Medium will die augenblicklichen Eindrucksreize und Stimmungen möglichst vollkommen wiedergeben. Das Bestreben, flüchtige Stimmungen und Augenblickserscheinungen festzuhalten, erklärt die Vorliebe für kurze Formen, wie Gedichte, Einakter, Essays, Skizzen und kleine Erzählungen.

Ständiger Wandel allen Seins

Großer Einfluss auf die impressionistische Schreibweise des Wiener Kreises ist von dem Wiener Physiker und Erkenntnistheoretiker Ernst Mach (1838 – 1916) ausgegangen. 1885 definierte Mach die Körper als nur relativ beständige Komplexe von „Farben, Tönen und Drücken". Auch dem menschlichen Ich wird nur eine relative Beständigkeit zuerkannt. Die Einheit der Persönlichkeit ist ein Komplex von Erinnerungen, Wahrnehmungen und Gefühlen, die sich ständig verändern. Mach hat besonders auf Hermann Bahr und Peter Altenberg (1859 – 1919) eingewirkt. Altenberg vertritt in seinen Werken die Ansicht, dass nichts endgültig existiere und nur die Veränderung und das Ungeordnete lebendig seien.

Grundsätzlich ist zu fragen, wie weit Dichtung impressionistisch gestaltet werden kann. Die Sprache kann nicht im gleichen Maß wie die Farbe einen augenblicklichen Eindruck vermitteln; denn in der Sprache steckt viel Begrifflichkeit und Reflexion. Sprache ist vor allem dazu geeignet, Bedeutungen zu vermitteln. Sie kann keine Wahrnehmungen auslösen, sondern nur Vorstellungen. Es ist fast unmöglich, Farbschattierungen und Formen eines bestimmten Gegenstandes in Sprache exakt wiederzugeben. Daher kann ein Dichter nur in kurzen Abschnitten oder Wendungen impressionistisch sein.

Der Impressionismus ist nicht zu einer Literaturepoche im eigentlichen Sinn geworden; doch sind impressionistische Züge in allen Gegenbewegungen zum Naturalismus zu finden.

Ein kennzeichnendes Stilmerkmal des Impressionismus ist die offene Haltung des Dichters. Die Eindrücke fließen ihm zu, die Bilder sind keiner auf irgendeine Absicht gerichteten Idee untergeordnet. Manchmal werden die Eindrücke, die auf den Dichter einströmen, in sprachlichen Bildern ohne syntaktische Bindung und semantische[1] Verknüpfung aneinandergereiht.

Hugo von Hofmannsthal

Prolog zu dem Buch *Anatol* (1892)

Hohe Gitter, Taxushecken[2],
Wappen nimmermehr vergoldet,
Sphinxe, durch das Dickicht schimmernd ...
... Knarrend öffnen sich die Tore. –
Mit verschlafenen Kaskaden
und verschlafenen Tritonen[3],
Rokoko[4], verstaubt und lieblich,

1 Semantik: Lehre von der Bedeutung der Wörter
2 Taxushecke: immergrüner Baum
3 Tritonen: Meergötter im Gefolge des Poseidon
4 Rokoko: Stilepoche im 18. Jahrhundert, gekennzeichnet durch zarte Farben und Verzierungen

Seht ... das Wien des Canaletto[1],
Wien von siebzehnhundertsechzig ...
... Grüne, braune stille Teiche,
Glatt und marmorweiß umrandet,
In dem Spiegelbild der Nixen
Spielen Gold- und Silberfische ...
Auf dem glattgeschornen Rasen
Liegen zierlich gleiche Schatten
Schlanker Oleanderstämme;
Zweige wölben sich zur Kuppel,
Zweige neigen sich zur Nische
Für die steifen Liebespaare,
Heroinen und Heroen ...
Drei Delphine gießen murmelnd
Fluten in ein Muschelbecken ...
Duftige Kastanienblüten
Gleiten, schwirren leuchtend nieder
Und ertrinken in den Becken ...
... Hinter einer Taxusmauer
Tönen Geigen, Klarinetten,
Und sie scheinen den graziösen
Amoretten[2] zu entströmen,
Die rings auf der Rampe sitzen,
Fiedelnd oder Blumen windend,
Selbst von Blumen bunt umgeben,
Die aus Marmorvasen strömen:
Goldlack und Jasmin und Flieder ...
... Auf der Rampe, zwischen ihnen
Sitzen auch kokette Frauen,
Violette Monsignori[3] ...
Und im Gras, zu ihren Füßen
Und auf Polstern, auf den Stufen
Kavaliere[4] und Abbati[5] ...
Andre heben andre Frauen
Aus den parfümierten Sänften ...
Durch die Zweige brechen Lichter,
Flimmern auf den blonden Köpfchen,
Scheinen auf den bunten Polstern,
Gleiten über Kies und Rasen,
Gleiten über das Gerüste,
Das wir flüchtig aufgeschlagen.

1 Canaletto: Giovanni Antonio Canal hat topografisch genaue Bilder von Rom, Venedig, London und Wien gemalt.
2 Amoretten: Figuren eines nackten geflügelten Knaben
3 Monsignore: Anrede von Prälaten (kirchliche Würdenträger)
4 Kavaliere: Edelmann
5 Abbati: Weltgeistlicher

Wein und Winde klettert aufwärts
Und umhüllt die lichten Balken,
Und dazwischen farbenüppig
Flattert Teppich und Tapete,
Schäferszenen, keck gewoben,
Zierlich von Watteau[1] entworfen ...
Eine Laube statt der Bühne,
Sommersonne statt der Lampen.
Also spielen wir Theater,
Spielen unsre eignen Stücke,
Früh gereift und zart und traurig,
Die Komödie unsrer Seele,
Unsres Fühlens Heut und Gestern,
Böser Dinge hübsche Formel,
Glatte Worte, bunte Bilder,
Halbes, heimliches Empfinden,
Agonien[2], Episoden ...
Manche hören zu, nicht alle ...
Manche träumen, manche lachen,
Manche essen Eis ... und manche
Sprechen sehr galante Dinge ...
... Nelken wiegen sich im Winde,
Hochgestielte weiße Nelken,
Wie ein Schwarm von weißen Faltern,
Und ein Bologneserhündchen[3]
Bellt verwundert einen Pfau an.

Impressionistischer Stil

Die kennzeichnenden Merkmale des literarischen Impressionismus liegen im Stil: Die Verben treten zurück oder fehlen ganz. Nomen und Adjektiv beherrschen die Aussage, das Nomen, weil es Dinge benennt, das Adjektiv, weil es den subjektiven Eindruck des Sprechers zur Geltung bringt. Der sprachliche Ausdruck wird durch Lautmalerei und Synästhesie verfeinert. Einzelne Eindrücke werden aneinandergereiht; ein geschlossener Handlungsablauf wird vermieden.
Impressionistisch gestaltet ist auch die folgende Prosastelle aus Hofmannsthals *Reitergeschichte*:

Im stärksten Galopp eine Erdwelle hinansetzend, sah der Wachtmeister die Schwadron schon im Galopp auf ein Gehölz zu, aus welchem feindliche Reiter mit Piken eilfertig debouchierten; sah, indem er, die vier losen Zügel in der Linken versammelnd, den Handriemen um die Rechte schlang, den vierten Zug sich von der Schwadron ablösen und langsamer werden, war nun schon auf dröhnendem Boden, nun in starkem Staubgeruch, nun mitten im Feinde, hieb auf einen blauen Arm ein, der eine Pike führte, sah dicht neben sich das Gesicht des Rittmeisters mit weit aufgerissenen Augen und grimmig entblößten Zähnen, war dann plötzlich unter lauter feindlichen Gesichtern und fremden Farben eingekeilt,

1 Watteau, Antoine: Maler des französischen Rokoko
2 Agonie: Todeskampf, hier: geistiges Ringen mit dem Problem des Todes
3 Bologneserhündchen: italienische Hunderasse, klein und gesellig

tauchte unter in lauter geschwungenen Klingen, stieß den nächsten in den Hals und vom Pferd herab, sah neben sich den Gemeinen Scarmolin, mit lachendem Gesicht, einem die Finger der Zügelhand ab- und tief in den Hals des Pferdes hineinhauen, fühlte die Mêlée sich lockern und war auf einmal allein, am Rand eines kleinen Baches, hinter einem feindlichen Offizier auf einem Eisenschimmel. Der Offizier wollte über den Bach; der Eisenschimmel versagte. Der Offizier riss ihn herum, wendete dem Wachtmeister ein junges, sehr bleiches Gesicht und die Mündung einer Pistole zu, als ihm ein Säbel in den Mund fuhr, in dessen kleiner Spitze die Wucht eines galoppierenden Pferdes zusammengedrängt war. Der Wachtmeister riss den Säbel zurück und erhaschte an der gleichen Stelle, wo die Finger des Herunterstürzenden ihn losgelassen hatten, den Stangenzügel des Eisenschimmels, der leicht und zierlich wie ein Reh die Füße über seinen sterbenden Herrn hinhob.
Als der Wachtmeister mit dem schönen Beutepferd zurückritt, warf die in schwerem Dunst untergehende Sonne eine ungeheure Röte über die Hutweide. Auch an solchen Stellen, wo gar keine Hufspuren waren, schienen ganze Lachen von Blut zu stehen. Ein roter Widerschein lag auf den weißen Uniformen und den lachenden Gesichtern, die Kürasse und Schabracken funkelten und glühten, und am stärksten drei kleine Feigenbäume, an deren weichen Blättern die Reiter lachend die Blutrinnen ihrer Säbel abgewischt hatten. Seitwärts der rotgefleckten Bäume hielt der Rittmeister und neben ihm der Eskadronstrompeter, der die wie in roten Saft getauchte Trompete an den Mund hob und Appell blies.

8. Erklären Sie mit Hilfe von Lexika oder des Internets Ihnen unbekannte Begriffe in diesem Textausschnitt.
9. Analysieren Sie die Ausdrucksweise Hofmannsthals:
   - Stellen Sie dar, mit welchen Mitteln die Raffung des Geschehens erreicht wird.
   - Stellen Sie diese Gestaltung der Technik der heutigen visuellen Medien gegenüber.
   - Vergleichen Sie die Anzahl und den Aussagewert der Verben mit den Nomen und Adjektiven.

BÜRGERLICHE EPIK

Der literarische Roman wandte sich vom Naturalismus ab und betonte wiederum subjektive Elemente und Sichtweisen. Allerdings hatte man durch den Naturalismus gelernt, auch negative Erscheinungen des menschlichen Daseins darzustellen und detailreich aufzuarbeiten. Die Autoren dieser Romane lassen sich nur bedingt Strömungen zuordnen, zumal sie noch lange Jahre literarisch tätig waren. Neben Thomas Mann (1875 – 1955) sind sein Bruder Heinrich Mann (1871 – 1950) sowie Hermann Hesse (1877 – 1962) zu nennen.

Thomas Mann

Kritik am Bürgertum

Die Werke des Lübeckers Thomas Mann sind kennzeichnend für diese Periode des deutschsprachigen Romans in der ersten Hälfte des 20. Jahrhunderts. Seine ersten literarischen Werke stehen noch unter dem Einfluss des Impressionismus und des Jugendstils. Sie sind von kulturellem Pessimismus geprägt, allerdings ironisch gebrochen und stilistisch verfeinert. In dem Roman *Buddenbrooks. Der Verfall einer Familie* (1901) schildert er den Niedergang einer Lübecker Großkaufmannsfamilie über mehrere Generationen hinweg.

In seiner Novelle *Der Tod in Venedig* (1912) lässt er die Hauptfigur, den Schriftsteller Gustav Aschenbach, nach Venedig reisen. Auf dieser Reise, von der er nicht mehr zurückkehren wird, begegnen ihm verschiedenste Gestalten, die ihn an den Tod erinnern (Charonsgestalten[1]) und die sein Schicksal vorwegnehmen.

Einer, in hellgelbem übermodisch geschnittenem Sommeranzug, roter Krawatte und kühn aufgebogenem Panama[2], tat sich krähender Stimme an Aufgeräumtheit vor allen andern hervor. Kaum aber hatte Aschenbach ihn ein wenig genauer ins Auge gefaßt, als er mit einer Art von Entsetzen erkannte, daß der Jüngling falsch war. Er war alt, man konnte nicht zweifeln. Runzeln umgaben ihm Augen und Mund. Das matte Karmesin der Wangen war Schminke, das braune Haar unter dem farbig umwundenen Strohhut Perücke, sein Hals verfallen und sehnig, sein aufgesetztes Schnurrbärtchen und die Fliege am Kinn gefärbt, sein gelbes und vollzähliges Gebiß, das er lachend zeigte, ein billiger Ersatz, und seine Hände, mit Siegelringen an beiden Zeigefingern, waren die eines Greises. Schauerlich angemutet sah Aschenbach ihm und seiner Gemeinschaft mit den Freunden zu.

10. Beobachten Sie, wie Aschenbach auf einem Boot diesen Figuren begegnet:
- Analysieren Sie, welche Aspekte diese Figur zu einer Charonsgestalt machen.
- Beschreiben Sie, wie Aschenbach auf diesen Anblick reagiert.

Schließlich verliebt sich Aschenbach in einen polnischen Jüngling, Tadzio, dem er durch die Stadt folgt und dessentwegen er auch in Venedig bleibt, als eine Seuche ausbricht, die ihn schließlich hinwegrafft.

Neuerdings begnügte er sich nicht damit, Nähe und Anblick des Schönen der Tagesregel und dem Glücke zu danken; er verfolgte ihn, er stellte ihm nach. Sonntags zum Beispiel erschienen die Polen niemals am Strande; er erriet, daß sie die Messe in San Marco besuchten, er eilte dorthin, und aus der Glut des Platzes in die goldene Dämmerung des Heiligtums eintretend, fand er den Entbehrten, über ein Betpult gebeugt beim Gottesdienst. Dann stand er im Hintergrunde, auf zerklüftetem Mosaikboden, inmitten knieenden, murmelnden, kreuzschlagenden Volkes, und die gedrungene Pracht des morgenländischen Tempels lastete üppig auf seinen Sinnen. Vorn wandelte, hantierte und sang der schwergeschmückte Priester, Weihrauch quoll auf, er umnebelte die kraftlosen Flämmchen der Altarkerzen, und in den dumpfsüßen Opferduft schien sich leise ein anderer zu mischen: der Geruch der erkrankten Stadt. Aber durch Dunst und Gefunkel sah Aschenbach, wie der Schöne dort vorn den Kopf wandte, ihn suchte und ihn erblickte.
Wenn dann die Menge durch die geöffneten Portale hinausströmte auf den leuchtenden, von Tauben wimmelnden Platz, verbarg sich der Betörte in der Vorhalle, er versteckte sich, er legte sich auf die Lauer. Er sah die Polen die Kirche verlassen, sah, wie die Geschwister sich auf zeremoniöse Art von der Mutter verabschiedeten und wie diese sich heimkehrend zur Piazzetta wandte; er stellte fest, daß der Schöne, die klösterlichen Schwestern und die Gouvernante den Weg zur Rechten durch das Tor des Uhrturmes und in die Merceria

1 Charon: der Fährmann, der in der antiken Mythologie die Toten ins Totenreich übersetzt
2 Panama: Panama-Hut, Sonnenhut

einschlugen, und nachdem er sie einigen Vorsprung hatte gewinnen lassen, folgte er ihnen, folgte ihnen verstohlen auf ihrem Spaziergang durch Venedig.
Er mußte stehen bleiben, wenn sie sich verweilten, mußte in Garküchen und Höfe flüchten, um die Umkehrenden vorüber zu lassen; er verlor sie, suchte erhitzt und erschöpft nach ihnen über Brücken und in schmutzigen Sackgassen und erduldete Minuten tödlicher Pein, wenn er sie plötzlich in enger Passage, wo kein Ausweichen möglich war, sich entgegenkommen sah. Dennoch kann man nicht sagen, daß er litt. Haupt und Herz waren ihm trunken, und seine Schritte folgten den Weisungen des Dämons, dem es Lust ist, des Menschen Vernunft und Würde unter seine Füße zu treten.

11. Diskutieren Sie die Stelle, in der Aschenbachs Gedanken nur um den polnischen Jüngling kreisen, zu dem er sich hingezogen fühlt:
    - Besprechen Sie die Emotionen, die Aschenbach begleiten, als er dem Jüngling und dessen Familie durch die Stadt folgt.
    - Stellen Sie dar, wie der Verfall des Schriftstellers in dieser Passage dargestellt wird. Untersuchen Sie die Erzählperspektive anhand dieser Stelle.

Sein Zeitroman *Der Zauberberg* (1924) ist als eine „Art humoristisches Gegenstück" zu seiner Erzählung *Der Tod in Venedig* gedacht. Ironisch spielt er mit Weltanschauungen und zeigt die Hohlheit des Bildungsbürgertums.

Hermann Hesse

Hermann Hesse lässt sich – ähnlich wie Thomas Mann – nicht leicht in den literarhistorischen Zusammenhang einordnen. Einerseits ist er durchaus traditionellen Erzählformen verhaftet, andererseits lehnt er die Einordnung in die Gesellschaft ab.

Suche nach dem Platz in der Gesellschaft

In seinem Werk *Unterm Rad* (1906) schildert Hermann Hesse die Probleme eines begabten Jugendlichen namens Hans, der in einem Internat lebt, mit dem Leistungsdruck in seiner bürgerlichen Umgebung nicht zurande kommt und letztlich daran zerbricht.

Lucius sprang fliehend beiseite und gewann die Tür. Sein Verfolger setzte ihm nach, und es entstand ein hitziges und geräuschvolles Jagen durch Gänge und Säle, über Treppen und Flure bis in den fernsten Flügel des Klosters, wo in stiller Vornehmheit die Ephoruswohnung lag. Heilner erreichte den Flüchtling erst knapp vor der Studierzimmertür des Ephorus, und als jener schon angeklopft hatte und in der offenen Türe stand, erhielt er im letzten Augenblick noch den versprochenen Fußtritt und fuhr, ohne mehr die Tür hinter sich schließen zu können, wie eine Bombe ins Allerheiligste des Herrschers. Das war ein unerhörter Fall. Am nächsten Morgen hielt der Ephorus eine glänzende Rede über die Entartung der Jugend, Lucius hörte tiefsinnig und beifällig zu, und Heilner bekam eine schwere Karzerstrafe[1] diktiert.

1 Karzerstrafe: Arreststrafe in der Schule

»Seit mehreren Jahren«, donnerte der Ephorus ihn an, »ist eine solche Sache hier nicht mehr vorgekommen. Ich werde dafür sorgen, daß Sie noch in zehn Jahren daran denken sollen. Euch andern stelle ich diesen Heilner als abschreckendes Beispiel auf.«

Die ganze Promotion schielte scheu zu ihm hinüber, der blaß und trotzig dastand und dem Blick des Ephorus nicht auswich. Im stillen bewunderten ihn viele, trotzdem blieb er am Ende der Lektion, als alles lärmend die Gänge erfüllte, allein und gemieden wie ein Aussätziger. Es gehörte Mut dazu, jetzt zu ihm zu stehen.

Auch Hans Giebenrath tat es nicht. Es wäre seine Pflicht gewesen, das fühlte er wohl, und er litt am Gefühl seiner Feigheit. Unglücklich und schamhaft drückte er sich in ein Fenster und wagte nicht aufzublicken. Es trieb ihn, den Freund aufzusuchen, und er hätte viel darum gegeben, es unbemerkt tun zu können. Aber ein mit schwerem Karzer Bestrafter ist im Kloster für längere Zeit so gut wie gebrandmarkt. Man weiß, daß er von nun an besonders beobachtet wird und daß es gefährlich ist und einen schlechten Ruf einträgt, mit ihm Verkehr zu haben. Den Wohltaten, welche der Staat seinen Zöglingen erweist, muß eine scharfe, strenge Zucht entsprechen, das war schon in der großen Rede beim Eintrittsfeste vorgekommen. Auch Hans wußte das. Und er unterlag im Kampf zwischen Freundespflicht und Ehrgeiz. Sein Ideal war nun einmal, vorwärts zu kommen, berühmte Examina[1] zu machen und eine Rolle zu spielen, aber keine romantische und gefährliche. So verharrte er ängstlich in seinem Winkel. Noch konnte er hervortreten und tapfer sein, aber von Augenblick zu Augenblick wurde es schwerer, und eh er sich's versah, war sein Verrat zur Tat geworden.

Heilner bemerkte es wohl. Der leidenschaftliche Knabe fühlte, wie man ihm auswich, und begriff es, aber auf Hans hatte er sich verlassen. Neben dem Weh und der Empörung, die er jetzt empfand, kamen ihm seine bisherigen, inhaltlosen Jammergefühle leer und lächerlich vor. Einen Augenblick blieb er neben Giebenrath stehen. Er sah blaß und hochmütig aus und sagte leise: »Du bist ein gemeiner Feigling, Giebenrath – pfui Teufel!« Und damit ging er weg, halblaut pfeifend und die Hände in den Hosensäcken.

12. Konzentrieren Sie sich in diesem Abschnitt auf den Charakter der Hauptfigur Hans:
    - Stellen Sie dar, in welchem Zwiespalt sich Hans befindet.
    - Stellen Sie gegenüber, wie seine Entscheidung von seiner Umgebung gefordert und wie sie aufgenommen wird.
    - Diskutieren Sie, welches soziale Grundphänomen mit diesem Vorfall angesprochen wird.

Weiterentwicklung des Romans

Für die weitere Entwicklung des literarisch anspruchsvollen Romans wurden die Philosophie Bergsons und die Psychoanalyse Freuds bedeutungsvoll.

Der Franzose Henri Bergson (1859 – 1941) entwickelte einen neuen Zeitbegriff: Wir finden in uns eine ganz andere Wirklichkeit als die von der Physik messbaren Erscheinungen in Raum und Zeit. Die innere Wirklichkeit ist in beständigem Fluss; sie ist nie, sondern wird immerfort, wobei das Vergangene andauernd durchschlägt. Der Mensch ist ein Prozess. Er ist auf das Künftige ausgerichtet und mit dem Gepäck seiner Vergangenheit belastet.

Die modernen Romanschriftsteller übernahmen den gelebten Zeitbegriff Bergsons: Nicht mehr Zeigermaß und Kalender ergeben die Struktur des Romans, sondern Zukünftiges, Gegenwärtiges und Vergangenes werden vermischt. Das Bewusstsein ist ein Kaleidoskop aus Gewesenem, Gegenwärtigem und Vorweggenommenem. In diesem Sinn zertrümmerte der Franzose Marcel Proust

1 Examina: Prüfungen

(1871 – 1922) in seinem Romanwerk *Auf der Suche nach der verlorenen Zeit* die chronologische Zeitfolge und machte die Vergangenheit durch assoziative Erinnerungen zur Gegenwart.

Bewusstseinsstromtechnik

Darüber hinaus waren Sigmund Freuds Theorien nach wie vor wirksam. Die Romanschriftsteller/innen schreiben in dem Bewusstsein, dass unser Bewusstseinsstrom und unsere Intentionen nicht nur von Eindrücken der Außenwelt, sondern auch vom eigenen Unbewussten gesteuert werden (vgl. Seite 210).

Der Ire James Joyce (1882 – 1941) bricht in seinem Hauptwerk *Ulysses* (ab 1918) gänzlich mit der überkommenen Form des erzählenden Romans: Er gestaltet ein umfassendes Bild des menschlichen Bewusstseins, indem er auf rund tausend Seiten vierundzwanzig Stunden aus dem Leben eines Durchschnittsbürgers darstellt, wobei in jedem Kapitel die Perspektive und die Erzählweise wechseln. Joyce hat in seinem Roman nicht nur Bergsons neuen Zeitbegriff, sondern auch Freuds Lehre vom Unbewussten verarbeitet.

DER EXPRESSIONISMUS

Abgesehen von einigen Vorläufern in der Malerei, Paul Gauguin (1848 – 1903) und Vincent van Gogh (1853 – 1890), und einigen expressiven Stellen in einzelnen dichterischen Werken tritt der Expressionismus in der Literatur und in der bildenden Kunst etwa gleichzeitig auf. In den Jahren 1910 und 1911 werden junge Künstler, Maler und Dichter, in verschiedenen Teilen des deutschen Sprachraums von ähnlichen Gefühlen und Empfindungen beherrscht. Ohne sich viel um literarische Vorbilder zu kümmern und ohne sich von den Strömungen der Zeit, dem Naturalismus, dem Impressionismus und dem Ästhetizismus, beeinflussen zu lassen, versuchen sie einen neuen Weg zu finden. In Berlin entstehen in diesen Jahren ebenso wie in München, Frankfurt, Leipzig, Prag, im Elsass und in Österreich expressionistische Texte.

Vereinigung der Maler und Literaten

Franz Marc, *Rotes und blaues Pferd*; 1912, Tempera, Städtische Galerie im Lenbachhaus und Kunstbau München

Expressionistische Maler schließen sich in Dresden 1909 zur Vereinigung „Die Brücke" zusammen, 1912 sammelt sich in München die expressive Gruppe „Der blaue Reiter" unter der Führung von Wassily Kandinsky (1866 – 1944) und Franz Marc (1880 – 1916). Ähnlich wie die Dichter versuchen die Maler nicht die Natur wiederzugeben, sondern seelische Empfindungen und subjektive Ideen mit Hilfe von Symbolen und Farbchiffren darzustellen. Die expressionistische Malerei wendet sich gegen die „Fratze der Wirklichkeit" und will nicht das „Schmuckbedürfnis des bürgerlichen Haushaltes" befriedigen.

Kennzeichnend ist das Zusammengehörigkeitsgefühl der Expressionisten, nicht nur der Maler, sondern auch der Literaten. Sie bilden Vereinigungen, schreiben Programme und schaffen sich Sprachrohre: 1910 erscheint in Berlin die erste expressionistische Zeitschrift, *Der Sturm*. Weitere Zeitschriften sind *Die Aktion* und *Der Brenner*, der seit 1910 von Ludwig von Ficker (1880 – 1967) in Innsbruck herausgegeben wird.

Daneben werden zahlreiche Anthologien[1] und Gedichtbände mit bezeichnenden Titeln veröffentlicht: *Der ewige Tag* (Georg Heym), *Der Aufbruch* (Ernst Stadler) und *Der Mensch schreit* (Albert Ehrenstein).
Das Ziel war die Formung der Erlebnisse des intellektuellen Städters. Kurt Hiller sagt dazu in einem Vortrag im Jahre 1911:

> Wir sind Expressionisten. Es kommt uns auf das Wollen, das Ethos an.

Vater-Sohn-Konflikt

Trotz der Unterschiede in den Anliegen, in der Gestaltung und in der Sprache expressionistischer Werke lassen sich Gemeinsamkeiten finden. Gemeinsam ist den Expressionisten das Erlebnis einer inneren Krise in der Zeit vor dem Ersten Weltkrieg. Ausgehend von Nietzsches Kulturkritik, verwerfen die jungen Dichter das positivistische, naturwissenschaftlich orientierte Weltbild. Der Protest gegen das selbstzufriedene, in alten Autoritätsstrukturen erstarrte Bürgertum, oft als Vater-Sohn-Konflikt dargestellt, findet sich bei fast allen Expressionisten. Die Krisenstimmung lässt den Menschen gefährdet, bedroht und haltlos erscheinen. Leidenschaftlich und mit Pathos versuchen die Expressionisten gegen den Fortschrittsglauben und das Spießbürgertum anzukämpfen. Georg Heym (1887–1912) notiert in seinem Tagebuch:

> Mein Gott – ich ersticke noch mit meinem brachliegenden Enthusiasmus in dieser banalen Zeit ... Ich hoffe jetzt wenigstens auf einen Krieg ..., ich aber, der Mann der Dinge, ich, ein zerrissenes Meer, ich, immer im Sturm, ich, der Spiegel des Außen, ebenso wild und chaotisch wie die Welt, ich, leider so geschaffen, dass ich ein ungeheures, begeistertes Publikum brauche, um glücklich zu sein, krank genug, um mir nie selbst genug zu sein, ich wäre mit einem Male gesund, ein Gott, erlöst, wenn ich irgendwo eine Sturmglocke hörte, wenn ich die Menschen herumrennen sähe mit angstzerfetzten Gesichtern ...

13. Diskutieren Sie, was für Heym eine Bedrohung seiner Existenz ist und kommentieren Sie, was das Paradoxe daran ist.

Ebenso wie der Aufschrei, das Pathos, das Ankämpfen gegen eine Zeit, die sie zutiefst ablehnen, ist den jungen Expressionisten die Suche nach neuen Werten, die Sehnsucht nach einem neuen Menschen, einer großen Verbrüderung gemeinsam. Neues Engagement, die Forderung nach einer besseren Menschheit und die unbedingte Hingabe an ein Ideal sind typisch für den frühen Expressionismus.

Auseinandersetzung mit dem Ich

Bei allen diesen Bestrebungen steht das Ich im Mittelpunkt, und die Welt erscheint nur im Bezug zu diesem Ich-Bewusstsein interessant. Die Auseinandersetzung erfolgt mit dem eigenen Ich, nicht mit der objektiven Wirklichkeit. Die äußere Wirklichkeit ist höchstens auslösendes Moment für die visionäre Umgestaltung. Insofern ist der Expressionismus, die „Ausdruckskunst", ein Gegenpol zum Impressionismus, der „Eindruckskunst", die eine unreflektierte, objektive Bilderwelt schaffen will.
Nach dem ersten Kriegsjahr (1915) setzt eine Ernüchterung ein. Eine Reihe von Expressionisten ist sehr jung gestorben oder gefallen. Die meisten Dichter lehnen den Krieg nun ab. Die Sehnsucht nach dem neuen, besseren Menschen wächst; das „O Mensch"-, „O Bruder"-Pathos steigert sich. Das große einheitliche Gefühl der ersten Jahre splittert sich auf. Die Dichter suchen in unterschiedlichen

1 Anthologie: Sammlung verschiedener Texte (vor allem von Gedichten), meist von mehreren Autorinnen und Autoren, mit dem Ziel, einen Überblick über die Epoche oder eine Richtung zu geben

politischen Programmen die Verwirklichung ihrer Träume. Pazifismus, Nationalismus, Faschismus, Sozialismus, Kommunismus – in allen Lagern finden sich Expressionisten. Der „ideale Aktivismus" der Anfangsphase wird von Parteien aufgesogen.
Trotz aller politischen Aktivismen hat der Expressionismus eine revolutionäre Veränderung der gesellschaftlichen Wirklichkeit nicht ernsthaft versucht. Bald nach dem Ende des Ersten Weltkriegs geht der expressive Schwung endgültig verloren. Die großen Ziele, nämlich eine neue geistige Welt, die Erneuerung des Menschen und eine neue Sinngebung des Daseins in brüderlicher Menschenwürde, können vor der Wirklichkeit nicht bestehen, geschweige denn sie ändern. Der „permanente Schrei" kann nicht durchgehalten werden.

Der leidende Mensch

Die Hauptmotive expressionistischer Dichtung sind nicht grundsätzlich neu, doch werden sie neu gesehen und gestaltet. Im Mittelpunkt steht der vereinsamte, leidende Mensch in seiner Ausgestoßenheit und Angst. Gedichte über Wahnsinnige, Selbstmörder und Gefangene sind häufig. Der Tod, verbunden mit dem Grauen, beschäftigt viele Dichter. Die „Morgue", das Leichenschauhaus für Selbstmörder und unbekannte Tote, inspiriert mehrere Dichter, besonders in ihrer Jugend. Die Untergangsstimmung hängt mit dem Motiv des Todes zusammen; Abend, Dämmerung, Herbst, Winter (vielfach Todessymbole) prägen viele Gedichte. Hier reiht sich auch die Stadt als Ort der Bedrohung, der Sünde, des Todes oder der Dämonen und des rasenden sinnlosen Lebens ein.
Die Dichtung des Expressionismus kennt nur innerlich geschaute Wahrheiten. Die oft übersteigerten, dynamischen Bilder lösen sich von der Wirklichkeit und der überkommenen Ästhetik. Jede expressive Dichtung muss als visionäre Schau verstanden werden. Um sein subjektives Weltbild ausdrücken zu können, verwendet der Dichter Symbole und Chiffren. Ein Musterbeispiel ist die Wiedergabe der Farben.

Symbole und Chiffren

Sowohl in der Malerei als auch in der Dichtung werden Farben zu Symbolen. Die Farbe wird von der optischen Erfahrung losgelöst und zum reinen Vokabel des Gefühlsausdrucks.

Nachhallen die purpurnen Flüche
Des Hungers in faulendem Dunkel ...
Georg Trakl, *Vorhölle*

Jener aber ging die steinernen Stufen des Mönchsbergs hinab,
Ein blaues Lächeln im Antlitz und seltsam verpuppt
In seine stillere Kindheit und starb ...
Georg Trakl, *An einen Frühverstorbenen*

Allegorie und Personifikation

Eine wesentliche Rolle in der Gestaltung des visionären Expressionismus spielt die Metaphorik, das sprachliche Bild. Es werden die Mittel der Allegorie und der Personifikation verwendet: Ideen und Phantasien werden als Figuren, als lebendige, oft dämonische Wesen dargestellt. Auch leblose Dinge werden aktiv und lebendig und tragen zur Verfremdung des Dargestellten bei.
Die Sprache des Expressionismus lebt vor allem in der Bildhaftigkeit und heftigen Bewegung, die durch ausdrucksvolle Verben erzielt wird:

Bildhafte Sprache

Und manchmal wird ein Mensch vorbeigeweht,
Den hinten groß sein schwarzer Schatten schlägt.
Georg Heym, *Die Nacht I*

Die Flöte
rülpst tief drei Takte lang [...]

[...] Die Tür fließt hin [...]

Gottfried Benn, *Nachtcafé I*

Egon Schiele (1890 – 1918), *Selbstbildnis mit Lampionfrüchten;* 1912, Öl und Deckfarbe auf Holz, Leopold Museum Wien

Lyrik des Expressionismus

Die Lyrik ist das vorherrschende Ausdrucksmittel der ersten Periode dieser Strömung. Sie übernimmt Elemente aus fast allen literarischen Strömungen der Vergangenheit und spielt alle Möglichkeiten der Form durch, vom strengen Strophenbau (Sonett) über ungegliederte Gebilde bis zu Ausrufen und Gestammel. In den Motiven, in den Bildern, Symbolen und Chiffren drückt sich die subjektive Weltsicht des Dichters aus. Daraus ergibt sich trotz ähnlicher Ausgangssituationen die Vielfalt und Gegensätzlichkeit der expressionistischen Werke. Die bedeutendsten Lyriker/innen waren u. a. Gottfried Benn, Ernst Stadler, Georg Heym, Georg Trakl und Else Lasker-Schüler.

Der neue Mensch

Die französischen Symbolisten Charles Pierre Baudelaire (1821 – 1867) und Arthur Rimbaud (1854 – 1891) werden ebenso als Vorbilder anerkannt wie der Philosoph Friedrich Nietzsche mit seiner Forderung nach dem neuen Menschen, dem „Übermenschen". Der Übermensch, der über der gängigen Moral steht und der rücksichtslos gegen andere, aber auch gegen sich selbst vorgeht, überwindet die Einschränkungen der Masse.

Gottfried Benn (1886 – 1956) schreibt in der Einleitung zur Sammlung *Lyrik des expressionistischen Jahrzehnts*:

> Denn was uns selbst angeht, unser Hintergrund war Nietzsche: Sein inneres Wesen mit Worten zu zerreißen, der Drang, sich auszudrücken, zu formulieren, zu blenden, zu funkeln auf jede Gefahr und ohne Rücksicht auf Ergebnisse, das Verlöschen des Inhalts zugunsten der Expression – das war ja seine Existenz.

Typisch expressionistische Gestaltungsmerkmale finden sich im folgenden Gedicht von Georg Heym:

Georg Heym
Der Hunger (1911)

Er fuhr in einen Hund, dem groß er sperrt
Das rote Maul. Die blaue Zunge wirft
Sich lang heraus. Er wälzt im Staub. Er schlürft
Verwelktes Gras, das er dem Sand entzerrt.

Sein leerer Schlund ist wie ein großes Tor,
Drin Feuer sickert, langsam, tropfenweis,
Das ihm den Bauch verbrennt. Dann wäscht mit Eis
Ihm eine Hand das heiße Speiserohr.

Er wankt durch Dampf. Die Sonne ist ein Fleck,
Ein rotes Ofentor. Ein grüner Halbmond führt
Vor seinen Augen Tänze. Er ist weg.

Ein schwarzes Loch gähnt, draus die Kälte stiert.
Er fällt hinab, und fühlt noch, wie der Schreck
Mit Eisenfäusten seine Gurgel schnürt.

14. Beobachten Sie, wie Georg Heym den Hunger in diesem Gedicht personifiziert darstellt:
- Beschreiben Sie, welche Bilder verwendet werden, um qualvollen Hunger anschaulich zu machen.
- Illustrieren Sie, welche Wirkung die Verben erzeugen.
- Stellen Sie dar, welche weiteren expressionistischen Merkmale erkennbar sind.
- Analysieren Sie, welche Form das Gedicht hat.

Synästhesie

Die Synästhesie (vgl. Seite 179) und das Zusammenwirken von Bild, Klang und Rhythmus sind für die Expressionisten wesentlich, besonders für Georg Trakl (1887 – 1914). Er war 1914 als Militärapotheker in Kämpfen gegen Russland in Galizien eingesetzt. Angesichts der vielen Toten und Verwundeten schied er in Verzweiflung mit einer Überdosis Kokain aus dem Leben.

Das vorherrschende Thema seiner Gedichte ist der Verfall:

Georg Trakl
Verfall (1913)

Am Abend, wenn die Glocken Frieden läuten,
Folg ich der Vögel wundervollen Flügen,
Die lang geschart, gleich frommen Pilgerzügen,
Entschwinden in den herbstlich klaren Weiten.

Hinwandelnd durch den dämmervollen Garten
Träum ich nach ihren helleren Geschicken
Und fühl der Stunden Weiser kaum mehr rücken.
So folg ich über Wolken ihren Fahrten.

Da macht ein Hauch mich von Verfall erzittern.
Die Amsel klagt in den entlaubten Zweigen.
Es schwankt der rote Wein an rostigen Gittern,

Indes wie blasser Kinder Todesreigen
Um dunkle Brunnenränder, die verwittern,
Im Wind sich fröstelnd blaue Astern neigen.

15. Konzentrieren Sie sich auf das jähe Umschlagen von positiv besetzten Bildern und Vorstellungen in Negatives in diesem Gedicht, was kennzeichnend für Trakls Lyrik ist.
- Vergleichen Sie, welche Bilder Positives und welche Bilder den Verfall ausdrücken.
- Stellen Sie dar, an welcher Stelle die Stimmung umschlägt.
- Kommentieren Sie, welcher Eindruck am Schluss überwiegt.
- Nennen Sie Beispiele, wie Trakl in diesem Text verschiedene Sinnesebenen vermischt (Synästhesien).

Trakls Grundstimmung kommt im folgenden Gedicht zum Ausdruck:

Georg Trakl
In ein altes Stammbuch (1913)

Immer wieder kehrst du Melancholie,
O Sanftmut der einsamen Seele.
Zu Ende glüht ein goldener Tag.

Demutsvoll beugt sich dem Schmerz der Geduldige
Tönend von Wohllaut und weichem Wahnsinn.
Siehe! es dämmert schon.

Wieder kehrt die Nacht und klagt ein Sterbliches
Und es leidet ein anderes mit.

Schaudernd unter herbstlichen Sternen
Neigt sich jährlich tiefer das Haupt.

16. Untersuchen Sie das Gedicht hinsichtlich folgender beider Aspekte:
- Beschreiben Sie, welche Stimmungen in diesem Gedicht dargestellt werden.
- Erläutern Sie, mit welchen sprachlichen Mitteln diese Stimmung erzeugt wird.

Zerstörte Sprache

August Stramm (1874 – 1915) fiel 1915 in Russland. Das Kriegserlebnis zerstörte auch seine Sprache: Der Satzbau ist gebrochen, die Wörter sind deformiert.

August Stramm
Sturmangriff (1915)

Aus allen Winkeln gellen Fürchte Wollen
kreisch
peitscht
das Leben
vor
sich
her
den keuchen Tod
die Himmel fetzen
blind schlächtert wildum das Entsetzen

17. Weisen Sie nach, wie das Außerordentliche des Geschehens nur in einer außerordentlichen Sprache wiederzugeben ist:
- Stellen Sie dar, wie das Geschehen hier sprachlich nachvollzogen wird.
- Kommentieren Sie, welche Wörter anders eingesetzt werden, als es ihrer Wortart gemäß wäre.
- Analysieren Sie, welche Wirkung der Autor damit erzielt.

Drama des Expressionismus

Wegbereiter des expressionistischen Dramas war Frank Wedekind (1864 – 1918), der sich gegen die mechanistische Psychologie des Naturalismus wandte und sich gegen die Scheinwelt des Bürgertums auflehnte.

Verlogenheit des Bürgertums

Die Tragödie *Frühlings Erwachen* (1891) zeigt das Schicksal eines heranwachsenden Mädchens, das an der Scheinmoral der bürgerlichen Gesellschaft zerbricht. Frau Bergmann erzählt ihrer vierzehnjährigen Tochter Wendla, dass Wendlas Schwester Ina ein Kind bekommen habe. Sie spricht jedoch davon, dass der Storch das Kind gebracht habe. Wendla wurde nie aufgeklärt, was ihr später zum Verhängnis wird.

Wendla Ich hätte so furchtbar gerne gewußt, ob er [Anm. der Storch] durchs Fenster oder durch den Schornstein geflogen kam.

Frau Bergmann Da mußt du Ina fragen. Ha, das mußt du Ina fragen, liebes Herz! Ina sagt dir das ganz genau. Ina hat ja eine ganze halbe Stunde mit ihm gesprochen.

Wendla Ich werde Ina fragen, wenn ich hinunterkomme.

Frau Bergmann Aber ja nicht vergessen, du süßes Engelsgeschöpf! Es interessiert mich wirklich selbst, zu wissen, ob er durchs Fenster oder durch den Schornstein kam.

Wendla Oder soll ich nicht lieber den Schornsteinfeger fragen? – Der Schornsteinfeger muß es doch am besten wissen, ob er durch den Schornstein fliegt oder nicht.

Frau Bergmann Nicht den Schornsteinfeger, Kind; nicht den Schornsteinfeger. Was weiß der Schornsteinfeger vom Storch! – Der schwatzt dir allerhand dummes Zeug vor, an das er selbst nicht glaubt … [...]

Wendla lässt sich jedoch von den Ausflüchten ihrer Mutter nicht abbringen zu fragen, was es mit der Entstehung des menschlichen Lebens auf sich hat.

Wendla Sag es mir heute, Mutter; sag es mir jetzt! Jetzt gleich! – Nun ich dich so entsetzt gesehen, kann ich erst recht nicht eher wieder ruhig werden.
Frau Bergmann Ich kann nicht, Wendla.
Wendla Oh, warum kannst du nicht, Mütterchen! – Hier knie ich zu deinen Füßen und lege dir meinen Kopf in den Schoß. Du deckst mir deine Schürze über den Kopf und erzählst und erzählst, als wärst du mutterseelenallein im Zimmer. Ich will nicht zucken; ich will nicht schreien; ich will geduldig ausharren, was immer kommen mag.
Frau Bergmann Der Himmel weiß, Wendla, daß ich nicht die Schuld trage! Der Himmel kennt mich! – Komm in Gottes Namen! – Ich will dir erzählen, Mädchen, wie du in diese Welt hineingekommen. – So hör mich an, Wendla...
Wendla *unter ihrer Schürze* Ich höre.
Frau Bergmann *ekstatisch* Aber es geht ja nicht, Kind! – Ich kann es ja nicht verantworten. – Ich verdiene ja, daß man mich ins Gefängnis setzt – daß man dich von mir nimmt ...
Wendla *unter ihrer Schürze* Faß dir ein Herz, Mutter!
Frau Bergmann So höre denn ...!
Wendla *unter ihrer Schürze, zitternd* O Gott, o Gott!
Frau Bergmann Um ein Kind zu bekommen – du verstehst mich, Wendla?
Wendla Rasch, Mutter – ich halt's nicht mehr aus.
Frau Bergmann Um ein Kind zu bekommen – muß man den Mann – mit dem man verheiratet ist... *lieben* – *lieben* sag' ich dir – wie man nur einen Mann lieben kann! Man muß ihn so sehr *von ganzem Herzen* lieben, – wie sich's nicht sagen läßt! Man muß ihn *lieben*, Wendla, wie du in deinen Jahren noch gar nicht lieben kannst ... Jetzt weißt du's.
Wendla *sich erhebend* Großer – Gott – im Himmel!
Frau Bergmann Jetzt weißt du, welche Prüfungen dir bevorstehen!
Wendla Und das ist alles?
Frau Bergmann So wahr mir Gott helfe! [...]

2. Akt, 2. Szene

18. Beobachten Sie, wie die Mutter hier mit dem Thema Sexualität umgeht:
    - Zählen Sie die Begründungen der Mutter für ihr Verhalten auf.
    - Stellen Sie Vermutungen an, welche Gründe dahinterstecken könnten.
    - Illustrieren Sie, wie damit die Gesellschaft des ausgehenden 19. Jahrhunderts charakterisiert wird.
    - Beschreiben Sie die Techniken der Mutter, um Wendlas Fragen nicht beantworten zu müssen.
19. Recherchieren Sie die weitere Entwicklung Wendlas und das Ende der Tragödie:
    - Umreißen Sie die Rolle der Mutter dabei.
    - Erläutern Sie die Reaktionen, die der Autor mit diesem Stück hervorrief.

In der zweiten Phase des Expressionismus spielt neben der Lyrik das Drama eine wichtige Rolle. Es entstehen dramatische Skizzen und Einakter, aber auch einige bühnenwirksame, abendfüllende Dramen, zum Beispiel *Die Bürger von Calais* (1914) von Georg Kaiser (1878 – 1945) der darin den „neuen Menschen" zeigt, welcher bereit ist, sich für andere zu opfern. Häufig sind im expressionistischen Drama die Szenen nur lose verknüpft und die Figuren typisiert, z. B. der Vater, der Sohn, die Tochter, das Weib, die Magd. Sie sind Träger von Ideen.

Erzählende Dichtung des Expressionismus

Die erzählerische Dichtung folgt den stilistischen Strömungen des Expressionismus. Der Text wird verknappt und temporeich erzählt. Prägnante Formulierungen und hastiger Stil prägen diese Werke. Beschauliche Betrachtung und psychologisierende Deutung stehen nicht im Mittelpunkt. Von einer Romanliteratur des Expressionismus kann man nur bedingt sprechen. Expressionistische Tendenzen lassen sich jedoch in vielen Werken des 20. Jahrhunderts nachweisen. Autoren wie Gottfried Benn, Franz Kafka und Alfred Döblin werden so zu Wegbereitern einer modernen Erzähltradition.

Epische Kurzformen

Epische Kurzformen kommen dem Zeitstil entgegen, wenn auch verändert gegenüber der realistischen Tradition. In der Erzählung *Das Schiff* (1911) schildert Georg Heym, wie die Besatzung eines kleinen Frachtschiffes, das in der indonesischen Inselwelt kreuzt, an der Pest zugrunde geht:

Hinter dem Mastbaum stand etwas. Ein schwarzer Schatten. Jetzt kam es mit seinem schlürfenden Schritte über Deck. Jetzt stand es hinter dem Kajütendache[1], jetzt kam es hervor. Eine alte Frau in einem altmodischen Kleid, lange weiße Locken fielen ihr zu beiden Seiten in das blasse Gesicht. Darin steckten ein Paar Augen von unbestimmter Farbe wie ein Paar Knöpfe, die ihn unverwandt ansahen [...]

Er wollte zurück, da war die Pest schon am anderen Ende der Rahe[2].

Und nun kam sie freischwebend auf dem Holze heran wie ein alter Matrose mit wiegendem Gang.

Nun waren es nur noch sechs Schritte, nur noch fünf. Er zählte leise mit, während die Todesangst in einem gewaltigen Krampf seine Kinnbacken auseinander riss, als wenn er gähnte. Drei Schritte, zwei Schritte.

Er wich zurück, griff mit den Händen in die Luft, wollte sich irgendwo festhalten, überschlug sich und stürzte krachend auf das Deck, mit dem Kopf zuerst auf eine eiserne Planke. Und da blieb er liegen, mit zerschmettertem Schädel.

Ein schwarzer Sturm zog schnell im Osten über dem Stillen Ozean auf. Die Sonne verbarg sich in den dicken Wolken, wie ein Sterbender, der ein Tuch über sein Gesicht zieht. Ein paar große chinesische Dschunken[3], die aus dem Halbdunkel herauskamen, hatten alle Segel gesetzt und fuhren rauschend vor dem Sturme einher mit brennenden Götterlampen und Pfeifengetön. Aber an ihnen vorbei fuhr das Schiff riesengroß wie der fliegende Schatten eines Dämons. Auf dem Deck stand eine schwarze Gestalt. Und in dem Feuerschein schien sie zu wachsen, und ihr Haupt erhob sich langsam über die Masten, während sie ihre gewaltigen Arme im Kreise herumschwang gleich einem Kranich gegen den Wind. Ein fahles Loch tat sich auf in den Wolken. Und das Schiff fuhr geradewegs hinein in die schreckliche Helle.

1 Kajüte: Wohn- und Schlafraum auf Schiffen
2 Rahe: waagrechte Stange am Mast eines Segelschiffes
3 Dschunke: chinesisches Segelschiff mit flachem Schiffsrumpf

20. Analysieren Sie diesen Textabschnitt als Beispiel für expressionistische Epik nach den folgenden Gesichtspunkten:
    - Stellen Sie dar, auf welche Weise die Pest veranschaulicht wird.
    - Suchen Sie Vergleiche im Text.
    - Analysieren Sie, wodurch die übersteigerte Dynamik erreicht wird.
    - Kommentieren Sie, welche Wirkung der Schluss erzielt.
21. Vergleichen Sie diesen Abschnitt mit den Ausschnitten aus realistischen Novellen von Gottfried Keller (vgl. Seite 215ff.) hinsichtlich der sprachlichen und stilistischen Unterschiede.

Franz Kafka

Franz Kafka (1883 – 1924) stammte aus einer jüdisch-deutschen Familie in Prag. Er stand den Ideen und der Thematik des Expressionismus nahe, gehörte jedoch keiner Gruppierung an. Franz Kafka litt zeit seines Lebens unter seinem sehr dominanten Vater. Dieser Umstand erklärt auch, warum er in vielen seiner Werke Personen beschreibt, die unter einer ungreifbaren, alles beherrschenden Autorität leiden. Das gespannte Verhältnis zu seinem Vater hat er in seinem Text *Brief an den Vater* (1919) thematisiert.
Kafka veröffentlichte zu Lebzeiten lediglich wenige Werke. Eines davon war der Text *Eine kaiserliche Botschaft*. Er ist, wie viele kurze Erzählungen Kafkas, eine Parabel, eine Art Gleichnis.

Franz Kafka
Eine kaiserliche Botschaft (1917)

Der Kaiser – so heißt es – hat Dir, dem Einzelnen, dem jämmerlichen Untertanen, dem winzig vor der kaiserlichen Sonne in die fernste Ferne geflüchteten Schatten, gerade Dir hat der Kaiser von seinem Sterbebett aus eine Botschaft gesendet. Den Boten hat er beim Bett niederknien lassen und ihm die Botschaft ins Ohr zugeflüstert; so sehr war ihm an ihr gelegen, dass er sich sie noch ins Ohr wiedersagen ließ. Durch Kopfnicken hat er die Richtigkeit des Gesagten bestätigt. Und vor der ganzen Zuschauerschaft seines Todes – alle hindernden Wände werden niedergebrochen und auf den weit und hoch sich schwingenden Freitreppen stehen im Ring die Großen des Reichs – vor allen diesen hat er den Boten abgefertigt. Der Bote hat sich gleich auf den Weg gemacht, ein kräftiger, ein unermüdlicher Mann; einmal diesen, einmal den andern Arm vorstreckend, schafft er sich Bahn durch die Menge; findet er Widerstand, zeigt er auf die Brust, wo das Zeichen der Sonne ist; er kommt auch leicht vorwärts, wie kein anderer. Aber die Menge ist so groß; ihre Wohnstätten nehmen kein Ende. Öffnete sich freies Feld, wie würde er fliegen und bald wohl hörtest Du das herrliche Schlagen seiner Fäuste an Deiner Tür. Aber statt dessen, wie nutzlos müht er sich ab; immer noch zwängt er sich durch die Gemächer des innersten Palastes; niemals wird er sie überwinden; und gelänge ihm dies, nichts wäre gewonnen; die Treppen hinab müsste er sich kämpfen; und gelänge ihm dies, nichts wäre gewonnen; die Höfe wären zu durchmessen; und nach den Höfen der zweite umschließende Palast; und wieder Treppen und Höfe; und wieder ein Palast; und so weiter durch Jahrtausende; und stürzte er endlich aus dem äußersten Tor – aber niemals, niemals kann das geschehen – liegt erst die Residenzstadt vor ihm, die Mitte der Welt, hochgeschüttet voll ihres Bodensatzes. Niemand dringt hier durch und gar mit der Botschaft eines Toten. – Du aber sitzt an Deinem Fenster und erträumst sie Dir, wenn der Abend kommt.

Die Parabel

Die Parabel ist ihrem Wesen nach eine erzählende Kleinform. Sie kann aber auch in einem Drama auftreten (vgl. Lessings Ringparabel im *Nathan*, Seite 83ff.) und ebenso als „Gedankenlyrik" (z. B. Goethes Gedichtzyklus *Westöstlicher Divan*). Mitunter können sogar ein Roman (Kafka, *Der Prozess*) oder ein Drama (Frisch, *Biedermann und die Brandstifter*) als Parabel zu verstehen sein. Gleichnisse werden häufig im Neuen Testament verwendet, um Weisheiten deutlich zu machen.
Jede Parabel hat zwei Ebenen, eine Erzählebene und eine Erkenntnisebene. Der Hauptgedanke wird in Form einer Geschichte ausgedrückt, die Botschaft ist jedoch eine philosophische.

22. Analysieren Sie die Parabel:
    - Heben Sie die Gegensätze hervor, die den ersten Satz beherrschen.
    - Kommentieren Sie, was er für den folgenden Text bedeutet.
    - Erläutern Sie, wo die Zweifel der Leser/innen am Erfolg der Sendung des Boten beginnen.
    - Analysieren Sie, wodurch die unendlich weite Entfernung zwischen dem Kaiser und dem Du ausgedrückt wird.
23. Halten Sie das äußere Geschehen (= die Fabel) so kurz wie möglich schriftlich fest (Präsens).
24. Formulieren Sie den Hauptgedanken der Parabel von Franz Kafka!

In den Jahren 1914/15 schrieb Kafka seinen Roman *Der Prozess*, er wurde aber erst 1925, kurz nach dem Tod des Autors, von seinem Freund Max Brod (1884 – 1968) veröffentlicht, der sich damit dem Wunsch Kafkas widersetzte, seine Werke nach seinem Tod zu vernichten. Der Roman beginnt mit einem Satz, der die Grundthematik des Textes vorwegnimmt.

Ausweglosigkeit

Jemand musste Josef K. verleumdet haben, denn ohne dass er etwas Böses getan hätte, wurde er eines Morgens verhaftet. Die Köchin der Frau Grubach, seiner Zimmervermieterin, die ihm jeden Tag gegen acht Uhr früh das Frühstück brachte, kam diesmal nicht. Das war noch niemals geschehen. K. wartete noch ein Weilchen, sah von seinem Kopfkissen aus die alte Frau, die ihm gegenüber wohnte und die ihn mit einer an ihr ungewöhnlichen Neugierde beobachtete, dann aber, gleichzeitig befremdet und hungrig, läutete er. Sofort klopfte es und ein Mann, den er in dieser Wohnung noch niemals gesehen hatte, trat ein. Er war schlank und doch fest gebaut, er trug ein anliegendes schwarzes Kleid, das, ähnlich den Reiseanzügen, mit verschiedenen Falten, Taschen, Schnallen, Knöpfen und einem Gürtel versehen war und infolgedessen, ohne dass man sich darüber klar wurde, wozu es dienen sollte, besonders praktisch erschien. „Wer sind Sie?", fragte K. und saß gleich halb aufrecht im Bett. Der Mann aber ging über die Frage hinweg, als müsse man seine Erscheinung hinnehmen, und sagte bloß seinerseits: „Sie haben geläutet?" „Anna soll mir das Frühstück bringen", sagte K. und versuchte, zunächst stillschweigend, durch Aufmerksamkeit und Überlegung festzustellen, wer der Mann eigentlich war. Aber dieser setzte sich nicht allzu lange seinen Blicken aus, sondern wandte sich zur Tür, die er ein wenig öffnete, um jemandem, der offenbar hinter der Tür stand, zu sagen: „Er will, dass Anna ihm das Frühstück bringt." Ein kleines Gelächter im Nebenzimmer folgte, es war nach dem Klang nicht sicher, ob nicht mehrere Personen daran beteiligt waren.

Personales Erzählverhalten

Das Geschehen wird aus der Sicht der Reflektorfigur (Franz K. Stanzel, vgl. Seite 244f.), also einer Figur der fiktiven Handlung, dargestellt. Wir begegnen einer Romanfigur, die denkt, fühlt, wahrnimmt, urteilt, aber nicht wie ein Erzähler zum Leser spricht. Dieses Erzählverhalten findet sich in vielen Romanen der Gegenwartsliteratur. Der Autor verzichtet auf eine Erzählerfigur mit erhöhtem Standort und Allwissenheit; er tauscht aber dafür größere Nähe zur Hauptfigur und psychologische Glaubwürdigkeit ein. Die Welt wird pluralistisch, sie ist letztlich ein Entwurf des Individuums. Die radikalste Form des personalen Erzählverhaltens stellt der innere Monolog dar.

25. Untersuchen Sie die Erzählperspektive des Textausschnittes:
   - Vergleichen Sie, was Sie wissen und was Josef K. weiß.
   - Erläutern Sie, aus welcher Sicht das Geschehen dargestellt wird.
   - Beschreiben Sie Ihre Stimmung beim Lesen dieses Ausschnitts.

Josef K. wird von dem Fremden und einem zweiten Mann ins Gefängnis gebracht, ohne dass er weiß, warum. Sein Prozess wird verschleppt, er wird überhaupt nie vor einen Richter geführt. Am Schluss des Romans bringen zwei Herren K. vor die Stadt.

So kamen sie rasch aus der Stadt hinaus, die sich in dieser Richtung fast ohne Übergang an die Felder anschloss. Ein kleiner Steinbruch, verlassen und öde, lag in der Nähe eines noch ganz städtischen Hauses. Hier machten die Herren Halt, sei es, dass dieser Ort von allem Anfang an ihr Ziel gewesen war, sei es, dass sie zu erschöpft waren, um noch weiterzulaufen. Jetzt ließen sie K. los, der stumm wartete, nahmen die Zylinderhüte ab und wischten sich, während sie sich im Steinbruch umsahen, mit den Taschentüchern den Schweiß von der Stirn. Überall lag der Mondschein mit seiner Natürlichkeit und Ruhe, die keinem anderen Licht gegeben ist.

Nach Austausch einiger Höflichkeiten hinsichtlich dessen, wer die nächsten Aufgaben auszuführen habe – die Herren schienen die Aufträge ungeteilt bekommen zu haben –, ging der eine zu K. und zog ihm den Rock, die Weste und schließlich das Hemd aus. K. fröstelte unwillkürlich, worauf ihm der Herr einen leichten, beruhigenden Schlag auf den Rücken gab. Dann legte er die Sachen sorgfältig zusammen, wie Dinge, die man noch gebrauchen wird, wenn auch nicht in allernächster Zeit. Um K. nicht ohne Bewegung der immerhin kühlen Nachtluft auszusetzen, nahm er ihn unter den Arm und ging mit ihm ein wenig auf und ab, während der andere Herr den Steinbruch nach irgendeiner passenden Stelle absuchte. Als er sie gefunden hatte, winkte er, und der andere Herr geleitete K. hin. Es war nahe der Bruchwand, es lag dort ein losgebrochener Stein. Die Herren setzten K. auf die Erde nieder, lehnten ihn an den Stein und betteten seinen Kopf obenauf. Trotz aller Anstrengung, die sie sich gaben, und trotz allem Entgegenkommen, das ihnen K. bewies, blieb seine Haltung eine sehr gezwungene und unglaubwürdige. Der eine Herr bat daher den anderen, ihm für ein Weilchen das Hinlegen K.s allein zu überlassen, aber auch dadurch wurde es nicht besser. Schließlich ließen sie K. in einer Lage, die nicht einmal die beste von den bereits erreichten Lagen war. Dann öffnete der eine Herr seinen Gehrock und nahm aus einer Scheide, die an einem um die Weste gespannten Gürtel hing, ein langes, dünnes, beiderseitig geschärftes Fleischermesser, hielt es hoch und prüfte die Schärfe im Licht.

Wieder begannen die widerlichen Höflichkeiten, einer reichte über K. hinweg das Messer dem anderen, dieser reichte es wieder über K. zurück. K. wusste jetzt genau, dass es seine Pflicht gewesen wäre, das Messer, als es von Hand zu Hand über ihm schwebte, selbst zu fassen und sich einzubohren. Aber er tat es nicht, sondern drehte den noch freien Hals und sah umher. Vollständig konnte er sich nicht bewähren, alle Arbeit den Behörden nicht abnehmen, die Verantwortung für diesen letzten Fehler trug der, der ihm den Rest der dazu nötigen Kraft versagt hatte. Seine Blicke fielen auf das letzte Stockwerk des an den Steinbruch angrenzenden Hauses. Wie ein Licht aufzuckt, so fuhren die Fensterflügel eines Fensters dort auseinander, ein Mensch, schwach und dünn in der Ferne und Höhe, beugte sich mit einem Ruck weit vor und streckte die Arme noch weiter aus. Wer war es? Ein Freund? Ein guter Mensch? Einer, der teilnahm? Einer, der helfen wollte? War es ein Einzelner? Waren es alle? War noch Hilfe? Gab es Einwände, die man vergessen hatte? Gewiss gab es solche. Die Logik ist zwar unerschütterlich, aber einem Menschen, der leben will, widersteht sie nicht. Wo war der Richter, den er nie gesehen hatte? Wo war das hohe Gericht, bis zu dem er nie gekommen war? Er hob die Hände und spreizte alle Finger.
Aber an K.s Gurgel legten sich die Hände des einen Herrn, während der andere das Messer ihm tief ins Herz stieß und zweimal dort drehte. Mit brechenden Augen sah noch K., wie die Herren, nahe vor seinem Gesicht, Wange an Wange aneinander gelehnt die Entscheidung beobachteten. „Wie ein Hund!“, sagte er, es war, als sollte die Scham ihn überleben.

Mit dem Begriff „kafkaesk“ werden Situationen beschrieben, die auf unergründliche Weise gleich bedrohlich und ausweglos sind.

26. Ergründen Sie das Kafkaeske an dieser Situation:
- Beschreiben Sie, wie sich K. in dieser entscheidenden Situation verhält.
- Kommentieren Sie, in welchem Ton dieser Abschnitt geschildert wird.

DER DADAISMUS

Aus dem Expressionismus und dem italienischen Futurismus entwickelte sich der Dadaismus. In einem kleinen, verrauchten Züricher Lokal gründeten einige meist aus Deutschland stammende Schriftsteller und bildende Künstler 1916, mitten im Weltkrieg, das Cabaret Voltaire. Sie waren zwar gegen den Krieg und seinen Hurra-Patriotismus, wollten aber vor allem die Kunst revolutionieren. Dazu entwickelten sie mehrere Verfahren: Aus Teilen von Bildern und Fotos fertigten sie Collagen. Hans Arp (1886 – 1966) holte sich nach dem Prinzip des Zufalls Worte aus bestehenden Texten und setzte sie zu einem Nonsenstext zusammen. Hugo Ball (1886 – 1927) zerlegte Wörter und Sätze in ihre Bestandteile und montierte sie assoziativ zu Lautgedichten. So ergaben sich rhythmische Gebilde, die er im Kabarett, als eine Art Hohepriester verkleidet, im Sprechgesang wie Beschwörungsformeln vortrug. DADA wurde zum Schockerlebnis und Bürgerschreck.

Hugo Ball
KARAWANE (1917)

KARAWANE

jolifanto bambla ô falli bambla
grossiga m'pfa habla horem
égiga goramen
higo bloiko russula huju
hollaka hollala
analogo bung
blago bung
blago bung
bosso fataka
ü üü ü
schampa wulla wussa ólobo
hej tatta gôrem
eschige zunbada
wulubu ssubudu ulaw ssubudu
tumba ba- umf
kusagauma
ba - umf

Textproduktion: Erörterung

Thema: Formung durch die Gesellschaft
Aufgabe: Verfassen Sie eine Erörterung.

Situation: Als Beitrag für ein Menschenrechtsprojekt an Ihrer Schule verfassen Sie eine Erörterung, die sich auf den folgenden Ausschnitt aus Erich Maria Remarques Roman „Im Westen nichts Neues" (1928) bezieht. Ihr Text soll in einer Schülerzeitung veröffentlicht werden.

Wir haben den Sinn für andere Zusammenhänge verloren, weil sie künstlich sind. Nur die Tatsachen sind richtig und wichtig für uns. Und gute Stiefel sind selten.

Früher war auch das anders. Als wir zum Bezirkskommando gingen, waren wir noch eine Klasse von zwanzig jungen Menschen, die sich, manche zum ersten Male, übermütig gemeinsam rasieren ließ, bevor sie den Kasernenhof betrat. Wir hatten keine festen Pläne für die Zukunft, Gedanken an Karriere und Beruf waren bei den wenigsten praktisch bereits so bestimmt, daß sie eine Daseinsform bedeuten konnten; – dafür jedoch steckten wir voll ungewisser Ideen, die dem Leben und auch dem Kriege in unseren Augen einen idealisierten und fast romantischen Charakter verliehen.

Wir wurden zehn Wochen militärisch ausgebildet und in dieser Zeit entscheidender umgestaltet als in zehn Jahren Schulzeit. Wir lernten, daß ein geputzter Knopf wichtiger ist als vier Bände Schopenhauer. Zuerst erstaunt, dann erbittert und schließlich gleichgültig erkannten wir, daß nicht der Geist ausschlaggebend zu sein schien, sondern die Wichsbürste, nicht der Gedanke, sondern das System, nicht die Freiheit, sondern der Drill. Mit Begeisterung und gutem Willen waren wir Soldaten geworden; aber man tat alles, um uns das auszutreiben. Nach drei Wochen war es uns nicht mehr unfaßlich, daß ein betreßter[1] Briefträger mehr Macht über uns besaß als früher unsere Eltern, unsere Erzieher und sämtliche Kulturkreise von Plato bis Goethe zusammen.

Mit unseren jungen, wachen Augen sahen wir, daß der klassische Vaterlandsbegriff unserer Lehrer sich hier vorläufig realisierte zu einem Aufgeben der Persönlichkeit, wie man es dem geringsten Dienstboten nie zugemutet haben würde. Grüßen, Strammstehen, Parademarsch, Gewehrpräsentieren, Rechtsum, Linksum, Hackenzusammenschlagen, Schimpfereien und tausend Schikanen: wir hatten uns unsere Aufgabe anders gedacht und fanden, daß wir auf das Heldentum wie Zirkuspferde vorbereitet wurden.

Recherchieren Sie relevante Informationen zu diesem Thema aus dem vorliegenden Kapitel des Buches und aus Nachschlagewerken bzw. dem Internet.

Verfassen Sie nun eine Erörterung und bearbeiten Sie dabei die folgenden Arbeitsaufträge:

- Fassen Sie die Erfahrungen des Erzählers zusammen.
- Beschreiben Sie die Prinzipien, die sich dahinter erkennen lassen.
- Kommentieren Sie die Folgen, welche sich aus derartigen Erziehungsmethoden für die Entwicklung der Gesellschaft insgesamt ergeben.

Schreiben Sie zwischen 400 und 500 Wörter. Markieren Sie Absätze mittels Leerzeilen.

1 betreßt: mit Tressen (mit Metallfäden durchzogene Borten) versehen

DIE ZEIT ZWISCHEN DEN KRIEGEN – NEUE SACHLICHKEIT

1920 BIS 1945

Neuordnung des Kontinents

Die Zeit war geprägt von den Veränderungen in der politischen Landschaft Europas und den gesellschaftlichen Veränderungen durch die Neuordnung nach dem Krieg. Die neu gegründeten Republiken in Deutschland und Österreich, die Reparationszahlungen nach dem Ersten Weltkrieg und die daraus folgenden wirtschaftlichen Probleme waren bestimmend. Inflation, materielle Not in großem Ausmaß und die Wirtschaftskrise 1929 wurden als Bedrohungen erlebt, die viele nur durch den Aufbau autoritärer Strukturen unter Ausschaltung der Demokratie lösen zu können glaubten. Die politische Radikalisierung hatte aber auch ihre Wurzeln im Nationalismus, den harten Friedensverträgen und der mangelnden demokratischen Erfahrung.
Mit dem Aufkommen des Nationalsozialismus und des Ständestaates in Österreich wurde das demokratische Muster verlassen, autoritäre Staaten entstanden. In Spanien führte diese Entwicklung zum Bürgerkrieg, der mit dem Sieg der Anhänger General Francos 1939 endete.
Charakteristisch für diese Zeit waren Massenphänomene, die bei Demonstrationen und politischen Veranstaltungen zum Tragen kamen. Der spätere Literaturnobelpreisträger Elias Canetti (1905 – 1994) analysierte diese Phänomene in seinem Werk *Masse und Macht* (begonnen 1925, erschienen 1960). In seiner Lebensgeschichte *Die Fackel im Ohr* (1982) beschreibt er eines dieser Ereignisse, bei denen der Einzelne in der Masse aufgeht und seine Selbstbestimmtheit verliert.

Wenige Monate, nachdem ich in das neue Zimmer eingezogen war, geschah etwas, das auf mein späteres Leben den tiefsten Einfluß hatte. Es war eines von jenen nicht zu häufigen öffentlichen Ereignissen, die eine ganze Stadt so sehr ergreifen, daß sie danach nie mehr dieselbe ist. Am Morgen des 15. Juli 1927 war ich nicht wie sonst immer im Chemischen Institut in der Währingerstraße, sondern fand mich zu Hause. Ich las im Kaffeehaus in Ober-St. Veit die Morgenzeitung. Ich spüre noch die Empörung, die mich überkam, als ich die „Reichspost" in die Hand nahm; da stand als riesige Überschrift: „Ein gerechtes Urteil". Im Burgenland war geschossen, Arbeiter waren getötet worden. Das Gericht hatte die Mörder freigesprochen. Dieser Freispruch wurde im Organ der Regierungspartei als „gerechtes Urteil" bezeichnet, nein ausposaunt. Es war dieser Hohn auf jedes Gefühl von Gerechtigkeit noch mehr als der Freispruch selbst, was eine ungeheure Erregung in der Wiener Arbeiterschaft auslöste. Aus allen Bezirken Wiens zogen die Arbeiter in geschlossenen Zügen vor den Justizpalast, der durch seinen bloßen Namen das Unrecht für sie verkörperte. Es war eine völlig spontane Reaktion, wie sehr, spürte ich an mir selbst. Auf meinem Fahrrad fuhr ich schleunigst in die Stadt hinein und schloß mich einem dieser Züge an. Die Arbeiterschaft, die sonst gut diszipliniert war, die Vertrauen zu ihren sozialdemokratischen Führern hatte und es zufrieden war, daß die Gemeinde Wien von ihnen in vorbildlicher Weise verwaltet wurde, handelte an diesem Tage ohne ihre Führer. Als sie den Justizpalast anzündete, stellte sich ihnen der Bürgermeister Seitz auf einem Löschwagen der Feuerwehr mit

hocherhobener Rechten in den Weg. Seine Geste blieb wirkungslos: der Justizpalast *brannte*. Die Polizei erhielt Schießbefehl, es gab neunzig Tote.
Es sind 53 Jahre her, und die Erregung dieses Tages liegt mir heute noch in den Knochen. Es ist das Nächste zu einer Revolution, was ich am eigenen Leib erlebt habe. Seither weiß ich ganz genau, ich müßte kein Wort darüber lesen, wie es beim Sturm auf die Bastille zuging. Ich wurde zu einem Teil der Masse, ich ging vollkommen in ihr auf, ich spürte nicht den leisesten Widerstand gegen das, was sie unternahm.

1. Beobachten Sie, wie Canetti hier die Geschehnisse aus seiner persönlichen Erfahrung schildert:
   - Erläutern Sie, welche Aspekte ihm besonders in Erinnerung geblieben sind.
   - Nehmen Sie Stellung, an welchen Stellen die persönliche Sicht des Autors erkennbar wird.
   - Kommentieren Sie, welches Massenphänomen hier geschildert wird.
2. Recherchieren Sie die Hintergründe des Justizpalastbrandes 1927.

In künstlerischer Hinsicht hatte der Expressionismus seine Kraft verloren und wurde von einer neuen Zuwendung zu einer sachlichen, schonungslosen Darstellungsweise abgelöst. Der Stil war reportagehaft nüchtern, das Ziel war die Dokumentation des Geschehens. Die Erfahrung des Großstadtlebens ging als prägend in die Werke dieser Zeit ein. Der nach dem Ersten Weltkrieg vorherrschende Pessimismus wich nur langsam.
Die Lage vieler Autorinnen und Autoren wurde zunehmend untragbarer, Schriftsteller/innen wurden ob ihrer jüdischen Herkunft und/oder ihrer politischen Anschauungen verfolgt, die Publikation ihrer Werke behindert, ihre Bücher verbrannt. Für viele endete diese Entwicklung mit dem Gang ins Exil oder in die Vernichtungslager.

DAS EPISCHE THEATER

Das epische Theater steht dem traditionellen aristotelischen Theater gegenüber und wirkt durch einen gänzlich anderen inhaltlichen Ansatz und eine andere Form.
Die klassische Tragödie hat eine geschlossene Form: Sie zeigt einen strengen Aufbau, beachtet die Einheit von Handlung, Zeit und Ort, ist auf die Reinheit der Gattung bedacht und bietet eine Welt für sich.
Das epische Drama hat (ähnlich wie die Dramen Shakespeares und des Sturm und Drang) eine offene Form: Jede Szene stellt ein Bild für sich dar, die Schauplätze wechseln, die Handlung weist Zeitsprünge auf, das Ende bleibt häufig offen, denn die Zuschauer/innen sollen weiterdenken und für sich die Folgerungen ziehen.

Zum Aufbau des aristotelischen und des epischen Dramas

Das Petroleum sträubt sich gegen die fünf Akte, die Katastrophen von heute verlaufen nicht geradlinig, sondern in der Form von Krisenzyklen, die ‚Helden' wechseln mit den einzelnen Phasen, sind auswechselbar und so weiter und so weiter. (Brecht, 1929)

Das epische Theater möchte nicht nur das Publikum unterhalten, sondern es auch zu politischem Handeln animieren.

Bertolt Brecht

Einbeziehung des Publikums

Der Augsburger Bertolt Brecht (1898 – 1956) nannte seine Dramatik „episches Theater", weil sich das Drama wie ein Roman über Räume und Zeiten erstreckt und Einblick in ein vielschichtiges Geschehen gibt. Er war besonders an der Wechselwirkung zwischen den Schauspielerinnen und Schauspielern und dem Publikum interessiert und äußerte sich kritisch zum traditionellen Drama:

> Ein Theater ohne Kontakt mit dem Publikum ist ein Nonsens. Unser Theater ist also ein Nonsens. (Brecht, 1926)

Das epische Theater Brechts orientiert sich an einem anderen Publikum.

> Das Theater muß als Theater jene faszinierende Realität bekommen, [die] der Sportpalast hat, in dem geboxt wird. (Brecht, 1926)

Brecht ist der Auffassung, dass die Welt veränderbar sei und dass Verhältnisse geschaffen werden könnten, in denen es möglich ist, gut zu sein und dennoch gut zu leben. Brechts Theater wird zu einer „paradigmatischen Anstalt"[1], die einen „Fall" vorbringt und damit nach Brechts Worten einen „vergnüglichen Lernprozess" einleitet. Erlernt werden sollen die Einsicht in die gesellschaftlichen Zusammenhänge und die Möglichkeiten gesellschaftlicher Veränderungen im Sinn des Marxismus. In den Anmerkungen zur Oper *Aufstieg und Fall der Stadt Mahagonny* (1930) stellt Brecht Merkmale des epischen Theaters solchen des aristotelischen Theaters gegenüber.

Dramatische Form des Theaters	Epische Form des Theaters
Die Bühne „verkörpert" einen Vorgang	sie erzählt ihn
verwickelt den Zuschauer in eine Aktion	macht ihn zum Betrachter
und	aber
verbraucht seine Aktivität	weckt seine Aktivität
ermöglicht ihm Gefühle	erzwingt von ihm Entscheidungen
vermittelt ihm Erlebnisse	vermittelt ihm Kenntnisse
der Zuschauer wird in eine Handlung hineinversetzt	er wird ihr gegenübergesetzt
es wird mit Suggestion gearbeitet	es wird mit Argumenten gearbeitet
Spannung auf den Ausgang	Spannung auf den Gang
eine Szene für die andere	jede Szene für sich
die Geschehnisse verlaufen linear	in Kurven
das Denken bestimmt das Sein	das gesellschaftliche Sein bestimmt das Denken

Identifikation vs. Verfremdung

Die Zuschauer/innen im traditionellen Theater sind in der Regel auf passives und unkritisches Hinnehmen des Dargebotenen, auf Unterhaltung eingestellt. Brecht versucht deswegen, die Theaterbesucher/innen durch seine Technik der Verfremdung des Vertrauten zu überraschen und aufzuschrecken. Der Verfremdungseffekt besteht darin, dass Selbstverständliches und Gewohntes zu etwas Ungewohntem umgeformt werden. Bei der Aufführung seines zweiten Stücks (*Trommeln in der Nacht*) wollte Brecht die festlich-feierliche Atmosphäre, die zu Beginn eines Theaterabends herrscht, zerstören, indem er Spruchbänder mit Texten wie „Glotzt nicht so romantisch" im Zuschauerraum aufhängen ließ.

1 Paradigma: Beispiel, Muster

Die Wirkung der Inhalte erfolgt nicht über Identifikation mit den Hauptfiguren (wie im aristotelischen Theater), sondern durch intellektuelle Auseinandersetzung mit den Figuren und der Situation. Durch verschiedenste Kunstgriffe (wie z. B. sichtbare Bühnentechnik, eine Erzählfigur, direkte Hinwendung zum Publikum, Sprüche auf den Kulissen, Songs) wurde das Publikum immer wieder aus der Illusion gerissen. Vielfach wurde damit auch eine politische Botschaft vermittelt.

Erzähler als Vermittler

In manchen Dramen Brechts und der von ihm beeinflussten Autorinnen und Autoren tritt ein Erzähler auf, der außerhalb der Handlung steht und sie kommentiert. Er ist Vermittler zwischen Bühnengeschehen und Publikum. In Brechts *Kaukasischem Kreidekreis* (1944/45) streiten in der ersten Szene die Bewohner zweier Kolchosdörfer[1], wem das Tal gehören solle, den Ziegenhirten als Weide oder den Obst- und Weinbauern. Da kommt eine Theatertruppe, die ein Gleichnis darstellt. Der Leiter der Truppe, der „Sänger", begrüßt die Umstehenden und spricht dann:

DER SÄNGER: Diesmal ist es ein Stück mit Gesängen, und fast der ganze Kolchos spielt mit. Wir haben die alten Masken mitgebracht.
DER ALTE RECHTS: Wird es eine der alten Sagen sein?
DER SÄNGER: Eine sehr alte. Sie heißt „Der Kreidekreis" und stammt aus dem Chinesischen. Wir tragen sie freilich in geänderter Form vor. Jura, zeig mal die Masken. [...] Verschiedene Weine zu mischen mag falsch sein, aber alte und neue Weisheit mischen sich ausgezeichnet. Nun, ich hoffe, wir alle bekommen erst zu essen, bevor der Vortrag beginnt. Das hilft nämlich.

Die 2. Szene beginnt mit einer Erzählung des Sängers:

In alter Zeit, in blutiger Zeit
Herrschte in dieser Stadt, „die Verdammte" genannt,
Ein Gouverneur mit Namen Georgi Abaschwili.
Er war reich wie der Krösus.
Er hatte eine schöne Frau.
Er hatte ein gesundes Kind.
Kein andrer Gouverneur in Grusinien hatte
So viele Pferde an seiner Krippe
Und so viele Bettler an seiner Schwelle
So viele Soldaten in seinem Dienste
Und so viele Bittsteller in seinem Hofe.
Wie soll ich euch einen Georgi Abaschwili beschreiben?
Er genoss sein Leben.

3. Stellen Sie Vermutungen an, worauf die Zufriedenheit des Georgi Abaschwili beruht.

Wegen einer Art Revolution müssen der Gouverneur, seine Frau, sein Gesinde und seine Soldaten Hals über Kopf aus dem Palast fliehen. In der Eile wird das Baby des Gouverneurs vergessen. Grusche, eine Magd, findet das Kind. Brecht gestaltet die Szene so:

1 Kolchos: landwirtschaftliche Genossenschaft in der früheren Sowjetunion

Grusche trägt ein Bündel und geht auf das Portal zu. Fast schon dort, wendet sie sich um, um zu sehen, ob das Kind noch da ist. Da beginnt der Sänger zu singen. Sie bleibt unbeweglich stehen.

DER SÄNGER: Als sie nun stand zwischen Tür und Tor, hörte sie
Oder vermeinte zu hören ein leises Rufen: das Kind
Rief ihr, wimmerte nicht, sondern rief ganz verständig
So jedenfalls war's ihr. „Frau", sagte es, „hilf mir."
Und es fuhr fort, wimmerte nicht, sondern sprach ganz verständig:
„Wisse, Frau, wer einen Hilferuf nicht hört
Sondern vorbeigeht, verstörten Ohrs: nie mehr
Wird der hören den leisen Ruf des Liebsten noch
Im Morgengrauen die Amsel oder den wohligen
Seufzer der erschöpften Weinpflücker beim Angelus[1]."
Dies hörend

Grusche tut ein paar Schritte auf das Kind zu und beugt sich über es

ging sie zurück, das Kind
Noch einmal anzusehen. Nur für ein paar Augenblicke
Bei ihm zu sitzen, nur bis wer andrer käme –
Die Mutter vielleicht oder irgendwer –

Sie setzt sich dem Kind gegenüber, an die Kiste gelehnt

Nur bevor sie wegging, denn die Gefahr war zu groß, die Stadt erfüllt
Von Brand und Jammer.

Das Licht wird schwächer, als würde es Abend und Nacht. Grusche ist in den Palast gegangen und hat eine Lampe und Milch geholt, von der sie dem Kinde zu trinken gibt.

DER SÄNGER *laut*:
Schrecklich ist die Verführung zur Güte!

Grusche sitzt jetzt deutlich wachend bei dem Kind die Nacht durch. Einmal zündet sie die kleine Lampe an, es anzuleuchten, einmal hüllt sie es wärmer in einen Brokatmantel. Mitunter horcht sie und schaut sich um, ob niemand kommt.

DER SÄNGER: Lange saß sie bei dem Kinde
Bis der Abend kam, bis die Nacht kam
Bis die Frühdämmerung kam. Zu lange saß sie.
Zu lange sah sie
Das stille Atmen, die kleinen Fäuste
Bis die Verführung zu stark wurde gegen Morgen zu
Und sie aufstand, sich bückte und seufzend das Kind nahm
Und es wegtrug.
Sie tut, was der Sänger sagt, so, wie er es beschreibt.
Wie eine Beute nahm sie es an sich
Wie eine Diebin schlich sie sich weg.

4. Beschreiben Sie die Darstellungsweise Brechts im Vergleich zu einer traditionellen Theaterproduktion:
   - Erläutern Sie, wie hier Handlung vermittelt wird.

---

1 Angelus: Angelus-Gebet (Engel des Herrn) am Abend

- Machen Sie Vorschläge, wie diese Szene in einem aristotelischen Drama zu gestalten wäre.
- Vergleichen Sie den „Sänger“ mit dem auktorialen Erzählverhalten in der Epik.

Schauspieler/innen als Rollenträger/innen

Im epischen Drama treten die Schauspieler/innen bisweilen aus ihren Rollen heraus. *Der gute Mensch von Sezuan* (1938 – 1940) von Bertolt Brecht beginnt so:

Eine Straße in der Hauptstadt von Sezuan.
Es ist Abend. Wang, der Wasserverkäufer, stellt sich dem Publikum vor.
WANG: Ich bin Wasserverkäufer hier in der Hauptstadt von Sezuan. Mein Geschäft ist mühselig. Wenn es wenig Wasser gibt, muss ich weit danach laufen. Und gibt es viel, bin ich ohne Verdienst.

Die Technik, dass sich Rollenträger/innen dem Publikum bekannt machen, findet sich allerdings nicht nur bei Brecht, sondern schon in alten Passionsspielen und auch bei anderen modernen Autorinnen und Autoren, z. B. bei Jean Anouilh (1910 – 1987). Zu Beginn seiner *Antigone* stellt ein Sprecher die Schauspieler/innen gleichsam in ihrer privaten Sphäre dem Publikum vor:

Neutrales Bühnenbild. Im Hintergrund drei gleich große Türen. Beim Aufgehen des Vorhangs sind alle Personen auf der Bühne. Sie plaudern, stricken oder spielen Karten. Der Sprecher tritt vor.
SPRECHER: So ... Diese Leute werden euch jetzt die Geschichte der Antigone spielen. Antigone ist die kleine Magere, die da drüben sitzt und schweigt. Starr blickt sie vor sich hin und denkt. Sie denkt, dass sie nun gleich Antigone sein wird [...]

5. Kommentieren Sie, wie sich diese Technik auf die Illusions- und Identifikationsbereitschaft der Zuschauerin oder des Zuschauers auswirkt.

Epische Elemente

In dem Stück *Mutter Courage und ihre Kinder* (1938), das mithelfen sollte, den drohenden Krieg in letzter Minute abzuwenden, erscheint vor Beginn jeder Szene als Verfremdungseffekt auf einem Zwischenvorhang eine Art Inhaltsangabe, eine Vorschau auf das kommende Geschehen:

1 Frühjahr 1624. Der Feldhauptmann Oxenstjerna wirbt in Dalarne Truppen für den Feldzug in Polen. Der Marketenderin Anna Fierling, bekannt unter dem Namen Mutter Courage, kommt ein Sohn abhanden.
2 In den Jahren 1625 und 26 zieht Mutter Courage im Tross der schwedischen Heere durch Polen. Vor der Festung Wallhof trifft sie ihren Sohn wieder. – Glücklicher Verkauf eines Kapauns[1] und große Tage des kühnen Sohnes.

6. Stellen Sie Vermutungen an, welche Auswirkung diese Sätze auf das Theatererlebnis der Zuseher/innen haben.

1 Kapaun: Masthahn

Verfremdung durch Songs

In manche seiner Stücke wie auch in diesem hat Brecht Songs (vgl. den Song *Der Seeräuber-Jenny oder Träume eines Küchenmädchens* Seite 39f.) eingefügt, die in einer mehr oder weniger losen Beziehung zur Handlung stehen. Das Lied hat im epischen Theater mehrere Funktionen:

1. Es löst die dramatische Form auf.
2. Es unterbricht den Gang der Handlung.
3. Es hängt inhaltlich nicht direkt mit dem Fortgang der Handlung zusammen, verweist aber auf ein wichtiges Problem.
4. Es bewirkt einen Nachdenkprozess im Zuschauer.

Das folgende Lied von der Großen Kapitulation besteht aus drei Strophen und dem dazwischen gesprochenen Prosatext. Mutter Courage sagt zu dem jungen Soldaten:

MUTTER COURAGE: Uns haben sie allen unsre Schneid abgekauft. Warum, wenn ich aufmuck, möchts das Geschäft schädigen. Ich werd Ihnen was erzähln von der Großen Kapitulation. *Sie singt das Lied von der Großen Kapitulation:*

Einst, im Lenze meiner jungen Jahre
Dacht auch ich, dass ich was ganz Besondres bin.
(Nicht wie jede beliebige Häuslertochter, mit meinem Aussehen und Talent und meinem Drang nach Höherem!)
Und bestellte meine Suppe ohne Haare
Und von mir, sie hattens kein Gewinn.
(Alles oder nix, jedenfalls nicht den Nächstbesten, jeder ist seines Glückes Schmied, ich lass mir keine Vorschriften machen!)
Doch vom Dach ein Star
Pfiff: wart paar Jahr!
Und du marschierst in der Kapell
Im Gleichschritt, langsam oder schnell
Und bläsest deinen kleinen Ton:
Jetzt kommt er schon.
Und jetzt: das Ganze schwenkt!
Der Mensch denkt: Gott lenkt –
Keine Red davon!

Und bevor ein Jahr war abgefahren
Lernte ich zu schlucken meine Medizin.
(Zwei Kinder aufm Hals und bei dem Brotpreis und was alles verlangt wird!)
Als sie einmal mit mir fix und fertig waren
Hatten sie mich auf dem Arsch und auf den Knien.
(Man muss sich stelln mit den Leuten, eine Hand wäscht die andre, mit dem Kopf kann man nicht durch die Wand.)
Und vom Dach der Star
Pfiff: noch kein Jahr!
Und sie marschiert in der Kapell
Im Gleichschritt, langsam oder schnell
Und bläset ihren kleinen Ton:
Jetzt kommt er schon.

Und jetzt: das Ganze schwenkt!
Der Mensch denkt: Gott lenkt –
Keine Red davon!

Viele sah ich schon den Himmel stürmen
Und kein Stern war ihnen groß und weit genug.
(Der Tüchtige schafft es, wo ein Wille ist, ist ein Weg, wir werden den Laden schon schmeißen.)
Doch sie fühlten bald beim Berg-auf-Berge-Türmen
Wie doch schwer man schon an einem Strohhut trug.
(Man muss sich nach der Decke strecken!)
Und vom Dach der Star
Pfeift: wart paar Jahr!
Und sie marschiern in der Kapell
Im Gleichschritt, langsam oder schnell
Und blasen ihren kleinen Ton:
Jetzt kommt er schon.
Und jetzt: das Ganze schwenkt!
Der Mensch denkt: Gott lenkt –
Keine Red davon!

7. Analysieren Sie diesen Song nach inhaltlichen und sprachlichen Gesichtspunkten:
   - Beschreiben Sie, welche Erfahrung Mutter Courage dem Soldaten mitteilen möchte.
   - Untersuchen Sie die Form der Strophen.
   - Analysieren Sie, wodurch der liedhafte Charakter erreicht wird.
   - In dem Sprichwort „Der Mensch denkt, Gott lenkt" hat Brecht nur das Satzzeichen verändert. Kommentieren Sie, wie sich dadurch der Sinn des Satzes verändert.
   - Finden Sie Gemeinsamkeiten der in Klammern stehenden Prosatexte.

Offene Struktur

Eine weitere Facette des epischen Dramas ist der offene Schluss, der die Zuseher/innen dazu zwingt, für sich selbst eine Lösung zu finden. In dem Stück *Der gute Mensch von Sezuan* meint Brecht, dass es in unserer Gesellschaftsordnung nicht möglich sei, „gut zu sein und doch zu leben". Der Schluss dieses Dramas bleibt offen. Zuletzt tritt ein Spieler vor den Vorhang und sagt:

Verehrtes Publikum, jetzt kein Verdruss:
Wir wissen wohl, das ist kein rechter Schluss.
Vorschwebte uns: die goldene Legende.
Unter der Hand nahm sie ein bitteres Ende.
Wir stehen selbst enttäuscht und sehn betroffen
Den Vorhang zu und alle Fragen offen. [...]
Der einzige Ausweg wär aus diesem Ungemach:
Sie selber dächten auf der Stelle nach
Auf welche Weis' dem guten Menschen man
Zu einem guten Ende helfen kann.
Verehrtes Publikum, los, such dir selbst den Schluss!
Es muss ein guter da sein, muss, muss, muss!

DAS VOLKSSTÜCK

Kleinbürgermilieu

Als „Volksstück" bezeichnete man im späten 19. Jahrhundert die im Dialekt geschriebenen Dramen des Wieners Ludwig Anzengruber (1839 – 1889) (*Der Meineidbauer*, *Der G'wissenswurm*, *Das vierte Gebot*) und des Tirolers Karl Schönherr (1867 – 1943) (*Der Weibsteufel*, *Der Judas von Tirol*), die in der erdverhafteten Bauernwelt spielten. Das neue Volksstück geht andere Wege. Es spielt im Milieu von Kleinbürgertum und Arbeiterschaft und ist gesellschaftskritisch oder politisch orientiert.

Ödon von Horváth

Vorbild für die Autoren der Nachkriegszeit ist Ödön von Horváth (1901 – 1938), der Sohn eines ungarischen Diplomaten der Monarchie, der deutsch geschrieben hat und in Paris 1938 gestorben ist. Er hat die persönlichen Konflikte der „kleinen Leute", ihre Neigung zum Sentimentalen wie zur Brutalität dargestellt.

Gesellschaftlicher Druck

Das bekannteste Volksstück von Horváth sind die *Geschichten aus dem Wiener Wald* (1931). Marianne, die naive Tochter eines kleinen Spielwarenhändlers, des „Zauberkönigs", ist dem einfältig-biederen Metzgermeister Oskar versprochen. Alfred, ein unverlässlicher Lebemann, verführt Marianne und nimmt sie bei sich auf, nachdem sie der Vater verstoßen hat. Marianne bekommt ein Kind. Alfred, der seine Geliebte wieder loswerden will, bringt Marianne mit Hilfe eines Freundes in einem Kabarett mit zweifelhaftem Ruf als Tänzerin unter und gibt das Kind zu seiner Mutter in die Wachau. Dort spielt der Schluss. Die Großmutter Alfreds hat das Kind so lange der Zugluft ausgesetzt, bis es an einer Lungenentzündung gestorben ist. Damit ist der Weg frei für ein vermeintliches Happyend.

Draußen in der Wachau. Die Großmutter sitzt in der Sonne, und die Mutter schält Erdäpfel. Und der Kinderwagen ist nirgends zu sehen.
DIE GROSSMUTTER: Frieda! Hast du ihr schon den Brief geschrieben?
DIE MUTTER: Nein.
DIE GROSSMUTTER: Soll ich ihn vielleicht schreiben? *Stille.*
Da wir die Adress des lieben Herrn Alfred nicht kennen, müssen wir es doch ihr schreiben –
DIE MUTTER: Ich schreib schon, ich schreib schon. – Sie werden uns noch Vorwürfe machen, dass wir nicht aufgepasst haben –
DIE GROSSMUTTER: Wir? Du! Du, willst du wohl sagen!
DIE MUTTER: Was kann denn ich dafür?!
DIE GROSSMUTTER: War's vielleicht meine Idee, das Kind in Kost zu nehmen?! Nein, das war deine Idee – weil du etwas Kleines, Liebes um dich hast haben wollen, hast du gesagt! Ich war immer dagegen. Mit so was hat man nur Scherereien!
DIE MUTTER: Gut. Bin ich wieder schuld. Gut. Am Ende bin ich dann vielleicht auch daran schuld, dass sich der kleine Leopold erkältet hat – und dass er jetzt im Himmel ist?! Herrgott, ist das alles entsetzlich!
DIE GROSSMUTTER: Vielleicht ist es ihr gar nicht so entsetzlich – ich meine jetzt dein Fräulein Mariann. – Man kennt ja diese Sorte Fräuleins – vielleicht wird das Fräulein sogar zufrieden sein, dass sie es los hat –
DIE MUTTER: Mama! Bist du daneben?!

DIE GROSSMUTTER: Was fällt dir ein, du Mistvieh?!

DIE MUTTER: Was fällt dir ein, du Ungeheuer?! Das Fräulein ist doch auch nur eine Mutter, genau wie du!!

DIE GROSSMUTTER *kreischt*: Vergleich mich nicht mit ihr! Ich hab mein Kind in Ehren geboren, oder bist du ein unehelicher Schlampen?! Wo kein Segen von oben dabei ist, das endet nicht gut und soll es auch nicht! Wo kämen wir denn da hin?! Jetzt wird hier aber endlich geschrieben, und wenn du zu feig dazu bist, dann diktier ich dir! *Sie erhebt sich.* Setz dich her! Hier hast du Papier und Bleistift – ich hab's schon vorbereitet.

DIE MUTTER: Ungeheuer –

DIE GROSSMUTTER: Kusch! Setz dich! Schreib! Freu dich, dass ich dir hilf!

Die Mutter setzt sich.

Geht gebeugt auf und ab und diktiert.

Wertes Fräulein! – Jawohl: Fräulein! – Leider müssen wir Ihnen eine für Sie recht traurige Mitteilung machen. Gott der Allmächtige hat es mit seinem unerforschlichen Willen so gewollt, dass Sie, wertes Fräulein, kein Kind mehr haben sollen. Das Kind hat sich nur etwas erkältet, und dann ist es sehr schnell dahingegangen – Punkt. Aber trösten Sie sich, Gott der Allmächtige liebt die unschuldigen Kinder. Punkt. Neuer Absatz.

MARIANNE *kommt mit Zauberkönig, Valerie, Oskar und Alfred, denen sie etwas vorausgeeilt ist*: Guten Tag, liebe Frau Zentner! Küss die Hand, Großmutter! Jetzt war ich aber lang nicht mehr da, ich bin ja nur froh, dass ich euch wiederseh – Das ist mein Vater!

Zauberkönig grüßt.

DIE MUTTER *erblickt Alfred*: Alfred!

MARIANNE *wird es plötzlich unheimlich*:

Was habt ihr denn –?

Die Großmutter reicht ihr den Brief.

Nimmt ihr mechanisch den Brief ab und sieht sich scheu um; bange: Wo ist er denn – wo ist er denn –?

DIE GROSSMUTTER: Lesen, bitte. Lesen –

Marianne liest den Brief.

ZAUBERKÖNIG: Na, wo ist er denn, der kleine Leopold? *Er hält ein Kinderspielzeug in der Hand, an dem Glöckchen befestigt sind, und läutet damit.* Der Opapa ist da. Der Opapa!

Marianne lässt den Brief fallen. Stille.

Plötzlich ängstlich: Mariann! Ist denn was passiert?

VALERIE *hat den Brief aufgehoben und gelesen; jetzt schreit sie*: Maria! Tot ist er! Hin ist er, der kleine Leopold!

ALFRED: Tot?!

VALERIE: Tot! *Sie schluchzt.*

Alfred schließt sie automatisch in seine Arme.

ZAUBERKÖNIG *wankt – lässt das Kinderspielzeug fallen und hält die Hand vors Gesicht. Stille.*

Die Großmutter hebt neugierig das Kinderspielzeug auf und läutet damit.

Marianne beobachtet sie – stürzt sich plötzlich lautlos auf sie und will sie mit der Zither, die auf dem Tischchen liegt, erschlagen.

Oskar drückt ihr die Kehle zu.

Marianne röchelt und lässt die Zither fallen. Stille.

DIE GROSSMUTTER *hebt die Zither auf, leise*:
Du Luder. Du Bestie. Du Zuchthäuslerin[1]. – Mich? Mich möchtest du erschlagen, mich?
DIE MUTTER *schreit die Großmutter plötzlich an*: Jetzt schau aber, dass du ins Haus kommst! Marsch! Marsch!
DIE GROSSMUTTER *geht langsam auf die Mutter zu*: Dir tät es ja schon lange passen, wenn ich schon unter der Erden wär – nicht? Aber ich geh halt noch nicht, ich geh noch nicht – Da! *Sie gibt der Mutter eine Ohrfeige.* Verfaulen sollt ihr alle, die ihr mir den Tod wünscht! *Ab mit ihrer Zither in das Häuschen. Stille.*
DIE MUTTER *schluchzt*: Na, das sollst du mir büßen – ihr nach.
ZAUBERKÖNIG *nimmt langsam die Hand vom Gesicht*: Der zweite Schlaganfall, der zweite Schlaganfall – nein, nein, nein, lieber Gott, lass mich noch da, lieber Gott – *Er bekreuzigt sich.* Vater unser, der du bist im Himmel – groß bist du und gerecht – nicht wahr, du bist gerecht? Lass mich noch, lass mich noch – Oh, du bist gerecht, oh du bist gerecht!
Er richtet sich seine Krawatte und geht langsam ab.
VALERIE *zu Alfred*: Wie groß war er denn schon, der kleine Leopold?
ALFRED: So groß –
VALERIE: Meine innigste Kondolation[2].
ALFRED: Danke. *Er zieht Geldscheine aus seiner Hosentasche.* Da. Jetzt hab ich gestern noch telegraphisch gesetzt und hab in Maisons-Laffitte[3] gewonnen – und heut wollt ich meinem Sohn vierundachtzig Schilling bringen –
VALERIE: Wir werden ihm einen schönen Grabstein setzen. Vielleicht ein betendes Englein.
ALFRED: Ich bin sehr traurig. Wirklich. Ich hab jetzt grad so gedacht – so ohne Kinder hört man eigentlich auf. Man setzt sich nicht fort und stirbt aus. Schad!
Langsam ab mit Valerie.
MARIANNE: Ich hab mal Gott gefragt, was er mit mir vorhat. – Er hat es mir aber nicht gesagt, sonst wär ich nämlich nicht mehr da. – Er hat überhaupt nichts gesagt. – Er hat mich überraschen wollen. – Pfui!
OSKAR: Marianne! Hadere nie mit Gott!
MARIANNE: Pfui! Pfui! *Sie spuckt aus. Stille.*
OSKAR: Mariann. Gott weiß, was er tut, glaub mir das.
MARIANNE: Kind, wo bist du denn jetzt? Wo?
OSKAR: Im Paradies.
MARIANNE: So quält mich doch nicht –
OSKAR: Ich bin doch kein Sadist! Ich möcht dich doch nur trösten. – Dein Leben liegt doch noch vor dir. Du stehst doch erst am Anfang. – Gott gibt und Gott nimmt.
MARIANNE: Mir hat er genommen, nur genommen –
OSKAR: Gott ist die Liebe, Mariann – und wen er liebt, den schlägt er –
MARIANNE: Mich prügelt er wie einen Hund!
OSKAR: Auch das! Wenn es nämlich sein muss.
Nun spielt die Großmutter auf ihrer Zither drinnen im Häuschen die „Geschichten aus dem Wiener Wald“ von Johann Strauß.
Mariann. Ich hab dir mal gesagt, dass ich es dir nie wünsch, dass du das durchmachen sollst, was du mir angetan hast – und trotzdem hat dir Gott Menschen gelassen – die dich

1 Zuchthäuslerin: Strafgefangene
2 Kondolation: Beileidsbekundung
3 Maisons-Laffitte: Vorort von Paris mit einer bekannten Pferderennbahn

trotzdem lieben – und jetzt, nachdem sich alles so eingerenkt hat. – Ich hab dir mal gesagt, Mariann, du wirst meiner Liebe nicht entgehn –
MARIANNE: Ich kann nicht mehr. Jetzt kann ich nicht mehr –
OSKAR: Dann komm – *Er stützt sie, gibt ihr einen Kuss auf den Mund und langsam ab mit ihr – und in der Luft ist ein Klingen und Singen, als spielte ein himmlisches Streichorchester die „Geschichten aus dem Wiener Wald" von Johann Strauß.*

8. Beobachten Sie, wie Horváths Stück den moralischen Verfall von verblendeten Kleinbürgern zeigt:
   - Beschreiben Sie, welche Erwartungen der Titel des Stücks weckt.
   - Vergleichen Sie, wie die Figuren mit dem Tod des Kindes umgehen.
   - Finden Sie Gründe für den Wechsel von hochtrabenden Phrasen und derber Ausdrucksweise.
   - Stellen Sie Vermutungen für den Widerspruch zwischen kitschig anmutender Sentimentalität und Tragik an.

GROSSSTADTROMAN

Alfred Döblin

Der Einzelne in der Großstadt

Die Thematik der Großstadt trat als Sonderform des sozialen Romans in den Vordergrund. Der Mensch wird darin als Einzelner im Leben in der Großstadt abgebildet. Häufig werden soziale Probleme und das Großstadtleben allgemein thematisiert. Neben Alfred Döblin verfasste auch Erich Kästner (1899 – 1974) mit seinem Werk *Fabian* (1931) einen Großstadtroman.

Großstadteindrücke

Der Berliner Arzt Alfred Döblin (1878 – 1957) erzählt in seinem Großstadtroman *Berlin Alexanderplatz* (erschienen 1929) die Geschichte des Transportarbeiters Franz Biberkopf, eines aus dem Gefängnis entlassenen Mannes, den es hilflos durch die Stadt treibt und der von den Eindrücken überwältigt wird.

Er stand vor dem Tor des Tegeler[1] Gefängnisses und war frei. Gestern hatte er noch hinten auf den Äckern Kartoffeln geharkt mit den andern, in Sträflingskleidung, jetzt ging er im gelben Sommermantel, sie harkten hinten, er war frei. Er ließ Elektrische[2] auf Elektrische vorbeifahren, drückte den Rücken an die rote Mauer und ging nicht. Der Aufseher am Tor spazierte einige Male an ihm vorbei, zeigte ihm seine Bahn, er ging nicht. Der schreckliche Augenblick war gekommen [schrecklich, Franze, warum schrecklich?], die vier Jahre waren um. Die schwarzen eisernen Torflügel, die er seit einem Jahre mit wachsendem Widerwillen betrachtet hatte [Widerwillen, warum Widerwillen], waren hinter ihm geschlossen. Man setzte ihn wieder aus. Drin saßen die andern, tischlerten, lackierten, sortierten, klebten, hatten noch zwei Jahre, fünf Jahre. Er stand an der Haltestelle.
Die Strafe beginnt.
Er schüttelte sich, schluckte. Er trat sich auf den Fuß. Dann nahm er einen Anlauf und saß in der Elektrischen. Mitten unter den Leuten. Los. Das war zuerst, als wenn man beim Zahnarzt sitzt, der eine Wurzel mit der Zange gepackt hat und zieht, der Schmerz wächst,

1 Tegel: Stadtteil von Berlin
2 Elektrische: Straßenbahn

der Kopf will platzen. Er drehte den Kopf zurück nach der roten Mauer, aber die Elektrische sauste mit ihm auf den Schienen weg, dann stand nur noch sein Kopf in der Richtung des Gefängnisses. Der Wagen machte eine Biegung, Bäume, Häuser traten dazwischen. Lebhafte Straßen tauchten auf, die Seestraße, Leute stiegen ein und aus. In ihm schrie es entsetzt: Achtung, Achtung, es geht los. Seine Nasenspitze vereiste, über seine Backe schwirrte es. »Zwölf Uhr Mittagszeitung«, »B. Z.«, »Die neuste Illustrirte«, »Die Funkstunde neu« »Noch jemand zugestiegen?« Die Schupos[1] haben jetzt blaue Uniformen. Er stieg unbeachtet wieder aus dem Wagen, war unter Menschen. Was war denn? Nichts. Haltung, ausgehungertes Schwein, reiß dich zusammen, kriegst meine Faust zu riechen. Gewimmel, welch Gewimmel. Wie sich das bewegte. Mein Brägen[2] hat wohl kein Schmalz mehr, der ist wohl ganz ausgetrocknet. Was war das alles. Schuhgeschäfte, Hutgeschäfte, Glühlampen, Destillen[3]. Die Menschen müssen doch Schuhe haben, wenn sie so viel rumlaufen, wir hatten ja auch eine Schusterei, wollen das mal festhalten. Hundert blanke Scheiben, laß die doch blitzern, die werden dir doch nicht bange machen, kannst sie ja kaputt schlagen, was ist denn mit die, sind eben blankgeputzt. Man riß das Pflaster am Rosenthaler Platz auf, er ging zwischen den andern auf Holzbohlen. Man mischt sich unter die andern, da vergeht alles, dann merkst du nichts, Kerl. Figuren standen in den Schaufenstern in Anzügen, Mänteln, mit Röcken, mit Strümpfen und Schuhen. Draußen bewegte sich alles, aber – dahinter – war nichts! Es – lebte – nicht! Es hatte fröhliche Gesichter, es lachte, wartete auf der Schutzinsel gegenüber Aschinger zu zweit oder zu dritt, rauchte Zigaretten, blätterte in Zeitungen. So stand das da wie die Laternen – und – wurde immer starrer. Sie gehörten zusammen mit den Häusern, alles weiß, alles Holz.

Schreck fuhr in ihn, als er die Rosenthaler Straße herunterging und in einer kleinen Kneipe ein Mann und eine Frau dicht am Fenster saßen: die gossen sich Bier aus Seideln in den Hals, ja was war dabei, sie tranken eben, sie hatten Gabeln und stachen sich damit Fleischstücke in den Mund, dann zogen sie die Gabeln wieder heraus und bluteten nicht. Oh, krampfte sich sein Leib zusammen, ich kriege es nicht weg, wo soll ich hin? Es antwortete: Die Strafe.

Er konnte nicht zurück, er war mit der Elektrischen so weit hierher gefahren, er war aus dem Gefängnis entlassen und mußte hier hinein, noch tiefer hinein.

9. Kommentieren Sie die ersten Eindrücke Franz Biberkopfs nach seiner Haftentlassung, die sich in diesem Ausschnitt zeigen:
   - Erläutern Sie, wie Biberkopf zu der neu erlangten Freiheit steht. Analysieren Sie, mit welchen Ausdrücken er sie charakterisiert.
   - Beschreiben Sie seinen Eindruck von der Welt um ihn herum. Geben Sie Beispiele für die verschiedenen Sinne, die angesprochen werden.
   - Kommentieren Sie, aus welchen Erzählperspektiven hier erzählt wird.
   - Überlegen Sie, wie sich die heutige Welt innerhalb der letzten vier Jahre geändert hat. Erörtern Sie, mit welchen Veränderungen ein Mensch heutzutage konfrontiert wäre, der vier Jahre im Gefängnis verbracht hat.

1 Schupo: Schutzpolizist
2 Brägen: Gehirn von Schlachttieren (Küchensprache)
3 Destille: kleinere Gastwirtschaft, in der vorwiegend Branntwein ausgeschenkt wird

ROMANE IN ÖSTERREICH

Habsburgermythos

In den Jahren nach dem Ersten Weltkrieg (1914 – 1918) setzte sich eine Reihe von Romanschriftstellern in Österreich mit der Habsburgermonarchie, ihrem Untergang und ihrem Erbe, der Ersten Republik, auseinander: Stefan Zweig (1881 – 1942), Joseph Roth (1894 – 1939), Robert Musil (1880 – 1942) und Heimito von Doderer (1896 – 1966). Ihre Werke wurden aber zum Teil erst nach dem Zweiten Weltkrieg (1939 – 1945) rezipiert, weil sie nach dem Anschluss Österreichs an Hitler-Deutschland (1938) verboten oder unterdrückt worden waren. So zeigt sich den Leserinnen und Lesern um die Mitte des 20. Jahrhunderts ein wesentlicher Teil der österreichischen Literatur als „Habsburgermythos" und der Vergangenheit zugewendet.

Joseph Roth

Szenenausschnitt aus *Radetzkymarsch*, einem zweiteiligen deutsch-österreichischen Fernsehfilm des Regisseurs Michael Kehlmann aus dem Jahr 1965 (im Bild Max Brebeck als „Kaiser Franz Joseph")

Joseph Roth war einer der schärfsten Kritiker und zugleich größten Verehrer der österreichisch-ungarischen Monarchie. Er war durch den Zusammenbruch des Habsburgerstaates, in dem er als Ostjude aufwuchs, heimat- und orientierungslos geworden. Nach eigenen Angaben war er ein „Franzose aus dem Osten, ein Humanist, ein Rationalist mit Religion, ein Katholik mit jüdischem Gehirn". Schon in den zwanziger Jahren erkannte er die Gefahr des Nationalsozialismus und stellte in seinen ersten Romanen den deutschen Kleinbürger als Judenhasser und mit dem Hang zum Faschismus dar. In seinem bekanntesten Roman, dem *Radetzkymarsch* (1932), beschreibt er die Spätzeit und das Ende der Monarchie am Leben von drei Generationen der traditionsbewussten und nach strengen Grundsätzen lebenden Familie von Trotta. Der Roman liest sich wie eine Krankengeschichte, verfasst von einem Arzt, der einerseits alle Symptome genau sieht, andererseits aus Liebe zum Patienten dessen Agonie[1] nicht wahrhaben will.

Multikultureller Vielvölkerstaat

Einen kurzen Einblick in die Eigenart der Welt dieser Habsburgermonarchie gewährt auch der Anfang von Roths Erzählung *Die Büste des Kaisers* (1935):

[...] die Jüngeren unter seinen Lesern bedürften vielleicht der Erklärung, dass ein Teil des Gebietes im Osten, das heute zur polnischen Republik gehört, bis zum Ende des großen Krieges, den man den Weltkrieg nennt, eines der vielen Kronländer der alten österreichisch-ungarischen Monarchie gewesen ist.
In dem Dorfe Lopatyny also lebte der Nachkomme eines alten polnischen Geschlechts, der Graf Franz Xaver Morstin – eines Geschlechtes, das (nebenbei gesagt) aus Italien stammte und im sechzehnten Jahrhundert nach Polen gekommen war. Der Graf Morstin hatte als junger Mann bei den Neuner Dragonern gedient. Er betrachtete sich weder als einen Polen

1 Agonie: Todeskampf

noch als einen Italiener, weder als einen polnischen Aristokraten noch als einen Aristokraten italienischer Abkunft. Nein: wie so viele seiner Standesgenossen in den früheren Kronländern der österreichisch-ungarischen Monarchie war er einer der edelsten und reinsten Typen des Österreichers schlechthin, das heißt also: ein übernationaler Mensch und also ein Adeliger echter Art. Hätte man ihn zum Beispiel gefragt – aber wem wäre eine so sinnlose Frage eingefallen? –, welcher „Nation" oder welchem Volke er sich zugehörig fühle: der Graf wäre ziemlich verständnislos, sogar verblüfft vor dem Frager geblieben und wahrscheinlich auch gelangweilt und etwas indigniert. Nach welchen Anzeichen auch hätte er seine Zugehörigkeit zu dieser oder jener Nation bestimmen sollen? – Er sprach fast alle europäischen Sprachen gleich gut, er war fast in allen europäischen Ländern heimisch, seine Freunde und Verwandten lebten verstreut in der weiten und bunten Welt. Ein kleineres Abbild der bunten Welt war eben die kaiser- und königliche Monarchie, und deshalb war sie die einzige Heimat des Grafen. Einer seiner Schwäger war Bezirkshauptmann in Sarajevo, ein anderer Statthalterei-Rat in Prag, einer seiner Brüder diente als Oberleutnant der Artillerie in Bosnien, einer seiner Vettern war Botschaftsrat in Paris, ein anderer Grundbesitzer im ungarischen Banat, ein dritter stand in diplomatischen Diensten Italiens, ein vierter lebte aus purer Neigung zum Fernen Osten seit Jahren in Peking. Von Zeit zu Zeit pflegte Franz Xaver seine Verwandten zu besuchen, häufiger natürlich jene, die innerhalb der Monarchie wohnten. Es waren, wie er zu sagen pflegte, seine privaten „Inspektionsreisen". Sie waren nicht nur den Verwandten, sondern auch den Freunden zugedacht, einigen früheren Mitschülern der Theresianischen Akademie, die in Wien lebten. Hier hielt sich der Graf Morstin zweimal im Jahr, Sommer und Winter (zwei Wochen und länger) auf. Wenn er so kreuz und quer und durch die Mitte seines vielfältigen Vaterlandes fuhr, so behagten ihm vor allem jene ganz spezifischen Kennzeichen, die sich in ihrer ewig gleichen und dennoch bunten Art an allen Stationen, an allen Kiosken, in allen öffentlichen Gebäuden, Schulen und Kirchen aller Kronländer des Reiches wiederholten. Überall trugen die Gendarmen den gleichen Federhut oder den gleichen lehmfarbenen Helm mit goldenem Knauf und den blinkenden Doppeladler der Habsburger; überall waren die hölzernen Türen der K. u. K. Tabaktrafiken mit schwarzgelben Diagonalstreifen bemalt; überall trugen die Finanzer die gleichen grünen (beinahe blühenden) Portépées[1] an den blanken Säbeln; in jeder Garnison gab es die gleichen blauen Uniformblusen und die schwarzen Salonhosen der flanierenden Infanterieoffiziere auf dem Corso, die gleichen roten Hosen der Kavalleristen, die gleichen kaffeebraunen Röcke der Artillerie; überall in diesem großen und bunten Reich wurde jeden Abend gleichzeitig, wenn die Uhren von den Kirchtürmen neun schlugen, der gleiche Zapfenstreich geblasen, bestehend aus heiter tönenden Fragen und wehmütigen Antworten. Überall gab es die gleichen Kaffeehäuser mit den verrauchten Wölbungen, den dunklen Nischen, in denen Schachspieler wie merkwürdige Vögel hockten, mit den Buffets voll farbiger Flaschen und glitzernder Gläser, die von goldblonden und vollbusigen Kassiererinnen verwaltet wurden. Fast überall, in allen Kaffeehäusern des Reiches, schlich, die Knie schon etwas zittrig, auf aufwärts gestreckten Füßen, die Serviette im Arm, der backenbärtige Zahlkellner, fernes demütiges Abbild der alten Diener Seiner Majestät, des hohen backenbärtigen Herrn, dem alle Kronländer, all die Gendarmen, all die Finanzer, all die Tabaktrafiken, all die Schlagbäume, all die Eisenbahnen, all die Völker gehörten.

1 Portépées: Säbelquasten

10. Stellen Sie dar, wie Joseph Roth den Charakter der Donaumonarchie schildert:
    - Beschreiben Sie, worin für den Erzähler der Reiz der österreichisch-ungarischen Monarchie liegt.
    - Kommentieren Sie, was die Hauptfigur dieser Passage kennzeichnet.
11. Recherchieren Sie, an welchen Problemen die Monarchie schließlich scheiterte.

Robert Musil

Robert Musil, undatiertes Foto

Robert Musil (1880 – 1942) stammte aus einer altösterreichischen Beamten- und Offiziersfamilie aus Klagenfurt mit Vorfahren in Böhmen. Der Vater war Professor an der Technischen Hochschule in Brünn. Der spätere Dichter studierte zuerst Maschinenbau, dann Philosophie und schlug die angebotene Hochschullaufbahn aus, um das ungewisse Los eines freien Schriftstellers auf sich zu nehmen. Er lebte in Berlin und in Wien und emigrierte aus Abneigung gegen Hitler 1938 in die Schweiz.

Pubertätsprobleme

Zu Musils frühen Werken gehört die Erzählung *Die Verwirrungen des Zöglings Törleß* (1906). Der junge Törleß steht einer bösen Welt grausamer und sadistischer Kameraden gegenüber und nimmt auch an deren Aktivitäten teil, was sich im Rückblick folgendermaßen darstellt:

Von den Rätseln, die ihn erst vor kurzem gequält hatten, war noch eine unbestimmte Nachwirkung geblieben, die wie ein dunkler ferner Ton am Grunde seiner Erlebnisse klang. Gerade daran mochte er jetzt nicht denken.

Aber zeitweilig mußte er es. Und dann befiel ihn tiefste Hoffnungslosigkeit, und eine ganz andere, eine müde, zukunftslose Beschämung konnte ihn bei diesen Erinnerungen ergreifen. Trotzdem vermochte er aber auch über diese nicht sich Rechenschaft zu geben.

Dies bewirkten die besonderen Verhältnisse im Institute. Dort, wo die jungen aufdrängenden Kräfte hinter grauen Mauern festgehalten wurden, stauten sie die Phantasie voll wahllos wohllüstiger Bilder, die manchem die Besinnung raubten.

Ein gewisser Grad von Ausschweifung galt sogar als männlich, als verwegen, als kühnes Inbesitznehmen vorenthaltener Vergnügungen. Zumal wenn man sich mit der ehrbar verkümmerten Erscheinung der meisten Lehrer verglich. Denn dann gewann das Mahnwort Moral einen lächerlichen Zusammenhang mit schmalen Schultern, mit spitzen Bäuchen auf dünnen Beinen und Augen, die hinter ihren Brillen harmlos wie Schäfchen weideten, als sei das Leben nichts als ein Feld voll Blumen ernster Erbaulichkeit.

Im Institute endlich hatte man noch keine Kenntnis vom Leben und keine Ahnung von allen jenen Abstufungen von Gemeinheit und Wüstheit bis zu Krankheit und Lächerlichkeit, die den Erwachsenen in erster Linie mit Widerwillen erfüllen, wenn er von solchen Dingen hört.

Alle diese Hemmnisse, deren Wirksamkeit wir gar nicht abzuschätzen vermögen, fehlten ihm. Er war förmlich naiv in seine Vergehen hineingeraten.

12. Besprechen Sie diese Darstellung des Lebens in einem Militärinternat und dessen Auswirkungen:
    - Illustrieren Sie, welche Aspekte in diesem Textausschnitt angesprochen werden.
    - Beschreiben Sie, welche Rolle dabei die Abgeschiedenheit der Schule spielt.
    - Kommentieren Sie, wie die Lehrer dargestellt werden.

Als eine Art Grabgesang für die Monarchie ist auch Musils Roman *Der Mann ohne Eigenschaften*, sein Hauptwerk, zu verstehen, an dem er ab 1921 20 Jahre gearbeitet hat. Zwei Bände des sehr umfangreichen Romans sind zu seinen Lebzeiten erschienen, der 3. Band unvollendet nach seinem Tod. Es handelt sich um einen vielschichtigen Roman, der nicht nur ein gewaltiges Zeitgemälde vom Untergang der österreichisch-ungarischen Monarchie ist, sondern auch ein philosophisches Bild vom Zustand des Menschen gibt.
Der Roman gilt heute als Schlüsselroman der modernen Literatur. Sein Autor allerdings ist in Vereinsamung und völliger Armut 1942 in Genf gestorben. Musil wusste offenbar von der großen Bedeutung des Romans, dem jedoch keine Breitenwirkung und damit kein spektakulärer Erfolg beschieden war. Er sagte:

> Ich wage von meinem Ruf (nicht von mir selbst) zu behaupten, dass er der eines großen Dichters ist, der kleine Auflagen hat. Es fehlt ihm das soziale Gewicht.

Ausgangspunkt des Romans ist eine „Parallelaktion": Graf Leinsdorf versammelt um sich Vertreter der Oberschicht Kakaniens[1], um parallel zum 30-jährigen Regierungsjubiläum des deutschen Kaisers Wilhelm II. für das Jahr 1918 eine groß angelegte Kundgebung zum 70-jährigen Regierungsjubiläum Kaiser Franz Josephs I. vorzubereiten. Der Kreis, der diese Jubiläumsfeiern ausrichten soll, setzt sich aus Vertretern der oberen Gesellschaft zusammen, die zwar oberflächlich an dem gemeinsamen Ziel arbeiten, allerdings in Wahrheit ihre eigenen Absichten verfolgen.
Protagonist des Romans ist Ulrich, der „Mann ohne Eigenschaften", der als Sekretär für diesen Kreis arbeitet. Zusammen mit seiner Schwester Agathe versucht er, einen neuen, „heiligen" Weg im Leben zu finden: Sie wollen als Gegenentwurf zur Entfremdung in der bürgerlich-kapitalistischen Industriegesellschaft die uralten Kräfte von Mythos und Religion wieder lebendig und fruchtbar machen, ohne allerdings auf die Führung durch den Verstand zu verzichten, weil sonst ein Abgleiten in unkontrollierbare Tiefen droht. Diesen „anderen Zustand" erreichen und dennoch nicht den Verstand verlieren, das wäre eine Art Quadratur des Kreises.
Musil sagt von seinem Mann ohne Eigenschaften:

> Er bringt durcheinander, löst auf und hängt neu zusammen. Gut und Bös, oben und unten sind für ihn nicht skeptisch-relative Vorstellungen, wohl aber Glieder einer Funktion, Werte, die von dem Zusammenhang abhängen, in dem sie sich befinden. [...]
> Er hat es den Jahrhunderten abgelernt, dass Laster zu Tugenden und Tugenden zu Lastern werden können. Er anerkennt nichts Erlaubtes und nichts Unerlaubtes, denn alles kann eine Eigenschaft haben, durch die es eines Tages teilhat an einem großen, neuen Zusammenhang. Er hasst heimlich wie den Tod alles, was so tut, als stünde es ein für allemal fest, die großen Ideale und Gesetze und ihren kleinen versteinten Abdruck, den gefriedeten Charakter. Er hält kein Ding für fest, kein Ich, keine Ordnung, glaubt an keine Bindung, und alles besitzt den Wert, den es hat, nur bis zum nächsten Akt der Schöpfung.

13. Beschreiben Sie, welches Menschenbild Musil in diesem Abschnitt vermittelt. Vergleichen Sie es mit Ihrer Vorstellung des modernen Menschen.

1 Kakanien: Das Land leitet seinen Namen von k.k. (= kaiserlich-königlich, der Bezeichnung für die Donaumonarchie) ab.

Hermann Broch

Der dritte große österreichische Romancier der Zeit zwischen den beiden Weltkriegen war Hermann Broch. Hermann Broch (1886 – 1951) war der Sohn eines jüdischen Textilfabrikanten in Wien. Er besuchte die Technische Hochschule und arbeitete bis 1927 im Familienbetrieb. Dann vollzog sich in ihm eine Wende: Er studierte Mathematik, Philosophie und Psychologie und zog sich anschließend in die Berge Tirols und Salzburgs zurück, um ein „geistiger" Mensch zu werden. 1938, beim Einmarsch der deutschen Truppen in Österreich, wurde er ins Gefängnis von Aussee gesperrt. Dort, angesichts des Todes, reifte in ihm der Plan, den Tod des Vergil als Roman zu bearbeiten. Durch Vermittlung ausländischer Freunde konnte Broch in die USA emigrieren, wo er sich später mit Fragen der Menschenrechte beschäftigte.
Broch litt am Zerfall der politischen, sozialen und künstlerischen Werte in seiner Umwelt. Er versuchte zuerst, mit seinem Romanschaffen, dann mit seinen wissenschaftlichen Arbeiten dagegen anzukämpfen. Seine literarischen Vorbilder waren James Joyce, Thomas Mann und Franz Kafka. Broch hat fünf Romane vollendet, darunter *Die Schlafwandler* (eine Trilogie, 1930 – 1932), *Die Schuldlosen. Roman in 11 Erzählungen* (1950) und *Der Tod des Vergil*.
Der Tod des Vergil (1944) ist ein Roman am Ende einer Kultur: damals unter Augustus (gest. 14 n. Chr.) und zur Zeit der Niederschrift. „Im inneren Monolog des sterbenden Dichters spiegelt sich der Todeskampf einer sich auflösenden Welt" (Walter Weiss).
Das Kernstück des Romans ist die geistige Auseinandersetzung zwischen dem todkranken Vergil, dem größten römischen Dichter, und dem größten römischen Kaiser im dritten Kapitel, „Erde – Die Erwartung". Vergil möchte sein Lebenswerk, die *Aeneis*, in dem er die Geschichte und Entwicklung Roms von den Anfängen bis herauf zu Augustus dichterisch dargestellt hat, verbrennen. Der Kaiser aber braucht die *Aeneis*, um in das Gedächtnis der Nachwelt einzugehen, Unsterblichkeit zu erlangen. Gegen die Auffassung des Kaisers, die *Aeneis* sei „das Werk des römischen Volkes und seiner Größe", setzt Vergil die Meinung, sein Werk sei „ein Suchen nach Erkenntnis, ohne Erkenntnis zu werden, ohne Erkenntnis zu sein".

Rolle der Dichtung

„Ach, Augustus, auch ich habe einstens gemeint, dass dies, gerade dies die Erkenntnisaufgabe des Dichters sei und so wurde mein Werk ein Suchen nach Erkenntnis, ohne Erkenntnis zu werden, ohne Erkenntnis zu sein ..."
„So muss ich dich nochmals fragen, Vergil, zu welchem Ziel du mit deiner Dichtung gestrebt hast, nachdem es die Erkenntnis des Lebens nicht sein sollte."
„Die Erkenntnis des Todes." – Es war wie ein Wiederfinden, wie ein Wiedererkennen, wie eine heimkehrende Erleuchtung, und rasch, wie aus einer Erleuchtung heraus, war es gesagt gewesen.
Es entstand eine Pause: das leise erdbebenhafte Pendeln des Seins hielt an, indes der Cäsar achtete noch immer nicht darauf, vielmehr schien er von dem Gehörten nun doch betroffen. Und es dauerte eine gute Weile, bis er antwortete: „Der Tod gehört zum Leben; wer das Leben erkennt, der erkennt auch den Tod."
War dies richtig? Es klang wie Wahrheit, und war doch nicht wahr oder war nicht mehr wahr: „Es hat keinen Augenblick meines Lebens gegeben, Octavian, den ich nicht hätte festhalten wollen, aber auch keinen, in dem ich nicht zu sterben gewünscht hätte."
Die Betroffenheit des Cäsars bemühte sich ins Liebenswürdige zurückzufinden: „Es ist nur ein Glück, mein Vergil, dass dir der Sterbenswunsch bisher noch nichts genützt hat; auch diesmal wird er dir bloß bis zur Krankheit verholfen haben. Dein Wunsch zum Leben wird sich mit Hilfe der Götter aufs Neue als der stärkere erweisen."

„Mag sein ... sicherlich hänge ich am Leben, ja, ich hänge daran, ich muss es zugeben; ich bin des Lebens unersättlich, eben weil mich so sehr nach dem Tode hungert ... noch weiß ich nichts vom Tode ..."

„Der Tod ist nichts; es ist überflüssig von ihm zu sprechen."

„Du hast viel Tod gesehen, Octavian; vielleicht weißt du darum mehr vom Leben als jeder andere."

„Möglicherweise war es sogar zu viel Tod, den ich zu sehen bekam, aber wahrlich, mein Freund, das Leben ist so wenig wie der Tod; es führt zu ihm hin, und beide sind nichts." [...]

Der Augustus setzte sich, und wiederum war es eine etwas müde und einigermaßen unheldische Geste, mit der er sich niederließ. Für eine kurze Weile schloss er die Augen, seine Hand suchte einen Stützpunkt, sie fand ihn an dem bekränzten Kandelaber[1], und seine Finger, spielend, zerrieben ein Lorbeerblatt. Und als er die Lider wieder aufschlug, da war der Blick matt und ein wenig leer.

Oh, auch dies müsste man festhalten, müsste es aufschreiben können, müsste es aufschreiben wie all das andere, das durch die vielen Jahre hindurch vorbeigeflossen war ohne aufgeschrieben worden zu sein, wie all das andere Menschliche, das nun kaum mehr ein Erinnern war, ein undeutliches Gewimmel von Schädeln und Gesichtsformen, bäurischen und städtischen, sie allesamt haarbewachsen und mit Haut überzogen, runzelig und glatt und manchmal sehr finnig, ein undeutliches Gewimmel von Gestalten, die vorübergezogen waren, vorübergeschlichen, vorübergehinkt, des Menschen ewig gleichbleibender Mannigfaltigkeitskreis, zu dem selbst der Augustus, der irdische Gottesträger, unabweislich gehörte, er ebenso unerinnert wie dieses ganze undurchdringliche, unabzählbare, unabbildbare Gewimmel von Lebensgeschöpfen, ebenso unerinnert wie jedes Einzelne von ihnen, unerinnert sogar das Kreatürliche schlechthin, das ihnen allesamt innewohnt, fressend und schlafend, angefüllt mit Flüssigem und Halbfestem, unerinnert das Knochengestänge unter der Fleischüberpolsterung, das aufgerichtete Knochengestänge, mit dem sie sich bewegen, unerinnert der Mensch, oh, der Mensch, in dessen Lächeln trotz alldem das Göttliche wohnt, sodass er im Lächeln die Neben-Seele, den Neben-Menschen göttlich erkennt – die menschliche Verständigung, die Geburt der Menschensprache aus dem Lächeln. Nichts war davon festgehalten worden, und statt dessen war ein mäßig geglückter Abklatsch des homerischen[2] Vorbildes entstanden, ein leeres Nichts, angefüllt mit Göttern und Helden homerischen Gehabens, gegen deren Unwirklichkeit sogar die Müdigkeit des Enkels, der hier saß, noch Kraft bedeutete: denn göttlich noch war selbst dies müdeste Lächeln, das hier im Antlitz des Cäsars schimmerte –, aber kein Antlitz und kein Lächeln besitzt der actische[3] Sieger im Gedicht, er besitzt nichts als eine Rüstung und einen Helm; ohne Wahrheit war das Gedicht, wirklichkeitsfern sein Held Äneas, wirklichkeitsfern der Äneas-Enkel darin, ein Gedicht ohne Erkenntnistiefe, das nichts wahrhaft festgehalten hat, unfähig hiezu, weil nur in der Erkenntnis sich Licht und Schatten formbauend sondern: das Gedicht war schattenlos fahl geblieben.

1 Kandelaber: mehrarmiger, säulenartiger Ständer für Kerzen und Lampen
2 Homer: um 800 v. Chr., griechischer Dichter der Epen *Ilias* und *Odyssee*.
3 actischer Sieger: In der Schlacht von Actium (31 v. Chr.) errang Octavian, der spätere Kaiser Augustus, die Vorherrschaft über das Römische Reich.

Erlebte Rede

Der letzte Absatz des Ausschnitts ist in der Form der erlebten Rede geschrieben. Die erlebte Rede steht zwischen der direkten Rede und dem inneren Monolog. Sie gibt Vorstellungen und Gedanken einer Figur wieder, jedoch in der 3. Person, also in einer Form, die von der Anwesenheit eines Erzählers zeugt. Erlebte Rede und Gang der Handlung werden eins. Da die erlebte Rede geheimste Gedanken offenbart, lässt sie uns tief in die Welt der Figur blicken und gewinnt suggestive Eindringlichkeit.

14. Vergleichen Sie die Standpunkte von Augustus und Vergil über die Rolle der Literatur. Erörtern Sie, worin die Unzufriedenheit des Vergil mit seinem Werk begründet ist.

LYRIK

Sachlicher Zugang

Während die Lyrik im Expressionismus eine bedeutende Rolle gespielt hatte, wurde sie in der Zwischenkriegszeit zurückgedrängt, da die Betonung der sachlichen Schilderung von Inhalten ihr die Ausdruckskraft geraubt hatte. Einerseits trat ironisch-humorvolle Gebrauchslyrik in den Vordergrund, andererseits gewann die Landschaftslyrik größeres Gewicht.
Man wollte keine Erneuerung des romantischen Naturgedichts, in dem die Stimmung des Dichters im Vordergrund steht und die Natur nur Bilder und Vergleiche liefert. Der Gefühlserregung des lyrischen Ichs stellte man vielmehr die Sprache der Dinge gegenüber. Das übersteigerte Ich-Bewusstsein (vor allem der Expressionisten) sollte von den konkreten Erscheinungen der Natur zurückgedrängt werden.
Das genaue Benennen und Beschreiben von Gegenständen und Vorgängen in der Natur sollte das Aufkommen von verschwommenen Gefühlen verhindern, die sich an Naturgedichten so leicht festsetzen. Wilhelm Lehmann meinte: „Die Natur hält jedermann ihre furchtbaren Gemeinplätze hin." Eigenart eines Gedichts müsse es jedoch sein, „angeschaute Welt" zu vermitteln. Das Gedicht versetze „Menschen wie Dinge aus einem ungenauen in einen genauen Zustand" und verbanne die „Sonntagsgefühle". Bei all dem wird der Dichter nicht etwa zum Reporter wie im Naturalismus; denn die „neue Sachlichkeit" schließt das Wunder der Natur mit ein. Schon die „Ordnung des Sichtbaren" erscheint als wunderbar.
In formaler Hinsicht verhielten sich die Autorinnen und Autoren durchaus traditionell, d. h. sie verwendeten die gängigen Strophen-, Vers- und Reimformen. Hans Carossa (1878 – 1956), Wilhelm Lehmann (1882 – 1968), Joachim Ringelnatz (1883 – 1934), Gottfried Benn (1886 – 1956), Kurt Tucholsky (1890 – 1935), Georg Britting (1891 – 1964), Bertolt Brecht, Elisabeth Langgässer (1899 – 1950), Erich Kästner (1899 – 1974), Peter Huchel (1903 – 1981) und Günter Eich (1907 – 1972) zählen zu den Lyrikerinnen und Lyrikern dieser Epoche. Einige von ihnen haben auch nach dem Zweiten Weltkrieg ihre schriftstellerische Tätigkeit in ähnlicher Weise fortgesetzt.

Joachim Ringelnatz

Die Litfaßsäulen (1933)

Es stehen die Litfaßsäulen[1]
Verstreut, den Leuchttürmen gleich,
Und lassen vom Wind sich umheulen
Und werden im Regen ganz weich.

Und rufen und locken und preisen
Aus buntem und grellem Papier
Und drohen und stechen und beißen
Und lügen noch schlimmer als wir.

Früh lehnt ein Mann eine Leiter
An das, was Litfaß erfand.
Er reißt ihr vandalisch[2] doch heiter
In Fetzen das bunte Gewand.

Nachdem er sie darauf bekleistert –
Als brächte ihn Nacktes in Zorn –
Klebt er ihr wieder begeistert
Viel Buntes auf Hinten und Vorn.

Theater ... – Auktion ... – Zigaretten ... –
Wohltätigkeits... – Raubmord ... – Und Sport
Proteste ... – Amtliche ... – Betten ... –
Kurz alles in Bild oder Wort.

Ich lese das ernst ohne Pause.
Mich interessiert so was sehr.
Und meiner Frau sag' zu Hause
Ich alles dann auswendig her.

Ihr Sinn für Romane, Gedichte
Und Zeitungen ist nicht so groß.
Sie hört meine Litfaßberichte,
Und abends ziehn wir dann los.

Und wie, wie in Sturm und Wellen,
Die Litfaßsäulen starr stehn,
So sollen am Aktuellen
Auch wir nicht etwa achtlos vorübergehn.

15. Beobachten Sie, wie Ringelnatz hier ein alltägliches Phänomen beschreibt:
- Beschreiben Sie die Vorgänge, die Ringelnatz in diesem Gedicht darstellt.
- Analysieren Sie, welche Wirkung die Litfaßsäule auf das lyrische Ich hat.
- Kommentieren Sie, in welchem Ton dieser Text gehalten ist und wie diese Wirkung erzielt wird.

Naturlyrik

Georg Britting

Leeres Bachbett (1935)

Nur Geröll und grün bemooste
Steine zeigt das leere Bett,
Und ein Nagel, rot vom Roste,
Klüftet das zermorschte Brett.

Eine gelbe Butterblume
Hats gewagt
In der schwärzlichgrauen Krume
Einzuwurzeln. Und im Takt
Wiegt sie den runden
Kugelkopf im Abendwind.
Das Brett beginnt
Zu dunsten aus den Schrunden[3].

16. Beschreiben Sie, was in dem Gedicht dargestellt wird:
- Erläutern Sie, welche Stimmung in diesem Gedicht wiedergegeben wird.
- Illustrieren Sie, mit welchen Worten der Autor seine Bewunderung für die Natur zum Ausdruck bringt.

1 Litfaßsäulen: eine von Ernst Litfaß erfundene Reklamesäule, die mit Plakaten beklebt wird
2 vandalisch: in der Art von Vandalen, zerstörungswütig
3 Schrunde: Riss

LITERATUR ZUR ZEIT DES NATIONALSOZIALISMUS

Seit 1933 stand der Literaturbetrieb in Deutschland unter dem direkten Einfluss der Nationalsozialisten (in Österreich ab 1938). Die von ihnen bevorzugte Literatur war rückwärtsgewandt, thematisch an der Hinwendung zu Heimat und Vaterland orientiert („Blut und Boden"). Moderne Strömungen wurden ebenso abgelehnt wie ideologisch andersdenkende Autorinnen und Autoren und Schriftsteller/innen jüdischer Herkunft.
Publikationen waren an die Zustimmung der Reichsschrifttumskammer gebunden, die dem Propagandaministerium unterstand und womit das Regime beliebig Zensur ausüben und seine rassistisch geprägte Politik der Verfolgung ausführen konnte. Literatur und Kunst hatten sich der nationalsozialistischen Propaganda und Ideologie unterzuordnen.

Exilliteratur

Das öffentliche Klima hatte sich schon seit den 1920-er Jahren verschärft, sodass sich bereits vor 1933 viele Schriftstellerinnen und Schriftsteller gezwungen sah, ins Exil zu gehen. Andere zogen es vor, das Land zu verlassen, da sie mit den politischen Entwicklungen nicht einverstanden waren.
Die Zeit im Exil wurde durchaus unterschiedlich erlebt: Während es manchen gelang, im Ausland Fuß zu fassen, wie etwa Thomas (1875 – 1955) und Klaus Mann (1906 – 1949), Carl Zuckmayer (1896 – 1977), Bert Brecht (1898 – 1956), Franz Werfel (1890 – 1945) in den USA, Erich Fried (1921 – 1988), Theodor Kramer (1897 – 1958) in Großbritannien, Anna Seghers (1900 – 1983) in Mexiko etc., scheiterten andere an den Gegebenheiten und der Einschränkung ihrer Freiheit. Teilweise sahen sie keinen anderen Ausweg als Selbstmord, u. a. Stefan Zweig (1881 – 1942), Kurt Tucholsky (1890 – 1935), Walter Benjamin (1892 – 1940).

Verfolgung

Nach der Machtübernahme durch die Nationalsozialisten kam es zur direkten Verfolgung aus rassistischen und politischen Gründen. Im Mai 1933 wurden im ganzen Land öffentliche Bücherverbrennungen organisiert, bei denen Werke jüdischer Schriftsteller/innen und solcher, die dem Regime ablehnend gegenüberstanden, vernichtet wurden. Eine Reihe von Autorinnen und Autoren kam in Konzentrationslagern und Gefängnissen um, z. B. Jura Soyfer (1912 – 1939). Im folgenden Gedicht schildert Theodor Kramer (1897 – 1958), wie die Situation von de Betroffenen empfunden wurde.

Theodor Kramer
Wer läutet draußen an der Tür? (1939)

Wer läutet draußen an der Tür,
kaum daß es sich erhellt?
Ich geh schon, Schatz. Der Bub hat nur
die Semmeln hingestellt.

Wer läutet draußen an der Tür?
Bleib nur; ich geh, mein Kind.
Es war ein Mann, der fragte an
beim Nachbar, wer wir sind.

Wer läutet draußen an der Tür?
Laß ruhig die Wanne voll.
Die Post war da; der Brief ist nicht
dabei, der kommen soll.

Wer läutet draußen an der Tür?
Leg du die Betten aus.
Der Hausbesorger war's; wir solln
am Ersten aus dem Haus.

Wer läutet draußen an der Tür?
Die Fuchsien blühn so nah.
Pack, Liebste, mir mein Waschzeug ein
und wein nicht: sie sind da.

17. Erläutern Sie, wie die Situation der Festnahme hier – schrittweise aufgebaut – dargestellt wird:
- Stellen Sie Vermutungen an, wer das lyrische Ich in diesem Gedicht ist und in welcher Situation sich er/sie hier befindet.
- Analysieren Sie, mit welchen Mitteln Angst ausgedrückt wird.
- Kommentieren Sie, welche Wendung sich am Schluss ergibt und wie die Entwicklung über die einzelnen Strophen darauf hindeutet.

Anna Seghers (1900 – 1983), eigentlich Netty Radvanyi, geb. Reiling, war auf Grund ihrer marxistischen Einstellung schon 1933 aus Deutschland nach Frankreich geflohen. Später emigrierte sie nach Mexiko, um der Verfolgung durch die Nationalsozialisten zu entgehen.
Ihr Roman *Das siebte Kreuz* (abgeschlossen 1939) erzählt von sieben Häftlingen, die aus einem Konzentrationslager entfliehen. Einer der Flüchtlinge, Georg Heisler, die Hauptfigur des Textes, erlebt die Verfolgung in den verschiedensten Ausformungen. Schließlich gelingt ihm als einzigem die Flucht. Die anderen Flüchtlinge werden entweder gefangen oder kommen ums Leben.
Die Einlieferung von Heislers Fluchtgefährten Wallau, der die Flucht geplant hatte, löst unter den Mithäftlingen Bestürzung aus.

Später erzählte einer von diesem Morgen: „Auf uns Gefangene machte die Einlieferung Wallaus ungefähr einen solchen Eindruck wie der Sturz Barcelonas oder der Einzug Francos in Madrid oder ein ähnliches Ereignis, aus dem hervorzugehen scheint, daß der Feind alle Macht der Erde für sich hat. Die Flucht der sieben Leute hatte für alle Gefangenen die furchtbarsten Folgen. Trotzdem ertrugen sie den Entzug von Nahrung und Schlafdecken, die verschärfte Zwangsarbeit, die stundenlangen Verhöre unter Schlägen und Drohungen mit Gelassenheit, ja zuweilen mit Spott. Unser Gefühl, das wir nicht verbergen konnten, reizte die Peiniger noch mehr. So stark empfanden die meisten von uns diese Flüchtlinge als einen Teil von uns selbst, daß es uns war, als seien sie von uns ausgeschickt. Obgleich wir nichts von dem Plan gewußt hatten, kam es uns vor, etwas Seltenes sei uns gelungen. Vielen von uns war der Feind allmächtig vorgekommen. Während die Starken sich ruhig einmal irren können, ohne etwas zu verlieren, weil selbst die mächtigsten Menschen noch Menschen sind – ja sogar ihre Irrtümer machen sie nur noch menschlicher –, darf sich, wer sich als Allmacht aufspielt, niemals irren, weil es entweder Allmacht ist oder gar nichts. Wenn ein noch so winziger Streich gelang gegen die Allmacht des Feindes, dann war schon alles gelungen. Dieses Gefühl schlug in Schrecken um, ja bald in Verzweiflung, als man einen nach dem andern einbrachte, verhältnismäßig rasch, und, wie es uns vorkam, mit einer höhnischen Mühelosigkeit. In den zwei ersten Tagen und Nächten hatten wir uns gefragt, ob sie denn auch den Wallau erwischten. Wir kannten ihn kaum. Er war nur nach seiner Einlieferung ein paar Stunden bei uns gewesen, dann war er gleich wieder zum Verhör gebracht worden. Wir hatten ihn zwei- oder dreimal nach solchen Verhören gesehen, ein wenig taumelnd, eine Hand gegen den Bauch gepreßt, mit der anderen Hand machte er zu uns hin eine winzige Bewegung, als wollte er ausdrücken, daß das alles nichts Endgültiges zu bedeuten hätte und daß wir uns trösten sollten. Wie dieser Wallau jetzt auch eingefangen war und zurückgebracht wurde, da weinten manche wie Kinder. Wir wären jetzt alle verloren, dachten wir: Man würde den Wallau jetzt auch ermorden, wie man alle ermordet hatte. ...

18. Fassen Sie die Geschehnisse bei der Einlieferung Wallaus in Ihren eigenen Worten zusammen und kommentieren Sie den Textausschnitt:
   - Untersuchen Sie die Machtverschiebungen zwischen den verschiedenen Gruppen, die in diesem Abschnitt eine Rolle spielen.
   - Zeigen Sie auf, inwieweit dieser Text schon die heute bekannten Geschehnisse der Nazizeit vorwegnimmt.

„Innere Emigration" und Kooperation mit dem Regime

In Deutschland verbliebene Schriftsteller/innen wie Stefan Andres (1906 – 1970), Gottfried Benn (1886 – 1956), Reinhold Schneider (1903 – 1958), Werner Bergengruen (1892 – 1964) und Erich Kästner (1899 – 1974) zogen sich aus der Öffentlichkeit in die innere Emigration zurück, um so dem Druck des Propagandaministeriums standzuhalten. Andere sympathisierten offen mit dem Regime. Als Folge der restriktiven Kulturpolitik wurden viele wichtige Werke der Weltliteratur im Einflussbereich der Nationalsozialisten nicht rezipiert. Erst nach dem Krieg war eine Auseinandersetzung mit den internationalen literarischen Strömungen möglich.

Textproduktion: Interpretation

Thema: Der Mensch in der Großstadt
Aufgabe: Verfassen Sie eine Interpretation.

Situation: Sie sind Redakteur/in einer Lyrik-Homepage und schreiben eine Interpretation des folgenden Textes für die Leser/innen Ihrer Seite.

Kurt Tucholsky
Augen in der Großstadt (1930)

Wenn du zur Arbeit gehst
am frühen Morgen,
wenn du am Bahnhof stehst
mit deinen Sorgen:
da zeigt die Stadt
dir asphaltglatt
im Menschentrichter
Millionen Gesichter:
Zwei fremde Augen, ein kurzer Blick,

die Braue, Pupillen, die Lider –
Was war das? vielleicht dein Lebensglück …
vorbei, verweht, nie wieder.

Du gehst dein Leben lang
auf tausend Straßen;
du siehst auf deinem Gang,
die dich vergaßen.
Ein Auge winkt,
die Seele klingt;
du hasts gefunden,
nur für Sekunden …
Zwei fremde Augen, ein kurzer Blick,
die Braue, Pupillen, die Lider;
Was war das? kein Mensch dreht die Zeit zurück …
vorbei, verweht, nie wieder.

Du mußt auf deinem Gang
durch Städte wandern;
siehst einen Pulsschlag lang
den fremden Andern.
Es kann ein Feind sein,
es kann ein Freund sein,
es kann im Kampfe dein
Genosse sein.
Es sieht hinüber
Und zieht vorüber …
Zwei fremde Augen, ein kurzer Blick,
die Braue, Pupillen, die Lider.
Was war das?
Von der großen Menschheit ein Stück!
Vorbei, verweht, nie wieder.

Recherchieren Sie relevante Informationen zu diesem Thema aus dem vorliegenden Kapitel des Buches und aus Nachschlagewerken bzw. dem Internet.

Verfassen Sie nun eine Interpretation und bearbeiten Sie dabei die folgenden Arbeitsaufträge:

- Fassen Sie die Erfahrungen des lyrischen Ichs zusammen.
- Heben Sie hervor, welche Facetten des Stadtlebens dabei auffällig sind.
- Kommentieren Sie, welche Schlussfolgerungen sich daraus für den Einzelnen ergeben.
- Analysieren Sie formale und sprachliche Eigenheiten des Textes (z. B. Struktur, Versmaß, Reim, Stilmittel).

Schreiben Sie zwischen 400 und 500 Wörter. Markieren Sie Absätze mittels Leerzeilen.

GEGENSTRÖMUNGEN ZUM NATURALISMUS UND NEUE SACHLICHKEIT | 1890 BIS 1945

GESCHICHTE	GESELLSCHAFT/WIRTSCHAFT	ARCHITEKTUR/MALEREI
1914 – 1918 **Erster Weltkrieg**. 1917 **Revolution in Russland**. Lenin. 1918 – 1938 **Erste Republik Österreich**, zuletzt autoritär regiert. **Wirtschaftskrise**, besonders seit 1929. Arbeitslosigkeit. Radikale Parteien. **Faschismus** in Italien und Deutschland (Hitler seit 1933 an der Macht). 1938 **Besetzung Österreichs**. 1939 – 1945 **Zweiter Weltkrieg**. 1945 Abwurf der ersten Atombombe über Hiroshima.	Mit dem **Zusammenbruch der Monarchien** in Mitteleuropa 1918 verlieren die Aristokratie und das Großbürgertum ihren Einfluss. Die Versuche, Arbeiterrepubliken nach sowjetischem Vorbild einzurichten, scheitern. Das **Kleinbürgertum** herrscht in Form rechtsradikaler Parteien.	Ausklingender Historismus. **Sozialer Realismus** (Käthe Kollwitz). **Jugendstil** (Baukunst, Möbel, Gebrauchsgegenstände). **Bauhaus**. Wiener Werkstätten. **Expressionismus** (Oskar Kokoschka, Ernst Ludwig Kirchner, Egon Schiele). **Abstrakte Malerei** Wassily Kandinsky, Collagen.

MUSIK	PHILOSOPHIE	WISSENSCHAFT/TECHNIK
Oper: Richard Strauss (*Rosenkavalier*), Carl Orff (*Carmina Burana*). **Symphonie:** Gustav Mahler. – „Neue Musik": Zwölftonmusik (Wiener Schule: Arnold Schönberg, Alban Berg, Anton von Webern). Igor Strawinsky, Béla Bartók.	Phänomenologie von Edmund Husserl. Lebensphilosophie von Henri Bergson. Wiener Kreis des Neopositivismus (Moritz Schlick, Rudolf Carnap).	**Sigmund Freud** begründet die Psychoanalyse. **Zweite Industrielle Revolution** durch die Elektronik und die Strahlentechnik.

LITERATUR

Die Wiener Moderne: Hugo v. Hofmannsthal, Arthur Schnitzler (Fin de siècle), Karl Kraus als Kritiker (*Die Fackel*).

Symbolismus: Rainer Maria Rilke (Lyrik).

Expressionismus: Georg Heym, Georg Trakl, Gottfried Benn (Lyrik).

Österreichische Romanschriftsteller: Franz Kafka, Franz Werfel, Stefan Zweig, Robert Musil, Hermann Broch, Heimito von Doderer (Werke zum Teil erst nach 1945 rezipiert).

Deutsche Autoren (vor 1945): Thomas Mann, Hermann Hesse, Bertolt Brecht, Alfred Döblin.

DEUTSCHSPRACHIGE LITERATUR NACH 1945

LITERARHISTORISCHER ÜBERBLICK

Unmittelbare Nachkriegszeit

Ein neuer Anfang

Nach dem Ende des Zweiten Weltkriegs bestand das Bestreben der Schriftsteller/innen darin, einen neuen Anfang abseits dessen, was die nationalsozialistische Kulturpolitik repräsentierte, zu setzen. Die Anknüpfungspunkte lagen einerseits in den Werken jener Autorinnen und Autoren, die sich noch im Exil befanden bzw. aus dem Exil zurückzukehren bereit waren. Sie traten in Konkurrenz mit jenen Schriftstellerinnen und Schriftstellern, die nicht emigriert und damit der Verfolgung bzw. Nichtbeachtung durch die nationalsozialistische Politik ausgesetzt waren. Am Begriff „innere Emigration" entzündete sich nach 1945 eine Kontroverse zwischen Vertreterinnen und Vertretern der „inneren" und der äußeren Emigration.
Zusätzlich dazu konnten Werke internationaler Autorinnen und Autoren wieder rezipiert werden und beeinflussten die deutsche Literatur.
In der sowjetisch besetzten Zone Deutschlands (der späteren DDR) wird der Kampf gegen den Faschismus zum wichtigsten Motiv dieser Zeit.

Trümmerliteratur

Zerstörung und Kriegsleid

Die Texte, die unmittelbar nach dem Krieg erschienen sind, kreisten häufig um aktuelle Themen wie Zerstörung und durch den Krieg verursachtes Leid. Sie wurden oft von Autorinnen bzw. Autoren verfasst, die selbst den Krieg und seine Folgen (Gefangenschaft, Verletzung, Verlust von Menschen und Eigentum, Flucht und Verfolgung) erlebt hatten. Die junge Generation wollte sich ausdrücklich nicht von den bisherigen literarischen Strömungen vereinnahmen lassen, die Literatur der Stunde Null schließt jedoch sehr wohl an vorangegangene Strömungen an. Als Sammelbegriff für Texte, die diese Thematik behandeln, wird die Bezeichnung Kahlschlag- oder Trümmerliteratur verwendet.
Heinrich Böll (1917 – 1985) fasste sein Verständnis dieser Zeit und ihrer Literatur in dem Text *Bekenntnis zur Trümmerliteratur* (1952) zusammen:

> Die ersten schriftstellerischen Versuche unserer Generation nach 1945 hat man als Trümmerliteratur bezeichnet, man hat sie damit abzutun versucht. Wir haben uns gegen diese Bezeichnung nicht gewehrt, weil sie zu Recht bestand: tatsächlich, die Menschen, von denen wir schrieben, lebten in Trümmern, sie kamen aus dem Kriege, Männer und Frauen in gleichem Maße verletzt, auch Kinder. Und sie waren scharfäugig: sie sahen. Sie lebten keineswegs in völligem Frieden, ihre Umgebung, ihr Befinden, nichts an ihnen und um sie herum

war idyllisch, und wir als Schreibende fühlten uns ihnen so nahe, daß wir uns mit ihnen identifizierten. Mit Schwarzhändlern und den Opfern der Schwarzhändler, mit Flüchtlingen und allen denen, die auf andere Weise heimatlos geworden waren, vor allem natürlich mit der Generation, der wir angehörten und die sich zu einem großen Teil in einer merk- und denkwürdigen Situation befand: sie kehrte heim. Es war die Heimkehr aus einem Krieg, an dessen Ende kaum noch jemand hatte glauben können.
Wir schrieben also vom Krieg, von der Heimkehr und dem, was wir im Krieg gesehen hatten und bei der Heimkehr vorfanden: von Trümmern; das ergab drei Schlagwörter, die der jungen Literatur angehängt wurden: Kriegs-, Heimkehrer- und Trümmerliteratur.

Gruppe 47

Unter Gruppe 47 versteht man eine Reihe von Schriftstellertreffen zwischen 1947 und 1967, die von Hans Werner Richter (1908 – 1993) organisiert wurden. Die wichtigsten deutschen und österreichischen Schriftsteller/innen der jungen Generation nahmen an diesen Treffen teil und tauschten dort ihre Texte und Erfahrungen aus.

Realistische Schreibweise

Der künstlerische Schwerpunkt lag auf einer realistischen Schreibweise, ästhetisierende Sprache wurde abgelehnt. Thematisch wurden die Ereignisse des Krieges und seine Sinnlosigkeit, die menschlichen Erfahrungen im Krieg und in der Nachkriegszeit behandelt, als einerseits die Kirche, andererseits die im Wirtschaftswunder erfolgreichen Unternehmer/innen (bisweilen mit Nazivergangenheit) großen Einfluss gewannen.

Lose Organisation

Die Gruppe war lose organisiert und beschäftigte sich vor allem mit der Reflexion über die Texte der Mitwirkenden an den Tagungen, zu denen auch Literaturkritiker/innen eingeladen waren.
Der nach der Gruppe benannte Literaturpreis wurde u. a. an Günter Eich (1907 – 1972), Heinrich Böll (1917 – 1985), Ilse Aichinger (geb. 1921) und Ingeborg Bachmann (1926 – 1973) vergeben.
In den 1960-er Jahren kam die Gruppe immer mehr in die Kritik, da ihr vorgeworfen wurde, eine Literatur-Institution geworden zu ein, die nicht mehr repräsentativ für die moderne Literatur war. Folgerichtig wurden nach 1967 keine weiteren Treffen mehr organisiert.

Literatur der BRD

Unterschiedliche Entwicklungen in West und Ost

Ab der Gründung der beiden deutschen Staaten Bundesrepublik Deutschland (BRD, 23. Mai 1949) und Deutsche Demokratische Republik (DDR, 7. Oktober 1949) entwickelte sich die Kulturpolitik in entgegengesetzte Richtungen. Während im westdeutschen System die Entwicklung der Literatur weitgehend demokratisch und im Sinn einer freiheitlichen Grundordnung den einzelnen Schriftstellerinnen und Schriftstellern bzw. Verlegerinnen und Verlegern überlassen wurde, nahm die Führung der DDR wesentlich mehr Einfluss auf die Kulturpolitik.

Wirtschaftswunder

Der wirtschaftliche Aufschwung der 1950-er Jahre und der Kalte Krieg, durch den die beiden deutschen Staaten in den Blickpunkt der Weltpolitik gerieten, verdeckte vielfach die Vergangenheit, deren Aufarbeitung oft verdrängt wurde. Mit der Ernüchterung über die Erfolge der Zeit des Wirtschaftswunders in den 1960-er Jahren stieg das Protestpotenzial. Damit verbunden war auch eine stärkere Politisierung der Literatur.
Nachdem jedoch in der Folge die Veränderungen, die man sich nach 1968 erhofft hatte, ausgeblieben waren, erfolgte ein Rückzug auf die Auseinandersetzung mit privaten, subjektiven Themen (Neue Subjektivität).

Fokussierung auf das eigene Ich

In den 1980-er Jahren verschwammen die Konturen: Einerseits ist die Zeit von einer zunehmenden Fokussierung auf das eigene Leben, die eigene Individualität und gesteigertes Nützlichkeitsdenken geprägt, andererseits verliert die Werteordnung an Gültigkeit. Parallel zur Politik, die zunehmend entideologisiert wurde, ging es in der Literatur hauptsächlich um die eigene Befindlichkeit, die eigene Vergangenheit, die eigene Familiengeschichte.
Mit der Wiedervereinigung der beiden deutschen Staaten 1990 begann eine neue Ära, allerdings konnten die inneren Grenzen im Literaturbetrieb und im Literaturverständnis nur schwer überwunden werden.

Literatur der DDR

Literaturschaffen als politisches Statement

Die Besonderheit der DDR-Literatur lag darin, dass die schriftstellerische Tätigkeit als Teil der politisch-gesellschaftlichen Auseinandersetzung im Dienst des Antifaschismus gesehen wurde. Eine Reihe von Schriftstellerinnen und Schriftstellern, darunter Johannes R. Becher (1891 – 1958), Bertolt Brecht (1898 – 1956), Anna Seghers (1900 – 1983), Stefan Heym (1913 – 2001), Stephan Hermlin (1915 – 1997) und Arnold Zweig (1887 – 1968) kehrten aus dem Exil zurück und prägten die DDR-Literatur der frühen Jahre. Mit der Einflussnahme der SED (Sozialistische Einheitspartei Deutschlands) sollte auf lange Sicht eine „sozialistische Nationalliteratur" Deutschlands entstehen.

Staatlicher Einfluss

Dieser staatliche Einfluss und die Zielvorgabe (Aufbau des Sozialismus) führten dann jedoch zu Behinderungen und zur Unterdrückung von Schriftstellerinnen und Schriftstellern, die sich diesem Ziel nur schwer unterordnen wollten. Selbst renommierte Schriftsteller/innen wie Bert Brecht oder Anna Seghers blieben von Kritik nicht verschont. In der Folge stagnierte die anfangs optimistische Literaturentwicklung.
Einen Ausweg versuchte man 1959 mit dem „Bitterfelder Weg", dessen Ziel es war, das Verhältnis der Schriftsteller/innen zur Welt der Werktätigen zu verbessern und den wechselseitigen Erfahrungsaustausch und auch die Literaturproduktion der Arbeiter/innen mit Laienprogrammen nach dem Motto „Greif zur Feder, Kumpel, die sozialistische deutsche Nationalkultur braucht dich!" zu fördern. Die Bestrebungen der nächsten Jahre endeten aber etwa 1965 mit der Aufgabe dieses Konzepts.

Abgrenzung von der BRD

In der Folge war es das Ziel der DDR-Kulturpolitik, die Literatur der DDR von der in der Bundesrepublik nach Möglichkeit abzugrenzen. Als Folge dessen übersiedelte eine Reihe von namhaften Schriftstellerinnen und Schriftstellern in die Bundesrepublik.
Ab etwa 1971 kommt es zu etwas liberaleren Tendenzen, mit der Ausbürgerung Wolf Biermanns (geb. 1936) im Jahr 1976 wird der kulturpolitische Kurs jedoch wieder verschärft. Namhafte DDR-Autorinnen und DDR-Autoren emigrierten in den Westen, u. a. Sarah Kirsch (geb. 1935) und Reiner Kunze (geb. 1933).
In den letzten Jahren der DDR (bis 1990) bildete sich eine experimentelle literarische Szene (vor allem in Berlin) heraus, die mit alternativen Publikationsmethoden (Selbstverlag, Lesungen) die Kontrolle durch den Staat zu unterlaufen versuchte. Allerdings stellte sich nach der Wende heraus, dass diese Szene vom Ministerium für Staatssicherheit (Stasi) unterwandert war.

Literatur Österreichs

Nach dem Krieg kehrte eine Reihe von namhaften Autorinnen und Autoren aus dem Exil zurück, andererseits publizierten auch diejenigen, die mehr oder weniger mit dem Nazi-Regime sympathisiert hatten bzw. ihre Ablehnung des Regimes im Rückzug auf das Private zum Ausdruck gebracht hatten. Daneben trat eine neue Generation von Schriftstellerinnen und Schriftstellern in den Vordergrund, die zwar Krieg und Nazizeit erlebt hatte, aber erst danach schriftstellerisch tätig wurde.

Bedeutung literarischer Zeitschriften

In der unmittelbaren Nachkriegszeit gewannen literarische Zeitschriften zunächst an Bedeutung, da sie Publikationsmöglichkeiten besonders auch für die junge Generation der Schriftsteller/innen ermöglichten. Das Zusammenleben der Generationen gestaltete sich unproblematisch, ältere Schriftsteller/innen traten als Mentor/innen der jüngeren auf.

Die junge Generation gewann im deutschen Sprachraum zunehmend an Anerkennung, was sich auch am Interesse der Gruppe 47 an Autorinnen und Autoren wie Ingeborg Bachmann, Ilse Aichinger und Paul Celan (1920 – 1970) zeigt, die 1952 zu einem Treffen eingeladen und ausgezeichnet wurden.

Anknüpfung an Traditionen und aktuelle Zeiterscheinungen

Thematisch konzentrierten sich die literarischen Arbeiten einerseits auf die Anknüpfung an die Traditionen der Vorkriegszeit bzw. der Monarchie und auf die Behandlung der Erfahrungen in der Kriegszeit, andererseits wurden auch Zeiterscheinungen wie Kalter Krieg und Wirtschaftswunder behandelt.

Sprachexperimente und Provokation

Die „Wiener Gruppe" um H. C. Artmann (1921 – 2000) setzte durch ein besonderes Sprachbewusstsein und experimentelle Texte neue Akzente.

In den 1960-er Jahren wurden Peter Handke (geb. 1942) und Thomas Bernhard (1931 – 1989) einer größeren Öffentlichkeit bekannt. Beide setzen sich mit der bürgerlichen Gesellschaft der Zeit auseinander und provozieren gerne durch die verwendete Form und auch die Inhalte.

In Graz tritt eine Schriftstellergruppe mit dem Namen Grazer Autoren Versammlung (GAV) in den Vordergrund, die im „Forum Stadtpark" ihr Zentrum findet und der namhafte Autorinnen und Autoren um Alfred Kolleritsch (geb. 1931), den Herausgeber der Literaturzeitschrift *„manuskripte"*, angehören (u. a. Wolfgang Bauer, Barbara Frischmuth, Peter Handke, Gerhard Roth).

Um 1970 tritt Elfriede Jelinek (geb. 1946) auf den Plan und gehört seit dieser Zeit zu den wichtigsten österreichischen Schriftstellerinnen. Ihre Themen kreisen oft um die Identität der Frau, ihre Unterdrückung und ihr Selbstverständnis, andererseits zeugen ihre Texte von einem sehr hohen Sprachbewusstsein (vgl. Seite 336ff.). Im Jahr 2004 erhielt Elfriede Jelinek den Literatur-Nobelpreis.

Parallel dazu erfolgt die Auseinandersetzung mit dem Heimatbegriff in Form einer neuen, kritischen bis satirischen Heimatliteratur. Die Tradition des Volksstücks wird ebenso kritisch weitergeführt.

Zahlreiche Texte nicht nur lyrischer Art beschäftigen sich mit Sprachexperimenten und neuen Ausdrucksformen, eine Tradition, die sich aus den 1950-er Jahren fortsetzt und u. a. mit Namen wie Ernst Jandl (1925 – 2000) und Gert Jonke (1946 – 2009) verbunden ist.

Auseinandersetzung mit historischen Fakten

Seit den 1980-er Jahren erfolgt eine Hinwendung zur fiktionalen Bearbeitung von Stoffen auf der Basis von realen Ereignissen und historischen Fakten.

Die Auseinandersetzung mit der österreichischen Vergangenheit, besonders durch Thomas Bernhard, prägte in dieser Zeit den literarischen Diskurs.

Daneben konzentrierten sich viele Autorinnen und Autoren auf die Aufarbeitung ihrer eigenen Biographie, ihrer Herkunft, ihrer Familienbeziehungen. Der postmoderne Roman wird eine der gewählten Textformen.

Deutschsprachige Literatur in der Schweiz

Bedeutung in Zeiten des Exils

Die Schweiz blieb – isoliert von Deutschland – von den Verwerfungen und Bedrohungen der Kriegszeit verschont und diente für viele Schriftsteller/innen als Zufluchtsort auf ihrem Weg ins Exil. Das Zürcher Schauspielhaus gewann in dieser Zeit des Exils eine hohe Bedeutung, da dort Werke aufgeführt werden konnten, die im Rest des deutschen Sprachraumes verboten waren und deren Verfasser/innen verfolgt wurden.

Aktuelle Zeitereignisse

Max Frisch (1911 – 1991) und Friedrich Dürrenmatt (1921 – 1990) traten in der Nachkriegszeit hervor und dominierten über Jahrzehnte das Literaturgeschehen. Die bevorzugten Themen waren die Zeitereignisse der 1950-er, 1960-er und 1970-er Jahre, wobei häufig die spezielle Situation der Schweiz mit ihrer kleinstaatlichen Charakteristik thematisiert wurde.
Die nachfolgenden Generationen vermochten jedoch keine tiefgreifende Wirkung im deutschen Sprachraum über die Schweiz hinaus zu erzielen.

STILFORMEN DER DEUTSCHEN LYRIK

DAS NATURMAGISCHE GEDICHT

Natur als Ausgleich zur Realität

Auch nach dem Zweiten Weltkrieg suchte man in dem allgemeinen Chaos, das der Krieg hinterlassen hatte, nach einem Halt und fand ihn im „Bleibenden" und „Dauernden", in der Natur. Ein neuer Sinn für das objektiv Wahrnehmbare, für die präzise Landschaftsschilderung erwachte. Das lyrische Ich trat weitgehend zurück. Bedeutende Verfasser dieser naturmagischen Gedichte waren Wilhelm Lehmann, Georg Britting, Peter Huchel, Günter Eich (siehe Neue Sachlichkeit) sowie Karl Krolow (1915 – 1999) und Johannes Bobrowski (1917 – 1965).

Peter Huchel
Chausseen (1950)

Erwürgte Abendröte
Stürzender Zeit!
Chausseen. Chausseen[1].
Kreuzwege der Flucht.
Wagenspuren über den Acker,
Der mit den Augen
Erschlagener Pferde
Den brennenden Himmel sah.

Nächte mit Lungen voll Rauch,
Mit hartem Atem der Fliehenden,
Wenn Schüsse
Auf die Dämmerung schlugen.
Aus zerbrochenem Tor
Trat lautlos Asche und Wind,
Ein Feuer,
Das mürrisch das Dunkel kaute.

Tote,
Über die Gleise geschleudert,
Den erstickten Schrei
Wie einen Stein am Gaumen.
Ein schwarzes
Summendes Tuch aus Fliegen
Schloss ihre Wunden.

1. Beobachten Sie, wie in den Kriegsgedichten von Peter Huchel die Natur die versehrte Welt ist:
   - Umschreiben Sie jede Strophe in eigenen Worten.
   - Illustrieren Sie, welche Rolle die Menschen in jeder Strophe spielen.
   - Stellen Sie fest, welche Wortarten in diesem Text vorkommen und welcher Effekt damit erreicht wird.

1 Chausseen: mit fester Fahrbahndecke versehene Landstraßen, meist geplant und eher geradlinig verlaufend

Günter Eich

Ende eines Sommers (1955)

Wer möchte leben ohne den Trost der Bäume!

Wie gut, dass sie am Sterben teilhaben!
Die Pfirsiche sind geerntet, die Pflaumen färben sich,
während unter dem Brückenbogen die Zeit rauscht.

Dem Vogelzug vertraue ich meine Verzweiflung an.
Er misst seinen Teil von Ewigkeit gelassen ab.
Seine Strecken
werden sichtbar im Blattwerk als dunkler Zwang,
die Bewegung der Flügel färbt die Früchte.

Es heißt Geduld haben.
Bald wird die Vogelschrift entsiegelt,
unter der Zunge ist der Pfennig zu schmecken.[1]

2. Besprechen Sie, wie in diesem Gedicht die bedrohlichen existenziellen Fragen des lyrischen Ich durch die Einbettung in die Natur aufgehoben werden:
   - Analysieren Sie, welche Metapher das stetige Fließen der Zeit schildert.
   - Stellen Sie Hypothesen auf, welche Bedeutung der Zug der Vögel nach Süden hat.
   - Beschreiben Sie, was an der Form auffällt.
3. Vergleichen Sie diesen Text mit dem Gedicht *Chausseen* von Peter Huchel.

Karl Krolow

Orte der Geometrie (1953)

Orte der Geometrie:
Einzelne Pappel, Platane.
Und dahinter die Luft,
Schiffbar mit heiterem Kahne

In einer Stille, die braust.
Einsames Sich-Genügen
In einem Himmel aus Schaum,
Hell und mit kindlichen Zügen.

Alles wird fasslich und Form:
Kurve des Flusses, Konturen
Flüchtender Vögel im Laub,
Diesige Hitze-Spuren,

Mundvoll Wind und Gefühl
Für blaue Blitze, die trafen
Körperschatten, die sanft
Schwankten wie Segel vorm Hafen.

4. Beobachten Sie, wie die Einzelheiten hier stark abstrahiert werden, indem Krolow die Landschaft aus großer Entfernung darstellt:
   - Nennen Sie die Bilder, die Natureindrücke vermitteln.
   - Prüfen Sie die Hauptsätze auf die Verwendung von Verben.
   - Nennen Sie die Unterschiede zu einem romantischen Naturgedicht (z. B. Eichendorff, *Sehnsucht*, Seite 180).

1 Anspielung auf einen Brauch der Griechen: Einem Toten wurde ein Obolus, eine Münze, unter die Zunge gelegt, damit er den Fährmann Charon entlohnen konnte, der ihn über den Fluss Styx zum Tor der Unterwelt fahren sollte.

Die ästhetische Form

Ästhetik als Filter der Wirklichkeit

Gottfried Benn möchte in seinen 1949 erschienenen *Statischen Gedichten* die Sinnlosigkeit des Seins durch die ästhetische Form, die der Mensch schafft, bannen. Die Ekelgedanken über das Absurde des Daseins sollen mit dem Schönheitsschleier der Kunst überdeckt werden. Denn nur mit Hilfe der künstlerischen Form kann die „schlechteste aller Welten" erträglich gemacht werden; Sinnstiftung ist nur im Bereich der Kunst möglich. Rundherum ist das Chaos des Seins. Die Gedichte aus Benns letzter Periode durchzieht eine zweifache Thematik: Zum einen werden die Kunst und der künstlerische Schaffensvorgang selbst Gegenstand der Darstellung, zum anderen wird als Ziel ein „absolutes Gedicht" angestrebt, das die Erfahrung des einsamen Ichs in Form verwandelt.
In seinem Vortrag *Probleme der Lyrik* (1951) sagte Gottfried Benn:

Die Öffentlichkeit lebt vielfach in der Meinung: Da ist eine Heidelandschaft oder ein Sonnenuntergang, und da steht ein junger Mann oder ein Fräulein, hat eine melancholische Stimmung, und nun entsteht ein Gedicht. Nein, so entsteht kein Gedicht. Ein Gedicht entsteht überhaupt sehr selten – ein Gedicht wird gemacht. Wenn Sie vom Gereimten das Stimmungsmäßige abziehen, was dann übrigbleibt, wenn dann noch etwas übrigbleibt, das ist dann vielleicht ein Gedicht. [...]
Mit dem Begriff Lyrik haben sich seit einigen Jahrzehnten bestimmte Vorstellungen verbunden. Auf der einen Seite steht das Emotionelle, das Stimmungsmäßige, das Thematisch-Melodiöse, und auf der anderen Seite steht das Kunstprodukt. Das neue Gedicht, die Lyrik, ist ein Kunstprodukt. Damit verbindet sich die Vorstellung von Bewusstheit, kritischer Kontrolle, und, um gleich einen gefährlichen Ausdruck zu gebrauchen, die Vorstellung von „Artistik". [...]
Ich verspreche mir nichts davon, tiefsinnig und langweilig über die Form zu sprechen. Form, isoliert, ist ein schwieriger Begriff. Aber die Form ist ja das Gedicht. Die Inhalte eines Gedichtes, sagen wir Trauer, panisches Gefühl, finale Strömungen, die hat ja jeder, das ist der menschliche Bestand, sein Besitz in mehr oder weniger vielfältigem und sublimem[1] Ausmaß, aber Lyrik wird daraus nur, wenn es in eine Form gerät, die diesen Inhalt trägt, aus ihm mit Worten Faszination macht. Eine isolierte Form, eine Form an sich, gibt es ja gar nicht. [...]

Gottfried Benn
Ein Wort (1943)

Ein Wort, ein Satz –: aus Chiffren[2] steigen
erkanntes Leben, jäher Sinn,
die Sonne steht, die Sphären schweigen
und alles ballt sich zu ihm hin.

Ein Wort – ein Glanz, ein Flug, ein Feuer,
ein Flammenwurf, ein Sternenstrich –
und wieder Dunkel, ungeheuer,
im leeren Raum um Welt und Ich.

1 sublim: nur mit großer Feinsinnigkeit wahrnehmbar
2 Chiffre: Stilfigur in der modernen Lyrik, Wörter, die als verrätselte Symbole mit meist komplexen Bedeutungen aufgeladen sind

5. Weisen Sie nach, dass Benn hier ein Gedicht im Sinne seiner Erklärung anstrebt:
   - Vergleichen Sie die erste und die zweite Strophe.
   - Kommentieren Sie das Lebensgefühl, das hier vermittelt wird.
   - Heben Sie bemerkenswerte formale Aspekte hervor.

DAS SURREALE GEDICHT

Nach dem Zweiten Weltkrieg wurden in der deutschen Lyrik auch die poetischen Verfahrensweisen des Surrealismus wirksam. Dichter/innen wie Peter Huchel, Günter Eich, Karl Krolow und Ingeborg Bachmann beschäftigten sich eingehend mit der französischen Literatur und mit der surrealen (= traumhaft-unwirklichen) Bildtechnik. Vor allem die Gedichte von Paul Celan lassen eine surreale Sehweise erkennen.

Surrealismus heißt wörtlich: über den Realismus hinausgehend. Der Surrealist möchte von der sinnenhaft erfahrbaren Wirklichkeit und dem logischen Denken weg und in eine Welt des Unbewussten, des Traumhaften, der Visionen gelangen. Er lehnt daher die übliche Bedeutung der Wörter und die grammatischen Regeln des Satzbaus ab und hält sich an spontane Assoziationen, an vom Unbewussten, vom psychischen Ausnahmezustand gesteuerte Bilderfolgen. Die Texte sind sehr schwer verständlich, man nennt sie deswegen auch „hermetisch"[1].

René Magritte (1898 – 1967), *Der heimliche Spieler*; 1927, Öl auf Leinwand, Musées Royaux des Beaux-Arts, Brüssel. Magritte zählt zu den bedeutendsten Vertretern des Surrealismus. Sein künstlerisches Schaffen war darauf gerichtet, die Wirklichkeit zu verdeutlichen. Er malte naturalistische Darstellungen von Gegenständen bzw. Lebewesen, verfremdete diese aber durch deren ungewöhnlichen Zusammenhang.

Hermetische Literatur

Im surrealen Gedicht haben die Worte nicht mehr die Aufgabe, außersprachliche Realität zu treffen. Sie schaffen vielmehr unreale Gebilde, die auf eine seelische Gestimmtheit, auf eine noch sprachlose Erfahrung hindeuten. Sie ergeben ein Wortmuster oder „Sprachgitter" (Celan), das für sich selbst steht. Ein wichtiges Prinzip der Wortgruppierung ist die Verbindung eines konkreten mit einem abstrakten Nomen. Sinnlich Wahrnehmbares wird durch das beigefügte Abstraktum vergeistigt, und Abstraktes erhält durch das Konkretum Farbe, Form und Stimmung. Das ergibt eigenartige sprachliche Bilder:

> ein Krug voll Zeit, Türme des Vergessens, das Gold unserer Träume, Hochöfen des Schmerzes, die Stufen der Schwermut, die Tische der Zeit.

Das stärkste sprachliche Bild ist dasjenige, das durch einen hohen Grad an Willkür gekennzeichnet ist; für das man am längsten braucht, um es in die Alltagssprache zu übersetzen. Dieses Abheben von der Alltagssprache kann in verschiedener Weise erfolgen: durch offenkundige Widersprüchlichkeit, durch ein halluzinatorisches Element, dadurch, dass man dem Abstrakten die Maske des Konkreten überstülpt, oder dadurch, dass die Vernunft sich weigert, die so verschiedenen Kategorien der Wirklichkeit entstammenden Wörter in Beziehung zu setzen.

1 hermetisch: so dicht verschlossen, dass nichts hinein- oder herausdringen kann

Kühne Metapher

„Schwarze Milch" bezeichnet man als kühne Metapher. Durch den Widerspruch im Bild (schwarz – Milch) spiegelt sie den Widersinn dieses Lebens. Der Durst, der nie zu löschende, ist die Angst, das Getränk der Tod.

Paul Celan

Todesfuge[1] (1944 – 1945)

Schwarze Milch der Frühe wir trinken sie abends
wir trinken sie mittags und morgens wir trinken sie nachts
wir trinken und trinken
wir schaufeln ein Grab in den Lüften da liegt man nicht eng
Ein Mann wohnt im Haus der spielt mit den Schlangen der schreibt
der schreibt wenn es dunkelt nach Deutschland dein goldenes Haar Margarete[2]
er schreibt es und tritt vor das Haus und es blitzen die Sterne er pfeift seine Rüden[3] herbei
er pfeift seine Juden hervor lässt schaufeln ein Grab in der Erde
er befiehlt uns spielt auf nun zum Tanz

Schwarze Milch der Frühe wir trinken dich nachts
wir trinken dich morgens und mittags wir trinken dich abends
wir trinken und trinken
Ein Mann wohnt im Haus der spielt mit den Schlangen der schreibt
der schreibt wenn es dunkelt nach Deutschland dein goldenes Haar Margarete
Dein aschenes Haar Sulamith[4] wir schaufeln ein Grab in den Lüften da liegt man nicht eng

Er ruft stecht tiefer ins Erdreich ihr einen ihr andern singet und spielt
er greift nach dem Eisen im Gurt er schwingts seine Augen sind blau
stecht tiefer die Spaten ihr einen ihr andern spielt weiter zum Tanz auf

Schwarze Milch der Frühe wir trinken dich nachts
wir trinken dich mittags und morgens wir trinken dich abends
wir trinken und trinken
ein Mann wohnt im Haus dein goldenes Haar Margarete
dein aschenes Haar Sulamith er spielt mit den Schlangen

Er ruft spielt süßer den Tod der Tod ist ein Meister aus Deutschland
er ruft streicht dunkler die Geigen dann steigt ihr als Rauch in die Luft
dann habt ihr ein Grab in den Wolken da liegt man nicht eng

Schwarze Milch der Frühe wir trinken dich nachts
wir trinken dich mittags der Tod ist ein Meister aus Deutschland
wir trinken dich abends und morgens wir trinken und trinken
der Tod ist ein Meister aus Deutschland sein Auge ist blau

1 Der Titel nennt Thema und Form. „Fuge" bedeutet in der Musik einen Wechselgesang, eine Art Kanon. Die Themen werden – leicht variiert – in allen Stimmen wiederholt.
2 Margarete: die blonde Margarete steht für die deutsche Frau (vgl. Fausts Gretchen)
3 Rüde: männlicher Hund
4 Sulamith: Name der jüdischen Frau im Hohen Lied der Liebe (aus dem Alten Testament)

er trifft dich mit bleierner Kugel er trifft dich genau
ein Mann wohnt im Haus dein goldenes Haar Margarete
er hetzt seine Rüden auf uns er schenkt uns ein Grab in der Luft
er spielt mit den Schlangen und träumet der Tod ist ein Meister aus Deutschland

dein goldenes Haar Margarete
dein aschenes Haar Sulamith

6. Besprechen Sie Celans Gedicht, das das Schicksal der jüdischen Bevölkerung Mitteleuropas zur Zeit der Shoah[1] beschreibt:
   - Erläutern Sie die einzelnen sprachlichen Bilder.
   - Verfolgen Sie die einzelnen Bilder über das ganze Gedicht hinweg und analysieren Sie, wie einzelne Bilder verarbeitet werden.
   - Stellen Sie Vermutungen für das Fehlen der Interpunktion an. Kommentieren Sie, wie die Verse häufig beginnen.

Der Mensch inmitten einer zerstörten Welt

Die Klagenfurterin Ingeborg Bachmann schrieb Gedichte, von denen einige dem Surrealismus nahe stehen. In ihren Frankfurter Vorlesungen über „Probleme zeitgenössischer Dichtung" (1959/60) bestimmt sie die Lyrik als „Bewegung aus Leiderfahrung". Zwei große Themen kehren in ihrer Lyrik immer wieder: die Angst vor dem Ende einer menschlichen Welt und die gescheiterte Liebe. Ihre Sprache fließt meist in freien Rhythmen dahin und ist durch starke Bildhaftigkeit gekennzeichnet. In der ersten Gedichtsammlung, *Die gestundete Zeit* (1953), zeigt sie den Menschen inmitten einer zerstörten Natur. Der Mensch geht einer Endzeit entgegen. Ingeborg Bachmann sieht die Anzeichen dafür ganz konkret in der ständigen Bedrohung durch den Krieg und die Atombombe.

Ingeborg Bachmann
Die gestundete Zeit (1953)

Es kommen härtere Tage.
Die auf Widerruf gestundete[2] Zeit
wird sichtbar am Horizont.
Bald musst du den Schuh schnüren
und die Hunde zurückjagen in die
Marschhöfe[3].
Denn die Eingeweide der Fische
sind kalt geworden im Wind.
Ärmlich brennt das Licht der Lupinen[4].
Dein Blick spurt im Nebel:
die auf Widerruf gestundete Zeit
wird sichtbar am Horizont.

Drüben versinkt dir die Geliebte im Sand,
er steigt um ihr wehendes Haar,
er fällt ihr ins Wort,
er befiehlt ihr zu schweigen,
er findet sie sterblich
und willig dem Abschied
nach jeder Umarmung.

Sieh dich nicht um.
Schnür deinen Schuh.
Jag die Hunde zurück.
Wirf die Fische ins Meer.
Lösch die Lupinen!

Es kommen härtere Tage.

1 Shoah: Bezeichnung für die Massenvernichtung der jüdischen Bevölkerung durch die Nationalsozialisten in weiten Teilen Europas
2 stunden: Laufzeit verlängern, aufschieben
3 Marschhof: Bauernhof in der Marschlandschaft (Marsch: Schwemmland in Norddeutschland)
4 Lupinen: Wolfsbohne, weit verbreitete Blume

7. Beobachten Sie, wie Ingeborg Bachmann in diesem Gedicht eine Endzeit, einen Abschied beschreibt:
   - Beschreiben Sie die Leitmotive in dem Text.
   - Analysieren Sie, wie die Dringlichkeit des Gedichtes gesteigert wird.
   - Stellen Sie Vermutungen über die Bedeutung der Strophenstruktur an.

Identitätsfindung

Der zweite und letzte Gedichtband, *Anrufung des Großen Bären* (1956), thematisiert unter anderem die bedingungslose Liebe, die jedoch an der eigenen Verstörtheit und am Wesen der Männer scheitert. Den Abschluss der Gedichtsammlung bilden die *Lieder auf der Flucht*, einer Flucht vor sich selber. In einem der Lieder heißt es:

Ingeborg Bachmann
XIII (1956)

Die Sonne wärmt nicht, stimmlos ist das Meer.
Die Gräber, schneeverpackt, schnürt niemand auf.
Wird denn kein Kohlenbecken angefüllt
mit fester Glut? Doch Glut tut's nicht.

Erlöse mich! Ich kann nicht länger sterben.

Der Heilige hat anderes zu tun;
er sorgt sich um die Stadt und geht ums Brot.
Die Wäscheleine trägt so schwer am Tuch;
bald wird es fallen. Doch mich deckt's nicht zu.

Ich bin noch schuldig. Heb mich auf.
Ich bin nicht schuldig. Heb mich auf.

Das Eiskorn lös vom zugefrornen Aug,
brich mit den Blicken ein,
die blauen Gründe such,
schwimm, schau und tauch:

Ich bin es nicht.
Ich bin's.

8. Vergleichen Sie die hier dargestellten Probleme des lyrischen Ich mit der eigenen Lebensorientierung:
   - Erläutern Sie das Lebensgefühl, das dieser Text vermittelt.
   - Heben Sie besonders auffällige Ausdrucksweisen hervor.
   - Finden Sie Parallelen zu dem Gedicht *Die gestundete Zeit*.

DAS ZEIT- UND GESELLSCHAFTSKRITISCHE GEDICHT

Appell zur Veränderung

Das zeit- und gesellschaftskritische Gedicht zeigt Missstände auf bzw. Zustände, die als Missstände gesehen werden. Damit unterscheidet sich diese Art von Lyrik, die es seit Walther von der Vogelweide gibt, grundsätzlich von der Erlebnislyrik (Ich-Lyrik), die nur die Befindlichkeit des lyrischen Ichs im Auge hat. Die Absicht gesellschaftskritischer Gedichte ist der Appell zur Veränderung. Die Autorin bzw. der Autor versucht mit der Leserin oder dem Leser ein Gespräch zu führen; sie bzw. er monologisiert nicht, sondern ist partnerzugewandt. Ihre oder seine Gedichte sollen unmittelbaren Gebrauchswert haben.

Da das kritische Gedicht unser Umfeld beleuchtet, beschäftigt es sich auch mit der Frage: Wie wird Sprache im öffentlichen und im privaten Leben verwendet? Welche Sprach- und Denkformen haben sich festgesetzt und verhindern ein freies Urteil?

Hans Magnus Enzensberger (geb. 1929) übt in seinen Gedichten und in seinen Essays besonders deutlich Kritik an politischen und gesellschaftlichen Phänomenen, wie z. B. an der Rolle der Medien, deren Macht er hinterfragt.

Hans Magnus Enzensberger
an alle fernsprechteilnehmer (1958)

etwas, das keine farbe hat, etwas,
das nach nichts riecht, etwas zähes,
trieft aus den verstärkerämtern[1],
setzt sich fest in die nähte der zeit
und der schuhe, etwas gedunsenes,
kommt aus den kokereien, bläht
wie eine fahle brise die dividenden
und die blutigen segel der hospitäler,
mischt sich klebrig in das getuschel
um professuren und primgelder, rinnt,
etwas zähes, davon der salm stirbt,
in die flüsse, und sickert, farblos,
und tötet den butt auf den bänken.

die minderzahl hat die mehrheit,
die toten sind überstimmt.

in den staatsdruckereien
rüstet das tückische blei auf,
die ministerien mauscheln, nach phlox
und erloschenen resolutionen riecht
der august. das plenum ist leer.
an den himmel darüber schreibt
die radarspinne ihr zähes netz.
die tanker auf ihren helligen
wissen es schon, eh der lotse kommt,
und der embryo weiß es dunkel
in seinem warmen, zuckenden sarg:

es ist etwas in der luft, klebrig
und zäh, etwas, das keine farbe hat
(nur die jungen aktien spüren es nicht):
gegen uns geht es, gegen den seestern
und das getreide. und wir essen davon
und verleiben uns ein etwas zähes,
und schlafen im bluhenden boom,
im fünfjahresplan, arglos
schlafend im brennenden hemd,
wie geiseln umzingelt von einem zähen,
farblosen, einem gedunsenen schlund.

9. Erklären Sie mit Hilfe von Lexika oder des Internets Ihnen unbekannte Begriffe in diesem Textausschnitt.

1 verstärkeramt: „Ein Verstärkeramt ist eine Einrichtung, deren sich jedermann bedient, ohne sich ihrer Existenz und Funktion bewusst zu werden. Jedes Ferngespräch, das wir führen, geht über ein solches Amt. Es läuft über eine Zentrale, wo die Schwachstromimpulse elektronisch verstärkt werden. Solche Zentralen liegen gewöhnlich irgendwo auf dem Land, unscheinbare Gebäude, in deren Kellern die Automaten ihre Arbeit verrichten“ (H. M. Enzensberger).

10. Diskutieren Sie das Bedrohungsszenario, das Hans Magnus Enzensberger hier beschreibt:
- Suchen Sie die Adjektive heraus, die das bedrohliche „etwas" beschrieben.
- Nennen Sie Verben, die mit „etwas" verbunden werden.
- Kommentieren Sie, wo dieses „etwas" auftritt und was es bewirkt.
- Beschreiben Sie die apokalyptische Vision, die der Autor schildert.
- Erläutern Sie, an wen er sich wendet.
- Stellen Sie Vermutungen an, in welcher Absicht das Gedicht geschrieben ist.

Der Autor Erich Fried (1921 – 1988) setzte sich bei jeder sich ihm bietenden Gelegenheit für Frieden und atomare Abrüstung ein. Sein Gedicht *Gründe* wurde, wie er sagt, „aus selbst gehörten Äußerungen von Bürgern der Bundesrepublik und Westberlins zusammengestellt". Erfindungen des Autors sind nur die Überschrift und die vier Schlusszeilen. Erich Fried bedient sich einer Technik, die man Collage nennt.

Collage

Der Begriff wurde aus der bildenden Kunst übernommen und findet sich in allen Gattungen der modernen Literatur, besonders im experimentellen Roman und in der engagierten Lyrik. Eine Collage entsteht, wenn man vorhandene Texte oder Teile davon kombiniert und so einen neuen Text erzeugt. Durch geschicktes Zusammenfügen vorgefertigten Sprachmaterials entstehen oft überraschende Wirkungen. Collagen werden manchmal auch als Montagen bezeichnet.

Erich Fried

Gründe (1966)

Weil das alles nichts hilft
sie tun ja doch was sie wollen

Weil ich mir nicht nochmals
die Finger verbrennen will

Weil man nur lachen wird:
Auf dich haben sie gewartet

Und warum immer ich?
Keiner wird es mir danken

Weil da niemand mehr durchsieht
sondern höchstens noch mehr kaputtgeht

Weil jedes Schlechte
vielleicht auch sein Gutes hat

Weil es Sache des Standpunktes ist
und überhaupt wem soll man glauben?

Weil auch bei den andern nur
mit Wasser gekocht wird

Weil ich das lieber
Berufeneren überlasse

Weil man nie weiß
wie einem das schaden kann

Weil sich die Mühe nicht lohnt
weil sie alle das gar nicht wert sind

Das sind Todesursachen
zu schreiben auf unsere Gräber
die nicht mehr gegraben werden
wenn das die Ursachen sind.

11. Besprechen Sie die hier geäußerte Kritik an politischer Ahnungslosigkeit und dem Desinteresse an politischen Vorgängen:
    - Weisen Sie jedem Verspaar ein Nomen zu, das die dargestellte Haltung oder den Sprecher charakterisiert.
    - Untersuchen Sie, wie sich hier Denken und Sprache zueinander verhalten.
    - Finden Sie für die Begründungssätze dahinter liegende unausgesprochene Fragen.
    - Kommentieren Sie die letzten vier Zeilen.
12. Fertigen Sie eine Collage aus häufig verwendeten Sätzen, die in Ihrer Umgebung fallen, an.

EXPERIMENTELLE TEXTE (KONKRETE POESIE)

Visuelle Gedichte

Eugen Gomringer (geb. 1925) war Designer und Professor an der Kunstakademie Düsseldorf. Er nannte seine erste Sammlung von Texten *Konstellationen* (1953), d. h. Stellung (der Wörter) zueinander. Gomringers Verfahrensweise ist die Reduktion: Er stellt die Wörter nicht – wie üblich – in Sätze, weil darin ihre Bedeutung festgelegt und abgegriffen ist, er verwendet sie auch nicht als Metaphern, sondern er isoliert sie, setzt sie absolut und stellt sie zu Textmustern zusammen. Das Wort soll seine ihm innewohnende Bedeutung zurückerhalten, aus der Alltäglichkeit, aber auch aus dem „Metapherngestöber" befreit werden. Zur Kombination verwendet Gomringer ein übersichtliches Wortmaterial. Bedeutung, Gleichklang, Kontrast und Wiederholung bestimmen den Text. Hinzu kommt noch die typographische Anordnung, die Gomringers Texte zu „visuellen Gedichten" macht.

Eugen Gomringer
ping pong (1969)

ping pong
2 ping pong ping
pong ping pong
4 ping pong

13. Untersuchen Sie das Gedicht in Bezug auf die Lautebene und die visuelle Ebene:
    - Beschreiben Sie das Muster, das die Abfolge der einzelnen Elemente ergibt.
    - Erläutern Sie, was damit gezeigt wird.
    - Kommentieren Sie, welchen visuellen Eindruck das Gedicht hinterlässt.
    - Analysieren Sie, wie der visuelle Eindruck die sprachliche Ebene unterstützt.
    - Beschreiben Sie, welche Wirkung entsteht, wenn das Gedicht nur vorgetragen wird.

Eugen Gomringer
einanderzudrehen (1969)

einanderzudrehen und
aufeinandereinstellen

ineinandergreifen und
einandermitteilen

miteinanderdrehen und
voneinanderlösen

auseinanderkreisen und
einanderzudrehen

aufeinandereinstellen und
ineinandergreifen

einandermitteilen und
miteinanderdrehen

voneinanderlösen und
auseinanderkreisen

einanderzudrehen und

14. Vergleichen Sie den Inhalt des Gedichtes mit seiner eigenwilligen Form.
    - Erläutern Sie, welche Rolle die Wiederholung in diesem Text spielt.
    - Stellen Sie Vermutungen an, warum die letzte Zeile fehlt.
    - Beschreiben Sie, welche geometrische Grundfigur dargestellt wird.
    - Kommentieren Sie, welche Aussage mit dem Text getroffen wird.

Die Wiener Gruppe

Um 1954 formierte sich um Hans Carl Artmann (1921 – 2000) eine lose Schriftstellergruppe im Umfeld des Art Club, eines Szene-Lokals in Wien. Neben Artmann waren die wichtigsten Vertreter/innen dieser Gruppierung Friedrich Achleitner (geb. 1930), Konrad Bayer (1932 – 1964), Elfriede Gerstl (1932 – 2009) und Gerhard Rühm (geb. 1930). Auch Ernst Jandl (1925 – 2000) und Friederike Mayröcker (geb. 1924) pflegten Kontakt zu dieser Autorengruppe.
Sie nahmen Einflüsse aus der Barockzeit, des Dadaismus und des Surrealismus auf, beschäftigten sich mit lautmalerischen Sprachgebilden und visueller Lyrik. Der Dialekt wurde vielfach zur bevorzugten Sprachform.

Dialektdichtung

Aus einer überraschenden Verbindung der Wiener Vorstadtsprache mit dem Surrealismus ist die Sammlung *med ana schwoazzn dintn, gedichta r aus bradnsee* (1958) von H. C. Artmann entstanden. Die Gedichte erwecken eine Welt zu poetischem Leben, die noch kein Dichter vorher entdeckt hat, und begründen eine neue Periode der Dialektdichtung: Nicht mehr die ländlich-gesunde Idylle wird besungen, sondern das Ur-Komische und zugleich Makabre, das Abgründige der menschlichen Existenz und zugleich vordergründig Reale. So entstand der „schwarze Humor".

H. C. Artmann
blauboad 1 (1958)

i bin a ringlgschbüübsizza
und hob scho sim weiwa daschlong
und eanare gebeina
untan schlofzimabon fagrom ...

heit lod i ma ei di ochte
zu einen libesdraum –
daun schdöl i owa s oaschestrion[1] ei
und bek s me n hakal zaum!

so fafoa r e med ole maln
wäu ma d easchte en gschdis hod gem[2] –
das s mii amoe darwischn wean
doss wiad kar mendsch darlem!

i bin a ringlgschbüübsizza
(und schlof en da nocht nua bein liacht
wäu i mi waun s so finzta is
fua de dodn weiwa fiacht ...)

15. Lesen Sie dieses Gedicht laut vor und klären Sie mögliche Missverständnisse.
16. Besprechen Sie folgende Aspekte des Textes:
- Beschreiben Sie das lyrische Ich.
- Nennen Sie die Gründe des lyrischen Ich für sein Vorgehen.
- Erläutern Sie, welche Folgen sein Verhalten für ihn selbst hat.
- Kommentieren Sie die Wirkung, die die Sprache dieses Gedichtes erzielt.

Der Oberösterreicher Friedrich Achleitner (geb. 1930) ist in der Verknappung und Anordnung der sprachlichen Mittel Eugen Gomringer (vgl. Seite 311f.) nicht unähnlich. Die meisten seiner Gedichte sind im Dialekt geschrieben:

Friedrich Achleitner (1969)

koa aonung
von
duddn und blosn

owa

a nosn
a nosn

middn im gsichd

1 oaschestrion: ein veralteter Musikautomat mit Spielwalze
2 gschdis hod gem: „aus dem Tarockspiele hergeleiteter Ausdruck für den Abbruch eines Liebesverhältnisses“ (Artmann)

17. Beschreiben Sie, an welchen ureigenen Aspekten des Menschseins Achleitner hier rührt.

Friedrich Achleitner (1967)

gi gi gi gigözzn[1]
wa jo
gao gao gaons schä

waons nö nö nöd
a so
au au au aufhoedad

18. Vergleichen Sie Form und Inhalt dieses Gedichtes.

Der Wiener Ernst Jandl (1925 – 2000) schrieb visuelle Gedichte und Lautgedichte. Bei nahezu jedem seiner Texte wandte er ein anderes Verfahren an.

Ernst Jandl
falamaleikum (1966)

falamaleikum[2]
falamaleitum
falnamaleutum
fallnamalsooovielleutum
wennabereinmalderkrieglanggenugausist
sindallewiederda.
oderfehlteiner?

19. Analysieren Sie die Botschaft und die Form dieses Textes:
- Stellen Sie fest, welche Lautveränderungen den Sinn ins Gegenteil verkehren.
- Erläutern Sie, wie die Frage am Schluss zu verstehen ist.

Ernst Jandl

die zeit vergeht (1968)

lustig
luslustigtig
lusluslustigtigtig
luslusluslustigtigtigtig
lusluslusluslustigtigtigtigtig
luslusluslusluslustigtigtigtigtigtig
lusluslusluslusluslustigtigtigtigtigtigtig
luslusluslusluslusluslustigtigtigtigtigtigtigtig

1 gigözzn: stottern
2 falamaleikum: Verballhornung des arabischen Grußes „Salem aleikum“ (Bedeutung: Der Friede sei mit euch!)

20. Beobachten Sie die besondere Bedeutung des Klangbilds und der einzelnen Silben:
- Beschreiben Sie, welcher Effekt sich einstellt, wenn dieser Text laut vorgelesen wird.
- Erläutern Sie, welche Assoziationen Sie mit den verwendeten Silben verknüpfen.
- Stellen Sie Vermutungen an, welche Bedeutung die graphische Form hat.

Friederike Mayröcker (geb. 1924 in Wien) sieht sich zwischen den beiden Stilrichtungen Dadaismus und Surrealismus, möchte aber keiner Strömung zugeordnet und damit festgelegt werden. In dem Band *Ein Gedicht und sein Autor. Lyrik und Essay* (1967), herausgegeben von Walter Höllerer, liefert Mayröcker vielleicht einen Schlüssel für ihre Texte:

Ich fürchte, wir sind wie Leute, die am Morgen nach einer Unzahl von Träumen versuchen, diesen verästelten komplizierten Traumkörper nachzuziehen, bald aber enttäuscht ablassen, weil es unbefriedigend ist, Vages zu fixieren. Die wenigen Knotenpunkte des Traums konnte man ja reproduzieren, aber das Eigentliche, das Vibrierende, das weit Ausgesponnene, das Intensive, das Faszinierende, die Farbe konnte man nicht wiederherstellen; es ist nicht wiederzugeben, es war da als Traum, man hatte es sozusagen als Traum produziert, und das war schon das Beste, was man tun konnte.

Theodor de Bry (1528 – 1598), *Mnemosyne*; 1580, Kupferstich, Archiv für Kunst und Geschichte Berlin. Mnemosyne ist eine Gestalt aus der griechischen Mythologie, sie wurde namensgebend für die Gedächtniskunst.

An einer anderen Stelle heißt es:

Das „freie“ oder „totale“ Gedicht, das ich anstrebe, ist meiner Vorstellung nach ein Gedicht, das einen Ausschnitt aus der Gesamtheit meines Bewusstseins von Welt bringt. „Welt“ verstanden als etwas Vielschichtiges, Dichtes, Bruchstückhaftes, Unauflösbares.

Friederike Mayröckers Texte lesen sich wie eine Traumsprache, offen, sprunghaft, aber voller poetischer Stimmungen und Bilder:

Friederike Mayröcker (1960–1962)

Die marmorne die steinkühle die
vorfrühlingsgraue Zauberei
die ahnungsvolle flügelschlagende Zauberei hat mich endlich berührt.
Ich erkenne dass ich nichts mehr vermag gegen sie
als mich ihr hinzugeben mit sinkenden Armen berstenden Lidern,
mit vergeblichen Zauberformeln die niemand aufgeschrieben hat.
Du hast mich so mächtig verzaubert, dass ich nun nicht mehr weiß
was ich dir für einen Namen geben soll
ob ich dich rufen darf
ob ich dir mein Lächeln nachsenden soll wie einen Brief
über die Hügel der Stadt
über den nächtlichen Strauß der Sterne
durch den Blasebalg des Winds.

Du hast mich ins Fröhliche verwandelt und strahlend gemacht
und ich erkenne dass die schöne Erde bespannt ist mit deiner Haut
und dein Mund ist ein römischer Brunnen-Mund[1]
und ich kann meine Hand in seine fließenden Segnungen legen
und dein Auge von dem ich nie weiß welche Farbe es hat
(ist es honiggelb oder blau wie Nächte im Frühling?)
ist ein Bullauge geworden in einem weißen Schiff
ein Bullauge groß und bekränzt mit Meer-Rosen
und mit diesem weißen Schiff fahren wir weit ...

21. Untersuchen Sie die Beziehung, die dieses Gedicht Mayröckers beschreibt:
- Diskutieren Sie, welche Aspekte der Beziehung in dem Text dargestellt werden.
- Analysieren Sie, mit welchen sprachlichen Mitteln diese Inhalte vermittelt werden.

1 Römischer Brunnen-Mund (Bocca della Verità): Relief in der römischen Kirche Santa Maria in Cosmedin. Einer mittelalterlichen Legende nach verliert jeder seine Hand, der sie in den Mund des Reliefs legt und dabei nicht die Wahrheit sagt.

DIE LYRIK DER POSTMODERNE

Hinwendung zum Ich

In den Jahren nach 1975 erkannten die Schriftsteller/innen, dass sie mit ihren gesellschaftskritischen, tagespolitisch engagierten Gedichten rein gar nichts verändern oder bewegen konnten. Auch die Neigung zu experimentellen und sprachspielerischen Texten schwand. Das Pendel schlug in die Gegenrichtung aus: Die Autorinnen und Autoren entdeckten den einzelnen Menschen, das Private und Intime, sich selbst. In einem Gedicht der einst so aktivistischen Gabriele Wohmann (geb. 1932) heißt es:

Bei meinem Versuch, nach etwas Belangvollem Ausschau zu halten, mich den wahren Sorgen der Menschheit zuzuwenden und von mir abzusehen, bin ich auf mich gestoßen.

Die so genannte Postmoderne ist keine einheitliche Strömung, sie ist nur durch eine ganze Reihe sehr unterschiedlicher Erscheinungen zu charakterisieren. Folgende Merkmale treten in der Lyrik der Postmoderne häufig auf:

- Das Ich wird wieder wichtig, es entsteht ein „subjektiver Realismus".
- Das Alltägliche, oft Banale wird im Plauderton ausgedrückt. Es sind einfache Mitteilungen, manchmal mit Orts- und Zeitangaben, nicht Ewig-Seiendes in chiffrierter Sprache und nicht Politisch-Gesellschaftskritisches.
- Die amerikanische Popkultur übt ihren Einfluss aus: Man setzt sich mit trivialen Formen des Massenkonsums auseinander.
- Themen aus dem erotischen und sexuellen Bereich werden unverhüllt dargestellt.
- Ausdrucksmittel ist die Alltagssprache mit groben Tönen („dirty speech"). Absicht ist ein Schockeffekt, der den Leser aufmerksam machen soll.
- Die Form ist ungeglättet. Das Gedicht war ja ursprünglich ein strophisch gegliedertes Lied mit einer Melodie, und die Sprache musste dieser Melodie angepasst sein („gebundene Sprache"). Jetzt verändert das Gedicht seine Form radikal: Die Verse sind meist unterschiedlich lang, die Gliederung in regelmäßige Strophen fehlt, der Rhythmus „fließt" nicht mehr, Wohlklang wird nicht angestrebt. Jegliches Pathos ist verpönt.
- Die Gedichte der Postmoderne enthalten keine tiefen Geheimnisse, keine Verschlüsselungen durch Metaphern und Chiffren. Sie sind daher leicht zugänglich.

Merkmale postmoderner Lyrik

Wolf Wondratschek (geb. 1943)
Gedicht „XXX" (o. J.)

Jetzt schreiben sie alle
einen ziemlich flotten Stil,
knallhart, anbetungswürdig banal,
mit ein paar eingestreuten surrealistischen
Tatsachen, ein paar Kleinigkeiten
in Lebensgröße und, ohne viel Worte,
jede Menge Übertreibungen.
Hauptsache,
es klingt nicht besser als die Zeitung
und du verstehst, was ich meine.

Das ist augenblicklich modern:
die Oberfläche,
das Unterhemd,
das Innenleben der Muskeln, ...

und die Schwäche für Kraftausdrücke
ist das Stärkste, was sie
zu bieten haben.

22. Diskutieren Sie Wolf Wondratscheks Zugang zu der gängigen Lyrik seiner Zeit:
    - Erläutern Sie, welche Aspekte der Autor hervorhebt.
    - Kommentieren Sie seine Haltung in Bezug auf moderne Lyrik.
    - Stellen Sie Form und Inhalt dieses Textes einander gegenüber.

Günter Kunert (geb. 1929)
Unterwegs mit M. (1970)

Im Auto gemeinsam
unterwegs auf vergessenen Straßen
geborstene Wespen am Glas
platzender Regen
Sonne und Dunkelheit
und wieder Sonne: Wechsel
weniger Worte. Abwesendes
Beieinandersein. Sorglos.
Glück.

Erich Fried
Was es ist (1979)

Es ist Unsinn
sagt die Vernunft
Es ist was es ist
sagt die Liebe

Es ist Unglück
sagt die Berechnung
Es ist nichts als Schmerz
sagt die Angst
Es ist aussichtslos
sagt die Einsicht
Es ist was es ist
sagt die Liebe

Es ist lächerlich
sagt der Stolz
Es ist leichtsinnig
sagt die Vorsicht
Es ist unmöglich
sagt die Erfahrung
Es ist was es ist
sagt die Liebe

23. Vergleichen Sie die beiden Gedichte *Unterwegs mit M.* und *Was es ist*:
- Erläutern Sie, welches Thema die beiden Texte behandeln.
- Beschreiben Sie, wie das Thema jeweils dargestellt wird.
- Heben Sie formale und sprachliche Akzente hervor.

Julian Schutting (geb. 1937)
[Ohne Titel] (1976)

Karli liebt Inge,
hat ein Finger der Staubschicht eines Autos
in Blockbuchstaben anvertraut
Karli liebt Inge!,
wiederholst du mit Anteilnahme
den Wortlaut des Geheimnisses,
das aus düsterem Himmel sich aufgetan hat –
möge die Inschrift, deren Botschaft

noch zittert, von der Unverletzlichkeit
und Dauer einer Aufschrift wie
„Zufahrt gestattet!“ sein,
möge dieser eine oder irgendein Karli
eine Inge lieben,
auf dass erfüllet werde die Schrift,
in den Stoff der Vergänglichkeit geschnitten,
wenn selbst eine Amsel mit ihrer Liebe
den Autolärm durchdringt.
Karli liebt Inge – möge das Wunder,
dass sein Ich einzig in der Beschwörung
zärtlicher Namensverkleinerung noch bei ihm ist,
noch so wunderbar sein wie der Satz,
aus welchem es spricht,
möge der Staub, dass der Satz nicht verjährt ist,
nicht älter als einen Tag sein,
möge daher an dem Finger noch Staub sein
und auch kein Regen
dieses erste Geständnis tilgen,
auf dass der sehr junge Mann,
nachts im Ungewissen, ob alles auch wahr ist,
die Glückseligkeit der Selbsterkenntnis
nicht bloß geträumt haben muss!
Karli liebt Inge –
möge das Mädchen das
was es immer geahnt hat, als wirklich wahr
von der Autoscheibe lesen und dann
das sich selbst anvertraute Geheimnis
um das Geheimnis „und Inge liebt Karli“
ins Unermessliche vergrößern,
bald beiden der Schulweg
von solchen Erleuchtungen verklärt.
Karli liebt Inge –
oder könnte es sein,
dass ein drittes Kind die Lächerlichkeit,
die es aufgespürt hat,
dem Spott der anderen preisgibt?
die beiden werden,
sofern der Verräter wahr spricht,
ausgelacht zu werden ertragen.
Verdacht auf Denunziation,
weil in den Staub von Fensterscheiben
meist nur (zynischer Wahrheitsbeweis)
„Dreck“ oder „Sau“ oder beides
oder eine Nachricht wie
„Karli ist ein Trottel“, „Inge ist eine Hur“
geschrieben steht

24. Kommentieren Sie den Satz „Karli liebt Inge“, der im Zentrum des Gedichts steht:
- Erläutern Sie Interpretationsmöglichkeiten für den Satz „Karli liebt Inge“.
- Diskutieren Sie, welche Haltung des Autors sichtbar wird.
- Beziehen Sie Stellung, zu welcher Interpretation Sie neigen.

Rolf Dieter Brinkmann (1940–1975)
Die Orangensaftmaschine (1975)

dreht sich & Es ist gut, dass der Barmann
zuerst auf die nackten Stellen eines
Mädchens schaut, das ein Glas kalten

Tees trinkt. „Ist hier sehr heiß,
nicht?“ sagt er, eine Frage, die
den Raum etwas dekoriert,

was sonst? Sie hat einen kräftigen
Körper und, als sie den Arm
ausstreckt, das Glas auf

die Glasplatte zurückstellt,
einen schwitzenden, haarigen
Fleck unterm Arm, was den Raum

einen Moment lang verändert, die
Gedanken nicht. Und jeder sieht, dass
ihr's Spaß macht, sich zu bewegen

auf diese Art, was den Barmann
auf Trab bringt nach einer langen
Pause, in der nur der Ventilator

zu hören gewesen ist wie
immer, oder meistens, um
diese Tageszeit.

Ralf Thenior (geb. 1945)
Die Fastfrau (1977)

(Ein Liebesgedicht)

Wenn sie
um die Ecke kommt
mit ihren 14 Jahren
und dem rosa Pullover
etwas schmuddelig
an den Brüsten
hat schon 'ne Handvoll
sagen die Jungs
wenn sie
um die Ecke kommt
mit der Kaugummiblase
vor dem Mund
PLOPP

25. Analysieren Sie die beiden Gedichte *Die Orangensaftmaschine* und *Die Fastfrau*:
- Fassen Sie zunächst den Inhalt der Gedichte in kurzen Worten zusammen.
- Vergleichen Sie, welche sprachlichen Eigenheiten die beiden Texte verbinden bzw. unterscheiden.

Schockierende Sprache

Eine ganze Generation jünger ist der Dresdner Durs Grünbein (geb. 1962). Seine Gedichte sind plakativ und greifen Themen der Zeit auf: die Umweltproblematik und die Gleichgültigkeit der Menschen, denen nur eine schockierende Sprache beikommt. Die Verse der frühen Gedichte sind weder gereimt noch rhythmisch regelmäßig gegliedert. Als „Gedichte“ weist sie der Inhalt aus: Es sind Gedanken, Zustände, Beobachtetes ohne längere zeitliche Erstreckung.

Durs Grünbein

Belebter Bach (1988)

mit alten Autoreifen, Glas,
Sperrmüll und der Attrappe
eines kleinen Wehrs

aus Zellophan und Schrott,
in dem inmitten Schaums
auf einem Ölfilm ausgesetzt

ein grüner Badefisch sich
zwischen Zweigen schaukelnd
leicht um seine Achse dreht.

Kommt,
Wellen klaren Wassers, kommt.

Durs Grünbein

Nullbock (1988)

Prenzlauer Berg[1] sonntags die dunstige
Schwüle in den von
Autos verstopften Straßen. Ein Junge
in Jeans

streichelt ein Mädchen lässig beim
Telefonieren am Apparat dicht
vor der Hauswand, zersplittertes Glas. Sagt
„Nichts los heut" und wendet

sich um in die Richtung aus der
der Schrei eines
verunglückten Kindes kommt aus-

gestreckt wenige Meter vor dem
zerquetschten Ball.

26. Vergleichen Sie die beiden Texte *Belebter Bach* und *Nullbock*:
- Diskutieren Sie, welche Wirklichkeitserfahrung diesen Gedichten zugrunde liegt.
- Analysieren Sie, mit welchem Unterton diese Inhalte ausgedrückt werden.

1 Prenzlauer Berg: ehemals Ost-Berliner Stadtteil

In seinem Gedicht *September-Elegie 1* bezieht sich Grünbein auf das Attentat auf die Türme des World Trade Centers in New York am 11.9.2001.

Durs Grünbein
September-Elegie 1 (2002)

Dann flaut die Erregung ab. Vom Anblick der Supernova
Erholen die meisten sich bei Arbeit, Glücksspiel und Sex.
Von allen Mementos bleibt als letztes das leise „It's over".
Man betet im Stillen, faltet die Zeitungen, trinkt sein Becks.
Heimgekehrt in die Liliput-Enge des Alltags, gedenkt
Wer davonkam des Nachbarn, den ein Hammerschlag traf.
Schicksal, von Schläfern gemacht, erscheint nun als ferngelenkt.
Dass Flugzeuge Bomben sind, stört kaum den technischen Schlaf.
Verschämt sieht man manchmal zum Himmel auf. Was dort fliegt,
Könnte ein Erzengel sein, unterwegs zum gewohnten Fanal.
In den Straßen der Garküchendunst riecht nach frischem Krieg.
Mit dem Drama der Schaben verglichen, ist das Leben banal.
Keiner ist Stoiker hier. Palavernd vor Schwellen und Türen,
Von Terminen und Schulden gejagt, durcheilt man die Stadt.
Wer hat schon Zeit gehabt, etwas wie Seelenruhe zu destillieren
Aus der Gewissheit des Todes, und dass alles ein Ende hat?
Auch Wolkenkratzer – ihr Bau dauert Jahre, Sekunden ihr Fall.
Anderntags grinst das Kind schon mit ausgeschlagenem Zahn.
Der Globus dreht seine Runden wie eh und je. Aus dem All
Gleicht der Fleck in Manhattan einem erloschnen Vulkan.

27. Beobachten Sie, wie Grünbein anhand des Anschlags auf das World Trade Center die Vergänglichkeitserfahrung thematisiert:
    - Klären Sie vorab Ihnen unbekannte Begriffe.
    - Beschreiben Sie, wie das Gedicht einsetzt.
    - Erläutern Sie, was die Grundstimmung der Menschen ist.
    - Kommentieren Sie, inwieweit dieses Ereignis die Welt verändert hat.
28. Vergleichen Sie die Texte Grünbeins mit Gedichten des Barock (Seite 61ff.) und der Romantik (Seite 177ff.) hinsichtlich
    - der Form,
    - des Themas,
    - der Motive,
    - der Sprache.

MODERNES DEUTSCHES DRAMA

DAS BÜRGERLICHE PROBLEMSTÜCK

Das bürgerliche Problemstück möchte dem Zuseher einen Spiegel vorhalten, allerdings versteckt in einem vordergründig unterhaltsamen Theaterspaß, bei dem ihm unversehens ein tiefer Schock versetzt wird. In dem Essay *Theaterprobleme* (1955) schreibt Friedrich Dürrenmatt:

Die Tragödie setzt Schuld, Not, Maß, Übersicht, Verantwortung voraus. In der Wurstelei unseres Jahrhunderts, in diesem Kehraus der weißen Rasse, gibt es keine Schuldigen und auch keine Verantwortlichen mehr. Alle können nichts dafür und haben es nicht gewollt. Es geht wirklich ohne jeden. Alles wird mitgerissen und bleibt in irgendeinem Rechen hängen. Wir sind zu kollektiv schuldig, zu kollektiv gebettet in die Sünden unserer Väter und Vorväter. Wir sind nur noch Kindeskinder. Das ist unser Pech. Nicht unsere Schuld: Schuld gibt es nur noch als persönliche Leistung, als religiöse Tat. Uns kommt nur noch die Komödie bei. Unsere Welt hat ebenso zur Groteske geführt wie zur Atombombe, wie ja die apokalyptischen[1] Bilder des Hieronymus Bosch auch grotesk sind. Doch das Groteske ist nur ein sinnlicher Ausdruck, ein sinnliches Paradox[2], die Gestalt nämlich einer Ungestalt, das Gesicht einer gesichtslosen Welt, und genau so wie unser Denken ohne den Begriff des Paradoxen nicht mehr auszukommen scheint, so auch die Kunst, unsere Welt, die nur noch ist, weil die Atombombe existiert: aus Furcht vor ihr.

29. Analysieren Sie den Hintergrund, vor dem Dürrenmatt diesen Text schrieb:
- Erläutern Sie, welche geschichtlichen und gesellschaftlichen Ereignisse Dürrenmatt erlebt hat.
- Kommentieren Sie, wie laut Dürrenmatt die Ereignisse der ersten Hälfte des 20. Jahrhunderts gerechtfertigt wurden.

Die Groteske

Eine Groteske entsteht, wenn sich Komisches und Schreckliches verbinden. Das Lachen wird jäh von Entsetzen erstickt, das Lustige kippt ins Tragische um. Die Groteske kann in epischen und dramatischen Formen auftreten. In einer als grotesk erlebten Wirklichkeit wird die Groteske zur angemessenen Darstellungsweise. Groteske Züge finden sich in Werken von Franz Kafka, Bertolt Brecht, Günter Grass (geb. 1927), Max Frisch (1911 – 1991) und Friedrich Dürrenmatt.

Die Tragikomödie ist die bevorzugte Form des bürgerlichen Problemstücks, in der tragische und komische Elemente vereint sind. Das Komische wird nicht etwa als Einlage geboten; vielmehr kann das Tragische jederzeit ins Komische umschlagen und umgekehrt. Schon die Stücke Molières (1622 – 1673, *Der Misanthrop*, *Der Geizhals*, *Tartuffe*) sind Tragikomödien in diesem Sinn. Auch

1 apokalyptisch: auf das Weltende hinweisend, Unheil bringend
2 Paradox: etwas, was einen Widerspruch in sich selbst enthält

bei Henrik Ibsen (1828 – 1906), Gerhart Hauptmann und George Bernard Shaw (1856 – 1950) findet man tragikomische Situationen. Max Frisch und Friedrich Dürrenmatt, die an das epische Theater anschließen, entwickeln die Tragikomödie zu einer perfekten dramatischen Form, die sehr bühnenwirksam ist. Neben Dürrenmatts *Besuch der alten Dame* (1956 uraufgeführt) und *Die Physiker* (1962) kann man Frischs Lehrstück *Biedermann und die Brandstifter* (1958) als Tragikomödie bezeichnen.
In seinem ersten Stück, *Komödie* (1947) genannt, lässt Friedrich Dürrenmatt (1921 – 1990) den Besoffenen sagen:

> Wir sind eingeschlossen in eine Hölle von Fragen, die keiner beantworten kann, und unsere Strafe ist, „warum" zu schreien.

Spiel mit den Möglichkeiten in der Welt

Käufliche Gerechtigkeit

Die Dramen Dürrenmatts sind Beispiele für diese Hölle von Fragen. Komödien schreiben ist für den Schweizer Dichter ein Spiel mit den Möglichkeiten in der Welt. Die Wirklichkeit liefert den Hintergrund seiner Tragikomödien.
In Dürrenmatts *Der Besuch der alten Dame* ist die Kleinstadt Güllen vom Bankrott bedroht, Gemeinde und Bewohner sind tief verschuldet. Die Milliardärin Claire Zachanassian (insgeheim die Verursacherin des finanziellen Ruins) scheint Abhilfe schaffen zu können. Sie musste vor fünfundvierzig Jahren als Kläre Wäscher mit einem unehelichen Kind die Stadt verlassen. Ihr Liebhaber Ill hatte sie vor Gericht als Dirne hingestellt und dann eine andere geheiratet; nun betreibt er ein Geschäft im Ort. Das Stück beginnt mit dem großen Empfang für die Witwe des Ölmagnaten Zachanassian aus Amerika. Blasmusik, Blumensträuße, der Bürgermeister hält eine Begrüßungsansprache:

> DER BÜRGERMEISTER: Gnädige Frau, meine lieben Güllener. Es sind jetzt fünfundvierzig Jahre her, dass Sie unser Städtchen verlassen haben, welches, vom Kurfürsten Hasso dem Noblen gegründet, so freundlich zwischen dem Konradsweilerwald und der Niederung von Pückenried gebettet liegt. Fünfundvierzig Jahre, mehr als vier Jahrzehnte, eine Menge Zeit. Vieles hat sich inzwischen ereignet, viel Bitteres. Traurig ist es der Welt ergangen, traurig uns. Doch haben wir Sie, gnädige Frau – unsere Kläri – *Beifall* – nie vergessen. Weder Sie, noch Ihre Familie. Die prächtige, urgesunde Mutter – *Ill flüstert ihm etwas zu* – leider allzu früh von einer Lungenschwindsucht dahingerafft, der volkstümliche Vater, der beim Bahnhof ein von Fachkreisen und Laien stark besuchtes – *Ill flüstert ihm etwas zu* – stark beachtetes Gebäude errichtete, leben in Gedanken noch unter uns, als unsere Besten, Wackersten. Und gar Sie, gnädige Frau – als blond – *Ill flüstert ihm etwas zu* – rotgelockter Wildfang tollten Sie durch unsere nun leider verlotterten Gassen – wer kannte Sie nicht. Schon damals spürte jeder den Zauber Ihrer Persönlichkeit, ahnte den kommenden Aufstieg zu der schwindelnden Höhe der Menschheit. *Er zieht das Notizbüchlein hervor.* Unvergessen sind Sie geblieben. In der Tat. Ihre Leistung in der Schule wird noch jetzt von der Lehrerschaft als Vorbild hingestellt, waren Sie doch besonders im wichtigsten Fach erstaunlich, in der Pflanzen- und Tierkunde, als Ausdruck Ihres Mitgefühls zu allem Kreatürlichen, Schutzbedürftigen. Ihre Gerechtigkeitsliebe und Ihr Sinn für Wohltätigkeit erregten schon damals die Bewunderung weiter Kreise. *Riesiger Beifall.* Hatte doch unsere Kläri einer armen alten Witwe Nahrung verschafft, indem sie mit ihrem mühsam bei Nachbarn verdienten Taschengeld Kartoffeln kaufte und sie so vor dem Hungertode bewahrte, um nur eine ihrer barmherzigen Handlungen zu erwähnen. *Riesiger Beifall.* Gnädige Frau, liebe Güllener, die zarten Keime so erfreulicher Anlagen haben sich denn nun kräftig entwickelt, aus dem

rotgelockten Wildfang wurde eine Dame, die die Welt mit ihrer Wohltätigkeit überschüttet, man denke nur an ihre Sozialwerke, an ihre Müttersanatorien und Suppenanstalten, an ihre Künstlerhilfe und Kinderkrippen, und so möchte ich der nun Heimgefundenen zurufen: Sie lebe hoch, hoch, hoch! *Beifall.*

Claire Zachanassian erhebt sich.

CLAIRE ZACHANASSIAN: Bürgermeister, Güllener. Eure selbstlose Freude über meinen Besuch rührt mich. Ich war zwar ein etwas anderes Kind, als ich nun in der Rede des Bürgermeisters vorkomme, in der Schule wurde ich geprügelt, und die Kartoffeln für die Witwe Boll habe ich gestohlen, gemeinsam mit Ill, nicht um die alte Kupplerin vor dem Hungertode zu bewahren, sondern um mit Ill einmal in einem Bett zu liegen, wo es bequemer war als im Konradsweilerwald oder in der Peterschen Scheune. Um jedoch meinen Beitrag an eure Freude zu leisten, will ich gleich erklären, dass ich bereit bin, Güllen eine Milliarde zu schenken. Fünfhundert Millionen der Stadt und fünfhundert Millionen verteilt auf jede Familie.

Totenstille.

DER BÜRGERMEISTER *stotternd*: Eine Milliarde.

Alle immer noch in Erstarrung.

CLAIRE ZACHANASSIAN: Unter einer Bedingung.

Alle brechen in einen unbeschreiblichen Jubel aus. Tanzen herum, steigen auf die Stühle, der Turner turnt usw. Ill trommelt sich begeistert auf die Brust.

ILL: Die Klara! Goldig! Wunderbar! Zum Kugeln! Voll und ganz mein Zauberhexchen!

Er küßt sie.

DER BÜRGERMEISTER: Unter einer Bedingung, haben gnädige Frau gesagt. Darf ich diese Bedingung wissen?

CLAIRE ZACHANASSIAN: Ich will die Bedingung nennen. Ich gebe euch eine Milliarde und kaufe mir dafür die Gerechtigkeit.

Totenstille.

DER BÜRGERMEISTER: Wie ist dies zu verstehen, gnädige Frau?

CLAIRE ZACHANASSIAN: Wie ich es sagte.

DER BÜRGERMEISTER: Die Gerechtigkeit kann man doch nicht kaufen!

CLAIRE ZACHANASSIAN: Man kann alles kaufen. [...] Eine Milliarde für Güllen, wenn jemand Alfred Ill tötet.

30. Besprechen Sie die scheinbar harmlose Begrüßungsszene, mit der Dürrenmatt das Stück eröffnet:
- Vergleichen Sie das Bild, das der Bürgermeister in seiner Begrüßungsrede gibt, mit dem, was Claire schildert.
- Stellen Sie Vermutungen für Claire Zachanassians Annahme an, mit diesem Angebot Erfolg haben zu können.
- Diskutieren Sie, inwieweit Dürrenmatts Analyse der Nachkriegszeit auch heute noch aktuell ist.

Die „tragische Komödie" macht deutlich, wie Verrat entsteht, wie man Gerechtigkeit kaufen kann und wie sehr der Mensch verführbar ist. Zwar drückt der Bürgermeister zuerst lauthals die Empörung aller aus:

Ich lehne im Namen der Stadt Güllen das Angebot ab. Im Namen der Menschlichkeit.

Aber nach und nach lassen sich alle Bewohner kaufen, der Arzt, der Lehrer, der Pfarrer. Der Stadtturner erwürgt Ill, der Arzt stellt Herzschlag fest. Das Stück ist kennzeichnend für das Gesamtwerk Dürrenmatts.

DAS ABSURDE THEATER

Einer der Hauptvertreter des absurden[1] Theaters, der 1909 in Bukarest geborene, in Paris 1994 gestorbene Eugène Ionesco (1909 – 1994), der Autor der Stücke *Die kahle Sängerin* (1950), *Die Stühle* (1952), *Die Nashörner* (1959) und *Der König stirbt* (1962), erläutert das Absurde so:

> Absurd ist etwas, das ohne Ziel ist [...] Wird der Mensch losgelöst von seinen religiösen, metaphysischen[2] oder transzendentalen[3] Wurzeln, so ist er verloren, all sein Tun wird sinnlos, absurd, unnütz, erstickt im Keim.

Existentielle Angst

Seit der Wende vom 19. zum 20. Jahrhundert setzte sich der Gedanke immer weiter durch, dass die bisher gültigen Wertvorstellungen ihren Sinn verloren hätten. Besonders die Erlebnisse während des Zweiten Weltkrieges vermittelten das Gefühl der existentiellen Angst, der Absurdität des Daseins. Dieses Lebensgefühl wird im absurden Theater in einer neuen Form vermittelt.

Der Ire Samuel Beckett (1906 – 1989) veröffentlichte 1953 das Theaterstück *Warten auf Godot*. Die beiden Vagabunden Wladimir und Estragon, halb Philosophen, halb Clowns, warten auf Godot, den sie nicht kennen, von dem sie nichts wissen, nicht einmal, ob es ihn gibt. Das Erscheinen Godots ist das mit Ungeduld erwartete Ereignis, durch das die beiden wie durch ein Wunder aus ihrer fatalen Situation errettet werden sollen. Da er aber nie erscheint, ist Godot offenbar nur ein Name für eine der Wunschphantasie entsprungene Erlöserfigur.

Samuel Beckett, *Warten auf Godot*; Lucien Raimbourg und Pierre Latour in einer Aufführung des Stücks am Pariser Théatre Hébertot im Juni 1956

Thematisieren in Sprache

Beckett redet nicht in wohlgesetzten Dialogen über die Sinnlosigkeit des Lebens, sondern er stellt sie auf der Bühne sprachlich und szenisch dar. Das Auszusagende und die Form der Aussage stimmen völlig überein. Dialog und Spiel der Personen sind sinnlos, haben keine Beziehung mehr. Eine Hand-

1 absurd: widersinnig
2 metaphysisch: übernatürlich, übersinnlich
3 transzendental: die Grenzen der Erfahrung und der sinnlich erkennbaren Welt überschreitend

lung im Sinne des früheren Dramas gibt es nicht. Dafür vermittelt das Stück Angstvorstellungen, Traumbilder, groteske Situationen, grundsätzliches Nichtverstehen.
Im Stück langweilen sich Wladimir und Estragon, gehen einander auf die Nerven und können sich doch nicht trennen. Die Bühne ist so gut wie leer: Landstraße. Ein Baum. Abend.

ESTRAGON: Lauschiges Plätzchen.
Er dreht sich um, geht bis zur Rampe, blickt ins Publikum.
Heitere Aussichten!
Er wendet sich Wladimir zu.
Komm, wir gehen!
WLADIMIR: Wir können nicht.
ESTRAGON: Warum nicht?
WLADIMIR: Wir warten auf Godot.
ESTRAGON: Ach ja. *Pause.* Bist du sicher, dass es hier ist?
WLADIMIR: Was?
ESTRAGON: Wo wir warten sollen.
WLADIMIR: Er sagte, vor dem Baum. *Sie betrachten den Baum.* Siehst du sonst noch Bäume?
ESTRAGON: Was ist das für einer?
WLADIMIR: Ich weiß nicht ... Eine Weide.
ESTRAGON: Wo sind die Blätter?
WLADIMIR: Sie wird abgestorben sein.
ESTRAGON: Ausgetrauert.
WLADIMIR: Es sei denn, dass es an der Jahreszeit liegt.
ESTRAGON: Ist das nicht vielmehr ein Bäumchen?
WLADIMIR: Ein Strauch.
ESTRAGON: Ein Bäumchen.
WLADIMIR: Ein – *Er setzt von neuem an.* Was willst du damit sagen? Dass wir uns im Platz geirrt hätten?
ESTRAGON: Er müsste eigentlich hier sein.
WLADIMIR: Er hat nicht fest zugesagt, dass er käme.
ESTRAGON: Und wenn er nicht kommt?
WLADIMIR: Kommen wir morgen wieder.
ESTRAGON: Und dann übermorgen.
WLADIMIR: Vielleicht.
ESTRAGON: Und so weiter.
WLADIMIR: Das heißt ...
ESTRAGON: Bis er kommt.
WLADIMIR: Du bist unbarmherzig.
ESTRAGON: Wir sind gestern schon hier gewesen.
WLADIMIR: Ach was, da täuschst du dich.
ESTRAGON: Was haben wir gestern getan?
WLADIMIR: Was wir gestern getan haben?
ESTRAGON: Ja.
WLADIMIR: Hm ... *Ärgerlich*: Wenn etwas zu bezweifeln ist, dann bist du dabei.
ESTRAGON: Ich meine, dass wir hier waren.
WLADIMIR *blickt in die Runde*: Kommt dir die Gegend bekannt vor?

ESTRAGON: Das will ich nicht sagen.
WLADIMIR: Also?
ESTRAGON: Das will nichts heißen.
WLADIMIR: Immerhin ... Dieser Baum ... *Zum Publikum gewandt.* Dieser Sumpf.
ESTRAGON: Bist du sicher, dass es heute Abend war?
WLADIMIR: Was?
ESTRAGON: Dass wir warten sollten?
WLADIMIR: Er hat gesagt: Samstag. *Pause.* Meine ich jedenfalls.
ESTRAGON: Nach Feierabend.
WLADIMIR: Ich muss es aufgeschrieben haben. *Er wühlt in seinen Taschen, die mit den verschiedensten Dingen vollgestopft sind.*
ESTRAGON: Aber an welchem Samstag? Ist heute denn Samstag? Kann nicht heute Sonntag sein? Oder Montag? Oder Freitag?
WLADIMIR *blickt aufgeregt um sich, als wenn das Datum irgendwo in der Landschaft zu lesen wäre*: Es ist nicht möglich.
ESTRAGON: Oder Donnerstag?
WLADIMIR: Was soll man machen?
ESTRAGON: Wenn er sich gestern Abend vergebens hierhin bemüht hat, dann kannst du dir wohl denken, dass er heute nicht kommt. [...]
Hör mal, Didi. *Schweigen.* Gib mir die Hand.
Wladimir wendet sich ihm zu. Umarme mich! *Wladimir sträubt sich.* Sei doch nicht so! *Wladimir wird weich. Sie umarmen einander. Estragon weicht zurück.* Du stinkst nach Knoblauch.
WLADIMIR: Ist gut für die Nieren. *Schweigen. Estragon betrachtet aufmerksam den Baum.* Was sollen wir jetzt tun?
ESTRAGON: Warten.
WLADIMIR: Ja, aber beim Warten.
ESTRAGON: Sollen wir uns aufhängen?
WLADIMIR: Dann geht nochmal einer ab.
ESTRAGON *aufgereizt*: Dann geht einer ab?
WLADIMIR: Und wenn man an die Folgen denkt. Da, wo es hinfällt, wachsen Alraunen. Darum schreien sie so, wenn man sie ausreißt. Wusstest du es nicht?
ESTRAGON: Komm, wir hängen uns sofort auf.
WLADIMIR: An einem Ast?
Sie nähern sich dem Baum und betrachten ihn.
Ich hätte kein Vertrauen.
ESTRAGON: Wir können's doch mal versuchen.
WLADIMIR: Versuch's.
ESTRAGON: Nach dir.
WLADIMIR: Nein, du zuerst.
ESTRAGON: Warum?
WLADIMIR: Du bist leichter als ich.
ESTRAGON: Gerade darum.
WLADIMIR: Das versteh ich nicht.
ESTRAGON: Nun überleg mal ein bisschen, du.
WLADIMIR *denkt nach. Endlich*: Ich versteh es nicht!
ESTRAGON: Ich werd es dir erklären. *Er überlegt.* Der Ast ... der Ast ...

Wütend: Versuch doch, es zu verstehen.
WLADIMIR: Ich verlasse mich ganz auf dich.
ESTRAGON *angestrengt*: Gogo leicht – Ast nicht brechen – Gogo tot.
Didi schwer – Ast brechen – Didi allein. *Pause*. Dagegen ... *Er sucht den richtigen Ausdruck.*
WLADIMIR: Daran hatte ich nicht gedacht.
ESTRAGON *hat das Wort gefunden*: Wenn er dich aushält, riskiere ich nichts.

31. Analysieren Sie diesen Textabschnitt nach inhaltlichen und sprachlichen Gesichtspunkten:
- Kommentieren Sie die kommunikativen und menschlichen Beziehungen der beiden.
- Diskutieren Sie, was damit ausgedrückt werden soll.
- Besprechen Sie, wie Beckett die Erkenntnisfähigkeit des Menschen einschätzt.

DAS EXPERIMENTELLE SPRACHSPIELTHEATER

Sprachmuster und Handlungsmuster

Sprache und ihre Ausdrucksmöglichkeiten, aber auch ihre Einschränkungen werden zum Thema des experimentellen Sprachspieltheaters. Zum „Sprachspiel" gehört nicht nur die Sprache, sondern auch die Tätigkeit oder das Verhalten, das während des Sprechens abläuft.
Ludwig Wittgenstein (1889 – 1951) sagt in seiner Theorie vom Sprachspiel (aus: *Philosophische Untersuchungen*, veröffentlicht 1953):

Wie viele Arten der Sätze gibt es aber? Etwa Behauptung, Frage und Befehl? – Es gibt unzählige solcher Arten: unzählige verschiedene Arten der Verwendung alles dessen, was wir „Zeichen", „Worte", „Sätze" nennen. Und diese Mannigfaltigkeit ist nichts Festes, ein für allemal Gegebenes; sondern neue Typen der Sprache, neue Sprachspiele, wie wir sagen können, entstehen und andre veralten und werden vergessen. (Ein ungefähres Bild davon können uns die Wandlungen der Mathematik geben.)
Das Wort „Sprachspiel" soll hier hervorheben, dass das Sprechen der Sprache ein Teil ist einer Tätigkeit oder einer Lebensform.
Führe dir die Mannigfaltigkeit der Sprachspiele an diesen Beispielen, und anderen, vor Augen:

Befehlen, und nach Befehlen handeln –
Beschreiben eines Gegenstandes nach dem Ansehen, oder nach Messungen –
Herstellen eines Gegenstandes nach einer Beschreibung (Zeichnung) –
Berichten eines Hergangs –
Über den Hergang Vermutungen anstellen –
Eine Hypothese aufstellen und prüfen –
Darstellen der Ergebnisse eines Experiments durch Tabellen und Diagramme –
Eine Geschichte erfinden; und lesen –
Theater spielen –
Reigen singen –
Rätsel raten –
Einen Witz machen; erzählen –
Ein angewandtes Rechenexempel lösen –
Aus einer Sprache in die andere übersetzen –
Bitten, Danken, Fluchen, Grüßen, Beten.

Peter Handke (geb. 1942), der an Wittgenstein anschließt, schreibt in der Vorrede zu seinem frühen Stück *Kaspar* (1967):

> Das Stück „Kaspar“ zeigt nicht, wie ES WIRKLICH IST oder WIRKLICH WAR mit Kaspar Hauser. Es zeigt, was MÖGLICH IST mit jemandem. Es zeigt, wie jemand durch Sprechen zum Sprechen gebracht werden kann. Das Stück könnte auch „Sprechfolterung“ heißen.

Kaspar Hauser (1812 – 1833)
Kaspar Hauser, der im Alter von etwa 16 Jahren in Nürnberg gefunden wurde, konnte nur beschränkt lesen und sprechen und galt als geistig zurückgeblieben. Er gab an, jahrelang in einem Verlies gehalten worden zu sein. Seine Herkunft blieb unklar. Er erregte bald das Interesse der Öffentlichkeit und der Wissenschaft, da man glaubte, an ihm die Entwicklung der Sprache studieren zu können. Schließlich verstarb er vermutlich an einer selbst zugefügten Stichwunde.

Dieser zunächst sprachlose Kaspar der Bühne lernt allmählich mit den Gegenständen des täglichen Lebens umzugehen. Einsager, Stimmen, die aus allen Ecken auf ihn eindringen, bringen ihm Wörter, Sätze, die Sprache bei und schreiben ihm sein Verhalten vor.

> EINSAGER: Du kannst dich mit dem Satz dumm stellen. Dich mit dem Satz gegen andre Sätze behaupten. Alles bezeichnen, was sich dir in den Weg stellt, und es aus dem Weg räumen. Dir alle Gegenstände vertraut machen. Mit dem Satz alle Gegenstände zu einem Satz machen. Du kannst alle Gegenstände zu deinem Satz machen. Mit diesem Satz gehören alle Gegenstände zu dir. Mit diesem Satz gehören alle Gegenstände dir.

32. Kommentieren Sie, welche Auswirkungen die Verwendung von Sprache hat.

Die Einsager sprechen Kaspar bestimmte Satzmodelle vor, so etwa:

> EINSAGER: Der Raum ist klein, aber mein. Der Schemel ist niedrig, aber bequem. Das Urteil ist hart, aber gerecht. Der Reiche ist reich, aber leutselig. Der Arme ist arm, aber glücklich. Der Alte ist alt, aber rüstig. Der Berühmte ist berühmt, aber bescheiden. Der Irre ist irr, aber harmlos. Der Verbrecher ist Abschaum, aber trotz allem ein Mensch. Der Krüppel ist bedauernswert, aber auch ein Mensch. Der Fremde ist anders, aber es macht nichts.

Kaspar antwortet:

> KASPAR: Der Schnee trifft aber genügsam. Die Fliege läuft über das Wasser aber maßvoll. Der Soldat kriecht durch den Schlamm aber zufrieden. Die Peitsche knallt auf den Rücken aber ihrer Grenzen bewusst. Der Pferdenarr rennt in die Falle aber mit der Welt versöhnt. Der Verurteilte macht einen Luftsprung aber einsichtig. Das Fabriktor knarrt aber das geht vorbei.

Die Mustersätze der Einsager stecken voller Meinungen, Vorurteile und „Lebensweisheit", die einer Ideologie dienen und somit manipulieren:

> EINSAGER: Je liebevoller der Tisch gedeckt ist, desto lieber kommst du nach Hause. Je größer die Raumnot, desto gefährlicher die Gedanken. Je freudiger du arbeitest, desto eher findest du zu dir selber. Je sicherer dein Auftreten, desto leichter dein Vorwärtskommen. Je besser das gegenseitige Vertrauen, desto erträglicher das Zusammenleben. Je feuchter die Hand, desto unsicherer der ganze Mensch. Je sauberer die Wohnung, desto sauberer der Bewohner. Je weiter nach Süden, desto fauler die Leute.

Kaspar antwortet:

> KASPAR: Je mehr Holz auf dem Dach, desto mehr Schimmel im Backofen. Je mehr Städte unterkellert, desto mehr Umtriebe auf den Kohlenhalden. Je heller die Wäschestricke, desto mehr Erhängte im Handelsteil. Je nachdrücklicher die Forderung nach Vernunft im Gebirge, desto einschmeichelnder die Wolfsgesetze der freien Natur.

33. Untersuchen Sie die Sprachbeispiele, mit denen Kaspars Einsager eine bestimmte Auffassung von Welt liefern:
    - Kommentieren Sie, welche Wertvorstellungen hier transportiert werden.
    - Beschreiben Sie, wie Kaspar auf die Satzmodelle, die ihm vorgesprochen werden, reagiert.
    - Diskutieren Sie, was damit über Sprache ausgesagt wird.

Am Ende des Stückes verfügt Kaspar über eine Sprache. Er ist zu einem funktionierenden Mitglied der Gesellschaft geworden:

Sprache ordnet den Menschen in die Gesellschaft ein

> KASPAR: Ich kann mich verständlich machen […] Dadurch, dass ich sage: der Stuhl ist harmlos, ist es mit der Harmlosigkeit des Stuhls auch schon vorbei […] Ich weiß, wo alles hingehört. Ich habe den Blick für das rechte Maß. Ich nehme nichts in den Mund. Ich kann bis drei lachen. Ich bin brauchbar. Ich höre auf große Entfernungen Holz verwesen. Ich nehme nichts mehr wörtlich. Ich kann es nicht erwarten aufzuwachen, während ich es früher nicht erwarten konnte einzuschlafen. Ich bin zum Sprechen gebracht. Ich bin in die Wirklichkeit übergeführt […] wörtlich: bei jedem neuen Satz wird mir übel: bildlich: ich bin durcheinander gebracht: man hat mich in der Hand: ich schaue auf die andere Seite: es herrscht eine unblutige Stille […]

34. Analysieren Sie, welchen Zustand Kaspar durch das Erlernen der Sprache erreicht zu haben glaubt.

WIEDERBELEBUNG DES VOLKSSTÜCKS

Die wiederbelebte Tradition des Volksstückes schließt an die Zwischenkriegszeit an. Die Texte sind getragen von Kritik am Umgang der Menschen untereinander. Neben Gesellschaftskritik werden auch die mangelnde sprachliche Ausdrucksfähigkeit der Personen, ihre Sprachlosigkeit und ihre Unfähigkeit, Probleme zu lösen, thematisiert.

Vertreter des neuen Volksstücks sind:
Franz Xaver Kroetz (geb. 1946): *Weitere Aussichten* (1975), *Das Nest* (1975), *Nicht Fisch, nicht Fleisch* (1981), *Bauern sterben* (1985), *Der verkaufte Großvater* (1998) u. a.
Martin Sperr (1944 – 2002): *Jagdszenen aus Niederbayern* (1966)
Peter Turrini (geb. 1944): *rozznjogd* (1971), *sauschlachten* (1972), *Alpensaga* (sechsteilige Fernsehserie, 1974 – 1979), *Josef und Maria* (1980), *Tod und Teufel* (1990), *Eine Liebe in Madagaskar* (1998), *Jedem das Seine* (2007) u. a.
Felix Mitterer (geb. 1948): *Kein Platz für Idioten* (1977), *Veränderungen* (1979), *Stigma* (1982), *Sibirien* (1989), *Die Piefke-Saga* (Fernsehserie, 1991), *Die Beichte* (2004), *1809 – Mein bestes Jahr* (2009) u. a.

Der Bayer Franz Xaver Kroetz stellt in meist kurzen Szenen kennzeichnende Situationen aus dem Alltag kleiner Leute dar. Dabei werden die Verständnislosigkeit der Menschen füreinander, ihre mangelhafte Fähigkeit, Konflikte mit Worten auszutragen, ihre seelische Verkrüppelung und zunehmende Verspießerung aufgezeigt. Die Männer drücken sich aus Sorge um ihren Arbeitsplatz vor der Solidarität mit den Kollegen dem Arbeitgeber gegenüber und scheitern häufig im Familienleben.

Banalität im Alltag

Im Stück *Mensch Meier* (1977) zeigt Kroetz drei Personen, Otto und Martha, ein Ehepaar, und deren 15-jährigen Sohn Ludwig, der gern spät aufsteht und meist seinen Kassettenrekorder laufen hat. Otto und Martha waren im Supermarkt einkaufen. Erst an der Kasse hat Martha entdeckt, dass in ihrer Geldbörse 50 Mark fehlen. Sie konnten den Einkauf nicht bezahlen und genierten sich deswegen sehr. Die nächste Szene spielt zu Hause in der Küche.

MARTHA *weint.* OTTO *starrt seinen Sohn an.*
OTTO: Des muasst biassn!
MARTHA *schaut.*
OTTO *nickt.*
MARTHA: Was glaubst, wie mir blamiert warn. Schrecklich.
OTTO *nickt*: Das tust du deinen Eltern an. Gibt ihm eine Ohrfeige.
LUDWIG *steckt ein, starrt vor sich hin, reagiert nicht.*
OTTO *unmotiviert*: Eine Antwort will ich. Wo hast es versteckt, die fünfzig Mark, wost gstohln hast?
LUDWIG *schaut, sagt nichts.*
MARTHA: Gibs zurück, was man gstohln hat, muss man zurückgebn, sonst macht man es noch schlimmer.
LUDWIG *schaut.*
OTTO: Das werdn mir gleich habn, den „Täter überführn"! *Springt auf und rennt ins Wohnzimmer, geht zur Bettcouch, wirft sie auf, schmeißt alles durcheinander, sucht, findet nichts, kommt zurück.* Gib die fünfzig Mark zurück, sonst gibt es ein Unglück.
MARTHA: Otto!

OTTO: Das ist eine Bestie, dein Sohn, wenn einem die Augn aufgehn. *Nickt.* Das is klar, dass den keiner nimmt, weil man es ihm ansieht. Die Personalleiter ham die gschulten Blick, die sehn es gleich: Das is ein Dieb, der Herr! Jetzt zähl ich bis drei, dann liegt der Fünfzigmarkschein auf dem Tisch. Eins, zwei, drei. *Schaut.*

LUDWIG *reagiert nicht.*

OTTO *springt wieder auf, rennt ins Wohnzimmer, reißt an Ludwigs Schublade, wirft sie heraus, kramt alles durcheinander, zerreißt die Plakate, sucht, findet nichts, kommt zurück, schaut seinen Sohn an.*

MARTHA: Gib die fünfzig Mark zurück, Ludwig, und tu den Papa nicht reizn.

LUDWIG *schaut.*

OTTO: Hörst ned, was die Mama sagt? – Er hört nicht. Verstockt. Aber ohne mich. Mit dir werd ich immer noch fertig, wenn es sein muss.

LUDWIG *schaut.*

MARTHA *weint.*

OTTO: Leg das Geld auf den Tisch, wo du es hast.

LUDWIG *schaut und reagiert nicht.*

OTTO *schaut*: Hosn runter.

LUDWIG *schaut.*

OTTO: Hosn runter, hab ich gsagt, oder muss ich nachhelfen.

Pause.

LUDWIG *reagiert nicht, dann zieht er seine Jeans aus.*

OTTO *packt sie sofort und durchsucht sie, er findet nichts*: Weiter gehts!

LUDWIG *schaut, dann zieht er seine Lederjacke aus.*

OTTO *durchsucht sie, findet nichts.*

LUDWIG *schaut.*

OTTO *wild*: Gib die fünfzig Mark her, bring mich ned zum Äußersten, das sag ich dir. *Schreit.* Gib mein Geld zurück.

LUDWIG *schaut.*

OTTO: Wo hast es versteckt, sag es freiwillig.

LUDWIG *schweigt.*

OTTO: Weiter ausziehn, der Herr! Tempo, das is ein Befehl.

LUDWIG *beginnt plötzlich zu weinen, die Tränen rinnen ihm vollkommen unkontrolliert über die Wangen, zugleich zieht er sich weiter aus, am Ende steht er nackt da.*

OTTO *steht starr, schaut, er kann nichts mehr tun, er starrt seinen Sohn an, wie der so dasteht, von den fünfzig Mark ist trotzdem keine Spur.*

Große Pause.

OTTO *plötzlich leicht, wie entschuldigend*: Vor die Eltern braucht man sich nicht geniern, weil sie einen schon als kleinen Bubn gsehn ham. *Nickt.*

Pause.

MARTHA *verdeckt ihr Gesicht, sie will Ludwig nicht nackt sehen.*

OTTO: Hast einen Stolz, weilst schlau bist und gibst es nicht preis, das Geheimnis. *Nickt.* Das kennt man!

Kleine Pause.

Aus dir wird nie was, das garantier ich dir, da kannst Gift drauf nehmen. Ich kenn die Welt, solche wie dich könnens nicht brauchen, das is sicher wie das Amen in der Kirchn. Mir bist du nicht nach.

LUDWIG *schaut seinen Vater an, ruhig und weinend*: Lieber tot, als so wie du.

OTTO *reißt es fast, er schaut seinen Sohn an, zu Martha*: Hast des ghört?

MARTHA: Was? *Weint.*

Große Pause.

OTTO: Des hab ich mir denkt, genau. *Er schaut noch, dann geht er, plötzlich in sich gekehrt, unsicher schauend in sein Kämmerlein ab.*

Große Pause.

MARTHA: Zieh dir was an, tust dich ja erkältn.

LUDWIG *rafft schnell seine Sachen zusammen, geht aus der Küche, zieht sich im Wohnzimmer wieder an.*

MARTHA *vor sich hin*: So schlimm is das auch ned, da gibts noch viel Schlimmeres. *Nickt sich Mut zu.*

LUDWIG *hat sich wieder angezogen, dann räumt er seine Sachen wieder ein, trauert um die zerrissenen Plakate etc. Dann nimmt er seine Reisetasche und packt einiges ein, was er braucht und was ihm lieb ist, auch aus dem Bad nimmt er seine Sachen weg. Nun hat er seinen Ranzen gepackt, er kommt zurück in die Küche.*

MARTHA *schaut.*

LUDWIG *nimmt unter einem Stoß Tassen in der Kredenz in der Küche die fünfzig Mark heraus.*

MARTHA *schaut*: Pass auf, dass dir nix passiert, und komm bald wieder.

Ludwig nickt, steckt die fünfzig Mark ein und geht aus der Wohnung.

MARTHA *schaut ihm nach.*

Sehr große Pause.

OTTO *kommt aus seinem Kämmerlein in die Küche*: Is er weg?

MARTHA *nickt.*

Pause.

OTTO *setzt sich linkisch an den Tisch, schaut Martha an.*

Große Pause.

MARTHA *sehr ruhig*: Otto, das verzeih ich dir nie.

OTTO *schaut*: Warum?

Große Pause.

35. Besprechen Sie das von Kroetz gestaltete Sittenbild einer ländlichen Familie:
    - Beschreiben Sie, wie Vater, Mutter und Sohn einander begegnen.
    - Beziehen Sie Stellung zu deren Verhalten.
36. Kommentieren Sie die Verwendung der Sprache durch die drei Figuren:
    - Heben Sie häufig verwendete Satzarten hervor.
    - Illustrieren Sie die Verwendung von stehenden Phrasen.
    - Erläutern Sie, welche Regieanweisung die häufigste ist und was damit deutlich werden soll.

DARSTELLUNG DER FRAU IM DRAMA

Im 18. und 19. Jahrhundert haben fast ausschließlich männliche Schriftsteller Frauenfiguren geschaffen, Lessing (Emilia Galotti), Schiller (Maria Stuart), Goethe (Iphigenie), Hebbel (Maria Magdalene), Hauptmann (Rose Bernd). Besonders wichtig für die Darstellung der Frau im Drama war das Stück *Nora. Ein Puppenheim* (1879) des Norwegers Henrik Ibsen (1828 – 1906), da sich in der Originalfassung Nora von ihrer Umgebung und den gesellschaftlichen Konventionen emanzipiert und ihre Familie verlässt, um ein eigenständiges Leben zu führen.

Bruch der Konvention

Henrik Ibsen, *Nora. Ein Puppenheim*; Fotoprobe im Theater in der Josefstadt in Wien mit Maria Köstlinger als „Nora" und Herbert Föttinger als „Helmer", Premiere am 15.9.2005

Nora fälscht auf einem Schuldschein die Unterschrift ihres Vaters. Ohne Wissen ihres Mannes, des Bankdirektors Helmer, zahlt sie ihre Schulden ab. Die kriminelle Handlungsweise Noras fliegt durch einen erpresserischen Angestellten ihres Mannes auf. Es kommt zur Krise in der Ehe und schließlich zur großen Auseinandersetzung:

HELMER: Freudig würd' ich Tag und Nacht für dich arbeiten, Nora – Kummer und Not um deinetwillen tragen. Aber niemand opfert derjenigen, die er liebt, seine *Ehre*.

NORA: Das haben Millionen von Frauen getan!

HELMER: Ach, du denkst und redest wie ein unverständiges Kind.

NORA: Mag sein. Aber du denkst und redest nicht wie der Mann, an den ich mich halten könnte. Als dein Schreck vorüber war – nicht über das, was mir drohte, sondern über das, was dir bevorstand – und als dann nichts mehr zu fürchten war – da war's in deinen Augen, als sei gar nichts geschehen. Ich war wieder wie vorher deine kleine Singlerche, deine Puppe, die du in Zukunft doppelt behutsam auf Händen tragen wolltest, weil sie so zart und zerbrechlich war. *(Erhebt sich)* Torvald – in diesem Augenblick wurde mir klar, dass ich acht Jahre lang mit einem fremden Manne zusammengelebt, dass ich ihm drei Kinder geboren – oh, der Gedanke ist mir unerträglich!

HELMER *(mit schwerem Herzen)*: Ich seh' es, ich seh' es: ein Abgrund hat sich zwischen uns aufgetan. – Aber, Nora, sollte er sich nicht überbrücken lassen?

NORA: So wie ich jetzt bin, bin ich keine Frau für dich.

HELMER: Ich habe die Kraft, mich zu ändern.

NORA: Vielleicht – wenn dir die Puppe genommen ist.

HELMER: Mich trennen – mich von dir trennen? Nein, nein, Nora, den Gedanken kann ich nicht fassen.

NORA *(geht in das Zimmer links): Umso notwendiger muss es geschehen. (Sie kommt mit ihren Überkleidern und einer kleinen Reisetasche zurück, die sie auf den Stuhl neben dem Tische stellt.)* [...]

Lebe wohl, Torvald! Die Kleinen will ich nicht erst sehen. Ich weiß, sie sind in besseren Händen als den meinen. So, wie ich jetzt bin, kann ich ihnen nichts sein.
HELMER: Aber später, Nora – später –?
NORA: Wie kann ich das wissen? Ich weiß ja gar nicht, was aus mir wird.
HELMER: Aber du bist meine Frau, nicht bloß jetzt, sondern auch –
NORA: Höre, Torvald! – Wenn eine Frau die Wohnung ihres Mannes verlässt, so wie ich es jetzt tue, dann ist er, wie ich gehört habe, nach dem Gesetz von allen Verpflichtungen gegen sie frei. Jedenfalls entbinde ich dich von allen Verpflichtungen. Du sollst dich durch nichts gebunden fühlen, ebensowenig wie ich gebunden sein will. Auf beiden Seiten muss volle Freiheit herrschen. Da, hier hast du deinen Ring zurück. Gib mir den meinen.
HELMER: Auch das?
NORA: Das auch.
HELMER: Hier ist er.

37. Untersuchen Sie das Verhältnis Noras zu ihrem Ehemann:
- Beschreiben Sie, wie sich Helmer seiner Frau gegenüber verhält.
- Erläutern Sie, was sie ihm vorwirft und was der Grund ihrer Trennung ist.
- Versuchen Sie, die enorme Wirkung des Stückes aus heutiger Sicht zu erklären.

Ibsens Stück wurde 1879 in Kopenhagen uraufgeführt und war eine Sensation. Seither ist die Frauenfrage auf der Bühne nicht mehr verstummt. Genau hundert Jahre später, 1979, wurde das Stück *Was geschah, nachdem Nora ihren Mann verlassen hatte oder Stützen der Gesellschaft* (1977) von Elfriede Jelinek in Graz uraufgeführt.
Elfriede Jelinek wurde 1946 in Mürzzuschlag geboren. Sie bekennt sich zum Kommunismus und zum Feminismus. Alle ihre dramatischen und erzählenden Werke sind Kritik am Kapitalismus und an der Herrschaft des Mannes über die Frau.
In Jelineks Stück stellt sich Nora zu Beginn so vor:

Ich bin keine Frau, die von ihrem Mann verlassen wurde, sondern eine, die selbsttätig verließ, was seltener ist. Ich bin Nora aus dem gleichnamigen Stück von Ibsen. Im Augenblick flüchte ich aus einer verwirrten Gemütslage in einen Beruf.

Die dramatischen Personen verkörpern aber keine Individuen wie bei Ibsen. Arbeiterinnen, Manager und Fabrikanten sprechen eine künstliche Sprache und beziehen gesellschaftskritische und feministische Positionen. Die 7. Szene spielt in einer Fabrik. Die Arbeiterinnen sitzen an ihren Maschinen und „schauarbeiten“ demonstrativ für die Gruppe der Besichtiger. Die beiden Gruppen wechseln sich in den Dialogen ab:

EVA *leise*: Etwas wirft seinen Schatten voraus. Es ist möglicherweise der Schatten der Spekulation.
ARBEITERIN: Oft bin ich müde und abgespannt, daß ich weder lesen noch schreiben kann. Aber welcher Unternehmer fragt auch nach Geist und Wissen der Arbeiterin?
ARBEITERIN: Und doch sehne ich mich, trotz Arbeit, ein Mensch zu sein, und als solcher zu leben.

EVA: Wenn man aber die Liebe erleben darf, sind alle Schatten verflogen und nur mehr die Liebe ist da.
ARBEITERIN: Man müßte mehr auf sich aufmerksam machen ...
EVA: Wenn wir uns etwa ins Zuschneidemesser stürzten oder uns von der Krempelmaschine[1] beziehungsweise dem Reißwolf in Stücke hacken ließen ...
ARBEITERIN: Nur dürften wir uns nicht allzu sehr verstümmeln. Ein Rest der Weiblichkeit müßte gewahrt bleiben.
ARBEITERIN: Daß wir geschlagen werden, tröstet unsre Männer darüber hinweg, daß wir sie über die Zustände nicht hinwegzutrösten vermögen.
ARBEITERIN: Es ist keiner so niedrig, daß er nicht noch etwas Niedrigeres hätte: seine Frau.
WEYGANG *laut*: Mit dem Stand der Ehe steht und fällt das Gemeinwesen.
HERR: Die einen sind die Hüterinnen unseres Hauswesens und werden wiederum von uns strengstens gehütet, die anderen sind gar nichts.
WEYGANG: Der Mann hat eine Begierde und einen Trieb. Die Frau ist Gegenstand des Triebes. Die Frau reizt und läßt den Trieb sich an ihr befriedigen.
HERR: In der Erotik kann ein Mann stark anarchische Gedanken ausleben. Der Mann wird von deren Illegalität fasziniert und enthemmt.
WEYGANG: Ein Mann kann auch oft über die bürgerliche Moral siegen, vorausgesetzt, er gehört überhaupt der bürgerlichen Klasse an.
HERR: Der Mann siegt durch Zerstörung, Kampf, Raub und Gewalt über die bürgerliche Moral.
WEYGANG: Unser Trieb kann sogar durch den Kopf der Frau gereizt werden. Den Mann reizt es in Wirklichkeit noch mehr, diesen kleinen Kopf ebenfalls zu unterwerfen.
HERR: In der Wirtschaft und mit Hilfe der Wirtschaft geht es um das Überleben.
WEYGANG: Die Frau hat als Subjekt keinen Anteil an revolutionären Gedanken und Aktionen. Das bedeutet in der Praxis zum Glück, daß mindestens die Hälfte der Menschheit wegfällt, wenn es um umstürzlerische Akte geht.

Die Männer sehen Nora als ein verschiebbares Objekt in ihrem Spiel um Kapital. Sie macht sich jedoch die sexuelle Abhängigkeit der Männer zunutze. Höhepunkt des Geschehens ist die Auspeitschung ihres Exmannes Helmer.
Der folgende Ausschnitt aus der 8. Szene zeigt die Vermischung von Politik, Geschäft und Sex. Der Unternehmer und Liebhaber Noras, Weygang, unterhält sich in seinem Herrenzimmer mit dem Minister:

Frau als Objekt

MINISTER: Nora lebt nun schon seit einigen Monaten in Ihrem Haus, lieber Fritz, und die Zeit konnte ihrer Schönheit noch nichts anhaben.
WEYGANG: Was Frauen betrifft, zählt für mich, ausgehend davon, daß sie leicht verderbliche Ware darstellen, Qualität vor Quantität.
MINISTER: Wenn man jedoch bedenkt, wie rasch Sie Ihren Bestand auszutauschen beziehungsweise zu ergänzen pflegen, kommt man beim Rechnen doch auf eine gewisse Quantität.
WEYGANG: Und was sagen Sie zu Noras Körper, lieber Minister?

1 Krempelmaschine: Webereimaschine, die Wolle zu feinem Vlies kämmt

MINISTER: Es ist beinahe undenkbar, daß er bereits mehrere Kinder geboren haben soll, wie ich gehört habe.

WEYGANG: Der Mensch verwirklicht sich jedoch in seinem Tun.

MINISTER: Der eine mehr, der andre weniger.

WEYGANG: Die Wirtschaft muß Maßnahmen treffen, nicht für eine Welt, wie sie sein sollte, aber nicht ist, sondern um der Welt zu helfen, wie sie ist.

MINISTER: Oder wie es Sokrates so trefflich ausdrückte: Ich weiß, daß ich nichts weiß, haha ...

WEYGANG: Und er fügte hinzu: Aber Ihr wißt nicht einmal das, haha ...

MINISTER: Entweder weiß man oder man weiß nicht.

WEYGANG: Wissen ist Macht.

MINISTER: Gar nichts ist gar nichts.

WEYGANG: Das soll wohl bedeuten, daß die Gerüchte stimmen.

MINISTER: Welche Gerüchte?

WEYGANG: Sie wissen genau, was ich meine. Ich habe das Werk besichtigt. Man hat versucht, auf dilettantische Weise, möchte ich sagen, den Anschein zu erwecken, als handle es sich um eine Firma mit gesunder Infrastruktur.

MINISTER: Und handelt es sich oder nicht?

WEYGANG: Völlig verrottet. Die Transportkosten sind ihnen längst zu hoch. Sie planen eine Verlegung. Es muß allerdings eine Person existieren, die ein Interesse daran hat, mir das Ganze anzudrehen.

MINISTER: Soweit ich informiert bin, wollen die meisten Aufsichtsratsmitglieder erst mal schließen und dann in Ruhe abwarten, ob die Grundstückspreise vielleicht in Zukunft einmal anziehen werden.

WEYGANG: So lange können wir nicht warten, und Sie wissen das. Ich hoffe, Sie wissen das! Ich muß die Person herausfinden, die das auffallend interessierte Glied in der Kette ist.

MINISTER: Einer ist immer der Schwächste, das lehrt uns die Natur mit ihren zahlreichen Wundern.

WEYGANG: Auf dem Boden, der noch nicht der Meine ist, der aber der Meine sein wird, falls Sie mir die Informationen besorgen, lernte ich Nora kennen, die nun die Meine ist.

MINISTER: Eine solche Frau ...

WEYGANG: Meine Nora, mein Sonnenschein und mein kostbarster Besitz.

MINISTER: ... könnte auch gut mein Sonnenschein sein.

WEYGANG: Sie hat nicht nur ein Gesicht und einen Körper, sondern auch noch eine beträchtliche Allgemeinbildung.

MINISTER: Sie sind ein guter Geschäftsmann, Fritz, das muß man Ihnen lassen. Sie verstehen es zu verkaufen.

WEYGANG: Der Gedanke, mich je von ihr zu trennen, schneidet wie ein Dolch durch mich hindurch. Nachdem der Schnitt vollführt ist, schiebe ich den Gedanken weit fort.

MINISTER: Ich alter Kenner sage: der Mythos Frau – die Haut, der Körper als der Ort, in den sich der ewige Widerspruch eingeschrieben hat! Zu viele Laien sind auf diesem Gebiet als Wilderer tätig.

WEYGANG: Das Kapital ist jedoch von allergrößter Schönheit. Nicht einmal Vermehrung beeinträchtigt seinen hervorragenden Wuchs.

MINISTER: Sie hat eine starke Kindlichkeit wie beispielsweise Wedekinds Lulu sie auch hat. Sie hat keinen moralischen Maßstab.

WEYGANG: Ja. Ich liebe sie und bin ihr vollkommen verfallen.
MINISTER: Auch ich könnte sie lieben.
WEYGANG: Ist was dran oder nicht?
MINISTER: Woran? Mit Geld allein ist es diesmal nicht abgetan, lieber Fritz.
WEYGANG: Kapital ist ängstlicher Natur. Es scheut vor der Abwesenheit von Profit oder der Drohung von nur sehr kleinem Profit zurück wie die Natur vor der Leere.
MINISTER: Die Natur scheut keineswegs vor der Leere zurück, sie trachtet sie vielmehr auszufüllen. Das deckt sich zufällig mit meiner privaten Philosophie, die der Thermodynamik entnommen wurde.
WEYGANG: Ein Bild, der Thermodynamik entnommen?
MINISTER: Das Maß der Entropie[1] ist das Maß der Unordnung. Die Natur strebt demnach vom Chaos zur Ordnung. Die geringste Unordnung wäre der Wärmetod des Universums, wenn nämlich alle Atome die gleiche Temperatur besäßen.
WEYGANG: Daraus läßt sich wohl schließen, daß die größte Entropie in einer idealen sozialistischen Gesellschaft herrschte, in der alle gleich viel besäßen. Die es aber zum Glück nie geben wird. Dieses Ereignis käme nämlich dem entropischen Wärmetod des Universums gleich.
MINISTER: Diese Katastrophe gilt es, mit vereinten Kräften zu verhindern, sie wird aber ohnedies nicht eintreten, weil die menschliche Natur dagegen ist.
WEYGANG: Die Natur begünstigt den Gewerbetreibenden im großen Stil, wie sie übrigens auch die Liebe begünstigt, meine zu Nora zum Beispiel. Wie immer die üblichen Schweizer Konten?
MINISTER: Ja. Aber diesmal müssen Sie was drauflegen, mein Gutester.
WEYGANG: Was denn?
MINISTER: Ihre Nora reizt mich nicht unbeträchtlich.
WEYGANG: Die Frau, die ich liebe, werde ich niemals verschachern, eher verschachere ich mich selber oder meinen rechten Arm.
MINISTER: Dann eben nicht!
WEYGANG: Mit Nora werde ich noch im hohen Alter zusammen sein, Philemon und Baucis[2].
MINISTER: Im hohen Alter möchte ich ganz bestimmt nicht mit ihr zusammen sein.
WEYGANG: Allerdings dauert nach meinen Erfahrungen selbst die größte Leidenschaft nur eine kurze Dauer. Wenn Sie warten, bis meine größte Leidenschaft abgeklungen ist, kriegen Sie sie.
MINISTER: Abgemacht.

38. Besprechen Sie die Darstellung der Frau als Objekt, das zum Ziel des männlichen Interesses wird, in diesen beiden Stücken:
- Diskutieren Sie, inwieweit Henrik Ibsen und Elfriede Jelinek die Wirklichkeit treffen und inwieweit sie die Realität verzerren.
- Kommentieren Sie, ob die extrem einseitige Darstellung der Probleme in der Literatur eingesetzt wird, damit das abgestumpfte, durch triviale TV-Sendungen verbildete Publikum überhaupt reagiert.

1 Entropie: physikalische Größe, welche die Verlaufsrichtung eines Wärmeprozesses kennzeichnet
2 Philemon und Baucis: Gestalten der griech. Mythologie, Sinnbilder für ein in Eintracht lebendes Ehepaar im Greisenalter

DAS THEATER DER POSTMODERNE

Das postmoderne Drama ist durch eine Abkehr von traditionellen Mustern und deren Auflösung gekennzeichnet. Die Figuren sind keine Helden, die sich in ihren Entscheidungen einer moralischen Kategorisierung stellen, sondern sind in ihrer Kommunikationsfähigkeit eingeschränkt, leiden unter Geschichtslosigkeit und sind ihrem Schicksal ohnmächtig ausgeliefert.
Die szenische Ordnung weicht einer Reihe von gleichberechtigten Bildern. Der Text ist neben Musik und visuellen Elementen, Tanz und Gestik nur noch eine Teilkomponente der Darstellung. Häufig werden multimediale Elemente eingesetzt (z. B. Videos), deren Projektionsfläche die Bühne wird. Die „Handlung", die bisher in Monolog und Dialog linear entwickelt wurde, wird durch sprachlich, klanglich und visuell gestaltete Bilder ersetzt, die ihre Wirkung erst im Spiel entfalten.
Typische Vertreter dieser Strömung sind Thomas Bernhard (1931 – 1989), Botho Strauß (geb. 1944) und Peter Handke.
Das dramatische Gedicht *Über die Dörfer* (1982) von Peter Handke ist kein Drama im üblichen Sinn, sondern ein eher statisches Weihespiel mit klassischen Zügen. Der Bauarbeiter Hans sieht keine andere Zukunft für den Menschen als einen totalen Krieg:

> Es ist ein Triumph, verloren zu gehen. Hört die Laute des krepierenden Hundes. Sein richtiger Name ist „Langes Ende", und sein Tauf-Name soll vergessen werden. Endlich das Wort: es heißt „Krieg", es war das Wort am Anfang, und es soll das Schlusswort sein. Welch eine Begeisterung, für immer unversöhnlich zu scin. Soll alles zugrunde gehen.

Sein Bruder Georg, von dem die Schwester sagt: „Du siehst sofort jedes Elend", erklärt:

> Die Welt widert mich an. Es ist nicht schade um mich. Es ist nicht schade um uns Menschen [...] Wir haben alle diesen Platz verspielt.

Sophie, die Schwester, antwortet ihm:

> Kein Schimmer Trost für jemanden, der ist, wie du bist: der einem anderen die Freude an sich selber nimmt, und der das Böseste vom Bösen tut: der einem Kind im Namen eines Wahnweltbilds die Zukunft stiehlt.

Nova, eine Art Verkündigungsengel, spricht zuletzt eine Heilsbotschaft, worin der Mensch aufgefordert wird, zu wirken, sich am Positiven zu orientieren und an der Natur zu genesen:

> Tretet in den Moment der aufgehenden Sonne, die euer Maß sein wird: nichts als „die Sonne und ihr", und die Sonne euer Weiterwinker: die Sonne, sie hilft. Die Natur ist das einzige, was ich euch versprechen kann – das einzig stichhaltige Versprechen. In ihr ist nichts „aus", wie in der bloßen Spielwelt, wo dann gefragt werden muss: „Und was jetzt?" Sie kann freilich weder Zufluchtsort noch Ausweg sein. Aber sie ist das Vorbild und gibt das Maß: dieses muss nur täglich genommen werden. [...] Wer sagt, dass das Scheitern notwendig ist? Überhört den Schluckauf der Sterbenden: sie lügen. Denkt nach: habt ihr euren

Krieg nicht hinter euch? So verstärkt die friedliche Gegenwart und zeigt die Ruhe von Überlebenden: das Ich ist ruhig. Und das Wissen, dass ihr Überlebende seid, macht zugleich heiß. Hier ist das Gegenhaus zu einem Krankenhaus, und was von weitem vielleicht der drohende Kopf des Todes war, entfaltet sich beim Näherkommen als Kinderspiel. Die schwarzen Augenhöhlen gehören zu einem freundlichen alten Mann. Schüttelt euer Jahrtausendbett frisch. Bewegt euch. Die lebenslang Siechen, das seid nicht ihr. Eure Kunst für die Gesunden, und die Künstler sind die Lebensfähigen – sie bilden das Volk. Übergeht die kindfernen Zweifler. Wartet nicht auf einen neuen Krieg, um geistesgegenwärtig zu werden: die Klügsten sind die im Angesicht der Natur. Blickt ins Land – so vergeht die böse Dummheit. [...] So lasst euch nicht nachsagen, ihr hättet den Frieden nicht genutzt zu Werken: euer Arbeiten soll ein Wirken sein – gebt etwas weiter.
Weitergeben tun aber nur, die etwas lieben: liebt eines – es genügt für alles. Die Liebe erst ermöglicht die Sachlichkeit. [...] Ja, überliefert form-sehnsuchts-durchdrungen die heile Welt – das Hohnlachen darüber ist ohne Bewusstsein. (Es hat den falschen Namen: es sind die Krepierlaute der Seelenkadaver.) Mephisto ist hier nicht die Hauptfigur. Die Gegensprechanlage ist ohne Strom. Die Seelenfänger treten woanders auf; und wenn euch ein Tod Angst macht, dann habt ihr ihn falsch gelesen. Die Toten sind das zusätzliche Licht – sie verwandeln euch. Macht euch nichts aus eurer Unfähigkeit, sie anzureden: eine Silbe genügt. Lasst euch nicht mehr einreden, wir wären die Lebensunfähigen und Fruchtlosen einer End- oder Spätzeit. Weist mit Entrüstung zurück das Geleier von den Nachgeborenen. Wir sind die Ebenbürtigen. Wir hier sind so nah am Ursprung wie je, und jeder von uns ist bestimmt zum Welteroberer. Soll die Zeit des Lebens nicht die Episode des Triumphs sein? [...] Ihr seid jetzt, und ihr seid die Gültigen. Dass ihr seid, ist ein Datum. Handelt danach. [...] In der Erschütterung erst seht ihr scharf. Die Form ist das Gesetz, und das Gesetz ist groß, und es richtet euch auf. Der Himmel ist groß. Das Dorf ist groß. Der ewige Friede ist möglich. Hört die Karawanenmusik. Zieht dem allesdurchdringenden, allesumfassenden, alles würdigenden Schall nach. Richtet euch auf. [...] Haltet euch an dieses dramatische Gedicht. Geht ewig entgegen. Geht über die Dörfer.

39. Vergleichen Sie die beiden Haltungen, die Handke in diesen Textausschnitten einander gegenüberstellt:
- Beschreiben Sie, welche Werte Handke hervorhebt.
- Erläutern Sie, gegen wen er sich wendet.
- Diskutieren Sie, in welcher Rolle er die Künstler/innen sieht.
- Kommentieren Sie, was er über die Form sagt.

Negative Weltsicht

In seinen letzten zwei Lebensjahrzehnten schrieb Thomas Bernhard überwiegend Theaterstücke, die ihn durch Fernsehübertragungen weithin bekannt gemacht haben: *Die Macht der Gewohnheit* (1974), *Minetti* (1977), *Der Theatermacher* (1984), *Ritter, Dene, Voss* (1984), *Heldenplatz* (1988), *Der deutsche Mittagstisch* (1988) u. a.
Auch im Drama verweigert sich Bernhard der Tradition. Das Wort „Drama" bedeutet Handlung, Bernhards Bühnentexte haben jedoch keine Handlung im üblichen Sinn. Sie leben von Monologen, auch wenn mehrere Personen auf der Bühne stehen, sie entwickeln Gedanken, zeigen Zustände oder Missstände auf, meist sehr aggressiv, „beliebige Befreiungsschläge eines zutiefst Gekränkten". Die Personenkonstellationen der Stücke sind ähnlich, die Protagonisten nähern sich immer mehr dem Komischen, Parodistischen, ihr „behaglich-böser Wortschwall macht sie zu raunzenden Beschwörern des Imperfekten".

Thomas Bernhard, *Heldenplatz*;
Am 4.11.1988 wurde im Wiener Burgtheater Bernhards umstrittenes Stück *Heldenplatz* mit Kirsten Dene, Wolfgang Gasser, Elisabeth Rath u. a. uraufgeführt.

Ein auffälliges und extensiv eingesetztes Stilmittel Bernhards ist die Übertreibung. Der Welt- und Menschenverächter Bernhard erkennt keine Grenzen an, wenn es ihm darum geht, seinem Abscheu und seinem Hass Ausdruck zu geben. Gegenstand seines Hasses sind vor allem Österreich, dessen Parteien und Politiker, dessen Institutionen und der Katholizismus.
Aus der dritten Szene von Bernhards letztem Theaterstück *Heldenplatz* (1988):

PROFESSOR ROBERT: Redet man mit einem Menschen
stellt sich heraus er ist ein Idiot
in jedem Wiener steckt ein Massenmörder
aber man darf sich die Laune nicht verderben lassen
Es ist die Logik ganz einfach in der Schicksalsgemeinschaft
ersticken zu müssen
Wien ist eine kalte graue Stadt provinziell
das Amerikanische macht es so widerwärtig
Der Amerikanismus hat hier alles zerstört
Ich habe mir die Laune nie verderben lassen
Das Österreichische frage ich mich immer
was ist es
die Absurdität zur Potenz
es zieht uns an und stößt uns ab
total verkommener Sozialismus
total verkommenes Christentum
Am Ende sind wir doch alle nur angewidert davon
das ist das Deprimierende [...]
PROFESSOR LIEBIG: Und die Zeitungen schreiben Unrat
in den Zeitungen wird auch eine Sprache geschrieben
die einem den Magen umdreht

auf jeder Zeitungsseite garantiere ich Ihnen
abgesehen von den Lügen die da abgedruckt sind
hundert Fehler
die Zeitungsredaktionen in Österreich
sind ja nichts als skrupellose parteiorientierte Schweineställe
PROFESSOR ROBERT: Alles unqualifizierte Leute
die nicht denken und daher nicht schreiben können
PROFESSOR LIEBIG: Bei dieser stumpfsinnigen Leserschaft
die die anspruchsloseste in Europa ist kein Wunder
PROFESSOR ROBERT: Aber diesen Dreck lesen wir doch tagtäglich
in uns hinein
weil er uns interessiert
und weil wir von ihm fasziniert sind
Sie müssen doch zugeben Herr Kollege
dass Sie im Grunde diese idiotischen Blätter
mit ihrem geradezu infernalischen[1] Stumpfsinn
mehr interessieren als beispielsweise die Neue Zürcher Zeitung
Das so genannte Hohe Niveau ist immer langweilig gewesen
Was wir in den Zeitungen suchen
ist ja der Abschaum
Zum tagtäglichen Denkgebrauch muss ich keine Zeitung haben
die absolute Primitivität in diesen österreichischen Dreckblättern ist es
die ich jeden Morgen haben muss
ich versenke mich zugegeben lieber in diesen Dreck
als in das abgeschmackte Feuilleton der
Frankfurter Allgemeinen

40. Beobachten Sie, wie die beiden Figuren in dieser Szene die Lebensumstände in Wien anprangern:
- Analysieren Sie das Kommunikationsverhalten der auftretenden Personen.
- Erläutern Sie, welche Kritikpunkte vorgebracht werden.
- Besprechen Sie, welchen Effekt der Autor mit dem Kunstgriff der Übertreibung erzielt.

In einem Gespräch mit dem Kulturredakteur Kurt Hofmann äußerte sich Thomas Bernhard über seine Eindrücke vom Theaterbetrieb.

Das Theater als Sumpfverein

Das Mieseste ist die Menschheit an und für sich. Sie können da nicht irgendwen ausschalten, glaub' ich. Alles, was man näher kennen lernt, wird unappetitlich und ungut, wenn Sie sich näher damit beschäftigen. Wenn man näher hinschaut, dann ist das nicht zum Aushalten. Ich weiß halt, was ja sicher nicht schlecht ist, wie es bei berühmten Schauspielern war. [...] Wie man so dumm und so berühmt sein kann! Denen muss man eigentlich jeden Satz vollkommen erklären, und dann muss man ihnen sagen, schau, du musst ja denken, was der

1 infernalisch: teuflisch, höllisch

gesagt hat, und du reagierst jetzt so drauf – das kapiert der nicht. Je berühmter sie sind, desto dümmer sind sie. Bei der Generalprobe ist das ganze Stück umgestoßen worden. Da hat's also geheißen: Die Soldaten nicht von rechts, sondern von links herein, und da war das totale Chaos hergestellt. Den haben die Nerven verlassen bei der Generalprobe, und die Premiere war im Grund halt gar nichts. Aber in der Felsenreitschule [Spielort der Salzburger Festspiele, Anm.] und dieser ganze Sternenhimmel, da sehen die Leute ja von Kunst eh nichts, da können S' ja machen, was Sie wollen, wenn nur die Rüstungen lieb ausschauen und irgendwas gesagt wird. Was gesagt wird, ist gleich, es muss nur möglichst hohl und deutlich und bombastisch g'sagt werden. Dann können S' drei Stunden ausfüllen. Und beim Applaus, weiß ich noch, dass der Werner Krauss sich in einem Trenchcoat und mit einer Aktentasche verneigt hat, weil draußen schon das Taxi gewartet hat, das ihn zum Flugplatz brachte, weil er in Hamburg in der Nacht Filmaufnahmen hatte. Da hab' ich mir gedacht, schau, das ist die große Theaterwelt. Das war in den fünfziger Jahren.

41. Vergleichen Sie die Aussagen Bernhards mit denen seiner dramatischen Figuren:
- Untersuchen Sie, inwiefern Bernhards Aussagen denen seiner Figuren ähnlich sind.
- Kommentieren Sie die verwendeten sprachlichen Strukturen.

Ausdruck des Ekels

Ende der 1980-er, Anfang der 1990-er Jahre setzte sich im ganzen deutschen Sprachraum der Grazer Dramatiker Werner Schwab (1958 – 1994) durch. Sein ganzes Werk ist aus dem Ekel vor der Welt geboren. Der Titel seines „Theaterzernichtungslustspiels" drückt sein Streben aus: *Endlich tot, endlich keine Luft mehr.* Der Kritiker Helmut Schrödl urteilt in der Wochenzeitung *Die Zeit* so:

Es ist, als hätten sich die Müllhalden erhoben und gekreißt[1]. Dabei könnten Schwabs Figuren entstanden sein, die gut in unsere Landschaft passen: zu den toten Flüssen, der stinkenden Luft, der Tschernobylwelt[2]. Die Seelen sind verrostet, die Köpfe ausgeschlachtet, die Körper zerbeult. Was man Schwab als Lebensekel vorhält, ist ein neurotisch geschärfter Realitätssinn. Wo die anderen wegschauen, schaut Schwab hin. Was man nicht sagt, spricht er aus.

Sein Stück *Mesalliance*[3] (Uraufführung 1992 in Graz) enthält einen gewissen Humor in der Dialogführung und zeigt seine für alle Stücke kennzeichnende Sprache:

ERSTER AKT

(Im Garten des Familienhauses der Familie Pestalozzi. Herr und Frau Pestalozzi in Badehose und Badeanzug. Herr Pestalozzi korrigiert auf einem Gartentischchen Hefte, Frau Pestalozzi topft fanatisch Blumen um.)

FRAU PESTALOZZI: Der übermorgige Tag beherbergt den Geburtstag von Johannes und Johanna[4]. Ein Fest steht an wie ein fälliger Wechsel. Die frühgeburtige Hitze dieses Sommers geht wieder hässlich um mit dem meinigen Erscheinungsmenschen. Meine Falten mu-

1 kreißen: in Geburtswehen liegen, gebären
2 Tschernobylwelt: Tschernobyl, ukrainische Stadt, in deren Nähe sich im Jahr 1986 eine der schwersten Nuklearkatastrophen seit Beginn der Nutzung von Atomenergie ereignet hat
3 Mesalliance: nicht standesgemäße Ehe zwischen Partnern aus verschiedenen Gesellschaftsschichten
4 Johannes und Johanna: die Kinder der Pestalozzis (Zwillinge)

tieren mir zu Schluchten, in die sich die alten Tiere zum Sterben zurückziehen. Am besten, wir grillen uns den Geburtstag von Johannes und Johanna hier im Garten ..., direkt vor den sterbenden und essenden Augen der ganzen Welt ... *(lässt erregt einen Blumentopf fallen).* Ich fühle es, ein Grillfest wird sich proportional verhalten können zur boshaften Entropie dieses schadensmeldungssüchtigen Frühsommers *(hebt den Topf auf).* Das Sonnenöl gewöhnt sich auch dieses Jahr nicht an meine Haut.

HERR PESTALOZZI: Es ist ja nicht geisteskrank, das Sonnenöl.

FRAU PESTALOZZI: Was?

HERR PESTALOZZI: Ach ... nichts. Du verstehst ja sowieso an sich beinahe nichts, da musst du sowieso beinahe nichts verstehen können.

FRAU PESTALOZZI *(betrachtet ihn irritiert)*: Wir werden unsere Nachbarschaft umfassend zusammentreiben bei uns mit der unwiderstehlichen Einladung von uns, mit uns die komplizierte Geburt unserer Zwillinge abzufeiern. Das gegrillte Bauchfleisch, die Blutwürste und die knusprigen Schweinefüße werden sich als Geburtstagsvermächtnis am Ende selber umfeiern, bis das stachelige Zwillingszentrum eine weiße Flagge wird hissen müssen. [...] Ein möglicher Überschuss an Zwillingsschmerzen wird in einem intimen Fass Bier ertränkt wie ein neugeborener Hund ohne Hundehüttenanspruch. Johannes und Johanna werden in die Geschichte eines Grillfestes eingehen müssen wie eine Revolution, die nicht stattgefunden hat, weil die Revolution das Schlachtfeld nicht hat auffinden können. Wir werden sagen dürfen, dass alles nicht so schlimm gewesen ist, wie es sich gebärden hätte können von Natur aus.

HERR PESTALOZZI: Entsetzlich, es ist ausschließlich grauenhaftigkeitsüberladen.

FRAU PESTALOZZI: Ja, wir hätten die genuine Gefährlichkeit von Johannes und Johanna anders erziehen müssen mit uns und unseren ungefährlichen Erziehungsursprüngen.

HERR PESTALOZZI *(hebt unwillig den Kopf)*: Unsinn. Meine Beschäftigung streitet sich gerade mit den Absichten der Ansichten der jungen Menschen, die Füße fassen wollen im akademischen Leben. Wenn doch einmal eine Maturantenschrift eine semantische[1] Emsigkeit entwickeln könnte, aber ein jeder humanistische Meteor, den man einschlagen lässt auf der Oberfläche der jungen Menschen, ist als konkreter Lebensgegenstand ein Pflasterstein unter Pflastersteinen. Man lehnt uns ab. Wir stehen nicht mehr auf der Speisekarte der lebensjungen Menschen.

FRAU PESTALOZZI: Auch Johannes und Johanna heißen uns ein breites schlappes Material. Auch Johannes und Johanna verweisen uns auf das von uns eingeflachte Gehege neben dem Gemüsegarten, auf dem unser Komposthaufen arbeitet. Und wenn Johannes und Johanna schwarzlaunig leuchten, dann erkennen sie uns als hartnäckig residuale[2] Speckschwarten, die kein Recycling mehr verdient haben. Dabei studieren die Zwillinge die Humanmedizin.

42. Analysieren Sie diesen Abschnitt aus Werner Schwabs Stück:
- Beschreiben Sie das Verhältnis der handelnden Personen zueinander.
- Kommentieren Sie, wie Schwab Nomen und Adjektive verändert bzw. wie er viele Verben verwendet.
- Erläutern Sie, welche Wirkung er mit dieser Sprache erzielt.

1 semantisch: die Bedeutung der Worte betreffend
2 residual: als Rest zurückbleibend

Skurrile Einfälle und Wortwitz als Karikatur des Mythos

Unter seinem Künstlernamen Franzobel (Vorname des Vaters + Nachname der Mutter) schreibt der aus Oberösterreich stammende Stefan Griebl (geb. 1967) lyrische, dramatische und epische Texte. In seinem Drama *Mayerling. Die österreichische Tragödie* (2001) reichert er den historischen Stoff mit skurrilen Einfällen und Anspielungen auf gegenwärtige Personen und Phänomene an. Wortwitz und abrupte Wendungen karikieren darin den Mayerling-Mythos, der sich um den Tod Kronzprinz Rudolfs und seiner Verlobten Mary von Vetsera rankt.

Mayerling. Die österreichische Tragödie

Bühne: Die Hofburg ist zuckerlrosa mit Spanischem Wand Stuck, Goldverzierungen, beginnt schäbig zu werden. An manchen Orten ist Kaysalek gesprayt. Es dominiert das Kahle. Mayerling dagegen ist rustikaler, viel Holz, ausgestopfte Tiere, riesige Aquarien mit bärtigen Fischen, woraus man die Erscheinungen auftreten lassen kann.

Vor dem Vorhang

RUDOLFS *Stimme* Mizzi. Bist du fertig, Mizzi? Ich habe das Geld. 40 Millionen österreichische Kronen. In Südamerika soll es Vögel geben, bunte Vögel, sprechende Vögel soll es da geben. Südamerika ist ein Vogelschutzgebiet. Kein Eis. Und Volieren soll es da geben, und Einheimische, keine Imitate. Vogelschutzwarten. Und all das wird aus uns erschaffen. Mizzi. Wie die Vögel werden wir dort leben, frei und unerkannt und ohne Zeremonien – wie die Wilden. Fliegen werden wir. Wir werden uns erheben und die Welt ganz klein sehen, klein, wie sie auch ist. Singen werden wir.

MIZZI Mizzi sagt, wie die Wilden will sie nicht leben. Mizzi sagt, sie braucht die Zeremonien und den Klatsch, den Tratsch. Mizzi sagt, sie hat es sich anders überlegt.

RUDOLFS *Stimme* Mizzi. Komm jetzt. In Südamerika ist immer Sommer. In Südamerika, da herrscht das Gleichgewicht. Alle Vögel singen dort, weil ihnen das Leben so gefällt.

MIZZI Mizzi sagt, sie hat sich's anders überlegt. Mizzi sagt, sie fährt nicht zu den Negern.

RUDOLFS *Stimme* Mizzi komm, sonst ... Ich bringe mich sonst um.

MIZZI Mizzi sagt, sie bleibt.

Vorspiel, Friedhof, starker Regen

Loschek und Bratfisch vergraben die Leiche der Mary Vetsera. Letztere ist an einen Grabstein gelehnt, kippt immer wieder um.

BRATFISCH Warum? Warum? Warum?

LOSCHEK Das hat sich so ergeben.

BRATFISCH Aber man kann doch nicht einfach ein Grab öffnen und einer Leiche einen Kopf absäbeln. Da vergeht einem der Appetit. Zumindest mir.

LOSCHEK Wenn es sich ergibt.

BRATFISCH Noch dazu von so einer Persönlichkeit.

LOSCHEK Eine Persönlichkeit ist das gewesen?

BRATFISCH Jetzt sag bloß, du kennst den Joseph Haydn nicht.

LOSCHEK Tja. Pardon. Es hat sich nie ergeben.

BRATFISCH Haydn, Joseph, einer der zwei größten Komponisten Österreichs.

LOSCHEK Neben dem Robert Stolz?

BRATFISCH zur Leiche Siehst du, das hast du jetzt davon, noch als eine Tote mußt du dich von einem angedudelten Emmentaler andodeln lassen. Für den ist ja die Einzi Stolz die Yoko Ono der Klassik. Und das auf nüchternen Magen.
LOSCHEK So wie die sterben, so möchte ich einmal gelebt haben.
BRATFISCH Gehen wir dann zum Reischl oder zu McDonalds?

43. Beschreiben Sie die Vorgänge, die in diesen beiden Szenen dargestellt werden.
44. Informieren Sie sich über den historischen Hintergrund der Ereignisse, die hier dargestellt werden.
45. Befassen Sie sich mit der Darstellungsweise, die Franzobel gewählt hat:
    - Beschreiben Sie die Kunstgriffe, mit denen der Autor in diesem Abschnitt arbeitet.
    - Erläutern Sie die Bedeutung der nicht in den historischen Kontext passenden Personen bzw. Begriffe.
    - Diskutieren Sie die Wirkung, die sich beim Lesepublikum dadurch einstellt.

Boulevardesker Witz und Klamauk

Als Auftragsarbeit von Martin Kušej, des Intendanten des Münchner Residenztheaters, verfasste Kathrin Röggla (geb. 1971) das bitterböse Musikstück *Kinderkriegen*, das am 12. Mai 2012 unter der Regie von Tina Lanik uraufgeführt wurde. Das Stück behandelt das Elternsein und die Kluft zwischen Eltern und Nicht-Eltern auf satirische Weise. Das Residenztheater schreibt: „In einer Zeit, in der Selbstverwirklichung ganz oben auf den To-Do-Listen steht, ist Kinderplanung, Geburt und Erziehung zu einem stetig wachsenden Markt der Hoffnungen, Ängste und Eitelkeiten geworden." Die folgende Szene spielt in einem Wellness-Hotel.

Kathrin Röggla
Kinderkriegen (2012)

Figuren:
ALTE MUTTER: 3 Kinder
SPÄTBERUFENER: dieselben 3 Kinder
OMA: 1 Tochter, 4 Enkel
RABENMUTTER: unklare Kinderanzahl
BUNDERTAGSABGEORDNETER (BA): angeblich 2,5 Kinder
LUFTHANSAMENSCH (LH): angeblich keine Kinder
KINDERLOSE
DER ENGAGIERTE: Henrys Vater
sowie: SOPHIE, ANNABEL, ANAEL, MAXIMILIAN, LINUS, OTTO, PAUL, LISA, LIESELOTTE, KLARA ...

4. Szene

ALTE MUTTER *tritt auf und singt* Katastrophe, Katastrophe, wenn man nur mehr wahrnimmt, wie andere durchschlafen können. Wie andere in Ruhe essen können, wie andere so einfach auf die Toilette gehen, unter die Dusche, in die Waschküche, zum Zahnarzt, zum Friseur. Arbeiten! Ja, arbeiten können! Katastrophe, Katastrophe, wenn man nur noch sieht, wie es dem Vater der Kinder gesundheitlich besser geht und man ihn selbst nur noch durch schmale Augen anblickt, Sehschlitze, ja, Sehschlitze überall, und Müdigkeitsschlitze, Schlitze, aus denen die Müdigkeit quellt. Katastrophe, Katastrophe ...
SPÄTBERUFENER *taucht auf, zur Alten Mutter* Gehst du nicht schlafen?

ALTE MUTTER Nein, mich bringen keine zehn Pferde in dieses Schlafzimmer zurück – es ist angefüllt mit meinen Schlaflosigkeiten. Bis oben hin angefüllt mit meinen Schlaflosigkeiten. Ich habe tagsüber das Spielzimmer hier bereits angefüllt mit meinen Schlaflosigkeiten, und danach die Küche, jetzt ist alles voll. Nur in diesem Wohnzimmer ist noch ein wenig Platz. Was machst eigentlich du hier?

SPÄTBERUFENER Kopfschmerzen.

ALTE MUTTER *fast erleichtert* Ach, du Ärmster. *Sie streckt sich wohlig.* Na, vielleicht kann ich jetzt schlafen. *Geht ab.*

Der Spätberufene bleibt zurück. jetzt erst sieht er den BA, der in einer Art Sofaecke sitzt und mit seinem Handy rumspielt. Er geht auf ihn zu.

SPÄTBERUFENER Pssst, darf ich Ihnen was anvertrauen?

BA Aber bitte doch, ich habe immer ein offenes Ohr!

SPÄTBERUFENER Wir können keine Filme mehr gucken.

BA *desinteressiert* Ach was!

SPÄTBERUFENER Also es ist uns nicht möglich.

BA *desinteressiert* Ach so!

SPÄTBERUFENER Ja, praktisch keine. Sie schafft das nicht mehr, sagt sie. Ich meine, es ist verrückt. Sie zieht sich dauernd irgendwelche Horrorgeschichten rein: Totgeburten, Spätabgänge, plötzliche Kindstode. Was andere Mütter eben so reden. Aber Filme können wir uns keine mehr ansehen. Wir können uns Oliver Stones *Wall Street* nicht ansehen, weil darin ein Kind gequält wird, wir können keine Roland-Emmerich-Filme mehr angucken, weil Kinder darin arg zerzaust werden, oder gar *Star Wars*, *Silent Hill* – eh klar! Aber selbst *Die Eleganz der Madame Michel* konnten wir uns nicht ansehen, weil da von Kinderselbstmord die Rede ist, das ist doch absurd.

BA „Mit dieser Sehnsucht habe ich nicht gerechnet“, sagte kürzlich meine Parteigenossin dazu im *Tagesspiegel*, in der *Süddeutschen*, in der *FAZ*.

SPÄTBERUFENER Bitte?

BA Mit dieser Sehnsucht hat sie nicht gerechnet in der *Bunten*, in der *Gala*, im *Spiegel*, in der *Bild am Sonntag* und natürlich allen voran, in der *Zeit*.

SPÄTBERUFENER Ich möchte mir jedenfalls wieder ein Video reinziehen können.

Sie schweigen, dann geht der Spätberufene ab.

Auftritt Oma.

OMA Darf ich Sie mal ansprechen.

BA *genervt* Nur zu –

OMA Wissen Sie was? Da unten sprechen Sie die ganze Zeit von ihren Verstrahlten in der Küche, das ist doch nicht zu glauben. Ich meine, das ist doch unheimlich ... Aber eigentlich wollte ich über was anderes mit Ihnen sprechen.

BA Bitte!

Im Gegensatz zu seiner Aufforderung steht er auf, geht weg und sieht hinterm Sofa den LH und die Kinderlose. Er zieht die Kinderlose hinterm Sofa hervor.

Was machen Sie hier?

KINDERLOSE *steht auf und singt* Na, Deutschland zum Aussterben bringen, das ist es, was ich mache, so hauptberuflich, so nebenberuflich, so ganz daheim. Was anderes fällt mir doch nicht ein. Deutschland zum Aussterben bringen und dann mal weitersehen, ob sich das ausdehnen lässt. Ein globales Unternehmen wird es aber wohl nicht werden. Das müssen andere übernehmen. Deutschland zum Aussterben bringen, das hat mich auch in dieses Hotel gebracht, Komplizenschaften suchend. [...]

DAS HÖRSPIEL

Innere Bühne

Das Hörspiel ist eine literarische Form eigener Art mit den spezifischen Möglichkeiten seines Mediums (Radio, CD, MP3, Internet-Stream ...) und spezifischen Wirkungen. Gesprochene Sprache, Geräusche und Musik werden der Hörerin bzw. dem Hörer vermittelt, der die akustischen Signale als sinntragende Zeichen aufnimmt, die in ihm eine „innere Bühne" entstehen lassen.

Akustische Reize im Mittelpunkt

Die Konzentration auf das, was aus dem Lautsprecher oder Kopfhörer zu hören ist, schaltet andere Wahrnehmungen weitgehend ab und führt so zu einer Steigerung der vermittelten Gehörseindrücke. Der nur gesprochene Text erfordert mehr Aufmerksamkeit und erhält dadurch mehr Gewicht; er muss nicht mit den optischen Reizen, die z. B. von einer Bühne ausgehen, konkurrieren. Deswegen hat das Hörspiel von Anfang an gerade die guten Schriftsteller/innen in seinen Bann gezogen.

Die ersten Hörspiele sind fast so alt wie der Rundfunk selbst: 1924 hat die kaum ein Jahr alte Einrichtung Radio bereits Hörspiele gesendet, allerdings zunächst eine Art Radiotheater, das sich häufig mit der Bearbeitung von vorhandenen Schauspielen begnügte und die Möglichkeiten des Hörfunks noch nicht recht zu nutzen verstand. Das erste für den Funk produzierte Hörspiel, *Danger* (1924) von Richard Hughes (1900 – 1976), spielt in einem Bergwerk, in dem plötzlich der Strom ausfällt, sodass sich eine – realistisch wiedergegebene – Grenzsituation ergibt, die das Fehlen des Bildes plausibel erscheinen lässt.

Blütezeit des literarischen Hörspiels

Die große Zeit des literarischen Hörspiels begann nach dem Zweiten Weltkrieg, also in einer Periode, als es noch kein Fernsehen gab, in der aber die Aufnahmetechnik bereits eine Fülle von Effekten zuließ. Die Generation von Autorinnen und Autoren, die den Krieg mitgemacht und die Kurzgeschichte auf einen Höhepunkt geführt hatte, brachte auch das Hörspiel zur Entfaltung:

Wolfgang Borchert (1921 – 1947): *Draußen vor der Tür*
Heinrich Böll: *Bilanz*, *Klopfzeichen* u. a.
Günter Eich: *Träume*, *Das Mädchen aus Viterbo* u. v. a.
Max Frisch: *Rip van Winkle*, *Herr Biedermann und die Brandstifter*
Ingeborg Bachmann: *Der gute Gott von Manhattan*
Wolfgang Hildesheimer (1916 – 1991): *Begegnung im Balkanexpress*
Fred von Hoerschelmann (1901 – 1976): *Das Schiff Esperanza*

„Totales Schallspiel"

In den späten 1960-er Jahren erfuhr nicht nur die kurze Prosa (vgl. Seite 352ff.), sondern auch das Hörspiel wesentliche Veränderungen. Das literarische Hörspiel mit seinem sprachlichen Anspruch und seinem Appell an das verinnerlichte Erlebnis geriet ins Feuer der Kritik. Die junge Generation von Autorinnen und Autoren erstrebte ein „totales Schallspiel" (Friedrich Knilli), in dem die poetische Sprache in einzelne Worte und Laute *aufgelöst* wird und Geräusche in den Vordergrund treten. Ein Beispiel für das neue Hörspiel ist Ernst Jandls und Friederike Mayröckers Gemeinschaftsproduktion *Fünf Mann Menschen* (1969). Das Textbuch ist nun dem filmischen Drehbuch ähnlich, es gibt Anweisungen für die Erzeugung von Lauten und Geräuschen. Der Dialog, mit dem bisher ein Thema entwickelt wurde, ist aufgelöst. Die Sprache ist kein geeignetes Mittel mehr, sich zu verständigen.

Originalton

Neben diesem „Neuen Hörspiel", das der konkreten Poesie nahe steht (vgl. Seite 311f.) und experimentellen Charakter hat, entsteht das realistische, zeitkritische Problemstück, das aktuelle politische Themen, öffentliche Skandale und Ähnliches thematisiert. Von hier ist es nur noch ein Schritt zum Originalton-Hörspiel, in dem mit Tonband aufgenommene Gesprächsteile und Geräusche montiert werden. So ist Paul Wührs (geb. 1927) *Preislied* (1971) ein Verschnitt aus Interviews mit Münchnern über die politische Lage und die Lebensbedingungen heute.

Aber nicht nur die Autorinnen und Autoren, sondern auch die technischen Entwicklungen veränderten das Hörspiel. Die Stereophonie eröffnete im Vergleich zum Mono-Hörspiel ganz neue Möglichkeiten: Der Hörraum wurde zweidimensional; Stimmen und Geräusche können sich nicht nur nähern und entfernen, sondern auch von links oder von rechts kommen und von einer Seite auf die andere wandern. Diese Effekte ermöglichten eine neue Choreographie.
Der Rundfunk fasst heute den Begriff „Hörspiel" viel weiter als die Literaturwissenschaft: Man zählt kurze Märchen, Gespenster- und Abenteuerspiele im Kinderfunk ebenso dazu wie historische Hörbilder und reportageartige Berichte mit verteilten Stimmen. Die einfachste Form des Hörspiels ist der Wechsel von Erzählerstimme und Zitatensprecher. Diese Art Hörspiel oder Hörbild wird eingesetzt, um Sachfragen populärwissenschaftlich zu erläutern, Biographien lebendig darzustellen oder aktuelle Probleme zu veranschaulichen (Feature).
Radiosender verfügen über Hörspielredaktionen, deren Regie und Technik den Text der Autorin oder des Autors ins Hörspiel umsetzen. Die Wirkung eines Hörspiels hängt weitgehend von seiner Inszenierung ab. Besonderes Geschick der Autorin bzw. des Autors und der Regie erfordert der Anfang, weil die ersten Minuten entscheiden, ob die Hörer/innen weiter zuhört oder nicht. Film, Fernsehen und Bühne haben es da wesentlich leichter.

> Ein Theaterstück beginnt damit, dass wir Figuren auf der Bühne in einer durch Dekorationen angedeuteten Umgebung sehen und über deren Zeit, Alter, Stand, Beziehungen zueinander schon zu einem guten Teil durch unsere Augen unterrichtet werden. Auch von der äußeren Handlung, die sich entwickelt, drückt sich nicht wenig im Sichtbaren, in Mienen, Gesten, Gängen, Requisiten aus. Lediglich die eigentliche, die innere Handlung wird uns erst durch Sprache zugänglich [...][1]

Geradliniger Aufbau

Der Aufbau der Hörspielhandlung ist meist geradlinig; es gibt kaum Nebenhandlungen. Der Text konzentriert sich auf die rasch fortschreitende Darstellung eines Problems, um die Hörer/innen nicht zu überfordern. Die meisten Hörspiele kommen mit wenigen Figuren aus; viele Stimmen verwirren leicht. Die Stimmen müssen im Dialog gut und leicht zu unterscheiden sein, weswegen man gegensätzliche Figuren bevorzugt: Mann – Frau, junger – alter Mensch, emotionale – rationale Stimmfärbung. Dialogpartien sind nicht sehr umfangreich, damit die Gesprächspartnerin oder der Gesprächspartner im Bewusstseinsraum der Hörer/innen bleibt.
Eine besondere Rolle spielt der Monolog. Er kann erzählen oder berichten; er kann als eine Art Bekenntnismonolog die Hörerin bzw. den Hörer zum Partner machen und so eine vertraute Atmosphäre schaffen; er kann als innerer Monolog (vgl. Seite 244) den Abstand zwischen berichtendem Subjekt und berichteter Objektwelt aufheben und das Publikum in das Bewusstsein der Figur versetzen. Der innere Monolog ist ein episches Element im Hörspiel. Das Hörspiel ist hier im Vorteil, denn ein gehörter Monolog wirkt eindringlicher als ein gelesener.
Jeder „Auftritt" und jeder „Abgang" erfordert sorgfältige Gestaltung, damit die Hörerin oder der Hörer die Veränderung der Situation erkennt. Wenn zwei Figuren miteinander sprechen und es ertönt plötzlich eine dritte Stimme, muss sich das Publikum neu orientieren, es muss sich in die veränderte Situation hineinhören, muss kombinieren und braucht dazu Hilfen von der Autorin oder vom Autor und von der Regie. Ähnlich ist es beim „Abgang": Eine Stimme ist nicht mehr zu vernehmen. Ist die Figur weg? Hört sie zu? – Eine Figur ist nur da, indem sie spricht. Wenn sie nicht hörbar ist, schwindet sie rasch aus dem Vorstellungsraum der Zuhörenden.

1 Heinz Schwitzke, Das Hörspiel – Form und Bedeutung. In: *Theorie des Hörspiels*, Stuttgart: Reclam 1978, RUB 9546, S. 36f.

Schwierig ist es, Ortswechsel und Zeitsprünge anzuzeigen. Ältere Hörspiele haben sich mit einem Gong oder mit einer Musikbrücke beholfen. Eine andere Möglichkeit ist das Verändern der Geräuschkulisse: Einen Dialog auf offener Straße z. B. kann man mit Straßenlärm unterlegen; wechselt das Geschehen in einen Innenraum, dann hört der Lärm auf.

Einerseits sind Geräusche notwendige Hilfen für die Hörer/innen, andererseits kann die Geräuschkulisse aufdringlich und banal werden, etwa wenn ein Gespräch im Auto ständig von Fahrgeräuschen und Bremsenquietschen begleitet ist.

Luigi Squarzina (1927 – 2010) möchte in seinem Hörspiel *Der Unfall* (1972) mitteilen, dass in einer Bahnstation ein Postsack abgeworfen wird, eine Situation, für die der Film eine einzige Einstellung braucht. Im Hörspiel lassen sich nur Gehörswahrnehmungen vermitteln:

> *Langes Läuten, das im Bahnwärterhäuschen das Nahen des Zuges ankündigt ... Geräusche des herannahenden Zuges.*
> STIMME AUS DEM ZUG: Halloooo! Pieroooooo!
> *Der Zug fährt vorüber. Ein schwerer Sack, der vom Postwagen heruntergeworfen wird, plumpst auf die Erde. Der Zug entfernt sich pfeifend.*

Akustische Leitmotive

Sprache und Geräusche wirken hier in wechselseitiger Stützung zusammen. Geräusche werden im Hörspiel nicht nur als Tonuntermalung und realistisch zur Verdeutlichung von Vorgängen und Handlungen eingesetzt, sondern auch poetisch als akustische Symbole, erstmals von Günter Eich in *Träume* (1951), wo Angst durch das Geräusch beim Fahren über Schienenstöße ausgedrückt wird. Geräusche als symbolische Zeichen treten in der Regel an mehreren Stellen eines Stückes auf, sodass man von Leitmotiven sprechen kann. Der wiederholt hörbare „schleppende Marschtritt" etwa wird zum symbolischen Geräusch für die unaufhaltsame Getriebenheit der Soldaten in Otto Heinrich Kühners (1921 – 1996) Hörspiel *Die Übungspatrone* (1950).

Der Fachausdruck für das, was räumliche und zeitliche Veränderungen sowie Figurenwechsel deutlich macht, heißt akustische Blende.

Als Rückblende eröffnet die Blende auch eine zeitliche Dimension: Vergangenes wird in die Gegenwart eingeblendet, und zwar entweder als Dialog oder als Erinnerungsmonolog einer Figur. Mit Hilfe des Halleffekts lassen sich verschiedene Wirklichkeitsebenen signalisieren, zum Beispiel Wachbewusstsein und Traum, Diesseits und Jenseits. Die akustische Blende verbindet die Phasen in Form des harten oder des weichen Schnitts (langsames Aus- und Einblenden, Überblenden).

Reduktion als Chance

Das literarische Hörspiel stellt von den kommunikativen Bedingungen her höhere Ansprüche an den Konsumenten als Film und Fernsehspiel. Gute Hörspielautorinnen und -autoren und -regisseurinnen und -regisseure vermögen jedoch aus der Not eine Tugend zu machen und das Wort und seine Bedeutung rein zur Wirkung kommen zu lassen. Die aktivierte Phantasie entwirft einen innerlich geschauten Raum, der dem sichtbaren Raum im Film und auf der Bühne die persönliche Gestaltung und oft auch stärkere Einprägsamkeit (Imagination) voraus hat.

MODERNE EPISCHE FORMEN

DIE KURZGESCHICHTE

Merkmale der Kurzgeschichte

Das Wort ist eine Lehnübersetzung des amerikanischen „short story", doch man fasst den deutschen Begriff enger als den englischen, der jede vergleichsweise kurze Geschichte benennt. Die Kurzgeschichte ist nicht nur durch inhaltliche und sprachliche Merkmale sowie durch Strukturmerkmale, sondern auch durch äußere Bedingungen gekennzeichnet.

Kurzgeschichten wurden vor allem in Zeitungen publiziert und lösten dort das Feuilleton des 19. Jahrhunderts ab.

Der Begriff der Kurzgeschichte ist nicht scharf zu umgrenzen. Eines der Merkmale einer Kurzgeschichte ist der abrupte Einstieg, der Sprung mitten in das Geschehen. Die Vorgeschichte wird – wenn überhaupt notwendig – erst später erzählt. Das dargestellte Problem wird in der Geschichte nicht geklärt. Vielfach ist es der Leserin oder dem Leser überlassen, den offenen Schluss selbst zu interpretieren und die Handlung in Gedanken weiterzuführen. Charakteristisch sind die einsträngige Handlung, die knappe Darstellung und die Konzentration auf eine außerordentliche Begebenheit.

Siegfried Lenz (geb. 1926) beschreibt in Bezug auf seine Kurzgeschichten die Intentionen und Gestaltungsprinzipien der Autorinnen bzw. Autoren so:

> Eine Geschichte will nicht abbilden, beschreiben, berichten, was sich so oder so ereignete oder hätte ereignen können. Sie ist weiter nichts als die Spiegelung der Sekunde, in der das Tellereisen zuschnappt; das Ablösen und der Transport der Beute werden dem Leser überlassen. Freilich, es kommt viel auf die Placierung der Falle an und auf ihre Tarnung.
> (Klappentext zu den *Gesammelten Erzählungen* 1970)

Die Autorinnen und Autoren der unmittelbaren Nachkriegszeit wollten in ihren Kurzgeschichten die sie bedrängenden Kriegserlebnisse darstellen und verarbeiten. Sie wurden daher „hastig heruntergeschrieben" (Wolfdietrich Schnurre). Nicht die künstlerischen Gestaltungsmittel standen im Vordergrund, sondern die seelische Not, mit dem Erlebten fertig zu werden. Wolfgang Borchert (1921 – 1947) hat dies in seinem Text *Das ist unser Manifest* (1947) so ausgedrückt:

> Wir brauchen keine Dichter mit guter Grammatik. Zu guter Grammatik fehlt uns Geduld. Wir brauchen die mit dem heißen heiser geschluchzten Gefühl. Die zu Baum Baum und zu Weib Weib sagen und ja sagen und nein sagen: laut und deutlich und dreifach und ohne Konjunktiv.

Wiener Bevölkerung vor dem im Krieg stark beschädigten Stephansdom, April 1945

Wolfgang Borchert
Die Küchenuhr (1947)

Sie sahen ihn schon von weitem auf sich zukommen, denn er fiel auf. Er hatte ein ganz altes Gesicht, aber wie er ging, daran sah man, dass er erst zwanzig war. Er setzte sich mit seinem alten Gesicht zu ihnen auf die Bank. Und dann zeigte er ihnen, was er in der Hand trug.

Das war unsere Küchenuhr, sagte er und sah sie alle der Reihe nach an, die auf der Bank in der Sonne saßen. Ja, ich habe sie noch gefunden. Sie ist übrig geblieben. Er hielt eine runde tellerweiße Küchenuhr vor sich hin und tupfte mit dem Finger die blau gemalten Zahlen ab. Sie hat weiter keinen Wert, meinte er entschuldigend, das weiß ich auch. Und sie ist auch nicht so besonders schön. Sie ist nur wie ein Teller, so mit weißem Lack. Aber die blauen Zahlen sehen doch ganz hübsch aus, finde ich. Die Zeiger sind natürlich nur aus Blech. Und nun gehen sie auch nicht mehr. Nein. Innerlich ist sie kaputt, das steht fest. Aber sie sieht noch aus wie immer. Auch wenn sie jetzt nicht mehr geht.

Er machte mit der Fingerspitze einen vorsichtigen Kreis auf dem Rand der Telleruhr entlang. Und er sagte leise: Und sie ist übrig geblieben.

Die auf der Bank in der Sonne saßen, sahen ihn nicht an. Einer sah auf seine Schuhe und die Frau in ihren Kinderwagen. Dann sagte jemand:

Sie haben wohl alles verloren?

Ja, ja, sagte er freudig, denken Sie, aber auch alles! Nur sie hier, sie ist übrig. Und er hob die Uhr wieder hoch, als ob die anderen sie noch nicht kannten.

Aber sie geht doch nicht mehr, sagte die Frau.

Nein, nein, das nicht. Kaputt ist sie, das weiß ich wohl. Aber sonst ist sie doch noch ganz wie immer: weiß und blau. Und wieder zeigte er ihnen seine Uhr. Und was das Schönste ist, fuhr er aufgeregt fort, das habe ich Ihnen ja noch überhaupt nicht erzählt. Das Schönste kommt nämlich noch: Denken Sie mal, sie ist um halb drei stehen geblieben. Ausgerechnet um halb drei, denken Sie mal!

Dann wurde Ihr Haus sicher um halb drei getroffen, sagte der Mann und schob wichtig die Unterlippe vor. Das habe ich schon oft gehört. Wenn die Bombe runtergeht, bleiben die Uhren stehen. Das kommt von dem Druck.

Er sah seine Uhr an und schüttelte den Kopf. Nein, lieber Herr, nein, da irren Sie sich. Das hat mit den Bomben nichts zu tun. Sie müssen nicht immer von den Bomben reden. Nein. Um halb drei war ganz etwas anderes, das wissen Sie nur nicht. Das ist nämlich der Witz, dass sie gerade um halb drei stehen geblieben ist. Und nicht um viertel nach vier oder um sieben. Um halb drei kam ich nämlich immer nach Hause. Nachts, meine ich. Fast immer um halb drei. Das ist ja gerade der Witz. Er sah die anderen an, aber die hatten ihre Augen von ihm weggenommen. Er fand sie nicht. Da nickte er seiner Uhr zu: Dann hatte ich natürlich Hunger, nicht wahr? Und ich ging immer gleich in die Küche. Da war es dann immer fast halb drei. Und dann, dann kam nämlich meine Mutter. Ich konnte noch so leise die Tür aufmachen, sie hat mich immer gehört. Und wenn ich in der dunklen Küche etwas zu essen suchte, ging plötzlich das Licht an. Dann stand sie da in ihrer Wolljacke und mit einem roten Schal um. Und barfuß. Immer barfuß. Und dabei war unsere Küche gekachelt. Und sie machte ihre Augen ganz klein, weil ihr das Licht so hell war. Denn sie hatte ja schon geschlafen. Es war ja Nacht.

So spät wieder, sagte sie dann. Mehr sagte sie nie. Nur: So spät wieder. Und dann machte sie mir das Abendbrot warm und sah zu, wie ich aß. Dabei scheuerte sie immer die Füße aneinander, weil die Kacheln so kalt waren. Schuhe zog sie nachts nie an. Und sie saß so lange bei mir, bis ich satt war. Und dann hörte ich sie noch die Teller wegsetzen, wenn ich in meinem Zimmer schon das Licht ausgemacht hatte. Jede Nacht war es so. Und meistens immer um halb drei. Das war ganz selbstverständlich, fand ich, dass sie mir nachts um halb drei in der Küche das Essen machte. Ich fand das ganz selbstverständlich. Sie tat das ja immer. Und sie hat nie mehr gesagt als: So spät wieder. Aber das sagte sie jedes Mal. Und ich dachte, das könnte nie aufhören. Es war mir so selbstverständlich. Das alles war doch immer so gewesen.

Einen Atemzug lang war es ganz still auf der Bank. Dann sagte er leise: Und jetzt? Er sah die anderen an. Aber er fand sie nicht. Da sagte er der Uhr leise ins weißblaue runde Gesicht: Jetzt, jetzt weiß ich, dass es das Paradies war. Auf der Bank war es ganz still. Dann fragte die Frau: Und Ihre Familie?

Er lächelte sie verlegen an: Ach, sie meinen meine Eltern? Ja, die sind auch mit weg. Alles ist weg. Alles, stellen Sie sich vor. Alles weg.

Er lächelte verlegen von einem zum anderen. Aber sie sahen ihn nicht an.

Da hob er wieder die Uhr hoch und er lachte. Er lachte: Nur sie hier. Sie ist übrig. Und das Schönste ist ja, dass sie ausgerechnet um halb drei stehengeblieben ist. Ausgerechnet um halb drei.

Dann sagte er nichts mehr. Aber er hatte ein ganz altes Gesicht. Und der Mann, der neben ihm saß, sah auf seine Schuhe. Aber er sah seine Schuhe nicht. Er dachte immerzu an das Wort Paradies.

46. Untersuchen Sie die Kurzgeschichte nach folgenden Gesichtspunkten:
- Geben Sie das äußere Geschehen kurz wieder. (Situation)
- Erläutern Sie die Beziehung der Personen zueinander und ihr Verhalten.
- Diskutieren Sie die Funktion des Dingsymbols „Uhr" und des Schlüsselworts „Paradies".
- Vergleichen Sie die Sprachform des Erzählers und die der Figuren.
- Analysieren Sie das Verhältnis von erzählter Zeit und Erzählzeit.

Entgrenzte Wirklichkeit

Die in Wien geborene Schriftstellerin Ilse Aichinger (geb. 1921) gehört zu den herausragenden Figuren der Nachkriegsliteratur in Österreich. Sie ist besonders durch ihre Kurzgeschichten und den Roman *Die größere Hoffnung* (1948) bekannt geworden. Die Texte von Ilse Aichinger sind eminent poetisch, sie entgrenzen die Wirklichkeit.

Ilse Aichinger
Das Plakat (1948)

„Du wirst nicht sterben!“, sagte der Mann, der die Plakate klebte, und erschrak über seine Stimme, als wäre ihm in der flirrenden Hitze sein eigener Geist erschienen. Dann wandte er den Kopf vorsichtig nach links und rechts, aber da war niemand, der ihn für verrückt halten konnte, niemand stand unter seiner Leiter. Der Stadtbahnzug war eben weggefahren und hatte die Schienen wieder ihrem eigenen Glanz überlassen. Auf der anderen Seite der Station stand eine Frau und hielt ein Kind an der Hand. Das Kind sang vor sich hin. Und das war alles. Die Stille des Mittags lag wie eine schwere Hand über der Station, und das Licht schien von seinem eigenen Übermaß überwältigt zu sein. Der Himmel über den Schutzdächern war blau und gewalttätig, im gleichen Maß bereit, zu schützen und einzustürzen, und die Telegraphendrähte hatten längst zu singen aufgehört. Die Ferne hatte die Nähe verschlungen und die Nähe die Ferne. Es war kein Wunder, dass nur wenige Leute um diese Zeit mit der Stadtbahn fuhren, vielleicht hatten sie Angst, zu Gespenstern zu werden und sich selbst zu erscheinen.
„Du wirst nicht sterben!“, wiederholte der Mann verbittert und spuckte von der Leiter. Ein Flecken Blut blieb auf den hellen Steinen. Der Himmel darüber schien plötzlich vor Schreck erstarrt. Es war fast, als hätte ihm einer erklärt: Du wirst nie Abend werden, als wäre der Himmel selbst zum Plakat geworden und stünde nun grell und groß wie die Werbung für ein Seebad über der Station. Der Mann warf den Pinsel in den Eimer zurück und stieg von der Leiter. Er fiel mit dem Rücken gegen die Mauer, hatte aber gleich darauf den Schwindel überwunden, nahm die Leiter über die Schulter und ging.
Der Junge auf dem Plakat lachte schreckerfüllt mit weißen Zähnen und starrte geradeaus. Er wollte dem Mann nachschauen, hatte aber keine Möglichkeit, den Blick zu senken. Seine Augen waren aufgerissen. Halbnackt, die Arme hochgeworfen, im Lauf festgehalten wie zur Strafe für Sünden, von denen er nichts wusste, stand er im weißen Gischt, über sich den Himmel, der zu blau, und hinter sich den Strand, der zu gelb war, und lachte verzweifelt auf die andere Seite der Station, wo das Kind vor sich hin sang und die Frau verloren und sehnsüchtig nach ihm hinübersah. Er hätte ihr gerne erklärt, dass es eine Täuschung war, dass er nicht die See vor sich hatte, wie das Plakat glauben machen wollte, sondern ebenso wie sie nur den Staub und die Stille der Station und die Tafel mit der Aufschrift: „Das Betreten der Schienen ist verboten!“ Und er hätte ihr sein Lachen geklagt, das ihn zur Verzweiflung brachte wie der Gischt, der ihn umsprang, ohne zu kühlen.
Der Junge auf dem Plakat hätte niemals auf solche Ideen kommen dürfen. Weder das Mädchen links von ihm, das einen Blumenstrauß aus einem ganz bestimmten Blumenladen an die Brust gepresst hielt, noch der Herr rechts von ihm, der eben gebückt aus einem blitzblauen Auto stieg, fanden irgend etwas daran. Es fiel ihnen nicht ein, sich aufzulehnen. Das Mädchen hatte kein Verlangen, den Strauß, den es kaum halten konnte, aus seinen rosigen Armen zu lassen, und die Blumen hatten kein Verlangen nach Wasser. Und der Herr mit dem Auto schien seine gebückte Haltung für die einzig mögliche zu halten, denn er lächelte vergnügt und dachte nicht daran, sich aufzurichten, das Auto abzusperren und den hellen

Wolken ein Stück nachzugehen. Sogar die hellen Wolken standen reglos, von silbernen Linien wie von Ketten umgeben, die sie nicht wandern ließen. Der Junge im Gischt war der Einzige, dem die Auflehnung hinter dem erstarrten Lachen saß wie das unsichtbare Land hinter der gelben Küste.

Schuld daran war der Mann mit der Leiter, der gesagt hatte: „Du wirst nicht sterben!" Der Junge hatte keine Ahnung, was sterben hieß. Wie sollte er auch? Über seinem Kopf stand in heller Schrift, schräg wie eine vergessene Rauchwolke über den Himmel geworfen, das Wort „Jugend", und zu seinen Füßen in dem täuschenden Streifen giftgrüner See konnte man lesen: „Komm mit uns!" Es war eine der vielen Werbungen für ein Ferienlager.

Der Mann mit der Leiter war inzwischen oben angelangt. Er lehnte die Leiter an die schmutzige Mauer des Stationsgebäudes, wechselte mit dem lahmen Bettler einige Worte über die Hitze und überquerte zuletzt die Fahrbahn, um sich an dem Stand auf der Brücke ein Glas Bier zu kaufen. Dort wechselte er wieder einige Worte über die Hitze und keines über das Sterben und ging dann zurück, um seine Leiter zu holen. Über allem war ein Schleier von Staub, in den das Licht sich vergeblich zu hüllen versuchte. Der Mann packte die Leiter, den Eimer und die Rolle mit den Plakaten und stieg auf der anderen Seite der Stadtbahn die Stiegen wieder hinunter. Der nächste Zug war noch immer nicht gekommen. Sie verkehrten um diese Zeit manchmal so selten, als verwechselten sie Mittag und Mitternacht.

Der Junge auf dem Plakat, der nichts anderes konnte als lachend geradeaus starren, sah, wie der Mann genau gegenüber seine Leiter wieder aufstellte und von neuem über die Wände zu streichen begann, über die Wände, an welchen Frauen in kostbaren Kleidern und in dem frevelhaften Wunsch, festzuhalten, was nicht festzuhalten war, erstarrt waren. Der Wunsch, das Ende der Nacht nicht zu erleben, war ihnen in Erfüllung gegangen. Ihre Angst vor dem Morgengrauen war so groß gewesen, dass sie von nun an nichts anderes mehr konnten als für den Spiegelsaal eines Tanzlokals zu werben, starr und leicht zurückgeneigt in den Armen der Herren. Der Mann auf der Leiter schüttelte seinen Pinsel aus. Sie waren an der Reihe, überklebt zu werden. Der Junge gegenüber konnte es deutlich sehen. Und er sah, wie sie freundlich und wehrlos das Furchtbare mit sich geschehen ließen.

Er wollte schreien, doch er schrie nicht. Er wollte die Arme ausstrecken, um ihnen zu helfen, aber seine Arme waren hochgeworfen. Er war jung und schön und strahlend. Er hatte das Spiel gewonnen, doch den Preis hatte er zu bezahlen. Er war festgehalten in der Mitte des Tages wie ein Tänzer gegenüber in der Mitte der Nacht. Und wie sie würde er wehrlos alles mit sich geschehen lassen, wie sie würde er den Mann nicht von der Leiter stoßen können. Vielleicht hing alles damit zusammen, dass er nicht sterben konnte.

Komm mit uns – komm mit uns – komm mit uns! Er hatte nichts anderes im Kopf zu haben als die Worte zu seinen Füßen. Es war der Reim eines Liedes. Das sangen sie, wenn sie auf Ferien fuhren, das sangen sie, wenn ihnen die Haare flogen. Das sangen sie noch immer, wenn der Zug auf der Strecke hielt, das sangen sie, wenn ihnen die Haare im Fliegen erstarrten. Komm mit uns – komm mit uns – komm mit uns! Und keiner wusste weiter.

Hinter der Stirne des Jungen begann es zu rasen. Weiße Segler landeten ungesehen in der unsichtbaren Bucht. Der Reim sprang um: Du wirst nicht sterben – du wirst nicht sterben – du wirst nicht sterben! Es war wie eine Warnung. Der Junge hatte keine Ahnung, was Sterben war, aber es brannte plötzlich wie ein Wunsch in ihm. Sterben, das hieß vielleicht die Bälle fliegen lassen und die Arme ausbreiten, sterben, das hieß vielleicht tauchen oder fragen, sterben hieß von dem Plakat springen, sterben – jetzt wusste er es –, sterben musste man, um nicht überklebt zu werden.

Der Mann auf der Leiter hatte seine Worte längst vergessen. Und wenn es einer Fliege auf dem Rücken seiner Hand eingefallen wäre, ihn daran zu erinnern, so hätte er sie abgeleugnet. Er hatte es in einem Anfall von Verbitterung gesagt, einer Verbitterung, die in ihm gewachsen war, seit er Plakate klebte. Er hasste diese glatten, jungen Gesichter, denn er selbst hatte ein Feuermal[1] auf der Wange. Außerdem musste er Acht geben, dass ihn der Husten nicht von Zeit zu Zeit von der Leiter warf. Aber schließlich lebte er davon, Plakate zu kleben. Die Hitze war ihm eben in den Kopf gestiegen, vielleicht hatte er im Traum gesprochen. Schluss damit.

Die Frau mit dem Kind war näher gekommen. Drei Mädchen in hellen Kleidern klapperten die Stiegen hinunter. Zuletzt standen alle um seine Leiter und sahen ihm zu. Das schmeichelte ihm, und es blieb ihm nichts übrig, als zum dritten Mal ein Gespräch über die Hitze zu beginnen. Sie stimmten alle eifrig ein, als wüssten sie endlich den Grund für ihre Freude und für ihre Traurigkeit.

Das Kind hatte sich von der Hand der Mutter losgerissen und drehte sich im Kreis. Es wollte schwindlig werden. Aber bevor es schwindlig wurde, fiel sein Blick auf das Plakat gegenüber.

Der Junge lachte beschwörend. „Da!“, rief das Kind und zeigte mit der Hand hinüber, als gefiele ihm der weiße Schaum und die See, die zu grün war.

Der Junge hatte keine Macht, den Kopf zu schütteln, er hatte keine Macht, zu sagen: „Nein, das ist es nicht!“ Aber das Rasen hinter seiner Stirne war unerträglich geworden: Sterben – sterben – sterben! Ist das Sterben, wenn die See endlich nass wird? Ist das Sterben, wenn der Wind endlich weht? Was ist das: Sterben?

Das Kind auf der anderen Seite faltete die Stirne. Es war nicht sicher, ob es die Verzweiflung in dem Lachen erkannt hatte oder ob es nur das Spiel mit den Gesichtern spielen wollte. Doch der Junge konnte nicht einmal die Stirne falten, um dem Kind eine Freude zu machen. Sterben – dachte er –, sterben, dass ich nicht mehr lachen muss! Ist das Sterben, wenn man seine Stirne falten darf? Ist das Sterben?, fragte er stumm.

Das Kind streckte seinen Fuß ein wenig vor, als wollte es tanzen. Es warf einen Blick zurück. Die Erwachsenen waren in ihr Gespräch vertieft und beachteten es nicht. Sie redeten jetzt alle auf einmal, um gegen die Stille der Station aufzukommen. Das Kind ging an den Rand, betrachtete die Schienen und lächelte hinunter, ohne die Tiefe zu messen. Es hob den Fuß ein Stück über den Rand und zog ihn wieder zurück. Dann lachte es wieder zu dem Jungen hinüber, um ihm das Spiel zu erleichtern.

„Was meinst du?“, fragte sein Lachen zurück. Das kleine Mädchen hob die Schürze ein wenig. Es wollte mit ihm tanzen. Aber wie sollte er tanzen, wenn er nicht sterben konnte, wenn er immer so bleiben musste, jung und schön, die Arme erhoben, halbnackt im weißen Gischt? Wenn er sich niemals in die See werfen konnte, um auf die andere Seite zu tauchen, wenn er niemals zurück an Land gehen durfte, um seine Kleider zu holen, die im gelben Sand versteckt lagen? Wenn das Wort Jugend immer über seinem Kopf hing wie ein Schwert, das nicht fallen wollte? Wie sollte er mit dem kleinen Mädchen tanzen, wenn das Betreten der Schienen verboten war?

Aus der Ferne hörte man das Anrollen des nächsten Zuges, vielmehr hörte man es nicht, es war nur, als hätte sich die Stille verstärkt, als hätte sich die Helligkeit an ihrem hellsten Punkt in einen Schwarm dunkler Vögel verwandelt, die brausend näher kamen.

1 Feuermal: besonders am Gesicht vorkommendes rotes oder blaurotes Mal

Das Kind fasste den Saum seines Kleides mit beiden Händen. „So –", sang es, „und so –", und es hüpfte wie ein Vogel am Rand. Aber der Junge bewegte sich nicht. Das Kind lächelte ungeduldig. Wieder hob es den Fuß über den Rand, den einen – den anderen – den einen – den anderen –, aber der Junge konnte nicht tanzen.

„Komm!", rief das Kind. Niemand hörte es. „So!", lächelte es noch einmal. Der Zug raste um die Kurve. Die Frau neben der Leiter bemerkte ihre freie Hand, ihre freie Hand warf sie herum. Sie griff nach dem Saum eines Kleides, als wollte sie den Himmel greifen. „So!", rief das Kind zornig und sprang auf die Schienen, bevor der Zug das Bild des Jungen verdecken konnte. Niemand war imstande, es zurückzureißen. Es wollte tanzen.

In diesem Augenblick begann die See die Füße des Jungen zu netzen. Wunderbare Kühle stieg in seine Glieder. Spitze Kiesel stachen in seine Sohlen. Der Schmerz jagte ihm Entzücken in die Wangen. Zugleich fühlte er die Müdigkeit in seinen Armen, breitete sie aus und ließ sie sinken. Gedanken falteten seine Stirne und schlossen seinen Mund. Der Wind begann zu wehen und trieb ihm Sand und Wasser in die Augen. Das Grün der See vertiefte sich und wurde undurchsichtig. Und mit dem nächsten Windstoß verschwand das Wort Jugend vom blauen Himmel und löste sich auf wie Rauch. Der Junge hob die Augen, doch er sah nicht, wie der Mann von der Leiter sprang, als stieße ihn jemand zurück. Er legte die Hände hinter die Ohren und lauschte, doch er hörte nicht das Schreien der Menschen und das grelle Hupen des Rettungswagens. Die See begann zu fluten.

„Ich sterbe", dachte der Junge, „ich kann sterben!" Er atmete tief, zum ersten Male atmete er. Eine Handvoll Sand flog ihm ins Haar und ließ es weiß erscheinen. Er bewegte die Finger und versuchte, einen Schritt vorwärts zu machen, wie das Kind es ihm gezeigt hatte. Er wandte den Kopf zurück und überlegte, ob er seine Kleider holen sollte. Er schloss die Augen und öffnete sie wieder. Da fiel sein Blick noch einmal auf die Tafel gegenüber: „Das Betreten der Schienen ist verboten!" Und plötzlich überfiel ihn die Angst, sie könnten ihn noch einmal erstarren lassen, lachend, mit weißen Zähnen und einem gleißenden Fleck in jedem seiner Augen; sie könnten ihm den Sand wieder aus dem Haar und den Atem wieder aus dem Mund nehmen, sie könnten die See noch einmal zu einem täuschenden Streifen unter seinen Füßen machen, worin keiner ertrinken konnte, und das Land zu einem hellen Flecken in seinem Rücken, worauf keiner stehen konnte. Nein, er würde seine Kleider nicht holen.

Musste die See nicht zur See werden, damit das Land Land sein konnte? Wie hatte das Kind gesagt? So! Er versuchte zu springen. Er stieß sich ab, kam wieder zurück und stieß sich wieder ab. Und gerade, als er dachte, es würde ihm nie gelingen, kam ein Windstoß von der Brücke. Die See stürzte auf die Schienen und riss den Jungen mit sich. Der Junge sprang und riss die Küste mit sich. „Ich sterbe", rief er, „ich sterbe! Wer will mit mir tanzen?"

Niemand beachtete es, dass eines der Plakate schlechter geklebt worden war, niemand beachtete es, dass eines davon sich losgerissen hatte, auf die Schienen wehte und von dem einfahrenden Gegenzug zerfetzt wurde. Nach einer halben Stunde lag die Station wieder leer und still. Schräg gegenüber war zwischen den Schienen ein heller Flecken Sand, als hätte es ihn vom Meer herübergeweht. Der Mann mit der Leiter war verschwunden. Kein Mensch war zu sehen.

Schuld an dem ganzen Unglück waren die Züge, die um diese Zeit so selten fuhren, als verwechselten sie Mittag mit Mitternacht. Sie machten die Kinder ungeduldig. Aber nun senkte sich der Nachmittag wie ein leichter Schatten über die Station.

Plakatankleber im Paris der 1950-er Jahre

47. Analysieren Sie diese Geschichte nach inhaltlichen und sprachlichen Gesichtspunkten:
- Benennen Sie das Thema der Kurzgeschichte.
- Erläutern Sie, aus welchen Positionen das Geschehen erzählt wird.
- Geben Sie an, wer die Hauptfigur ist.
- Beurteilen Sie, inwiefern es sich um eine reale Begebenheit handelt, die hier geschildert wird.
- Nennen Sie einige Motive, die in dieser Geschichte vorkommen.

48. Besprechen Sie Ihren persönlichen Leseeindruck.

ANDERE FORMEN VON KURZPROSA

Einen eigenen Stil der kurzen Prosa entwickelte der Schweizer Peter Bichsel (geb. 1935). Ihm ging es vor allem um die Kommunikationsfähigkeit der Menschen. Bichsels hohes Ansehen in der deutschen Literatur beruht auf einem schmalen Bändchen mit 21 Geschichten: *Eigentlich möchte Frau Blum den Milchmann kennen lernen* (1964). Die eigenwillig erzählten Geschichten haben keine Handlung, sondern geben Zustände wieder. Zwischen den Eheleuten in *San Salvador* herrscht eine Öde, die der Mann durch seine Phantasien zu überwinden versucht. Die Möglichkeit zu einer Aussprache und die Änderung ihrer Beziehung sind ihnen nicht gegeben. Die menschlichen Sehnsüchte sind unerfüllbar. Die Sprache redet nicht von der Sprechunfähigkeit der Figuren, sie ist dieser Zustand selbst. Man nennt dieses Verfahren: Thematisieren in Sprache.

Peter Bichsel

San Salvador (1963)

Er hatte sich eine Füllfeder gekauft.

Nachdem er mehrmals seine Unterschrift, dann seine Initialen, seine Adresse, einige Wellenlinien, dann die Adresse seiner Eltern auf ein Blatt gezeichnet hatte, nahm er einen neuen Bogen, faltete ihn sorgfältig und schrieb: „Mir ist es hier zu kalt", dann „ich gehe nach Südamerika", dann hielt er inne, schraubte die Kappe auf die Feder, betrachtete den Bogen und sah, wie die Tinte eintrocknete und dunkel wurde (in der Papeterie[1] garantierte man, dass sie schwarz werde), dann nahm er seine Feder erneut zur Hand und setzte noch großzügig seinen Namen Paul darunter.

Dann saß er da.

Später räumte er die Zeitungen vom Tisch, überflog dabei die Kinoinserate, dachte an irgendetwas, schob den Aschenbecher beiseite, zerriss den Zettel mit den Wellenlinien, entleerte seine Feder und füllte sie wieder. Für die Kinovorstellung war es jetzt zu spät.

Die Probe des Kirchenchores dauerte bis neun Uhr, um halb zehn würde Hildegard zurück sein. Er wartete auf Hildegard. Zu all dem Musik aus dem Radio. Jetzt drehte er das Radio ab.

Auf dem Tisch, mitten auf dem Tisch, lag nun der gefaltete Bogen, darauf stand in blauschwarzer Schrift sein Name Paul.

„Mir ist es hier zu kalt", stand auch darauf.

Nun würde also Hildegard heimkommen, um halb zehn. Es war jetzt neun Uhr. Sie läse seine Mitteilung, erschräke dabei, glaubte wohl das mit Südamerika nicht, würde dennoch die Hemden im Kasten zählen, etwas müsste ja geschehen sein.

Sie würde in den „Löwen" telefonieren.

Der „Löwen" ist mittwochs geschlossen.

Sie würde lächeln und verzweifeln und sich damit abfinden, vielleicht.

Sie würde sich mehrmals die Haare aus dem Gesicht streichen, mit dem Ringfinger der linken Hand beidseitig der Schläfe entlangfahren, dann langsam den Mantel aufknöpfen.

Dann saß er da, überlegte, wem er einen Brief schreiben könnte, las die Gebrauchsanweisung für den Füller noch einmal – leicht nach rechts drehen – las auch den französischen Text, verglich den englischen mit dem deutschen, sah wieder seinen Zettel, dachte an Palmen, dachte an Hildegard.

Saß da.

Und um halb zehn kam Hildegard und fragte: „Schlafen die Kinder?"

Sie strich sich die Haare aus dem Gesicht.

49. Besprechen Sie diese kurze Geschichte, in der ein Mann auf seine Frau wartet:
- Interpretieren Sie den Titel.
- Charakterisieren Sie diesen Mann.
- Beschreiben Sie die Beziehung, die dieser Mann und diese Frau führen.
- Erläutern Sie die Wirkung, die dieser Text auf Sie hat.

1 Papeterie: Papierwarenhandlung (schweiz.)

PROSA-LITERATUR IN DER DDR

Die Anfänge der DDR-Literatur sind geprägt von Autorinnen und Autoren, die schon in der Zeit vor und während des Zweiten Weltkriegs schriftstellerisch tätig waren und die – wie Anna Seghers – ideologisch zu den Zielen der DDR-Kulturpolitik passten. Die Hauptstoßrichtung lag in den Anfangsjahren in der Fortführung antifaschistischer Traditionen und im Aufbau einer kommunistischen Gesellschaftsordnung.
Christa Wolf (1929 – 2011) wurde zu einer der wichtigsten Schriftstellerinnen der ehemaligen DDR und repräsentierte auch die Verwerfungen, die sich nach der Wende 1989 ergaben.
Christa Wolf, geboren in Landsberg/Warthe (heute: Gorzów Wielkopolski, Polen), war Mitglied und später Vorstand des Schriftstellerverbandes der DDR und war lange Zeit eine in Ost und West hochgeschätzte Schriftstellerin, der es gelungen war, trotz der Einschränkungen der DDR-Kulturpolitik ihre künstlerische Laufbahn zu verfolgen. Anfangs stand sie der offiziellen Kulturpolitik sehr nahe, sie war sogar Anfang der 1960-er Jahre kurz für die Staatssicherheit tätig und wurde später auch Kandidatin für das Zentralkomitee der SED (Sozialistische Einheitspartei Deutschlands). Sie wurde jedoch ab etwa 1962 selbst überwacht. Nach ihrem Eintreten für Wolf Biermann wurde sie 1976 aus dem Schriftstellerverband ausgeschlossen.
Ihre Erzählung *Was bleibt* (1979/1989, veröffentlicht 1990) löste eine heftige Kontroverse aus, da darin die Überwachung durch die Stasi thematisiert wurde. Ihr wurde vorgeworfen, dass sie sich damit als Kritikerin des Systems darzustellen versucht hätte, obwohl sie lange Jahre als Aushängeschild der DDR-Literatur privilegiert gewesen wäre.
Ihr Roman *Der geteilte Himmel* (1963) thematisiert die deutsche Teilung im Anschluss an den Bau der Berliner Mauer 1961. Mit dem Roman *Nachdenken über Christa T.* (1968) entwickelte Christa Wolf ihr Programm der „subjektiven Authentizität", indem sie versuchte, die objektive Realität der gesellschaftlichen Entwicklung mit der subjektiven Wirklichkeitserfahrung zu verbinden.
In dem autobiographischen Text *Kindheitsmuster* (1976) besucht die Erzählerin mit ihrer Familie ihre Heimatstadt L., das heutige G. in Polen.

Subjektive Authentizität

Kindheitsmuster

Damals, im Sommer 1971, gab es den Vorschlag, doch endlich nach L., heute G., zu fahren, und du stimmtest zu. Obwohl du dir wiederholtest, daß es nicht nötig wäre. Aber sie sollen ihren Willen haben. Der Tourismus in alte Heimaten blühte. Zurückkehrende rühmten die fast durchweg freundliche Aufnahme durch die neuen Einwohner der Stadt und nannten Straßenverhältnisse, Verpflegung und Unterkunft „gut", „passabel", „ordentlich", was du dir alles ungerührt anhören konntest. Was die Topographie betreffe, sagtest du, auch um den Anschein wirklichen Interesses zu erwecken, könntest du dich ganz auf dein Gedächtnis verlassen: Häuser, Straßen, Kirchen, Parks, Plätze – die ganze Anlage dieser im übrigen kaum bemerkenswerten Stadt war vollständig und für immer in ihm aufgehoben. Eine Besichtigung brauchtest du nicht. Trotzdem, sagte H. Da fingst du an, die Reise gewissenhaft vorzubereiten. Der visafreie Reiseverkehr war zwar noch nicht eingeführt, aber schon damals wurden die Bestimmungen lax gehandhabt, so daß der nichtssagende Vermerk „Stadtbesichtigung" , in die dreifach auszufertigenden Antragsformulare unter der Rubrik „Begründung" eingetragen, anstandslos durchging. Zutreffende Angaben wie „Arbeitsreise" oder „Gedächtnisüberprüfung" hätten Befremden erregt. (Besichtigung der sogenannten

Vaterstadt!) Die neuen Paßfotos fandet ihr – im Gegensatz zu den Angestellten der Volkspolizeimeldestelle – euch unähnlich, eigentlich abscheulich, weil sie dem Bild, das ihr von euch hattet, um den entscheidenden nächsten Altersschritt voraus waren. Lenka war, wie immer, gut getroffen, nach eurer Meinung. Sie selbst verdrehte die Augen, um sich zu ihren Fotos nicht äußern zu müssen.
Während die Anträge auf Ausreise und bei der Industrie- und Handelsbank die Gesuche um Geldumtausch liefen, bestellte Bruder Lutz in der Stadt, die in deinen Formularen zweisprachig, unter verschiedenen Namen auftauchte, als „Geburtsort" L. und als „Reiseziel" G., vorsichtshalber telegrafisch Hotelzimmer, denn ihr kennt in deiner Heimatstadt keine Menschenseele, bei der ihr hättet übernachten können. Fristgerecht konntet ihr sowohl die Anlagen zum Personalausweis als auch die dreimal dreihundert Zloty in Empfang nehmen, und du verrietest dich erst am Vorabend des geplanten Reisetages, als Bruder Lutz anrief und mitteilte, er habe es nicht geschafft, seine Papiere abzuholen: Da machte es dir nicht das geringste aus, eine ganze Woche später zu fahren.
Es war dann also Sonnabend, der 10. Juli 1971, der heißeste Tag dieses Monats, der seinerseits der heißeste Monat des Jahres war. Lenka, noch nicht fünfzehn und an Auslandsreisen gewöhnt, erklärte auf Befragen höflich, ja, sie sei neugierig, es interessiere sie, doch, ja. H., sowenig ausgeschlafen wie du selbst, setzte sich ans Steuer. An der verabredeten Stelle beim Bahnhof Schönefeld stand Bruder Lutz. Er bekam den Platz neben H., du saßest hinter ihm, Lenkas Kopf auf deinem Schoß, die, eine Gewohnheit aus Kleinkindertagen, bis zur Grenze schlief.

50. Analysieren Sie, mit welchen Emotionen die Erzählerin an diese Reise herangeht:
- Arbeiten Sie heraus, inwiefern diese Fahrt wichtig für ihr Selbstverständnis ist.
- Erläutern Sie, welche Aspekte gegen diese Reise sprechen.
- Diskutieren Sie, wie der Begriff „Heimat" thematisiert wird.

51. Untersuchen Sie die Realität der frühen 1970-er Jahre in der DDR, die dieser Text auch zeigt:
- Beschreiben Sie, mit welchen Problemen die Reisenden konkret konfrontiert sind.
- Stellen Sie fest, wie diese Probleme gelöst werden.
- Ziehen Sie Rückschlüsse auf das politische und gesellschaftliche System anhand dieses Abschnitts.

Der DDR-Lyriker und Erzähler Reiner Kunze (geb. 1933) war ursprünglich Mitglied der SED, hatte sich jedoch im Lauf der 1950-er Jahre zunehmend davon distanziert, weshalb er ein Ziel der Stasi-Überwachung wurde, die bis 1989 anhielt. Die Veröffentlichung seiner Stasi-Akte zeigte, dass er von einem Freund der Familie regelmäßig überwacht wurde.

Kritik an den Lebensumständen in der DDR

In seinem Prosaband *Die Wunderbaren Jahre* (1976) kritisiert er die Lebensumstände von Jugendlichen in der DDR scharf, besonders die Bevormundung durch die Behörden und den Staat. Da sein Text jedoch im Westen ohne Zustimmung der Behörden publiziert wurde, wurde er aus dem Schriftstellerverband ausgeschlossen und musste schließlich die DDR verlassen.

Fünfzehn

Sie trägt einen Rock, den kann man nicht beschreiben, denn schon ein einziges Wort wäre zu lang. Ihr Schal dagegen ähnelt einer Doppelschleppe: lässig um den Hals geworfen, fällt er in ganzer Breite über Schienbein und Wade. (Am liebsten hätte sie einen Schal, an dem mindestens drei Großmütter zweieinhalb Jahre gestrickt haben – eine Art Niagara-Fall aus Wolle. Ich glaube, von einem solchen Schal würde sie behaupten, dass er genau ihrem Lebensgefühl entspricht. Doch wer hat vor zweieinhalb Jahren wissen können, dass solche Schals heute Mode sein würden.) Zum Schal trägt sie Tennisschuhe, auf denen sich jeder ihrer Freunde und jede ihrer Freundinnen unterschrieben haben. Sie ist fünfzehn Jahre alt und gibt nichts auf die Meinung uralter Leute – das sind alle Leute über dreißig.

Wenn sie Musik hört, vibrieren noch im übernächsten Zimmer die Türfüllungen. Ich weiß, diese Lautstärke bedeutet für sie Lustgewinn. Teilbefriedigung ihres Bedürfnisses nach Protest. Überschallverdrängung unangenehmer logischer Schlüsse. Trance. Dennoch ertappe ich mich immer wieder bei einer Kurzschlussreaktion: Ich spüre plötzlich den Drang in mir, sie zu bitten, das Radio leiser zu stellen. Wie also könnte ich sie verstehen – bei diesem Nervensystem?

Auf den Möbeln ihres Zimmers flockt der Staub. Unter ihrem Bett wallt er. Dazwischen liegen Haarklemmen, ein Taschenspiegel, Knautschlacklederreste, Schnellhefter, Apfelstiele, ein Plastikbeutel mit der Aufschrift „Der Duft der großen weiten Welt“, angelesene und übereinandergestapelte Bücher (Hesse, Karl May, Hölderlin), Jeans mit in sich gekehrten Hosenbeinen, halb- und dreiviertel gewendete Pullover, Strumpfhosen, Nylon und benutzte Taschentücher. (Die Ausläufer dieser Hügellandschaft erstrecken sich bis ins Bad und in die Küche.) Ich weiß: Sie will sich nicht den Nichtigkeiten des Lebens ausliefern. Sie fürchtet die Einengung des Blicks, des Geistes. Sie fürchtet die Abstumpfung der Seele durch Wiederholung! Außerdem wägt sie die Tätigkeiten gegeneinander ab nach dem Maß an Unlustgefühlen, das mit ihnen verbunden sein könnte, und betrachtet es als Ausdruck persönlicher Freiheit, die unlustintensiveren zu ignorieren. Doch nicht nur, dass ich ab und zu heimlich ihr Zimmer wische, um ihre Mutter vor Herzkrämpfen zu bewahren – ich muss mich auch der Versuchung erwehren, diese Nichtigkeiten ins Blickfeld zu rücken und auf die Ausbildung ihrer inneren Zwänge hinzuwirken.

Einmal bin ich dieser Versuchung erlegen.

Sie ekelt sich schrecklich vor Spinnen. Also sagte ich: „Unter deinem Bett waren zwei Spinnennester.“

Ihre mit lila Augentusche nachgedunkelten Lider verschwanden hinter den hervortretenden Augäpfeln, und sie begann „Lix! Ääx! Uh!“ zu rufen, sodass ihre Englischlehrerin, wäre sie zugegen gewesen, von soviel Kehlkopfknacklauten – englisch „Glottal Stops“ – ohnmächtig geworden wäre. „Und warum bauen die ihre Nester gerade bei mir unterm Bett?“
„Dort werden sie nicht oft gestört.“ Direkter wollte ich nicht werden, und sie ist intelligent.
Am Abend hatte sie ihr inneres Gleichgewicht wiedergewonnen. Im Bett liegend, machte sie einen fast überlegenen Eindruck. Ihre Hausschuhe standen auf dem Klavier. „Die stelle ich jetzt immer dorthin“, sagte sie. „Damit keine Spinnen hineinkriechen können.“

52. Beobachten Sie die Charakterisierung eines fünfzehnjährigen Mädchens in diesem Abschnitt:
- Beschreiben Sie, welche Verhaltensweisen typisch für diese Altersgruppe sind.
- Erläutern Sie, welche Reaktionen durch ihr Verhalten ausgelöst werden.
- Kommentieren Sie, wie der Erzähler zu der Lebensweise seiner Tochter steht.

53. Vergleichen Sie die im Text geschilderten Verhaltensweisen mit denen heutiger Jugendlicher:
- Diskutieren Sie, welche Aspekte gleich oder ähnlich sind.
- Illustrieren Sie, welche Facetten sich seit damals verändert haben.
- Erörtern Sie die Grundprobleme von Jugendlichen dieser Altersgruppe.

PROSA-LITERATUR IN ÖSTERREICH

Die kurzen Prosastücke der Autorinnen und Autoren, die in den 1940-er Jahren geboren wurden und Ende der 1960-er, Anfang der 1970-er Jahre zu publizieren begannen, sind vor allem dadurch gekennzeichnet, dass sie keine Geschichte erzählen, keine Handlung im herkömmlichen Sinn haben. Davor hatte selbst die kürzeste Kurzgeschichte eine – oft sehr ereignisreiche – Handlung. Nun fordert Michael Scharang (geb. 1941) als Vertreter der jungen Generation: „Schluss mit dem Erzählen!" Die Schriftsteller/innen wollen nicht unterhalten, sondern die Lesenden sozialkritisch erziehen und zum Handeln im Sinn einer neuen Gesellschaftsordnung motivieren. Häufig begnügen sie sich aber auch damit, die Bürger/innen zu schockieren und zu ärgern. Zudem wird Sprache verfremdet, montiert. Vordergründig nicht Zusammengehörendes wird nebeneinander gestellt; banale Sätze aus der Alltagssprache werden aneinandergereiht.
Auch die Kurzprosa von Alois Brandstetter (geb. 1938) demaskiert althergebrachte, verfestigte Einrichtungen und Wertvorstellungen mit außerordentlichem Sinn für das Grotesk-Komische.

Alois Brandstetter
Über das Wesen der Freiwilligen Feuerwehr (1971)

Das Wichtigste an der Feuerwehr ist ihr freiwilliges Wesen. Der Feuerwehrmann kennt seine Schläuche in- und auswendig. In der Katastrophe ist der Mensch ohne Feuerwehr manchmal sehr einsam. An der Sirene erkennt man die Feuerwehr. Die schlechte Feuerwehr hat ein heiseres Horn. Bei der Berufsfeuerwehr entfällt leider Gottes die Freiwilligkeit. Notgedrungen arbeiten wir auch mit der Berufsfeuerwehr zusammen. Wir lassen uns nicht von Lausbubenstreichen missbrauchen. Heute verziert der heilige Florian das Zeughaus. Zur Linde findet der Ball statt. Der Herr Geistliche Rat ist auch da. Die jungen Leute tanzen. Die Musik spielt. Wir sind aber auch heute auf der Hut. Ein starkes Unwetter erfüllt die Bedingungen des Alarms. Ohne Eintrittskarte kommt uns keiner hinein. Dreimal hoch und dreimal tief ist das Feuer. Das Fahrzeug ist selbstverständlich allezeit betriebsbereit.
Ein A-Schlauch ist kein C-Schlauch. Die Rede des Bürgermeisters spornt uns zu neuen Taten an. Der Bürgermeister heftet dem Hauptmann infolge der großen Einsatzfreude eine Medaille an. Der Hauptmann hat sich das längst verdient. Wir denken nicht daran, uns auf der neuen Motorspritze auszuruhen. Auch das Hochwasser gehört in unser Ressort. Wasser kann man dummerweise nicht löschen. Blitzschläge haben einen Seltenheitswert.
Die Donau zieht das Unwetter an. Am Jahresende rechnen wir die Brände zusammen. Die Einsätze können praktisch mit zwei multipliziert werden. Brandstiftung ist möglich. Die Gemeinde blickt voller Stolz auf uns hernieder. Die Hauptversammlung dauert lange. Die Frankfurter sind nur ein bescheidner Dank des Gemeinwesens. Das Bier schmeckt wie nach der Übung. Es regnet Leistungsabzeichen. Lebensretter ist etwas Schönes. Beim Fotografieren steht der Hauptmann in der Mitte.

Satire
Die Satire, die in allen Gattungsformen vorkommt, beruht auf einer spezifischen sprachlichen Verfahrensweise: Die Schreiber/innen üben an Schwächen der Menschen, an Institutionen und Zuständen Kritik, indem sie übertreiben (wie der Karikaturist) und ihre Opfer der Lächerlichkeit preisgeben. Die Leser/innen sollen aus der Satire lernen.

54. Untersuchen Sie diese Eindrücke aus dem alltäglichen Leben:
- Analysieren Sie die Perspektive, aus der dieser Text geschrieben ist.
- Kommentieren Sie Auffälligkeiten am Satzbau.
- Beurteilen Sie den Zusammenhang der Sätze (die Kohärenz des Textes).
- Erläutern Sie, welchen Zweck ein derartiger Text erfüllt.

Satirische Kurzprosa

Alois Brandstetter
Verunklimpfung der Zither (1971)

Die Zither ist ein rührseliges Instrument. Das Spielen der Zither heißt in der musikalischen Fachsprache Verunklimpfung. Der Kasten ist aus Zeder, einem widerstrebenden Holz oberhalb der Baumgrenze. Beim Spielen der Zither bilden die Finger der rechten Hand mit den Saiten ein Gitter. Die linke Hand vibriert am Steg. Das Tremolo ahmt Tirol nach. Der Spieler sitzt fest auf einer ledernen Hose. Wie die Harfe gilt auch die Zither als seraphisch.[1] Es gibt einerseits schlechte Zitherspieler und gute. Die guten teilt man in Virtuosen ein. Gämsen kommen der Zither entgegen. Auch Wildschützen besitzen den unverkennbaren Ton. Die Zither ist hoch und klingt im alpenländischen Menschen nach. Die Zither ist ein Abbild der Riste. Der Bergbauer zupft das Heu aus der Erde, hängt es über lange Drähte in die schneidige Zugluft und entzieht es so der Feuchtigkeit. Ein Kirtag ohne Zither ist wie eine Zither ohne Kirtag. Beim Stimmen muss man noch nicht aufpassen. Der Gämsbart am Hut des Spielers ist lustig und zittert im Takt mit. Auch die Schuhsohlen sind gewichst. Die Plattler juchzen und flitzen über die gewachste Diele. Das Zentrum der Zither ist Imst. Sie zieht sich aber bis München hin.

Parodie
Unter Parodie versteht man die inhaltliche und stilistische Nachahmung eines Textes oder einer Textsorte. Die Komik entsteht durch Überzeichnung von Formmerkmalen und durch das – bewusst herbeigeführte – Auseinanderbrechen von scheinbarer Absicht und Wirkung.

55. Beobachten Sie, wie Brandstetter hier eine geläufige Textsorte parodiert:
- Bestimmen Sie die Textsorte.
- Nennen Sie Verstöße gegen die Semantik und Syntax.
- Kommentieren Sie die Wortspiele und Neubildungen (Neologismen), z. B. „Verunklimpfung".

Die andere Heimatdichtung

In der nächsten Generation finden sich einige Autorinnen und Autoren, die zwar auch politisch und kritisch schreiben, aber mit viel Humor und Witz. Einer von ihnen ist Egyd Gstättner (geb. 1962). Kennzeichnend für Gstättner und andere zeitgenössische Autoren ist die Unklarheit über die Erzählerfigur. Während man in Brandstetters Kurzprosa eine Erzählerfigur erkennt, die sich eindeutig vom Autor unterscheidet, wirken Gstättners Geschichten wie selbst Erlebtes. Die Grenze zwischen fiktionaler Handlung und Erlebnisbericht schwindet.
In der kurzen Geschichte *Servus in Überösterreich* (1994) soll ein Schriftsteller für ein international angesehenes Reisemagazin einen Bericht über Oberösterreich verfassen. Ein Tourismusmanager führt ihn in die Zentren des Fremdenverkehrs.

1 seraphisch: engelsgleich

Das innere Salzkammergut zeichnet sich durch Vollbärte und Krachlederhosen aus (Lassen SIE persönlich sich auch einmal einen Vollbart wachsen!) Das durch die Hallstattzeit weit über die Grenzen Hallstatts hinaus bekannte Hallstatt, das zwischen gigantischen Steilwänden und dem gespenstisch dunklen See eingeklemmt ist, erkennt man sofort an seinem Platzmangel. Parade ohne Promenade unmöglich. Völlig autofrei, aber völlig unfreiwillig. Was die Pfahlbauten betrifft, stellen die Hallstätter Hallstatt über Venedig, was die geschichtliche Bedeutung und die Ausgrabungen angeht, über Rom. Wir bleiben fair. In den Schaukästen des prähistorischen Museums die prähistorischen Funde: Aus Leder geflochtene Tragkörbe, Werkzeug, Waffen, Damenschmuck. Eitel waren sie schon auch, die vorzeitlichen Goldhaubentussis, bei allen geologischen Unzukömmlichkeiten. Und Jahreszahlen, Jahreszahlen, Jahreszahlen. Mittelschulnachholungstourismus. Aber man darf das Museum auch ohne Prüfung und Matura wieder verlassen. Das Salzbergwerk ist in der Krise, Meeressalz ist billiger. Seinerzeit hat es Hunderte Kumpel gegeben, nach der nächsten Abbauwelle sollen 35 übrig bleiben, das ist auch für einen Tausendseelenort ein wenig wenig, der Trend geht in Richtung Erlebnisschausalzbergwerk, Touristenstollen und Ausflugseishöhlen. Aber die Saline ist für die Identität Hallstatts unverzichtbar und nicht wegzudenken, sagen die Hallstätter, würde das Salzbergwerk geschlossen, wäre das schon rein multikulturell mindestens genauso schlimm, als würde in Wien das Burgtheater geschlossen, sagen die Hallstätter.

Die Hallstätter Hausfrauen plaudern noch ungezwungen von Balkon zu Balkon, das taugt den Ausflugsamis aus den Wolkenkratzern. Bei tausend Seelen kennt freilich jeder jeden. Auch auf dem Kirchfriedhof. Elisabeth Gamsbacher, 1968–1989. Früh verstorben. Die da? Ja, die Sissy. Eine Seele von einem Menschen. Naja, Kopftumor. In der Kirche gibt es drei parallele Altäre, einen für die Kumpel, einen für die Bürger, einen für das Gesindel, das vor ein paar Jahren die wunderschönen Seitenflügel gestohlen hat. Zweckdienliche Hinweise nähme jede Polizeidienststelle entgegen, kommen aber keine. Wie in ganz Hallstatt herrscht auch auf dem Friedhof extreme Raumnot, so gibt es im Friedhof einen konzentrierten Friedhof für Langzeittote. Der Ransmayr Christoph hat den einmal sehr schön im Oberösterreich-Merian beschrieben, realistisch, aber doch irgendwie andächtig. Mit Pietät. (Lesen einmal SIE persönlich Ransmayr Christoph. Hier abermals: Freiwillig. Kultur muss ja nicht immer gleich in Kunst ausarten.) So nach zehn, zwölf Jahren werden die Skelette aus der Erde delogiert und ins sogenannte Beinhaus gebracht, ein Leckerbissen für jeden Totentouristen. Auf einem Knochensockel sind da über tausend Totenschädel gestapelt [...]. Alle fein-säuberlich gebleicht, hübsch rustikal bemalt und am Stirnbein mit Namen, Geburtstag, Todestag und manchmal persönlichen Angaben versehen. Derart dem ewigen Vergessen entrissen, gelangen sie in Photoalben aus Miami und Sapporo, Vancouver, Neufundland, Seychellen und so fort, Grabsteine ihrer selbst, wo gibt's das sonst noch? Unterkiefer und Gebisse haben sich meistens nicht am Kopf gehalten, aber Gebissprobleme sind nun einmal Zivilisationserscheinungen, und man weiß auch so, wer gemeint ist. Nur der bildende Künstler selbst will lieber anonym bleiben. Gut. Und der Bruckner fehlt.

Kann ja nicht überall sein. Dafür Schulklassen noch und nöcher. Eintritt für Erwachsene wie gehabt. Heute müssen die Hallstätter freilich vorher ausdrücklich unterschreiben, wenn sie nachher hineinwollen. Wie vor einer Blinddarmoperation. Einer ist übersiedelt: Ein Geigenbauer hat seinen Großvaterschädel bei sich daheim am Fensterbankerl, tagtäglich schaut er in der Abendsonne auf seinen geliebten See hinaus. (Ach ja, bemalen auch SIE persönlich einmal ... oder nein, lassen Sie's bitte.)

56. Besprechen Sie diesen Abschnitt, in dem Gstättner Kritik an der Person des Tourismusmanagers und seiner Darstellungsweise übt:
    - Erläutern Sie, welche Punkte Sie als Kritik empfinden.
    - Beurteilen Sie, woher die in Klammern stehenden Aufforderungen stammen.
    - Beschreiben Sie, wie diese formuliert sind.
    - Heben Sie sonstige auffällige sprachlich-stilistische Aspekte hervor.

NEOREALISTISCHE ROMANE

In den siebziger Jahren des 20. Jahrhunderts tritt eine neue Generation von Autorinnen und Autoren auf, die Krieg und Nachkriegszeit nicht mehr bewusst erlebt hat. Einige verarbeiten ihre eigene Vergangenheit, ihre Herkunft „von ganz unten" in Romanen mit stark autobiographischen Zügen. Man bezeichnet sie als Neorealisten.

Marie-Thérèse Kerschbaumer (geb. 1936): Romantrilogie *Die Fremde. Erstes Buch* (1992), *Ausfahrt. Die Fremde. Zweites Buch* (1994), *Fern. Drittes Buch* (2000) u. a.
Christine Nöstlinger (geb. 1936): *Die feuerrote Friederike* (1970), *Maikäfer flieg!* (1973), *Das Austauschkind* (1982), *Lumpenloretta* (2010) u. a.
Barbara Frischmuth (geb. 1941): *Die Klosterschule* (1968), *Die Ferienfamilie* (1981), *Vergiss Ägypten. Ein Reiseroman* (2008) u. a.
Gerhard Roth (geb. 1942): Romanzyklus *Die Archive des Schweigens* (1980 – 1991): u. a. *Der Stille Ozean* (1980); Romanzyklus *Orkus* (1995 – 2011): u. a. *Der See* (1995), *Die Stadt* (2009) u. a.
Erica Fischer (geb. 1943): *Aimée und Jaguar. Eine Liebesgeschichte, Berlin 1943* (1994), *Mein Erzengel* (2010) u. a.
Peter Henisch (geb. 1943): *Die kleine Figur meines Vaters* (1975), *Der Mai ist vorbei* (1978), *Morrisons Versteck* (1991), *Eine sehr kleine Frau* (2007) u. a.
Franz Innerhofer (1944 – 2002): *Schöne Tage* (1974), *Schattseite* (1975), *Die großen Wörter* (1977), *Um die Wette leben* (1993) u. a.
Gernot Wolfgruber (geb. 1944): *Auf freiem Fuß* (1975), *Herrenjahre* (1976), *Niemandsland* (1978), *Der Jagdgast* (Fernsehspiel) (1978), *Verlauf eines Sommers* (1981) u. a.
Elfriede Jelinek (geb. 1946): *die liebhaberinnen* (1975), *Die Ausgesperrten* (1980), *Die Klavierspielerin* (1983), *Die Kinder der Toten* (1995), *Gier* (2000) u. a.
Anna Mitgutsch (geb. 1948): *Die Züchtigung* (1985), *Ausgrenzung* (1989), *Haus der Kindheit* (2000), *Wenn du wiederkommst* (2010) u. a.
Brigitte Schwaiger (1949 – 2010): *Wie kommt das Salz in das Meer* (1977), *Mein spanisches Dorf* (1978), *Liebesversuche* (1989), *Fallen lassen* (2006) u. a.
Lilian Faschinger (geb. 1950): *Die neue Scheherazade* (1986), *Magdalena Sünderin* (1995), *Wiener Passion* (1999), *Stadt der Verlierer* (2007) u. a.
Marlene Streeruwitz (geb. 1950): *Lisa's Liebe* (1997), *Partygirl* (2002), *Jessica, 30* (2004), *Die Schmerzmacherin* (2011) u. a.
Margit Schreiner (geb. 1953): *Haus, Frauen, Sex* (2001), *Haus, Friedens, Bruch* (2007), *Die Tiere von Paris* (2011) u. a.
Robert Menasse (geb. 1954): *Schubumkehr* (1995), *Die Vertreibung aus der Hölle* (2001), *Don Juan de la Mancha* (2007) u. a.
Josef Haslinger (geb. 1955): *Opernball* (1995), *Das Vaterspiel* (2000), *Phi Phi Island* (2007), *Jáchymov* (2011) u. a.

Norbert Gstrein (geb. 1961): *Einer* (1988), *O2* (1993), *Die ganze Wahrheit* (2010) u. a.
Daniel Kehlmann (geb. 1975): *Mahlers Zeit* 1999, *Ich und Kaminski* (2003), *Die Vermessung der Welt* (2005), *Ruhm. Ein Roman in neun Geschichten* (2009) u. a.

Szenenausschnitt aus Axel Cortis Verfilmung von Gernot Wolfgrubers Roman *Herrenjahre* (Ö/BRD 1983) mit Peter Simonischek als „Bruno Melzer"

Der Roman *Herrenjahre* von Gernot Wolfgruber zeigt das Schicksal „kleiner Leute" und ihr Leben in der Kleinstadt. Melzer, von Beruf Tischler, der sich immer die „klassesten Katzen" aufgerissen hat, heiratet, mehr oder weniger unüberlegt, eine kränkliche, gar nicht attraktive Frau. Es wird im Wirtshaus mit der Verwandtschaft Hochzeit gefeiert.

Schicksal „kleiner" Leute

Als Melzer nach etlichen Doppelten aufs Klo geht, merkt er, dass er anfängt, richtig betrunken zu werden. Er hat sich im Spiegel über dem Waschbecken angegrinst und sehr gut aussehend gefunden. [...] Er geht zurück ins Extrazimmer, das ihm nur noch als ein nicht mehr zu übersehendes Durcheinander vorkommt. Scheißverwandtschaft, denkt er, obwohl es ihm schon ganz gleichgültig ist, dass er mit allen da verwandt ist. Er will jetzt nur mehr den Tag halbwegs hinter sich bringen, dann ist schon alles in Ordnung. [...]
Du hast heute schon ein bissel zu viel, meint Hubert, und wennst so weiter machst, bist in einer Stunde eine Leich. Er glaubt das auch, sagt Onkel Otto, der sich mit einem Glas neben Melzer setzt. Melzer erklärt, dass ein ordentlicher Tischler wie ein fünftüriger Schrank stehe, den könne nichts umhauen, und außerdem sei ihm das auch gleich, heute habe er ja ohnedies nichts mehr Großes vor. Na und die Hochzeitsnacht? grinst Onkel Otto. Die, sagt Melzer und legt seinen Arm um Maria, die haben wir eh schon lang hinter uns. Er hat plötzlich das Gefühl, dass er eigentlich schon alles hinter sich hat, und es geht nur mehr so weiter, wie wenn man, einmal im Laufen, nicht gleich stehen bleiben kann. Er kommt sich vor wie früher am Ende der Ferien, und er schaut zum Fenster, gegen das der Regen schlägt. Das passt ganz genau, denkt er, einen besseren Tag hätt ich mir gar nicht aussuchen können. Was ist denn, fragt Maria, was hast du denn? Was soll ich denn haben?, sagt er. Weilst so dreinschaust, sagt sie. Aber was, sagt Melzer, gar nichts. Er greift nach ihrem Glas, der schönste Tag im Leben ist heute, sagt er, weißt es ja eh. Gegen fünf, außer den Frauen waren alle schon ziemlich betrunken, kam der Wirt und sagte, dass sie jetzt bald Schluss machen müssten, weil um sieben habe der Anhängerklub des Fußballvereins eine Sitzung. Melzer lehnte neben Maria im Sessel und starrte stumpf vor sich hin. Manchmal, wenn er einen Satz aufschnappte, zu dem ihm von selbst etwas einfiel, fing er heftig zu reden an und

hörte dann ebenso plötzlich, mitten im Satz, wieder auf. Über eine halbe Stunde hatte er sich vorher draußen auf dem Klo eingesperrt, weil er sich beweisen wollte, dass er niemandem abgeht. Er hatte trotzdem die ganze Zeit, während er auf der Muschel hockte, gehofft, dass man ihn suchen würde, aber als er dann freiwillig ins Extrazimmer zurückgegangen war, hatte man ihn nicht einmal gefragt, wo er so lange gewesen war.
Ich hab keine Ahnung, sagt Melzer, was ich mir damals vorgestellt hab, man glaubt halt so allerhand, wenn man noch nicht drin steckt, wennst den Scherm noch nicht auf hast, man hat ja von nichts eine Ahnung, sagt er, mit dem Alter hat man ja sowieso nur eins im Schädel, am liebsten wär man ein Kuhschweif, der was den ganzen Tag auf der Pritschen liegen kann. Und da stellst dir halt so was vor, so was Klasses wie im Kino, und glaubst, das kannst auch haben, und warum denn eigentlich nicht, ein fescher Zapfen ist man ja und einen guten Schmäh hat man auch, auf was halt die Weiber stehen, und dann probierst eine nach der anderen aus, weil halt keine die Richtige ist, und manchmal glaubst du wirklich, das ist sie jetzt, die große Liebe, wie man da sagt, aber so, wie man sich das vorgestellt hat, ist es halt überhaupt nie.

Wechsel der Perspektive

57. Untersuchen Sie die Eindrücke des Protagonisten Melzer auf dessen Hochzeitsfeier:
- Kommentieren Sie, wie sich Melzer auf seiner Hochzeitsfeier fühlt und worunter er leidet.
- Beurteilen Sie, worin die Realistik des Romans liegt.
- Erläutern Sie, warum die Schrifttype wechselt.
- Illustrieren Sie, welche Sprachformen eingesetzt werden.

Verfremdung

Eine deftige Parodie auf den Heimatroman ist dem Weststeirer Reinhard P. Gruber (geb. 1947) gelungen. In seinem Werk *Aus dem Leben Hödlmosers. Ein steirischer Roman mit Regie* (1973) verwendet Gruber verschiedene Vefahrensweisen, z. B. eine pseudowissenschaftliche Sprache mit „Excursen, Definitionen, typologischen Gliederungen, psychoanalytischen Deutungen" u. a. Die Schreibweise und Wortwahl Grubers ist ein Beispiel für die Verfremdung. Darunter versteht man die bewusste Durchbrechung literarischer Gewohnheiten. Der Autor erzielt mit dem Verfremdungseffekt besondere Aufmerksamkeit und satirische Wirkung.

der steireranzug

„an seinem anzug magst du den steirer erkennen."
peter rosegger

neben anderen merkmalen unterscheidet den steirer vom anderen menschen der steireranzug. er ist so HERRLICH wie sein land.
der steireranzug hat vor allem für den anderen menschen große bedeutung; an ihm erkennt er den steirer.
es ist zwar zuzugeben, dass der steirer seinen siegeszug durch die welt mit dem steireranzug an seinem STEIRISCHEN KÖRPER angetreten hat – deswegen hat schließlich auch der steireranzug seinen siegeszug durch die welt angetreten –, doch ist der steireranzug heute schon so profaniert[1] worden, dass er ohne allgemeine rechtsfolgen auch schon von nichtsteirern getragen werden darf. sogar bei der letztjährigen sozialistischen internationale soll er schon gesehen worden sein. vor dem betreten der steiermark durch nicht-steirische typen, deren körper vom steireranzug bedeckt wird, ist jedoch abzuraten. […]

1 profanieren: entweihen, entwürdigen

das steirische JODELN

definition: JODELN ist die mittels steirischer menschlicher stimmbänder in zeitlupe übersetzte sprache der steirischen vögel.
besonders der kernsteirer versteht es sehr gut zu jodeln; das ist auch nicht verwunderlich, stammt er doch aus dem steirischen obstgebiet, auf dessen obstbäumen sich alle singvögel gerne niederlassen, um von dort mit dem kernsteirer zu sprechen. („... i bin a steirerbua – und hob a kernnatur ...").
da der steirer eine gute merkgabe hat, jodelt und singt er so schön wie kein anderer mensch; deshalb ist die steiermark auch das land der schönsten volkslieder in der ganzen welt.

Die steirische Liebesgeschichte

an einem strahlenden aprilmorgen des jahres 1966 steht hödlmoser brunftig wie ein hirsch von seinem harten bett auf.
des nachts hat er sich öfters unruhig umhergewälzt.
er wäscht seinen ganzen körper mit dem quellklaren, eiskalten brunnenwasser, was auch seine selige mutter, die alte hödlmoserin, öfters mit ihm gemacht hat.
schnell treibt er noch sein rindvieh auf die wiese, und dann trinkt er zum frühstück 2 krügel most. nachdem er auch noch ein schweres stück speck gegessen hat, treibt ihn die brunft fort von seinem einsamen hof.
„heut soll mir nur das kittelvolk unterkommen!", lacht hödlmoser auf dem weg nach kumpitz.
als ihm unterwegs die kuhtreibende leni vom moarhof, die ja schon 5 kinder hat und mit dem moarbauern gut verheiratet ist, begegnet, schäkert er sogar mit dieser, obwohl er sonst nie etwas zu ihr gesagt hat, weil sie schon recht alt ist. leni hat sich sehr gewundert und auch ein bisschen gefreut darüber.
aber dann hat sie doch gesagt: „nein, nein, mein lieber!" dann ist hödlmoser eben weitergegangen und hat gesagt: „scheiß drauf!"
und gleich darauf hat er auch schon 2 schöne jodler gesungen, die er in der schule gelernt hatte und bis zum heutigen tag nicht vergessen hat. [...]

Regieanweisung zur Szene Hödlmoser/Fani

hödlmoser und fani sind im wald.
fani und hödlmoser betreten die verschiedensten waldwege.
in der mitte eines der waldwege unterbricht hödlmoser seine bisherige kommunikation mit fani.
sie hat im vollzug creativen sich-in-die-augen-sehens bestanden.
nun spricht hödlmoser: „kannst du das futurum antizipieren?"
die so angefragte fani errötet leicht, denn längst hat sie den hintergründigen sinn transzendiert.
„du, du!" denkt fani; aber sie sagt es nicht hödlmoser, denn sie will sich nicht in eine vorgetäuschte opposition zu hödlmoser begeben.
da tritt hödlmoser auf fani zu.

obwohl fani aus der struktur der hödlmoserischen annäherung eindeutig den ablauf des folgenden geschehens folgern kann, stoppt hödlmoser plötzlich, und, nachdem ihm die funktion des seufzens nach kritischer prüfung als fördernd für den weiteren fortschritt seiner werbung erschienen ist, seufzt er nahe vor fani stehend tief vor liebeslust. diese verzögerung wird von fani als konservativer restbestand konstatiert.
hödlmoser seufzt nun und ergreift faktisch mit seiner rechten hand liebesvoll die linke hand fanis.
fani ihrerseits setzt den rechten händedruck hödlmosers systematisch fort.

58. Beobachten Sie, wie Reinhard P. Gruber hier den klassischen Heimatroman parodiert:
- Kennzeichnen Sie die Sprachform dieser Passagen und besprechen Sie, inwiefern sie anders wirken als erzählende Prosa.
- Erläutern Sie, wie die Figuren in diesem Roman wirken.
- Vergleichen Sie, was Bestandteil des alten Heimatromans ist und illustrieren Sie, wie Gruber diesen überwindet.

Feministischer Heimatroman

Der 1975 erschienene Roman *die liebhaberinnen* der steirischen Autorin Elfriede Jelinek karikiert das Genre des Heimatromans aus feministischer Sicht. Die weiblichen Hauptpersonen leben auf dem Land und sind all den Zwängen unterworfen, die ihnen die männerdominierte Gesellschaft auferlegt. Die Ziele der Frauen bleiben Wunschträume, sie können sich nur bedingt über ihre Partner in der Rolle als Ehefrau und Mutter verwirklichen. Kinder werden zu Herzeigeobjekten degradiert, die ebenso zur Identität beitragen wie Waschmaschinen und andere Konsumgüter. Aus diesen traditionellen Mustern auszubrechen ist den typenhaft gezeichneten Hauptpersonen nicht möglich.

Elfriede Jelinek
die liebhaberinnen (1975)

am beispiel paula. paula ist vom lande. das landleben hat sie bis jetzt in schach gehalten – ebenso wie ihre schwestern erika und renate, die verheiratet sind. die beiden kann man schon abschreiben, es ist genauso, als ob sie nicht auf der welt wären. mit paula ist das anders, sie ist die jüngste von ihnen und noch richtig auf der welt. sie ist 15 jahre alt. sie ist jetzt alt genug, um sich überlegen zu dürfen, was sie einmal werden möchte: hausfrau oder verkäuferin. verkäuferin oder hausfrau. in ihrem alter sind alle mädchen, die so alt sind wie sie alt genug, um sich zu überlegen, was sie einmal werden wollen. die hauptschule ist beendet, die männer im dorf sind entweder holzarbeiter oder sie werden tischler, elektriker, spengler, maurer oder sie gehen in die fabrik oder sie versuchen tischler, elektriker, spengler, maurer oder fabrikarbeiter und gehen dann doch in den wald und werden holzarbeiter. die mädchen werden ihre frauen. der jäger ist ein besserer beruf, er wird von auswärts importiert. lehrer und pfarrer gibt es nicht, das dorf hat keine kirche und keine schule. auch der intelligenzberuf des konsum-filialleiters wird von auswärts importiert, unter ihm arbeiten immer drei frauen und mädchen aus dem dorf und ein lehrmädchen aus dem dorf. die frauen bleiben bis zu ihrer heirat verkäuferin oder hilfsverkäuferin, wenn sie geheiratet worden sind, ist es aus mit dem verkaufen, dann sind sie selbst verkauft, und die nächste verkäuferin darf an ihre stelle rücken und weiterverkaufen, der wechsel geht fliegend vor sich. so ist im laufe der jahre ein natürlicher kreislauf zustandegekommen: geburt und einsteigen und geheiratet werden und wieder aussteigen und die tochter kriegen, die hausfrau oder verkäuferin, meist hausfrau, tochter steigt ein, mutter kratzt ab, tochter wird geheiratet, steigt aus, springt ab vom trittbrett, kriegt selber die nächste tochter, der konsumladen ist die drehscheibe des natürlichen kreislaufs der natur, in seinem obst und gemüse spiegeln sich die jahreszeiten, spiegelt sich das menschl. leben in seinen vielen ausdrucksformen, in seiner einzigen auslagenscheibe spiegeln sich die aufmerksamen gesichter seiner verkäuferinnen, die hier zusammengekommen sind, um auf die heirat und das leben zu warten. die heirat kommt aber immer allein, ohne das leben.

59. Analysieren Sie die gesellschaftlichen Rollen der Männer und Frauen, wie sie in diesem Abschnitt dargestellt werden:
- Erläutern Sie, welche Perspektiven das Leben auf dem Land bietet.
- Stellen Sie die Grenzen der persönlichen Entwicklung dar und diskutieren Sie, wie weit der Einzelne seinen Lebensentwurf umsetzen kann.
- Untersuchen Sie auch die sprachliche Umsetzung der Inhalte in diesem Abschnitt.

Der Durchbruch gelang Elfriede Jelinek 1983 mit dem Roman *Die Klavierspielerin*, in dem sie Autobiographisches verarbeitet. Jelinek hat den Roman auch als Drehbuch gestaltet, Regisseur des gleichnamigen, berühmt gewordenen Films war Michael Haneke. Ungewöhnliche Interviews und Essays sorgen seither regelmäßig für Irritation. Die Medien zeichnen von ihr ein Bild der provozierenden, tabubrechenden radikalen Feministin. Sie selbst sagt über ihre Arbeitsweise:

Eine literarische Technik, die ich verwende, ist die Montage. Ich erziele in einem Stück verschiedene Sprachebenen, indem ich meinen Figuren Aussagen in den Mund lege, die es schon gibt. Ich bemühe mich nicht um abgerundete Menschen mit Fehlern und Schwächen, sondern um Polemik, starke Kontraste, harte Farben, Schwarz-Weiß-Malerei, eine Art Holzschnitttechnik. Ich schlage sozusagen mit der Axt drein, damit kein Gras mehr wächst, wo meine Figuren hingetreten sind.

Elfriede Jelinek erhielt 2004 den Nobelpreis für Literatur auf Grund ihrer eingehenden und tiefschürfenden Sprache, was für die literarische Welt eine Sensation war. Die Menschen haben die Buchhandlungen gestürmt, in kürzester Zeit waren alle ihre Titel vergriffen. Die *Salzburger Nachrichten* schrieben am 8. Oktober 2004:

Es ist ein Preis für eine Ikone der Provokation. Personen, die sich mit ihrer Kunst so unbarmherzig zu Wort melden wie Jelinek – und ebenso unbarmherzigen Widerspruch aushalten müssen –, sind selten geworden. Längst lebt auch die Kunstszene in Zeiten fortschreitenden Verfalls hin zu belangloser, leicht verkäuflicher Unterhaltung. Es ist gut, dass es Standhafte gibt, die sich, wie Jelinek, in bedingungsloser Opposition üben. Noch besser ist es, dass das nicht einfach hingenommen oder gar ignoriert wird, sondern sich mit jedem neuen Text Widerstand regt. Dieser Nobelpreis kann verstanden werden als Ansporn zur Verbesserung der Diskussionskultur, bei der es auf beiden Seiten – bei Künstlern und Politikern, denen es um Österreich geht – einen enormen Aufholbedarf gibt.

Szenenausschnitt aus dem von Urs Egger verfilmten Roman *Opernball* (Ö 1998): Nach dem Giftgasanschlag übermittelt der Fernsehjournalist Kurt Frazer (Heiner Lauterbach) einen aktuellen Lagebericht vom Stand der Rettungsmaßnahmen.

Politkrimi

Der Polit-Thriller *Opernball* (1995) von Josef Haslinger steht ebenfalls in der neorealistischen Tradition. Eine kleine Gruppe von Wirrköpfen, deren Verhalten von einem Gemisch aus Nazi-Ideologie und Sektiererei bestimmt wird, hat Gas in die Belüftungsanlage der Wiener Staatsoper gepumpt. Alle Besucher/innen des Nobelballes sterben vor laufenden Kameras. In der Folge recherchiert der Fernsehjournalist Kurt Frazer die Vorgeschichte. Es wechseln drei Erzählstränge, die mehrmals unterbrochen werden: In Form von Tonbandaufzeichnungen liefern ein Mitglied der Neonazigruppe und ein Polizist die Informationen. Dazwischen schaltet sich der Fernsehreporter als Ich-Erzähler mit Reflexionen und Berichten aus seinem Leben.

Ich saß damals im Regieraum des großen Sendewagens. Vor mir eine Wand von Bildschirmen. Auf Sendung war gerade die an der Bühnendecke angebrachte Kamera. Plötzlich ging ein merkwürdiges Zittern und Rütteln durch die Reihen der Tanzenden. Die Musik wurde kakophonisch, die Instrumente verstummten innerhalb von Sekunden. Ich schaltete auf die Großaufnahme einer Logenkamera und überflog die Monitore. Die Bilder glichen einander. Menschen schwanken, stolpern, taumeln, erbrechen. Reißen sich noch einmal hoch, können das Gleichgewicht nicht halten. Stoßen ein letztes Krächzen aus. Fallen hin wie Mehlsäcke. Einige schreien kurz, andere länger. Ihre Augen sind weit aufgerissen. Sie sehen, sie spüren, dass sie ermordet werden. Sie wissen nicht, von wem, sie wissen nicht, warum. Sie können nicht entkommen.
Als es geschah, fand ich Fred[1] nicht auf den Bildschirmen. Er war der einzige Gedanke, an den ich mich erinnere. Die Aufzeichnung bewies mir jedoch, dass ich routinemäßig noch ein paar andere Kamerapositionen abgerufen hatte, bevor mir die Hände versagten. Millionen von Menschen aus ganz Europa schauten den Besuchern des Wiener Opernballs beim Sterben zu.

1 Fred: Sohn des Kameramannes, der bei Dreharbeiten im Opernhaus umkommt

Der „Ingenieur", ein Mitglied der Neonazigruppe, spricht über seinen „Führer", den „Geringsten", der Adolf Hitler nachgebildet ist:

Der *Geringste*, wiewohl er uns jede Bemerkung, die ihn über andere gestellt hätte, strikt verbat, war kein Gewöhnlicher. Gerade weil wir das nicht sagen durften, war es umso augenscheinlicher. Er war anwesend wie niemand sonst. Man spürte ihn, wenn er eintrat, auch wenn man nicht hinsah. Wenn er zu reden anfing, verstummten alle. Niemand hat ihn zum Führer gemacht. Er war es einfach. Auf ihn haben alle gehört. Oft brauchte er nicht einmal etwas zu sagen. Man hat ihm in die Augen gesehen und verstanden, was er meinte. Alles teilte sich aus seinen Augen mit.

Diese Sprache war mindestens so wichtig wie seine Worte. Vielleicht war es das völlige Übereinstimmen dieser beiden Sprachen, das ihn so einmalig machte. Er war ganz er selbst. Nein, er war wir. Nie hatte ich das Gefühl, dass er für sich selbst etwas wollte. Er war die Bewegung. Er verkörperte sie voll und ganz. Wir fanden uns in ihm. Ich weiß nicht, ob Sie das verstehen können. [...]

Der Blick des *Geringsten* konnte auch ermutigen. Er besagte: „Was immer auch kommen mag, ich bin bei dir. Auf mich kannst du zählen bis ans Ende der Tage."

Gerade war man noch verzweifelt gewesen, hatte Scherereien mit der Polizei, mit Kollegen oder mit Passanten gehabt. Dann kam man in das Blickfeld des *Geringsten*, und alle diese persönlichen Wehwehchen und Kränkungen waren plötzlich lächerlich, gemessen an der gemeinsamen Aufgabe, die uns zusammenhielt.

Der Revierinspektor Fritz Amon berichtet aus der Sicht der Polizei:

Es war, wie gesagt, nicht viel los im Museumseck. Dennoch lohnte es, gelegentlich auch dienstlich nachzuschauen, seit ich dort eines Morgens einen Finger fand. Einen abgetrennten kleinen Finger. Das lag mindestens ein Jahr, nein länger, es war ja eine Frühlingsnacht, über eineinhalb Jahre zurück. Als wir am Opernball zufällig am Fundort vorbeigingen, hatte ich natürlich keine Ahnung, dass dieser Finger am Abend noch eine große Rolle spielen sollte. Er hatte etwas mit der Katastrophe zu tun. Ich warte ja jeden Tag, dass die Kommission mich dazu einvernimmt. Immerhin war ich es, der den Finger als erster gesehen hat. Ich könnte der Kommission die genaue Stelle zeigen. Zufällig hatte ich während der Patrouille hingeschaut. Ich war mit meinem einführenden Kollegen unterwegs. Wir hatten dieselben Arbeitszeiten. Wenn man neu ist bei der Polizei, wird man jemandem zugeteilt, der sich schon auskennt. Mein einführender Kollege hat mich immer sehr in Schutz genommen. Ein feiner Mensch. Jetzt sind wir getrennt. Jetzt ist ja alles anders.

„Du, da liegt ein Finger", habe ich gesagt. Mein Kollege war noch weiter hinten. Er wollte es nicht glauben. Als er näher kam, sah er es auch. Ich dachte zuerst an einen Scherzartikel. Mein Kollege stupste mit der Fußspitze daran herum, dann beugte er sich hinab. Es war ein Finger. Ich hatte zufällig ein frisches Taschentuch einstecken. Darauf legt meine Frau großen Wert. Jeden Tag fragt sie mich: „Hast du ein frisches Sacktuch einstecken?"

Mein Kollege wickelte den Finger ein. Im Kommissariat legten wir den Fund ins Eisfach des Kühlschranks. Wegen eines Fingers kann man ja nicht gleich den Notarzt verständigen. Was sollte er damit machen, wenn sonst nichts da ist? Wir schrieben ein Protokoll und wurden uns nicht einig, ob es ein kleiner Finger der rechten oder der linken Hand war. Immer

wieder holten wir das mit einem Gummiring zusammengeschnürte Taschentuch aus dem Eisschrank, öffneten es und schauten uns den Finger an. [...]
Der Fall bedurfte also weiterer Beobachtungen. Ein Messer, ein ausgerissener Finger und keine Anzeige.

60. Charakterisieren Sie diese drei unterschiedlichen Erzählstränge:
- Beurteilen Sie den Einfluss der Erzählposition auf den Inhalt.
- Vergleichen Sie die drei Texte in stilistischer Hinsicht.
- Besprechen Sie die gestalterischen Möglichkeiten, aber auch Einschränkungen, die sich aus diesem Erzählstil ergeben.

Magischer Realismus

Der Umgang mit der Wirklichkeit und deren Fiktionalisierung ist ein Thema, das viele Schriftsteller/innen sehr stark beschäftigt. Daniel Kehlmann (geb. 1975) schreibt dazu:

Ein Erzähler operiert mit Wirklichkeiten. Aus dem Wunsch heraus, die vorhandene nach seiner Vorstellung zu korrigieren, erfindet er eine zweite, private, die in einigen offensichtlichen Punkten und vielen gut versteckten von jener ersten abweicht.

In seinem Roman *Die Vermessung der Welt* (2005) erzeugt Kehlmann ein Bild des späteren Wissenschaftlers Alexander von Humboldt:

Humboldt durchlief das Kurrikulum der Akademie in einem Vierteljahr. Morgens war er sechs Stunden unter der Erde, nachmittags hörte er Vorlesungen, am Abend und die Hälfte der Nacht lernte er für den nächsten Tag. Freunde hatte er keine, und als sein Bruder ihn zu seiner Hochzeit einlud – er habe eine Frau gefunden, wie sie ihm gezieme, eine, die nicht ihresgleichen habe auf der Welt –, antwortete er höflich, daß er nicht kommen könne, ihm fehle Zeit. Er kroch durch die niedrigsten Schächte, bis er sich an seine Platzangst gewöhnt hatte wie an einen nicht nachlassenden, allmählich jedoch erträglichen Schmerz. Er stellte Temperaturmessungen an: Je tiefer man hinabstieg, desto wärmer wurde es, und das widersprach allen Lehren Abraham Werners. Ihm fiel auf, daß es noch in der tiefsten Höhlendunkelheit Vegetation gab. Das Leben schien nirgendwo aufzuhören, überall fand sich noch eine Form von Moos und Wucherung, irgendeine Art verkümmerter Gewächse. Sie waren ihm unheimlich, und darum zerlegte und untersuchte er sie, ordnete sie nach Klassen und schrieb eine Abhandlung darüber. Jahre später, als er ähnliche Pflanzen in der Höhle der Toten sah, war er vorbereitet.
Er machte den Abschluß und bekam eine Uniform. Wo immer er auch hinkam, sollte er sie tragen.

61. Untersuchen Sie die Darstellung des jungen Humboldt, eine der Hauptfiguren in Kehlmanns Roman:
- Erläutern Sie, welche Charaktereigenschaften hervortreten.
- Untersuchen Sie die Technik, die der Autor hier einsetzt.
- Illustrieren Sie, welche Möglichkeiten diese Darstellungsweise dem Autor bietet.
- Besprechen Sie die Satzstrukturen, die hier verwendet werden.

POSTMODERNE ERZÄHLER/INNEN

Der postmoderne Roman ist durch eine Reihe von Kriterien gekennzeichnet, allerdings gibt es keine durchgehende Definition des Begriffes. Häufige Merkmale sind:

- fragmentarische oder unchronologische Erzählweise
- Geschehen muss bisweilen von der Leserin bzw. vom Leser rekonstruiert werden
- Die Möglichkeit einer Entwicklung der Protagonisten wird geleugnet.
- Fehlen von Identifikationsfiguren
- Der postmoderne Roman ist geprägt von einer unverbindlichen Weltsicht und einem nicht erkennbaren Sinn des Daseins.
- Kritik an Manipulation von Sprache und Geschichtsschreibung im Interesse von Ideologieträgern
- Intertextualität: Postmoderne Autorinnen und Autoren verarbeiten in ihren Romanen oft ältere, bekannte Texte, die sie neu anordnen, collageartig montieren, persiflieren bzw. auf sie anspielen.
- oft ironisch-distanzierte Sprachgestaltung
- Thematisierung des Schreibprozesses

Thomas Bernhard im Winter 1957/58 am Tonhof in Maria Saal: Der Tonhof von Maja und Gerhard Lampersberg war in den späten 1950-er und in den 1960-er Jahren ein beliebter Treffpunkt und eine Zuflucht von und für Künstlerinnen und Künstlern (u. a. Christine Lavant, Gerhard Rühm, Wolfgang Bauer, Peter Turrini, Peter Handke, Ivan Eröd, Friedrich Cerha). Bernhard überwarf sich später mit dem Ehepaar Lampersberg, da sich diese im skandalträchtigen Roman *Holzfällen. Eine Erregung* aus dem Jahr 1984 als Protagonisten wiederzuerkennen glaubten und eine Ehrenbeleidigungsklage gegen Bernhard einreichten.

Eine böse Welt

Thomas Bernhard (1931 – 1989) gehört zu den herausragenden österreichischen Autoren des ausgehenden 20. Jahrhunderts. Fast sein gesamtes umfangreiches Werk handelt von der Unvermeidlichkeit des Scheiterns. *Frost* (1963), *Verstörung* (1967), *Die Kälte. Eine Isolation* (1981), *Der Untergeher* (1983), *Auslöschung. Ein Zerfall* (1986) – so lauten symptomatisch die Titel einiger seiner Prosawerke.

Begonnen hat er mit düsterer Lyrik und kurzen erzählenden und dramatischen Texten. In seiner mittleren Schaffenszeit hat er vor allem Romane und Erzählungen geschrieben, in seinen letzten knapp zwei Jahrzehnten überwiegend Theaterstücke. Mit seiner eigenen Kindheit und Jugend hat sich Bernhard in fünf autobiographischen Werken beschäftigt. Sie schildern den Leidensweg eines Verletzten und Gedemütigten, der sich mit bitteren Anklagen und Beschuldigungen für die ihm zugefügten Kränkungen rächt.

Die Hauptfiguren in Bernhards Romanen sind außerordentliche Persönlichkeiten, „Geistesmenschen", für die das Leben ein Gefängnis, eine Krankheit, eine immerwährende Katastrophe ist. Sie scheitern alle, weil sie in dieser chaotischen, verstörenden und zerstörten Welt scheitern müssen. Bernhard versteht sich als „Antierzähler", als Verweigerer der Erzähltradition. Er will keine spannenden und keine zu Herzen gehenden Geschichten schreiben, sondern provozieren und zum Nachdenken anregen.

Geschichten hasse ich im Grund. Ich bin ein Geschichtenzerstörer.

Kennzeichnend für Bernhards gesamtes Werk ist das Stilmittel der Wiederholung. Die Texte bestehen aus häufig verwendeten Sätzen und Wortgruppen, die nur wenig variieren. Hier ein Beispiel aus *Gehen* (1971):

Während ich, bevor Karrer verrückt geworden ist, nur am Mittwoch mit Oehler gegangen bin, gehe ich jetzt, nachdem Karrer verrückt geworden ist, auch am Montag mit Oehler. Weil Karrer am Montag mit mir gegangen ist, gehen Sie, nachdem Karrer am Montag nicht mehr mit mir geht, auch am Montag mit mir, sagt Oehler, nachdem Karrer verrückt und sofort nach Steinhof hinaufgekommen ist. Und ohne zu zögern, habe ich zu Oehler gesagt, gut, gehen wir auch am Montag, nachdem Karrer verrückt geworden ist und in Steinhof ist. Während wir am Mittwoch immer in die eine (in die östliche) Richtung gehen, gehen wir am Montag in die westliche, auffallenderweise gehen wir am Montag viel schneller als am Mittwoch, wahrscheinlich, denke ich, ist Oehler mit Karrer immer viel schneller gegangen als mit mir, weil er am Mittwoch viel langsamer, am Montag viel schneller geht. Aus Gewohnheit gehe ich, sehen Sie, sagt Oehler, am Montag viel schneller als am Mittwoch, weil ich mit Karrer (also am Montag) immer viel schneller gegangen bin als mit Ihnen (am Mittwoch). Weil Sie, nachdem Karrer verrückt geworden ist, nicht nur mehr am Mittwoch, sondern auch am Montag mit mir gehen, brauche ich meine Gewohnheit, am Montag und am Mittwoch zu gehen, nicht zu ändern, sagt Oehler, freilich haben Sie, weil Sie jetzt Mittwoch und Montag mit mir gehen, Ihre Gewohnheit sehr wohl verändern müssen, und zwar in für Sie wahrscheinlich unglaublicher Weise verändern müssen, sagt Oehler.
Es sei aber gut, sagt Oehler, und er sagt es in unmissverständlich belehrendem Ton, und von größter Wichtigkeit für den Organismus, ab und zu und in nicht zu großem Zeitabstand die Gewohnheit zu ändern, und er denke nicht nur an ändern, sondern an ein radikales Ändern der Gewohnheit. Sie ändern Ihre Gewohnheit, sagt Oehler, indem Sie jetzt nicht nur am Mittwoch, sondern auch am Montag mit mir gehen und das heißt jetzt abwechselnd mit mir in die eine (in die Mittwoch-) und in die andere (in die Montag-) Richtung, während ich meine Gewohnheit dadurch ändere, dass ich bis jetzt immer Mittwoch mit Ihnen, Montag aber mit Karrer gegangen bin, jetzt aber Montag und Mittwoch und also auch Montag mit Ihnen gehe und also mit Ihnen Mittwoch in die eine (in die östliche) und Montag mit Ihnen in die andere (in die westliche) Richtung.

62. Untersuchen Sie die Sprache Thomas Bernhards:
- Beschreiben Sie die Wirkung, die der Autor mit der Technik der Wiederholung erreicht.
- Diskutieren Sie, welche Haltung die Leserin oder der Leser dem Text entgegenbringen muss.

Fakten und Fiktion

Der in Wels geborene Autor Christoph Ransmayr (geb. 1954) verknüpft in seinem Roman *Die Schrecken des Eises und der Finsternis* (1984) zwei Erzählstränge, die historische Arktis-Expedition von Payer-Weyprecht 1872 – 1874 und das Verschwinden eines gewissen Josef Mazzini, dessen Spuren sich schließlich im arktischen Winter des Jahres 1981 in den Gletscherlandschaften Spitzbergens verloren.

Mazzini, ein zweiunddreißigjähriger Wanderer, ging im arktischen Winter des Jahres 1981 in den Gletscherlandschaften Spitzbergens verloren. Es war ein privater Trauerfall, gewiß. Ein Verschollener, einer mehr, nichts Besonderes. Aber wenn einer verlorengeht, ohne einen greifbaren Rest zu hinterlassen, etwas, das man verbrennen, versenken oder verscharren kann, dann muß er wohl erst in den Geschichten, die man sich nach seinem Verschwinden über ihn zu erzählen beginnt, allmählich und endgültig aus der Welt geschafft werden. Fortgelebt hat in solchen Erzählungen noch keiner.
Mir war die Tatsache oft unheimlich, daß sich der Anfang, auch das Ende jeder Geschichte, die man nur lange genug verfolgt, irgendwann in der Weitläufigkeit der Zeit verliert – aber weil nie alles gesagt werden kann, was zu sagen ist, und weil ein Jahrhundert genügen muß, um ein Schicksal zu erklären, beginne ich am Meer und sage: Es war ein heller, windiger Märztag des Jahres 1872 an der adriatischen Küste. Vielleicht standen auch damals die Möwen wie filigrane Papierdrachen im Wind über den Kais, und durch das Blau des Himmels glitten die weißen Fetzen einer in den Turbulenzen der Jahreszeit zerrissenen Wolkenfront – ich weiß es nicht. Überliefert ist aber, daß an diesem Tag Carl Weyprecht, ein Linienschiffslieutenant der k. u. k. österreichisch-ungarischen Marine, vor dem Hafenamt jener Stadt, die von den Italienern Fiume und von ihren kroatischen Bewohnern Rijeka genannt wird, eine Rede hielt. Er sprach vor Seeleuten und gemischtem Hafenpublikum über die Drohungen des höchsten Nordens.

63. Untersuchen Sie die postmodernen Merkmale dieser Stelle:
- Beschreiben Sie, wie die beiden Erzählstränge in diesem Abschnitt miteinander verbunden werden.
- Illustrieren Sie, inwiefern der Schreibprozess thematisiert wird.
- Diskutieren Sie, welcher Aspekt der Sprachkritik sich feststellen lässt.

Birgit Pölzl (geb. 1959) studierte in Graz Germanistik und Kunstgeschichte und arbeitet als Ressortleiterin für Literatur im Kulturzentrum Graz. 1998 erschien die Erzählung *Leichtigkeit in den Nischen*, 2003 der Roman *Zugleich*.
Die Hauptfigur des Romans, Christine, erkrankt an einem Gehirntumor. Nach erfolglosen Verdrängungsversuchen stellt sie sich der Krankheit, wenn auch in eigenwilliger Weise: Sie will das Wachstum der Tumorzellen stoppen, indem sie sich auf die Suche nach der Lösung eines Paradoxons begibt: Begehren ohne Begehren.
Der Text präsentiert sich in einem besonderen Erzählverhalten: Die Handlung wird von zwei Erzählerinnen parallel dargeboten. So entsteht eine Außensicht und eine Innensicht der Hauptfigur. Die beiden Erzählerinnen wechseln sich ständig ab und entwickeln einen Konkurrenzkampf, der am Ende zur Trennung der zwei Erzählstränge führt. Jede der Erzählerinnen beendet schließlich ihre Version des Geschehens auf eigene Weise.

Endlich kann ich den Gedanken, die Tabletten, nimm die Tabletten, fassen. Beim Schlucken wieder der Nelkengeruch, aber die Schmerzen werden bald vergehen, die Schmerzen werden gleich vergangen sein. Ich kleckere ja nicht, ich nehme gleich ordentlich. Ich lege mich wieder hin und warte, bis die Tabletten die Schmerzen vertreiben, bis eine große Dumpfheit in mich tritt, um das Andenken an die Schmerzen zu halten.
Jetzt stehe ich auf und schenk mir Wein ein in ein Glas, das ich mit beiden Händen halt und rieche: Wein. Nachtdunkel riecht er, herb riecht er, Rotwein, der wie Rotwein riecht.

Fabian, Christines Mann, hütete sich davor, den Erzähler für reaktionär zu halten. Zum einen hatte er ihn eingeladen – und Gäste hält man nicht für reaktionär –, zum anderen hatte er es sich abgewöhnt, auch nur irgendjemanden für reaktionär zu halten.
Als Student war er herumgerannt und hatte allem und jedem dieses Attribut umgehängt. Weil er fromm und eifrig war – und Frömmigkeit und Eifer waren die Säulen der Bewegung –, genoss er unter den 68ern Wiens einiges Ansehen. Irgendwann hatte er es geschafft, trotz brennenden Engagements das Medizinstudium abzuschließen, was Bände über sein Organisationstalent spricht. Dann ging es Schlag auf Schlag: Um den Turnusplatz angesucht, den weißen Mantel um den Selbstwert gehängt, das Establishment verstanden, Teil des Establishments geworden, niemanden für reaktionär gehalten, nicht einmal sich. […]

Erzählerin 1: Ich erzähle das Ende

Du bist komplett verrückt, du gehst allein bei diesem Wetter und bei Lawinenwarnstufe IV, hat Fabs geschrien. Irgendwie hat mich sein Ausrasten gefreut, die Sorge war aus der Beherrschung gesprungen und hatte heftig gekleppert. Ich bin tatsächlich verrückt: Aus der Wirklichkeit, die den anderen das Leben zusammenhält, bin ich längst draußen. Weiß ist es um mich her, die Buchen halten auf kahlen Ästen den Schnee: Stege laufen hell gegen das Dunkelgrau. Ich halte mein Gesicht wie einen Teller nach oben, als milde Gabe legt der Himmel die Flockensaat drauf, ich schließe die Augen: kühlgefiederter Löwenzahn. Ich gehe weiter und höre mich aus der Ferne – ein Klappern, ein Rascheln, ein Atemziehen und Ausfauchen – der Schnee streicht das Nahe aus den Geräuschen.
Die Fichten sehen wie dunkel geschuppte Kegel aus, über mir dann die Äste unter mächtigen Hauben, ich bücke mich: Schneerieseln als Gruß. […]

Erzählerin II: Ich erzähle das Ende

Jetzt zu Christine. Christine hat den Eindruck, aus sich heraus zu sein. Das Heraussein, das sich einrückt in sie, gibt ihr gute Sicht auf sich. Trümmerfrakturen, Unterkühlung, Hämatome. Als Todesursache wird letztlich Erfrieren namhaft gemacht. Wollte man in dieser Situation Christines Sicht auf sich beschreiben, müsste man sagen, sie sah sich klingen. Aus- und Zusammenklingen. Konzentration, vor allem Schmerzkonzentration und die Konzentration des Lebens auf sich, beschreibbar als physiologische Konzentration und ein Überallsein, eine Art Dezentrierung: Christine wurde gleichgültig, nicht im Sinne einer Indifferenz, sondern im Sinne eines Gleichwerts, eines Gleichwertvollseins.

64. Analysieren Sie die Rolle der beiden Erzählerinnen:
- Arbeiten Sie die Unterschiede heraus.
- Kommentieren Sie die Folgen dieses Erzählmodus für den Text als Ganzes.

Die aus Linz stammende Autorin Anna Mitgutsch (geb. 1948) legte mit *Die Züchtigung* 1985 einen Roman vor, der aus der damaligen, feministischen Sicht eine komplizierte, auf Zuwendung und Gewalt aufgebaute Mutter-Tochter-Beziehung zum Thema hat. Vera, die Tochter, versucht einerseits, die Wünsche ihrer Mutter zu erfüllen, andererseits wird sie von der Gewalt abgestoßen, die sie in diese Richtung treibt. Sie erlebt gleichzeitig, wie sie ihre Mutter ablehnt und sich dennoch mit ihr identifiziert. Aus dieser Ambivalenz wird schlussendlich die Liebesunfähigkeit der Tochter erklärbar.

Die Züchtigung

Ich wurde übergewichtig. Sie lobte mich, es gab keine Kämpfe mehr bei Tisch. Sie brauchte nicht mehr das Essen in mich hineinzuprügeln. Je mehr sie mich lobte, desto mehr aß ich, je mehr ich aß, desto mehr wurde ich gelobt. Ich aß, bis mir schlecht war, um noch mehr Gefallen zu erwecken, liebeheischend stopfte ich das Essen in mich hinein. Aufopfernd füllte sie mir den Teller immer wieder. Sie wagte es erst sehr viel später zu sagen, daß ich ihnen beiden das Essen wegfraß, daß ich sieben Schnitzel auf einmal aß und ihnen nur die Kartoffeln blieben. Ich hatte geglaubt, ich könne sie damit glücklich machen, daß ich so brav aß, ich wollte ja nur meinen guten Willen beweisen. Manchmal, sagte sie später, als es nicht mehr gutzumachen war, manchmal hab ich mir gedacht, rücksichtslos ist das Kind, frißt und frißt und fragt sich nicht, ob sonst noch wer hungrig ist. Mit dreizehn wog ich fünfundsechzig Kilo, war schwerfällig beim Turnen und ertrank beinahe beim Schwimmen. Unter dem flehenden Blick meiner Mutter schrieb der Hausarzt Kreislaufstörungen und vegetative Dystonie ins Attest, aber unter uns gesagt, fügte er hinzu, viel Bewegung und ein bißchen weniger essen. Ich wurde vom Schwimmen befreit. Während der Sommerferien lag ich im Liegestuhl und lernte Lateinvokabeln und Grammatik. Mama brachte mir Biskuittorten mit und Puddingcreme ans Lager, und ich aß, Stück für Stück, und verlangte folgsam nach mehr. Wie hätte ich ihre Torten von mir weisen können, ihre Mühe, ihre Aufopferung, ihre Liebe, die meinen Körper in einen Fettkloß verwandelten. Nach zwei Monaten pausenlosen Essens und Lernens im Liegestuhl war ich die Dickste der Klasse. Meine Beine waren formlos mit weißen Rissen in der Haut. Mama befühlte meine Schenkel und freute sich, ihre Mühe trug sichtbare Früchte, das Kind war gut genährt.

Ich war das Gespött der Klasse, Fettfleck, Statistin, riefen sie beim Turnen und lachten, wenn ich nach dem fünften Anlauf auf dem Bock hängen blieb. Aus unscheinbaren, schlaksigen Kindern waren modebewußte junge Mädchen geworden, wie Knospen sprangen sie auf, hatten heimliche Rendezvous, litten an der ersten Liebe, wurden geküßt und zuckten die Achseln über schlechte Noten. Ich blieb matronenhaft, mit einem Haarknoten auf dem Hinterkopf, der mit dem Ballen ausgefallener Haare ständig wuchs, in Umstandsblusen und losen Röcken, der Fettfleck mit dem fliehenden Kinn, dem zu großen Mund, den abstehenden Ohren und der schwarzen Brille, die das düstere Gesicht noch mehr verfinsterte. Aber ich wurde plötzlich Klassenbeste, die Streberin, von der die anderen schnell vor acht die Hausaufgaben abschreiben konnten. Meine Mutter war glücklich, die Pubertätskrise war überwunden. Es gab keine Illustrierten mit angeschwärmten Schauspielern mehr zwischen den Heften, ich kam immer gleich nach der Schule nach Hause und hatte immer alle Hausaufgaben richtig, die Vierer verschwanden aus meinen Schularbeitenheften, die Sehr Gut wurden wie früher in der Volksschule zur Selbstverständlichkeit. Sie hatte auch diese Runde gewonnen. Vera ißt brav, Vera lernt brav, Vera macht mir jetzt viel Freude, sagte sie zu ihren Schwestern. Mit vierzehn bekam ich auch die letzten Schläge. Ich hatte laut an meiner Existenz gezweifelt. Es ist nicht meine Schuld, daß ich auf der Welt bin, hatte ich gesagt. Das ist

der Dank, schluchzte sie und holte aus zum letzten erfolglosen Versuch, Dankbarkeit und Lebenslust in mich hineinzuprügeln.
Sonst waren die Konflikte seltener geworden. Meine Hausübungshefte brauchten nicht mehr kontrolliert zu werden, die Hefte waren sauber, tadellos und außerdem kamen meine Eltern sowieso im Lehrstoff nicht mehr mit. Sie hätten mir gar nicht helfen können, und für Nachhilfestunden wäre kein Geld dagewesen. Entweder du lernst, oder wir nehmen dich aus der Schule. Mit vierzehn gehen andere Kinder in die Lehre. Ich wußte, eigentlich gehörte ich zu den anderen Kindern, die mit vierzehn schon mitverdienen halfen. Ich war privilegiert. Nur wenige Eltern erlaubten ihren Kindern, ihnen bis achtzehn noch auf der Tasche zu liegen und zu studieren.
Noch dazu war ich ein Mädchen. Ich mußte mich des Privilegs würdig erweisen, außerdem mußte ich es ihnen ja zeigen, allen, die überzeugt waren, ich würde es nicht schaffen, alle, die sagten, Arbeiterkinder werden nicht maturareif, es fehlt die kulturelle Atmosphäre des Elternhauses. Die Ausgaben wurden mir vorgerechnet, ich verging fast vor Schuld und Nicht-genug-dankbar-sein-können. Achtzig Schilling Schulgeld im Monat waren viel Geld bei einem Monatslohn von weniger als zweitausend Schilling, Kleider aus den teuersten Stoffen, Landschulwochen, bei denen ich aus Angst vor den schwarzen Bergen vor dem Fenster und vor Heimweh kein Auge zutat, Schikurse, eine komplette, neue Schiausrüstung. Die Ausgaben wuchsen zu gigantischen Zahlen, beim Nennen vierstelliger Zahlen senkte sich eine Wand des Entsetzens vor meine Vorstellungskraft und guillotinierte meine Denkfähigkeit. Dreistellige Zahlen bedeuteten Reichtum, vierstellige drohenden Ruin. Meine Noten in Mathematik besserten sich erst bei den imaginären Zahlen, bei Integral und Differential, die keinen Bezug zur Wirklichkeit mehr forderten. Erst dann fühlte ich mich sicher vor der Verantwortung, mit Zahlen zu hantieren. Die Schiausrüstung war wie alles andere auch vom Mund abgespart, die Schischuhe mit Innenschuhen, die Schi mit Plastikbelag, die Sicherheitsbindung, Pullover, Mütze und Schal waren selbstgestrickt, aus der besten Wolle natürlich, aber der Anorak und die Lastexhose wurden im teuersten Sportgeschäft gekauft. Dazu kam noch eine Reisetasche voll Verpflegung, Rollschinken, Salami, Graubrot, lauter Sachen, die es zu Hause nie gab. Ich lag im Stockbett und aß und aß und wog schon neunundsechzig Kilo. Der Fettfleck frißt schon wieder, spotteten die Mitschülerinnen, aber man konnte doch die teure Salami nicht verkommen lassen. Die hartgekochten Eier begannen schon zu stinken, pfui Teufel, schmeiß sie doch weg! Eine Gottesgabe schmeißt man nicht weg, Essen ist eine Gottesgabe. Auf dem Schihang stand ich in hilfloser Panik mit den teuren Schiern an den Füßen, helft mir doch, rief ich verzweifelt, helft mir, ich laß' euch ja auch immer die Aufgaben abschreiben, aber die anderen waren schon hinunter, ich schloß die Augen und schoß den Berg hinunter in den Tiefschnee hinein. Ich haßte die teuren Schi, die Sicherheitsbindung ging beim Sturz nicht auf. Aber ich kam heim mit sonnenverbranntem Gesicht und sagte, schön war's, und die Eltern freuten sich über das Opfer, das sich gelohnt hatte. Was das Kind alles erleben darf, wovon man selbst nie geträumt hätte.

65. Erläutern Sie das schwierige Verhältnis von Mutter und Tochter in diesem Textabschnitt:
- Erläutern Sie die Wünsche der Mutter.
- Beschreiben Sie die Ziele und Bedürfnisse der Tochter.
- Kommentieren Sie, inwiefern es beiden gelingt, ihre jeweiligen Anliegen umzusetzen.

66. Analysieren Sie Veras Verhältnis zu ihrer Umwelt:
- Arbeiten Sie heraus, wie sie sich gegenüber Gleichaltrigen verhält.
- Stellen Sie dem gegenüber, wie sich ihre Altersgenossen ihr gegenüber verhalten.
- Ziehen Sie Schlussfolgerungen aus diesen Verhaltensweisen.

Die auch als Dramatikerin hervorgetretene Marlene Streeruwitz (geb. 1950) beschreibt in ihren epischen Texten Facetten des Lebens von Frauengestalten aus der Sicht einer weiblichen Erzählerin. Ihr nüchtern-sachlicher Stil reduziert die Ereignisse auf die Beobachtung des Schicksals der Hauptfiguren. Einerseits sind sie Opfer ihrer Beziehungen zu Männern und wollen sich vor ihren Nachstellungen schützen, andererseits geraten sie immer wieder in solche Situationen.
In ihrem ersten Roman *Verführungen. 3. Folge Frauenjahre* (1996) schildert Streeruwitz das Leben von Helene, die – von ihrem Mann verlassen – mit zwei Kindern ihren Alltag zu bewältigen sucht. Eine besondere Wirkung geht von der kurzatmigen Prosa aus, in der die Wut und Ohnmacht Helenes vorgetragen wird.

Verführungen. 3. Folge Frauenjahre.

Alex rief an. Sie sollten einander sehen. Helene sagte zu. Sie war seit Wochen nicht ausgewesen. Alex holte sie ab. Sie gingen zum Heurigen. Sie saßen unter der großen Linde beim Welser in der Probusgasse. Alex war schweigsam. Helene bemühte sich, ein Gespräch zu führen. Wie es ihm gehe. Was er tue. Wo er lebe. Alex gab kurze Antworten und trank schon den dritten Gespritzten. „Vor einem Jahr waren wir glücklicher." Helene konnte nichts sagen. Sie sah ihn an. „Ich hätte bei dir bleiben sollen", sagte Alex. Er klang bitter. „Ich kann mich ohnehin nicht verstehen", sagte er. „Warum ich damals. Ich meine. Die Gitta. Sie hat. Damals. Ist es eben nicht." Er trank und bestellte den nächsten Gespritzten. Helene schob ihren Wein weg. Sie konnte nicht schlucken. Plötzlich. „Können wir nicht. Ich meine. Du. Und ich. Ich kann mich nicht scheiden lassen. Das kann ich mir nicht leisten. Aber ich werde allein leben. Ich suche eine Wohnung in Wien. Wir könnten doch. Zusammen." Helene sah Alex beim Reden zu. Er sah auf den Tisch und fuhr mit dem Zeigefinger die Streifen der Karos auf dem Tischtuch entlang. Er hielt inne. „Helene. Wir sind. Ich meine. Wir sind einander doch appetitlich. Findest du nicht." Helene sah ihn an. Alex sah auf. Helene erinnerte sich an Brixen. Einen Augenblick lang. Vor einem Jahr. Blühende Bäume an einem steilen Hang. Der Balkon des Hotelzimmers, auf dem sie immer gegessen. Weil Alex im Speisesaal nicht mit ihr gesehen werden durfte. Ein Geschmack von Käse und geschmolzener Butter von den Schlutzkrapfen[1]. Und fahren. Neben ihm. Helene stand auf. Sie nahm ihre Handtasche. Sie küßte Alex auf die Wange und ging. Sagen konnte sie nichts. Sie ging die Probusgasse zur Armbrustergasse zurück. Über die Hohe Warte. Sie ging schnell und konzentriert. Helene kam zu Hause an. Sie war verschwitzt. Sie hatte das Gefühl, nach Schweiß zu riechen. Ihre Hände und Füße waren eiskalt. Trotz des langen Gangs war ihr kalt. Sie nahm ein Bad. Sie sperrte sich im Badezimmer ein und badete. Saß in der Wanne und ließ heißes Wasser nachlaufen. Bis sie rot vor Hitze geworden war. Am ganzen Körper. Im Fernsehen sah sie noch das Ende eines Krimis. Schimansky hatte einen Mörder zur Strecke gebracht. Aber er mußte viel trinken. Nachher.

1 Schlutzkrapfen: aus Tirol stammende Nudelspezialität

67. Analysieren Sie den Stil dieses Abschnittes:
    - Beschreiben Sie die hier vorkommenden Satzstrukturen.
    - Diskutieren Sie, wie diese Strukturen auf das Lesepublikum wirken.
68. Beschreiben Sie die emotionale Befindlichkeit der Hauptperson Helene:
    - Erläutern Sie, wie sie zu den Annäherungsversuchen ihres früheren Freundes Alex steht.
    - Analysieren Sie, mit welchen Mitteln ihre Befindlichkeit zum Ausdruck gebracht wird.

In ihrem literarischen Groschenroman *Lisa's Liebe* (1997) erlebt die Hauptperson, die Volksschullehrerin Lisa, verschiedenste „Liebesgeschichten", die sie jedoch immer wieder vereinsamt zurücklassen. Ihrer großen Liebe, dem Arzt Dr. Adrian, kommt sie nicht nahe.

Lisa's Liebe

LISA hatte dann bei Ebner geläutet und „ich" in die Sprechanlage gesagt. Ebner küßte Lisa an seiner Wohnungstür auf die Wange und eilte in die Küche zurück. Er hatte eine große weiße Schürze umgebunden und gab ihr gleich ein Glas Weißwein zur Begrüßung. Lisa stand an die Küchentür gelehnt und sah Ebner beim Kochen zu. Er legte die Steaks in das heiße Öl und prostete ihr zu. Lisa trank schnell. Sie war nervös. Ebner goß Rotwein in die Pfanne. [...] Ebner goß die Saucen kunstvoll um die Steaks auf die vorgewärmten Teller. Lisa trug die Teller zum Tisch. Ebner zog die Schürze aus. Der Tisch war perfekt gedeckt. Pokale auf langen Stielen und Silberbesteck auf weißem Damast. Lisa stellte die Teller mit den Steaks auf die silbernen Platzteller. Es sah sehr elegant aus. Ebner brachte den Rotwein. Während des Eingießens begann er von Spanien zu schwärmen. Und daß sie es kennenlernen müßte. Lisa hätte ihm gleich sagen sollen, wie gut sie Spanien kannte. Aber dazu war es zu spät. Lisa hörte Ebner zu, was er über Spanien sagte, als erführe sie das alles eben erst. Ebner schenkte sich Wein ein und kostete. Mit kleinen schlürfenden Geräuschen sog er den Wein ein und schmatzte, nachdem er den Wein geschluckt hatte. Dann seufzte er begeistert. „Das wird dir schmecken", sagte er zu Lisa und schenkte ihr ein. Sie saßen einander gegenüber und tranken einander zu. „Vielen Dank für die Einladung", sagte Lisa. Sie lächelten einander an. „Ich möchte nicht, daß du das als Einladung siehst", sagte er. „Als was denn?" fragte sie. Ebner sagte, „Ich möchte, daß du ..." Er griff über den Tisch nach ihrer Hand und warf sein Glas um. Der Rotwein wurde aus dem Glas auf den Boden geschleudert. Ein länglicher Fleck erschien auf dem weißen flauschigen Teppichboden.

69. Vergleichen Sie die beiden Textabschnitte von Marlene Streeruwitz:
    - Arbeiten Sie Ähnlichkeiten und Unterschiede im Stil heraus.
    - Stellen Sie die beiden Handlungen einander gegenüber.
70. Beschreiben Sie, wie die Autorin die Gemütslage der Hauptperson darstellt.

Alltägliche Situationen als beängstigende Fallen

Thomas Glavinic (geb. 1972) beschäftigt sich in seinen Romanen mit existenziellen Dingen wie Einsamkeit, Angst und Tod. Seine Romane beruhen laut eigener Aussage vielfach auf Albträumen, die ihn zu seinen Texten inspirieren. Dabei werden alltägliche Situationen konsequent weitergedacht, bis sie zu einer beängstigenden Falle für die Leser/innen werden. Während in seinem Text *Die Arbeit der Nacht* (2006) der Protagonist aufwacht und sich als letztes Lebewesen auf der Erde wiederfindet, thematisiert Glavinic in seinem Roman *Der Kameramörder* (2001) den Umgang mit den Medien und ihre Wirkung auf die Gesellschaft. Die Hauptfigur bedient sich dabei einer besonderen, sensationslustigen Sprache, die von der Doppelbödigkeit des Bedauerns über die Vorfälle einerseits und der damit verborgenen Sensationslust andererseits getragen wird. Vordergründig erscheint der Text als Kritik an den Medien und ihrem Umgang mit Sensationen, jedoch wird sehr bald klar, dass die Hauptpersonen, zwei Paare, die an einem Osterwochenende das Geschehen um die Entdeckung eines grauenhaften Verbrechens verfolgen, ebenso dafür verantwortlich sind, wie mit furchtbaren Ereignissen umgegangen wird.

Interview mit Thomas Glavinic

Mich hat die Konstellation fasziniert. Ich gehe generell davon aus, dass jeder Mensch ein Monster ist. Und dieses Monster ist in diesem Fall, in diesem Buch ja nicht der Kameramörder – der ist zwar auch ein Monster, aber der ist ein besonderes Monster und als solches nicht so gefährlich – sondern das wahre Monster, das sind die anderen. Das sind die vier Leute, die vor dem Fernseher sitzen, und die Leute, die in den Dörfern toben, damit sie den Kameramörder in die Finger bekommen. Und das ist eben die Frage, inwieweit man sich da jetzt als Leser innerlich distanzieren kann. Also ich zweifle daran. Ich habe schon einige Reaktionen gehört von Leuten, die sich nach der Lektüre überlegt haben, ob sie nicht möglicherweise nicht auch sehr monströs gehandelt haben, als sie dieses Buch gelesen haben.

Realität versus Darstellung in den Medien

Der Realität wird die mediale Vermittlung durch die Medien gegenübergestellt, deren Hauptziel die Quotensteigerung zu sein scheint.

Der Kameramörder

Ich schlug eine Zeitung auf. Ein großes Foto zeigte einen Jungen, der mit ausgestrecktem Arm auf einen hohen Punkt in einem Baum wies. Von diesem Punkt war ein schwarzer Pfeil abwärts gezeichnet, der den Absprungsort, die Flugbahn und den Ort des Aufpralls des Opfers kennzeichnete. Meine Lebensgefährtin, die sich zunächst abgewandt hatte, beugte sich zu mir und fragte, ob das das überlebende Kind sei. Ich verneinte, es handle sich um ein gestelltes Foto, der Baum sei richtig, nur das Kind sei falsch. Der Bauer sagte, unglaublich, dieser Baum, er kenne den Wald, es sei dort gut, Schwämme zu suchen, und er sei mehrfach dort gewesen. Er habe jedoch keine Ahnung gehabt, daß dort eines Tages etwas so Furchtbares geschehen würde, wie hätte er das wissen sollen. Unbedingt, unter allen Umständen müsse der Täter gefunden und mit ihm kurzer Prozeß gemacht werden. Mit diesen Worten drehte er sich um und schlenderte zurück zu seinem Haus. Heinrich nahm endlich am Tisch Platz. Hastig schenkte er sich Kaffee ein. Er biß in eine trockene Semmel und vertiefte sich in eine Zeitung. Eva fragte, ob er sich nicht wenigstens Butter hineinschmieren wolle. Heinrich grunzte nur, machte Hm und blieb völlig unansprechbar. Sie sagte, er möge sich bremsen. Er solle nicht vergessen, daß ihre Gäste nicht nur zum Fernsehen und Zeitunglesen die weite Reise in die Steiermark gemacht hätten. Dieser Tag gehöre der Entspannung und der freundschaftlichen Unterhaltung, Zeitung weglegen. Heinrich lachte und tat, wie ihm geheißen. Er sagte jedoch, er könne sich nicht ganz von der Tragödie lösen. Tagsüber müsse er sich über die Geschehnisse wenigstens auf dem Laufenden halten, sonst würde seine Neugier ihn ersticken. Dies wurde ihm von Eva und meiner Lebensgefährtin unter Augenrollen gestattet. Er sprang auf und stürzte ins Haus. So sei das nicht gemeint gewesen, rief Eva ihm hinterher. Er war verschwunden. Ich schützte vor, zur Toilette zu müssen, und begab mich ebenfalls ins Haus, von kritisierenden Rufen der Frauen verfolgt. Heinrich saß mit einer aufgeschlagenen Zeitung auf den Knien vor dem Fernseher und studierte die Teletext nachrichten. Mit verschwörerischer Stimme sagte er, er kenne einen Gendarmen, der seinen Dienst in Frauenkirchen versehe. Er habe große Lust, ihn anzurufen oder gar zu besuchen. Evtl. sei so an Informationen zu kommen, die nicht in der Zeitung oder im Fernsehen veröffentlicht würden. Ich erinnerte ihn daran, eine solche Vorgehensweise hätte unweigerlich Proteste beim weiblichen Teil unserer Gruppe zur Folge. Heinrich wiegte den Kopf. Man müsse den Frauen einen Grund geben, sich ebenfalls für den Fortgang des Falles zu interessieren. Auf meine Frage, welcher Natur dieser Grund sein könne, antwortete er, Angst. Gleich grinste er, dies sei zwar verwerflich, doch wir könnten wenigstens eine gewisse Unruhe säen. Etwa indem wir von Gerüchten berichteten, der Täter sei in der Nähe unterwegs. Ich solle mich nur des Theaters von vergangener Nacht entsinnen. Nein, fügte er hinzu, es sei wirklich nicht erforderlich, unsere Frauen in Furcht zu versetzen. Wenn wir geschickt agierten, könnten wir sie durch Mutmaßungen dazu bringen, uns zumindest nicht allzusehr in unserem Forschungsdrang einzuschränken. Wir wandten uns wieder dem Teletext bzw. der Zeitung zu. In der Druckschrift wurde der Täter als Kamerateufel bezeichnet, der entmenscht u. bestialisch u. ein Verbrecher von einem anderen Stern sei. Jeder Kolumnist u. jeder Kommentator beschäftigte sich mit der Tat. Sogar ein Foto der Opfermutter war abgedruckt. Aus dem Teletext erfuhren wir, daß das Foto als Skandal gewertet wurde. Der Fotograf hatte sich, als Pfleger verkleidet, in die psychiatrische Anstalt Am Feldhof eingeschlichen und die ans Bett gefesselte und innerlich mit Medikamenten ausgekleidete Mordkindermutter fotografiert. Dies widerspricht unseren ethischen Prinzipien, sagten der Präsident des Presserates u. der Chef der Liberalen lt. Teletext. Nachdem Heinrich und ich einander interessante Passagen aus den Zeitungskolumnen vorgelesen hatten, begaben wir uns vors Haus.

71. Erläutern Sie, wie in diesem Textabschnitt folgende Akteurinnen und Akteure dargestellt werden:
    - Medien
    - Leser/innen
    - in Berichten vorkommende Personen
72. Diskutieren Sie den Umgang mit Sensationen in modernen Massenmedien.
73. Kommentieren Sie, welche Wirkung die Berichterstattung auf die Personen hat.

Umgang mit Aggressionen

Auf den Kinderpsychiater und Erzähler Paulus Hochgatterer (geb. 1961) üben menschliche Grenzsituationen einen besonderen Reiz aus, besonders im Umgang mit Aggressionen, die in der Realität vielfach „fürchterlicher als die Fiktion" sind. Traumatisierende Situationen, insbesondere von Jugendlichen, werden explizit dargestellt mit dem Ziel, Aggressionen konstruktiv zu verarbeiten.
Er beschäftigt sich intensiv mit Kindheit und Jugend, einer Zeit, in der

... wir lernen, die Welt in Begriffe fassen, in denen wir die Geschichten hören, die uns ein Leben lang nicht mehr verlassen, in denen wir schließlich erstmals die Möglichkeit ergreifen, all das, was uns Angst oder Begeisterung, Sehnsucht oder Verzweiflung, Not oder Leidenschaft bedeutet, zu dem zu formen, was uns letztlich ausmacht, zu unserer eigenen Erzählung.

Das eigentlich Wichtige sei, was die Leserin oder der Leser zwischen den Zeilen spüre. Anregungen findet der Autor vielfach in seiner beruflichen Tätigkeit: Die Auseinandersetzung mit seinen jugendlichen Patienten und Patientinnen liefert Muster, die Hochgatterer in seinen Texten neu konfiguriert.

Seine wichtigsten Romane sind der Adoleszenzroman *Wildwasser* (1997), *Die Süße des Lebens* (2006) und *Das Matratzenhaus* (2010).

In seinem Roman *Über Raben* (2002) werden zwei Handlungen parallel beschrieben. Einerseits steigt ein Lehrer in die verschneiten Berge auf, um vor seinem Leben zu fliehen, andererseits beschäftigt er sich immer wieder mit den Gedanken an eine seiner Schülerinnen. Passagen, in denen der Aufstieg des Lehrers und seine Ängste und Gedanken beschrieben werden, und Abschnitte, in denen das Mädchen seinen Schulalltag erlebt, sind ineinander verwoben. Das Ende der Geschichte bleibt offen.

Über Raben

Manchmal fragte er sich, ob in den allerletzten Augenblicken sein Leben tatsächlich vor ihm ablaufen würde wie ein innerer Film. Wenn er an zwei Fingern über einem Abgrund hing, fragte er sich das, oder wenn ihm im Stürzen klar wurde, dass der Haken, der ihn halten sollte, von einer fremden Person geschlagen worden war. Wenn er einen dieser glasklaren Kindersätze las: «Das Leben war wieder einmal schwer» zum Beispiel oder: «Er lachte, bis ihm das Herz wehtat», fragte er sich das, und er tat es bei weitem öfter als früher, seitdem Max nicht mehr da war. Widmann, der Biologe, sagte, tot sei tot, das hänge mit einem Kollaps aller Nervenzellen zusammen und ein Kino im Kopf sei ein aufgelegter Schwachsinn. Inzwischen gehörte Widmann längst zu jenen, die hinter ihm her waren. Widmanns Nervenzellen wussten unter Garantie, dass sie zu kollabieren hatten, wenn es so weit war. Für einen Moment überlegte er, das Auto zu verstecken, hielt dann aber doch auf dem üblichen Parkplatz, einer seichten, vielleicht zwanzig Meter langen Bucht im Hang, an. Kein anderes Fahrzeug stand da. Er stieg aus und sah sich um. Über den Bäumen am Fuß der Felswände lag eine Nebelbank. Sie hatte die Form eines flachen Tellers. Der Schnee war an der Oberfläche gefroren und brach bei jedem seiner Schritte mit einem leisen Krachen ein. Das Außenthermometer des Volvo hatte zuletzt minus elf Grad angezeigt. Oben würde es wärmer sein. Bei Schönwetter herrschte in diesem Abschnitt des Tales immer eine Inversionslage.

74. Beschreiben Sie, in welcher Gemütslage sich der Lehrer in dieser Passage befindet.

Es gibt viele Rätsel auf dieser Welt. Zum Beispiel wie ich es schaffe, täglich um drei Minuten vor acht da zu sein. Vielleicht hat es mit einer genetisch fixierten inneren Uhr zu tun. Wenn man Leute wochenlang in finstere Räume sperrt, stellt sich ihre innere Uhr angeblich auf eine Tageslänge von 25 Stunden ein. Ich halte das für einen Blödsinn, aber wer kann das schon überprüfen, wo doch heute nicht einmal mehr in Gefängnissen Leute in dunkle Räume gesperrt werden. Weibl steht an der Tür und glotzt. Das hat auch mit genetischer Fixierung zu tun. Er hat eine Hornhautverkrümmung und sieht mit seinen dicken Brillengläsern dauerglotzig aus. Im Vorbeigehen schiebe ich mein Gesicht bis auf zehn Zentimeter an seine Brillengläser heran. „Du Eierdieb", sage ich, „du ziehst mich runter." Er zeigt mir den Mittelfinger. „Er hat den richtigen gefunden", sage ich zu Susanne. „Wer hat was gefunden?", fragt sie. „Weibl hat den richtigen Finger gefunden", sage ich. „Wofür", fragt sie, „wofür hat er den richtigen Finger gefunden?" – „Vergiss es", sage ich. Susanne trägt eine beige Bluse mit zu großem Kragen und Jeans, die ihren Hintern aussehen lassen, als käme er frisch aus der Schrottpresse, schön viereckig und zugleich doch ein wenig verzogen. Außerdem hat sie seit sechs Tagen ein Piercing im linken Nasenflügel, das ich seit sechs Tagen konsequent ignoriere. Da sie rechts von mir sitzt und ich den Goldknubbel im Gesichtsfeld habe, sobald ich mich ein paar Grad hinüberdrehe, erfordert das einige Mühe, zugegeben. In letzter Zeit ist mir überhaupt nicht danach, Nasenflügelpiercings zu loben.

Es läutet und Petrau kommt nicht. Es ist jede Woche dasselbe, und es ärgert mich jede Woche gleich. Herumstehende Filmmülltonnen ärgern mich und Musikprofessoren, die blind jeden Ton erkennen, den du am Klavier anschlägst, aber die Schulglocke nicht hören, ärgern mich auch. Dann jeiert er wieder dahin, wie belastend es nicht sein kann, das absolute Gehör zu besitzen und durch lächerliche Frequenzunterschiede geradezu körperlich gequält zu werden. „Wir singen ihm was vor", sagt Gert manchmal, „ein Drittel singt ein C, ein Drittel ein Cis und der Rest den Ton dazwischen." Wir haben es noch nie wirklich ausprobiert, obwohl ich die Idee im Prinzip für realisierungswürdig halte. Wobei das die erste und letzte und einzige Idee ist, die ich von diesem Herrn jemals für realisierungswürdig halten werde. Und außerdem ist die Genauigkeit mit C und Cis und dem Ton dazwischen völlig überflüssig; wir brauchen nur irgendwelche Töne zu singen, ad libitum, oder wie das heißt, und Petrau wird leiden.

Ich beuge mich schräg nach links hinten zu Simone. „Wie stirbt ein Postamtsleiter?", frage ich. Sie schweigt und denkt nach. Simone ist ein besonnener Mensch, der immer erst nachdenkt, bevor er irgendwas antwortet. „Postamtsleiter", fragt sie dann, „heißt das nicht Postmeister?"

75. Kommentieren Sie, wie sich dieses Mädchen fühlt und wie es der Schule gegenübersteht.
76. Analysieren Sie, welche dieser Gedanken und Empfindungen typisch für Jugendliche dieser Altersgruppe sind.
77. Stellen Sie die Erzählweise der beiden Abschnitte gegenüber:
    - Kommentieren Sie, in welcher Weise die unterschiedliche Erzählposition die Wirkung der Texte beeinflusst.
    - Stellen Sie Vermutungen an, aus welchen Gründen sich der Autor dazu entschlossen haben könnte, diese Technik in diesem Roman zu verwenden.

In der Arbeitswelt gefangen

Die in Salzburg geborene Kathrin Röggla (geb. 1971) schildert in ihrem Text *wir schlafen nicht* (2004) die Orientierungslosigkeit einer Generation, die sich in der Arbeitswelt gefangen sieht und die nicht aus den auferlegten Zwängen auszubrechen in der Lage ist. Die Tatsache, dass die Personen ihres Textes nicht mehr schlafen, steht stellvertretend für wichtige menschliche Bedürfnisse, die zugunsten von Karriere und Erfolg in den Hintergrund gedrängt werden, denen alles unterzuordnen ist. Die Arbeitswelt wird zur Bedrohung derer, die vermeintlich die Welt gestalten, dabei aber ihre Identität im Umgang mit der Droge Arbeit verloren haben.
In diesen Zitaten aus Interviews mit Teilnehmern und Teilnehmerinnen an einer Messe dreht sich alles um die Wirkung nach außen und gleichzeitig um die Sprachlosigkeit in einer Zeit der omnipräsenten Kommunikation.

In einem Interview mit Kristina Werndl beschreibt Katrin Röggla die wesentlichen Aspekte ihrer Arbeit:

mich interessieren gesellschaftliche knoten. mischverhältnisse. zusammenhänge. widersprüche. das sind politische fragestellungen, aber, wie gesagt, literatur kann nicht per se politisch oder nicht politisch sein, auch wenn sie in bestimmten historischen situationen politische reaktionen auslösen konnte. kunst scheint mir die aufgabe zu haben, wenn sie überhaupt aufgaben hat, ambivalenzen, widersprüche herauszuarbeiten. und außerdem bin ich beim schreiben zu einem großen teil auch mit mir selbst beschäftigt, also was machen bestimmte diskurse, rhetoriken, sprech- und kräfteverhältnisse mit mir. also die frage nach emotionalen und psychologischen interferenzen, die diese widersprüche und machtverhältnisse auslösen, auch wenn sich das bei meinem schreiben mehr auf der ebene der geste, des ausdrucks äußert.

wir schlafen nicht (2004)

der senior associate: er denke dexedrin, also keine hexerei. mit dexedrin werde so was leicht gemacht, oder ephedrin, so vom wirkstoff her. captagon habe man das früher genannt, und heute werde es wohl auch noch so heißen, so vom markennamen her, wachmacher eben, amphetamine.
er habe das zeug gar nicht genommen, wie gesagt, er brauche das ja nicht mehr, das laufe bei ihm rein über den adrenalinspiegel ab.

der it-supporter: also kollegen hätten sich das gesicht gewaschen, kollegen hätten frischluft geschnappt, sie hätten red bull getrunken, auch kaffee verhindere in gewisser weise den schlaf, er schaffe das ohne. er brauche das nicht. er könne mittlerweile trinken, was er wolle, er merke das nicht mehr.

die online-redakteurin: alleine der alkohol halte einen wach. sie habe es ja schon eingangs erwähnt. hier ein sektchen, da ein sektchen, da werde kein unterschied gemacht: ein sektchen gebe es überall. und die folge davon sei ein ständig aufgekratzter zustand. und sonst? sie glaube, das sei wie bei den delphinen, „irgendein teil bleibt immer in dir wach, damit die atmung funktioniert, damit die flüssigkeit, die dich notwendigerweise umgibt, nicht die oberhand gewinnt. ja, von irgendwo muß sauerstoff her, aber es gibt auch eine atmung in dir, die gibt sich mit sauerstoff alleine nicht zufrieden."

der partner: wie lange er schon auf den beinen sei? könne er jetzt nicht sagen, er wisse das längst nicht mehr. also er zähle die stunden jetzt nicht, und von tagen könne man hier in diesem rahmen nun wirklich nicht mehr sprechen.

die key account managerin: „also ich emfind's nicht als belastend."
der senior associate: trotzdem würde er sagen: ein adrenalinjunkie sei er nicht –
die key account managerin: „also ich komme damit klar."

die key account managerin: nein, man habe sich nicht abgesprochen, so was ergebe sich eher. „ich meine, das ist ja klar", daß man sich so gegenseitig in stimmungen hochputsche, man halte sich eben gegenseitig wach. aber das laufe ganz subkutan ab, das sei jetzt nicht so geplant, das sei die logik, in die man sich begebe, wenn man auf eine messe wie diese hier gehe.

*

– das haben sie gesagt! nein, er würde das nicht so bezeichnen.
– auch das haben sie gesagt!

der partner: nein, für ihn sei das im prinzip kein ausnahmezustand, das sei mehr der normalzustand, also als experiment könne man das schon aus diesem grund nicht bezeichnen. auch würde er da vorsichtiger vorgehen mit solchen annahmen.

die key account managerin: so außergewöhnlich sei das nun auch nicht. also von der heiligkeit des schlafes könne ja doch nicht mehr die rede sein. „wer von der heiligkeit des schlafes spricht, hat die letzten zwanzig jahre verpennt. was wurde da alles schon versucht!" außerdem: im militärischen kontext würden noch ganz andere dinge gemacht, und wen wundere es, wenn man sich jetzt sage: „wenn das soldaten dürfen, warum nicht auch wir?"

der partner: er habe auch über diese experimente gelesen, diese schlafentzugsexperimente, die man, so glaube er, schon in den 60ern gemacht habe. das habe also schon lange tradition. aber das sei hier ja wirklich kein experiment im engeren sinn, so könne man das nun wirklich nicht bezeichnen –

der partner: nein, man sei hier auch nicht ausgewählt worden, er habe sich frei dazu entschlossen, hier zu sein. „sehen sie, ich glaube, ich muß sie von einer vorstellung befreien, die sie anscheinend verfolgt: das ist keine heimliche verabredung, die wir getroffen haben." das sei so eine phantasie aus den – na, er würde fast sagen: 70er jahren.

der senior associate: warum er hier ausgewählt worden sei? ja, warum er hier ausgewählt worden sei? sei er hier ausgewählt worden? er erinnere sich nicht daran. wahrscheinlich liege es an seinem leistungsprofil. und dann werde es wohl bekannt sein, daß er ohnehin kaum mehr schlafe, ach, letztendlich werde man doch immer ausgewählt. „ich meine, du hast uns doch ausgewählt!"

der partner: noch mal, er sei hier nicht ausgewählt worden, er habe sich selbst dazu entschlossen. „und wenn ich ausgewählt worden wäre, würden sie das doch sicher am besten wissen, warum, oder irre ich mich?" jedenfalls sei es seine entscheidung gewesen, hier zu sein.

der it-supporter: wenn er sich hier einschalten dürfe, so ganz freiwillig sei es bei ihm nicht gewesen. er sei da schon unter druck gesetzt worden, wenn auch nicht so direkt, auf die messe zu kommen, eben die übliche geschichte. „man sagt ja nicht: ‚sie müssen das jetzt machen!' man sagt: ‚es wäre besser für sie, sie könnten dies und das machen, sie könnten diese oder jene aufgabe wahrnehmen.'"
– aber direkt hat man es ihm nicht gesagt?
– nein, er hat doch eben gesagt: so direkt eben nicht. da gibt es schon andere arten, es einem zu verklickern.
– eben.
– was eben?
– auch er hat es freiwillig gemacht.

*

also bitte, er wolle noch selber entscheiden dürfen, wann er hier pause mache und wann nicht. er wolle selber entscheiden dürfen, wann er hier gehe oder nicht, „wann schluß ist", oder?

*

der partner: „nein, da kann ich sie beruhigen.“ er könne sich ja so manche erschöpfungszustände vorstellen, aber ein erschöpfungszustand sei das nicht. er sei ja seit jahren an seine schlaflosigkeit gewöhnt, da sei nichts aufregendes für ihn dabei. sicher, ein paar wahrnehmungsstörungen träten schon auf mit der zeit, würde er sagen, und daß es so ruhig geworden sei, liege mehr an seinem inneren zustand –

„ach, kennt man doch, daß man sich unschlüssig gegenübersteht und sich nicht sicher ist, ob das wirklich der mensch ist, mit dem man beispielsweise eine schwierige situation durchgestanden hat, oder ob das doch ein ganz fremder ist.“ psychische dissonanzen würde er das nennen, die neben den kognitiven dissoziationen durchaus mal auftreten könnten.

*

die key account managerin: aber es stimme, man würde nicht mehr so viel mitkriegen, man spare doch so einiges aus aus dem wahrnehmungsfeld. eine art tunnelblick stelle sich mit der zeit ein, und man könne nur froh sein, wenn dieser tunnelblick einen nicht so treffe, denn so einer könne vernichtend sein.

78. Stellen Sie mit Hilfe einer Mindmap dar,
    - welche Rolle der Schlaf im Leben der dargestellten Figuren spielt,
    - mit welchen Mitteln der Schlaf vermieden wird und
    - welche Gründe die Figuren für Ihr Handeln angeben.
79. Beziehen Sie Stellung, inwieweit der Text ihre Eindrücke der modernen Lebenswirklichkeit widerspiegelt.
80. Untersuchen Sie die sprachlichen Ausdrucksmittel, die die Autorin anwendet.

Neben Romanen schreibt Katrin Röggla auch Theaterstücke (vgl. Seite 347f.) und Hörspiele, in denen sie ein Bild der Gesellschaft des ausgehenden 20. und des beginnenden 21. Jahrhunderts darstellt.

Zufällige Begegnung via E-Mail

Der Wiener Journalist und Autor Daniel Glattauer (geb. 1960) schreibt neben seiner journalistischen Tätigkeit Romane, die sich mit der modernen Lebenswelt auseinandersetzen und die auf der genauen Beobachtung seiner Umgebung basieren.
In seinem E-Mail-Liebesroman *Gut gegen den Nordwind* (2006) (Fortsetzung *Alle sieben Wellen* 2009) geraten die beiden Hauptpersonen Leo und Emmi in den Sog eines E-Mail-Dialogs, der durch einen Zufall, eine irrtümlich falsch adressierte Nachricht begonnen hat. Im Lauf der Zeit entsteht ein intensiver Austausch von E-Mails, der in unterhaltsamer Weise einerseits das Medium E-Mail karikiert, andererseits aber auch zeigt, dass dieses Medium durch seine Distanz zu besonderer Nähe führen kann, die die Hauptpersonen im Alltag sonst nicht erleben.

Gut gegen Nordwind

Acht Minuten später
RE:
Was soll ich anziehen?

Eine Minute später
AW:
Das überlasse ich Ihrem Geschmack, Emmi.

55 Sekunden später
RE:
Ich würde es aber gerne Ihrer Fantasie überlassen, Leo.

Zwei Minuten später
AW:
Meiner Fantasie sollten Sie im Augenblick lieber nichts überlassen. Sie geht gerade ein bisschen durch mit mir. Und irgendetwas sollten Sie ja schon anziehen, denke ich.

Dreieinhalb Minuten später
RE:
Soll ich etwas anziehen, das die Wahrscheinlichkeit erhöht, dass wir nach dem Begrüßungskuss die Jalousien nicht gleich wieder hochziehen, weil keiner von uns beiden eine Hand freihat?

40 Sekunden später
AW:
Wenn Ihnen die Antwort nicht zu knapp ist: JA!

Eineinhalb Minuten später
RE:
Ein „JA!" auf eine Frage, die nach einem „JA!" verlangt, kann mir nie zu knapp sein. Dann werde ich mich jetzt „herrichten", wie man so schön sagt. Falls mein Herz den Brustkorb nicht durchschlägt, sehen wir uns in eineinhalb Stunden bei Ihnen, Leo.

Dreieinhalb Minuten später
AW:
Sie läuten an der Fernsprechanlage bei „Top 15". Im Lift geben Sie 142 ein, dann hinauf ins Dachgeschoss. Dort gibt es ohnehin nur eine Tür. Sie ist angelehnt. Dann links ins Zimmer, einfach der Musik nach. Ich freue mich wahnsinnig auf Sie!

50 Sekunden später
RE:
Ich mich auch auf Sie, Leo. Ich mich auch auf DICH, Leo. Ich bin die Emmi. Und ich küsse niemand Fremden im Finsteren, mit dem ich nicht per Du bin. Du darfst hiermit ebenfalls DU zu mir sagen, Leo. Ich bin übrigens 34, zwei Jahre jünger als du, wenn's gestattet ist.

Zwei Minuten später
AW:
Emmi, ich glaube, ich muss mit dir noch einmal ausführlich über „Boston" reden. Du hast ein völlig falsches Bild von Boston, beziehungsweise von mir und Boston. Mit Boston ist es ganz anders, als du glaubst. Ich muss dir das erklären. Es gibt so viel zu erklären! Es gibt so viel zu verstehen! Verstehst du?

Eineinhalb Minuten später
RE:
Langsam, langsam, Leo. Eines nach dem anderen. Boston hat Zeit. Erklären hat Zeit. Verstehen hat Zeit. Jetzt küssen wir uns erst einmal. Bis gleich, mein Lieber!

45 Sekunden später
AW:
Bis gleich, meine Liebe!

Ruth Brauer-Kvam als „Emmi“ und Alexander Pschill als „Leo“ während einer Fotoprobe zu *Gut gegen Nordwind* in den Wiener Kammerspielen

81. Beschreiben Sie die charakteristischen Facetten einer E-Mail-Kommunikation anhand dieses Textausschnitts:
    - Arbeiten Sie heraus, welche sprachlichen Aspekte typisch sind.
    - Beschreiben Sie das Dialogmuster.
    - Vergleichen Sie diese Form der Kommunikation mit Telefonieren oder dem Schreiben von Briefen.
82. Untersuchen Sie den Witz, der diese moderne Variante des Briefromans ausmacht:
    - Kommentieren Sie, welche Stellen auf Sie besonders unterhaltsam bzw. lustig wirken.
    - Analysieren Sie, wie dieser Effekt erreicht wird.

UNTERHALTUNGS- UND TRIVIALLITERATUR

In seiner *Lesepropädeutik*[1] (1799) notiert der deutsche Philosoph und Übersetzer Johann Adam Bergk (1769 – 1834):

> „Ein Buch lesen, um bloß die Zeit zu tödten, ist Hochverrath an der Menschheit, weil man ein Mittel erniedrigt, das zur Erreichung höherer Zwecke bestimmt ist und ein Geschenk mißbraucht, das man uns zu edlern Absichten gab.“

83. Erklären Sie dieses Zitat von Bergk:
    - Erläutern Sie, welchen Zweck er dem Lesen bzw. dem Buch zugedacht hat.
    - Unterscheiden Sie, welche Literatur in seinen Augen „gute“, welche „schlechte“ ist.
    - Nehmen Sie Stellung zu dieser Aussage.

1 Propädeutik: wissenschaftliche Einführung in ein Fachgebiet

In der zweiten Hälfte des 18. Jahrhunderts stand die Unterhaltungsliteratur in voller Blüte. Es gab vor allem sentimentale Liebesromane und Abenteuerromane. Solche Bücher hatten schon damals eine weit größere Leserschaft als die so genannte hohe Literatur. Die Räubergeschichte *Rinaldo Rinaldini* beispielsweise verhalf Christian Vulpius zu einer Popularität, die jene seines Schwagers Goethe übertraf.

Fortsetzungsroman

Der Durchbruch zur Massenunterhaltung gelang der Literatur jedoch erst nach 1830 in Form des Zeitungsromans. Pariser Verleger gestalteten damals das Pressewesen grundlegend um: Sie senkten den Preis für ein Zeitungsabonnement (es gab noch keinen täglichen Stückverkauf) um die Hälfte und nahmen zum finanziellen Ausgleich bezahlte Anzeigen und Werbeinserate auf. Vor allem aber boten sie als „Feuilleton" einen Roman in Fortsetzungen, der bald die politischen Nachrichten von der Titelseite verdrängte. Die neue Form des Zeitungsromans (roman-feuilleton) vervielfachte das Leserpublikum, sodass die Verleger hohe Gewinne erzielten und die erfolgreichen Autoren sich immer teurer verkauften; so z. B. Alexandre Dumas (1802 – 1870) mit seinen Erfolgsromanen *Der Graf von Monte Christo* (1845/46) und *Die drei Musketiere* (1849) und Eugène Sue (1804 – 1857), dessen *Geheimnisse von Paris* (1851) nicht nur die Damen der guten Gesellschaft, sondern auch die Näherinnen und Lehrlinge faszinierten. Der Produktion eines Kapitels folgte sofort die Veröffentlichung, sodass die Autoren oft selbst nicht wussten, wie die Handlung weiterlaufen und enden würde. Es entwickelte sich für den Zeitungsroman eine neue Bauform: Der tägliche Beitrag musste so gestaltet sein, dass er einen in sich geschlossenen Teil bildete, der den dafür vorgesehenen Raum genau ausfüllte und durch immer neue Gefährdungen der Hauptfigur die Leser/innen in Spannung hielt. Der zeitliche Druck und die große Nachfrage zwangen die Autoren, ihre Romane zu standardisieren, d. h. Handlungsabläufe und Figurenkonstellationen leicht variiert wiederzuverwenden. Schließlich konnte ein Autor gar nicht mehr so viel schreiben, wie geschäftstüchtige Verleger ihm abnötigten. Es begann eine Art industrieller Literaturproduktion, deren Merkmale die Normierung, die Serienanfertigung und die Arbeitsteilung waren.

Der ungeheure Erfolg des Zeitungsromans und damit der Zeitungen konnte nur erzielt werden, weil man breite Bevölkerungsschichten als Leser/innen gewann. Die Voraussetzung dafür war, dass nun auch die Vorstadtbewohner, Handwerker, Kutscher, Diener, Näherinnen und Köchinnen, lesen konnten. Was sie so faszinierte, waren die einander jagenden Abenteuer und Intrigen im Dschungel der Pariser Unterwelt, die Verbrechen und ihre blutige Sühnung, wobei schließlich das Gute über das Böse siegte.

Der Zeitungsroman des 19. Jahrhunderts weist Merkmale auf, die dem Unterhaltungsroman bis heute geblieben sind: Er wendet sich an ein breites Publikum, das literarisch nicht vorgebildet ist. Denn nicht die literarische Qualität ist ausschlaggebend, sondern der Unterhaltungswert. Die klare Einteilung der Menschen in Schurken und Edle erleichtert die Parteinahme und gibt Gelegenheit, die eigenen Aggressionen und Wünsche mit zum Sieg führen zu lassen.

Die Entwicklung verlief im deutschen Sprachraum ähnlich. Die Zeitschrift *Die Gartenlaube* (ab 1853) etwa brachte in Fortsetzungen Romane von Eugenie Marlitt (1825 – 1887) und später von Hedwig Courths-Mahler (1867 – 1950). Eine Eigenheit der älteren deutschen Unterhaltungsromane, die mehr für Leserinnen der gehobenen Schichten geschrieben wurden, ist die Übersättigung mit sentimentalen Gefühlen.

Hedwig Courths-Mahler
Die schöne Unbekannte (1918)

Und jetzt erblickte der eine der Herren dort oben auf dem Balkon die reizende Gaby von Rosen, deren liebliches Gesicht selbst wie eine Rose blühte, und deren tiefblaue Augen wie glücksuchend auf das frohe Treiben zu ihren Füßen niederblickten. Im selben Moment tauchten die beiden jungen Augenpaare ineinander und blieben gebannt eine Weile aneinander hängen.
Ein Aufleuchten im Antlitz des jungen Mannes bewies sein Entzücken über die reizende Erscheinung. Dann griff er in den Blumenkorb neben ihm. Seine Gestalt reckte sich, und sicher gezielt flog ein Rosenstrauß der jungen Dame an die Brust. Sie fasste danach wie im Traum und konnte ihre Augen nicht von den seinen lösen, obwohl sie unter seinen Blicken erglühte.

84. Untersuchen Sie diesen Textausschnitt hinsichtlich der stilistischen Mittel. Nennen Sie die Mittel, die die Autorin einsetzt, und analysieren Sie, was sie damit erreicht.

Die trivialen Liebes- und Heimatromane des 19. Jahrhunderts haben ihre Nachkommen in den Heftchenromanen unserer Zeit, die allerdings in der Erotisierung der Leser/innen wesentlich weiter gehen.

Petra Röder
Ihr schönster Sommertraum (o. J.)

Behutsam, um nicht durch eine heftige Bewegung ihrem verletzten Fuß wehzutun, zog er sie an sich, streichelte sie und drückte sein Gesicht in ihr duftendes blondes Haar.
Er küsste sie andächtig und beschrieb mit dem Finger sanfte Kurven in ihrem Gesicht, dem schönen Schwung des Mundes, der geraden Linie der Nase und dem aparten Schnitt der Augen folgend.
„Oh, Liebling, dass ich dich küssen darf! Dass so etwas Schönes mir gehört!“, flüsterte er selig.
Auch Birgit gab sich mit ganzem Herzen seinen Zärtlichkeiten hin.
Dann wieder plauderten sie und erzählten sich gegenseitig etwas aus ihrem Leben. Sie kannten einander ja nicht. Jeder war für den anderen noch eine fremde Welt. „Es macht mir Spaß, mich mit dir zu unterhalten“, versicherte Birgit ihm. „Du bist ganz anders als die jungen Leute in Hamburg, diese Studenten. Sie verfechten oft große Theorien, aber ihren Worten fehlt die Realität. Was du sagst, ist alles vernünftig.“
„Danke, Birgit!“ Er strahlte bei diesem Lob. „Auch ich spreche gern mit dir. Du bist anders als die Mädchen im Dorf. Sie genügen mir nicht. Sie kichern und klatschen, und das langweilt mich. Du bist klug. Du gibst Antworten, über die ich nachdenken kann. Aber niemals bist du hochmütig.“

85. Vergleichen Sie diesen Textausschnitt mit dem Beispiel aus *Die schöne Unbekannte*:
- Benennen Sie Ihnen bekannte Stilmittel.
- Begründen Sie, warum solche Texte für Leser/innen attraktiv sind.

- Stellen Sie Vermutungen auf, mit welchem Ziel sich die Autorinnen einer so allgemeinen und so positiven Charakterzeichnung der Figuren bedienen.
- Erläutern Sie, in welchem Milieu die Romane spielen.
- Diskutieren Sie, wie die Romane enden werden.

Kriminalroman – Detektivroman

Man kann Kriminalromane und Detektivromane unterscheiden. Der Kriminalroman bietet die Geschichte eines Verbrechens. Im Mittelpunkt der Darstellung steht die Tat; Hauptfigur ist die Verbrecherin oder der Verbrecher. Der Detektivroman ist die Geschichte der Aufklärung eines Verbrechens. Im Mittelpunkt steht die Jagd nach der Täterin oder dem Täter, die mit der Spurensicherung rund um die Leiche beginnt (analytischer Aufbau). Hauptfigur ist die Detektivin bzw. der Detektiv. Es gibt Kriminal- und Detektivromane mit hohem literarischem Anspruch, etwa von E. T. A. Hoffmann, Friedrich Dürrenmatt, Peter Handke und Gerhard Roth. Viele Produkte dieser Gattungsform gehören jedoch zur trivialen oder Heftchenliteratur.

Die Detektivgeschichte ist lange Zeit eine anglo-amerikanische Spezialform geblieben. Als ihr Erfinder gilt der Amerikaner Edgar Allan Poe (1809 – 1849) mit seiner 1841 erschienenen Geschichte vom *Doppelmord in der Rue Morgue*. Sein Detektiv, Chevalier Auguste Dupin, ist geprägt durch den Glauben an die Kraft des menschlichen Verstandes, der schließlich über das Unheimliche, Unerklärbare siegt. Seine Nachfolger sind Sherlock Holmes, das Geschöpf von Arthur Conan Doyle (1859 – 1930), und Hercule Poirot, der Detektiv der Agatha Christie (1890 – 1976). Sie alle nehmen sich der kompliziertesten und höchst unrealistisch ausgedachten Fälle an, um die Perfektion ihrer analytischen Fähigkeiten zu demonstrieren. Es sind Gedankenspiele, die, gleich Schachpartien, mit Verstand und intuitiven Einfällen gelöst werden. Die Autorinnen und Autoren wurzeln in der Tradition des 19. Jahrhunderts. Sie glauben an die alle Probleme lösende Wissenschaft und an die Rechtmäßigkeit der bestehenden Ordnung, die wiederhergestellt werden muss.

Die meistgelesenen – allerdings wenig eigenständigen – Krimis im deutschen Sprachraum sind die der Jerry-Cotton-Reihe aus dem Bastei Verlag, von denen pro Woche etwa 300.000 Exemplare hergestellt werden. Das Grundschema solcher trivialen Krimis ist ähnlich einfach und gleichförmig wie das der trivialen Liebesromane: Die Bösen (Erpresser, Gangster, Mörder) bedrohen Glück, Gesundheit und Leben der Guten. Das Ziel ihrer Aktionen ist, Geld, Macht und Einfluss an sich zu reißen. Die Guten werden jedoch durch selbstlose Supermänner gerettet, die der Ordnungsmacht angehören. Das moralische Schema ist denkbar einfach: Triumph des Rechts über Unrecht und Verbrechen.

Die Charakterzeichnung bedient sich einiger weniger Schablonen: Die Gangster sind zynisch, skrupellos, kaltblütig, unerhört brutal; bei ihren bösen Taten gehen sie klug berechnend vor. Die auf der Seite des Rechts und der Menschlichkeit Kämpfenden sind auch äußerlich gewinnend; sie sind furchtlos und an Klugheit und umsichtigem Kombinieren den Gangstern überlegen. Der Handlungsfortgang wird durch ständig neue Intrigen, Bedrohungen und Verbrechen erreicht. Auf diese Weise reißt die „Spannung" nie ab; die Serien sind beliebig lange fortsetzbar.

Sprachlich erweckt der triviale Krimi den Anschein, ein harter, realistischer Tatsachenbericht zu sein, sachlich, nüchtern und knapp. Die kurzen Absätze umfassen nur wenige – ebenfalls kurze – Sätze, sodass die Texte leicht fasslich sind. Sprachklischees sind eher noch häufiger als in den Liebesromanen zu finden.

Jerry Cotton

Die letzte Runde ging an mich

Er bog um die Ecke, in einem grauen Anzug, eine Sonnenbrille auf der Nase. Langsam nahm er die Brille ab.

Gerade in diesem Augenblick, als er beide Hände brauchte, ließ ich die Maske fallen. „Ihr Spiel ist aus, Slate Glover, endgültig aus!“, sagte ich und tat einen Schritt auf ihn zu, den Revolver in der Faust.

Mit einem Fluch ließ der „Zar“ den Koffer mit dem Geld fallen, warf sich unglaublich schnell zur Seite.

Ich hätte ihn mit dem Revolver erwischen können, aber ich schoss nicht, denn ich wollte ihn lebend.

Er rannte den Kellergang hinunter. Als er sich durch ein schmales Fenster quälen wollte, holte ich ihn ein. Doch die Angst, die Panik, die ihn ergriffen hatte, verlieh ihm unheimliche Kräfte.

Er riss sich los und stürzte dem Ausgang zu. Aber er hatte die Rechnung ohne mich gemacht.

Mit einem Satz war ich bei ihm, packte ihn und wirbelte ihn herum. Mit einem knallharten Haken, genau auf die Kinnspitze, schickte ich ihn zu Boden.

Der „Zar“ war zäh. Er blieb bei Bewusstsein und schrie, während er auf allen vieren dem hellen Rechteck der Tür entgegenkroch.

Erst als ihm Phil, durch den Lärm alarmiert, den Weg versperrte, begriff der „Zar“, dass es für ihn keinen Ausweg mehr gab.

86. Stellen Sie Übereinstimmungen und Unterschiede zu den vorangegangenen Beispielen aus trivialer Liebesliteratur fest.

Groschenromane haben eine treue Leserschaft.

Literatur als Ware

Trivialliteratur ist oft eng mit wirtschaftlichem Erfolg verbunden. Ausgangspunkt ist nicht die Idee einer Schriftstellerin oder eines Schriftstellers und ihre künstlerische Gestaltung, sondern die Überlegung eines Verlages, wie Geld zu machen sei. Die Verbreitung der Heftchenromane übernehmen vor allem Kioske und Trafiken. Jährlich werden etwa 120 Millionen Heftchen gedruckt, Liebesromane, Krimis, Western, Abenteuerromane, Comics. Beim Liebesroman werden unterschieden: Frauen-, Berg- und Heimatromane, Fürsten- und Arztromane, erotische Romane. Zum Abenteuerroman gehören auch Kriegsromane und Sciencefiction.

Manche Verlage sind ausschließlich auf die Produktion von Heftchenliteratur eingestellt. Die Redaktionen schreiben den Autorinnen und Autoren das Thema, das Gerüst der Handlung und die Konstellation der Figuren vor. Es gibt einige Schablonen für Aufbau, Charakterisierung der Figuren und Konfliktsituationen. Serien werden von einem Arbeitsteam verfasst. Literatur wird zu einer massenhaft produzierten Ware, die sich nach den Erwartungen der Konsumenten richtet.

Bedürfnisse und Konsumverhalten von Leserinnen und Lesern

Viele Leser/innen wollen sich ohne große geistige Anstrengung unterhalten, Langeweile vertreiben oder sie mit Spannung und Traumfantasien füllen. Sie möchten – neben einer aktionsreichen Handlung ohne lange Betrachtungen und Schilderungen – erleben, wie dem Guten zum Sieg über das Böse und Schlechte verholfen und so eine gerechte Ordnung hergestellt wird, die in der Wirklichkeit offensichtlich nicht realisierbar ist. Der Unterhaltungsroman löst die Undurchschaubarkeit der Verhältnisse in der Welt in einfache Bilder auf und bietet eine klar überschaubare Wertordnung.

Seit Heinrich von Kleist ist an Unterhaltungs- und Trivialliteratur viel Kritik geübt worden. Man hat sie als sprachlich minderwertig abgeurteilt: als zu primitiv im Stil oder zu überladen. Man hat ihre Inhalte als unwirkliche Traumwelt abgetan, die ihre Leser/innen der Realität des Lebens entfremdet. Man hat sie als Betrug an der ungebildeten Masse bezeichnet, die glaubt, sich die bürgerliche Bildung anzueignen, während sie nur Kitsch und Pseudoliteratur aufnimmt. Man hat die Unterhaltungs- und Trivialliteratur ideologiekritisch untersucht und behauptet, sie stelle den Versuch des bürgerlich-kapitalistischen Wirtschaftssystems dar, in den Massen ein falsches Bewusstsein zu erzeugen und (wie eine Drogensucht) zu nähren, ein Bewusstsein, das die Menschen von der Kritik an den sozialen und politischen Missständen abhält. Geblieben ist trotz der Angriffe mit den unterschiedlichsten Waffen das ungebrochene, unbereute Vergnügen am trivialen Liebesroman und am Krimi.

Der Brenner

Der Salzburger Autor Wolf Haas (geb. 1960) wurde bekannt durch seine „Brenner"-Kriminalromane, die zwar auch unterhalten wollen, aber nicht den Zwängen der industriell gefertigten Trivialliteratur unterworfen sind. Der typische Stil der „Brenner"-Romane ergibt sich aus dem Einsatz des Ich-Erzählers, der die Geschichten in österreichischem Sprachduktus erzählt. Dadurch erscheint er der Leserin oder dem Leser als ebenbürtig und besonders bodenständig. Interessanterweise wirkt er beim Erzählen oft überrascht oder verblüfft, obwohl er gegenüber der Leserin bzw. dem Leser einen Informationsvorsprung haben müsste.

Wolf Haas
Der Brenner und der liebe Gott (2011)

Schau dir zum Beispiel den Chauffeur vom Kressdorf an. Also von dem bekannten Bauunternehmer, du kennst sicher die Lastwägen mit der grünen Aufschrift KREBA, sprich Kressdorf Bau. Die haben viel in München gebaut, zum Beispiel das das das. Und jetzt bei uns das Riesenland. Aber mir geht es nicht um den Kressdorf. Sondern um seinen Chauffeur. Weil so ein Kressdorf, der hat natürlich seinen Chauffeur, klare Sache, der kann nicht alles selber fahren. Vor allem, seit er wieder verheiratet ist, die junge Gattin in Wien, der KREBA-Firmensitz in München, dann ein zweijähriges Kind, treffen sie sich am einfachsten in der Mitte, sprich Kitzbühel. Weil in Kitzbühel natürlich die Geschäfte, die Kontakte, ja was glaubst du.

Für ein Kind kann das auch nicht gut sein, immer das Hin und Her, und ich glaube, die Tochter vom Kressdorf hat die Autobahn schon für ihr Spielzimmer gehalten. Aber ich muss zugeben, das ist einmal ein nettes Kind gewesen. Nicht wie heute die Kinder allgemein, also kein Bitte, kein Danke, kein Grüßgott, kein Aufwiedersehen. Andererseits ist es ein Glück, dass sie sich so benehmen, weil so kann man die Kinder wenigstens noch von den Erwachsenen unterscheiden. Früher war es mehr die Größe, da hat man gesagt, ein Kleiner ist ein Kind und ein Großer ist ein Großer. Aber heute wachsen die Kinder ja so schnell, dass du von der Größe her keinen Anhaltspunkt mehr hast, ist es jetzt der Primar, der da so sportlich aus der Säuglingsstation herausspaziert, oder ist es der Neugeborene selber. Und da ist es eben umgekehrt wie früher, und Faustregel: Der weniger Arrogante ist der Primar. [...]

Überhaupt war der Herr Simon sehr zufrieden mit seinem neuen Leben, weil nicht immer Chauffeur gewesen, sprich verschiedene Berufe ausprobiert, aber über fünfzig hat er werden müssen, damit er seine Sache findet. Wo andere schon an Pension und Rente denken, hat der Herr Simon erst ein richtig gutes Berufsleben angefangen. Einmal die fünf Stunden von Wien nach München, dann wieder die fünf Stunden von München nach Wien, manchmal auch mit der Mutter, selten einmal mit dem Vater, aber immer mit dem freundlichen Kind, das ihn so gut verstanden hat. Das hat ihm so getaugt, das kann sich ein anderer, der nicht so zum Chauffeur geboren ist, gar nicht vorstellen. Und du darfst eines nicht vergessen. Schlecht gezahlt hat der Kressdorf nicht. Das schlechte Gewissen dem Kind gegenüber hat sich so ausgewirkt, dass sie den Chauffeur übertrieben gut gezahlt haben. Oder war es auch nicht so sehr das schlechte Gewissen, sondern einfach die Sorge um das Kind. Ein richtiger Auflauf war zwar selten vor der Abtreibungsklinik, aber die stille Bedrohung von den Betschwestern fast noch beängstigender, weil seufzende Aggression immer am schlimmsten, und altbekannte Tatsache: Hinter jedem Massenmörder steht eine Massenseufzerin.

Die Frau Doktor war wahnsinnig froh über den verlässlichen Fahrer. Weil der hat seinen Job ernst genommen, frage nicht. Wenn da nur das geringste Geräusch irgendwo war, ein Klingeln von der Lüftung her, oder ein Scheibenwischer hat einen minimalen Streifen gemacht, oder wenn da eine Fußmatte nicht gerade gelegen ist, das wäre ihm unmöglich gewesen, das hat er dem Kind nicht zugemutet. Und da hat er nicht gesagt, die Helena sieht von ihrem Kindersitz aus meine Fußmatte sowieso nicht, sondern aus Prinzip immer alles picobello.

Jetzt hat der Chauffeur sich wahnsinnig geärgert, dass er gestern auf das Tanken vergessen hat. Weil das ist ihm noch nie passiert, dass er schon mit der Helena aus Wien hinausfährt, und nach fünf Minuten schaut er auf die Tankuhr, und ob du es glaubst oder nicht: Er hat am Abend nicht getankt, sprich nur mehr Benzin für hundertneunzig Kilometer!

Aber das ist vielleicht auch an den Tabletten gelegen. Weil nicht nur positive Wirkung. Eine gewisse Zerstreutheit. Möglich wäre es, dass es von den Tabletten kommt, hat der Chauffeur überlegt, während er Ausschau nach der nächsten Tankstelle gehalten hat. Er hat überhaupt viel über die Wirkung der Tabletten nachgedacht. Einerseits hat er nicht mehr so gut geschlafen, andererseits ist es ihm bessergegangen, seit sie ihm die Tabletten verschrieben haben, wo man sagt, da ist der Tag ein bisschen sonniger für dich. Du musst wissen, vorher war nicht mehr viel los mit ihm, besonders seit ihn seine letzte Freundin verlassen hat. Obwohl ich da auch die Frau verteidigen möchte, und ich glaube eher, sie hat ihn verlassen, weil es schon nicht mehr auszuhalten war mit ihm. Und seine Freundin hat ihm ja sogar noch den Arzt verschafft, weil der Herr Simon ein Leben lang Arztmuffel.

[...]

87. Untersuchen Sie den oben stehenden Ausschnitt aus Haas' Roman:
- Besprechen Sie die Ausdrucksweise des Erzählers und die Wirkung, die damit erzielt wird, anhand konkreter Beispiele.
- Begründen Sie, was ein Werk wie dieses von einem Trivialroman unterscheidet.

Textproduktion: Zusammenfassung

Thema: Ilse Aichinger: Das Plakat
Aufgabe: Schreiben Sie eine Zusammenfassung.

Situation: Für eine Lernunterlage zum Thema Kurzgeschichten schreiben Sie eine Zusammenfassung des Textes „Das Plakat" von Ilse Aichinger. Als Schluss Ihres Textes haben Sie die beiden letzten Absätze der Geschichte vorgesehen, die zitiert werden sollen.

Niemand beachtete es, dass eines der Plakate schlechter geklebt worden war, niemand beachtete es, dass eines davon sich losgerissen hatte, auf die Schienen wehte und von dem einfahrenden Gegenzug zerfetzt wurde. Nach einer halben Stunde lag die Station wieder leer und still. Schräg gegenüber war zwischen den Schienen ein heller Flecken Sand, als hätte es ihn vom Meer herübergeweht. Der Mann mit der Leiter war verschwunden. Kein Mensch war zu sehen.

Schuld an dem ganzen Unglück waren die Züge, die um diese Zeit so selten fuhren, als verwechselten sie Mittag mit Mitternacht. Sie machten die Kinder ungeduldig. Aber nun senkte sich der Nachmittag wie ein leichter Schatten über die Station.

Lesen Sie den Text auf Seite 355ff. noch einmal genau, bevor Sie mit Ihrer Zusammenfassung beginnen.

Schreiben Sie nun eine Zusammenfassung und beachten Sie dabei die folgenden Kriterien:
- Geben Sie den Text in eigenen Worten wieder.
- Klären Sie die Situation, die im Text thematisiert wird.
- Legen Sie Ihre Zusammenfassung so an, dass sich die beiden Schlussabsätze nahtlos in Ihren Text einfügen.
- Vermeiden Sie in Ihrem Text persönliche Kommentare oder Wertungen.

Schreiben Sie zwischen 400 und 500 Wörter. Markieren Sie Absätze mittels Leerzeilen.

DEUTSCHSPRACHIGE LITERATUR NACH 1945

GESCHICHTE	GESELLSCHAFT/WIRTSCHAFT	ARCHITEKTUR/MALEREI
1945 Gründung der **Zweiten Republik**. Wiederaufbau Mitteleuropas, der im Wirtschaftswunder gipfelt. Spaltung in östliche und westliche Einflusssphäre (**Kalter Krieg**). 1949 Gründung zweier deutscher Staaten (**BRD** und **DDR**). Die **Supermächte** versuchen lokale Kriege und eigene Gegensätze durch Verhandlungen beizulegen (Krisenmanagement). Friede durch Angst vor dem Atomkrieg. 1989 **Fall des Eisernen Vorhangs**. Umbruch in den osteuropäischen Staaten. Die kommunistischen Diktaturen werden gestürzt. Ende des Kalten Krieges. **3. Oktober 1990** Herstellung der Einheit Deutschlands (Wiedervereinigung) 1995 Österreich ist Mitglied der Europäischen Union. 2001 Anschlag auf das World Trade Center löst den **Krieg der USA** gegen den Terrorismus in der Welt aus. 2004 und 2007 **Erweiterung der EU** um mittel- und osteuropäische Länder. 2013 Beitritt Kroatiens. Mit diesen Ländern führt die EU derzeit Beitrittsverhandlungen: Island, Mazedonien, Montenegro, Serbien, Türkei. **Arabischer Frühling:** ImDezember 2010 begannen in einigen Staaten der arabischen Welt (z. B. Tunesien, Ägypten, Libyen, Marokko, Syrien) eine Reihe von Protesten, Aufständen und Revolutionen, die sich gegen die dort herrschenden autoritären Regime und die sozialen und politischen Strukturen richteten und richten.	Nach 1945 Entwicklung einer pluralistischen Gesellschaft, aus der sich eine Wohlstandsschicht und die neue Klasse der Funktionäre heraushebt. Die Leistung ist für den sozialen Status entscheidend. Die Emanzipation der Frau macht große Fortschritte. Versuche einer autoritätslosen Erziehung scheitern weitgehend. 1968 **Studentenunruhen in Paris** und Mitteleuropa. **Neomarxismus** der Frankfurter Schule (Theodor W. Adorno). Kleinere linksradikale Gruppen (wie die Rote Armee Fraktion RAF) versuchen gewaltsame Veränderungen der Gesellschaft durch **Terrorismus** und lösen eine heftige Reaktion des Staates aus. Parteienverdrossenheit. Rechtsradikale Gruppierungen terrorisieren Ausländer/innen und Minderheiten. **Globalisierung der Wirtschaft**. Die weltweiten Konzerne beherrschen den Markt. Der Abstand zwischen Wohlstandsländern und Dritter Welt wird immer größer. **Globalisierung der Kultur.** Weltweite Verfügbarkeit von Elementen aus allen Kulturen (z. B. Musik, Gastronomie, Film und Fernsehen). Hier steht die westliche Dominanz, vor allem der USA, in der Kritik. **Globalisierung der Sprache.** Dominanz der Wirtschaftssprache Englisch. **Globalisierung der Politik.** Globale Kooperation. Zunahme von internationalen Organisationen (staatlich und nicht-staatlich), Zunahme von internationalen Vereinbarungen, Zunahme einer internationalen Öffentlichkeit (mediale Berichterstattung). **Globalisierung der Umweltprobleme.** Ressourcenverbrauch (ökologischer Fußabdruck) und Umweltbelastung (z. B. Klimawandel).	**Klassische Moderne** (Pablo Picasso) Moderne Monumental-Architektur (Le Corbusier). Stahlbetonbau. **Objektkunst** (u. a. Pablo Picasso) **Pop-Art** (Andy Warhol, Richard Hamilton, David Hockney, Jasper Johns, Roy Lichtenstein). Gebrauchskunst (Plakate). **Naive Malerei**. **Wiener phantastischer Realismus** (Arik Brauer, Wolfgang Hutter, Rudolf Hausner, Ernst Fuchs). Postmoderne Architektur löst den Funktionalismus ab (Roland Rainer, Hans Hollein, Clemens Holzmeister, Gustav Peichl, Raimund Abraham). **Aktionskunst** (Hermann Nitsch, Schüttbilder; Günter Brus, Otto Muehl). International anerkannte bildende Künstler/innen aus Österreich: Maria Lassnig, Arnulf Rainer, Franz West, Erwin Wurm, Ernst Fuchs, Christian Ludwig Attersee, Adolf Frohner, Alfred Hrdlicka, Max Weiler, Fritz Wotruba, Gottfried Helnwein, Arik Brauer, Valie Export, Bruno Gironcoli, Friedensreich Hunderwasser, Kiki Kogelnik, Inge Morath.

MUSIK	PHILOSOPHIE	WISSENSCHAFT/TECHNIK
Beat- und Pop-Musik (Beatles). **Austropop:** ab etwa Mitte der 1960-er Jahre (Marianne Mendt, Wolfgang Ambros, Joesi Prokopetz, Georg Danzer, Wilfried, Peter Cornelius, Rainhard Fendrich, Supermax, Minisex, Erste Allgemeine Verunsicherung, Kurt Ostbahn & die Chefpartie, Falco, Reinhold Bilgeri, Hubert von Goisern, Die Seer, SheSays, Christina Stürmer, Zweitfrau, Luttenberger*Klug). Elektronische Musik (Karlheinz Stockhausen, Iannis Xenakis). Experimentelle Musik (György Ligeti). Serielle Musik (Olivier Messiaen, Pierre Boulez, Luigi Nono, Karlheinz Stockhausen). New York School (John Cage). Entfesselte Notation (Roman Haubenstock-Ramati). Musik und Politik (Luigi Nono, Hans Werner Henze). Minimal Music (Philip Glass). Complexity (Brian Ferneyhough).	Existenzphilosophie (in Deutschland Martin Heidegger, Carl Jaspers, in Frankreich Jean-Paul Sartre, Albert Camus). Sprachanalytische Philosophie (Fritz Mauthner, Ludwig Wittgenstein, Karl Popper). Neomarxismus (Ernst Bloch, Herbert Marcuse, Jürgen Habermas). Kritischer Rationalismus (Karl Popper, David Miller). Kritischer Realismus (Hans Albert, Nicolai Hartmann, Bertrand Russell). Strukturalismus (Claude Lévi-Strauss, Roland Barthes). Poststrukturalismus (Jacques Derrida, Gilles Deleuze). Wissenschaftstheorie (Thomas Samuel Kuhn, Paul Karl Feyerabend).	Die beiden Kriege treiben die Technik sprunghaft voran, vor allem die **Flug- und Raketentechnik**. 1969 landet der erste Mensch auf dem Mond. Der **Chirurgie** gelingt die Einpflanzung auch künstlicher Organe. Die **Pharmakologie** entwickelt die Antibiotika. Erforschung der **genetischen Struktur**. Gentechnik. Die Supermächte reduzieren ihre Atomwaffen. Atomstrom. Ökologische Gesichtspunkte setzen sich durch. **Digitale Revolution.** Im Bereich der Informationstechnologie werden immer kleinere, leistungsfähigere und immer preiswertere Computer (Desktop, Laptop, Netbooks, Tablet-PCs etc.) entwickelt. Entstehung des Internets und der damit verbundenen Kommunikationsdienste (E-Mail, World Wide Web, Internet-Suchmaschinen, Audio- und Videoplattformen etc.) und sozialen Netzwerke (Facebook, Twitter etc.), die völlig neue Kommunikationsmöglichkeiten eröffnen und die auch zu einer Veränderung der Lesegewohnheiten, der Publikationsmöglichkeiten und der Textproduktion führen.

LITERATUR

Österreichische Autorinnen und Autoren (nach 1945): Wiener Gruppe (H. C. Artmann), Ernst Jandl. – Paul Celan. Ingeborg Bachmann.

Thomas Bernhard, Alois Brandstetter, Julian Schutting, Werner Schwab.

Norbert Gstrein, Paulus Hochgatterer

Grazer Forum Stadtpark: Peter Handke, Barbara Frischmuth, Wolfgang Bauer, Alfred Kolleritsch.

Neorealisten: Franz Innerhofer, Gernot Wolfgruber, Peter Turrini, Elfriede Jelinek.

Kritische Frauenliteratur: Barbara Frischmuth, Elfriede Jelinek, Erica Fischer, Marlene Streeruwitz.

Auflösung von Erzählstrukturen im Roman: Peter Handke.

Fakten und Fiktion: Christoph Ransmayr, Erich Hackl, Gerhard Roth, Josef Haslinger, Thomas Glavinic.

Rückkehr zum Mythos: Christoph Ransmayr, Barbara Frischmuth, Michael Köhlmeier.

Theaterstücke mit minimaler Handlung und viel Reflexion.

Postmoderne: Verzicht auf alte lyrische Formen, Pathos und Innerlichkeit. Nennen realer Erlebnisse.

Schweizer Autorinnen und Autoren (nach 1945): Max Frisch, Friedrich Dürrenmatt, Lukas Bärfuss, Peter Bichsel, Franz Hohler, Zoë Jenny, Milena Moser, Adolf Muschg, Peter Stamm, Martin Suter, Urs Widmer.

Deutsche Autorinnen und Autoren (nach 1945): Heinrich Böll, Siegfried Lenz, Christine Brückner, Martin Walser, Günter Eich, Eugen Gomringer, Günter Grass, Wolfgang Hildesheimer, Robert Gernhardt, Hans Magnus Enzensberger, Erich Fried, Rolf Hochhuth, Botho Strauß, Ulla Hahn, Durs Grünbein, Wolf Biermann, Reiner Kunze, Günter Kunert, Sarah Kirsch, Peter Huchel, Stephan Hermlin, Christa Wolf, Stefan Heym Herta Müller.

VERMITTLUNG UND VERMARKTUNG VON LITERATUR (LÄNGSSCHNITT)

VON DEN AUTORINNEN UND AUTOREN ZU DEN LESERINNEN UND LESERN

Das wichtigste Medium für die Verbreitung von Literatur ist das Buch.

Handschriften

Die ursprünglich mündlich vorgetragene Literatur des Mittelalters wurde zunächst in handschriftlichen Notizen in lateinischen Büchern, später in Form von eigenständigen Handschriften aufgezeichnet. Bücher wurden von Mönchen geschrieben bzw. abgeschrieben. Dieser Prozess war extrem

Französische Buchmalerei um 1310:
Textseite mit Miniaturen *Tiere des Meeres*

aufwendig und teuer. Bücher konnten daher nur von reichen Leuten, Adeligen und der Kirche angeschafft bzw. in Auftrag gegeben werden. Dieser Umstand führte auch zur besonderen Ausschmückung der Bücher (illuminierte Handschriften), da sie nicht für den Allgemeingebrauch bestimmt, sondern etwas Besonderes waren. Zum Teil verstanden die Schreiber allerdings die Sprache nicht, die sie kopierten, was zu verschiedenen Fehlern führte.

Mit dem ausgehenden Mittelalter wurden erste Drucke populär. Dies hing nicht nur mit der Weiterentwicklung der Druckereikunst, sondern auch mit der Papierproduktion zusammen, welche die Herstellung von Drucken leichter und vor allem billiger machte. Die erste Papiermühle in Deutschland wurde Ende des 14. Jahrhunderts gegründet, Mitte des 15. Jahrhunderts ist eine Papiermühle in St. Pölten nachgewiesen.

Gutenberg

Der entscheidende Umschwung in Richtung gedruckter Literatur geschah um die Mitte des 15. Jahrhunderts. Johannes Gensfleisch von Sorgenloch, genannt Gutenberg (1400 – 1468), revolutionierte den Buchdruck durch die Erfindung beweglicher Metalllettern (Mobilletterndruck) und der Werkzeuge zu ihrer Herstellung. Die Gussform für diese Metalllettern wurde mit einem Stahlstempel in einen Kupferblock geprägt, wodurch exakt gleiche Buchstaben gedruckt werden konnten. Damit konnten große Mengen an Drucken hergestellt werden. Der Drucker besorgte zu dieser Zeit oft auch die Aufgaben der Buchbinderei, er war Verleger und Einzelhändler in einem. Entscheidend war der Gewinn, der aus der Buchproduktion gezogen werden konnte. Martin Luthers Bibelübersetzung (ab 1521) war nicht nur für die Reformation wichtig, sie bescherte auch dem Drucker und Verleger hohe Gewinne. Der Preis einer Lutherbibel entsprach 1534 mit zwei Gulden und acht Groschen in etwa dem Preis von fünf Kälbern, das Jahreseinkommen einer Magd betrug 1,5 Gulden.

Zeitschriften

Die Buch- und Zeitungsproduktion erlebte nicht erst mit der Entwicklung moderner Druckmaschinen im 19. Jahrhundert eine weitere Steigerung. Bereits im 18. Jahrhundert fanden Zeitschriften und periodisch erscheinende Publikationen einen erhöhten Zuspruch in der gebildeten Schicht (vgl. Moralische Wochenschriften, Seite 78f.). Mit der zunehmenden Verbreitung von erschwinglichen Büchern und Zeitschriften wuchs auch das Lesepublikum. Die Einführung der Schulpflicht in Preußen 1717 und in Österreich 1774 eröffnete vielen den Zugang zu Büchern und Literatur.

Im 19. Jahrhundert fanden literarische Werke Eingang in Zeitungen (Feuilleton). Die Form der Romane wurde daher an die Publikationsbedingungen angepasst; es entstand der Fortsetzungsroman, der eigenen Gesetzen folgt (z. B. Episodenhaftigkeit, Verbindung zur nächsten Folge durch Ankündigung entscheidender Ereignisse, vgl. Trivialliteratur Seite 392ff.).

Allerdings waren die Rechte der Autorinnen und Autoren nicht geschützt. Raubdrucke waren häufig. Das Copyright (Urheberrecht) der Autorinnen und Autoren wurde erst im frühen 20. Jahrhundert anerkannt.

Taschenbuch

Das moderne Taschenbuch, d. h. billig hergestellte, broschierte Ausgaben, wurde erst in den 1930-er Jahren in Deutschland auf den Markt gebracht. Diese Idee wurde dann von ausländischen Verlagen übernommen und perfektioniert (z. B. Penguin in England). Die Gründung des Deutschen Taschenbuchverlags (dtv), eines Gemeinschaftsunternehmens von elf Verlagen, im Jahr 1960 trug zum weiteren Erfolg dieser Publikationsschiene bei.

Während man Bücher und Zeitungen bis in die 1980-er Jahre in traditioneller Drucktechnik (Hochdruck) erzeugte, wurden danach vermehrt andere, billigere und schnellere Drucktechniken (Offset-Druck) eingesetzt. Die Verwendung des Computers bei der Vorlagenerstellung erleichterte die Produktion, zugleich wurde nahezu jedermann die Möglichkeit zuteil, selbst publizistisch tätig zu sein.

Desktop-Publishing

Die Manuskripte und die Druckvorstufe werden heute nahezu ausschließlich am Computer erstellt (Desktop-Publishing). Damit gestaltet sich der Arbeitsablauf flexibler und Zeit wird eingespart.

Bücher, deren Copyright bereits verfallen war (in Österreich 70 Jahre nach dem Tod der Urheberin bzw. des Urhebers), werden seit den 1980-er Jahren in leicht herstellbaren, billigen Ausgaben in hohen Stückzahlen und zu besonders günstigen Preisen auf den Markt gebracht.

Internet Mit der Popularisierung des Internets und den damit verbundenen Möglichkeiten des einfachen Zugangs und der weltweiten Verbreitung hat sich auch der Fokus der Buchproduktion in diese Richtung verlagert. Einerseits kaufen viele heutzutage traditionelle Bücher über Online-Shops, andererseits hat die Entwicklung des E-Books und seine Verbreitung über das Internet den Zugang zu neuen Leserschichten eröffnet, die diese Werke am Computer, mit Apps auf diversen mobilen Endgeräten wie Smartphones oder Tablets oder mit Hilfe von speziellen Lesegeräten, so genannten eBook Readern, konsumieren. Im Gegensatz zu Computern oder Tablets, die mit einem hintergrundbeleuchteten Bildschirm ausgestattet sind, basieren viele eBook Reader auf der ePaper-Technologie. Mit dieser wird versucht, das Aussehen von Tinte auf Papier nachzubilden. Durch die statische Anzeige weisen ePaper-Displays kein Flimmern auf, zudem ist der Text sowohl bei normalem Raumlicht als auch in hellem Sonnenschein lesbar. E-Books stellen meist auch eine Lesezeichenfunktion, eine Kommentarmöglichkeit und ein Wörterbuch zur Verfügung und erleichtern damit den persönlichen Zugang zu einem Werk.

Hörbuch Die Entwicklung der Musikkassette seit den 1960-er und der CD seit den 1980-er Jahren führte zur weiten Verbreitung von Hörbüchern, die heute zum Teil direkt aus dem Internet geladen und am Computer oder mit Hilfe von MP3-Playern gehört werden können.

Werke im Netz Das Internet bietet für jeden, der es sich zutraut, eine relativ günstige Möglichkeit, eigene Werke zu publizieren, ohne die Hilfe eines Verlags in Anspruch nehmen zu müssen, was dazu führte, dass auch renommierte Autorinnen und Autoren mittlerweile ihre Werke ausschließlich im Internet anbieten. So erschien der Roman *Neid* 2008 lediglich auf Elfriede Jelineks Website im Internet, von wo er kostenlos abgerufen werden kann.

I-Pad-Präsentation auf der Frankfurter Buchmesse 2011

Auf der anderen Seite strömen Autorinnen und Autoren, die auf herkömmliche Art und Weise nie die Gelegenheit gehabt hätten, ein eigenes Buch auf den Markt zu bringen, mit ihren eBooks in die virtuellen Buchgeschäfte. Aus manchen Hobby-Schriftsteller/innen werden so Bestsellerautorinnen bzw. -autoren, die ihre Unterhaltungsliteratur dank des Internets ohne jegliches finanzielles Risiko weltweit vermarkten können. Sie können auf Grund der hohen Verkaufszahlen davon leben, dass ihre Werke um 99 Cent verkauft werden.

Damit verbunden ist eine Diversifikation in der Qualität der kommerziell angebotenen Texte. Früher konnte man noch davon ausgehen, dass ein von einem Verlag herausgebrachtes Buch zwar möglicherweise umstritten hinsichtlich seines Inhalts war, aber durch die mit der Buchproduktion verbundenen Arbeitsschritte und Feedbackprozesse zumindest sorgfältig erstellt wurde. Angesichts der Entwicklungen im eBook-Bereich müssen sich Leser/innen heutzutage darauf einstellen, den Inhalt von elektronischen Büchern im gleichen Maß kritisch zu hinterfragen und sorgfältig auf die Verlässlichkeit der Quelle zu achten wie bei allen anderen Inhalten, die im Internet veröffentlicht werden.

Hypertext Eine besondere Form der digitalen Literatur sind Hypertext-Formate, die den Leserinnen und Lesern einen vielfachen Zugang ermöglichen. Dabei handelt es sich um Webseiten, die mit Links versehen sind, die zu anderen Inhalten führen. Durch Vernetzung einzelner Seiten werden Textelemente miteinander verknüpft, Beziehungen hergestellt, die über den eindimensionalen Zugang des traditionellen Buches hinausgehen. Die Leser/innen konstruieren sich damit ihr jeweiliges Leseerlebnis selbst, indem die Links in beliebiger Reihenfolge – je nach Interesse – angeklickt werden und damit jeweils eine neue Abfolge und eine andere Gewichtung der Inhalte entstehen. Der Hypertext-Roman wird damit von der Rezipientin oder vom Rezipienten mitkreiert, da sie bzw. er erst die individuelle Endfassung erstellt.

Neue Produktionsstrukturen

Die Literaturproduktion selbst verlagert sich auch zum Teil ins Internet. Es werden Texte von verschiedenen Autorinnen und Autoren kollaborativ im Netz erstellt, die Leser/innen können oft selbst mitmachen, kommentieren, ergänzen. Die Entstehung eines Werkes kann in Echtzeit mitverfolgt werden. Der Ausgangspunkt ist oft der Zugang über tagebuchähnliche Eintragungen in Weblogs. Da die Publikation unmittelbar erfolgt, sind diese Texte wesentlich spontaner, aber auch unstrukturierter und informeller.

Gerade die weitgehend offene Form des Internets ermöglicht es, all diese Techniken auch gemeinsam zu verwenden und damit immer wieder neue Formen zu schaffen, die der Literatur als Vermittlungsschiene dienen.

Urheberrecht

Das Urheberrecht besteht nach wie vor, allerdings haben sich im Zuge der Ausweitung der technischen Möglichkeiten neue Urheberrechtsmodelle entwickelt, wie beispielsweise Creative Commons. Dabei handelt es sich um Lizenzen, welche die Weiterverwendung von Inhalten unter bestimmten Bedingungen legal ermöglichen.

BUCHMARKT

Es gibt in Österreich ungefähr 500 Verlage, von denen jedoch nur etwa 130 literarische Titel produzieren. Jeder Verlag hat sein „Profil", d. h., er ist auf die Publikation bestimmter Druck-Erzeugnisse spezialisiert: auf moderne Literatur, Kinder- und Jugendbücher, Sachbücher, Schulbücher, wissenschaftliche Bücher, Zeitschriften u. a. Manche Verlage stellen einen riesigen Multimediakonzern mit eigener Buchgemeinschaft und der Erzeugung verschiedenartiger Ton- und Bildträger dar (z. B. Bertelsmann in Gütersloh, Deutschland), andere Verlage sind Ein-Personen-Unternehmen.

Ein Verlag ist ein Wirtschaftsunternehmen für die Produktion und die Vermarktung von Büchern und anderen Medien. Die Inhalte werden von Autorinnen und Autoren erstellt. Die tatsächliche Produktion der Bücher und Medien erfolgt in Druckereien, Buchbindereien und anderen Betrieben, die vom Verlag dazu beauftragt werden. Das finanzielle Risiko trägt der Verlag.

Die meisten Verlage teilen die Arbeit in Lektorat, Herstellung und Vertrieb.

Funktionen im Verlagswesen

Die Rollenverteilung im traditionellen Buchmarkt:

AUTOR/IN	VERLAG	VERTEILER
Manuskript (auf Papier oder digital)	Lektorat Herstellung Vertrieb	Buchhandlung Buchgemeinschaft Online-Handel Bibliothek Eigenvertrieb (z. B. Internet)

Das Buch als Ware

Das Lektorat sucht Manuskripte und stellt die Verbindung zwischen Autor/in und Verlag her. Lektor/in und Verleger/in haben bei der Auswahl der Manuskripte die Verkaufschancen der „Ware Buch" im Auge. Es gibt aber auch die so genannte Mischkalkulation: Ein für wichtig und wertvoll gehaltenes Buch wird selbst dann hergestellt, wenn der Absatz gering veranschlagt wird; die Kosten werden von den besonders gut verkauften Büchern mitgetragen. Mitunter gibt es auch Zuschüsse von verschiedenen Einrichtungen, Vereinen und von öffentlichen Förderstellen.

Die Kalkulation der Verlage muss Folgendes beachten: Je höher die hergestellte Stückzahl (Auflage), desto niedriger der Preis der Herstellung, desto größer aber auch das Risiko, einen Teil nicht zu verkaufen und keinen Gewinn oder gar einen Verlust zu erwirtschaften. Der Verkaufspreis eines Buches hängt nämlich nicht nur von der Ausstattung, sondern in hohem Maße auch von der Höhe der Auflage ab. Eine grobe Kalkulation sieht etwa so aus:

Autorenhonorar	10 %
Verlagskosten (Werbung, Gemeinkosten, z. B. Personal, Miete)	15 %
Herstellung (Satz, Druck, Papier, Illustration, Binderei)	18 %
Buchhandel (Großverteiler, Sortiment)	55 %
Verlagsgewinn	2 %
	100 %

Erzählende Literatur hat eine durchschnittliche Auflage von 3.000 Stück, Lyrik nur etwa ein Drittel davon. Anhand der Kalkulation kann man ein einfaches Rechenexempel anstellen: Ein Roman kostet zum Beispiel 20 Euro. Das Autorenhonorar macht 2 Euro aus. Für 3.000 Exemplare erhält die Autorin bzw. der Autor demnach 6.000 Euro. Nehmen wir an, die 3.000 Exemplare werden in einem Jahr verkauft, so kommt die Autorin bzw. der Autor im Monat auf 500 Euro, die jedoch zu versteuern sind. Daraus sieht man, dass die allermeisten „freien Schriftsteller/innen" nicht oder nur schlecht von ihrer Arbeit leben können. Entweder sie müssen viele und gut gehende Titel im Rennen haben, oder sie sind auf einen anderen Beruf und Förderungen angewiesen. Gefördert werden jüngere, vielversprechende Autorinnen und Autoren durch Stipendien und Preise. Der höchste österreichische Preis ist der Staatspreis, der einmal im Jahr vergeben wird. Besonderes Ansehen genießen der Ingeborg-Bachmann-Preis, der im Rahmen der Tage der deutschsprachigen Literatur in Klagenfurt verliehen wird, der Büchner-Preis (Deutschland) und der Nobelpreis[1] (Schweden), der aus den Zinsen der Nobelstiftung finanziert wird und daher in der Höhe schwankt.

Bestseller-Strategie

Der Absatz von Büchern wird durch Marketing des Verlages gefördert. Ein Bestseller ist in der Regel Ergebnis einer Verlagsstrategie und einer Reihe von Aktivitäten: Ein aussichtsreicher Titel (meist aus der Unterhaltungsliteratur, aber auch ein vielversprechendes Sachbuch) wird mit einer hohen Startauflage (etwa 30.000 Exemplare) und entsprechend günstigem Preis auf den Markt geworfen. Dem Buchhandel wird ein höherer Rabatt eingeräumt und Werbematerial geliefert, damit er ein eigenes Schaufenster gestaltet. Zeitungen und Zeitschriften erhalten Freiexemplare zur Besprechung in ihrer Spalte „Buchkritik". Es werden Bestsellerlisten veröffentlicht, die das Ergebnis von Umfragen im Buchhandel sind. Mitunter handelt es sich um Wunschlisten, die den Verkauf fördern sollen. Es gibt eine namhafte Zahl von Leserinnen und Lesern, die Bücher kaufen und lesen wollen, die gerade im Gespräch sind und von denen angenommen wird, dass man sie gelesen haben muss.

Das Buch als Event

Bestseller werden häufig auf Buchmessen mit dem entsprechenden Medienrummel vorgestellt. Die größte Buchmesse findet jährlich im Herbst in Frankfurt am Main statt. Etwa 8.400 Aussteller/innen aus aller Welt präsentieren etwa 100.000 Neuerscheinungen. Die Verleger/innen verhandeln über Lizenzen, Taschenbuchausgaben und Übersetzungen. Buchmessen gibt es seit dem 16. Jahrhundert. Damals hat man sich einmal im Jahr mit Büchern eingedeckt, denn es gab noch keine Buchhandlungen. Ab dem 17. Jahrhundert gewann Leipzig neben Frankfurt als Messestadt immer größere Bedeutung. In Österreich veranstalten Verlage und Buchhändler/innen jeden Herbst Buchausstellungen in den Bundesländern. Buchmessen sind begleitet von Autorenlesungen und Signierstunden.

1 Der schwedische Chemiker Alfred Nobel, 1833 – 1896, hat u. a. das Dynamit erfunden und sein riesiges Vermögen einer Stiftung hinterlassen, die alljährlich fünf Preise vergibt, nämlich für besondere Leistungen auf den Gebieten der Physik, Chemie, Medizin und Literatur sowie für die Förderung des Friedens.

Der persönliche Kontakt zur Autorin bzw. zum Autor schafft Nähe und eine besondere Beziehung zum Buch.

Verwertungsrechte

Für die Vermarktung von Literatur sind die so genannten Nebenrechte, die der Verlag vom Autor bzw. der Autorin erwirbt, von großer Bedeutung. Ein gut verkaufter Titel wird nach einiger Zeit vom Originalverlag oder von einem Lizenznehmer als billiges Taschenbuch aufgelegt. Einigen wenigen Produkten gelingt die ertragreiche Bearbeitung für einen Kinofilm oder für das Fernsehen. Die Fernsehsendung fördert außerdem den Absatz des Buches. Eine weitere Verwertung ist der Abdruck von kürzeren Texten oder Textausschnitten in Sammelbänden und Lesebüchern, die viel zur Popularität eines Autors oder einer Autorin beitragen.

Verkauf

Besonders erfolgreiche Romane und Sachbücher kommen mit zeitlicher Verzögerung, aber um ein Drittel billiger in Buchgemeinschaften heraus. Die größte österreichische Buchgemeinschaft „Donauland" ist im Besitz des Medienkonzerns Bertelsmann. Sie hat über 800.000 Mitglieder, die einen fixen Absatz garantieren. Die Buchgemeinschaft bietet in ihrem Katalog eine begrenzte Anzahl von Titeln an, was dem Mitglied die Auswahl erleichtert. Eine Buchgemeinschaft erfasst Leserschichten, die kaum eine Buchhandlung besuchen.

Von den etwa 1.500 Buchhandlungen in Österreich führt ein Drittel noch andere Waren (Schreibwaren, Spielsachen), bzw. es handelt sich um Kioske und Stände in Supermärkten, deren Angebot stark eingeschränkt ist (Trivial- und Abenteuerromane, Krimis, Comics). Der gute Sortimentbuchhandel hat etwa 50.000 Titel auf Lager; das sind allerdings nur rund 10 Prozent der lieferbaren Titel. Ein nicht vorrätiges Buch kann in kurzer Zeit besorgt werden, und zwar über den Zwischenbuchhandel, der das Bindeglied zwischen Verlag und Sortimenter darstellt. Die Verteilung (Distribution) der Bücher erfordert einen hohen organisatorischen Aufwand, der durch den Buchpreis abgedeckt werden muss.

In Österreich und in Deutschland unterliegt der Buchhandel der Buchpreisbindung, die genau geregelte Ladenpreise vorschreibt, die nicht unterboten werden dürfen. Damit wird sichergestellt, dass das Kulturgut Buch in großer Vielfalt über eine hohe Anzahl von Verkaufsstellen erworben werden kann. Kleineren Geschäften wird damit das Überleben am Markt möglich gemacht. Buchläden können sich nur durch die Qualität der Beratung oder durch das angebotene Sortiment von ihrem Mitbewerber unterscheiden.

ALLGEMEINE MERKMALE VON TEXTEN

STOFF, MOTIV UND FORM

Das Geschehen vor der dichterischen Verarbeitung

Der Stoff ist das vor und außerhalb der Dichtung gegebene Geschehen, das die Autorin bzw. den Autor zu poetischer Gestaltung anregt. Sie oder er hat den Stoff selbst erlebt, ihn erfahren oder in einer Quelle (in der Geschichte, der Religion oder einem Mythos) gefunden. Stoffe sind an Ereignisse und Namen gebunden, z. B. der Zweite Weltkrieg, die Entdeckung Amerikas, die sozialen Verhältnisse in Lateinamerika; Ödipus, Odysseus, Adam und Eva, die Nibelungen, Don Juan, Faust.
Friedrich Dürrenmatt meinte in einem Gespräch: „Man beginnt mit dem Stoff, und welche Form hat der Stoff nötig, das ist dann die Frage. Das ist nicht eine Frage ans Publikum. Ich glaub, Schreiben ist eine intensive Angelegenheit vom Stoff her."

Menschliche Grunderlebnisse

Die Literaturwissenschaft untersucht auch die Behandlung der Stoffe und vergleicht die Bearbeitung eines Stoffes bei verschiedenen Autorinnen und Autoren (z. B. die Darstellung des Faust-Stoffes, vgl. Seite 118ff.).
Motive sind häufig zu findende strukturelle Einheiten (meist menschliche Situationen und Konflikte), die mit Hilfe eines Stoffes literarisch verarbeitet werden.

Beispiel
Motiv: Mord an der Geliebten.
Stoff: Johann Woyzeck, hingerichtet 1824 wegen Mordes.

Da Motive immer wiederkehren, bildet sich eine Tradition, die in der „Motivgeschichte" festgehalten wird. Es lassen sich mehrere Arten von Motiven unterscheiden.

Arten von Motiven

Situationsmotive: der Mann zwischen zwei Frauen, die feindlichen Brüder, die Liebe zwischen Kindern verfeindeter Familien, die verletzte Ehre, der Vater-Sohn-Konflikt u. v. a.
Typenmotive: der Außenseiter, der Bohemien[1], die kranke Frau, der Bösewicht, der Hochstapler, der beschämte Herrscher u. a.
Raum- und Zeitmotive: das einsame Schloss, die Ruine, die Großstadt, die Unterwelt; Dämmerung, Mitternacht, der Wettlauf mit der Zeit u. a.
In vielen Gattungsformen findet man kennzeichnende Motive.
Märchenmotive sind beispielsweise die Demütigung durch die Stiefmutter, die Verwandlung in ein Tier, die Gewährung dreier Wünsche, die Lösung des Rätsels.
Sagenmotive: Erscheinen des Teufels, Hochwasser, Blitzschlag, Hochmut und Frevel, Verwandlung in einen Felsen, Berg u. a.

1 Bohemien: unbekümmerte, leichtlebige Künstlernatur

Fabelmotive: die Unterdrückung des Schwächeren, die Hilfe des Schwächeren, die Überrumpelung des Dummen, die Brutalität des Stärkeren u. a.
Lyrische Motive: Liebesleid, Herbst, Todesahnen, Einsamkeit, Freude über das Erwachen der Natur im Frühling.
Das Leitmotiv ist ein besonders wichtiges Motiv, das innerhalb eines Werkes wiederholt auftritt. Leitmotiv kann das Erscheinen einer bestimmten Figur oder eines bestimmten Gegenstandes sein (Dingsymbol), eine Melodie, ein Vers, aber auch eine einprägsame, gleichförmig wiederkehrende Aussage einer Person. Das Leitmotiv tritt an den entscheidenden Stellen auf. Es gliedert den Text in Abschnitte und Sequenzen.

Unter dem Sammelbegriff Form kann man folgende Erscheinungen betrachten:
- die in einem Text auftretenden Merkmale der Gattungsform (z. B. Ballade, Kurzgeschichte, Novelle);
- die innere Struktur (den Aufbau der Handlung);
- die Gliederung in Strophen, Akte, Bilder, Abschnitte, Kapitel u. a.;
- Vers, Versmaß, Rhythmus, Reim;
- Erzählform (Ich-Form, Er/Sie-Form);
- Erzählverhalten (auktoriales, neutrales und personales Erzählverhalten, Bewusstseinsstromtechnik).

Form kann sich nur an einem Stoff realisieren, und umgekehrt kann Stoff nur in einer bestimmten Form erscheinen.

ERZÄHLPERSPEKTIVE

Die Erzählerin oder der Erzähler kann verschiedene Standorte beziehen, von denen aus sie bzw. er das Geschehen darstellt (Erzählperspektive oder point of view): Ähnlich wie die Filmkamera kann sie bzw. er weiter entfernt stehen und einen größeren Überblick bieten (Totale). Sie oder er kann aber auch nahe an ihre oder seine Figuren, an die Dinge herangehen und Vorgänge aus der Nähe schildern (Detail). Ihre bzw. seine Position kann außerhalb der Figuren sein, es kann aber auch die Innensicht gewählt werden. Selbst die oder der auktoriale (allwissende) Erzählerin oder Erzähler wählt mitunter die Innensicht und teilt mit, was die Figur denkt, fühlt, will.
Auktoriales Erzählverhalten: Ein außenstehender Erzähler führt die Leser/innen durch das Geschehen, erläutert, kommentiert und beurteilt es (z. B. Goethe, *Wilhelm Meisters Lehrjahre*, vgl. Seite 152ff.). Er ist allwissend und kann sich bei Bedarf in die Personen hineinversetzen. Je nach Anlage greift der auktoriale Erzähler in die Erzählung ein und kann auch sein Verhalten kommentieren.
Neutrales Erzählverhalten: Das Geschehen wird „objektiv" dargestellt; der Erzähler vermittelt es kommentarlos aus der Distanz des neutralen Beobachters (z. B. Fontane, *Effi Briest*, vgl. Seite 217f.)
Personales Erzählverhalten: Das Geschehen wird aus der Sicht einer Person der fiktiven Handlung dargestellt. Wir begegnen einer Romanfigur, die denkt, fühlt, wahrnimmt, urteilt, aber nicht wie ein Erzähler zur Leserschaft spricht. Dieses Erzählverhalten findet sich in vielen Romanen der Gegenwartsliteratur. Dabei wird auf den Anspruch der Allwissenheit verzichtet. Die Leser/innen werden auch nicht direkt angesprochen. Damit werden eine größere Nähe zu den Charakteren und auch eine höhere Glaubwürdigkeit erreicht. Die radikalste Form des personalen Erzählverhaltens stellt der innere Monolog dar (vgl. Seite 244). Die Erzählfigur kann als Ich-Erzähler oder als Er-/Sie-Erzähler auftreten.

Bewusstseinsstromtechnik (stream of consciousness): Das Geschehen wird bei dieser Erzähltechnik als ungeordnete (oft nicht einmal chronologisch angeordnete) Assoziationskette einer oder mehrerer Personen, als Bewusstseinsstrom, dargestellt. Die Handlung spielt sich lediglich im Bewusstsein der Erzählfigur(en) ab. In die Erzählung fließen Gefühle, Gedanken, Eindrücke jeglicher Art ein, die erst in ihrer Gesamtheit ein Textganzes ergeben. (z. B. Alfred Döblin, *Berlin Alexanderplatz*, vgl. Seite 283f.).

DER ZEITVERLAUF

Umgang mit der Zeit

Die erzählte Zeit ist der Zeitraum, den das fiktionale Geschehen umfasst. Sie ist meist festzustellen mit Hilfe der Frage: Wie viel Zeit vergeht vom Einsetzen der Handlung bis zum Schluss?
Die Erzählzeit ist die Zeit, die die Erzählerin oder der Erzähler braucht, um die Geschichte vorzutragen, bzw. die Leserin oder der Leser braucht, um die Geschichte zu lesen.
Erzählte Zeit (fiktionaler Zeitablauf) und Erzählzeit (realer Zeitablauf) können übereinstimmen. Das ist z. B. in Kurzgeschichten der Fall, die zum Großteil aus direkten Reden bestehen (Wolfgang Borchert, *Die Küchenuhr*, vgl. Seite 353f., *Brot*). Manchmal ist die erzählte Zeit kürzer als die Erzählzeit, nämlich dann, wenn das Geschehen genau und ausführlich geschildert wird (Dehnung).
Im Sekundenstil wird ein Geschehen minutiös und detailgetreu, aber ohne große Anteilnahme erzählt. Adalbert von Hanstein definiert den Sekundenstil so:

> Das vermeintliche Kunstgesetz hatte also hier eine neue Technik hervorgerufen, nicht nur eine innere, sondern auch eine äußere. Die innere Technik ist das, was ich als „Sekundenstil" bezeichnen möchte, insofern Sekunde für Sekunde Zeit und Raum geschildert werden. Nichts Keckes, Dreistes ist mehr gestattet, kein kühner Sprung darf mehr über die Wüsten hinwegsetzen, um die Oasen einander näher zu bringen. Nein, ein Sandkorn wird nach dem anderen sorgfältig aufgelesen, hin und hergewendet und sorgsam beobachtet und in die tagebuchartige Dichtung eingezeichnet. Solch peinliche Kleinmalerei läßt allerdings einen kleinsten Ausschnitt aus Leben und Wirklichkeit mit absoluter Treu wiedererstehen, aber sie hängt gleichzeitig der Dichterphantasie unerträgliche Bleigewichte an die Füße.

In den meisten Fällen ist die erzählte Zeit jedoch wesentlich länger als die Erzählzeit. Z. B. erzählt Thomas Mann in den *Buddenbrooks* das Schicksal einer Familie durch mehrere Generationen. Die Erzählerin oder der Erzähler muss also Geschehen raffen und Zeiträume überspringen (Raffung).
In epischen Werken wird bisweilen ein kompliziertes Zeitgefüge geschaffen. Während das lyrische Gedicht meist ohne zeitliche Dimension ist und im Drama die Vorgänge auf der Bühne in einer Szene grundsätzlich so lange dauern wie im täglichen Leben, kann die Erzählerin bzw. der Erzähler sehr souverän mit der Zeit umgehen: Sie oder er kann Ereignisse nachholen und vorwegnehmen, kann Vergangenes, Gegenwärtiges und Zukünftiges assoziativ verbinden, wie es auch im menschlichen Bewusstsein erfolgt.
Die einfachste Darstellung von Geschehen ist die chronologische Abfolge, d. h. das Geschehen wird in der Reihenfolge geschildert, wie es abgelaufen ist. Die nicht chronologische Abfolge ist erzähltechnisch komplexer.

Rückschau und Vorschau

Die Rückblendung holt mehr oder weniger ausgedehnte Abschnitte aus der Zeit vor dem Erzählverlauf nach. Die Erzählerin oder der Erzähler kann in einem Gliedsatz kurz zusammenfassend berichten (Plusquamperfekt), aber auch ausgedehnte Episoden einblenden. Ein extremer Fall ist der

Detektivroman, bei dem in der Regel nach dem Verbrechen der Hergang in einer oder in mehreren Rückblendungen aufgehellt wird.
Die Vorausdeutung nimmt Kommendes vorweg. Meist sind es nur Andeutungen über den weiteren Verlauf. Es gibt einführende, eingeschobene und abschließende Vorausdeutungen. Die Letzteren weisen in eine nicht mehr erzählte Zukunft.
Ein häufiges Springen von der chronologischen Abfolge zur Rückblendung und Vorausdeutung („stürzende Zeit") erschwert das Verständnis mancher Romane. Das Zeitgerüst eines erzählenden Werkes gewährt Einblick in seinen Aufbau (seine Struktur).

Sprachliche Kriterien

Die Sprache eines Textes kann nach folgenden Gesichtspunkten untersucht werden:
- verwendete Sprachformen (Standardsprache, Umgangssprache, Mundart, Soziolekt, Jargon)
- Stil, Stilfiguren
- Bilder, Metaphern, Symbole, Chiffren
- Satzbau (auffallend häufiger Einsatz von einfachen Sätzen, von Satzreihen, von Satzgefügen und Perioden)
- Wortgut (Sinnbezirke, denen das leitmotivische Wortgut angehört, z. B. religiöses, wissenschaftliches, militärisches, politisches, ökonomisches Vokabular)
- besondere sprachliche Verfahrensweisen (Ironie, Satire, Parodie, Montage u. a.)

DIE IM WERK DARGESTELLTE WELT

Zeit der Handlung

Geschichtlichkeit des dargestellten Geschehens

Meist legt die Autorin oder der Autor das Geschehen in eine vergangene Zeit oder in die Gegenwart; manchmal spielt das Geschehen von der Erzählerin oder vom Erzähler aus gesehen in der Zukunft (z. B. Sciencefiction, Zukunftsromane). Es kann der Autorin oder dem Autor darum gehen, das Bild einer Epoche zu zeichnen (z. B. Grimmelshausen, *Simplicissimus*, vgl. Seite 56ff.). Es ist aber auch möglich, dass das Geschehen nur deshalb in eine vergangene Epoche verlegt wird, um aktuelle Zustände zur Sprache bringen zu können (z. B. Bertolt Brecht, *Mutter Courage und ihre Kinder*, vgl. Seite 277ff.). Manche Autorinnen und Autoren geben ein historisch recht getreues Bild wieder (z. B. Stefan Zweig, *Maria Stuart*), andere verändern die geschichtlichen Ereignisse, um ihre Ideen besser darstellen zu können (Schillers Jungfrau von Orleans fällt in der Schlacht, die historische Jeanne d'Arc wurde auf dem Scheiterhaufen verbrannt).

Raum

Raum als Hinweis und Zeichen

Die Wahl und die Darstellung des Raumes sind nicht zufällig oder durch das Geschehen erzwungen. Mit der Schilderung eines Innenraumes, einer Landschaft wird immer auch die Figur oder die Situation charakterisiert, und zwar nicht nur in der Lyrik, sondern ebenso in einem Drama oder einem epischen Werk. Die Kammer der Jungfer Züs Bünzlin in Gottfried Kellers *Die drei gerechten Kammmacher* (vgl. Seite 216f.) z. B. ist ein Spiegelbild des Menschen, der darin wohnt. Häufig vollzieht sich unheimliches, schicksalhaftes Geschehen in einer unheimlichen Landschaft, etwa der Tod des kleinen Tobias (*Bahnwärter Thiel*) auf den Schienen im Kiefernwald, den Gerhart Hauptmann in das Rot der untergehenden Sonne taucht:

> Die Säulenarkaden der Kiefernstämme jenseits des Dammes entzündeten sich gleichsam von innen heraus und glühten wie Eisen.
> Auch die Geleise begannen zu glühen, feurigen Schlangen gleich; aber sie erloschen zuerst. Und nun stieg die Glut langsam vom Erdboden in die Höhe, erst die Schäfte der Kiefern, weiter den größten Teil ihrer Kronen in kaltem Verwesungslichte zurücklassend, zuletzt nur noch den äußersten Rand der Wipfel mit einem rötlichen Schimmer streifend. Lautlos und feierlich vollzog sich das erhabene Schauspiel.

In Ilse Aichingers Kurzgeschichte *Das Plakat* (vgl. Seite 355ff.) heißt es im ersten Absatz:

> Der Himmel [...] war blau und gewalttätig, im gleichen Maß bereit zu schützen und einzustürzen [...] Die Ferne hatte die Nähe verschlungen.

Möglichkeiten der Raumgestaltung

Die Gestaltung des Raumes ist von der Autorin oder vom Autor, aber auch von der Epoche abhängig. Einen realen Raum findet man z. B. bei Adalbert Stifter (vgl. Seite 197ff.) und bei den Naturalisten (Gerhart Hauptmann, Émile Zola). Er ist der Wirklichkeit nachgebildet; oft sind sogar Örtlichkeiten identifizierbar oder genannt (Adalbert Stifter, Böhmerwald; Peter Rosegger, Waldheimat; Heimito von Doderer, Strudlhofstiege; Paula Grogger, Grimmingtor; Ingeborg Bachmann, Manhattan).
Der ideale Raum ist nach den Vorstellungen der Autorin oder des Autors und der Zeit gebildet: Die Romantiker/innen gestalteten eine hügelige Landschaft mit Wäldern und Bächen, an denen Mühlen klappern; Wolken ziehen eilig, die Nächte sind vom Mond erhellt. Das Schloss liegt in einem verwilderten Park mit Marmorstatuen und Brunnen. Auch das Märchen kennt nur den idealen Raum mit typischen Kulissen, wie z. B. dem finsteren Wald, dem gewaltigen Schloss und der Hütte der Alten.
In einem irrealen Raum spielen die Werke der Expressionisten und Surrealisten und der Dramatiker des Absurden wie z. B. die Werke Kafkas (*Vor dem Gesetz*, *Auf der Galerie*, *Eine kaiserliche Botschaft*, vgl. Seite 266, *In der Strafkolonie*). Der Raum und die Gegenstände darin haben oft den Wert von Symbolen und Chiffren. Die Bedeutung der Wörter (z. B. der Farbadjektive) stimmt nicht mit ihrer Bedeutung im üblichen Sprachgebrauch überein.
Epische Großformen stellen meist ein Zeitbild dar, sie greifen über Zeiten und Räume aus. Das einfachste Mittel, viel Raum einzubeziehen, ist häufiger Ortswechsel. Und so schicken denn die Epiker/innen ihre Figuren gern auf Wanderschaft: Odysseus muss in so exotische Gegenden wie die Urlandschaft der Kyklopen und die Insel der Lästrygonen, und schließlich bleibt ihm auch die Unterwelt nicht erspart. Je weiter entfernt und je exotischer das Land, umso eher kann die Erzählerin oder der Erzähler mit der Neugier der Leserschaft rechnen.

Milieu

Geschlossene und gegensätzliche Umwelt

Die Figuren können in einem geschlossenen Milieu oder in einer kontrastiven Umwelt leben. Die klassischen Dramen, die epischen Werke des Realismus und die Romane von Thomas Mann z. B. spielen in einem geschlossenen Milieu. In den bürgerlichen Trauerspielen des Sturm und Drang (*Kabale und Liebe*, vgl. Seite 114ff.), im Naturalismus (Hauptmann, *Die Weber*, *Rose Bernd* u. a.), im *Woyzeck* (vgl. Seite 205f.) von Büchner stoßen die Gegensätze von Ständen, Klassen und Schichten aufeinander, woraus sich dramatische Konflikte ergeben. *Till Eulenspiegel* und die Schelmenromane älteren Typs erhalten ihre Spannkraft und ihren Reiz aus dem Zusammenprall der Habenichtse mit den Etablierten.

Ein und derselbe Stoff kann in verschiedenen Milieus gestaltet werden. Schiller zeigt den Dreißigjährigen Krieg in den *Piccolomini* und in *Wallensteins Tod* als Spiel der Mächtigen, Brecht in *Mutter Courage* als Jagd auf die Ohnmächtigen.
Der triviale Liebesroman spielt meist in einem geschlossenen, gehobenen Milieu, um die Tagträume der Leser/innen zu bereichern. Der Konflikt kann sich aber auch aus dem Gegensatz verschiedener gesellschaftlicher Stände (bürgerliches Mädchen – adeliger Liebhaber) ergeben.
Jedes Milieu kann positiv und negativ, ernsthaft und satirisch dargestellt werden. So haben die Stürmer und Dränger die Welt des Adels als moralisch verwerflich gezeichnet, die Romantiker haben sie idealisiert. Die bäuerliche Welt ist bei Rosegger gesund, natürlich und Gott zugewandt; die Arbeit auf der Scholle adelt. In den Romanen von Franz Innerhofer und in der *Alpensaga* von Wilhelm Pevny und Peter Turrini erscheint die gleiche bäuerliche Welt brutal, unmenschlich, zurückgeblieben. Kleinbürgerliches Milieu wird von Gottfried Keller liebevoll und humorvoll gespiegelt, von Ödön von Horváth und Gernot Wolfgruber satirisch, anklagend und demaskierend.

Politischer, sozialer und kultureller Hintergrund

Jeder Text entsteht in einem Geflecht von zeitgeschichtlichen Bedingungen, denen die Autorin oder der Autor unterworfen ist, in denen sie oder er lebt und zu denen sie oder er Stellung nimmt. Seit je haben Dichter/innen die politische Situation in ihre Werke einbezogen und beurteilt: Walther von der Vogelweide hat seine Reichssprüche als politische Texte geschrieben, Bertolt Brecht hat den Klassenkampf in Dramen dargestellt. Die Stürmer und Dränger sowie die Jungdeutschen haben die absolutistische Fürstenmacht angeprangert, Autoren wie Wolf Biermann, Günter Kunert und Uwe Johnson die Unfreiheit in der ehemaligen DDR. Schriftsteller/innen kommen häufiger als andere Künstler/innen in Konflikt mit politischen Mächten. Das liegt an ihrem Darstellungsmittel, der Sprache, das von nahezu jedermann verstanden werden kann.

Einstellung der Autorinnen und Autoren

Im Gegensatz zur oppositionellen steht die affirmative (zustimmende) Haltung, die in Staaten mit allgemein verbindlicher Ideologie den Dichterinnen und Dichtern Publikationsmöglichkeit, Erfolg und Wohlstand sichert, sie werden belohnt für ihr Wohlverhalten in einer autoritären Umwelt.
Ein poetischer Text kann soziale Probleme und Spannungen aufzeigen oder sie übergehen, ja zudecken. Dementsprechend versuchen Autorinnen und Autoren gesellschaftsverändernd zu wirken (*Kabale und Liebe*) oder die Verhältnisse zu stabilisieren (das höfische Epos, der bäuerliche Heimatroman).
Poetische Texte können im Hinblick auf Bildung sehr hohe Ansprüche an die Leser/innen stellen. Die Werke der Klassiker z. B. setzen größtenteils die Kenntnis der griechischen Mythologie voraus. Ohne diese Kenntnis bleibt vieles unverständlich. Im Gegensatz dazu setzten die Kurzgeschichten nach 1945 und die Romane und Dramen der Neorealisten keine literarische Bildung voraus.

Figuren, Figurencharakteristik und Figurenkonstellation

Typische Figuren

In epischen und dramatischen Gattungsformen kommen „stehende Figuren" vor, Typen, die in vielen Werken erscheinen und meist nur eine oder einige wenige Eigenschaften haben. Im Märchen zum Beispiel gibt es die böse Stiefmutter, den strengen König, den Dümmling; im Schwank die keifende Alte, den dummen Bauern, den Doktor, der die Leute prellt. Schon in der Antike verwendete stehende Figuren haben sich zwei Jahrtausende erhalten: der neugierige Wirt (noch in Lessings *Minna von Barnhelm*), der prahlerische Soldat (in Max Frischs *Andorra*), der geizige Alte, der ein junges Mädchen heiraten möchte, der geldgierige Kaufmann und andere. Hinzu kommt die lustige

Figur, die alle Lacher auf ihre Seite bringt: der Hanswurst, der Pickelhering, der Harlekin, der Schelm, der Diener. In der Dienerrolle kommt die lustige Figur noch bei Raimund (Lorenz in *Der Bauer als Millionär*, vgl. Seite 190ff.) und bei Nestroy vor.

Sprechende Namen

Die einfachste Art, eine Figur zu charakterisieren, ist die Zuteilung eines sprechenden Namens: Simplicissimus (Grimmelshausen), Rappelkopf (Raimund). Eine ähnlich einfache Möglichkeit der Charakterisierung ist das „schmückende Beiwort" (Epitheton ornans), das mit dem Namen fest verbunden ist: der listenreiche Odysseus (Homer), der lendengewaltige Selcher (Wildgans), der fäusteschüttelnde Moses; die Herren mit den unbeherrschten Beinen (Thomas Mann).

Charakterisierung

Von flacher Charakterisierung spricht man, wenn die Figur nur eine oder einige wenige Eigenschaften hat, wie im Märchen, im Schwank, in der Typenkomödie (Molière), im Volksstück, in der Trivialliteratur (Krimi).

Runde Charakterisierung kann auf zweierlei Weise erfolgen: direkt (die Eigenschaften werden genannt) und indirekt (die Zuschauer/innen bzw. Leser/innen müssen die Eigenschaften aus dem Verhalten und Sprechen der Figur erschließen).

Kontrastfiguren

Die Figuren stehen in einem Beziehungsfeld; sie sind darin aufeinander bezogen, keine ist zufällig oder funktionslos. Die Figurenkonstellation ist ein Teil der Planung. Häufig werden zwei gegensätzliche Charaktere (Kontrastfiguren) einander gegenübergestellt, weil sich daraus Konflikte ergeben und damit Positionen geklärt werden können (Götz – Weislingen; Franz und Karl Moor, vgl. Seite 110ff.; Maria Stuart – Elisabeth I.; Don Carlos – Marquis Posa, vgl. Seite 151f.). Konkurrierende (ähnliche) Figuren werden vermieden.

Soziogramm

Ein Soziogramm macht die Gruppierung der Figuren deutlich. In *Kabale und Liebe* z. B. lassen sich die Figuren nach den Ständen ordnen. Die Verbindung zwischen den beiden Gruppen stellen einerseits Ferdinand, andererseits Wurm her.

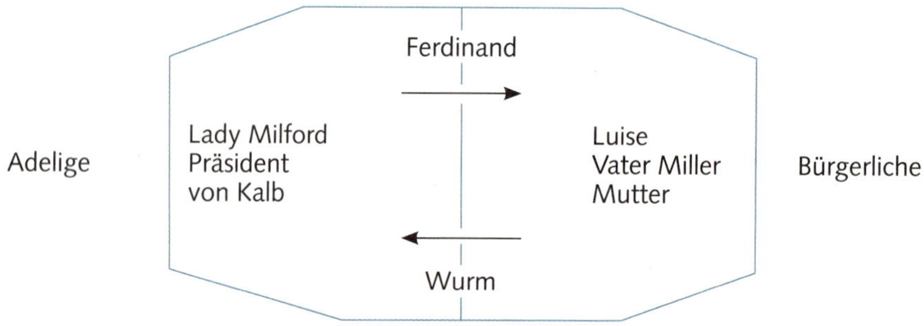

FORMEN GEBUNDENER SPRACHE

„Gebunden" ist die Sprache, wenn der Text in Versen dargeboten wird. Verse sind nicht auf das lyrische Gedicht beschränkt, auch die Ballade und das Epos sind in Versen geschrieben; der Schwank, die Fabel, das Drama können in Versen abgefasst sein. Das Gegensatzwort ist Prosa.

Vers

Vers nennt man eine Zeile in gebundener Sprache, wobei betonte und unbetonte Silben annähernd regelmäßig verteilt sind.

Eine betonte Silbe wird Hebung, eine unbetonte Silbe wird Senkung genannt. Eine Hebung und eine oder zwei Senkungen bilden einen Verstakt. Hebung und Senkung können unterschiedlich angeordnet sein:

Beispiel

1. Senkung – Hebung (× ×́) = Jambus (Mz. Jamben) *Gestalt*
2. Hebung – Senkung (×́ ×) = Trochäus (Mz. Trochäen) *Schatten*
3. Senkung – Senkung – Hebung (× × ×́) = Anapäst (Mz. Anapäste) *übersetzt*
4. Hebung – Senkung – Senkung (×́ × ×) = Daktylus (Mz. Daktylen) *Sonnenschein*

Endet ein Vers mit einer unbetonten Silbe, spricht man von einem klingenden Vers (auch: weiblicher Vers), bei betontem Ende von einem stumpfen Vers (auch: männlicher Vers).

Beispiele

Sechshebiger jambischer Vers (Alexandriner):

× ×́ / × ×́ / × ×́ / × ×́ / × ×́ / × ×́ / × klingender Vers

Du siehst, wohin du siehst, nur Eitelkeit auf Erden. (Gryphius)

Fünfhebiger jambischer Vers (reimlos = Blankvers):

× ×́ / × ×́ / × ×́ / × ×́ / × ×́ / × klingender Vers

Das Land der Griechen mit der Seele suchend.

Mit königlichen Gütern segne dich
Die Göttin! Sie gewähre Sieg und Ruhm. (Goethe) stumpfer Vers

Vierhebiger jambischer Vers:

× ×́ / × ×́ / × ×́ / × ×́ stumpfer Vers

Der tiefe Brunnen weiß es wohl. (Hofmannsthal)

Vier- und dreihebiger trochäischer Vers:

×́ × / ×́ × / ×́ × / ×́

Füllest wieder Busch und Tal

×́ × / ×́ × / ×́

Still mit Nebelglanz. (Goethe)

Vierhebiger daktylischer Vers:

×́ × × / ×́ × × / ×́ × × / ×́ ×

Leih mir noch einmal die leichte Sandale;

×́ × × / ×́ × × / ×́ × × / ×́ ×

Reich mir die volle, die funkelnde Schale [...] (Dehmel)

Das Schema eines Verses nennt man Versmaß (Metrum).
Bei gebundener Sprache erwartet man eine besondere, annähernd gleichmäßige Sprachbewegung. Dieser Rhythmus wird von der Abfolge betonter und unbetonter Silben (Betonung), vom Sprechtempo und den Pausen geprägt. Die moderne Lyrik verzichtet manchmal auf besondere rhythmische Gliederung der Sprache. Beibehalten wird jedoch das Schriftbild, die Brechung in Zeilen.

Sprachbewegung

Vers- und Satzbau

Zeilenstil liegt vor, wenn jede Verszeile eine syntaktische Einheit ist:

Ein weißer Fremdling tritt ins Haus. /
2 Ein Hund stürmt durch verfallne Gänge. /
Die Magd löscht eine Lampe aus. /
4 Das Ohr hört nachts Sonatenklänge. / *(Trakl)*

Hakenstil oder Versbrechung (Enjambement) liegt vor, wenn syntaktische Einheiten über die Zeile fließen:

Ein Brunnen singt. Die Wolken stehn
2 Im klaren Blau, die weißen, zarten.
Bedächtig stille Menschen gehn
4 Am Abend durch den alten Garten. *(Trakl)*

Eine Zäsur ist ein Sinneinschnitt innerhalb eines Verses. Zäsuren finden sich vor allem in Langzeilen mit einer geraden Zahl von Hebungen:

Der schnelle Tag ist hin / die Nacht schwingt ihre Fahn. *(Gryphius)*

Mitunter trennt die Zäsur These und Antithese:

Was dieser heute baut / reißt jener morgen ein. *(Gryphius)*

Reim

Texte in gebundener Sprache bringen nicht nur das Rhythmische, sondern meist auch das Klangliche der Sprache zu besonderer Wirkung: Wörter werden so ausgewählt und angeordnet, dass eine Häufung gleicher Vokale und Konsonanten entsteht.
Die Häufigkeit des Gleichklangs von Wörtern ist in den Sprachen sehr unterschiedlich: Das Italienische bietet eine Fülle von Reimen an, im Englischen sind sie wesentlich schwieriger zu finden.
Der Reim hat verschiedene Funktion: Er bindet Verse zu Sinn- und Klangeinheiten, er dient der melodischen Gliederung der Strophen, er kann aber auch symbolischen Charakter haben und reiner Schmuck sein. Die Romantiker strebten Gedichte an, deren Zweck nicht so sehr im Inhaltlichen als vielmehr in der Klangwirkung lag.

Reimformen

Es gibt verschiedene Formen des Reims. Die älteste Form ist der auf die germanische Dichtung zurückgehende Stabreim (Alliteration), bei dem gleiche Konsonanten und alle Vokale untereinander reimen (vgl. Seite 6f.):

mit **M**ann und **M**aus, bei **W**ind und **W**etter, **T**ür und **T**or, mit **L**eib und **L**eben.

Stabreim findet sich im magisch-religiösen Bereich (*Merseburger Zaubersprüche*, vgl. Seite 4f.) und in Kinderreimen. Im Barock und in der Romantik wurde die Alliteration als Klangfigur häufig eingesetzt.

Komm, Kühle, komm, küsse den Kummer / Süß säuselnd von sinnender Stirn *(Brentano)*.

Als Binnenreim bezeichnet man den Gleichklang des Versendes mit einem Wort im Versinnern:

Denn beide bebten sie so sehr,
Dass keine Hand die andre fand. *(Hofmannsthal)*

Mittenreim liegt vor, wenn das letzte Wort eines Verses mit einem Wort im Inneren des vorangehenden oder des folgenden Verses reimt:

Leg deine Schatten auf die Sonnenuhren
Und auf den Fluren lass die Winde los. *(Rilke)*

Beim Schlagreim folgen die Reimwörter unmittelbar aufeinander:

Quellende, schwellende Nacht *(Hebbel)*

Der Endreim stammt aus der lateinischen Dichtung und wurde im Deutschen zum ersten Mal um 870 von dem Mönch Otfried von Weißenburg in seiner *Evangelienharmonie* verwendet (vgl. Seite 7f.). Er besteht aus dem Gleichklang zweier oder mehrerer an Versenden stehender Wörter vom letzten betonten Vokal an:

w–ében	m–úss
bel–ében	Schl–úss
verg–ében	Verdr–úss

Einen nicht ganz vollständigen Gleichklang nennt man „unreinen Reim":

ziehen – blühen; Buch – Spruch.

Meist wird ein bestimmtes Reimschema eingehalten.

1. Paarreim (aabbcc ...)

Meine eingelegten Ruder triefen,	a
Tropfen fallen langsam in die Tiefen.	a
Nichts, das mich verdross! Nichts, das mich freute!	b
Niederrinnt ein schmerzenloses Heute! *(C. F. Meyer)*	b

2. Kreuzreim (abab)

Schläft ein Lied in allen Dingen,	a
Die da träumen fort und fort.	b
Und die Welt hebt an zu singen,	a
Triffst du nur das Zauberwort. *(Eichendorff)*	b

3. Umschließender (verschränkter) Reim (abba)

Befiehl den letzten Früchten voll zu sein;	a
Gib ihnen noch zwei südlichere Tage,	b
Dränge sie zur Vollendung hin und jage	b
Die letzte Süße in den schweren Wein. *(Rilke)*	a

4. Schweifreim (aabccb)

Der Mond ist aufgegangen,	a
Die goldnen Sternlein prangen	a
Am Himmel hell und klar;	b
Der Wald steht schwarz und schweiget,	c
Und aus den Wiesen steiget	c
Der weiße Nebel wunderbar. *(Claudius)*	b

Strophenformen

Unterschiedlicher Strophenbau

Die Liedstrophe umfasst meist Strophen mit vier kurzen Versen. Bei erzählenden Gedichten sind Strophen mit sechs und acht Zeilen häufig.
Die Terzine ist eine italienische Strophenform mit drei Zeilen. Dante hat seine *Göttliche Komödie* in Terzinen abgefasst. Die Strophen sind durch den Reim verkettet:
aba – bcb – cdc . . . (vgl. Seite 238).

Ebenfalls aus Italien stammt die Stanze, eine achtzeilige Strophenform mit vorgeschriebener Reimbindung (abababcc). Jeder Vers hat elf bzw. zehn Silben.

Ihr naht euch wieder, schwankende Gestalten,	a
Die früh sich einst dem trüben Blick gezeigt.	b
Versuch' ich wohl, euch diesmal festzuhalten?	a
Fühl ich mein Herz noch jenem Wahn geneigt?	b
Ihr drängt euch zu! nun gut, so mögt ihr walten,	a
Wie ihr aus Dunst und Nebel um mich steigt;	b
Mein Busen fühlt sich jugendlich erschüttert	c
Vom Zauberhauch, der euren Zug umwittert. *(Goethe)*	c

Die Chevy-Chase-Strophe ist für die englische und schottische Ballade kennzeichnend. Seit der Mitte des 18. Jahrhunderts wurde sie auch in deutschen Balladen verwendet (z. B. von Fontane). Sie besteht aus vier Kurzzeilen mit stumpfem Ausgang, von denen die Verse 1 und 3 vier Hebungen aufweisen, die Verse 2 und 4 nur drei Hebungen:

Und trüg er noch den alten Groll,
Frisch wie am ersten Tag,
So komme, was da kommen soll,
Und komme, was da mag. *(Fontane)*

Darüber hinaus werden auch andere Strophenformen verwendet, vielfach entlehnt aus der Literatur anderer Sprachen und Kulturen.

THEMATISCHE ZUORDNUNG DER VERWENDETEN PRIMÄRTEXTE

PRIVATES UMFELD, FAMILIE, HEIMAT

LIEBE

KAMPF, KRIEG, KRANKHEIT, TOD

Personenregister

Textregister

(Angeführt sind zitierte poetische und nicht-poetische Texte und Textausschnitte)

Quellenverzeichnis

Achleitner, Friedrich: *koa aonung.gi gi gi gigözzn*. In: Gerhard Rühm (Hg.): *Die Wiener Gruppe. Texte, Gemeinschaftsarbeiten, Aktionen.* Reinbek bei Hamburg: Rowohlt 1967.

Aichinger, Ilse: *Das Plakat.* In: *Meine Sprache und ich. Erzählungen*. Frankfurt: Fischer TB 1979.

Angelus Silesius: Aus *Der Cherubinische Wandersmann. Kritische Ausgabe.* Gnädinger (Hg.): Stuttgart: Reclam o. J. (RUB 8006).

Anouilh, Jean: Aus *Antigone*. Deutsch von Franz Geiger. München: Langen-Müller 1964.

Artmann, H. C.: *blauboad 1*. In: *med ana schwoazzn dintn. gedichta r aus bradnsee.* Salzburg: Otto Müller 1958.

Bachmann, Ingeborg: *Die gestundete Zeit.* In: *Gedichte, Erzählungen, Hörspiel, Essay.* München: Piper 1964.

Bachmann, Ingeborg: *XIII*. In: *Anrufung des Großen Bären.* München: Piper 1983.

Ball, Hugo: *Karawane*. http://de.wikisource.org/wiki/Karawane.

Beckett, Samuel: Aus *Warten auf Godot*. Deutsch von Elmar Tophoven. Frankfurt/M.: Suhrkamp 1953.

Benn, Gottfried: *Ein Wort.* In: *Das Hauptwerk. Erster Band: Lyrik.* Marguerite Schlüter (Hg.): Wiesbaden u. München: Limes 1960.

derselbe: Aus *Probleme der Lyrik*. In: *Das Hauptwerk. Zweiter Band: Essays, Reden, Vorträge.* Wiesbaden u. München: Limes 1960.

Bernhard, Thomas: Aus *Gehen*. Frankfurt/M.: Suhrkamp 1971.

derselbe: Aus *Heldenplatz*. Frankfurt/M.: Suhrkamp 1988.

Bichsel, Peter: *San Salvador.* In: *Eigentlich möchte Frau Blum den Milchmann kennen lernen.* Freiburg/Br.: Walter 1964.

Bidermann, Jacob: Aus *Cenodoxus*. Deutsche Übertragung von Joachim Meichel. Rolf Tarot (Hg.): Stuttgart: Reclam 1965 (RUB 8958).

Böll, Heinrich: *Bekenntnis zur Trümmerliteratur.* In: Bernd Balzer (Hg.): *Heinrich Böll. Werke. Essayistische Schriften und Reden 1: 1952-1963.* Köln: Kiepenheuer & Witsch 1979

Borchert, Wolfgang: *Die Küchenuhr*. – Aus: *Das ist unser Manifest.* In: *Das Gesamtwerk.* Reinbek bei Hamburg: Rowohlt 1949.

Brandstetter, Alois: *Über das Wesen der Freiwilligen Feuerwehr. Verunklimpfung der Zither.* In: *Überwindung der Blitzangst. Prosatexte.* Salzburg: Residenz 1971.

Brant, Sebastian: *Von neuen Moden*. In: *Das Narrenschiff.* In neuer Übertragung und Auswahl von Franz Hirtler. München: Zinnen Verlag 1944.

Brecht, Bertolt: Aus *Der gute Mensch von Sezuan, Stücke 4. Der kaukasische Kreidekreis, Stücke 5.– Die Dreigroschenoper, Stücke 2. Mutter Courage und ihre Kinder, Stücke 4.* In: *Gesammelte Werke in 20 Bänden*. werkausgabe edition suhrkamp. Frankfurt/M.: Suhrkamp 1967.

Brentano, Clemens: *Der Spinnerin Lied. Hör, es klagt die Flöte wieder. Hörst du, wie die Brunnen rauschen?* In: *Werke in zwei Bänden.* Hg. von F. Kemp. München: Hanser 1972.

Brinkmann, Rolf Dieter: *Die Orangensaftmaschine.* In: *Westwärts 1&2. Gedichte.* Reinbek bei Hamburg: Rowohlt 1975.

Britting, Georg: *Leeres Bachbett.* In: Ingeborg Schuldt-Britting(Hg.): *Das große Georg Britting Buch.* München: Nymphenburger 1977.

Broch, Hermann: Aus *Der Tod des Vergil. Roman*. Paul Michael Lützeler (Hg.). Frankfurt/M.: Suhrkamp 1976.

Büchner, Georg: Aus *Der hessische Landbote. Woyzeck*. In: Werner R. Lehmann (Hg.): *Sämtliche Werke und Briefe. Hist.-krit. Ausgabe*. Hamburg: Wegner 1967.
Bürger, Gottfried August: *Der Bauer. An seinen durchlauchtigen Tyrannen*. In: Jost Hermand (Hg.): *Gedichte*. Stuttgart: Reclam 1966 (RUB 227).

Canetti, Elias: Aus *Die Fackel im Ohr*. Berlin: Volk und Welt 1981.
Celan, Paul: *Todesfuge*. In: *Mohn und Gedächtnis. Gedichte*. Stuttgart: Deutsche Verlagsanstalt 1952.
Courths-Mahler, Hedwig: Aus *Die schöne Unbekannte*. Nachdruck. Bergisch Gladbach: Bastei o. J.

Degenhardt, Franz Josef: *Tonio Schiavo*. In: *Spiel nicht mit den Schmuddelkindern. Balladen, Chansons, Grotesken, Lieder*. Reinbek bei Hamburg: Rowohlt 1967.
Dietmar von Aist: *Tagelied*. In: *Deutsche Lyrik des Mittelalters*. Auswahl und Übersetzung von Max Wehrli. Zürich: Manesse 1955.
Döblin, Alfred: Aus *Berlin Alexanderplatz*. Olten: Walter 1961.
Dürrenmatt, Friedrich: Aus *Der Besuch der alten Dame*. In: *Komödien I. Zürich*. Die Arche 1957.
derselbe: Aus *Theaterprobleme*. Zürich: Die Arche 1955.

Eich, Günter: *Ende eines Sommers*. In: *Botschaften des Regens*. Frankfurt/M.: Suhrkamp 1955.
Eichendorff, Joseph von: *Sehnsucht. Mondnacht*. In: W. Rasch (Hg.): *Werke in einem Band*. München: Hanser 1977.
Enzensberger, Hans Magnus: *an alle fernsprechteilnehmer*. In: *Landessprache. Gedichte*. Frankfurt/M.: Suhrkamp 1960.
Euripides: Aus *Medea*. Deutsch von J. J. C. Donner. Stuttgart: Reclam 1980 (RUB 849).

Flaubert, Gustave: Aus *Madame Bovary*. Hg. und übersetzt von Sandner, Perker und Hardt. Stuttgart: Reclam o. J. (RUB 5666).
Fontane, Theodor: Aus *Effi Briest*. In: Hans-Heinrich Reuter (Hg.): *Werke in fünf Bänden. Band 4*. Berlin und Weimar: Aufbau 1977.
Franzobel: Aus *Mayerling. Die österreichische Tragödie*. Wien: Passagen Verlag 2001.
Fried, Erich: *Gründe*. In: Klaus Wagenbach (Hg.): *Gründe. Gesammelte Gedichte*. Berlin: Wagenbach 1989.
derselbe: *Was es ist*. In: *Liebesgedichte Angstgedichte Zorngedichte*. Berlin: Wagenbach 1996.

Glattauer, Daniel: Aus *Gut gegen Nordwind*. München: Goldmann 2008.
Glavinic, Thomas: Aus *Der Kameramörder*. München: Deutscher Taschenbuch Verlag 2006.
Goethe, Johann Wolfgang: *Maifest. Willkommen und Abschied. Prometheus. Natur und Kunst. Römische Elegien, VII*. In: Erich Trunz (Hg.): *Goethes Werke. Band I*. Hamburg: Wegner o. J.
derselbe: Aus *Die Leiden des jungen Werthers*. In: Erich Trunz (Hg.): *Goethes Werke. Band VI*. München: C. H. Beck 1973.
derselbe: Aus *Faust. Eine Tragödie*. In: Erich Trunz (Hg.): *Goethes Werke. Band III*. Hamburg: Wegner 1949.
derselbe: Aus *Torquato Tasso*. In: Josef Kunz (Hg.): *Goethes Werke. Band V*. Hamburg: Wegner 1952.
derselbe: Aus *Wilhelm Meisters Lehrjahre*. In: Erich Trunz (Hg.): *Goethes Werke. Band VII*. München: C. H. Beck 1973.
Gomringer, Eugen: *einanderzudrehen. ping pong*. In: Helmut Heißenbüttel (Hg.): *worte sind schatten. die konstellationen 1951 – 1968*. Reinbek bei Hamburg: Rowohlt 1969.
Gottsched, Johann Christoph: Aus *Die vernünftigen Tadlerinnen*. Leipzig: König 1738.
Griebl, Stefan: Aus *Mayerling. Die österreichische Tragödie*. Wien: Passagen Verlag 2001.
Grillparzer, Franz: Aus *Ein Bruderzwist in Habsburg*. Hg. von Bachmaier. Stuttgart: Reclam o. J. (RUB 4393).
Grimm, Jacob und Wilhelm: Aus *Kinder- und Hausmärchen. Vollständige Ausgabe*. Hg. von Rölleke. Stuttgart: Reclam o. J. (RUB 3191–3193).
Grimmelshausen, Hans Jacob Christophel: Aus *Der abenteuerliche Simplicissimus. Teutsch*. Stuttgart: Reclam o. J. (RUB 761).
Gruber, Reinhard P.: *Aus dem Leben Hödlmosers. Ein steirischer Roman mit Regie*. Salzburg: Residenz 1973.
Grünbein, Durs: *Belebter Bach. Nullbock*. In: *Von der üblen Seite. Gedichte*. Frankfurt/Main: Suhrkamp 1988. *September-Elegie I*. In: *Erklärte Nacht. Gedichte*. Frankfurt/Main: Suhrkamp 2002.
Gryphius, Andreas: *Tränen des Vaterlandes*. In: Elschenbroich (Hg.): *Gedichte*. Stuttgart: Reclam o. J. (RUB 8799).
Gstättner, Egyd: *Servus in Überösterreich*. In: *Servus oder Urlaub im Tauerntunnel*. Wien: Zsolnay 1994.

Haas, Wolf: Aus *Der Brenner und der liebe Gott*. München: Deutscher Taschenbuch Verlag 2011.
Handke, Peter: Aus *Kaspar*. Frankfurt/M.: Suhrkamp 1967.
derselbe: Aus *Über die Dörfer*. Frankfurt/M.: Suhrkamp 1981.
Hanstein, Adalbert von: *Sekundenstil*. In: *Das jüngste Deutschland. Zwei Jahrzehnte erlebter Literaturgeschichte*. Leipzig: 1905.
Haslinger, Josef: Aus *Opernball*. Frankfurt/M.: S. Fischer 1995.
Hauptmann, Aus *Bahnwärter Thiel*. Stuttgart: Reclam 1986.
Hebbel, Friedrich: *Die alten und die neuen Naturdichter*. In: Gerlach (Hg.): *Gedichte*. Stuttgart: Reclam o. J. (RUB 3231).
Heine, Heinrich: Aus *Deutschland. Ein Wintermärchen*. Hg. von Bellmann. Stuttgart: Reclam o. J. (RUB 2253).
Hesse, Hermann: Aus *Unterm Rad*. Berlin: Suhrkamp 1972.
Heym, Georg: *Autumnus. Der Hunger*. In: Ludwig Schneider (Hg.): *Dichtungen und Schriften. Gesamtausgabe. Band 1 Lyrik*. Hamburg und München: Ellermann 1964.
derselbe: Aus *Das Schiff. Erzählung*. In: Ludwig Schneider (Hg.): *Dichtungen und Schriften. Gesamtausgabe*. Hamburg und München: Ellermann 1964.
Hochgatterer, Paulus: Aus *Über Raben*. Hamburg: Rowohlt 2004.
Hoffmann von Fallersleben, August Heinrich: *Wie ist doch die Zeitung interessant!* In: Jost Hermand (Hg.): *Der deutsche Vormärz. Texte und Dokumente*. Stuttgart: Reclam 1967 (RUB 8794–8798).
Hofmann, Kurt: Aus *Gesprächen mit Thomas Bernhard*. München: Deutscher Taschenbuch Verlag, 3. Auflage 2001.
Hofmannsthal, Hugo von: Aus *Der Schwierige. Jedermann*. In: Bernd Schoeller (Hg.): *Gesammelte Werke, Dramen III und IV*. Frankfurt/M.: Fischer 1979.
derselbe: Aus *Reitergeschichte. Ein Brief*. In: *Das erzählerische Werk*. Frankfurt/M.: Fischer 1969.

Hölderlin, Friedrich: *Abendphantasie. Hälfte des Lebens.* In: F. Beißner und J. Schmidt (Hg.): *Werke und Briefe. 1. Band.* Frankfurt/M.: Insel 1969.
derselbe: Aus *Hyperion.* In: F. Beißner und J. Schmidt (Hg.): *Werke und Briefe. 1. Band.* Frankfurt/M.: Insel 1969.
derselbe: *Brief an den Bruder.* In: F. Beißner und J. Schmidt (Hg.): *Werke und Briefe. 2. Band.* Frankfurt/M.: Insel 1969.
Holz, Arno und Schlaf, Johannes: Aus *Papa Hamlet.* Stuttgart: Reclam 1963 (RUB 8853).
dieselben: Aus *Die Familie Selicke.* Drama in drei Aufzügen. Stuttgart: Reclam 1966 (RUB 8987).
Holz, Arno: Aus *Sozialaristokraten.* Hg. von Meyer. Stuttgart: Reclam o. J. (RUB 9982).
Horváth, Ödön von: Aus *Geschichten aus dem Wiener Wald.* In: *Gesammelte Werke, Band 1.* Frankfurt/M.: Suhrkamp 1970.
Huchel, Peter: *Chausseen.* In: *Chausseen Chausseen. Gedichte.* Frankfurt/M.: Fischer 1963.

Ibsen, Henrik: Aus *Nora. Ein Puppenheim.* Aus dem Norwegischen übertragen von Richard Linder. Stuttgart: Reclam 1988 (RUB 1257).

Jandl, Ernst: *die zeit vergeht. falamaleikum.* In: *Sprechblasen. Laut und Luise.* Stuttgart: Reclam o. J. (RUB 9940 und 9823). © Ernst Jandl.
Jelinek, Elfriede: Aus *Was geschah, nachdem Nora ihren Mann verlassen hatte.* Köln: Prometh-Verlag 1984.
dieselbe: Aus: *FaustIn and out.* Reinbek bei Hamburg: Rowohlt Theaterverlag 2011. © Elfriede Jelinek.
dieselbe: Aus: *die liebhaberinnen.* Hamburg: Rowohlt 1989.

Kafka, Franz: Aus *Der Prozess.* In: *Die Romane.* Frankfurt: S. Fischer 1965.
derselbe: *Eine kaiserliche Botschaft.* In: Paul Raabe (Hg.): *Sämtliche Erzählungen.* Frankfurt/M.: S. Fischer 1969.
Kant, Immanuel: Aus *Was ist Aufklärung?* In: Bahr (Hg.): *Kant u. a. Was ist Aufklärung? Thesen und Definitionen.* Stuttgart: Reclam o. J. (RUB 9714).
Kehlmann, Daniel: Aus *Die Vermessung der Welt.* Hamburg: Rowohlt 2008.
Keller, Gottfried: Aus *Romeo und Julia auf dem Dorfe, Die drei gerechten Kammmacherund Die mißbrauchten Liebesbriefe.* In: *Sämtliche Werke in zwei Bänden. Erster Band.* München: Droemersche Verlagsanstalt 1954.
Kleist, Heinrich von: *Das Bettelweib von Locarno. Anekdoten.* In: Helmut Sambdner (Hg.): *Werke in einem Band.* München: Hanser 1966.
Kramer, Theodor: *Wer läutet draußen an der Tür?.* In: Erwin Chvojka (Hg.): *Gesammelte Gedichte. Band 1 – 3.* Wien, München, Zürich: Europaverlag 1984.
Kroetz, Franz Xaver: Aus *Mensch Meier.* Frankfurt/M.: Suhrkamp 1979.
Krolow, Karl: *Orte der Geometrie.* In: *Gesammelte Gedichte.* Frankfurt/M.: Suhrkamp 1965.
Kunert, Günter: *Unterwegs mit M.* In: *Warnung vor Spiegeln.* München und Wien: Hanser 1970.
Kunze, Reiner: *Fünfzehn.* In: *Die Wunderbaren Jahre.* Frankfurt: Fischer 2005.

Lenau, Nikolaus: *Winternacht. Schilflieder, Nummer 2.* In: Rieder (Hg.): *Gedichte.* Stuttgart: Reclam o. J. (RUB 1449).
derselbe: Aus *Faust – Ein Gedicht.* Hg. von Steinecke. Stuttgart: Reclam o. J. (RUB 1524).
Lessing, Gotthold Ephraim: Aus *Nathan der Weise. Dramatisches Gedicht.* Stuttgart: Reclam o. J. (RUB 3).
derselbe: Aus *Der 17. Literaturbrief.* In: Wolfgang Bender (Hg.): *Briefe, die neueste Literatur betreffend.* Stuttgart: Reclam 1972 (RUB 9339).
Lichtenberg, Georg Christoph: Aus *Aphorismen.* Hg. von Friedrich Sengle. Stuttgart: Reclam o. J. (RUB 7812).
Lukács, Georg: Aus *Goethe und seine Zeit.* Bern: Francke 1947.
Luther, Martin: Aus *Sendbrief vom Dolmetschen.* http://www.crtpesaro.it/Cultura%20e%20Storia/Martin%20Luther,%20Sendbrief%20vom%20Dolmetschen.php. Aus: Ein feste Burg ist unser Gott. http://www.liederlexikon.de/lieder/ein_feste_burg_ist_unser_gott/.

Mann, Thomas: Aus *Doktor Faustus. Das Leben des deutschen Tonsetzers Adrian Leverkühn, erzählt von einem Freunde.* Stockholm: Bermann-Fischer 1947.
Mann, Thomas: Aus *Der Tod in Venedig.* Frankfurt/M.; Fischer 1982.
Maupassant, Guy de: Aus *Die Bruthenne. Roman.* In: Ernst Sander (Hg.): *Gesamtausgabe der Novellen und Romane in 10 Bänden.* München: Goldmann 1963.
Mayröcker, Friederike: *Die marmorne …* In: Walter Höllerer (Hg.): *Ein Gedicht und sein Autor. Lyrik und Essay.* Berlin: Literarisches Colloquium 1967.
Meyer, Conrad Ferdinand: *Die Füße im Feuer. Der römische Brunnen.* In: Hans Zeller und Alfred Zäch (Hg.): *Sämtliche Werke. Hist.-krit. Ausgabe.* 1. Band: Gedichte. Bern: Benteli 1963.
Mitgutsch, Anna: Aus: *Die Züchtigung.* München: Deutscher Taschenbuch Verlag 1987.
Müntzer, Thomas: Aus *Die Fürstenpredigt. Theologisch-politische Schriften.* Stuttgart: Reclam o. J. (RUB 8772).
Musil, Robert: Aus *Der Mann ohne Eigenschaften.* Hg. von Adolf Frisé. Reinbek bei Hamburg: Rowohlt 1952.
Musil, Robert: Aus *Die Verwirrungen des Zöglings Törleß.* Stuttgart: Reclam 1986.

Nadler, Josef: Aus *Literaturgeschichte der deutschen Stämme und Landschaften.* 2. Aufl. Regensburg: Habbel 1923.
Nestroy, Johann: Aus *Der Talisman.* In: Franz H. Mautner (Hg.): *Komödien. Ausgabe in sechs Bänden. 3. Band.* Frankfurt/M.: Insel 1979.
Novalis: Aus *Hymnen an die Nacht.* In: H.-J. Mähl und R. Samuel (Hg.): *Werke in einem Band.* München: Hanser 1981.

Opitz, Martin: *Trostgedicht in Widerwertigkeit dess Kriegs.* http://www.zeno.org/Literatur/M/Opitz,+Martin/Gedichte/Geistliche+Dichtungen/Trostgedichte+in+Widerwertigkeit+de%C3%9F+Kriegs/Das+erste+Buch.

Pölzl, Birgit: Aus *Zugleich.* Roman. Graz: Steirische Verlagsgesellschaft 2003.

Raimund, Ferdinand: Aus *Der Bauer als Millionär.* In: Friedrich Schreyvogel (Hg.): *Sämtliche Werke.* München: Winkler o. J.

Ransmayr, Christoph: Aus *Die Schrecken des Eises und der Finsternis.* Frankfurt: Fischer 1987
Remarque, Erich Maria: Aus *Im Westen nichts Neues.* Köln: Kiepenheuer & Witsch 2008.
Rilke, Rainer Maria: *Das Karussell. Der Tod der Geliebten. Sonette an Orpheus, IX.* In: *Werke in drei Bänden. Erster Band.* Frankfurt/M.: Insel 1966.
Ringelnatz, Joachim: *Die Litfaßsäulen.* http://www.textlog.de/22952.html.
Röder, Petra: Aus *Ihr schönster Sommertraum.* Bergisch Gladbach: Bastei Verlag o. J.
Röggla, Kathrin: Aus *Kinderkriegen.* Frankfurt/M.: S. Fischer Theaterverlag 2012 © Kathrin Röggla.
dieselbe: Aus *wir schlafen nicht.* Frankfurt/M.: Fischer 2006.
Roth, Joseph: Aus *Die Büste des Kaisers.* In: *Die Erzählungen.* Köln: Kiepenheuer & Witsch 1973.

Sachs, Hans: Aus *Der Kremerkorb.* In: *Meistergesänge, Fastnachtspiele, Schwänke.* Stuttgart: Reclam o. J. (RUB 7627).
Scherer, Wilhelm: *Aus Geschichte der deutschen Literatur.* Bis zur Gegenwart ergänzt von Th. Schultz. Wien. Concordia 1948.
Schiller, Friedrich: Aus *Die Räuber. Kabale und Liebe. Don Carlos, Infant von Spanien.* In: *Werke in vier Bänden. Band I.* Hamburg: Hoffmann und Campe 1957.
derselbe: *Das verschleierte Bild zu Sais.* In: *Werke in vier Bänden. Band IV.* Hamburg: Hoffmann und Campe 1957.
Schnitzler, Arthur: Aus *Anatol.* In: *Das dramatische Werk, Band 1.* Frankfurt/M.: Fischer 1962.
derselbe: Aus *Leutnant Gustl.* In: *Das erzählerische Werk, Band 2.* Frankfurt/M.: Fischer 1961.
Schubart, Christian Friedrich Daniel: *Die Fürstengruft.* In: Ulrich Karthaus (Hg.): *Die deutsche Literatur: Sturm und Drang und Empfindsamkeit.* Stuttgart: Reclam 1976 (RUB 9621).
Schutting, Julian: *Karli liebt Inge.* In: *Flugblätter. Gedichte.* Salzburg: Otto Müller 1990.
Schwab, Werner: Aus *Mesalliance.* In: Königskomödien. Graz: Literaturverlag Droschl o. J.
Seghers, Anna: *Das siebte Kreuz.* Berlin: Aufbau 1993.
Shakespeare, William: Aus *Julius Cäsar.* In: *Sämtliche Werke.* Übersetzt von August Wilhelm Schlegel und Ludwig Tieck. 3. Band. Heidelberg: L. Schneider o. J.
Sophokles: Aus *Antigone. Tragödie.* Übersetzt von Wilhelm Kuchenmüller. Stuttgart: Reclam 1955 (RUB 659).
Squarzina, Luigi: Aus *Der Unfall.* Stuttgart: Reclam 1997.
Stifter, Adalbert: Aus *Vorrede zu Bunte Steine.* Stuttgart: Reclam o. J. (RUB 7602).
derselbe: Aus *Feldblumen.* In: *Ausgewählte Werke.* Leipzig: Schlüter 1927.
Stramm, August: *Sturmangriff.* In: Radrizzani (Hg.): *Dramen und Gedichte.* Stuttgart: Reclam o. J. (RUB 9929).
Streeruwitz, Marlene: Aus *Verführungen. 3. Folge Frauenjahre.* Frankfurt/M.: Fischer 2002.
dieselbe: Aus *Lisa's Liebe.* Frankfurt/M.: Fischer 2005.

Thenior, Ralf: *Die Fastfrau (Ein Liebesgedicht).* In: *Traurige Hurras.* München: Autorenedition 1977.
Thimme, Friedrich: Aus *Kritik an Schillers „Räubern".* In: Christian Grave (Hg.): *Erläuterungen und Dokumente. Friedrich Schiller, Die Räuber.* Stuttgart: Reclam 1976 (RUB 8134).
Tieck, Ludwig: Aus *Der blonde Eckbert.* In: Castein (Hg.): *Der blonde Eckbert. Der Runenberg.* Stuttgart: Reclam o. J. (RUB 8178).
Trakl, Georg: *Verfall.* http://www.textlog.de/17515.html.
derselbe: *In ein altes Stammbuch.* http://www.textlog.de/17496.html.
Tucholsky, Kurt: *Augen in der Großstadt.* http://meister.igl.uni-freiburg.de/gedichte/tuc_k.html.

Unbekannte Verfasser:
Agnes Bernauer. In: Wilhelm Elsner (Hg.): *Unvergängliche deutsche Balladen.* Graz – Wien: Stiasny 1953.
Aus *Das Volksbuch vom Doktor Faust.* In: *Deutsche Volksbücher, 3. Band.* Berlin und Weimar: Aufbau Verlag 1975.
Aus *Das Hildebrandslied.* In: *Deutsches Mittelalter.* Ausgewählt von Friedrich von der Leyen. Frankfurt/M.: Insel 1980.
Aus *Jerry Cotton, Die letzte Runde ging an mich.* Bergisch Gladbach: Bastei Verlag o. J.
Aus *Merseburger Zaubersprüche.* In: *Deutsches Mittelalter.* Ausgewählt von Friedrich von der Leyen. Frankfurt/M.: Insel 1980.
Aus *Muspilli.* In: *Deutsches Mittelalter.* Ausgewählt von Friedrich von der Leyen. Frankfurt/M.: Insel 1980.
Aus *Nibelungenlied.* In: Helmut Brackert (Hg.): *Das Nibelungenlied. Mittelhochdeutscher Text und Übertragung. 2 Teile.* Frankfurt/M.: Fischer 1970.

Walther von der Vogelweide: *Ir sult sprechen. Nemt, frowe, disen kranz. Ich hôrte ein waȝȝer dieȝen. In: Deutsche Lyrik des Mittelalters.* Auswahl und Übersetzung von Max Wehrli. Zürich: Manesse 1955.
Wedekind, Frank: Aus: *Frühlings Erwachen.* http://gutenberg.spiegel.de/buch/2611/1.
Weerth, Georg: *Das Hungerlied.* In: Hartkopf (Hg.): *Gedichte.* Stuttgart: Reclam o. J. (RUB 9807).
Wiese, Benno von: Aus *Die deutsche Tragödie von Lessing bis Hebbel. Band I.* Hamburg: Hoffmann und Campe 1948.
Wittgenstein, Ludwig: Aus *Philosophische Untersuchungen.* Frankfurt/M.: Suhrkamp 1971.
Wolf, Christa: Aus *Kindheitsmuster.* Berlin: Suhrkamp 2007.
Wolfgruber, Gernot: Aus *Herrenjahre.* Salzburg: Residenz 1976.
Wondratschek, Wolf: *Gedicht XXX.* In: *Chuk's Zimmer. Alle Gedichte und Lieder.* München: Selbstverlag o. J.
Wolfram von Eschenbach: Aus *Parzival.* In: *Deutsches Mittelalter.* Ausgewählt von Friedrich von der Leyen. Frankfurt/M.: Insel 1980.

Zola, Émile: Aus *Germinal.* Übersetzt von Armin Schwarz, hg. von Wolfgang Koeppen. Stuttgart: Reclam 1974 (RUB 4928).

Bildregister

Umschlag/1: © pojoslaw - Fotolia.com
Umschlag 2: akg-images / picturedesk.com
S. 5/1: http://upload.wikimedia.org/wikipedia/commons/8/84/Merseburger_zauberspprueche_farbig.jpg
S. 5/2: http://upload.wikimedia.org/wikipedia/commons/5/59/Hildebrandslied1.jpg
S. 8: http://upload.wikimedia.org/wikipedia/de/3/3c/Otfrid_Relief.jpg
S. 12: akg-images / Joseph Martin
S. 17: akg-images / picturedesk.com
S. 21: 91020 / United Archives / picturedesk.com
S. 24: BildarchivHansmann / Interfoto / picturedesk.com
S. 28: BildarchivHansmann / Interfoto / picturedesk.com
S. 33: akg-images / picturedesk.com
S. 36: S.M. / SZ-Photo / picturedesk.com
S. 44: Sammlung Rauch / Interfoto / picturedesk.com
S. 45: Sammlung Rauch / Interfoto / picturedesk.com
S. 49: BildarchivHansmann / Interfoto / picturedesk.com
S. 52: United Archives / United Archives / picturedesk.com
S. 53: akg-images / picturedesk.com
S. 56: akg-images / Erich Lessing
S. 60: Sammlung Rauch / Interfoto / picturedesk.com
S. 68: akg-images / Erich Lessing
S. 69: akg-images
S. 70: Seligmann, Adalbert Franz / Österr. Nationalbibliothek / picturedesk.com
S. 90: United Archives / picturedesk.com
S. 110: akg-images
S. 124: Ali Schafler / First Look / picturedesk.com
S. 134: © sorincolac - Fotolia.com
S. 149: BildarchivHansmann / Interfoto / picturedesk.com
S. 151: Blanc Kunstverlag / SZ-Photo / picturedesk.com
S. 158: akg-images / picturedesk.com
S. 164: akg-images / picturedesk.com
S. 169: akg-images / picturedesk.com
S. 177: Moritz von Schwind / Imagno / picturedesk.com
S. 180: Victor Radnicky / Interfoto / picturedesk.com
S. 185: Ferdinand Georg Waldmüller / Imagno / picturedesk.com
S. 187: BARBARA GINDL / APA / picturedesk.com
S. 194: Robert Jaeger / APA / picturedesk.com
S. 197: ullsteinbild / Ullstein Bild / picturedesk.com
S. 205: Interfoto / picturedesk.com
S. 207: ullsteinbild / Ullstein Bild / picturedesk.com
S. 209: Sammlung Rauch / Interfoto / picturedesk.com
S. 214: akg-images / picturedesk.com
S. 227: Martin Plöb / United Archives / picturedesk.com
S. 232: Sammlung Rauch / Interfoto / picturedesk.com
S. 234: © Digitalpress - Fotolia.com
S. 241: Anonym / Imagno / picturedesk.com
S. 249: Imagno / picturedesk.com
S. 257: akg-images / picturedesk.com
S. 260: Leopold Museum, Wien / OTS
S. 285: First Look / picturedesk.com
S. 287: ullsteinbild / UllsteinBild / picturedesk.com
S. 305: akg-images / picturedesk.com
S. 315: akg-images / picturedesk.com
S. 316: © avorym - Fotolia.com
S. 326: TopFoto / picturedesk.com
S. 335: HARALD SCHNEIDER / APA / picturedesk.com
S. 342: Robert_Jäger / APA-Archiv / picturedesk.com
S. 353: akg-images / picturedesk.com
S. 359: Paul Almasy / akg-images / picturedesk.com
S. 368: 90061 / United Archives / picturedesk.com
S. 373: United Archives / picturedesk.com
S. 376: Helmut Baar / Imagno / picturedesk.com
S. 392: GEORG HOCHMUTH / APA / picturedesk.com
S. 396: Rolf Vennenbernd / dpa / picturedesk.com
S. 402: Joseph Martin / akg-images / picturedesk.com
S. 404: A3399 / EPA / picturedesk.com